OS PROVEDORES DA SANTA CASA DA MISERICÓRDIA DO PORTO 1499-2017

VOLUME I

Título:
Os Provedores da Santa Casa da Misericórdia do Porto (1499-2017) – Volume I

Investigação:
CEPESE – Centro de Estudos da População, Economia e Sociedade

Coordenador do Projeto:
Fernando de Sousa

Investigadores:
Ana Sílvia Albuquerque, Bruno Rodrigues, Conceição Meireles Pereira, Diogo Ferreira, Fernanda Paula Maia, Fernando de Sousa, Filomena Melo, Isilda Monteiro, João Tavares, Joel Silva Ferreira Mata, José Francisco Queiroz, Manuel Couto, Maria Teresa Cardoso, Paulo Amorim e Ricardo Rocha

Gestão do Projeto:
Bruno Rodrigues, Nuno Matias e Paula Barros

Revisão:
CEPESE, Departamento de Marketing e Comunicação da Misericórdia do Porto, Edições Almedina

Paginação:
PMJ

Capa:
FBA

Imagens:
© Santa Casa da Misericórdia do Porto

Depósito legal: 429593/17

Biblioteca Nacional de Portugal – Catalogação na Publicação

Centro de Estudos da População, Economia e Sociedade.
Universidade do Porto

Os Provedores da Santa Casa da Misericórdia
do Porto, 1499-2017. – 3 v.
1º v. - p. - ISBN 978-972-40-6981-4

CDU 94 (469.13)

Impressão e acabamento:
Papelmunde
para
Edições Almedina, SA
Julho de 2017

CEPESE – Centro de Estudos da População, Economia e Sociedade
Edifício CEPESE – Rua do Campo Alegre, 1021, 4180-150 Porto
Tel.: 226 073 770
E-mail: cepese@cepese.pt
www.cepese.pt

Santa Casa da Misericórdia do Porto
Rua das Flores 15, 4050-265 Porto
Tel.: 220 924 422
E-mail: geral@scmp.pt
www.scmp.pt

Grupo Almedina
Rua Fernandes Tomás, nºs 76 a 80, 3000-167 Coimbra
Tel.: 239 851 903
E-mail: geral@almedina.net
www.grupoalmedina.net

OS PROVEDORES DA SANTA CASA DA MISERICÓRDIA DO PORTO 1499-2017

VOLUME I

Coordenação: Fernando de Sousa

ALMEDINA

Índice geral

OS PROVEDORES DA SANTA CASA DA MISERICÓRDIA DO PORTO (1499-2017)

VOLUME I

VOLUME II

VOLUME III

Índice de quadros

Nota de abertura

De várias conversas com o Professor Doutor Francisco Ribeiro da Silva resultou este projeto sobre os Provedores da Santa Casa da Misericórdia do Porto. Sentíamos a necessidade de fazer um projeto editorial que consubstanciasse uma parte significativa da História da Misericórdia contada numa narrativa de primeira pessoa. Como diria Camões, falar daqueles que "da lei da morte" se livraram e assim evidenciar, ano a ano, século a século, como se construiu a Misericórdia do Porto. Nos bons e maus momentos foram estes homens que tiveram a responsabilidade de, passando o facho uns aos outros, trazer a Misericórdia ao século XXI e projetá-la no futuro.

Pensar o projeto foi fácil. Encontrar uma equipa para o realizar foi um desafio. Desta tarefa encarregámos o CEPESE – Centro de Estudos da População, Economia e Sociedade, da Universidade do Porto, um centro de investigação com provas dadas na comunidade científica, ao qual solicitámos uma proposta em tempo útil. Assim aconteceu. O Professor Doutor Fernando de Sousa conseguiu reunir uma equipa multidisciplinar para, no prazo de 18 meses, conceber e concretizar este projeto. Projeto que fica, além do seu mérito científico, como uma referência para a História do Porto e, por que não, de Portugal.

Saberão os nossos leitores que um chefe de Estado e um chefe de Governo chegaram a ser Provedores da Misericórdia do Porto? Sim, um Rei, D. Pedro IV, durante o cerco do Porto; e um primeiro-ministro, Venceslau de Lima, no final da Monarquia Constitucional. Presidentes de Câmara e vereadores, ministros, governadores civis, deputados, bispos, enviados do Rei, também foram provedores. Homens que tiveram essa responsabilidade de ser protagonistas e de ajudar a escrever a nossa História.

Não posso esconder um desejo. Não sei quando se fará a próxima edição desta obra para falar dos próximos provedores. Sei, isso sim, que gostava que nessa futura edição surgissem mulheres como provedoras da nossa Misericórdia. Essa é a única lacuna da História dos Provedores da Santa Casa do Porto.

Contributo científico, valiosa fonte para historiadores e curiosos destas coisas das pequenas e grandes estórias, fica este texto como memorial para ajudar a continuar e a construir a Misericórdia do Porto.

Gostava de agradecer à Mesa Administrativa da Santa Casa, em particular ao Professor Doutor Francisco Ribeiro da Silva, pelo seu entusiasmo e empenho neste projeto; ao Professor Doutor Fernando de Sousa e à sua equipa pela capacidade evidenciada na elaboração e pesquisa deste trabalho nos vários arquivos portugueses e junto das famílias dos provedores; ao Departamento de Atividades Culturais da Santa Casa, nomeadamente à Paula Aleixo, à Alice Azevedo e ao Pedro Nunes, e ao Departamento de Marketing e Comunicação, nas pessoas da Florbela Guedes e do Rui Valente; finalmente, à Almedina, que aceitou ser a editora e parceira deste projeto, na pessoa do seu representante, Paulo Ribeiro.

Ao leitor cabe julgar esta narrativa de vida e de vidas. A narrativa de homens que deram o seu melhor sem procurar nenhuma recompensa que não fosse a da paz e da solidariedade com quem precisa, desde sempre. Desde os tempos em que não havia Estado Social...

No dia da Revolta do Porto de 1891, 31 de janeiro de 2017

ANTÓNIO TAVARES

Provedor da Santa Casa da Misericórdia do Porto

Introdução

Em Portugal, as confrarias de caridade remontam ao período de formação do País. Contudo, a primeira Misericórdia, enquanto irmandade ou confraria de pessoas «de honesta vida, boa fama, sã consciência, tementes a Deus e guardadoras de seus mandamentos, mansas e humildes a todo o serviço de Deus e da dita confraria», dotada de um Compromisso ou regulamento que estabelecia a sua organização e atividades, e aprovada pela rainha D. Leonor enquanto regente do reino, por D. Manuel I se encontrar ausente em Castela, data de 1498, dando origem, assim, à Misericórdia de Lisboa, que rapidamente passou a ser designada por Santa Casa da Misericórdia.

Uma vez reorganizada a Confraria da Misericórdia de Lisboa, cujo Compromisso de 1498 passou a regular todas as misericórdias portuguesas, estas instituições rapidamente se expandiram a todo o reino, ilhas adjacentes e territórios ultramarinos. A Misericórdia do Porto foi uma das primeiras a constituir-se. Logo a 14 de março de 1499, D. Manuel dirigiu uma carta aos juízes, vereadores, procurador, fidalgos, cavaleiros e homens-bons da cidade do Porto, incentivando-os a constituírem uma Irmandade de natureza pia, inspirada no modelo da recém-formada Misericórdia de Lisboa. Ao mesmo tempo, o monarca enviou uma carta ao bispo do Porto, D. Diogo de Sousa, dando-lhe conta da sua intenção e «excitando-o a que corresse por sua conta esta Obra de Misericórdia», tornando-se assim este prelado o primeiro «provedor» da Instituição, enquanto seu principal responsável e administrador.

Estava dado o sinal de partida para a constituição de uma Irmandade que rapidamente se transformou numa das mais importantes e influentes instituições do Porto, pela sua dimensão assistencial, mas também patrimonial, atraindo paulatinamente para as suas hostes boa parte da elite da cidade e da região e que se revelaria capaz não só de conservar, mas até de alargar de forma significativa a sua relevância ao longo dos cinco séculos seguintes, até aos nossos dias.

Depois de investigada e publicada a história dos primeiros 150 anos da sua existência por um dos mais eminentes historiadores do Porto, o professor Artur de Magalhães

Basto, em dois volumes publicados respetivamente em 1934 e 1964, entretanto completados por um terceiro volume lançado em 1995, da autoria de Eugénio de Andrea da Cunha e Freitas, urgia fazer a história das figuras que, ao longo do último meio milénio, foram responsáveis pela administração da Santa Casa, a sua «cabeça», assim dispunha o seu primitivo Compromisso.

Neste contexto, o atual provedor da Misericórdia do Porto, Prof. Dr. António Tavares, conhecedor da experiência prévia do CEPESE – Centro de Estudos da População, Economia e Sociedade (Universidade do Porto) na produção de estudos biográficos –, responsável pelo desenvolvimento, entre outros, dos projetos *Os Primeiros-Ministros de Portugal (1820-2015)*, *Os Presidentes da Câmara Municipal do Porto (1822-2013)* e *Os Presidentes do Parlamento Português (1820-2015)*, mas também no domínio da história das Misericórdias, nomeadamente com o projeto *A Santa Casa da Misericórdia de Vila Real. História e Património*, que esteve na origem de dois livros, um seminário internacional e uma plataforma digital, convidou-nos, na nossa condição de coordenador do CEPESE e dos referidos projetos, para desenvolver um projeto que desse a conhecer a vida e a obra destas personalidades.

O CEPESE acolheu com agrado o desafio lançado e logo reuniu uma vasta equipa de investigadores para a sua prossecução. A realização deste trabalho deparou-se, no entanto, com várias dificuldades. O tempo para concretização do projeto, inferior a dois anos, cedo se revelou escasso face à dimensão do trabalho a desenvolver, que contemplava mais de duas centenas de biografias, o que obrigou a intensas jornadas de pesquisa, entre arquivos, bibliotecas e outras casas de cultura, e sessões de trabalho que se prolongaram por noites e fins de semana, de modo a respeitarmos o prazo estabelecido.

Por outro lado, se a historiografia recente é profícua na produção de trabalhos sobre as Misericórdias em Portugal, incluindo largas dezenas de monografias e centenas de artigos científicos, poucas são as obras centradas especificamente nos seus provedores, nas suas biografias e na ação que desempenharam enquanto figuras maiores na condução do destino das instituições que lideraram, que nos pudessem servir de referência. É certo que muitas das obras de caráter geral abordam os provedores, mas quase sempre de uma forma sintética, limitando-se na maioria dos casos a apresentar os seus nomes e, pontualmente, a desenvolver um pouco mais a biografia de uma ou outra figura de maior projeção histórica ou a destacar esta ou aquela ação que teve maior repercussão na vida da respetiva Irmandade, como acontece, aliás, com o trabalho que nós próprios produzimos sobre a Misericórdia de Vila Real. A exceção mais notável a esta regra é o trabalho de Joaquim Veríssimo Serrão, *A Misericórdia de Lisboa*, publicado em 1998, onde o autor, além de traçar a história daquela Irmandade, dá algum desenvolvimento às biografias dos seus provedores.

Existem, é certo, algumas monografias sobre este ou aquele provedor em particular, que estudam com maior rigor essa figura em concreto, de que são exemplos os estudos *Comendador António Maria Santos da Cunha: provedor da Santa Casa da Misericórdia de Braga e homem público*, organizado por Bernardo José Ferreira Reis e publicado por aquela Instituição em 2010; e *O provedor Coronel José Guardado Moreira: uma vida inteira de serviço*, de António Lopes Pires Nunes, publicado pela Misericórdia de Castelo Branco. Mas, como é óbvio, além de escassas, estas obras, embora excelentes para o conhecimento dessas personalidades, não permitem uma visão global sobre os provedores.

Assim, no que concerne a estudos específicos e de conjunto quanto aos provedores de Misericórdias, em 1991 a Santa Casa da Misericórdia de Coimbra fez publicar um *Catálogo dos Provedores da Misericórdia*, reedição de um trabalho originalmente produzido em 1860 e agora anotado por Armando Carneiro da Silva, mas que, pela sua natureza, praticamente se limita a reproduzir uma listagem dos nomes daqueles que ocuparam estas funções e as datas dos seus mandatos, além de apresentar diversas imprecisões e erros. Catálogos semelhantes foram elaborados para as Misericórdias de Goa, em 1914; Braga, em 1940; Palmela, em 1994; Sintra, em 1997; e Nordeste (Açores), em 2006, para citar apenas alguns exemplos.

A obra *Provedores da Santa Casa da Misericórdia de Lisboa desde 1851*, coordenada por Rogério Seabra Cardoso e publicada por aquela Instituição em 1995, apresenta uma estrutura semelhante à da nossa obra, no que ao estudo biográfico e da ação dos provedores diz respeito, mas oferece algumas diferenças fundamentais. Desde logo, as suas balizas cronológicas são bem mais reduzidas, cobrindo apenas os últimos 150 anos de vida da Misericórdia lisboeta, ao contrário do que acontece com o nosso trabalho, que cobre os mais de 500 anos de história da Santa Casa do Porto. Em segundo lugar, apresenta meras notas biográficas dos provedores, que nunca ultrapassam uma página de extensão, e quanto à atividade desenvolvida, limita-se a elencar decisões, deliberações e outros factos atinentes à vida da Instituição, sem qualquer contexto ou enquadramento, e muito menos estabelecendo uma ligação, ténue que fosse, entre a figura do provedor e a ação desenvolvida no seu mandato. Finalmente, a obra carece de qualquer estudo que ofereça um panorama geral sobre o conjunto dos provedores, o seu perfil socioeconómico, as suas prerrogativas, obrigações e competências, etc.

Em 2002, Maria Antónia Lopes publicou na *Revista Portuguesa de História* um interessante e muito bem fundamentado artigo sobre os «Provedores e escrivães da Misericórdia de Coimbra de 1700 a 1910. Elites e fontes de poder», com o objetivo de identificar aqueles homens, a sua formação, o corpo social a que pertenciam, a sua inserção profissional e política e o seu enquadramento nas elites locais. Porém, tratando-se de um artigo científico, com as limitações de espaço daí decorrentes, apresenta dados biográficos muito sucintos e em texto corrido, o que dificulta a sua consulta, além de patentear um caráter sociológico mais acentuado e desenvolvido do que o nosso estudo, em linha com os objetivos do seu trabalho.

Finalmente, em 2007, foi lançada a obra *Misericórdia das Velas: Provedores, Factos e Documentos*, da autoria de Frederico Maciel, provedor da Instituição à época, que oferece uma breve análise socioprofissional dos dirigentes da referida Misericórdia, seguida das biografias, ainda que sucintas, em duas ou três páginas, de todos os seus provedores, apresentando os principais elementos pessoais, alguns factos mais relevantes dos seus percursos cívicos e profissionais e as principais ações desenvolvidas nos seus mandatos.

Como se vê, da análise do estado da arte ressalta a inexistência de bibliografia que correspondesse exatamente ao trabalho que pretendíamos elaborar e nos servisse de referência, isto é, que contemplasse um estudo introdutório onde se analisassem alguns aspetos relativos às funções do provedor, as suas competências, processo de eleição e uma visão geral sobre o conjunto destas personalidades, seguido das suas biografias tão completas quanto possível e da ação que desenvolveram na administração da Misericórdia do Porto, devidamente contextualizada no tempo e no espaço. A Misericórdia apenas dispunha de uma listagem de *Provedores e Escrivães da Santa Casa da Misericórdia do Porto*, produzida em 1990, a qual, como a nossa investigação viria a comprovar, continha diversas lacunas e imprecisões, não só no que se refere às datas exatas de início e/ou abandono de funções, mas também, e principalmente, na identificação das personalidades que efetivamente exerceram o cargo de provedor, omitindo várias delas – aliás, diversas figuras por nós identificadas e analisadas não constavam de qualquer estudo ou obra neste domínio. Nada mais, nem uma súmula biográfica que desse algumas pistas sobre quem foram estes homens.

A equipa do CEPESE foi assim obrigada a consultar uma larga diversidade de fontes e bibliografia, a começar por aquelas produzidas pela própria Misericórdia, decorrente da sua atividade: os livros de atas das Mesas Administrativas e de outros corpos sociais, os relatórios de atividade apresentados anualmente, os Compromissos da Irmandade, livros de pergaminhos, de lembranças e de eleições, tombos, livros de receita e despesa, revistas e boletins, etc. Para os provedores titulados, recorreu-se aos livros de nobreza; para os militares, aos respetivos processos no Arquivo Histórico Militar; para os que tinham formação superior, aos arquivos das universidades, especialmente o da Universidade de Coimbra; para os membros do clero, o fundo do Cabido da Sé, no Arquivo Distrital do Porto; para os que foram parlamentares, as atas das diversas Câmaras do Parlamento. Isto além de largas dezenas de registos paroquiais para determinar ou confirmar datas e locais de nascimento, casamento, morte e a sua filiação.

Quanto à bibliografia, além da referida *História da Santa Casa da Misericórdia do Porto*, de Magalhães Basto, importa destacar, para os períodos a que se reportam, os estudos de Pedro de Brito, *Patriciado Urbano quinhentista: as famílias dominantes do Porto (1500-1580)*, publicado em 1997; de Francisco Ribeiro da Silva, *O Porto e o seu termo (1580-1640): os homens, as instituições e o poder*, em dois volumes dados ao prelo em 1988; e de Ana Sílvia Albuquerque de Oliveira, a *História Social da Administração do Porto (1700-1750)*, de 1999.

Mas foram centenas as obras consultadas para o nosso trabalho, desde teses e dissertações académicas à imprensa local e regional, passando por artigos científicos e entradas de dicionários e enciclopédias, sem esquecermos, para os provedores mais recentes, os contactos pessoais com os próprios ou com os seus descendentes. Um trabalho exigente e moroso, feito com o maior rigor, por forma a fundamentar cada afirmação e cada dado que se apresenta.

Colocou-se também, como não poderia deixar de ser, a questão da identificação das figuras que efetivamente foram provedores, já que tal matéria, seja em que tipo de instituição for, nem sempre reúne consenso, pelo que se estabeleceram critérios que sustentam a opção de inclusão ou exclusão. Assim, optou-se por considerar provedores todos os indivíduos que tomaram efetivamente posse do cargo, independentemente de terem sido eleitos sob a forma do Compromisso ou nomeados, da maior ou menor duração do seu mandato e da sua assiduidade. Em conformidade com este critério, foram considerados os presidentes de Comissões Administrativas, uma vez que na maior parte dos casos, se não em todos, as suas competências eram as mesmas do provedor eleito (ainda que a amplitude dessas competências possa variar no tempo), como se percebe, aliás, pelo tratamento dado pelos restantes mesários e até por elementos externos à Misericórdia a estas personalidades, amiúde tratadas como «provedores», «presidentes» ou mesmo «provedores-presidentes». Foram também considerados os mesários eleitos pelos restantes membros da Mesa quando, nos casos da demissão ou morte do provedor em exercício, o substituíram nessa condição, assim concluindo os mandatos daqueles, situação relativamente comum, bem como os dois vice-provedores que, entre 1834 e 1836, representaram D. Pedro IV, que se havia declarado provedor-nato, servindo assim aqueles de provedores *de facto* na ausência e posterior morte do duque de Bragança.

Não considerámos como provedores as personalidades que, na ausência do provedor efetivo, asseguraram esporadicamente a gestão da Misericórdia sem que tenha existido algum tipo de validação para o efeito, seja por eleição interna ou por nomeação administrativa, isto é, nas situações em que o responsável pela administração da Santa Casa serviu noutra condição, por exemplo, como vice-provedor ou mesário a servir de provedor. Também não foram considerados os indivíduos eleitos ou nomeados para o cargo mas que, por alguma razão, não chegaram a tomar posse, como aconteceu com o barão de São Torcato, que faleceu dias depois de ser eleito, antes de ser empossado e prontamente substituído.

Da aplicação destes critérios resultou uma lista final de 241 nomes, que nos levantaram uma derradeira dificuldade. Se é certo que algumas destas figuras são por demais conhecidas e delas poderíamos escrever largas páginas – caso da maior parte dos prelados, dos que exerceram funções políticas de topo (membros do Governo, presidentes da Câmara do Porto, deputados) ou de outras figuras mais influentes da cidade –, de outras pouco ou nada se sabia, já porque o seu percurso de vida foi menos profícuo em realizações ou acontecimentos de relevo, já porque a distância cronológica reduziu, quando não eliminou, as fontes que poderiam ajudar a esclarecer ou melhorar a sua biografia, obrigando, por vezes, a longas horas de investigação apenas para se descobrir um nome ou uma simples data, quantas vezes sem sucesso. Especialmente no que se refere a estes provedores sobre quem tão pouco continuamos a saber, esperamos, após a publicação desta obra, poder vir a obter os elementos que agora não conseguimos recolher, de forma a colmatarmos as lacunas que, num trabalho desta natureza e dimensão, inevitavelmente se observam.

O presente trabalho, tendo em conta tudo quanto deixámos referido anteriormente, inicia-se com um capítulo sobre o processo de eleição, competências e obrigações do provedor da Santa Casa da Misericórdia do Porto desde a fundação da Irmandade até aos nossos dias, tendo por base as disposições dos diferentes Compromissos que regularam a vida da Instituição ao longo dos últimos cinco séculos. Procurámos assim apreender as qualidades e características exigidas especificamente aos Irmãos da Misericórdia em geral e aos provedores em particular, o processo da sua eleição e outros aspetos relacionados com este, como a data do sufrágio, a duração do mandato e a possibilidade de reeleição; as incumbências e prerrogativas que lhe eram exclusivas; e a composição, modo de funcionamento e competências da Mesa Administrativa, o órgão executivo da Santa Casa que foi sempre presidido pelo provedor.

No segundo capítulo, debruçamo-nos sobre o número de provedores e de mandatos por eles exercidos, bem como a duração destes, de forma a percebermos em quantas ocasiões esteve cada provedor em funções e por quanto tempo; quais os mandatos mais longos e mais curtos; quando é que sucedeu um provedor, depois de ter abandonado o cargo, a ele regressar passados alguns anos; e quais as situações em que se registou a reeleição consecutiva de provedores, deixando ainda algumas notas quanto à forma como os provedores foram efetivamente escolhidos para exercerem as suas funções.

O estudo introdutório termina com alguns contributos de caráter sociológico, ou melhor dizendo, sociográfico, que ajudam a definir o perfil dos provedores quanto à sua origem geográfica, idade à data da posse, percurso profissional e político, formação académica e relações familiares entre estas personalidades, enfim, determinar os traços que definem e caracterizam individualmente os provedores e que ao mesmo tempo permitem uma visão aproximada do seu conjunto.

Segue-se o quadro geral dos provedores, que apresenta de forma esquemática pela ordem cronológica em que assumiram o cargo, os seus principais elementos identificativos: nomes e títulos nobiliárquicos (quando aplicável), naturalidade, profissão, formação, data de nascimento e de morte, cargos políticos, data de início e término de funções, idade à data da posse, tipo e número de mandatos e duração do mandato.

Finalmente, parte fulcral desta publicação, apresentam-se as biografias dos provedores da Misericórdia do Porto, ordenadas cronologicamente, distribuídas pelos três volumes que compõem esta obra, e estruturadas segundo um modelo comum. Começam por ser indicados os elementos de identificação fundamentais – data e local de nascimento e morte, filiação, casamento e descendência, ligações familiares, profissão e formação académica, cargos políticos e principais condecorações. São depois apresentados os principais traços da vida do biografado, o seu percurso académico, cívico, profissional e político, para depois se desenvolver a sua ação como provedor. Segue-se a composição da Mesa Administrativa à data da tomada de posse do provedor, tendo-se optado, no caso dos provedores que presidiram a várias Mesas de forma consecutiva, por omitir as sucessivas composições e reconfigurações, pelo espaço que tais listagens tomariam na obra, exigindo, em vários casos, numerosas páginas. No final de cada biografia, sempre que possível, transcrevem-se textos da autoria do biografado e de terceiros considerados relevantes para a compreensão da sua ação ou que ajudam a caracterizar a sua personalidade. Note-se, a este respeito, que todas as transcrições apresentadas ao longo da obra foram atualizadas quanto à sua ortografia, para facilitar a leitura, tendo em conta, especialmente no que concerne aos dois primeiros séculos de existência da Misericórdia, que a redação era significativamente diferente da utilizada no presente. As biografias terminam com a indicação das fontes e bibliografia consultadas para a sua elaboração.

Nos casos em que um provedor exerceu mandatos intercalados no tempo, apresentam-se entradas separadas, integrando a primeira delas a biografia completa e a ação desenvolvida nesse mandato e as entradas seguintes apenas os factos relativos ao mandato em causa. Nos casos em que o biografado exerceu dois ou mais mandatos consecutivos, os mesmos são desenvolvidos numa única entrada, identificando-se em primeiro plano as datas extremas do período em que exerceu funções de provedor.

Resta-nos agradecer a todos quantos permitiram a concretização desta obra e do projeto de investigação na qual ela se insere, especialmente à Santa Casa da Misericórdia do Porto, na pessoa do seu provedor, Prof. Doutor António Tavares, pelo desafio que nos colocou e pelo patrocínio que concedeu para a produção deste projeto de investigação.

Ao Prof. Doutor Francisco Ribeiro da Silva, mesário responsável pelo pelouro do Culto e Cultura, pela atenção que devotou ao nosso trabalho, dando-nos achegas e sugestões que indiscutivelmente melhoraram o resultado final.

Aos colaboradores do Arquivo Histórico da Misericórdia do Porto, nomeadamente à Dra. Alice Azevedo, à Sra. D. Ilda Xavier e aos Srs. Bruno Ferreira e Carlos Silva, bem como à Dra. Florbela Guedes e Dr. Rui Valente, do Departamento de Marketing e Comunicação da Santa Casa, pela colaboração prestada ao longo do projeto, mostrando sempre a maior disponibilidade face às nossas numerosas solicitações.

Finalmente, ao CEPESE – Centro de Estudos da População, Economia e Sociedade (Universidade do Porto), pelo apoio concedido e trabalho desenvolvido pelos seus investigadores a tempo permanente neste projeto de investigação.

FERNANDO DE SOUSA

1. O Provedor da Santa Casa da Misericórdia do Porto ao longo dos séculos: processo de eleição, competências e obrigações (1499-2017)

Antes de conhecermos a vida e ação de cada um dos provedores da Misericórdia do Porto, importa perceber quais as suas funções e competências em cada tempo histórico, de que forma eram eleitos, quais as condições para a sua eleição e quais as incumbências dos órgãos pelos quais os provedores eram os principais responsáveis, procurando ainda apreender a sua evolução ao longo do tempo.

Em ordem a proporcionar uma visão de conjunto sobre esta matéria, analisaremos especialmente os seguintes aspetos:

- as condições de admissão impostas aos Irmãos da Misericórdia, às quais os provedores, obviamente, teriam também de obedecer;
- o processo da sua eleição e demais elementos a ela atinentes, como a data da realização do sufrágio, a duração do mandato e a possibilidade de reeleição;
- a composição, modo de funcionamento e competências da Mesa Administrativa, órgão executivo da Santa Casa, sempre presidida pelo provedor;
- as qualidades e características exigidas especificamente aos provedores;
- e as incumbências e prerrogativas que lhe eram exclusivas.

Para alcançar tal objetivo, utilizámos fundamentalmente os sucessivos Compromissos da Irmandade, uma vez que, como é sabido, eram estes documentos que regulamentavam e organizavam a Misericórdia, incluindo as matérias acima referidas, mas servimo-nos também de outros regulamentos específicos e fontes que ajudam a esclarecer as questões levantadas.

1.1. O Provedor da Misericórdia do Porto de 1499 a 1594: o Compromisso de Lisboa de 1498

Como se sabe, e pode ser lido no preâmbulo ao Compromisso da Misericórdia do Porto de 1646, nos primeiros anos após a sua fundação vigorou no Porto o Compromisso da sua congénere lisboeta, «posto que alterado, modificado, algumas vezes, conforme a mudança e variedades dos tempos», razão pela qual devemos seguir o Compromisso da Misericórdia de Lisboa para analisarmos o provedor da Misericórdia do Porto no período inicial da vida da Instituição. Mas aqui outra questão se levanta. Se a primeira impressão do Compromisso da Misericórdia de Lisboa – e a mais divulgada – data de 1516, a verdade é que a sua edição original, ainda manuscrita, foi produzida logo por volta de 1498, acompanhando a criação da Instituição. Como tal, optámos por considerar esta redação no nosso estudo, até porque se trata de uma versão menos conhecida, e embora se detetem algumas diferenças entre as edições de 1498 e 1516, os textos não oferecem «divergências fundamentais, mas apenas algumas especificidades organizacionais e textuais menores» (SOUSA, 1996: 262). Além disso, e não de somenos importância, reportando-se a data da criação da Misericórdia do Porto a 1499, terá sido esta versão inicial a regulamentar nos seus anos iniciais o funcionamento da Santa Casa portuense.

O primeiro aspeto a relevar quanto a este Compromisso primitivo, no que ao nosso estudo diz respeito, é que o documento contempla já a figura do provedor enquanto «cabeça e maior» da administração da Instituição. De facto, a atividade assistencial da Irmandade era, nos primeiros anos da sua existência e nos termos do seu Compromisso, orientada por um conjunto de doze elementos, dos quais nove conselheiros, um escrivão e dois mordomos, encabeçados pelo provedor, «que convocava amplas responsabilidades diretivas, da gestão quotidiana à representação geral da Confraria» (SOUSA, 1996: 280). A analogia da composição da Mesa – um provedor à cabeça de doze conselheiros – com Jesus Cristo e seus doze discípulos – uma prática multissecular, fortemente enraizada na generalidade das fundações colegiais cristãs –, era por demais evidente, ficando inclusive registada no próprio texto do Compromisso relativo ao processo de eleição: «Que todos com temor de Deus imitem [e] sigam a Cristo Jesus Nosso Senhor e aos seus doze apóstolos e com temor do Senhor cumpram as obras de Misericórdia da maneira que cada um for encarregado».

O provedor e escrivão eram eleitos anualmente, no dia da Visitação de Nossa Senhora a Santa Isabel, a 2 de julho (festividade católica atualmente celebrada a 31 de maio), não ficando determinada qualquer limitação quanto à sua reeleição, consecutiva ou não – embora esta fosse desaconselhada, não devendo os oficiais servir «mais de um ano [...] salvo se por sua devoção e aprazimento dos oficiais e Irmãos mais quiserem servir, porque é bem que todos sirvam a Deus», isto é, o provedor era livre de aceitar ou recusar um novo mandato. Assim, apenas se referia expressamente que cada mandato tinha a duração de um ano.

A eleição era feita em dois atos. Primeiro, o conjunto dos Irmãos da Confraria, reunidos na capela da Misericórdia, elegia dez eleitores, que seguidamente votavam o provedor e o escrivão. A descrição mais antiga da aplicação prática do elaborado processo de eleição da Mesa da Misericórdia do Porto remonta a 1536, na reeleição do provedor João Álvares, o Preto.

Ata da eleição da Mesa presidida pelo Provedor João Álvares, o Preto (1536)

Da eleição

Ano do nascimento de Nosso Senhor Jesus Cristo de MDXXXVI anos aos dois dias de julho do dito ano na mui nobre e sempre leal cidade do Porto na castra segunda da Sé da dita cidade na capela da Santa Confraria de Nossa Senhora da Misericórdia, estando aí João Álvares, o Preto, cavaleiro fidalgo cidadão da dita cidade, provedor que foi da dita Confraria o ano passado que se ora acabou pelo dito dia da Visitação e bem assim Jorge Ferraz, Gonçalo Brandão, Pantaleão Ferreira, outrossim cavaleiros fidalgos cidadãos da dita cidade e outrossim estando presentes Pêro Álvares, capelão da dita Misericórdia, e Francisco Álvares, mordomo da capela e Martins Fernandes, mordomo de fora, Vasco Álvares, solicitador da dita Confraria e o licenciado mestre Tomás, físico da dita Misericórdia, e assim os Irmãos da dita Confraria [...] Rodrigo Anes, Sebastião Vaz, Pêro Vaz, picheleiro, Gonçalo Pires, cesteiro, Fernão Pires, serralheiro, Afonso Álvares, João Martins, Francisco Anes, João Pires, alfaiate, João Pires, barbeiro, Pêro André, Afonso Rodrigues, Heitor Gonçalves, Gonçalo Antão e outros muitos Irmãos e confrades da dita Confraria estando todos juntos para elegerem provedor e escrivão para ser na dita Confraria o ano seguinte que começa no dito Dia da Visitação e acabará por outro tal dia do ano de MDXXXVII, segundo seu bom costume e forma do Compromisso.

Estando todos assentados em ordem, por mim escrivão foi lido o Compromisso da dita Misericórdia em voz alta que todos bem ouviram e tanto que foi lido o dito Pêro Álvares capelão da dita Confraria e eu escrivão nos apartámos para outra mesa que para ele estava ordenada com papel e tinta para tomar as vozes e votos de todos os Irmãos e confrades que estavam presentes, que haviam de votar para os eleitores. Os quais todos votaram cada um por si e cada um nomeou para eleitores dez pessoas segundo forma do dito Compromisso, tendo mais vozes saíram por eleitores os seguintes, convém a saber, o dito João Álvares, o Preto, provedor do ano passado, Jorge Ferraz, Diogo Brandão, Pantaleão Ferreira, Sebastião Álvares, Francisco Álvares, Gonçalo Pires, esteireiro, Sebastião Vaz, Pêro Vaz, picheleiro, e eu Luís Gonçalves escrivão. Os quais eleitores estando todos presentes, por o dito provedor perante mim escrivão lhe foi dado juramento dos Santos Evangelhos em que todos puseram as mãos cada um por si e pelo dito juramento lhes encomendou o dito provedor que bem e verdadeiramente e com sãs consciências e sem nenhuma aflição elegessem provedor e escrivão para servirem o ano seguinte na dita Confraria como se requer com tal juramento e que tinha as condições que no dito Compromisso são declaradas ou na maior parte delas, não havendo respeito a amizade, ódios nem parentesco nem coisa alguma a façam, os quais todos juntamente e cada um por si prometeram pelo dito juramento de assim o fazerem e cumprir.

E logo o dito provedor os apartou de dois em dois e a cada par deu seu rol e depois de praticarem apartadamente de dois em dois sobre o dito caso tornaram à dita mesa, elegeram a mim escrivão presente o dito provedor e Irmãos e assim presentes o dito capelão os mais que lhes foram dados todos cinco assinados pelos ditos eleitores nos quais róis todos cinco [...] nomearam por provedor o dito João Álvares, o Preto, provedor que foi os anos passados e eu Luís Gonçalves por escrivão, os quais róis foram vistos pelos ditos eleitores e pelo dito João Álvares, o Preto, dizer que pois há fortes causas nele para vir de servir de provedor ainda o dito ano seguinte que o tinha em boa ventura e que estava prestes com mui boa vontade para servir Nossa Senhora no dito carrego e eu escrivão dizer outro tanto. Logo por mim escrivão presente o dito capelão e eleitores e outros Irmãos lhe foi dado juramento dos Santos Evangelhos em que pôs a mão o dito João Álvares, o Preto, e ele deu juramento a mim escrivão em que outrossim pus a mão e pelo dito juramento prometendo de servir os ditos cargos, convém a saber, o dito João Álvares, o Preto, de provedor e eu Luís Gonçalves de escrivão o ano seguinte bem e verdadeiramente e com sãs consciências e por assim passar em verdade o mandou o dito provedor assim escrever e assinaram todos.

Luís Gonçalves, escrivão da dita Misericórdia o escrevi.

(Fonte: *Eleições da Mesa da Misericórdia*, série D, banco 5, n.º 1)

Terminada a eleição, competia depois ao provedor reunir a Mesa e repartir entre «todos os cargos e dar a cada um aquele para que ele os sentir mais aptos e que a serviço de Deus o possam servir nesta maneira», procurando assim distribuir os pelouros em função das direções assistenciais especializadas pela Misericórdia. Dois conselheiros eram destinados à visita dos hospitais e pobres da cidade; dois à assistência aos doentes pobres e presos; outros dois à alimentação de encarcerados pobres e desamparados; dois à organização da arrecadação das esmolas, rendas e foros destinados à Confraria; finalmente, um conselheiro, juntamente com o escrivão, acompanhava os pobres «envergonhados»; e os dois restantes deveriam cumprir, em mandato mensal, as funções de mordomos «da capela» e «de fora».

As funções de provedor, como dos restantes membros da Mesa, não eram remuneradas, ou na redação primitiva, «não levarão prémio algum temporal, somente esperem prémio e galardão de Deus todo-poderoso a que servem», prática que perduraria até aos dias de hoje, considerando-se o sacrifício que exige o seu desempenho, ele próprio uma obra de Misericórdia, cuja recompensa se deve circunscrever ao plano estritamente espiritual.

Apesar do Compromisso procurar promover um certo igualitarismo social na administração da Misericórdia, ao instituir que seis dos doze oficiais deveriam ser «de outra condição» que não nobres, ao provedor era exigido que fosse «homem nobre, de autoridade, virtuoso, de boa fama, muito humilde e paciente». A administração da Misericórdia ficava, portanto, concentrada num indivíduo do sexo masculino, de qualidade moral e de extração nobiliária, reforçando o grau que ocupava na hierarquia, a exigência do cargo e a autoridade de que dispunha, visando imprimir maior eficácia na sua ação. Exigência expressa no texto regulamentar, ao determinar que o provedor «estará contínuo na capela ou o mais que for possível e maiormente nos dias ordenados para cabido», deixando bem patente que se tratava de uma ocupação a tempo inteiro.

O provedor surge assim de forma explícita como o principal oficial da Confraria, «a cujo mandado os outros Irmãos obedecerão no Regimento e repartição dos cargos que a cada um quiser dar», gerindo a Misericórdia a partir da sua capela-sede, responsabilizando-se não só pela distribuição dos cargos, mas também pela sua administração e pela presidência da Mesa, orientando as suas reuniões, dando «as vozes» e fazendo «assentar e calar quando cumprir». E exercia a maior parte das suas funções e prerrogativas sem necessitar do «conselho e acordo dos doze».

As exceções à autoridade individual do provedor detetam-se nas questões concernentes à gestão financeira da Misericórdia – esmolas, despesas, assistência, despacho das petições –, onde se observam algumas limitações significativas quanto às suas competências, prescrevendo-se, por exemplo, que «nas coisas de despesa de dinheiro nem de vestidos para pobres nem despacho de petições o dito provedor não mandará nem fará nada sem acordo dos doze ou a maior parte deles». Como refere Ivo Carneiro de Sousa (1996: 286), «concentrando, de facto, um poder importante, o provedor encontra-se principalmente limitado nas matérias económicas e financeiras», muito provavelmente para evitar tentações mais ou menos declaradas de corrupção de que muitas confrarias tradicionais eram objeto. Estes limites procuravam assim distribuir responsabilidades entre o provedor e os restantes membros da Mesa, ficando corresponsáveis pela vigilância dos movimentos de despesas dos mordomos: «o mordomo de fora terá cuidado de pagar pelos presos pobres desamparados tudo o que lhe for necessário para suas solturas segundo que lhe pelo provedor e oficiais for ordenado».

Mas ao mesmo tempo, como que evitando ferir a supremacia diretiva do provedor, o Compromisso deixava também claro que «nem os doze nem cada um deles não fará coisa alguma por si sem tudo remeter ao dito provedor, o qual verá se é coisa para só o fazer. Se só o puder fazer ou se for para com conselho de todos se fazer, ele como cabeça e maior, mandará juntar os doze ou a maior parte para se fazer o que ele só não pode, como dito é, ou o deixe para o tempo das petições quando todos são juntos».

Completavam ainda as funções normativas gerais do provedor atividades relacionadas com o controlo da prática das obras da Misericórdia, sendo obrigado a deslocar-se «cada mês com o escrivão uma vez à cadeia e assim aos hospitais e envergonhados para saber e ver se os ditos presos e pobres e envergonhados são bem vestidos e reparados cada um segundo sua necessidade».

Enfim, percebe-se que logo nas primeiras décadas de vida, a administração da Misericórdia residia largamente nas orientações do seu provedor, que se estendiam a todas as atividades assistenciais desenvolvidas pela Instituição. O provedor controlava a visita aos doentes pobres dos hospitais e da cidade, estabelecendo-se que os oficiais «em o gasto do dinheiro e repartição dele pelos ditos pobres serão queridos em suas consciências, de que darão conta ao provedor», e o mesmo se aplicava em relação à assistência aos pobres doentes, encarcerados, envergonhados e na arrecadação das esmolas.

Processo de eleição e caracterização do Provedor da Misericórdia do Porto à luz do Compromisso de 1498

Eleição dos oficiais

E porque a invocação desta Santa Confraria é de Nossa Senhora da Misericórdia ordenaram os oficiais e Irmãos dela de tomarem por orago e dia da festa da dita Confraria o Dia da Visitação de Nossa Senhora quando visitou Santa Isabel, que vem aos dois dias do mês de julho, porque naquele dia Nossa Senhora fez misericórdia com Santa Isabel. E em este Dia da Visitação de Nossa Senhora serão juntos todos os Irmãos ou os mais que se puderem juntar na capela onde estiver a dita Confraria. E acabadas as vésperas do dia se sentarão nos lugares para ele ordenados, sendo o provedor daquele ano e os doze oficiais após ele e assim os outros Irmãos segundo se cada um acertar.

E logo a prazer de todos se lerá este Compromisso para saberem a maneira que hão de ter na eleição dos oficiais e depois de lido se elegerão treze homens para servirem e regerem e governarem esta Santa Confraria o dito ano, sendo o provedor e nove conselheiros e um escrivão e dois mordomos, dos quais seis serão oficiais e os outros seis serão doutra condição, os quais servirão todo um ano cumprido, salvo os mordomos que não servirão mais de um mês pelo grande trabalho e ocupação que hão de ter no dito mês, os quais serão bons e virtuosos e de boa fama.

Que todos com temor de Deus imitem [e] sigam a Cristo Jesus Nosso Senhor e aos seus doze apóstolos e com temor do Senhor cumpram as obras de Misericórdia da maneira que cada um for encarregado, os quais todos servirão como Irmãos, posto que sejam de desvairadas nações. Vendo e tomando exemplo no evangelho de Nosso Senhor Jesus Cristo, Mateus vigésimo capítulo, em que disse a seus discípulos que fossem humildes e que o que maior fosse se fizesse menor servindo aos outros porque assim o fazia Ele mesmo porque não viera a este mundo para ser servido, mas para servir e ministrar. E assim mesmo devem de fazer os que assim forem eleitos, para [que] com humildade e obediência cumpram e ministrem as obras de misericórdia igualmente, segundo adiante [se] dirá, e depois de eleitos os ditos oficiais lhe será dado juramento nos Santos Evangelhos que bem e verdadeiramente e com sã consciência e amor de Deus e do próximo sirvam seus ofícios e cargos na maneira que a cada um for encarregado.

E servirão os ditos oficiais todo o ano até ser feita eleição doutros novos oficiais, nem servirão mais de um ano nem os mordomos mais de um mês salvo se por sua devoção e aprazimento dos oficiais e Irmãos mais quiserem servir, porque é bem que todos sirvam a Deus e um não suporte o merecimento de todos para não causar escândalo, o que há de ser alheio desta Irmandade. E no ano que assim servirem serão escusos de todos os trabalhos e carregos e ofícios do conselho para que sem afronta do mundo livremente sirvam a Deus. Pelo trabalho que levarem os ditos oficiais não levarão prémio algum temporal, somente esperem prémio e galardão de Deus todo-poderoso a que servem. E se no tempo de seu ano ou mês de serviço cada um dos oficiais ou mordomos for licitamente ocupado, os outros oficiais elegerão outro que em seu nome sirva até ser desocupado o outro primeiro oficial.

Provedor

O provedor será homem nobre, de autoridade, virtuoso, de boa fama, muito humilde e paciente, o qual de necessidade estará contínuo na capela ou o mais que for possível e maiormente nos dias ordenados para cabido. A cujo mandado os outros Irmãos obedecerão no Regimento e Repartição dos cargos que a cada um se quiser dar, *scilicet* [isto é] para darem de comer aos presos e para visitarem os hospitais, e para visitarem pessoas envergonhadas, e para curarem as doenças e para arrecadarem as esmolas que se à dita

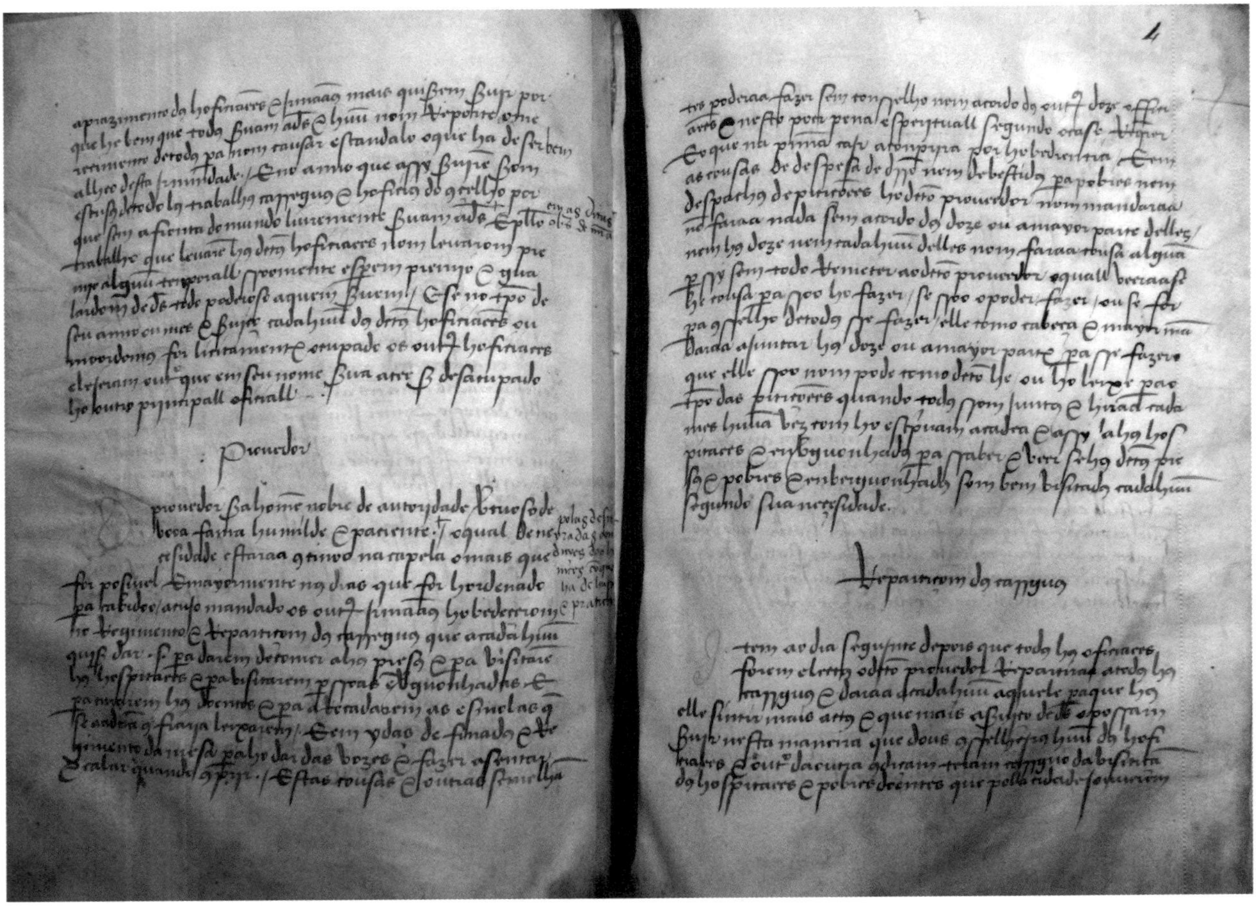

Excerto do Compromisso de 1498, capítulo relativo ao provedor e suas funções

Confraria deixarem e em idas de finados e regimento da Mesa para o dar das vozes e fazer sentar e calar quando cumprir.

E estas coisas e outras semelhantes poderá fazer sem conselho e acordo dos doze, e nisto pôr pena espiritual segundo o caso requerer e o que na pena cair o cumprirá por obediência, e nas coisas de despesa de dinheiro nem de vestidos para pobres nem despacho de petições, o dito provedor não mandará nem fará nada sem acordo dos doze ou a maior parte deles. Nem os doze nem cada um deles não fará coisa alguma por si sem tudo remeter ao dito provedor, o qual verá se é coisa para só o fazer. Se só o puder fazer ou se for para com conselho de todos se fazer, ele como cabeça e maior mandará juntar os doze ou a maior parte para se fazer o que ele só não pode, como dito é. Ou o deixe para o tempo das petições quando todos são juntos. E irá cada mês com o escrivão uma vez à cadeia e assim aos hospitais e envergonhados para saber e ver se os ditos presos e pobres e envergonhados são bem vestidos e reparados, cada um segundo sua necessidade.

(Fonte: SOUSA, Ivo Carneiro. 1996. «O Compromisso Primitivo das Misericórdias Portuguesas [1498-1500]». *Revista da Faculdade de Letras*, vol. XIII. Porto: FLUP, pp. 259-306)

1.2. O primeiro Compromisso próprio da Misericórdia do Porto (1594)

O Compromisso de Lisboa, salvo algumas alterações introduzidas em 1564, maioritariamente dirigidas a questões de índole burocrática e financeira, manteve-se praticamente inalterado até 27 de junho de 1594, data em que, «pela variedade dos tempos, pareceu a toda esta Irmandade necessário acrescentar e mudar para melhor ordem e governo desta Casa de Nossa Senhora da Misericórdia do Porto» o texto primitivo. A Misericórdia do Porto passava assim a contar com um Compromisso próprio, confirmado pelo rei a 15 de setembro do mesmo ano, texto que, embora em boa parte reminiscente do Compromisso de Lisboa, era adaptado à realidade e contexto próprios da Santa Casa portuense.

O provedor, a exemplo dos restantes Irmãos, deveria ser «de boa fama e sã consciência e honesta vida, temente a Deus e guardador de seus mandamentos, manso, humilde a todo serviço de Deus e da dita Confraria». Os Irmãos não poderiam ser solteiros, salvo se maiores de 40 anos, tinham de possuir casa própria e de ser «cristãos-velhos», excluindo assim os judeus entretanto convertidos e crentes de outras religiões – condição a que a presença e influência da Inquisição em Portugal, então registando uma atividade intensa, não deverá ter sido alheia. Os Irmãos tinham ainda de saber ler e escrever, não podiam desempenhar quaisquer «ofícios ou obrigações que notoriamente pela ocupação deles» os impedissem de servir a Irmandade, e eram obrigados a ter alguma fonte de rendimento. Às condições exigidas a todos os Irmãos, o provedor, tal como primitivamente, tinha de juntar outras: ser «nobre, fidalgo e de autoridade, virtuoso de boa fama, muito humilde e sofrido», para poder melhor enfrentar as «desvairadas condições com que há de tratar», demonstrando um «particular cuidado do que toca ao culto divino desta Casa».

O provedor continuou a ser eleito no dia da Visitação de Nossa Senhora, 2 de julho, ocasião em que os Irmãos eram obrigados a comparecer na Misericórdia, precisamente para tomarem parte na eleição da Mesa, e a sua eleição continuou a processar-se da mesma forma – eleição dos designados Irmãos eleitores, em número de dez (cinco nobres e cinco oficiais) que depois elegiam o provedor, escrivão e restantes onze mesários, tudo envolto no maior secretismo, num complexo processo que visava assegurar a maior imparcialidade possível e evitar interferências externas no momento da escolha. Os eleitores deviam ter especial cuidado na escolha do provedor, «por ser cabeça principal na Irmandade [...] para que os outros Irmãos possam dele tomar exemplo para melhor servir a Nosso Senhor».

Mantendo a duração anual do mandato, este Compromisso, todavia, eliminou a possibilidade de reeleição consecutiva de qualquer membro da Mesa, deixando taxativamente expresso que «o provedor que for um ano, o não poderá ser no seguinte», sem contemplar qualquer exceção, ao contrário do que acontecia anteriormente.

Era agora introduzido um capítulo específico sobre a substituição do provedor. Sendo a sua ausência temporária, servia em seu lugar o escrivão; caso essa ausência fosse permanente, era chamado para o substituir o provedor que tivesse servido no ano anterior e, em caso de recusa deste, os seus antecessores, por ordem cronológica. Não aceitando nenhum deles o cargo, era eleito novo provedor, na mesma forma que o ausente.

As suas atribuições e ação não sofreram praticamente nenhuma alteração, continuando a competir-lhe, entre outras, analisar as qualidades daqueles que pretendiam ingressar na Misericórdia, mandando «tomar informação por dois Irmãos da Mesa, em segredo»; repartir pelos mesários os cargos mais relevantes da administração da Misericórdia (tesoureiros e mordomos); despedir servidores em qualquer altura e capelães quando «em sua presença cometerem algum erro notável»; admoestar os Irmãos em caso de desobediência; e mandar «assentar, votar, falar quando lhe parecer» os membros da Mesa, tudo isto sem precisar «do conselho dos doze, e todos lhe obedecerão por serviço de Nosso Senhor inteiramente». Estando presente na cidade, ficava obrigado a comparecer aos domingos à tarde na Mesa do Despacho e às quartas-feiras para cumprir as suas obrigações, e nas decisões sobre «esmolas de pessoas de dinheiro, despachos de petições, dotes, tomar Irmãos e capelães e servidores e outras coisas semelhantes», necessitava da aprovação da maioria dos Irmãos, não podendo por si só aceitar «quaisquer instituições ou obrigações», nem «fazer conserto sobre heranças de propriedade que se deixavam à confraria para os pobres» ou transações sobre dívidas.

Em suma, as mudanças introduzidas por este Compromisso foram tímidas, e na parte relativa ao provedor, são escassas as novidades introduzidas, sendo as mais relevantes a limitação à sua reeleição consecutiva e a forma da sua substituição em caso de impedimento.

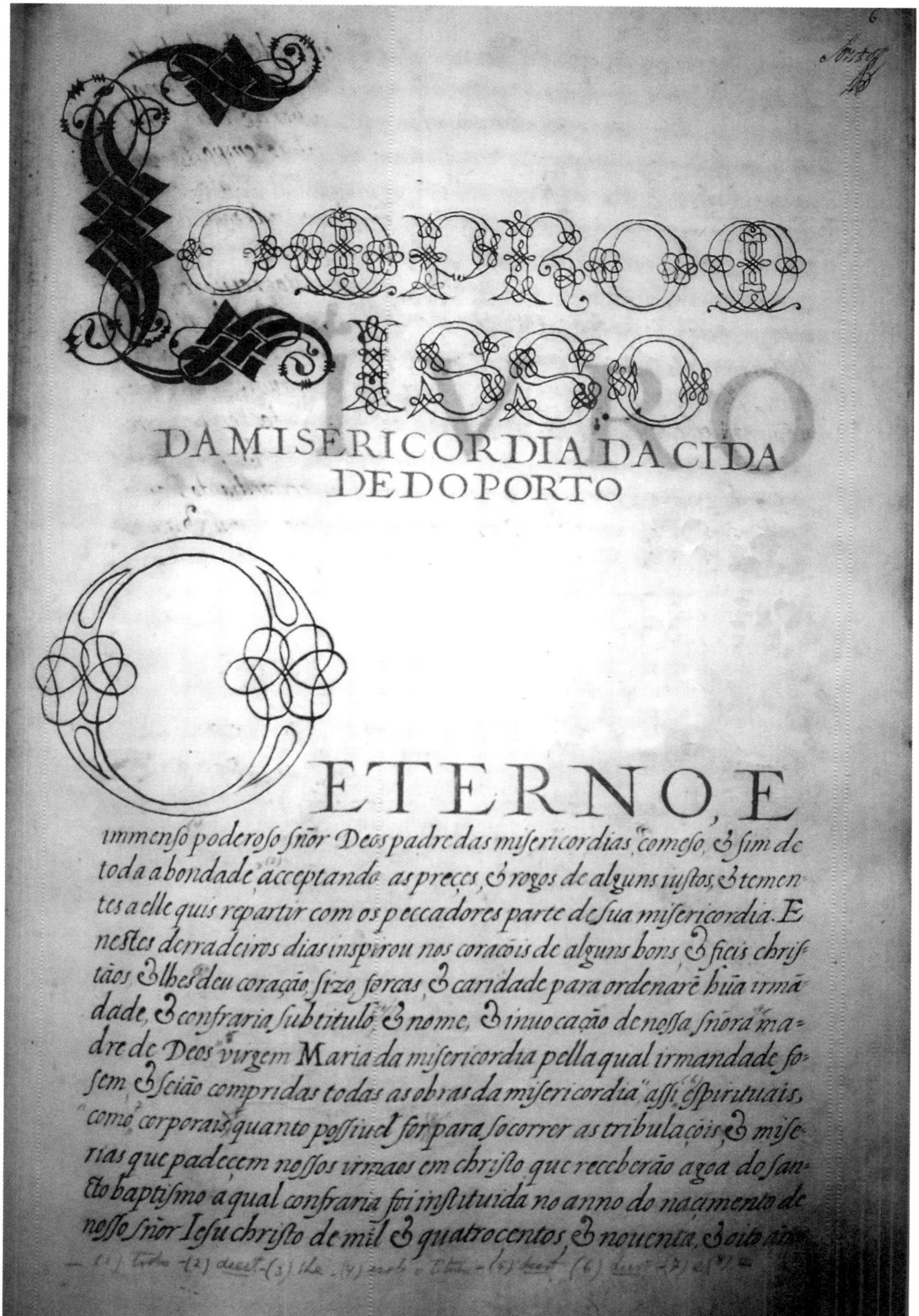

COMPROMISSO DA MISERICORDIA DA CIDADE DO PORTO

O ETERNO, E immenso poderoso snõr Deos padre das misericordias, começo, & fim de toda a bondade acceptando as preces, & rogos de alguns iustos, & tementes a elle quis repartir com os peccadores parte de sua misericordia. E nestes derradeiros dias inspirou nos coraçois de alguns bons, & fieis christãos & lhes deu coração, fizo, forças, & caridade para ordenarẽ hũa irmãdade, & confraria sub titulo & nome, & inuocação de nossa snõra madre de Deos virgem Maria da misericordia pella qual irmandade fossem & sejão compridas todas as obras da misericordia assi espirituais, como corporais quanto possiuel for para socorrer as tribulaçois, & miserias que padeçem nossos irmaos em christo que receberão agoa do sancto baptismo a qual confraria foi instituida no anno do naçimento de nosso snõr Iesu christo de mil & quatrocentos, & nouenta, & oito an

Primeira página do Compromisso de 1594 (transcrição posterior)

1.3. O Compromisso da Misericórdia do Porto de 1646

O texto de 1594 vigorou até 15 de abril de 1646, data em que a Misericórdia do Porto foi dotada de um novo Compromisso, aprovado por despacho do Desembargo do Paço de 5 de maio seguinte, e que enquadrou o funcionamento da Irmandade durante quase 240 anos, até 1883. Trata-se, ao contrário do Compromisso de 1594, de um texto inteiramente novo, na forma e no conteúdo, pelo que muitos consideram ser este verdadeiramente o primeiro Compromisso da Misericórdia do Porto. Curiosamente, este texto parece ignorar o seu antecessor imediato, referindo no seu preâmbulo que a Irmandade, desde a sua criação, se governara pelo Compromisso da Misericórdia de Lisboa. A tal facto não serão alheias as circunstâncias históricas em que cada um deles foi produzido: o de 1594, durante o reinado de Filipe II de Espanha, volvidos apenas 14 anos desde a perda da independência de Portugal; o de 1646, aprovado seis anos depois da Restauração da Independência.

Tal como os Compromissos anteriores, também este se desdobrava nas qualidades exigidas ao provedor, que continuava a ter de ser «um Irmão nobre, pessoa de autoridade, prudência e boa reputação, de maneira que os outros Irmãos o reconheçam por cabeça e obedeçam com mais facilidade». Acrescia agora a condição de ter pelo menos quarenta anos de idade para, beneficiando da sua experiência de vida, lidar melhor com as «desvairadas condições das pessoas com que há de tratar», e de se encontrar «desobrigado de outras ocupações», para que pudesse atender às múltiplas tarefas e responsabilidades que comportava a administração da Irmandade, que uma vez mais se recordava ser um cargo a tempo inteiro. A fim de garantir o conhecimento cabal «das coisas da Casa», o provedor teria de ser Irmão da Misericórdia há pelo menos um ano.

Em bom rigor, a seleção do provedor começava logo a montante deste processo, nas «qualidades e condições» exigidas a todos os Irmãos, aos quais o provedor tinha de acrescentar os requisitos acima referidos. Entre essas condições, alargadas face aos textos primitivos, avultavam:

- ser de «boa fama», temente a Deus e viver com «mostras de modéstia e caridade cristã»;
- ser livre de «notória infâmia de qualquer delito escandaloso»;
- não ter sido julgado culpado de algum crime maior «por que mereça pena e castigo vil»;
- sendo trabalhador, ter um ofício de qualidade e que não o impedisse de acudir às obrigações da Irmandade com diligência;
- não trabalhando, ter algum tipo de renda;

- não trabalhar para a Misericórdia a troco de salário, com exceção dos médicos, cirurgiões e sangradores;
- saber ler e escrever;
- sendo solteiro, ter pelo menos 25 anos;
- ser «abastado em fazenda», para facilmente «acudir ao serviço da Casa e correr com o ministério dela com a limpeza e pontualidade que se requer».

Juramento feito pelos Irmãos da Misericórdia do Porto no momento da admissão, conforme o Compromisso de 1646

Por estes Santos Evangelhos, em que ponho as mãos, juro de servir nesta Irmandade conforme o Compromisso dela, e em particular de acudir a esta Casa de Misericórdia todas as vezes que ouvir a campa com a insígnia da Irmandade, ou for chamado da parte do provedor e Mesa, para servir a Deus e Nossa Senhora, e a cumprir as obras de Misericórdia na forma em que por eles me for ordenado, não tendo legítima causa, que, segundo Deus e minha consciência, me possa escusar. E assim mais juro de votar e dizer aquilo que mais conveniente for ao serviço de Deus e bem da Irmandade, em todas as Mesas, Juntas e eleições em que me achar, sem respeito algum de afeição ou paixão contrária, deixando aos outros Irmãos votar livremente, sem lhes persuadir coisa alguma ou os obrigar a dar voto por pessoa que lhes nomear para provedor, Irmãos da Mesa, eleitores e mais cargos desta qualidade; e debaixo do mesmo juramento prometo guardar o segredo devido em todas as coisas que diante de mim se tratarem, assim em Mesa, como em Junta, eleição e quaisquer outros atos que debaixo de segredo se fizerem, para serviço de Deus e bem da Irmandade.

(Fonte: AHSCMP – *Compromisso da Misericórdia do Porto* [de 1646]. 1717. Coimbra: Real Colégio das Artes da Companhia de Jesus)

A eleição do provedor e restantes oficiais deveria ocorrer, como até aí, a 2 de julho, que era também a data em que se iniciava o ano económico da Santa Casa, que se prolongava até 30 de junho do ano seguinte, balizando também desta forma o mandato do provedor.

É interessante analisarmos o processo de eleição do provedor e restantes membros da Mesa, não só pela sua complexidade – que já se observava, mas que agora adquire alguns novos contornos e preciosismos curiosos –, mas também pelo papel que o provedor cessante desempenhava, competindo-lhe desde logo marcar a hora da eleição e conduzir a maior parte das etapas da mesma.

Chegada a hora designada do sufrágio, à ordem do provedor um dos capelães da Casa lia no púlpito os capítulos do Compromisso que tratavam da eleição, «para que todos saibam a maneira em que hão de votar». Terminada a leitura, o provedor, juntamente com o escrivão e capelão da Misericórdia, afastava-se e sentava-se a uma mesa na capela-mor da igreja da Misericórdia, onde repousava um crucifixo, com duas velas acesas e um missal aberto, sobre o qual o provedor jurava guardar segredo, «para que de nenhuma maneira se saiba o que passar na eleição».

Tomado o juramento, passava-se então à eleição dos chamados «Irmãos eleitores», que mais adiante seriam responsáveis pela eleição dos membros da Mesa. Cada Irmão presente nomeava para esta função cinco Irmãos nobres e cinco oficiais, os quais nomeava «por palavra e não por escrito, por se escusarem inconvenientes que disso se podem seguir». O escrivão apontava tais nomes em duas pautas, uma onde assentava os Irmãos nobres e outra os Irmãos oficiais. Nem o provedor nem o escrivão cessantes podiam ser votados eleitores. O provedor era o primeiro a votar, não sem antes jurar, pondo as mãos sobre o missal, que nomearia «as pessoas que, segundo Deus e sua consciência, lhe parecerem mais dignas e acomodadas para serem eleitores, e que melhor saberão escolher provedor e mais oficiais, que no ano seguinte hão de servir na Irmandade, e que não votarão em pessoa alguma para que lhe hajam falado».

Terminada a votação, o provedor cessante consultava as pautas e delas tirava os cinco Irmãos oficiais e os cinco Irmãos nobres que mais votos tivessem recolhido. Em caso de número igual em votos, prevaleciam aqueles que primeiro se achassem escritos nas pautas. Estes dez Irmãos eleitores eram depois chamados pelo provedor cessante, sendo os ausentes substituídos pelos que se lhes seguissem em número de votos, para tomarem o seguinte juramento:

> Por estes Santos Evangelhos em que pomos as mãos, juramos que bem e verdadeiramente, conforme as nossas consciências, elegeremos um Irmão para provedor, outro para escrivão e onze para conselheiros, que este ano que vem sirvam a Deus e a Nossa Senhora nesta sua Casa; e nesta eleição não teremos respeito nem a parentesco, nem a amizade, nem ódio a pessoa alguma, se forem para servir aptos e suficientes, como a tais cargos e serviço cumpre; e assim prometemos, debaixo do mesmo juramento, de não votarmos por quem no-lo pediu, ou significou por si, ou terceira pessoa, e de não descobrirmos coisa que passar nesta eleição, nem darmos dela notícia a pessoa alguma.

Eram então estes dez eleitores que elegiam o provedor, escrivão e onze conselheiros, não podendo nomear para qualquer um destes cargos um Irmão que tivesse servido as mesmas funções no ano anterior. Ou seja, em teoria, e desde pelo menos 1594, não era possível, salvo circunstâncias excecionais, o mesmo provedor exercer o cargo durante dois ou mais anos sucessivos. No entanto, durante a vigência destes Compromissos, foram várias as exceções registadas.

Por exemplo, de 1767-1768 a 1773-1774, a Mesa foi reconduzida por ordem do rei, «em virtude de ser necessário proceder à construção do novo hospital [de Santo António] e aquela estar dentro dos problemas», o mesmo se passando entre 1775 e 1777. Em 1780, a Rainha nomeia os membros da Mesa, reconduzindo-os no ano seguinte. Em 1792, a Rainha volta a nomear por carta régia o provedor e o escrivão, determinando que se procedesse à eleição dos conselheiros de acordo com o Compromisso. Em 1808, atendendo às circunstâncias políticas – invasões francesas e deslocação da Corte para o Rio de Janeiro – não se realizam eleições, determinando a Junta Provisional do Governo do Reino que a Mesa continuasse em funções. Em 1834, D. Pedro IV, na sequência do cerco do Porto que o ligou para sempre à cidade e suas instituições, declarou-se provedor nato, mandando nomear um vice-provedor para o substituir e representar (Cf. BARREIRA, 2002: 190-191).

Enfim, como se percebe destes exemplos, foram várias as circunstâncias que alteraram o processo regular de eleição e a duração prevista do mandato do provedor, mormente por vontade do rei, fazendo uso do poder absoluto de que gozava, mas também do contexto político de cada período. Seja como for, e apesar de numerosas, estas situações devem ser encaradas como exceções, sendo a regra aquela que deixamos escrita, isto é, mandatos de um ano, com impedimento de reeleição consecutiva.

Regressando ao Compromisso de 1646 e ao complexo processo eleitoral, era recomendado ao Irmão eleitor especial cuidado na escolha do provedor, selecionado entre as «pessoas que se lhe representarem com boa paz e modéstia», com as qualidades atrás referidas, e colocando no processo de eleição dos mesários «todo o afeto e paixão, pondo somente os olhos no que mais convém ao serviço de Deus Nosso Senhor, e na importância da ocupação para que se elegem as ditas pessoas».

As pautas eram depois recolhidas pelo provedor cessante e levadas à Casa do Despacho, abrindo-as na presença de todos, ficando eleito provedor o Irmão que mais votos recolhesse. Em caso de empate, prevaleceria o Irmão nomeado nas primeiras pautas abertas. O Irmão eleito provedor era de imediato chamado pelo capelão que assistira na eleição, rogando-lhe o provedor e Mesa cessantes que aceitasse o cargo «por serviço de Nosso Senhor e de Nossa Senhora». Escusando-se o eleito de aceitar o lugar, «o que se não deve esperar de nenhum Irmão, pelo notável escândalo que causará», repetia-se todo o processo de eleição as vezes necessárias até que um Irmão aceitasse ser provedor. Caso o eleito estivesse fora da cidade, o resultado era mantido em segredo até à sua posse. Aliás, o secretismo era tal que, terminada a eleição de todos os mesários, as pautas eram queimadas, para «se evitarem inconvenientes que podem haver se se souber o que se passou na eleição».

O provedor tomava depois juramento sobre os Evangelhos, prometendo «guardar bem e verdadeiramente» as disposições do Compromisso que lhe pertenciam, «com amor de Deus e do próximo, e ter segredo em tudo o que se tratar na Mesa, e servir seus ofícios todo um ano, e até ser feita eleição de novos oficiais».

Tomado o juramento, o provedor cessante levantava-se do seu lugar, assim como os demais Irmãos que com ele haviam servido, sentando-se na Mesa o provedor recém-eleito e Irmãos que com ele iriam servir, e logo naquela ocasião eram eleitos, de entre os nobres, um para tesoureiro da Casa e outro para tesoureiro dos Depósitos. E logo nas sessões seguintes, o provedor repartia os ofícios em que os restantes mesários serviriam no mandato, de acordo com a sua idade e experiência.

O provedor, como todos os membros da Mesa, tinha por obrigação espiritual procurar «alcançar de Deus Nosso Senhor ajuda e favor para poder cumprir com as obrigações de seus cargos, tão perfeitamente como convém, frequentando para isso os sacramentos da confissão e comunhão, que são os meios por que se alcança a Divina Graça, sem a qual nenhuma coisa valem as obras humanas». Todos os mesários tinham de juntar-se na igreja da Misericórdia nos dias de Nossa Senhora (Assunção, Conceição, Purificação e Visitação), e nesses dias confessar-se e comungar. Tinham também de se reunir na referida igreja em dia dos Inocentes, de S. Martinho e em todas as quartas-feiras da Quaresma, e comparecer aos ofícios da quinta e sexta-feira da Semana Santa. Nas vésperas e dia da Santíssima Trindade eram obrigados a comparecer na capela da cadeia da Relação, e nas vésperas e dia de Nossa Senhora de Setembro, na capela do Hospital da Misericórdia. Na igreja da Misericórdia, os mesários assistiam ao aniversário que se fazia pela alma de D. Lopo de Almeida, grande benemérito da Instituição, e ao jantar dos pobres, onde a Mesa repartia esmolas de roupa.

Recomendava-se que a votação em Mesa fosse realizada «livre de toda a paixão e afeto» e com «todo o espírito de contenção [...] lembrando-se que repartem as coisas, não como senhores, mas como administradores e despenseiros, assim de Deus Nosso Senhor, que em sua eleição os tomou por instrumento, como dos defuntos e de outras pessoas que confiaram deles o descargo e bem de suas almas», pelo que só deveriam dizer e fazer «aquilo que em suas consciências julgarem ser mais serviço de Deus e de Nossa Senhora».

Na sua administração, provedor e mesários deveriam guardar «toda a inteireza que se compadecer com a piedade cristã que esta Irmandade professa», de modo a que ninguém notasse neles «nem falta de justiça nas obras, nem falta de brandura no modo e nas palavras», e revelar «particular cuidado de dar em tudo mostras de modéstia e humildade cristã», pelo que se lhes recomendava empenho «no serviço dos pobres e execução das obras de Misericórdia», nunca deixando de ter em «muita conta com o culto divino e coisas da igreja, procurando que tudo nela esteja com a decência possível».

O provedor reunia com os conselheiros em Mesa duas vezes por semana, na Casa do Despacho – à quarta-feira para darem esmola aos pobres que não fossem de visitação ordinária e despacharem petições, e ao domingo para tratarem o que pertencia aos presos e da arrecadação da fazenda e ordem das demandas. Não se podendo nestes dias dar seguimento a todas as questões que surgissem, o provedor podia tratar delas em Mesas extraordinárias quando lhe parecesse necessário, mas nunca podia despachar sem reunir a maior parte dos votos.

Presidia a todas as Juntas e à Mesa, e só a ele pertencia mandar sentar, votar e calar, todos lhe devendo obediência. Na execução das causas tinha sempre a superintendência e superioridade sobre os Irmãos e ministros, e nenhum dos conselheiros poderia por si só praticar qualquer ato sem recorrer à Mesa e ao provedor, o qual, embora só tivesse um voto, era de qualidade em caso de empate. Faltando algum mesário, «por impedimento de doença ou de ausência considerável», o provedor e a Mesa elegiam diretamente outro.

Entre as suas competências exclusivas, o provedor era livre de recolher todas as informações necessárias sobre as pessoas e os negócios que pertencessem à Misericórdia e sua administração, devendo ainda informar-se em segredo «por outras vias extraordinárias, quando lhe parecer necessário, para mais certeza e segurança». Porém, caso as informações que recolhesse colidissem com aquelas recolhidas pelos restantes Irmãos, era o provedor obrigado a comunicar à Mesa os fundamentos que tinha «para dar mais crédito ao que por sua via se achou, guardando segredo quando for possível, para se evitarem escândalos e queixas».

Era obrigado a tomar o parecer dos mesários em todas as despesas que se realizassem, bem como para despachar petições de dotes de órfãs, admitir capelães e serventes, repartir vestidos e fazer eleições. Podia, contudo, despedir por sua iniciativa exclusiva os serventes e moços da capela e capelães quando estes cometessem na sua presença «algum erro notável e de escândalo a que por este meio se deva acudir». Chamava os médicos e cirurgiões à presença da Mesa para prestarem informações sobre os doentes. E para assegurar a arrecadação de dívidas, o provedor podia pagar «a pessoas seguras que as arrecadem, procurando porém que se não diminua aos pobres o que lhes pertence com se dar às ditas pessoas mais que a justa satisfação do trabalho que puserem na cobrança».

Quanto às principais limitações impostas ao provedor, estava este impedido de, por si próprio, alterar o que tivesse sido determinado por assento de Mesas passadas e que ficasse escrito no *Livro das Lembranças*, «pelo descrédito que a Casa pode padecer, com uma Mesa desfazer o que se assentou em outra». No mesmo sentido, não podia admitir Irmãos que tivessem sido riscados por administrações anteriores sem o parecer positivo do provedor ou Mesa responsáveis por essa decisão.

Mas o rol de impedimentos à ação de provedor e mesários era bem mais vasto. Nem um nem outros podiam:

- aumentar os salários de qualquer funcionário da Santa Casa;
- receber o «segundo quartel dos juros e tença da Casa»;
- fazer promessas cujo efeito se estendesse para lá do seu mandato, exceto quanto aos dotes das órfãs e esmolas que se aplicassem a resgates de cativos;
- dar certidões de fazenda que não arrecadassem no seu mandato;
- emprestar os ornamentos e pratas da Misericórdia;
- dar sepultura ou lugar de depósito a pessoa no tabuleiro que ficava para lá das grades da igreja da Misericórdia;
- dar sepultura perpétua no corpo da igreja, mesmo que a Irmãos, «para que não possa faltar aos que por sua devoção se quiserem sepultar nela»;
- aceitar capelas, instituições ou obrigações similares, nem concertar sobre heranças que se deixassem à Santa Casa para pobres ou transações sobre dívidas de dinheiro;
- reservar para a Casa qualquer fazenda ou juro perpétuo das heranças livres, nem vender ou trocar rendas que pertencessem às administrações da Casa, por qualquer título e via;
- tomar por si resolução em coisa alguma que fosse contra as disposições do Compromisso, nem em qualquer negócio extraordinário que requeresse deliberação e conselho.

Na ausência ou impedimento temporário do provedor, servia em seu lugar o escrivão da Casa; na ausência deste, servia um dos Irmãos da Mesa que já tivesse servido de provedor (havendo mais do que um nestas condições serviria o mais antigo); na falta de um antigo provedor na Mesa, servia um que no passado tivesse servido de escrivão; e não havendo nenhum Irmão em qualquer destas condições, servia o Irmão da Mesa que estivesse há mais tempo na Irmandade. Ainda que ao Irmão que assim servisse de provedor fossem cometidas quase todas as prerrogativas do titular efetivo e lhe fosse devida a mesma obediência, quaisquer negócios extraordinários que exigissem «maior deliberação» teriam de esperar pela vinda do provedor. Não podendo este regressar em tempo útil, seria na mesma consultado, ou por escrito ou através de um Irmão da Mesa que pudesse «referir seu parecer com inteireza e facilidade».

Caso o provedor falecesse ou se ausentasse indefinidamente, o escrivão e Irmãos da Mesa ficavam obrigados a chamar o provedor que tivesse servido no ano anterior, pedindo-lhe, «por serviço de Nosso Senhor», para aceitar o cargo. Na eventualidade de este se escusar, seria chamado o que servira no ano antecedente, e escusando-se ambos os ex-provedores, os eleitores juntavam-se de novo para eleger um Irmão que servisse de provedor até ao final do mandato. E para se evitarem dúvidas sobre a motivação destas substituições, sempre que o provedor efetivo ficasse desimpedido e regressasse às suas funções, o que por ele estivesse a servir «lhe largará logo o lugar».

Este Compromisso introduz um novo corpo na organização administrativa da Misericórdia, a Junta, composta por dez Irmãos Definidores eleitos pelo conjunto da Irmandade no dia 25 de julho de cada ano.

Esta Junta podia, com o provedor e Mesa, «tomar resolução em todos os negócios que se oferecerem» e as suas determinações tinham «as mesmas forças que teriam se foram disposições deste Compromisso». O provedor e a Mesa não podiam resolver questão alguma que fosse de encontro às disposições do Compromisso, nem decidir sobre qualquer «negócio extraordinário que requeira deliberação e conselho», sem o parecer da Junta, cujos membros, inclusive, assistiam às reuniões da Mesa. Trata-se, como se vê, não de um órgão meramente consultivo, uma vez que participava no processo de decisão, embora o facto de ser presidido pelo provedor moderasse de alguma forma os seus poderes.

Em suma, o Compromisso de 1646 veio definir de forma muito mais concreta o campo de ação do provedor, elencando as suas competências e limitações, bem como as da Mesa a que presidia, limitações essas que estavam longe de se circunscrever a questões do foro financeiro. O estabelecimento de critérios mais apertados na sua seleção em matéria de comportamento, origem social, condição económica e experiência traduz de forma bem clara o maior grau de exigência que o cargo adquirira, em função do paulatino crescimento da própria Misericórdia e, consequentemente, da dificuldade da sua administração, agora coadjuvada por um novo órgão administrativo.

O Provedor da Misericórdia do Porto no Compromisso de 1646

CAPÍTULO VIII

Do provedor

O provedor que houver de servir nesta Irmandade será sempre um Irmão nobre, pessoa de autoridade, prudência e boa reputação, de maneira que os outros Irmãos o reconheçam por cabeça e obedeçam com mais facilidade; e ainda que por todas as ditas partes o mereça, não poderá ser eleito de menos idade que quarenta anos, será muito sofrido pelas desvairadas condições das pessoas com que há de tratar, desobrigado de outras ocupações para que possa acudir às de seu cargo com a continuação necessária; e porque é requisito de muita importância a notícia e conhecimento das coisas da Casa, não poderá ser eleito provedor quem não for Irmão, nem antes de ser passado um ano depois que for recebido na Irmandade.

Tanto que for eleito, repartirá nas primeiras Mesas os ofícios que os conselheiros hão de servir naquele ano. Primeiramente escolherá Irmãos nobres e oficiais dos que mais anos e experiência tiverem, nos quais proverá as duas visitas em que a cidade está repartida, uma desde o mosteiro de S. Domingos para cima, e a outra desde o dito mosteiro para baixo, os quais servirão aos meses e pela mesma ordem; a um dos Irmãos nobres encomendará o cuidado dos presos para correr com ele, em companhia de um dos Irmãos oficiais; os primeiros dois meses e nos dois meses seguintes terá o mesmo cuidado outro Irmão nobre, com outro Irmão oficial; e nos seguintes dois meses o outro Irmão nobre com o outro Irmão oficial, até acabar o ano.

E faltando algum dos Irmãos da Mesa, por impedimento de doença ou de ausência considerável, o provedor e Mesa elegerão outro que por ele sirva o restante do ano seguinte, não havendo coisa que o impeça.

Mandará o provedor tirar as informações necessárias, assim sobre pessoas, como sobre negócios que pertencerem à Casa e administração dela, na forma em que adiante se dispõe no capítulo dos Visitadores; mas sempre ficará livre ao provedor informar-se também em segredo por outras vias extraordinárias, quando lhe parecer necessário, para mais certeza e segurança; porém, nunca rejeitará a informação que os Irmãos tirarem, sendo encontrada com a sua particular, sem comunicar em Mesa os fundamentos que tem para dar mais crédito ao que por sua via se achou, guardando segredo quando for possível, para se evitarem escândalos e queixas.

Em todas as despesas que se houverem de fazer, ainda que seja em esmolas, tomará sempre o parecer dos Irmãos que com ele servem na Mesa, e a mesma forma guardará quando houver de despachar petições de dotes de órfãs, admitir capelães e serventes, repartir vestidos e fazer eleições com as mais coisas desta qualidade; poderá contudo despedir os serventes e moços da capela, quando lhe parecer, e aos capelães, quando em sua presença cometerem algum erro notável e de escândalo a que por este meio se deva acudir.

Fará que os médicos e cirurgiões venham à Casa nos dias de Mesa para dar informação dos doentes que ordinariamente concorrem a ela.

O provedor presidirá em todas as Juntas e na Mesa, e a ele só pertence mandar assentar, votar e calar, e todos lhe obedecerão; por serviço de Nosso Senhor e de Nossa Senhora, e na execução das causas terá sempre a superintendência e superioridade sobre os Irmãos e ministros que correm, nem cada um dos conselheiros poderá por si só fazer coisa alguma sem recorrer ao provedor e Mesa, o qual terá somente um voto, e empatados escolherá.

E acontecendo que o provedor se ausente por algum tempo, e que todavia haja de tornar a servir, ou que seja impecido de doença, por que não possa vir à Mesa, servirá em seu lugar o escrivão da Casa, e em ausência do escrivão, servirá um dos Irmãos da Mesa que já tenha servido de provedor, e havendo alguns que tenham servido, servirá o provedor mais antigo, e não havendo Irmão que tenha servido de provedor, servirá o Irmão que tenha servido de escrivão, pela mesma ordem que fica apontada nos que serviram de provedores, e em falta de uns e outros, servirá o irmão da Mesa que mais antigo for na Irmandade, e com qualquer deles que presidir se farão os negócios pelo mesmo modo e execução com que se costumam fazer estando o provedor presente, e os mais Irmãos lhe obedecerão da mesma maneira em que obedecem ao provedor. Porém, se em meio deste tempo vierem alguns negócios extraordinários que peçam maior deliberação, esperar-se-á pela vinda do provedor, e não o permitindo a qual dade das coisas, será o provedor consultado conforme as circunstâncias do tempo e do lugar ou por escrito a que ele responda, ou por um irmão da Mesa que possa referir seu parecer com inteireza e facilidade.

E sucedendo falecer o provedor, ou ausentar-se de maneira que não possa tornar a servir o tempo que faltar daquele ano que vai correndo, o escrivão e Irmãos da Mesa serão obrigados, sob cargo de seu juramento, mandar chamar o provedor que serviu o ano passado, e lhe pedirão que, por serviço de Nosso Senhor, queira aceitar o cargo, e escusando-se com legítima causa, será chamado o que serviu no ano antecedente, por se não ocupar algum dos Irmãos que poderá servir no ano seguinte, e escusando-se ambos os ditos provedores, os eleitores que foram naquele ano se tornarão a ajuntar, e elegerão um irmão que lhes parecer que sirva de provedor até o fim do ano, tendo as qualidades que se requerem, conforme a este Compromisso.

E se algum dos eleitores for morto ou ausente, de maneira que não possa vir votar, se tirará por sortes um Irmão nobre ou oficial dos que servem na Junta, conforme a qualidade do que faltar, e com ele se fará a eleição.

E por se evitarem dúvidas que podem suceder por razão destes impedimentos e ausências a que não é possível prover em particular, todas as vezes que tornar o provedor ou qualquer Irmão que no princípio do ano foi eleito, o que por ele servir lhe largará logo o lugar para servir seu oficio o restante do ano, e em tal caso o que serviu por ele, não chegando a dia de Santa Isabel, poderá ser eleito, não havendo outro impedimento.

(Fonte: AHSCMP – *Compromisso da Misericórdia do Porto* [de 1646]. 1717. Coimbra: Real Colégio das Artes da Companhia de Jesus)

1.4. O Compromisso da Misericórdia de 1883

O Compromisso da Misericórdia do Porto de 1646 vigorou até 1883. É certo que algumas alterações, quer internas, quer por força de lei, foram sendo introduzidas neste lapso de tempo, mas será o Compromisso de 1883, de 10 de setembro (aprovado pelo governador civil do Porto a 12 de novembro seguinte), a dar-lhes força e a promover uma verdadeira reforma no que ao modo de eleição e funções do provedor diz respeito, como em muitas outras matérias atinentes ao funcionamento e regulamentação da Instituição e à sua própria estrutura, com a criação de dois novos órgãos, a Assembleia Geral e o Definitório (uma evolução da anterior Junta), com os quais a Mesa e o provedor partilharão responsabilidades daí em diante.

A Assembleia Geral, presidida pelo provedor, era constituída pela totalidade dos Irmãos de maior idade, emancipados e do sexo masculino – note-se que este Compromisso foi o primeiro a prever a admissão de mulheres na Irmandade, dando cumprimento ao decreto de 6 de dezembro de 1872 –, detendo diversas e importantes competências e prerrogativas. Deliberava sobre a exclusão de Irmãos e a alienação de fundos e bens, contratação de empréstimos e alterações do Compromisso (art. 18.º), elegia a Mesa e o Definitório, votava o parecer do Definitório sobre o relatório e contas de gerência do biénio precedente e tomava «quaisquer resoluções atinentes ao bem da Irmandade» (art. 17.º). Quanto ao Definitório, constituído por 21 Irmãos, tinha atribuições de caráter consultivo (reunindo sob a presidência do provedor) e deliberativo, neste caso, funcionando separado da Mesa.

Se, por um lado, os requisitos impostos à admissão de Irmãos eram agora mais reduzidos – católicos, com «precedentes de bons costumes», alfabetizados e com alguma forma de sustento (art. 4.º) – e se tornava possível a entrada de mulheres, por outro, apenas os Irmãos do sexo masculino e emancipados tinham «direito de votar e ser votados para todos os cargos da Irmandade» (art. 9.º), excluindo assim aquelas de forma explícita do lugar de provedor – algo que não estava cabalmente expresso nos Compromissos anteriores, já que a admissão de elementos do sexo feminino neste tipo de instituições nem se levantava. Também não eram elegíveis:

- os indivíduos legalmente privados da administração dos seus próprios bens;
- os indivíduos condenados a penas maiores;
- os devedores da Irmandade e seus ascendentes, descendentes e fiadores;
- os indivíduos que tivessem quaisquer contratos ou pleitos judiciais com a Misericórdia, bem como os respetivos ascendentes e descendentes;
- os empregados remunerados da Misericórdia.

Os membros da Mesa, elevados a quinze, eram eleitos em escrutínio secreto por maioria de votos, em Assembleia Geral realizada a 1 de agosto, se a maioria de Irmãos se achasse presente, ou em caso de falta de quórum, a 15 de agosto (art. 25.º). Caso o mesmo Irmão ficasse eleito simultaneamente para o Definitório e a Mesa, prevalecia a eleição para mesário, deixando bem explícita a preponderância hierárquica deste órgão (art. 22.º).

Note-se que, tal como até aí, o provedor continuava a não ser eleito diretamente, embora o processo para a sua eleição tenha mudado significativamente: era eliminada a figura do Irmão Eleitor, e votados os quinze membros da Mesa; estes, após tomarem posse, elegiam entre si o provedor, vice-provedor, secretário, vice-secretário e tesoureiro (art. 26.º).

A eleição era feita para um mandato de dois anos (art. 29.º) e não apenas um, como no passado, prolongando-se o mandato até que os novos membros da Mesa tomassem legalmente posse, evitando assim a vacatura dos lugares. Também em rutura com o anterior Compromisso, era permitida a reeleição sucessiva do provedor, sem lugar a limitação de mandatos. No entanto, a reeleição podia servir de argumento para o reeleito pedir escusa do cargo (art. 28.º).

Ainda que as deliberações da Mesa fossem tomadas pela maioria dos seus membros, em caso de empate o provedor tinha voto de qualidade, exceto nos casos de votação por escrutínio secreto (art. 36.º).

O provedor, como os restantes membros da Mesa, estava proibido de tomar parte em qualquer contrato que fosse estipulado pela Mesa durante o seu mandato (art. 46.º), e era solidariamente responsável pelos danos ou prejuízos que por dolo, culpa ou negligência resultassem à Irmandade de um ato conjunto, e individualmente responsável quando fosse o único decisor (art. 47.º).

Entre as principais obrigações e competências da Mesa (art. 40.º a 44.º), que reunia ordinariamente uma vez por semana, contavam-se:

- regular a arrecadação de todos os capitais, fundos, bens e rendimentos da Misericórdia, e dar-lhes a devida aplicação;
- admitir e organizar o processo de exclusão de Irmãos;
- conceder diplomas de Irmãos Honorários ou Beneméritos;
- discutir e aprovar o orçamento, organizar as contas e submetê-las ao exame do Definitório:
- praticar todos os atos relativos aos fins da Irmandade;
- velar pela manutenção dos privilégios e regalias da Misericórdia;
- dar cumprimento a todos os legados e obrigações a que a Irmandade estava sujeita e deliberar sobre a aceitação de novos legados e donativos;

- promover a desamortização dos bens imobiliários que a Misericórdia adquirisse e registar títulos nas conservatórias;
- deliberar sobre transações e sobre pleitos judiciais a intentar ou defender;
- conceder moratórias a devedores, mas nunca para lá do tempo do mandato;
- rever anualmente o inventário geral de todos os bens da Misericórdia e os inventários parciais dos seus diferentes estabelecimentos;
- decidir sobre empréstimos para ocorrer a despesas obrigatórias impreteríveis e devidamente autorizadas;
- organizar os regulamentos para os diferentes serviços e estabelecimentos da Misericórdia, não podendo aqueles contrariar as disposições do Compromisso;
- nomear, com ou sem concurso, todos os empregados da Misericórdia, com exceção dos clínicos das enfermarias e bancos, farmacêuticos e empregados de secretaria, para cuja nomeação era obrigatório concurso;
- admoestar, repreender, suspender com perda de vencimento e demitir os empregados da Misericórdia;
- apresentar ao Definitório, a 15 de julho de cada ano, o relatório e contas para, com parecer daquele órgão, o referido documento ser apresentado à Assembleia Geral;
- prover a tudo quanto fosse conducente para o engrandecimento da Misericórdia.

Além de partilhar as prerrogativas e atribuições da Mesa – com uma responsabilidade superior que advinha do facto de presidir àquele órgão e de ter voto de qualidade –, e de lhe competir, como já referimos, a presidência da Assembleia Geral da Misericórdia e do Definitório (quando em funções consultivas), o provedor era especialmente encarregado (art. 53.º):

- da execução das resoluções da Assembleia Geral, Definitório e Mesa;
- da organização e apresentação dos orçamentos e contas;
- do ordenamento das despesas em conformidade com os orçamentos aprovados;
- de assinar e fazer expedir toda a correspondência oficial;
- de representar a Irmandade em juízo e fora dele;
- de assinar as guias de receita para dar entrada no respetivo cofre;
- de superintender sobre todos os empregados e suspendê-los no caso de falta grave, dando conta à Mesa na sessão imediata para que esta julgasse definitivamente sobre o assunto.

Como se vê, esta reforma do Compromisso da Misericórdia acompanhava, ainda que de forma tardia, a modernização administrativa do próprio País, que em 1834 completara, sob o ponto de vista jurídico-institucional, o processo de transição do Antigo Regime para o Liberalismo. Esta evolução abrangia também, inevitavelmente, tudo o que dizia respeito ao provedor, agora com menos limitações na sua ação e com as suas competências e reservas minuciosamente explicitadas numa linguagem técnica mas clara. O seu mandato era alargado a dois anos e eliminavam-se quaisquer entraves à sua recondução no cargo. Já nem a época de admissão era tida em conta para poder ser eleito – ainda que o fosse para poder votar –, o que significava que até um Irmão recém-admitido, mesmo não tendo direito ao voto, podia ser eleito provedor.

1.5. A reforma do conde de Samodães – o Compromisso de 1886 e o Regulamento de 1887

O Compromisso de 1883, embora amplamente reformado face à multissecular redação precedente, vigorou por pouco mais de dois anos, sendo aquele que menos tempo esteve em vigor na história da Misericórdia do Porto. Em 26 de novembro de 1885, o visconde de Samodães, provedor desde 1884, apresenta à Mesa uma nova redação. Depois de introduzidas modificações muito pontuais na Assembleia Geral de 11 de janeiro de 1886, o novo Compromisso é nesse mesmo dia aprovado, e validado por alvará do governador civil do Porto de 22 de março seguinte.

Embora o seu proponente afirme, desde logo, que o objetivo primeiro deste novo Compromisso era o de introduzir «melhoramentos de redação», a verdade é que foram introduzidas alterações importantes no que ao provedor e à sua Mesa Administrativa diz respeito, como veremos adiante.

Os requisitos de admissão de Irmãos mantiveram-se os mesmos, sendo a única alteração digna de nota o alargamento da exigência de «saber ler e escrever» às mulheres, já que pela redação de 1883, as mesmas estavam libertas de tal quesito. Também a redação quanto ao direito a votar e ser votado para provedor e outros cargos se conservou, bem como o processo eleitoral.

A Mesa, que continuou composta de quinze elementos efetivos, passou a contar com seis mesários substitutos, eleitos nessa qualidade (art. 26.º), pois, de acordo com o provedor, «o modo de suprir as faltas permanentes ou eventuais da Mesa [era] ineficaz», sendo a introdução de mesários substitutos «sem dúvida, o único meio de poder preencher sempre os lugares que vaguem, e sem ele provavelmente nunca a Mesa estará completa». Esta preocupação do conde de Samodães denuncia a elevada rotatividade dos mesários, desde sempre frequentemente ausentes das suas funções, de forma temporária ou permanente, o que dificultava a administração da Instituição por falta de quórum para a tomada de decisões. Agora, meia dúzia de mesários substitutos ficavam assim obrigados a suprir as faltas dos efetivos no caso de recusa, escusa, incompatibilidade ou em qualquer caso de ausência. Ainda assim, devido à importância da função, em caso algum poderia substituir o provedor, recaindo essa responsabilidade necessariamente num mesário efetivo (art. 31.º).

A reeleição continuou a servir de fundamento para a escusa do cargo, mas apenas se imediata (art. 28.º), ou seja, apenas um provedor eleito de forma consecutiva poderia recusar-se à assunção do cargo.

Mas a alteração mais significativa desta reforma foi o regresso dos mandatos anuais para todos os cargos eletivos, incluindo o de provedor (art. 29.º), em detrimento dos mandatos bienais introduzidos em 1883. Samodães, em preâmbulo à sua proposta, deixa bem claras as motivações para esta reversão:

> «A eleição da Mesa foi sempre repetida invariavelmente todos os anos segundo o antigo Compromisso. Ao organizar-se o atual Estatuto [de 1883], pensou-se que seria conveniente que a eleição só se fizesse bienalmente; mas a experiência mostrou que os Irmãos propostos para mesários não querem sujeitar-se a aceitar o oneroso encargo de governar esta grandiosa Instituição por um prazo tão largo. Embora alguns possam servir dois e mais anos seguidos, nenhum deseja comprometer-se por mais que um ano.»

Naturalmente, esta alteração obrigou a alguns ajustamentos nas competências e funcionamento da própria Assembleia Geral – que agora só podia funcionar na presença da maioria dos Irmãos «residentes no concelho do Porto» (art. 16.º), vincando-se por esta via o âmbito geográfico prioritário da ação da Misericórdia –, órgão que passou a apreciar relatórios de gerência todos os anos e não bienalmente, pois, ainda segundo Samodães:

> «como o fim que mais se deve ter em vista é uma fiscalização continuada por parte de todos os Irmãos na gerência da Irmandade, é demasiadamente largo o período de dois anos para a reunião da Assembleia. Voltando outra vez às reuniões anuais, mais se interessam os Irmãos pelos negócios desta Casa, melhor advogam os interesses dela, apreciam com menos dificuldades as contas e escolhem mais livremente os administradores, sem que por modo algum deixem de ser reconduzidos quando a Assembleia o julgue conveniente e eles se prestem a isso.»

Ao provedor é acrescentada de forma explícita a competência de «superintender sobre todos os estabelecimentos pertencentes à Irmandade» (art. 53.º, n.º 8), sendo-lhe ainda cometida a responsabilidade de «cumprir as obrigações que por costumes antigos ou por deliberações da Mesa lhe pertencerem» (art. 53.º, n.º 8). Em apenas duas novas alíneas, o provedor vê cabalmente afirmado o seu lugar cimeiro na hierarquia da Irmandade, como primeiro responsável por toda a sua administração, podendo-lhe inclusive ser atribuídas competências não previstas explicitamente no Compromisso, quer por costume, quer por decisão da Mesa (embora, obviamente, nunca contrariando disposições estatutárias).

Talvez como forma de moderar estas novas atribuições, o Compromisso passa a negar expressamente ao provedor o exercício do lugar de diretor singular de qualquer estabelecimento da Irmandade, podendo tão-só integrar comissões diretoras (art. 57.º).

Esta reforma foi acompanhada de um Regulamento Geral da Mesa e Definitório, publicado no ano seguinte, que trata de uma multiplicidade de questões, como a posse da Mesa e distribuição dos serviços, funcionamento das sessões da Mesa e competências específicas de cada um dos seus membros.

Deste regulamento consta o novo juramento feito pelo provedor e restantes membros da Mesa no ato da posse (art.º 3.º):

> Juro ser fiel à Religião Católica Apostólica Romana, às leis do País e ao Compromisso desta Santa Casa, empregando além disto todos os meus esforços para cumprir o mandato que me foi confiado pela Irmandade e guardar sigilo em tudo quanto for a bem dela.

São ainda definidas competências adicionais do provedor, além das previstas pelo Compromisso (art. 33.º, 35.º, 38.º e 39.º), nomeadamente:

- examinar toda a correspondência recebida pela Santa Casa e mandar arquivar a que fosse secreta;
- dar instruções para as respostas à correspondência, fosse por resolução sua – mas, neste caso, só as de puro expediente –, ou para cumprir as resoluções da Mesa;
- mandar preparar na secretaria os trabalhos que tivessem de ser presentes à Mesa;
- regular a organização dos orçamentos gerais e suplementares;
- prover em todos os negócios urgentes e preparar, com o auxílio do secretário-geral, todos os trabalhos a apresentar à Mesa;
- subscrever todos os mandados de despesa e guias de receita, juntamente com o secretário-geral;

- resolver as questões relativas a obras nos estabelecimentos da Santa Casa, bem como todos os negócios urgentes, qualquer que fosse o estabelecimento, sempre que o respetivo mesário diretor não estivesse presente;
- redigir o relatório geral da gerência, apresentado no final de cada ano económico.

Este último ponto é da maior importância, uma vez que, de acordo com este regulamento, as considerações gerais que em cada ano abriam o relatório eram da exclusiva responsabilidade do seu autor, competindo à Mesa unicamente verificar a exatidão das deliberações apresentadas no documento, não se pronunciando sobre as opiniões emitidas pelo provedor. Mesmo o Definitório, no seu parecer, apenas podia referir-se aos atos da Mesa e nunca às considerações do redator do relatório (art. 34.º). Esta regra deu assim azo à criação de uma fonte riquíssima para, a partir de então, se perceber a apreciação pessoal do provedor em cada momento da vida da Instituição e de como ela se relacionava com o estado do País, o que incluía a relação com o poder central, com os agentes económicos e com a sociedade em geral.

Por outro lado, o provedor, sempre que integrasse qualquer comissão ou direção económica de um estabelecimento da Misericórdia assumia obrigatoriamente a sua presidência, na qualidade de Presidente-nato (art. 77.º), e nas solenidades da Instituição competia-lhe preparar o discurso comemorativo – tarefa que podia delegar em terceiros –, presidir às cerimónias, ocupando o primeiro lugar, e conceder a palavra aos outros oradores, não podendo ninguém «discorrer ou recitar sem previamente ter pedido licença ao provedor, que a concederá ou não como julgar conveniente» (art. 178.º).

No impedimento do provedor – isto é, quando este não comparecesse a uma sessão da Mesa, com ou sem aviso, ou não comparecesse na secretaria três dias úteis consecutivos –, servia o cargo o vice-provedor (art 37.º), adquirindo todas as obrigações e competências pertencentes ao cargo. De resto, sempre que o provedor se ausentasse da cidade do Porto por mais de três dias, deveria avisar a secretaria ou diretamente o vice-provedor, para que este viesse assumir as suas funções (art. 40.º).

1.6. As reformas da Primeira República – o Compromisso de 1911 e o Regulamento de 1913

A implantação da República, em 5 de outubro de 1910, trouxe consigo um novo Compromisso, aprovado em 28 de dezembro de 1911, que, no entanto, poucas alterações implicou no que ao provedor diz respeito. A mudança mais significativa revela-se na eliminação de várias referências de cariz religioso, na senda da orientação ideológica do regime recém-implantado, não sendo agora necessário «professar a Igreja Católica Apostólica Romana» para se ser Irmão da Misericórdia (art. 7.º).

A elegibilidade e o direito ao voto continuavam a ser exclusivos dos Irmãos do sexo masculino de maior idade e os critérios de inelegibilidade para todos os cargos da Irmandade não sofreram qualquer alteração (art. 12.º e 22.º).

Os quinze membros efetivos da Mesa – elevados a dezassete quando a Misericórdia tomou posse da administração do Sanatório Semide, em 1926 – eram eleitos por maioria relativa de votos, em Assembleia Geral realizada a cada dois anos, no terceiro domingo de setembro, ou seja, o mandato do provedor, como dos restantes mesários, voltou a ser bienal, como acontecera de 1883 a 1886. A data da eleição continuava assim a afastar-se progressivamente do dia original, 2 de julho, Dia da Visitação, perdendo em definitivo a conotação religiosa que o processo tinha, agora reduzido a um ato meramente administrativo. Oito dias depois desta eleição, os novos mesários elegiam entre si o provedor, vice-provedor, secretário-geral e tesoureiro-geral, o que significa que o provedor continuou a não ser eleito diretamente (art. 37.º). Vagando o lugar de provedor, este seria preenchido por um vogal efetivo e nunca por um substituto, e vagando a maioria dos lugares, proceder-se-ia à eleição de toda a Mesa (art. 34.º).

As competências da Mesa mantiveram-se praticamente as mesmas, embora expurgadas da componente religiosa que detinham – por exemplo, retirou-se a obrigação de «conservar com o devido esplendor as festividades e atos do culto divino». Uma importante referência é, no entanto, acrescentada, no que se refere às incumbências da Mesa Administrativa, entre as quais passa a avultar o dever de velar «sobretudo pela sua autonomia» (art. 44.º). Face a quê ou a quem? Embora o Compromisso não o mencione de forma expressa, sabemos hoje que, desde os últimos anos da Monarquia Constitucional, o grande «combate» dos provedores da Misericórdia tinha a ver com a excessiva interferência do Estado na Instituição, atribuindo-lhe, por exemplo, funções e obrigações de cariz assistencial que não lhe eram devidas pela sua natureza privada, e sem a justa compensação. Praticamente todos os provedores da Misericórdia do Porto, desde essa altura, se pronunciaram vivamente sobre esta matéria e criticaram a ingerência do Estado na administração da Irmandade, pelo que esta referência explícita nas incumbências da Mesa acompanhava as preocupações sentidas por quem a liderava.

Outras competências acrescentadas à Mesa diziam respeito à concessão de promoções e aposentadoria de empregados da Instituição (art. 44.º, n.º 16.º e 17.º). Em tudo o mais, mantinha-se o articulado no Compromisso de 1886.

O Definitório foi amplamente reformado, dele fazendo parte dois antigos provedores, a que se juntavam dois antigos secretários, um antigo tesoureiro e dois antigos mesários. Além da redução significativa do número de elementos – anteriormente eram 21 –, perdeu também as suas funções deliberativas, transformando-se num órgão exclusivamente consultivo, e reunindo sempre sob a presidência do provedor que estivesse em funções.

Dois anos depois, em 1913, e na mesma senda reformista anticlerical, também o Regulamento da Mesa e do Definitório foi alvo de diversos ajustes, o mais simbólico dos quais, no que concerne ao provedor, terá sido a alteração substancial da fórmula do juramento aquando da tomada de posse, agora transformado em declaração de honra:

> Declaro pela minha honra que desempenharei fielmente as funções que me são confiadas, empregando todos os meus esforços para cumprir o mandato que me foi confiado pela Irmandade e guardando sigilo em tudo quanto for a bem dela.

O juramento de fidelidade à Religião Católica Apostólica Romana era assim expurgado do texto, e os provedores deixavam de colocar a mão direita sobre o Evangelho durante aquele ato.

1.7. A pequena e a grande reforma do Estado Novo: os Compromissos de 1936-1937 e de 1947

A Ditadura Militar implantada com a Revolução de 28 de Maio de 1926 não trouxe qualquer mudança imediata à estrutura da Misericórdia do Porto. Ao contrário do que aconteceu em numerosas instituições, a Santa Casa portuense passou incólume no processo de nomeação de comissões administrativas pelo Governo e não foi sequer objeto de qualquer purga nos cargos diretivos ou de perseguições internas, mantendo-se em funções o mesmo provedor, António Cálem.

Como tal, só a 29 de março de 1936, já com o Estado Novo institucionalizado, foi aprovado pela Assembleia Geral um novo Compromisso (sancionado pelo Governo por portaria de 4 de maio de 1937), que mesmo assim poucas novidades trouxe, continuando a negar às mulheres o direito a elegerem ou serem eleitas para qualquer cargo da Irmandade e conservando integralmente as competências e prerrogativas do provedor e da Mesa previstas no Compromisso de 1911.

A eleição do provedor continuou a processar-se da mesma forma – eleição direta dos membros da Mesa, que depois elegiam entre si os principais cargos –, mas o sufrágio passou a realizar-se no terceiro domingo de dezembro (art.º 27.º), de forma a fazer coincidir a tomada de posse da Mesa com o início do ano económico, que por esta altura, por força da lei administrativa geral, obrigatoriamente plasmada neste Compromisso (art. 60.º), passou a coincidir com o ano civil (1 de janeiro a 31 de dezembro), deixando assim de correr de 1 de julho a 30 de junho, prática que se mantivera desde a fundação da Misericórdia. Finalmente, ao fim de mais de quatro séculos, o ano civil, o ano económico e o mandato da Mesa Administrativa coincidiam no tempo.

A única alteração digna de nota quanto a esta reforma é o alargamento do mandato do provedor e restantes membros da Mesa – num total de 17 elementos desde a inauguração do Sanatório Semide, em 1926 – de dois para três anos (art. 30.º).

Ainda durante o Estado Novo, em 20 de outubro de 1946, é aprovado pela Assembleia Geral da Misericórdia um novo Compromisso, autorizado pelo Governo apenas quatro dias depois. Este sim vem traduzir e afirmar o inegável conservadorismo do regime, desde logo com a reintrodução da pertença à Igreja Católica como condição *sine qua non* para se ser admitido como Irmão (art. 6.º), a qual, como vimos, tinha caído em 1911. Esta clara aproximação à vertente religiosa da Instituição, na qual, é bom lembrar, a Irmandade radicava desde as suas origens, fica aliás pontuada ao longo do texto deste Compromisso, com a reintrodução de expressões como a «prática cristã da caridade» e o «culto divino» logo no artigo relativo aos fins da Irmandade (art. 2.º).

De resto, esta alteração acompanhava a importante mudança então registada na própria administração da Misericórdia, que em 1945 vira António Luís Gomes, provedor durante boa parte da Primeira República (1912-1919) e segunda vez desde 1930, ser substituído precisamente sob a acusação de ser um «livre-pensador» não-católico – embora não passasse de um pretexto para afastar este oposicionista do regime e toda a sua equipa, substituindo-o por um homem fiel a Oliveira Salazar, o coronel Alberto Frazão.

Curiosamente, numa altura em que o regime endurecia, nas condições exigidas ao exercício de cargos na Irmandade, incluindo o de provedor, era eliminado o requisito de o Irmão a eleger não ter sido objeto de qualquer pena maior cominada nas leis penais, ou seja, a eventual existência de cadastro deixou de ser um fator impeditivo para o exercício de qualquer cargo dentro da Misericórdia. E ao contrário do que seria de esperar, não se registaram quaisquer alterações no processo de eleição da Mesa, continuando os seus membros a ser eleitos por maioria relativa de votos, elegendo posteriormente entre si os principais cargos.

Porém, e a exemplo do que então se registava no País, a prática era bem diferente da letra da lei, uma vez que o próprio Alberto Frazão, primeiro subscritor deste Compromisso, fora nomeado administrativamente e não eleito, pelo que a suposta democraticidade da escolha do provedor e restantes membros da Mesa era não mais do que aparente, ficando sempre salvaguardada pelo Código Administrativo, que obviamente prevalecia sobre o Compromisso, a possibilidade de o Governo, por intermédio do governador civil, nomear e demitir livremente os detentores de cargos administrativos.

No que concerne às competências da Mesa e do provedor, não se registaram quaisquer alterações dignas de nota no Compromisso de 1946.

1.8. O Provedor no regime democrático: o Compromisso de 1981 e as reformas de 1987 e 1993

Se, como vimos, os Compromissos de 1936-1937 e 1947 foram meras reformas ao Compromisso de 1911, o Compromisso de 16 de julho de 1980 (confirmado superiormente a 8 de março de 1981) apresenta alterações muito significativas, fruto do processo de modernização jurídico-administrativa que o País atravessou na sequência da Revolução de 25 de Abril de 1974 e da democratização do regime. De facto, pouco ou nada sobrou do articulado precedente.

Desde logo, volvidos quase cinco séculos desde a sua fundação, as mulheres puderam, por fim, ser admitidas livremente como Irmãs da Misericórdia, sem necessidade de qualquer tipo de autorização adicional dos seus pais ou maridos. Qualquer pessoa podia agora ser admitida na Irmandade, desde que gozasse de «boa reputação moral e social»; fosse maior de idade – condição imposta pela primeira vez, dado que, até então, os menores poderiam ser Irmãos desde que devidamente autorizados pelos pais ou tutores; se comprometesse ao pagamento de uma quota mensal; e aceitasse «os princípios da doutrina e da moral cristãs que enformam a Instituição», não hostilizando «pela sua conduta social ou pela sua atividade pública a religião católica e os seus fundamentos» (art. 10.º).

Da mesma forma, qualquer Irmão, independentemente do género, passou a poder eleger e ser eleito para os corpos gerentes – embora para o Definitório só pudessem ser eleitos Irmãos que tivessem já desempenhado cargos efetivos em Mesas ou Comissões Administrativas ou os inscritos há mais tempo (art. 15.º). O mesmo é dizer, mais do que votar, uma mulher podia até ascender ao cargo de provedor, embora, até hoje, tal nunca tenha ocorrido na Misericórdia do Porto.

Apenas ficavam excluídos de exercer cargos na Irmandade os Irmãos privados legalmente da administração dos seus bens; os devedores à Misericórdia e seus fiadores, bem como os seus ascendentes e descendentes; os que tivessem quaisquer contratos ou pleitos com a Misericórdia e seus ascendentes e descendentes; os que estivessem a prestar trabalho ou serviço remunerado à Instituição; e os que tivessem parentesco próximo com um Irmão que estivesse no momento a exercer algum cargo na Misericórdia (art. 19.º).

A Mesa Administrativa passou de 17 para 13 membros efetivos, mas conservando um provedor, um vice-provedor, um secretário-geral, um vice-secretário-geral e um tesoureiro-geral. O provedor continuou a ser eleito indiretamente pela Assembleia Geral – esta elegia os membros da Mesa, «à pluralidade de votos dos Irmãos presentes», e os mesários recém-empossados escolhiam entre si o provedor – e os mandatos mantiveram a sua duração trienal (art. 42.º). A Mesa cessante continuava em exercício até à posse da que fosse novamente eleita (art. 43.º) e as eleições passaram a realizar-se no mês de novembro. Os Irmãos, como até então, ficavam obrigados a aceitar a primeira eleição, mas não a reeleição para o mesmo cargo.

A Mesa Administrativa, presidida como sempre pelo provedor, viu as suas competências e obrigações significativamente alargadas, cabendo-lhe:

- praticar e promover com o maior zelo os atos conducentes aos fins da Irmandade;
- velar pela manutenção dos direitos, privilégios e regalias da Irmandade «e sobretudo pela sua autonomia», articulado que vinha já, como vimos, de 1911;
- dar cumprimento a todos os legados e obrigações a que a Irmandade estivesse sujeita;
- regular a arrecadação de todos os capitais, fundos, bens e rendimentos da Irmandade e dar-lhes a devida aplicação e emprego;
- prover a tudo o que pudesse contribuir para o engrandecimento da Irmandade e da sua obra de solidariedade social;
- terminado o mandato, dar posse e fazer entrega à Mesa eleita dos documentos e valores da Instituição;
- executar e fazer executar as deliberações da Assembleia Geral e do Definitório e os preceitos do Compromisso e dos regulamentos que o completassem;
- admitir ou rejeitar Irmãos e decidir quanto à sua exclusão, sendo neste caso obrigatório um inquérito preliminar com audiência dos interessados, que podiam recorrer para a Assembleia Geral;
- administrar os bens, obras e serviços da Instituição e zelar pelo bom funcionamento dos seus vários setores;
- apreciar, discutir e aprovar os orçamentos, organizados e apresentados pelo provedor;
- apreciar sempre que quisesse, mas pelo menos uma vez por mês, a posição das receitas cobradas e das despesas pagas, em comparação com as previstas no Orçamento;

- apreciar em todas as sessões ordinárias o balanço da Instituição, assim como a aplicação de verbas e outros valores disponíveis;
- promover a arrecadação das receitas e a liquidação das despesas inscritas no Orçamento;
- deliberar sobre a aceitação de todas as heranças, legados e donativos com que a Irmandade fosse contemplada;
- deliberar sobre pleitos a intentar ou contestar e sobre transações, confissões ou desistências;
- organizar para os diferentes serviços e estabelecimentos da Misericórdia regulamentos especiais, embora subordinados aos preceitos do Compromisso e sujeitos ao parecer do Definitório e competente aprovação da tutela;
- criar e extinguir postos de trabalho e fixar vencimentos;
- nomear, suspender e demitir empregados e servidores da Irmandade, estabelecer os seus horários e condições de trabalho e exercer sobre eles o necessário poder disciplinar, de harmonia com a lei;
- constituir grupos de trabalho e reflexão com o objetivo de melhorar e desenvolver as atividades sociais da Misericórdia, «através da divulgação do seu espírito, da sua obra, dos seus propósitos, das suas iniciativas e das suas realizações e necessidades perante as populações»;
- promover o desenvolvimento e a prosperidade da Irmandade e praticar todos os atos que a sua administração ou a Lei exigisse, permitisse e aconselhasse e que não fossem da competência de outro órgão da Instituição.

Deste conjunto de atribuições, dependiam de parecer favorável do Definitório – que recuperou o seu caráter enquanto órgão codeliberativo, a par da competência consultiva que nunca perdeu – a aprovação definitiva e entrada em vigor de regulamentos e alterações aos mesmos; a execução das deliberações da Mesa que dessem lugar ao aumento da despesa com o pessoal; a aquisição por título oneroso e a alienação de bens imóveis; e a alienação de títulos de crédito.

Quanto às competências específicas do provedor, embora não sofrendo alterações significativas, foram objeto de vários ajustamentos (art. 52.º). A ele competia:

- presidir às sessões da Mesa Administrativa;
- preparar e submeter à consideração da Mesa todas as sugestões e propostas que julgasse necessárias ou convenientes para bem da Irmandade e da prossecução dos seus fins;

- fazer executar as resoluções da Assembleia Geral, que também presidia, e da Mesa, e fazer cumprir os regulamentos em vigor e quaisquer outras obrigações inerentes ao seu cargo ou que as leis vigentes e o costume impusessem;
- superintender, diretamente ou por intermédio de pessoas para tal efeito designadas ou nomeadas, na administração da Misericórdia e, desta forma, orientar e fiscalizar as diversas atividades e serviços da Instituição;
- despachar os assuntos de expediente e outros que carecessem de solução urgente, devendo, porém, estes últimos, quando excedessem a sua competência, ser submetidos à confirmação da Mesa Administrativa, na reunião imediata;
- propor à Mesa Administrativa os Orçamentos, Relatórios e Contas de Gerência;
- assinar a correspondência, as ordens de pagamento e os recibos comprovativos da arrecadação de receitas, podendo delegar estas funções num vogal;
- representar a Irmandade em juízo e fora dele.

Pela primeira vez, ficava expressamente definido que era da competência do vice-provedor coadjuvar o provedor «no desempenho permanente das obrigações e encargos da provedoria que, por acordo entre ambos, lhe forem distribuídos», além de, como anteriormente, substituir o provedor nos seus impedimentos (art. 53.º).

O Compromisso de 1981 foi objeto de significativas reformas logo em outubro de 1986 (aprovadas pelo bispo do Porto a 27 de março de 1987). A nova redação terminou com o multissecular impedimento dos Irmãos que fossem trabalhadores da Misericórdia ou que de alguma forma fossem remunerados pela Instituição poderem ser eleitos para cargos na Irmandade, incluindo para o lugar de provedor. A partir de então, os Irmãos que fossem trabalhadores ou beneficiários da Santa Casa passaram a ter todos os direitos dos restantes, salvo no que se referia ao voto em deliberações relativas a retribuições de trabalho, regalias sociais ou outros benefícios que lhes dissessem diretamente respeito (art. 17.º). As restantes restrições em matéria de inelegibilidade mantiveram-se integralmente.

No que se refere às eleições para os corpos sociais, cujo mandato permaneceu trienal, determinou-se que se realizariam no último domingo de novembro (art. 44.º), ficando ainda estabelecido que os corpos sociais tomariam posse no primeiro dia útil do triénio para que fossem eleitos (art. 78.º).

O provedor deixou de presidir à Assembleia Geral, que passou a contar com um presidente próprio para o efeito (art. 41.º). Este órgão viu ainda os seus poderes amplamente reforçados, em detrimento do provedor e da Mesa Administrativa. Desde logo, passou a competir-lhe decidir dos recursos interpostos a deliberações da Mesa;

autorizar a Misericórdia a demandar os membros e ex-membros dos corpos gerentes por atos praticados no exercício das suas funções; deliberar sobre a adesão a uniões, federações e confederações; destituir, em qualquer altura, os corpos gerentes, no todo ou em parte, incluindo o próprio provedor; e definir as linhas fundamentais da atuação da Misericórdia (art. 46.º). Como corolário simbólico desta redistribuição de forças no seio da Instituição, com o novo articulado passou a competir ao Presidente da Assembleia Geral, após cada ato eleitoral, proclamar os Irmãos eleitos para os corpos sociais, comunicar-lhes oficialmente os resultados do sufrágio e conferir-lhes posse (art. 78.º), prerrogativas que, até esse momento e desde a fundação da Misericórdia, sempre tinham pertencido ao provedor.

Este processo certamente visou garantir uma maior reciprocidade e controlo mútuo entre os diferentes órgãos da Santa Casa, tendo em consideração que da Assembleia Geral faziam parte todos os Irmãos, assegurando assim uma maior democraticidade e representatividade da vontade geral da Irmandade, mas sem mexer no essencial do que eram as competências próprias da Mesa, que conservou integralmente o seu poder executivo e administrativo, e do seu provedor, que manteve intocável o seu estatuto enquanto representante máximo da Instituição.

Seis anos depois, a reforma do Compromisso de abril de 1993 (aprovada pelo bispo do Porto a 15 de junho seguinte) introduziu nas condições de admissão dos Irmãos a obrigação de estes se comprometerem a colaborar «ativa e desinteressadamente na vida da Irmandade», disponibilizando-se para o desempenho das tarefas a eles cometidas através dos seus órgãos representativos (art. 10.º). Embora esta obrigação já constasse dos Compromissos anteriores, adquiria agora um inédito destaque, impondo-se logo no momento da admissão de um Irmão, e não enquanto eventual critério de exclusão. Por outras palavras, qualquer indivíduo sabia logo à partida que, para ser admitido na Irmandade, não poderia recusar quaisquer funções para que fosse escolhido, mesmo que para o importante lugar de provedor, a não ser que se tratasse de uma reeleição.

Outra alteração a ter em conta neste Compromisso, no que ao exercício do cargo do provedor se refere, diz respeito à limitação do número de mandatos, no máximo de três consecutivos (art. 34.º), quando desde 1883 não havia qualquer limite. Por outro lado, o voto de desempate do provedor foi alargado a todas as deliberações tomadas pela Mesa Administrativa, independentemente da natureza das mesmas e sem necessidade de consultar previamente o Definitório (art. 35.º).

A composição da Mesa sofreu uma ligeira alteração, acabando com o cargo de vice-secretário-geral e passando a contar com dois vice-provedores (art. 45.º). As competências deste órgão, como sempre, presidido pelo provedor, mantiveram-se no essencial as mesmas – embora agora ficasse escrito, numa espécie de introito ao elenco de incumbências, que lhe competia «deliberar sobre quaisquer assuntos da administração da Irmandade». Mas a principal novidade foi a inclusão da possibilidade de criação pela Mesa de uma Comissão Executiva, constituída por três ou cinco membros e necessariamente pelo provedor, que a presidia e tinha voto de qualidade, podendo votar suspensivamente as suas deliberações. A esta Comissão cabia a gestão corrente da Irmandade, executando e fazendo executar as deliberações de acordo com os poderes delegados pela Mesa. Os membros da Comissão Executiva, que a Mesa tinha a liberdade de a todo o tempo extinguir ou modificar, podiam ser remunerados, desde que não fossem mesários, isto é, desde que externos à Santa Casa e contratados a tempo inteiro e em dedicação exclusiva, uma vez que todos os cargos da Misericórdia sempre foram, desde a sua fundação, desempenhados graciosamente, enquanto obrigação de qualquer Irmão para com a Instituição (art. 52.º).

Ao mesmo tempo, o provedor foi libertado de várias tarefas de cariz burocrático a que até aí estava obrigado, como o despacho de assuntos de expediente e a assinatura da correspondência, ordens de pagamento e recibos comprovativos da arrecadação de receitas (art. 53.º).

O regulamento eleitoral da Santa Casa, aprovado a 14 de novembro de 1994, veio confirmar a data da realização do ato de eleição dos corpos sociais no último domingo de novembro do ano final do respetivo mandato.

1.9. O Provedor da Misericórdia do Porto ao presente

O Compromisso atualmente em vigor, aprovado em Assembleia Geral de 25 de julho de 2015, voltou a impor o prazo de um ano desde a data de admissão para que um Irmão possa ser eleito para os corpos gerentes (art. 15.º). Porém, se eleito, o provedor poderá ser excluído da Irmandade se em qualquer altura se recusar a desempenhar o cargo sem motivo justificado (art. 19.º).

Os critérios de inelegibilidade foram mantidos, o que significa que não podem ser eleitos para provedor ou qualquer outro cargo na Irmandade os indivíduos privados judicialmente da administração dos seus bens; os devedores à Irmandade, seus fiadores, cônjuges, ascendentes e descendentes; e os que mantenham relações contratuais ou litigiosas com a Irmandade, assim como os seus cônjuges, ascendentes e descendentes (art. 62.º).

O provedor, como os demais membros dos corpos gerentes, pode ser reeleito consecutivamente para mandatos de duração quadrienal (art. 60.º), os mais longos da história da Instituição. Embora o Compromisso não determine um número máximo de mandatos (art. 33.º), o seu exercício encontra-se, desde novembro de 2014 (Decreto-Lei n.º 172-A, 2014, que regula as Instituições Particulares de Solidariedade Social), limitado a três mandatos consecutivos.

Como aconteceu desde a fundação da Misericórdia, o cargo não é remunerado, havendo direito, no entanto, ao pagamento de despesas associadas ao seu exercício (art. 35.º).

A composição da Mesa Administrativa, presidida pelo provedor, que tem voto de desempate quanto às deliberações por ela tomadas (art. 34.º), foi reformulada e reduzida a sete membros efetivos, incluindo um vice-provedor, um tesoureiro-geral e quatro mesários, podendo ser atribuídos um ou mais pelouros a cada membro.

O provedor não pode faltar a três reuniões consecutivas sem motivo justificado, sob pena da perda do cargo. A falta consecutiva a seis reuniões, ainda que com justificação, implica a suspensão do mandato e consequente substituição enquanto durar o impedimento. Durando a suspensão mais de noventa dias consecutivos, é presumida a renúncia ao mandato (art. 44.º).

A Mesa reúne ordinariamente a cada quinze dias e extraordinariamente sempre que o provedor, três mesários ou o Definitório o entenderem (art. 46.º).

As deliberações da Mesa são tomadas por maioria dos seus membros, em votação nominal, com exceção das votações sobre a admissão de Irmãos ou as que envolvem a apreciação de mérito ou demérito de alguém, que nesse caso são feitas por escrutínio secreto. Da mesma forma se procede sempre que pelo menos três mesários solicitem ao provedor esta forma de deliberação (art. 47.º). De tudo o que ocorre nas reuniões da Mesa é lavrada ata em livro próprio, assinado e rubricado pelo provedor (art. 48.º).

Os mesários são solidariamente responsáveis pela administração e gestão da Irmandade e pelos prejuízos causados por atos ou omissões de gestão praticados pela Mesa ou por algum dos seus membros, quando, tendo conhecimento de tais factos ou do propósito de os praticar, não solicitem a intervenção dos corpos gerentes (art. 49.º).

Ao presente, são amplas as competências e obrigações da Mesa Administrativa (art. 50.º), a saber:

- praticar e promover, com o maior zelo, os atos conducentes aos fins da Irmandade;
- velar pela manutenção dos direitos, privilégios e regalias da Santa Casa e sobretudo pela sua autonomia;
- promover, por todos os meios, o desenvolvimento e a prosperidade da Irmandade e praticar todos os atos que a sua administração ou as leis exijam, permitam e aconselhem e não sejam da competência de outro órgão estatutário da Instituição

- dar cumprimento, nos termos da Lei, a todos os legados e obrigações a que a Irmandade esteja sujeita;
- regular a arrecadação de todos os capitais, fundos, bens e rendimentos da Misericórdia e dar-lhes a devida aplicação e emprego;
- prover, em geral, a tudo o que possa contribuir para o engrandecimento da Irmandade e da sua obra de solidariedade social;
- executar e fazer executar as deliberações da Assembleia Geral e do Definitório – que mantém o seu duplo caráter de órgão consultivo e deliberativo – e os preceitos do Compromisso e dos regulamentos que o completam;
- admitir ou rejeitar Irmãos e decidir quanto à sua suspensão ou exclusão nos termos do Compromisso, sendo neste caso obrigatório o inquérito prévio, com audiência dos interessados, cabendo a estes o direito de recurso para a Assembleia Geral;
- manter permanentemente atualizado o Tombo dos Irmãos;
- administrar os bens, obras e serviços da Irmandade e zelar pelo bom funcionamento dos seus vários setores;
- apreciar, discutir, alterar e aprovar os orçamentos de exploração e investimento, contas de gerência, relatórios e planos de atividade;
- acompanhar a gestão e execução do orçamento através de relatórios de situação e execução;
- promover a arrecadação das receitas e a liquidação das despesas inscritas no orçamento;
- deliberar sobre a aceitação de todas as heranças, legados e donativos com que a Irmandade seja contemplada;
- deliberar sobre pleitos a intentar ou contestar e sobre transações, confissões ou desistências;
- deliberar sobre o quadro de pessoal e respetivas tabelas remuneratórias;
- elaborar os regulamentos necessários para o bom funcionamento dos diversos serviços e estabelecimentos;
- criar e manter permanentemente atualizado o cadastro e o inventário de todos os bens patrimoniais;
- pronunciar-se sobre quaisquer propostas ou sugestões apresentadas por algum dos seus membros;
- constituir grupos de trabalho, estudo e reflexão, com o objetivo de melhorar e desenvolver as atividades sociais da Irmandade, designadamente através da divulgação do seu espírito, dos seus propósitos, das suas iniciativas e das suas realizações e necessidades perante as populações;

- prestar ao Bispo do Porto todas as informações relativas à vida da Irmandade que lhe sejam solicitadas;
- enviar às autoridades civis e à autoridade eclesiástica relatórios, orçamentos e contas.

Desde o Compromisso de 1993, a Mesa pode criar uma Comissão Executiva, à qual, nesse caso, caberá a gestão corrente da Irmandade, executando e fazendo executar as deliberações de acordo com os poderes que lhe forem delegados. Esta Comissão é formada por um número ímpar de membros, nunca superior a cinco, sendo sempre presidida pelo provedor, o qual tem voto de qualidade e pode vetar suspensivamente as suas deliberações. Compete à Mesa fixar os limites da delegação de poderes e o modo do funcionamento da Comissão, mediante deliberação aprovada por maioria de dois terços, delegação essa que não exclui as prerrogativas da Mesa quanto à tomada de resoluções sobre os assuntos ou pela vigilância geral da atuação da Comissão Executiva, a qual pode ser extinta ou modificada a qualquer altura pela Mesa. Cessando o mandato da Mesa, caduca simultaneamente o dos elementos da Comissão Executiva, sem direito a qualquer tipo de indemnização (art. 51.º).

As atuais competências do provedor não diferem muito das referidas no Compromisso de 1981, com algumas alterações fruto da evolução da organização interna da Misericórdia já explanada:

- superintender, diretamente ou por intermédio das pessoas para tal efeito designadas ou nomeadas, na administração da Irmandade e, consequentemente, orientar e fiscalizar as diversas atividades e serviços da Instituição;
- presidir às reuniões da Mesa e da Comissão Executiva;
- preparar, para submeter à consideração da Mesa, todas as sugestões e propostas que julgar necessárias ou convenientes para o bem da Irmandade e seus fins;
- fazer executar as resoluções da Assembleia Geral e da Mesa;
- fazer cumprir os regulamentos em vigor e quaisquer outras obrigações inerentes ao seu cargo ou que as leis e o costume imponham;
- propor à Mesa os orçamentos, relatórios e contas de gerência;
- representar a Irmandade em Juízo e fora dele;
- fixar a agenda de trabalhos das reuniões da Mesa e da Comissão Executiva, a enviar aos seus membros.

Na sua ausência ou impedimento, as suas funções são desempenhadas pelo vice--provedor e, sucessivamente, pelo tesoureiro-geral ou pelo mesário que for designado (art. 52.º).

A Santa Casa obriga-se com a intervenção e assinaturas conjuntas de qualquer dos membros da Mesa, desde que uma delas seja a do provedor, vice-provedor ou tesoureiro-geral; ou com a intervenção apenas do provedor quando para efeito de outorga de escrituras públicas, protocolos ou outro tipo de atos e contratos que vinculem a Instituição, com exceção da compra e venda de imóveis, atos que carecem de delegação específica. Nos atos de mero expediente, é suficiente a assinatura de qualquer dos membros da Mesa, que poderá ainda designar um mandatário a quem confira poderes de representação (art. 53.º).

Relativamente à data do ato eleitoral para os corpos gerentes, embora o Compromisso seja omisso quanto a um dia específico para a sua realização, referindo apenas que deverão ter lugar no mês de novembro (art. 29.º), o Regulamento Eleitoral da Misericórdia determina, desde 1994, que nos anos em que haja lugar a tal eleição, ela se realize no último domingo de novembro, em Assembleia Geral convocada exclusivamente para esse efeito. Os corpos eleitos tomam posse, conferida pelo presidente da Assembleia Geral, no primeiro dia útil do quadriénio para que foram eleitos, mantendo-se o provedor e demais membros da Mesa cessante em exercício de gestão corrente até à posse dos seus sucessores (art. 63.º).

E, no que talvez constitua a novidade mais relevante introduzida pelo atual Compromisso no que concerne à escolha do provedor, pela primeira vez na história da Misericórdia do Porto, este passou a ser eleito diretamente, candidatando-se expressamente a esse lugar (art. 61.º), rompendo com o processo de eleição indireta que prevaleceu durante mais de quinhentos anos, sob duas formas distintas: numa primeira fase (até 1883), sendo o provedor votado por um grupo restrito de Irmãos expressamente eleitos para esse efeito; e a partir daí, competindo à Assembleia Geral eleger os membros da Mesa, que em seguida votavam entre si os detentores dos principais cargos – mesmo que, frequentemente, se soubesse à partida em quem recairia a sua escolha para provedor.

Esta recente alteração veio atribuir um inédito grau de democraticidade e transparência na escolha do provedor e, com ele, uma responsabilidade acrescida no exercício do cargo que, desde a fundação da Irmandade, e como demonstra o contínuo reforço das suas atribuições ao longo dos séculos, é indiscutivelmente o mais importante da Instituição, enquanto seu representante máximo, a sua «cabeça», administrativamente mas também no plano simbólico, personificando em si mesmo toda a relevância assumida no curso da multissecular história da Santa Casa da Misericórdia do Porto.

Quadro N.º 1

Corpos gerentes da SCMP, composição da Mesa Administrativa, data das eleições, duração do mandato do provedor e limites à sua reeleição (1499-2015)

Compromisso	Corpos gerentes da Misericórdia	Composição da Mesa Administrativa	Data das eleições	Duração do mandato do provedor	Limites à reeleição do provedor
1499	Mesa Administrativa	13 membros (provedor, escrivão, 11 mesários – dos quais, rotativamente, 1 mordomo da capela e 1 de fora)	2 de julho	1 ano	Não (mas desaconselhada)
1594	Mesa Administrativa	13 membros (provedor, escrivão, 11 mesários – dos quais, rotativamente, 1 mordomo da capela e 1 de fora)	2 de julho	1 ano	Sim (em anos consecutivos)
1646	Mesa Administrativa e Junta (deliberativa e consultiva)	13 membros (provedor, escrivão, tesoureiro da casa, tesoureiro dos depósitos, 8 mesários)	2 de julho	1 ano	Sim (em anos consecutivos)
1883	Mesa Administrativa, Assembleia Geral, Definitório (deliberativo e consultivo)	15 membros (provedor, vice-provedor, secretário-geral, vice-secretário-geral, tesoureiro, 10 mesários)	1 de agosto	2 anos	Não
1886	Mesa Administrativa, Assembleia Geral, Definitório (deliberativo e consultivo)	15 membros (provedor, vice-provedor, secretário-geral, vice-secretário-geral, tesoureiro, 10 mesários)*	1 de agosto	1 ano	Não
1911	Mesa Administrativa, Assembleia Geral, Definitório (consultivo)	15 membros (provedor, vice-provedor, secretário-geral, vice-secretário-geral, tesoureiro, 10 mesários)**	3.º domingo de setembro	2 anos	Não
1936	Mesa Administrativa, Assembleia Geral, Definitório (consultivo)	17 membros (provedor, vice-provedor, secretário-geral, vice-secretário-geral, tesoureiro, 12 mesários)	3.º domingo de dezembro	3 anos	Não
1946	Mesa Administrativa, Assembleia Geral, Definitório (consultivo)	17 membros (provedor, vice-provedor, secretário-geral, vice-secretário-geral, tesoureiro, 12 mesários)	3.º domingo de dezembro	3 anos	Não
1981	Mesa Administrativa, Assembleia Geral, Definitório (consultivo e deliberativo)	13 membros (provedor, vice-provedor, secretário-geral, vice-secretário-geral, tesoureiro, 8 mesários)	Novembro	3 anos	Não
1987	Mesa Administrativa, Assembleia Geral, Definitório (consultivo e deliberativo)	13 membros (provedor, vice-provedor, secretário-geral, vice-secretário-geral, tesoureiro, 8 mesários)	Último domingo de novembro	3 anos	Não
1993	Mesa Administrativa (com ou sem Comissão Executiva), Assembleia Geral, Definitório (consultivo e deliberativo)	13 membros (provedor, 2 vice-provedores, secretário-geral, tesoureiro, 8 mesários)	Último domingo de novembro	3 anos	Máximo de 3 mandatos consecutivos
2015	Mesa Administrativa (com ou sem Comissão Executiva), Assembleia Geral, Definitório (consultivo e deliberativo)	7 membros (provedor, vice-provedor, tesoureiro, 4 mesários)	Último domingo de novembro	4 anos	Máximo de 3 mandatos consecutivos (DL. 172-A/2014)

* É introduzida a figura de mesário substituto, que acresce a este total

** 12 mesários a partir de 1926

FERNANDO DE SOUSA
RICARDO ROCHA

2. Os Provedores da Santa Casa da Misericórdia do Porto: número e duração de mandatos

Antes de passarmos à análise do perfil sociológico dos provedores da Santa Casa da Misericórdia do Porto, é essencial determinar quem foram, quantos foram e durante quanto tempo exerceram este cargo. Ora, de acordo com os critérios por nós estabelecidos e detalhados na Introdução, entre 1499 e 2017 foram pelo menos 241 as personalidades que exerceram o cargo de provedores da Santa Casa da Misericórdia do Porto. Contudo, não podemos afirmar taxativamente que não existiu mais um ou outro provedor nos anos que medeiam entre a saída do primeiro responsável pela administração da Santa Casa, D. Diego de Sousa, em 1505, e a eleição de Pêro Gomes, em 1514, uma vez que a história da Irmandade nesse período inicial, incluindo a dos seus provedores, permanece numa relativa obscuridade, por ausência de fontes que permitam apurar os seus nomes ou sequer se efetivamente existiram enquanto tal. Seja como for, é um período muito curto e desse ano em diante os dados recolhidos sobre os provedores são bastante seguros.

Devemos ter ainda em consideração na nossa análise que mais de meia centena destes homens desempenhou as suas funções em momentos intercalados no tempo, isto é, abandonando o cargo em dada altura mas regressando mais tarde – por vezes passadas várias décadas –, e muitos deles em três, quatro ou até cinco ocasiões distintas, como é o caso de João Rodrigues de Sá, o que resulta num total de 312 mandatos, o mesmo número de entradas que registamos nesta obra (Quadro n.º 2).

QUADRO N.º 2
Provedores da SCMP com mandatos intercalados

Provedor	Mandatos
João Rodrigues de Sá	5
Afonso Brandão	4
Bento Luís Correia de Melo	4
Diogo Leite de Azevedo	4
Rui Brandão	4
Domingos Braga da Cruz	3
Francisco de Sousa da Silva Alcoforado	3
Jerónimo de Távora e Noronha e Leme	3
João de Figueiroa Pinto	3
João Freire Antão	3
José Luís Pizarro Monteiro do Couto de Amorim Novaes	3
Luís Álvares de Madureira	3
Nicolau Monteiro	3
António Alves Cálem Júnior	2
António Augusto de Sousa Cirne	2
António Carneiro	2
António da Silva Guimarães	2
António de Melo Correia	2
António de Sá e Menezes	2
António Luís Gomes	2
António Maia	2
António Pereira de Vasconcelos	2
Baltazar Pinto Aranha	2
Bento de Aguiar Caldeira	2
Diogo Leite	2
Diogo Pinto Pereira	2
Duarte Mendes de Vasconcelos	2
Fernão Nunes Barreto	2
Francisco de Sousa Alcoforado	2
Francisco de Sousa Cirne de Madureira	2
Francisco Pereira de Miranda	2
Francisco Pereira de Vasconcelos	2
Francisco Rodrigues de Oliveira	2
Francisco Teixeira de Aguilar (2.º conde de Samodães)	2
Gaspar Nunes Barreto	2
Gaspar Nunes Barreto (II)	2
Gomes Pais	2
Henrique de Sousa Tavares da Silva (1.º marquês de Arronches)	2
Jácome de Vilas Boas Casado	2
João Álvares, o Preto	2
João de Almada e Melo	2
João de Figueiroa Pinto (II)	2
João Monteiro de Carvalho	2
João Rodrigo Brandão Pereira de Lacerda e Melo	2
Jorge Pereira de Miranda	2
José da Fonseca Coutinho	2
Luís de Sousa de Carvalho	2
Luís de Valadares Carneiro	2
Luís Delgado de Abreu	2
Pantaleão Ferreira	2
Pantaleão de Seabra de Sousa	2
Vicente Novais	2

Para determinar a duração dos mandatos dos provedores, considerámos como data de início de mandato o dia da respetiva tomada de posse, e não o da eleição ou nomeação, uma vez que é o ato de empossamento que assinala a efetiva entrada em funções *de jure* e normalmente *de facto*. Quanto ao término de mandato, a questão é mais complexa, uma vez que nem sempre é fácil determinar em que data é que o provedor cessa em definitivo as suas funções, especialmente quando a sua saída resulta de factos excecionais. De acordo com o Compromisso, o provedor mantém-se em funções, mesmo quando exonerado até à tomada de posse do seu sucessor, pelo que tomamos esta como regra geral. Porém, casos há em que sabemos de fonte segura que o provedor abandonou efetivamente as suas funções num momento prévio à posse do provedor seguinte, pelo que, nessas situações, indicámos esse como o último dia do seu mandato. Isto origina, inevitavelmente, alguns momentos de vazio de poder, durante os quais a Santa Casa funcionou sem provedor, como aconteceu na transição da Monarquia para a República ou em várias ocasiões a seguir ao 25 de Abril de 1974, pontuadas por sucessivas comissões administrativas. Obviamente, nos casos em que o provedor faleceu em funções, o dia da morte é também considerado como o último dia do seu mandato.

A duração média do exercício ininterrupto do cargo de provedor – isto é, contando, nos casos aplicáveis, com os mandatos exercidos de forma consecutiva – é de 585 dias, ou seja, mais de 19 meses, o que à partida evidenciaria alguma estabilidade no tempo de funções. Porém, como veremos, regista-se uma grande discrepância no que à duração dos mandatos diz respeito.

O tempo de exercício consecutivo mais longo pertence a António Luís Gomes, provedor entre março de 1930 e janeiro de 1945, isto é, durante praticamente quinze anos. Apenas dezasseis provedores exerceram o cargo de forma ininterrupta por um período superior a cinco anos: António Alves Cálem Júnior (1919-1930); Francisco de Almada e Mendonça (1794-1804); José António Forbes de Magalhães (1901-1910); João Rodrigo Brandão Pereira de Lacerda e Melo (1780-1789); o antecessor deste, João de Almada e Melo (1772-1780); Alberto Carlos de Almeida Frazão (1945-1953); António Luís Gomes, quer na ocasião atrás referida, quer na primeira vez que exerceu estas funções (1912-1919); António Augusto de Sousa Cirne (1875-1882); Diogo Leite Pereira de Lima e Melo Alvim (1812-1819); António Roberto de Oliveira Lopes Branco (1854-1861); José Pamplona Carneiro Rangel (1805-1812); Francisco José Rodrigues de Oliveira (1864-1871); José Luís Novaes (1996-2002); António de Lencastre (1766-1772); Domingos Braga da Cruz (1959-1965); e o atual provedor, António Tavares (2010-2017).

Se considerarmos o tempo total em que estiveram em funções – pois, como explicámos, várias personalidades ocuparam o cargo em ocasiões distintas –, a posição cimeira de António Luís Gomes nesta matéria sai ainda mais reforçada, num total de 8 164 dias – mais de 22 anos – à frente dos destinos da Santa Casa portuense, no conjunto dos dois mandatos acima referidos. Seguem-se José Luís Novaes, provedor durante praticamente 13 anos, distribuídos por três mandatos (1988-1993, 1996-2002 e 2007-2010) Domingos Braga da Cruz, provedor durante 12 anos e três meses, também em três ocasiões distintas (1959-1965, 1970-1974 e 1980-1981); António Cálem Júnior, que ocupou o cargo entre 1911-1912 e segunda vez entre 1919-1930, num total de 11 anos e 8 meses; e António Augusto Soares de Sousa Cirne, provedor em 1861-1864 e segunda vez em 1875-1882, sensivelmente dez anos e meio. Ou seja, estas cinco personalidades, entre si, foram os principais responsáveis pela administração da Misericórdia do Porto em 70 dos 155 anos que vão de 1861 a 2017. A encerrar a lista dos provedores que estiveram mais de dez anos em funções encontra-se Francisco de Almada e Mendonça, apesar de ter exercido um único mandato (1794-1804).

QUADRO N.º 3
Provedores da SCMP com cinco ou mais anos de tempo total de exercício

Nome	Dias de mandato
António Luís Gomes	8164
José Luís Pizarro Monteiro de Abreu do Couto de Amorim Novaes	4741
Domingos Cândido Braga da Cruz	4492
António Alves Cálem Júnior	4268
António Augusto Soares de Sousa Cirne	3801
Francisco de Almada e Mendonça	3699
João Rodrigo Brandão Pereira de Lacerda e Melo	3479
José António Forbes de Magalhães	3375
João de Almada e Melo	3361
Francisco José Rodrigues de Oliveira	2910
Alberto Carlos de Almeida Frazão	2901
Diogo Leite Pereira de Lima e Melo Alvim	2615
António Roberto de Oliveira Lopes Branco	2561
José Pamplona Carneiro Rangel	2550
Francisco de Azeredo Teixeira de Aguilar (2.º conde de Samodães)	2449
António Manuel Lopes Tavares	2329
António de Lencastre	2192
António Pacheco de Almada	1828
Jerónimo de Távora e Noronha e Leme	1827
João Álvares, o Preto	1827
Rui Brandão	1827
João Rodrigues de Sá	1825
Paulo Marcelino Dias de Freitas	1824

No extremo oposto, apenas sete provedores tiveram mandatos com uma duração significativamente inferior a um ano, todos eles, como seria de esperar, iniciados ou interrompidos em circunstâncias extraordinárias que justificam a sua reduzida duração. Os mandatos de Simão Pereira Correia (2.7.1620-3.2.1620), Gaspar Cardoso de Carvalho e Fonseca Vasconcelos (2.7.1825-15.1.1826) e Luís Pinheiro Torres (14.6.1966-13.8.1966) foram tragicamente interrompidos com as suas mortes; Elísio de Oliveira Alves Pimenta, provedor de janeiro a junho de 1965, demitiu-se na sequência de alguns desentendimentos internos; Fernão Nunes Barreto entrou em funções em março de 1668 para completar o mandato do seu antecessor, em substituição do seu próprio irmão, que tinha sido nomeado para este efeito, mantendo-se em funções até ao final daquele ano económico, em julho seguinte; António da Silva Guimarães (3.6.1849-3.7.1849) e Francisco de Sá de Menezes (25.10.1626-2.7.1627) foram convidados a ocupar o cargo de provedor até ao fim dos respetivos anos económicos para completarem os mandatos dos seus antecessores, falecidos em funções; e José Vaz Guedes de Sousa Bacelar foi nomeado, em dezembro de 1979, presidente de uma Comissão Administrativa constituída com o propósito quase exclusivo de convocar as primeiras eleições para os corpos sociais após o 25 de Abril de 1974, realizadas em janeiro de 1980, momento em que o seu mandato cessou.

Seja como for, mesmo considerando a totalidade dos mandatos exercidos, a esmagadora maioria dos provedores (134, o que corresponde a 55,6% do total) estiveram em funções durante sensivelmente um ano (podendo haver alguns dias de diferença, a mais ou a menos, pelo facto de nem sempre a nomeação e/ou término do mandato ocorrerem exatamente no mesmo dia e mês). Apenas dez (4,1%) tiveram mandatos inferiores a um ano e não mais que 12 (5%) estiveram em funções por um período superior a sete anos, uns em mandatos consecutivos, outros em ocasiões distintas no tempo (Quadro n.º 4).

QUADRO N.º 4
Provedores da SCMP por tempo total de exercício

Tempo total de exercício	N.º de Provedores
+ de 7 anos	12
± 7 anos	2
+ de 6 anos e – de 7 anos	1
± 6 anos	2
± 5 anos	6
± 4 anos	2
+ de 3 anos e – de 4 anos	3
± 3 anos	16
+ de 2 anos e – de 3 anos	3
± 2 anos	32
+ de 1 ano e – de 2 anos	18
± 1 ano	134
6 meses a 1 ano	6
Menos de 6 meses	4
Total	**241**

A respeito da consecutividade dos mandatos, refira-se ainda que desde 1514, e nos primeiros 250 anos de vida da SCMP, apenas em duas ocasiões se registam provedores em funções durante mais de três anos consecutivos, a traduzir uma assinalável rotatividade e o cumprimento mais ou menos escrupuloso do Compromisso, que até 1592 desaconselhava a reeleição do provedor, e entre este último ano e 1883 colocava entraves à sua reeleição consecutiva. Só a partir do ano de 1766 é que esta situação se vai alterar, primeiro com a crescente interferência do rei – que, desse momento e até ao final das Invasões Francesas (1808-1813), vai nomear consecutivamente os mesmos indivíduos para provedores –, depois com o Compromisso de 1883, que termina com a proibição da reeleição consecutiva, e finalmente com os sucessivos Compromissos que, ao longo das décadas seguintes, vão paulatinamente alargar a duração dos mandatos, primeiro para dois anos (1911), depois para três anos (1936) e, já em 2015, para quatro anos. Como facilmente se percebe, esta combinação de fatores, em particular a permissão de reeleições consecutivas e o alargamento da duração dos mandatos, vai permitir tempos de exercício mais longos à medida que os anos vão passando, razão pela qual a maioria dos mandatos mais extensos se situa a partir da implantação da República.

Tendo em conta esta realidade, e confirmando o que deixámos escrito, dos 312 mandatos detetados verifica-se que 223 (71,5%) são mandatos anuais isolados, isto é, mandatos em que os provedores foram eleitos por um ano, sendo depois substituídos por outro Irmão – com exceção das situações em que tais mandatos foram interrompidos por alguma razão excecional que levou ao seu término precoce. A segunda situação mais comum, ainda que a larga distância desta, é a de dois mandatos anuais consecutivos, que se observa em 30 ocasiões (9,6%), ou seja, momentos em que o provedor foi eleito para um mandato anual e consecutivamente reeleito para outro mandato com a mesma duração, sendo depois substituído por outro Irmão. Nota ainda para as 18 ocasiões em que provedores foram escolhidos para completar os mandatos dos seus antecessores, sempre que estes, por morte ou abandono de funções, viram os seus mandatos interrompidos, e para a existência de cinco mandatos sem termo predefinido, atribuídos a presidentes de Comissões Administrativas nomeados pelo Governo diretamente ou por intermédio do governador civil.

Quadro N.º 5
Consecutividade dos mandatos dos provedores da SCMP e sua duração

Consecutividade dos mandatos	N.º de mandatos
1 mandato anual isolado	223
2 mandatos anuais consecutivos	30
1 mandato para completar mandato do antecessor	15
1 mandato trienal isolado	9
3 mandatos anuais consecutivos	6
Mandato sem termo predefinido	5
7 mandatos anuais consecutivos	4
2 mandatos trienais consecutivos	3
8 mandatos anuais consecutivos	3
Outras situações	14
Total	**312**

Se atendermos exclusivamente à duração prevista dos mandatos, sem considerarmos a sua eventual interrupção ou consecutividade, ressalta claramente o predomínio dos mandatos anuais ao longo dos 500 anos de história da Irmandade. De facto, em 387 ocasiões, até 2015 – ano a partir do qual os mandatos se tornaram, pela primeira vez, quadrienais –, foram atribuídos aos provedores mandatos anuais, contra apenas três mandatos bienais e 29 trienais, além das ocasiões de exceção, já referidas, em que os provedores foram eleitos ou nomeados para completarem mandatos precocemente interrompidos ou para presidirem a Comissões Administrativas que não tinham a sua duração predefinida.

QUADRO N.º 6
Duração prevista dos mandatos dos provedores da SCMP

Duração do mandato	N.º de mandatos
Mandatos anuais	387
Mandatos bienais	3
Mandatos trienais	29
Mandatos para completar mandato do antecessor	19
Mandato sem termo predefinido	5

Quanto às razões que levaram ao término súbito do mandato, a mais comum prende-se com a morte do provedor em funções, o que aconteceu por 12 vezes. Seis provedores demitiram-se, um foi forçado a abandonar o cargo por irregularidade na sua eleição e um outro ausentou-se indefinidamente para exercer outro cargo em Lisboa, obrigando à sua substituição.

QUADRO N.º 7
Provedores da SCMP falecidos no exercício do cargo

Provedor	Data da morte
Simão Pereira Correia	03.02.1621
Pantaleão de Seabra de Sousa	21.10.1626
José da Fonseca Coutinho	26.08.1697
Luís Freire de Sá	08.06.1705
Pedro Velho de Laguar	02.04.1755
João Rodrigo Brandão Pereira de Lacerda e Melo	24.03.1789
Francisco de Almada e Mendonça	18.08.1804
Diogo Leite Pereira de Lima e Melo Alvim	06.09.1819
Gaspar Cardoso de Carvalho e Fonseca Vasconcelos	15.01.1826
António Pinto Machado Torre	03.06.1849
Luís Maria de Figueiredo Cabral Pinheiro Torres	13.08.1966
José Luís Pizarro Monteiro de Abreu do Couto de Amorim Novaes	18.08.2010

Finalmente, uma palavra quanto à forma de escolha dos provedores da Misericórdia do Porto. Ao longo dos mais de 500 anos da sua história, raros foram os provedores não eleitos na forma prevista no seu Compromisso. Embora no Antigo Regime, até à Revolução Liberal de 1820, o rei tivesse o poder de nomear livremente o provedor, a verdade é que, tanto quanto nos foi dado a perceber pelas fontes, isso só aconteceu muito pontualmente e em ocasiões circunscritas no tempo: entre 1766 e 1810, numa primeira fase no contexto do arranque e acompanhamento da construção do Hospital de Santo António (achavam os monarcas que, estando o provedor em exercício ao corrente desse processo, a decisão mais sensata era reconduzi-lo), e já na primeira década de Oitocentos, na difícil conjuntura das Invasões Francesas. A interferência do poder político na administração da Santa Casa só volta a fazer-se sentir em 1834, quando D. Pedro IV se autonomeia provedor-nato da Irmandade, fazendo-se depois representar pelo vice-provedor.

A primeira comissão administrativa da história da Misericórdia do Porto, no sentido moderno do termo – uma comissão composta de membros escolhidos pelo Governo, com caráter de transitoriedade –, aparece somente na vida da Misericórdia em 1882, em razão de uma incompatibilidade entre a Mesa e o governador civil do Porto, o qual, fazendo uso de uma prerrogativa prevista no Código Civil, nomeia o provedor por um ano. Em 1910, com a queda da Monarquia, o novo governador civil prontamente nomeia uma comissão administrativa composta de membros afetos ao regime republicano. Mas tal como em 1882, também no espaço de um ano a regularidade institucional é reposta na Irmandade. Só com o Estado Novo, já em 1945, é que vai ser nomeada uma nova comissão administrativa, uma vez mais com a duração de um ano. A situação repete-se em 1968, agora por dois anos. Na sequência da Revolução do 25 de Abril de 1974, entre finais desse ano e inícios de 1980, irão também funcionar sucessivas comissões administrativas e de gestão, por força da entrada de representantes de trabalhadores nos órgãos sociais da Santa Casa e de toda a turbulência social que caracterizou esse período. Finalmente, entre novembro de 2005 e outubro de 2007 funcionou uma comissão com características diferentes das demais, sendo nomeada pela Igreja, sem qualquer interferência do Governo, com o objetivo de restabelecer a estabilidade interna da Misericórdia, numa altura de particular dissensão em que se sucederam providências cautelares tendo em vista a anulação dos processos eleitorais dos órgãos da Instituição.

Aliás, um dos aspetos mais notáveis no que diz respeito à história dos provedores desta Santa Casa é a continuidade em funções destas personalidades nos momentos de convulsão social e mudanças de reinado ou até de regime político observados em Portugal desde a fundação da Misericórdia, contrariamente ao que se passou com os responsáveis por outras instituições similares. Atente-se no caso de António Luís Gomes, provedor durante a Primeira República e que reassumiu o cargo em plena ditadura militar, atravessando incólume os primeiros anos do Estado Novo (só a crescente e declarada oposição ao regime acabou por ditar a sua substituição); ou de António

Cálem Júnior, deputado ao tempo da Primeira República, que era provedor aquando da Revolução de 28 de Maio de 1926 e que assim continuou durante mais quatro anos; ou ainda de Domingos Braga da Cruz, provedor quando ocorreu a Revolução do 25 de Abril de 1974 e que não só não foi imediatamente substituído, como voltou a ser reconduzido em mais duas ocasiões. Nem a revolta da Maria da Fonte e a guerra da Patuleia (1846-1847), nem as ditaduras de Pimenta de Castro (1915) e Sidónio Pais (1917-1918), nem sequer a Monarquia do Norte (1919), que até teve o Porto como epicentro, conduziram a exonerações e substituições de provedores na Misericórdia.

É certo que a Irmandade não é um órgão político, e portanto, em teoria, deveria ser imune a alterações de ordem política. Mas não é menos verdade que, no Antigo Regime, os monarcas eram livres de nomear quem bem lhes aprouvesse para este cargo, podendo contrariar o Compromisso a seu bel-prazer, e que com a Monarquia Constitucional, os Governos, por intermédio dos governadores civis criados em 1835 e extintos em 2011, detiveram a prerrogativa de exonerar e nomear livremente os provedores e restantes membros das mesas das instituições de beneficência. Mas a realidade é que nos mais de 500 anos de história da Santa Casa, tendo Portugal conhecido mais de duas dezenas de reis e quatro dinastias, largas dezenas de governos das mais diversas ideologias, longos períodos de poder absoluto e múltiplas ditaduras, guerras civis e alterações profundas no sistema de governo, muito raramente tais factos significaram a mudança do provedor ou da composição da Mesa Administrativa, numa notável demonstração da capacidade da Instituição em preservar a sua autonomia, desiderato, aliás, há muito consagrado no seu Compromisso.

FERNANDO DE SOUSA
RICARDO ROCHA
DIOGO FERREIRA

3. Contributos para uma análise sociológica dos Provedores da Santa Casa da Misericórdia do Porto

Para uma melhor compreensão da importância dos provedores da Santa Casa da Misericórdia do Porto, importa traçar o seu perfil sociológico, isto é, saber quem foram, qual a sua origem geográfica, social e profissional, a sua carreira política, a idade que tinham à data da posse, enfim, determinar os traços que os definem e caracterizam individualmente e que permitam uma visão aproximada do seu conjunto.

Porém, uma vez que os dados sociodemográficos relativos aos provedores que exerceram funções até 1834 apresentam diversas lacunas, não permitindo fazer uma análise tão detalhada desses anos, optámos por dividir a nossa análise entre dois grandes períodos. O primeiro abarca o Antigo Regime, o Vintismo e o Miguelismo, encerrando com a autoproclamação de D. Pedro IV como provedor-nato da Misericórdia, no qual fazemos uma abordagem mais geral do seu perfil. O segundo período abrange os provedores que exerceram funções desde a saída do duque de Bragança, incluindo as duas personalidades nomeadas para o representarem, e vem até à atualidade, dado que dispomos dos elementos completos de caráter sociodemográfico para a totalidade desses indivíduos, o que nos permite uma análise mais detalhada do seu conjunto.

Mas antes de passarmos à análise destes elementos, gostaríamos de abordar de forma sucinta três aspetos distintos, mas transversais à totalidade do período que nos ocupa.

O primeiro aspeto refere-se à questão do género. Dos 241 provedores que exerceram funções entre 1499 e 2017, nem um único era do sexo feminino, o que é explicado pelo facto de só a partir do Compromisso de 1981 terem sido levantadas as restrições à sua eleição para o cargo.

O segundo aspeto diz respeito à extração nobiliárquica dos provedores. Apesar de, durante vários séculos, se exigir que os provedores fossem de origem nobre, na realidade, enquanto prevaleceu o regime monárquico em Portugal, poucos foram os titulados: Francisco de Sá de Menezes, conde de Matosinhos e de Portimão; Henrique de Sousa, 1.º conde de Miranda; Francisco de Sá de Menezes, 2.º conde de Penaguião; Fernão Teles de Menezes, conde de Vilar Maior; Henrique de Sousa Tavares da Silva,

3.º conde de Miranda e 1.º marquês de Arronches; Francisco de Sá de Menezes, 4.º conde de Penaguião e 1.º marquês de Fontes; Sancho Manuel de Vilhena, 1.º conde de Vila Flor; Diogo Lopes de Sousa, 4.º conde de Miranda; Manuel Pamplona Carneiro Rangel, 1.º visconde de Beire; José Maria Brandão de Melo Cogominho Correia Pereira de Lacerda, conde de Terena; José Joaquim de Viamonte, barão de Viamonte da Boavista; Francisco Lopes de Azevedo Velho da Fonseca Barbosa Pinheiro Pereira e Sá Coelho, 1.º conde de Azevedo; Martinho José Pinto Meneses de Sousa de Vasconcelos Pereira de Bulhões, 1.º conde de Castelo de Paiva; e Francisco de Azeredo Teixeira de Aguilar, 2.º conde de Samodães. É óbvio que a expressão «nobre» patente no Compromisso deve ser entendida num sentido lato, não significando a obrigação de ser titulado, mas não deixa de ser relevante que das 221 personalidades que exerceram este cargo entre 1504 e 1910, ou seja, enquanto Portugal esteve sob a alçada de regimes monárquicos, apenas as referidas 14 (6,3%) tivessem um título nobiliárquico.

Finalmente, embora não seja o objetivo principal deste trabalho, não poderíamos deixar de dar uma breve nota sobre as ligações familiares que se detetam entre provedores e que deixam bastante evidente que, durante o Antigo Regime, a Misericórdia recorria a um círculo muito restrito para recrutar as suas principais figuras, o que não surpreende tendo em conta que a elite da cidade do Porto se circunscrevia então a um reduzido número de famílias.

Encontrámos 11 casos de provedores que eram irmãos de outros, envolvendo um total de 22 destas figuras. Em 27 ocasiões, os pais dos provedores haviam eles próprios exercido as mesmas funções anteriormente. Assistem-se ainda a verdadeiras dinastias no comando da provedoria da Misericórdia: em 12 situações, o lugar circulou do avô até ao neto; em sete casos, do bisavô ao bisneto; e em dois casos, do trisavô para o trineto. Existe até uma situação em que o cargo percorreu um número inaudito de gerações, começando em Pedro Vaz Cirne de Sousa (1639-1640), passando depois para o filho deste, António de Sousa Cirne (1678-1679), em seguida para o neto do primeiro e filho do segundo, Francisco de Madureira Cirne de Sousa e Azevedo (1709-1710), e finalmente, saltando duas gerações, para o bisneto deste último, Francisco de Sousa Cirne de Madureira (1819-1821 e 1828-1829), que assumiu funções quase dois séculos depois do seu tetravô, o referido Pedro Vaz Cirne de Sousa, as ter abandonado.

Registam-se ainda 18 casos a envolver tios e sobrinhos, sogros e genros, cunhados e primos que confirmam o que deixámos atrás escrito, a existência de uma complexa teia de cariz familiar que se estende a outras figuras de topo da administração da Santa Casa e com ramificações noutros setores da sociedade portuense, da política à economia, que não cabe neste espaço estudar, por extravasar o nosso espaço de análise. Seja como for, a implantação definitiva do liberalismo em Portugal trouxe consigo uma reconfiguração social que, como noutros palcos, alterou profundamente este panorama, não se registando, a partir de 1834, qualquer outro caso de ligações familiares entre provedores.

QUADRO N.º 8
Relações familiares entre provedores da SCMP

Irmãos	Gomes Pais (1525-1526 e 1528-1529) » Gaspar Ferraz (1531-1532)
	Francisco de Sousa Alcoforado (1529-1531 e 1540-1541) » António de Sousa Alcoforado (1541-1542)
	Rui Brandão (1543-1544 e 1552-1554, 1557-1558 e 1567-1568) » Diogo Brandão Sanches (1544-1545)
	Diogo Leite de Azevedo (1582-1583, 1593-1594, 1609-1610 e 1624-1625) » António Pereira de Vasconcelos (1590-1591 e 1596-1597)
	Jorge Pereira de Miranda (1588-1589 e 1601-1602) » João Álvares Pereira de Berredo (1595-1596)
	António Pinto Pereira (1605-1606) » Baltazar Pinto Pereira (1627-1628)
	João Gomes da Silva (1642-1643) » Fernão Teles de Menezes (1645-1646)
	Diogo de Melo Pereira (1659-1660) » irmão de Lopo Pereira de Lima (1673-1674)
	Nuno Barreto Fuseiro (1666-1668) » Fernão Nunes Barreto (II) (1668)
	António Rosendo de Sousa (1671-1672) » Diogo Lopes de Sousa (1672-1673)
	Vicente de Távora de Noronha Leme Cernache (1744-1745) » Jerónimo de Távora de Noronha Leme Cernache (1718-1719, 1720-1722 e 1723-1725)
Pais » Filhos	António de Sousa Alcoforado (1541-1542) » Diogo de Sousa Alcoforado (1608-1609)
	Diogo Brandão Sanches (1544-1545) » Afonso Brandão (1568-1569, 1570-1571, 1574-1575 e 1584-1585)
	Francisco Pereira de Miranda (1551-1552) » Jorge Pereira de Miranda (1588-1589 e 1601-1602) e João Álvares Pereira de Berredo (1595-1596)
	Gaspar Nunes Barreto (1560-1561 e 1573-1574) » Fernão Nunes Barreto (1578-1579 e 1586-1587)
	João Rodrigues de Sá de Menezes (1555-1556) » Francisco de Sá de Menezes (1571-1572)
	Vicente Novais (1569-1570 e 1575-1576) » Luís Novais da Silva (1611-1612)
	Fernão Nunes Barreto (1578-1579 e 1586-1587) » Gaspar Nunes Barreto (II) (1613-1614 e 1617-1618)
	Álvaro de Valadares (1585-1586) » João de Valadares Carneiro (1614-1615)
	António Leite da Costa (1598-1599) » António do Amaral de Albuquerque (1638-1639)
	Luís da Silva Teles (1610-1611) » João Gomes da Silva (1642-1643) e Fernão Teles de Menezes (1645-1646)
	João de Valadares Carneiro (1614-1615) » Luís de Valadares Carneiro (1660-1661 e 1675-1676)
	João de Figueiroa Pinto (1622-1623, 1629-1630 e 1634-1635) » João de Figueiroa Pinto (II) (1681-1682 e 1686-1687)
	Gonçalo Correia de Lacerda e Figueiroa (1640-1641) » Manuel Correia de Lacerda (1691-1692)
	Henrique de Sousa Tavares da Silva (1658-1659 e 1663-1664) » António Rosendo de Sousa (1671-1672) e Diogo Lopes de Sousa (1672-1673)
	Pedro Vaz Cirne de Sousa (1639-1640) » António de Sousa Cirne (1678-1679)
	Luís de Valadares Carneiro (1660-1661 e 1675-1676) » João de Valadares Carneiro (II) (1680-1681)
	António de Sousa Cirne (1678-1679) » Francisco de Madureira Cirne de Sousa e Azevedo (1709-1710)
	Bernardo Ferraz de Melo (1679-1680) » Gaspar Pereira Pacheco de Melo Ferraz (1737-1738)
	Francisco de Sousa da Silva (1685-1686) » António de Sousa da Silva Alcoforado (1713-1714)
	António de Sousa da Silva Alcoforado (1713-1714) » Francisco de Sousa da Silva Alcoforado Rebelo (1736-1737, 1738-1739 e 1746-1747)
	Luís de Melo da Silva (1717-1718) » Bento Luís Correia de Melo (1749-1751, 1753, 1755 e 1761-1762)
	João de Almada e Melo (1759-1760 e 1772-1780) » Francisco de Almada e Mendonça (1794-1804)
	Martim Afonso de Melo Brandão Correia (1762-1763) » António de Melo Correia (1792-1794 e 1804-1805)
	José Pamplona Carneiro Rangel (1805-1812) » Manuel Pamplona Carneiro Rangel (1824-1825)

Avô » Neto	Gaspar Nunes Barreto (1560-1561, 1573-1574) » Gaspar Nunes Barreto (II) (1613-1614 e 1617-1618)
	Fernão Nunes Barreto (1578-1579 e 1586-1587) » Nuno Barreto Fuseiro (1666-1668) e de Fernão Nunes Barreto (II) (1668)
	Baltazar Delgado (1581-1582) » Luís Delgado de Abreu (1641-1642 e 1644)
	Álvaro de Valadares (1585-1586) » Luís de Valadares Carneiro (1660-1661 e 1675-1676)
	Henrique de Sousa (1592-1593) » Henrique de Sousa Tavares da Silva (1658-1659)
	Álvaro Ferreira Pereira (1604-1605) » Pantaleão Ferreira (1545-1546 e 1547-1548)
	João de Valadares Carneiro (1614-1615) » João de Valadares Carneiro (II) (1680-1681)
	Pantaleão de Seabra de Sousa (1615-1616, 1626) » João de Seabra de Sousa (1684-1685)
	Baltazar Pinto Aranha (1619-1620 e 1635-1636) » Manuel Correia de Lacerda (1691-1692)
	Pedro Vaz Cirne de Sousa 1639-1640 » Francisco de Madureira Cirne de Sousa e Azevedo (1709-1710)
	Francisco de Sousa da Silva (1685-1686) » Francisco de Sousa da Silva Alcoforado Rebelo (1736-1737, 1738-1739 e 1746-1747)
Bisavô » Bisneto	Gaspar Nunes Barreto (1560-1561 e 1573-1574) » Nuno Barreto Fuseiro (1666-1668) e Fernão Nunes Barreto (II) (1668)
	Henrique de Sousa (1592-1593) » António Rosendo de Sousa (1671-1672) e Diogo Lopes de Sousa (1672-1673)
	Álvaro de Valadares » João de Valadares Carneiro (II) (1680-1681)
	Francisco de Madureira Cirne de Sousa e Azevedo (1709-1710) » Francisco de Sousa Cirne de Madureira (1819-1821 e 1828-1829)
Trisavô » Trineto	Diogo Pinto Pereira (1520-1522 e 1526-1527) » João Pinto Pereira (1688-1689)
	António de Sousa Cirne (1678-1679) » Francisco de Sousa Cirne de Madureira (1819-1821 e 1828-1829)
Tetravô » Tetraneto	Pedro Vaz Cirne de Sousa (1639-1640) » Francisco de Sousa Cirne de Madureira (1819-1821 e 1828-1829)
Tio » Sobrinho	Francisco de Sousa Alcoforado (1529-1531 e 1540-1541) » Diogo de Sousa Alcoforado (1608-1609)
	Rui Brandão (1543-1544 e 1552-1554, 1557-1558 e 1567-1568) » Diogo Brandão Sanches (1544-1545) e Afonso Brandão (1568-1569, 1570-1571, 1574-1575, 1584-1585)
	António Pinto Pereira (1605-1606) » Matias da Silva de Abreu (1674-1675)
	Gaspar Nunes Barreto (II) (1613-1614 e 1617-1618) » Nuno Barreto Fuseiro (1666-1668) e Fernão Nunes Barreto (II) (1668)
	Baltazar Pinto Pereira (1627-1628) » Matias da Silva de Abreu (1674-1675)
Cunhados	Francisco Pereira de Miranda (1551-1552 e 1561-1562) » Diogo Brandão Pereira (1559-1560)
	Fradique de Menezes (1603-1604) » Gaspar Nunes Barreto (II) (1613-1614 e 1617-1618)
	João de Valadares Carneiro (1614-1615) » Luís de Melo Pereira (1616-1617)

Primos	Diogo Brandão Sanches (1544-1545) » Diogo Brandão Pereira (1559-1560)
	João Rodrigues de Sá (1558-1559, 1562-1563, 1565-1566, 1572-1573 e 1580-1581) » João Rodrigues de Sá de Menezes (1555-1556) » Francisco de Sá de Menezes (1571-1572)
	Martim Afonso de Melo Brandão Correia (1762-1763) » Francisco de Sousa da Silva Alcoforado Rebelo (1736-1737, 1738-1739 e 1746-1747) » João Rodrigo Brandão Pereira de Lacerda (1745-1746 e 1780-1789)
	António de Melo Correia (1792-1794 e 1804-1805) » João Rodrigo Brandão Pereira de Lacerda (1745-1746 e 1780-1789)
Sogro » Genro	João Rodrigues de Sá (1558-1559, 1562-1563, 1565-1566, 1572-1573 e 1580-1581) » Francisco de Sá de Menezes (1571-1572)
	Fernão Nunes Barreto (1578-1579) » Fradique de Menezes (1603-1604)
	Bernardo Pereira (1591-1592) » Manuel de Sousa de Almeida (1653)
	Álvaro Ferreira Pereira (1604-1605) » Diogo Gomes de Lemos (1628-1629)
	Pantaleão de Seabra de Sousa (1615-1616 e 1626-1627) » Bento de Aguiar Caldeira (1633-1634 e 1637-1638)
	Baltazar Pinto Aranha (1619-1620 e 1635-1636) » Gonçalo Correia de Lacerda e Figueiroa (1640-1641)

3.1. Os Provedores da Misericórdia do Porto desde a fundação da Irmandade até ao fim das Guerras Liberais (1499-1834)

Como referimos anteriormente, dividimos a nossa análise do perfil dos provedores da Santa Casa da Misericórdia do Porto em dois grandes períodos, pelas razões já expendidas. Desde a fundação da Misericórdia, em finais do século XV, e até 1834, foram pelo menos 196 as personalidades que exerceram o cargo de provedor. Analisemos então alguns aspetos que, embora lacunares, nos permitem chegar a algumas conclusões quanto ao perfil destas figuras nos primeiros dois séculos da história da Santa Casa.

3.1.1. Naturalidade dos Provedores (1499-1834)

Foi possível apurar de forma inequívoca a naturalidade de 101 destes 196 provedores, distribuídos por um total de 30 concelhos, de Norte a Sul do País, além de um natural do Brasil. Constata-se, expectavelmente, que a maioria destes indivíduos nasceu na cidade do Porto (45, o que corresponde a 44,6% do total apurado e a 23% do total dos provedores para o período em análise). Seguem-se os concelhos de Lisboa, onde nasceram 12 provedores, Braga com quatro e Guimarães e Vila Nova de Gaia com três representantes cada. Outros nove provedores nasceram no território que atualmente corresponde ao distrito do Porto.

QUADRO N.º 9
Concelhos de naturalidade dos provedores da SCMP (1499-1834)

Concelho	Provedores
Porto	45
Lisboa	12
Braga	4
Guimarães	3
Vila Nova de Gaia	3
Baião	2
Barcelos	2
Caminha	2
Estarreja	2
Gondomar	2
Viana do Castelo	2
Vieira do Minho	2
Outros	20
Total	**101**

Se a preponderância do Porto nesta matéria não surpreende, tendo em conta o âmbito territorial da ação da Santa Casa, não deixa de ser assinalável a diversidade geográfica no que concerne à proveniência dos provedores. Esta realidade traduz a importância da Irmandade ao longo dos séculos – não se notam desvios significativos neste domínio em diferentes tempos cronológicos –, capaz de atrair para a sua elite dirigente personalidades de Norte a Sul do País, mesmo reconhecendo que muitos destes indivíduos nascidos em geografias mais distantes fossem já personalidades influentes da cidade do Porto no momento em que foram chamados ao exercício do cargo, o que, ao mesmo tempo, reflete a multissecular capacidade centrípeta da capital do Norte e a relativa diversidade da sua base populacional quando comparada com a realidade nacional.

3.1.2. Idade dos Provedores à data da posse (1499-1834)

Quanto à idade à data em que tomaram posse, foi possível determinar este dado para 50 dos 196 provedores que exerceram funções até 1834, embora para muitos apenas por aproximação, por não sabermos com precisão o dia e/ou mês de nascimento. Uma vez que vários provedores, como já tivemos ocasião de referir, exerceram mandatos intercalados, tivemos em consideração na nossa análise as suas idades sempre que regressaram a este cargo, o que resulta num total de 73 idades.

A idade média dos provedores à data da posse, para os quais conseguimos apurar este dado, é de 50,2 anos. O mais novo, com apenas 21 anos, foi António Rosendo de Sousa, provedor entre 1671-1672. Abaixo dos 30 anos apenas se registam outros três provedores: o 4.º conde de Miranda, Diogo Lopes de Sousa (1592-1593), com 26 anos; Jerónimo de Távora e Noronha e Leme (1718-1719), com 27 anos (seria provedor segunda vez aos 29 e terceira aos 32); e o 2.º conde de Penaguião, Francisco de Sá de Menezes (1626-1627), com 28 anos.

O provedor mais velho neste período, com 82 anos à data da posse, foi Nicolau Monteiro em 1664, quase trinta anos depois de ter exercido o cargo pela primeira vez. Com mais de 75 anos, regista-se João Monteiro de Carvalho (1832-1833), com 77 anos, e Gaspar Cardoso de Carvalho e Fonseca Vasconcelos (1825-1826), com 78, o qual, aliás, se encontrava no desempenho do cargo quando faleceu, precisamente em 1826.

Quadro N.º 10

Provedores da SCMP por grupo etário à data da posse (1499-1834)

Grupo etário	Provedores
20-24	1
25-29	4
30-34	5
35-39	8
40-44	7
45-49	12
50-54	13
55-59	5
60-64	5
65-69	6
70-74	2
75-79	4
80-84	1
Total	**73**

Pode assim afirmar-se, em jeito de síntese, que a seleção dos provedores até 1834, pelo menos quanto àqueles cuja idade conseguimos determinar, recaiu maioritariamente em indivíduos maduros, com tempo de vida suficiente para deterem as capacidades e a experiência necessárias ao exercício de um cargo de tanta responsabilidade e visibilidade local e regional, mas ainda com a juventude, o vigor e a resiliência igualmente exigidas.

3.1.3. *Atividade profissional e formação académica dos Provedores (1499-1834)*

No que concerne à atividade profissional desenvolvida por estas personalidades, apurámos as profissões de 118 provedores desde a criação da Misericórdia do Porto até 1834. Para maior clareza expositiva, apenas considerámos as profissões principais, ou seja, aquelas que foram exercidas durante mais tempo, sempre que tal foi possível determinar. Simultaneamente, agrupámos diversas terminologias dentro da mesma designação, mais abrangente (por exemplo, padres, diáconos e bispos em membros do clero; mercadores em comerciantes; as diversas patentes do Exército na categoria de oficial do Exército). Note-se que para alguns destes indivíduos considerámos mais do que uma profissão, sempre que exerceram várias atividades durante um tempo significativo, o que resulta num total de 127 profissões.

Dos dados recolhidos, verifica-se que 35 provedores (29,7% do total apurado e 17,9% do total de provedores no período em análise) eram membros do clero (bispos, cónegos, diáconos e sacerdotes), a sublinhar o caráter religioso da Irmandade, tal como disposto no seu Compromisso e na sua prática quotidiana. Seguem-se os magistrados judiciais, em número de 32 (27,1% do total apurado e 16,3% do total dos provedores) e os proprietários, isto é, os que viviam das rendas e exploração dos seus terrenos e bens imóveis (26, que corresponde a 22% do total apurado e a 13,3% do total de provedores). Registam-se ainda, com números significativos, dez negociantes, oito oficiais do Exército e quatro professores universitários, todos eles lentes na Universidade de Coimbra.

QUADRO N.º 11
Provedores da SCMP por atividade profissional (1499-1834)

Atividade profissional	Provedores
Membros do clero	35
Magistrados judiciais	32
Proprietários	26
Negociantes	10
Oficiais do Exército	8
Professores universitários	4
Comerciantes	3
Outros	9
Total	**127**

Quanto à formação académica dos provedores até 1834, e em linha com as profissões apuradas, meia centena (43,5% do total apurado e 25,5% do total de provedores) concluiu um curso superior, todos eles, com exceção de D. Diogo de Sousa, na Universidade de Coimbra e num de três cursos – Leis, Cânones ou Teologia –, quase sempre para ingressarem na magistratura ou no clero.

Estes resultados aproximam a configuração socioprofissional dos provedores da que se regista noutros setores de topo da sociedade portuguesa de Antigo Regime (com exceção da nobreza), isto é, indivíduos com uma formação muito superior à média da população, num período em que a taxa de analfabetismo em Portugal se situou sempre acima dos 90%, e com profissões que os enquadravam claramente nos estratos mais elevados da sociedade.

Simultaneamente, as numerosas lacunas encontradas a este respeito para os primeiros 150 anos de atividade da Irmandade, além de refletirem a escassez de fontes imposta pela maior distância cronológica, podem ser um indicador da dificuldade no recrutamento de figuras de maior relevo para a administração da Santa Casa, obrigando assim a Instituição a recorrer a indivíduos com menos notoriedade pessoal, com menor formação académica e com profissões de menor visibilidade social.

3.1.4. Cargos políticos desempenhados pelos Provedores (1499-1834)

Efetuar uma análise rigorosa aos cargos políticos desempenhados pelos provedores da Misericórdia do Porto até 1834, quer antes, quer depois de desempenharem tais funções, é uma tarefa complexa, pela diversidade e particularidade de cargos que existiram ao longo desse período, em função do contexto de cada momento, e até pela natureza difusa das funções desempenhadas – de caráter mais ou menos político, económico, administrativo, por vezes apenas honorífico. Como tal, optámos nesta ocasião por nos ocuparmos dos cargos claramente inequívocos que permitam obter uma visão geral deste aspeto.

Entre os cargos políticos mais recorrentes entre os provedores, sobressai com evidente destaque o de vereador municipal. De facto, foram pelo menos 76 (38,4% do total) os provedores que, nestes períodos, exerceram tais funções, todos eles na Câmara do Porto, estabelecendo assim uma íntima relação entre as duas principais instituições da cidade, e tornando evidente que a elite portuense se movia em ambos os círculos.

Observam-se ainda 15 provedores que pertenceram ao Conselho do Rei, além de nove deputados e sete procuradores às Cortes, o que diz muito da projeção social e política deste restrito grupo de personalidades.

QUADRO N.º 12
Principais cargos políticos desempenhados por provedores da SCMP (1499-1834)

Cargo	Provedores
Vereador municipal	76
Conselheiro do Rei	15
Deputado	9
Procurador às Cortes	7
Diplomata	4
Procurador municipal	2
Senador	1
Par do Reino	1
Secretário de Estado	1
Governador civil	1
Administrador colonial	1

Seja como for, a esmagadora maioria dos provedores circunscreveu a sua atividade política ao município portuense, desempenhando múltiplas atividades na sua Câmara Municipal, fundamentalmente como vereadores.

Não esqueçamos, por um lado, as dificuldades de comunicação que então se registavam, que dificultavam aos indivíduos que habitassem fora da capital o acesso a cargos de relevo nacional. Ao mesmo tempo, convém recordar que ao longo do Antigo Regime nunca existiram Governos ou Parlamentos sob a forma que revestiram após 1834, mas apenas personalidades nomeadas pelo rei para o exercício de certas funções de caráter mais ou menos político, o que reduzia enormemente o espaço de projeção política, mesmo o dos mais capazes, situação que só viria a ser invertida com a implantação definitiva do liberalismo em Portugal e da paulatina democratização do acesso ao exercício de cargos públicos.

3.2. Os Provedores da Misericórdia do Porto da implantação definitiva do liberalismo à atualidade (1834-2017)

Entre 1834 e 2017, foram 45 as personalidades que exerceram o cargo de provedor da Santa Casa portuense. No entanto, como vimos em capítulo anterior, seis destes indivíduos – António da Silva Guimarães, António Augusto de Sousa Cirne, Francisco Rodrigues de Oliveira, Francisco Teixeira de Aguilar (2.º conde de Samodães), António Alves Cálem Júnior e António Luís Gomes – exerceram os seus mandatos em duas ocasiões distintas no tempo, e outros dois – Domingos Braga da Cruz e José Luís Novaes – foram provedores em três momentos diferentes, o que resulta num total de 55 mandatos.

3.2.1. *Naturalidade dos Provedores (1834-2017)*

O recrutamento destes provedores, tal como os que os precederam, tem uma base iminentemente local, como seria de esperar, tendo em conta o espaço geográfico preferencial da ação da Instituição. Dos 45 provedores que exerceram o cargo desde 1834, 22 (48,9% do total) nasceram no concelho do Porto, 28 (62,2%) no respetivo distrito e oito nos distritos limítrofes (Aveiro, Braga e Vila Real). Apenas quatro provedores são naturais de outras localidades – Idanha-a-Nova, Lisboa, Velas (Açores) e Luanda.

Assim, nota-se uma maior concentração geográfica no que concerne à proveniência dos provedores face aos séculos anteriores. É difícil estabelecer uma comparação válida entre os dois períodos, dadas as lacunas encontradas no período que decorre até 1834, mas a comprovar-se estes dados, provavelmente a maior concentração geográfica no Porto e no Norte do País, em detrimento de Lisboa e de localidades mais distantes, se deva ao crescimento populacional e, concomitantemente, ao desenvolvimento económico, social e cultural que a cidade conheceu a partir de Oitocentos, o que permitiu alargar significativamente as suas elites e fixá-las no seu território.

QUADRO N.º 13
Concelhos de naturalidade dos provedores da SCMP (1834-2017)

Concelho	Provedores
Porto	22
Coimbra	2
Vila Nova de Gaia	2
Amarante	1
Braga	1
Castelo de Paiva	1
Figueira de Castelo Rodrigo	1
Idanha-a-Nova	1
Lisboa	1
Matosinhos	1
Oliveira de Azeméis	1
Penafiel	1
Ponte de Lima	1
Sabugal	1
Santa Maria da Feira	1
Sever do Vouga	1
Terras de Bouro	1
Trofa	1
Velas	1
Vila Real	1
Vila Verde	1
Luanda	1
Total	45

QUADRO N.º 14
Distrito de naturalidade dos provedores da SCMP (1834-2017)

Distrito	Provedores
Porto	28
Aveiro	4
Braga	3
Coimbra	2
Guarda	2
Castelo Branco	1
Lisboa	1
S. Jorge	1
Viana do Castelo	1
Vila Real	1
Luanda	1
Total	**45**

3.2.2. *Idade dos Provedores à data da posse (1834-2017)*

A idade média dos provedores à data em que foram chamados a tomar posse ronda os 56 anos e mais de dois terços dos provedores tinham entre 45 e 69 anos quando assumiram ou reassumiram funções. Constata-se, portanto, que a escolha dos provedores recaiu sobre indivíduos maduros, com a experiência de vida necessária à assunção de tão exigentes responsabilidades. Nota-se, face ao período anterior, uma menor diversidade de idades e uma maior aproximação à idade média, que avançou quase seis anos.

Isto mesmo é comprovado pela existência de apenas quatro provedores com menos de quarenta anos à data da posse. O mais novo, Francisco Faustino da Costa, tinha apenas 31 anos quando foi chamado, enquanto vice-provedor, a servir de provedor *de facto*, em representação de D. Pedro, provedor-nato da Misericórdia do Porto. E de idade inferior a 40 anos, como referimos, detetámos apenas mais três provedores, António Augusto Soares de Sousa Cirne, que na primeira vez que ocupou a provedoria (1861-1864) contava com 35 anos; com a mesma idade, Venceslau de Sousa Pereira de Lima, provedor em 1894-1895; e com 38 anos, o conde de Castelo de Paiva (1883-1884). Realidade bem diferente se deteta entre 1499-1834, em que pelo menos 17 provedores tinham menos de 40 anos.

Já os provedores mais velhos, Domingos Braga da Cruz (1980-1981) e José Luís Novaes (2007-2010), tinham ambos 80 anos à data em que tomaram posse dos seus mandatos. Além de partilharem a mesma idade, ambos tinham sido provedores em duas ocasiões anteriores, Braga da Cruz entre 1959-1965 e 1970-1974 e Novaes entre 1988-1993 e

1996-2002. Regista-se ainda a existência de seis provedores que eram já septuagenários à data da posse, Aires Fernandes Martins (1987-1988) e Domingos Braga da Cruz, na segunda ocasião em que foi provedor (1970-1974), ambos com 70 anos; João José de Vasconcelos (1873-1875), com 71 anos; José Pereira Reis (1882-1883) e José Vaz Guedes de Sousa Bacelar (1979-1980), os dois com 74 anos quando tomaram posse; e Albano do Carmo Rodrigues Sarmento (1968-1970), empossado dias depois de ter completado 79 anos.

QUADRO N.º 15
Provedores da SCMP por grupo etário à data da posse (1834-2017)

Grupo etário	Provedores
30-34	1
35-39	3
40-44	5
45-49	10
50-54	9
55-59	8
60-64	4
65-69	7
70-74	5
75-79	1
80	2
Total	55

A título de curiosidade, registe-se que a idade média dos provedores à data em que abandonaram o cargo é de 59 anos, o mais velho dos quais, José Luís Novaes, tinha 83 anos quando faleceu, em exercício de funções.

3.2.3. *Atividade profissional dos Provedores (1834-2017)*

Como referimos anteriormente, no que respeita à atividade profissional foram consideradas as profissões exercidas durante mais tempo pelos provedores ao longo das suas carreiras, pelo que, para vários deles, foram consideradas duas profissões.

Médicos, proprietários, professores do ensino superior e advogados são as profissões mais comuns entre os provedores da Santa Casa. Dos 45 provedores que serviram no período em análise, 38 (84,4%) exerceram pelo menos uma destas profissões. Seguem-se os administradores de empresas e os empresários (detentores das próprias empresas), nove no total, seguidos dos magistrados judiciais, com quatro representantes, e os oficiais do Exército com três.

O contraste com o período anterior a 1834 é por demais evidente. Se até aí os membros do clero estavam em maioria, agora só se registam dois, um dos quais eleito ainda no século XIX e o outro nomeado pelo Bispo do Porto para presidir a uma comissão administrativa. Também os magistrados judiciais, segundo grupo mais representativo até às guerras liberais, encontram agora um único representante. E se não havia até então qualquer provedor na área da medicina, os médicos passam a ser um dos grupos mais dominantes.

Esta alteração significativa ao nível das profissões mais comuns entre os provedores é mais do que um reflexo da alteração estrutural da sociedade portuguesa após o triunfo do liberalismo. Traduz também a progressiva reconfiguração da estrutura material e imaterial da Misericórdia do Porto, com maior preponderância da assistência prestada nas áreas da saúde e do ensino, com um crescente número de estabelecimentos hospitalares e educativos sob a sua administração, pelo que emerge como natural o recrutamento de especialistas nessas áreas. A mesma razão parece justificar a eleição de provedores da área empresarial, uma vez que as exigências ao nível do rigor financeiro e de gestão se desenvolveram na justa medida do alargamento da ação da própria Misericórdia.

QUADRO N.º 16
Provedores da SCMP por atividade profissional (1834-2017)

Profissão	Provedores
Médico	10
Professor do ensino superior	10
Proprietário	10
Advogado	8
Empresário/Negociante	5
Administrador de empresas	4
Magistrado judicial	4
Oficial do Exército	3
Administrador bancário	2
Engenheiro civil	2
Membro do clero	2
Conservador do Registo Predial	1
Funcionário Público	1
Magistrado administrativo	1
Músico	1
Professor do ensino básico e secundário	1
Total	**65**

Por oposição, a componente religiosa da Irmandade, embora ainda muito presente e relevante na sua atividade – continua a prestar assistência religiosa e a ser enformada pelos princípios da doutrina e moral cristãs – perdeu alguma preponderância, como constatámos na análise dos sucessivos Compromissos, à medida que a multiplicidade de valências sob a sua tutela se foi alargando, o que ajudará a explicar o quase desaparecimento de membros do clero na sua administração.

3.2.4. Formação académica dos Provedores (1834-2017)

Apenas sete (15,5%) dos 45 provedores entre 1834-2017 não apresentam qualquer tipo de formação superior, e destes sete, quatro exerceram os seus mandatos nas primeiras duas décadas do período em análise e apenas três no século XX. Constata-se, como tal, uma franca evolução ao nível da formação académica destes homens, que não só acompanha como ultrapassa a evolução do nível médio de instrução da sociedade portuguesa.

Em relação direta com a profissão que desempenharam, a área de formação mais comum entre os 38 provedores com formação superior é a do Direito, com 18 representantes (47,3% dos provedores com formação superior e 40% do total de provedores para este período), seguido de Medicina com dez (26,3% e 22,2%, respetivamente). Estas duas áreas abrangem assim cerca de três em cada quatro provedores com formação superior e quase dois terços do total de provedores entre 1834-2017. Seguem-se, com três provedores cada, as áreas de Matemática, Engenharia e Filosofia e os cursos em escola militar para o ingresso na carreira de oficiais.

Nota ainda para um provedor com mestrado na área do Direito e cinco com doutoramento, dos quais, um em Filosofia, um em Ciência Política, Cidadania e Relações Internacionais e três em Medicina, títulos que vêm confirmar e elevar ainda mais o grau de formação destas personalidades.

QUADRO N.º 17
Áreas de formação superior dos provedores da SCMP (1834-2017)

Área de formação	Provedores
Leis/Cânones/Direito	18
Medicina	10
Matemática	3
Engenharia	3
Filosofia	3
Curso em escola militar	3
Música	1
Agricultura	1
Total	**42***

* Este número é superior ao número total de provedores com formação superior uma vez que alguns deles concluíram mais do que um curso.

3.2.5. *Cargos políticos desempenhados pelos Provedores (1834-2017)*

Importa nesta análise perceber, mesmo que em traços largos, os perfis dos percursos políticos das figuras que desempenharam o cargo de provedor da Misericórdia do Porto entre 1834-2017. O primeiro aspeto a destacar é que 28 destes 45 provedores (62,2%) exerceram ao longo da sua vida pelo menos um cargo político de relevo local, regional ou até nacional. Esta percentagem, bastante elevada, é indicativa da pertença destas personalidades a uma elite que, em muitos casos, na sua ação, extravasa as fronteiras do município portuense.

Aliás, o cargo político mais comum entre estas figuras, com 14 representantes (31,1%), é o de deputado numa das várias câmaras que funcionaram desde 1834 ao presente (Câmara dos Deputados, Assembleia Nacional e Assembleia da República). Cinco provedores, além de deputados, tomaram assento na câmara alta da Monarquia Constitucional, a Câmara dos Pares do Reino, e outros cinco (dos quais apenas um foi também deputado) foram procuradores à Câmara Corporativa, que funcionou durante o Estado Novo, entre 1935 e 1974. Destes números resulta que um total de 18 provedores (40%) tomou assento no Parlamento, dos quais seis em mais do que uma câmara.

QUADRO N.º 18
Cargos políticos exercidos pelos provedores da SCMP (1834-2017)

Cargo político	Provedores
Deputado	14
Governador civil	11
Presidente de Câmara Municipal	10
Vereador municipal	7
Procurador à Câmara Corporativa	5
Par do Reino	5
Ministro	4
Procurador à Junta Geral do Distrito	3
Vice-Presidente de Câmara Municipal	3
Administrador de concelho	2
Membro do Conselho de Distrito	2
Conselheiro de Estado	1
Diplomata	1
Presidente de Junta de Freguesia	1
Primeiro-Ministro	1
Subsecretário de Estado	1

Também com um elevado número de representantes entre os provedores, 11 destas figuras (mais de uma em cada quatro) foram governadores civis, cargo criado em 1835. Mas contrariamente ao que se poderia esperar, e como que a confirmar o alargamento territorial da sua influência política, estes homens não circunscreveram o exercício de tais funções apenas ao distrito do Porto, uma vez que serviram também nos distritos de Braga, Vila Real, Aveiro, Coimbra, Viseu, Castelo Branco, Santarém e Faro, ou seja, em todo o País.

Conservando-nos no âmbito dos representantes locais do poder central, mas circunscritos aos limites do concelho, dois provedores exerceram o cargo de administrador concelhio, um dos quais no Porto e o outro nos concelhos da Póvoa de Varzim, Vila Nova de Gaia, Lousada e Santo Tirso.

Três provedores foram procuradores à Junta Geral do Distrito, dois no Porto e um em Angra do Heroísmo, e dois foram membros do Conselho do Distrito do Porto. Ambos os órgãos, como o próprio nome denuncia, tinham um âmbito territorial confinado aos limites do respetivo distrito, sendo os membros da Junta Geral eleitos localmente e os do Conselho de Distrito nomeados pelo Governo.

O exercício de cargos no âmbito do poder autárquico é também muito frequente. Dez provedores (quase 25% do total) foram Presidentes de Câmara, metade deles no Porto e os restantes noutros concelhos, como Vila Nova de Gaia, Valongo, Castelo de Paiva, Melgaço e Praia da Vitória. Três provedores foram vice-Presidentes de Câmara, dois no Porto e um em Nova Lisboa (atual Huambo, Angola) e sete, incluindo vários que também foram Presidentes ou vice-Presidentes de Câmara, integraram vereações, todos eles na Câmara Municipal do Porto. E um provedor, além de Presidente de Câmara, presidiu a uma Junta de Freguesia, em Vila Nova de Gaia. No total foram 16 (38,1%) os provedores que entre 1834-2017 exerceram cargos de âmbito autárquico.

A presença destas personalidades em elencos governativos é bastante mais escassa. Apenas um foi primeiro-ministro, Venceslau de Sousa Pereira de Lima, o qual liderou ainda as pastas ministeriais dos Negócios Eclesiásticos e Justiça, Estrangeiros e Reino. Três provedores foram ministros, António Roberto de Oliveira Lopes Branco e Francisco de Azeredo Teixeira de Aguilar na pasta da Fazenda e António Luís Gomes no Ministério do Fomento. António do Carmo Rodrigues Sarmento foi subsecretário de Estado do Comércio e Indústria.

Finalmente, apenas um provedor integrou o Conselho de Estado, o já referido Venceslau de Lima.

Uma conclusão óbvia ressalta dos dados apresentados, o facto de uma percentagem muito significativa destas personalidades merecer a confiança da população (quando os cargos que desempenham são eletivos) ou do Governo (quando a atribuição resulta da nomeação pelo poder executivo), ou mesmo de ambos, uma vez que muitos destes indivíduos exerceram ao longo do seu percurso múltiplos cargos políticos de ambas as naturezas, a confirmar que a sua influência se estendia muito para lá do universo da Santa Casa.

FERNANDO DE SOUSA
RICARDO ROCHA
DIOGO FERREIRA

Provedores da Santa Casa da Misericórdia do Porto (1499-2017)

QUADRO N.º 19
Provedores da Santa Casa da Misericórdia do Porto (1499-2017)

Nome	Naturalidade (concelho)	Profissão	Formação (curso e escola)	Data de nascimento
Diogo de Sousa	Figueiró dos Vinhos ou Évora	Clérigo	Doutor em Teologia (Universidade de Paris)	c. 1460
Pêro Gomes		Escudeiro		
António de Coiros	Porto	Tabelião		
Egas Vaz		Comerciante		
Diogo Leite		Cavaleiro		
Diogo Pinto Pereira	Porto			
Diogo Leite		Cavaleiro		
Fernão Soares		Escudeiro		
Gomes Pais				
Diogo Pinto Pereira	Porto			
João Álvares, o Preto				
Gomes Pais				
Francisco de Sousa Alcoforado		Clérigo		
Gaspar Ferraz		Cavaleiro		
João Caminha		Cavaleiro		
João Álvares, o Preto				
Diogo Brandão				
Francisco de Sousa Alcoforado		Clérigo		
António de Sousa Alcoforado				
António Carneiro				
Rui Brandão				1503
Diogo Brandão Sanches				
Pantaleão Ferreira				
Luís Álvares de Madureira				
Pantaleão Ferreira				
António de Sá e Menezes				
Luís Álvares de Madureira				
António Carneiro				
Francisco Pereira de Miranda		Almoxarife		
Rui Brandão				1503
António de Madureira				
João Rodrigues de Sá de Menezes		Oficial do Exército		
Luís Álvares de Madureira				
Rui Brandão				1503
João Rodrigues de Sá				

Data de morte	Cargos políticos	Início de funções	Término de funções	Idade à posse	Tipo e número de mandatos	Dias de mandato
19.06.1532	Conselheiro	1499	1505	42	3 mandatos anuais (?)	c. 2200
		02.07.1514	02.07.1516		2 mandatos anuais (?)	731
	Vereador	02.07.1516	02.07.1518		2 mandatos anuais	730
	Vereador Procurador às Cortes	02.07.1518	02.07.1519		1 mandato anual	365
	Vereador	02.07.1519	02.07.1520		1 mandato anual	366
	Vereador	02.07.1520	02.07.1522		2 mandatos anuais	730
	Vereador	02.07.1522	02.07.1524		2 mandatos anuais	731
	Vereador	02.07.1524	02.07.1525		1 mandato anual	365
	Vereador	02.07.1525	02.07.1526		1 mandato anual	365
	Vereador	02.07.1526	02.07.1527		1 mandato anual	365
		02.07.1527	02.07.1528		1 mandato anual	366
	Vereador	02.07.1528	02.07.1529		1 mandato anual	365
	Vereador	02.07.1529	02.07.1531		2 mandatos anuais	730
		02.07.1531	02.07.1532		1 mandato anual	366
	Vereador	02.07.1532	02.07.1533		1 mandato anual	365
		02.07.1533	02.07.1537		4 mandatos anuais	1461
		02.07.1538	02.07.1540		2 mandatos anuais	731
	Vereador	02.07.1540	02.07.1541		1 mandato anual	365
	Vereador	02.07.1541	02.07.1542		1 mandato anual	365
	Vereador	02.07.1542	02.07.1543		1 mandato anual	365
	Vereador	02.07.1543	02.07.1544	40	1 mandato anual	366
	Vereador	02.07.1544	02.07.1545		1 mandato anual	365
	Vereador	02.07.1545	02.07.1546		1 mandato anual	365
	Vereador	02.07.1546	02.07.1547		1 mandato anual	365
	Vereador	02.07.1547	02.07.1548		1 mandato anual	366
		02.07.1548	02.07.1549		1 mandato anual	365
	Vereador	02.07.1549	02.07.1550		1 mandato anual	365
	Vereador	02.07.1550	02.07.1551		1 mandato anual	365
	Vereador	02.07.1551	02.07.1552		1 mandato anual	366
	Vereador	02.07.1552	02.07.1554	49	2 mandatos anuais	730
	Vereador	02.07.1554	02.07.1555		1 mandato anual	365
25.01.1579	Deputado	02.07.1555	02.07.1556		1 mandato anual	366
	Vereador	02.07.1556	02.07.1557		1 mandato anual	365
	Vereador	02.07.1557	02.07.1558	54	1 mandato anual	365
		02.07.1558	02.07.1559		1 mandato anual	365

Quadro N.º 19
Provedores da Santa Casa da Misericórdia do Porto (1499-2017) *(Continuação)*

Nome	Naturalidade (concelho)	Profissão	Formação (curso e escola)	Data de nascimento
Diogo Brandão Pereira				
Gaspar Nunes Barreto		Almoxarife		
Francisco Pereira de Miranda				
João Rodrigues de Sá				
Manuel de Moura				
António de Sá e Menezes				
João Rodrigues de Sá				
Gaspar Pamplona				
Rui Brandão				1503
Afonso Brandão				
Vicente Novais				
Afonso Brandão				
Francisco de Sá de Menezes (conde de Matosinhos e de Portimão)	Porto			c. 1510
João Rodrigues de Sá				
Gaspar Nunes Barreto		Almoxarife		
Afonso Brandão				
Vicente Novais				
Sebastião Pereira				
Aires da Silva	Lisboa	Clérigo	Doutor em Teologia (UC)	
Fernão Nunes Barreto		Almoxarife		
Jorge de Babo Ribeiro				
João Rodrigues de Sá				
Baltazar Delgado		Advogado	Bacharel em Leis (UC)	
Diogo Leite de Azevedo				
Afonso Ferraz		Clérigo		
Afonso Brandão				
Álvaro de Valadares				
Fernão Nunes Barreto		Almoxarife		
Diogo de Madureira				
Jorge Pereira de Miranda				

Data de morte	Cargos políticos	Início de funções	Término de funções	Idade à posse	Tipo e número de mandatos	Dias de mandato
	Vereador	02.07.1559	02.07.1560		1 mandato anual	366
		02.07.1560	02.07.1561		1 mandato anual	365
	Vereador	02.07.1561	02.07.1562		1 mandato anual	365
		02.07.1562	02.07.1563		1 mandato anual	365
		02.07.1563	02.07.1564		1 mandato anual	366
		02.07.1564	02.07.1565		1 mandato anual	365
		02.07.1565	02.07.1566		1 mandato anual	365
	Vereador	02.07.1566	02.07.1567		1 mandato anual	365
	Vereador	02.07.1567	02.07.1568	64	1 mandato anual	366
	Vereador Procurador às Cortes	02.07.1568	02.07.1569		1 mandato anual	365
	Administrador colonial Vereador	02.07.1569	02.07.1570		1 mandato anual	365
	Vereador Procurador às Cortes	02.07.1570	02.07.1571		1 mandato anual	365
c. 1583		02.07.1571	02.07.1572	61	1 mandato anual	366
		02.07.1572	02.07.1573		1 mandato anual	365
		02.07.1573	02.07.1574		1 mandato anual	365
	Vereador Procurador às Cortes	02.07.1574	02.07.1575		1 mandato anual	365
	Administrador colonial Vereador	02.07.1575	02.07.1576		1 mandato anual	366
		02.07.1576	02.07.1577		1 mandato anual	365
04.08.1578		02.07.1577	02.07.1578		1 mandato anual	365
22.05.1597	Vereador	02.07.1578	02.07.1579		1 mandato anual	365
	Vereador	02.07.1579	02.07.1580		1 mandato anual	366
		02.07.1580	02.07.1581		1 mandato anual	365
	Procurador às Cortes	02.07.1581	02.07.1582		1 mandato anual	365
	Vereador	02.07.1582	02.07.1583		1 mandato anual	365
		02.07.1583	02.07.1584		1 mandato anual	366
	Vereador Procurador às Cortes	02.07.1584	03.07.1585		1 mandato anual	366
	Vereador	03.07.1585	02.07.1586		1 mandato anual	364
22.05.1597	Vereador	02.07.1586	03.07.1587		1 mandato anual	365
		03.07.1587	02.07.1588		1 mandato anual	365
		02.07.1588	02.07.1589		1 mandato anual	365

QUADRO N.º 19
Provedores da Santa Casa da Misericórdia do Porto (1499-2017) *(Continuação)*

Nome	Naturalidade (concelho)	Profissão	Formação (curso e escola)	Data de nascimento
Manuel da Costa		Clérigo		
António Pereira de Vasconcelos				
Bernardo Pereira				
Henrique de Sousa (1.º conde de Miranda)				
Diogo Leite de Azevedo				
Jerónimo Pereira de Menezes				
João Álvares Pereira de Berredo				
António Pereira de Vasconcelos				
Diogo Brandão (II)				
António Leite da Costa				
Miguel de Figueiroa e Silva	Porto	Clérigo	Bacharel em Cânones (UC)	
Miguel Soares de Carvalho		Clérigo		
Jorge Pereira de Miranda				
Pedro Homem Carneiro				
Fradique de Menezes	Cantanhede		Bacharel em Cânones (UC)	
Álvaro Ferreira Pereira				
António Pinto Pereira		Clérigo		
Diogo Ribeiro de Miranda				
João Dias Leite				
Diogo de Sousa Alcoforado				
Diogo Leite de Azevedo				
Luís da Silva Teles				
Luís Novais da Silva				
Jorge de Eça				
Gaspar Nunes Barreto (II)				
João de Valadares Carneiro	Porto	Oficial do Exército		1569
Pantaleão Seabra de Sousa	Porto			
Luís de Melo Pereira				
Gaspar Nunes Barreto (II)				
Duarte Mendes de Vasconcelos	Braga	Clérigo		
Baltazar Pinto Aranha		Negociante		
Simão Pereira Correia				
Duarte Mendes de Vasconcelos	Braga	Clérigo		

Data de morte	Cargos políticos	Início de funções	Término de funções	Idade à posse	Tipo e número de mandatos	Dias de mandato
		02.07.1589	02.07.1590		1 mandato anual	365
	Vereador	02.07.1590	06.07.1591		1 mandato anual	369
	Vereador	06.07.1591	22.07.1592		1 mandato anual	382
	Conselheiro	22.07.1592	02.07.1593		1 mandato anual	345
	Vereador	02.07.1593	02.07.1594		1 mandato anual	365
13.09.1606	Vereador	03.07.1594	13.07.1595		1 mandato anual	375
		13.07.1595	02.07.1596		1 mandato anual	355
	Vereador	02.07.1596	02.07.1597		1 mandato anual	365
	Vereador	02.07.1597	02.07.1598		1 mandato anual	365
	Vereador	02.07.1598	02.07.1599		1 mandato anual	365
		02.07.1599	02.07.1600		1 mandato anual	366
		02.07.1600	02.07.1601		1 mandato anual	365
		02.07.1601	02.07.1602		1 mandato anual	365
1625	Vereador	25.08.1602	02.07.1603		1 mandato anual	311
		02.07.1603	02.07.1604		1 mandato anual	366
		02.07.1604	02.07.1605		1 mandato anual	365
19.02.1617		02.07.1605	02.07.1606		1 mandato anual	365
	Vereador	02.07.1606	02.07.1607		1 mandato anual	365
		02.07.1607	04.07.1608		1 mandato anual	368
	Vereador Procurador às Cortes	04.07.1608	02.07.1609		1 mandato anual	363
	Vereador	02.07.1609	02.07.1610		1 mandato anual	365
18.09.1636	Conselheiro	02.07.1610	02.07.1611		1 mandato anual	365
		02.07.1611	02.07.1612		1 mandato anual	366
		02.07.1612	11.08.1613		1 mandato anual	405
1626		11.08.1613	02.07.1614		1 mandato anual	325
1639	Vereador	02.07.1614	02.07.1615	45	1 mandato anual	365
c. 21.10.1626	Vereador	02.07.1615	02.07.1616		1 mandato anual	366
		02.07.1616	04.07.1617		1 mandato anual	367
1626		21.07.1617	02.07.1618		1 mandato anual	346
		02.07.1618	02.07.1619		1 mandato anual	365
	Vereador	02.07.1619	02.07.1620		1 mandato anual	366
03.02.1621	Vereador	02.07.1620	03.02.1621		1 mandato anual (interrompido por morte)	216
		04.02.1621	02.07.1621		Eleito para completar mandato do anterior	143

QUADRO N.º 19
Provedores da Santa Casa da Misericórdia do Porto (1499-2017) *(Continuação)*

Nome	Naturalidade (concelho)	Profissão	Formação (curso e escola)	Data de nascimento
António Leite do Amaral				
João de Figueiroa Pinto				
Pantaleão Pereira		Clérigo		
Diogo Leite de Azevedo				
Rodrigo da Cunha	Lisboa	Clérigo	Doutor em Cânones (UC)	1577
Pantaleão Seabra de Sousa	Porto			
Francisco de Sá de Menezes (2.º conde de Penaguião)				1598
Baltazar Pinto Pereira		Clérigo Magistrado judicial	Doutor em Cânones (UC)	
Diogo Gomes de Lemos		Proprietário		
João de Figueiroa Pinto				
Bernardo Pereira (II)		Clérigo		
Luís Álvares de Távora (ou Sousa)		Proprietário Negociante		
Jorge Correia de Lacerda		Magistrado judicial	Doutor em Leis (UC)	
Bento de Aguiar Caldeira		Negociante		
João de Figueiroa Pinto				
Baltazar Pinto Aranha		Negociante		
Nicolau Monteiro	Porto	Clérigo	Doutor em Cânones (UC)	06.12.1581
Bento de Aguiar Caldeira		Negociante		
António do Amaral de Albuquerque				
Pedro Vaz Soares de Sousa ou Cirne de Sousa				
Gonçalo Correia de Lacerda e Figueiroa				
Luís Delgado de Abreu	Porto	Magistrado judicial Professor universitário	Doutor em Leis (UC)	
João Gomes da Silva				
Nicolau Monteiro	Porto	Clérigo	Doutor em Cânones (UC)	06.12.1581
Luís Delgado de Abreu	Porto	Magistrado judicial	Doutor em Leis (UC)	
Lourenço Coelho Leitão	Pinhel	Magistrado judicial	Bacharel em Leis (UC)	
Fernão Teles de Menezes (conde de VilarMaior)		Magistrado judicial		

Data de morte	Cargos políticos	Início de funções	Término de funções	Idade à posse	Tipo e número de mandatos	Dias de mandato
	Vereador	02.07.1621	02.07.1622		1 mandato anual	365
	Vereador	02.07.1622	02.07.1623		1 mandato anual	365
		02.07.1623	02.07.1624		1 mandato anual	366
	Vereador	02.07.1624	02.07.1625		1 mandato anual	365
03.01.1643		02.07.1625	07.07.1626	48	1 mandato anual	370
c. 21.10.1626	Vereador	07.07.1626	21.10.1626		1 mandato anual (interrompido por morte)	106
15.08.1647		25.10.1626	02.07.1627	28	Eleito para completar mandato do anterior	250
		02.07.1627	02.07.1628		1 mandato anual	366
1651		02.07.1628	02.07.1629		1 mandato anual	365
	Vereador	02.07.1629	02.07.1630		1 mandato anual	365
		14.07.1630	02.07.1631		1 mandato anual	353
23.10.1645		02.07.1631	02.07.1632		1 mandato anual	366
		02.07.1632	02.07.1633		1 mandato anual	365
	Vereador	02.07.1633	02.07.1634		1 mandato anual	365
	Vereador	02.07.1634	02.07.1635		1 mandato anual	365
	Vereador	02.07.1635	02.07.1636		1 mandato anual	366
20.12.1672		02.07.1636	02.07.1637	54	1 mandato anual	365
	Vereador	02.07.1637	02.07.1638		1 mandato anual	365
	Vereador	03.07.1638	04.07.1639		1 mandato anual	366
	Vereador Procurador às Cortes	04.07.1639	02.07.1640		1 mandato anual	364
		04.07.1640	02.07.1641		1 mandato anual	363
1667		02.07.1641	16.08.1642		1 mandato anual	410
		17.08.1642	02.07.1643		1 mandato anual	319
20.12.1672		02.07.1643	26.06.1644	61	1 mandato anual (interrompido por ausência)	360
1667		26.06.1644	02.07.1644		Eleito para completar mandato do anterior	6
		02.07.1644	23.07.1645		1 mandato anual	386
		23.07.1645	02.07.1646		1 mandato anual	344

QUADRO N.º 19

Provedores da Santa Casa da Misericórdia do Porto (1499-2017) *(Continuação)*

Nome	Naturalidade (concelho)	Profissão	Formação (curso e escola)	Data de nascimento
Jerónimo da Silva Azevedo	Porto	Magistrado judicial	Bacharel em Leis (UC)	
Pantaleão Alvo Godinho	Porto	Proprietário Negociante		
Amaro de Meireles Freire		Clérigo	Doutor em Cânones (UC)	1596
Miguel de Aiala de Gouveia		Clérigo		
António de Couros Carneiro (ou Garcez)		Magistrado judicial		
Manuel Osório Cabral		Clérigo		
João Velho Barreto	Pernambuco	Magistrado judicial	Doutor em Cânones (UC)	
Manuel de Sousa de Almeida	São Pedro do Sul	Proprietário		
Pedro Velho Barreto				
Álvaro Abranches da Câmara (ou Coutinho da Câmara)		Oficial do Exército		
Gaspar de Abreu de Freitas	Lisboa	Magistrado judicial	Doutor em Cânones (UC)	
Henrique de Sousa Tavares da Silva (3.º conde de Miranda e 1.º marquês de Arronches)				17.01.1626
Diogo de Melo Pereira	Ponte de Lima			
Luís de Valadares Carneiro	Porto	Proprietário		1610
João Carneiro de Morais		Professor universitário Magistrado judicial	Doutor em Leis (UC)	c. 1610
Paulo Correia da Fonseca				
Henrique de Sousa Tavares da Silva (3.º conde de Miranda e 1.º marquês de Arronches)				17.01 1626
Nicolau Monteiro	Porto	Clérigo	Doutor em Cânones (UC)	06.12.1581
Francisco de Sá de Menezes (4.º conde de Penaguião e 1.º marquês de Fontes)		Proprietário		1619
Nuno Barreto Fuseiro	Porto			12.01.1630
Fernão Nunes Barreto (II)	Porto		Bacharel em Leis (UC)	
Sebastião César de Meneses	Lisboa	Clérigo Magistrado judicial	Doutor em Cânones (UC)	

Data de morte	Cargos políticos	Início de funções	Término de funções	Idade à posse	Tipo e número de mandatos	Dias de mandato
19.02.1661		02.07.1646	02.07.1647		1 mandato anual	365
1661	Vereador Procurador às Cortes	02.07.1647	17.08.1648		1 mandato anual	412
		17.08.1648	02.07.1649	52	1 mandato anual	319
		04.07.1649	02.07.1650		1 mandato anual	363
		02.07.1650	02.07.1651		1 mandato anual	365
		02.07.1851	02.07.1852		1 mandato anual	366
		02.07.1652	02.07.1653		1 mandato anual	365
	Vereador Procurador às Cortes	02.07.1653	25.07.1654		1 mandato anual	388
		25.07.1654	02.07.1655		1 mandato anual	342
1660		02.07.1655	02.07.1657		2 mandatos anuais	731
		02.07.1657	02.07.1658		1 mandato anual	365
10.04.1706	Diplomata	02.07.1658	02.07.1659	32	1 mandato anual	365
26.10.1666	Conselheiro	02.07.1659	02.07.1660		1 mandato anual	366
20.09.1681	Procurador às Cortes Vereador	02.07.1660	02.07.1661	50	1 mandato anual	365
	Conselheiro	02.07.1661	25.07.1662	51	1 mandato anual	388
		25.07.1662	02.07.1663		1 mandato anual	342
10.04.1706	Diplomata	02.07.1663	02.07.1664	37	1 mandato anual	366
20.12.1672		02.07.1664	02.07.1665	82	1 mandato anual	365
1677	Conselheiro Deputado	02.07.1665	02.07.1666	46	1 mandato anual	365
27.02.1702		02.07.1666	28.03.1668	36	2 mandatos anuais (o 2.º interrompido por irregularidade)	635
1681		28.03.1668	02.07.1668		Em substituição do irmão, eleito para completar mandato do anterior	96
	Deputado Conselheiro Diplomata	02.07.1668	02.07.1669		1 mandato anual	365

QUADRO N.º 19

Provedores da Santa Casa da Misericórdia do Porto (1499-2017) *(Continuação)*

Nome	Naturalidade (concelho)	Profissão	Formação (curso e escola)	Data de nascimento
José de Matos da Veiga	Lisboa	Magistrado judicial	Doutor em Leis (UC)	
Sancho Manuel de Vilhena (1.º conde de Vila Flor)		Oficial do Exército		
António Rosendo de Sousa		Clérigo		10.03.1650
Diogo Lopes de Sousa (4.º conde de Miranda)				10.12.1645
Lopo Pereira de Lima				
Matias da Silva de Abreu	Porto	Clérigo	Bacharel em Cânones (UC)	
Luís de Valadares Carneiro	Porto	Proprietário		1610
João Freire Antão	Porto	Cónego Proprietário		12.04.1637
André Pereira Pinto	Lamego	Clérigo	Doutor em Teologia (UC)	
António de Sousa Cirne	Porto	Proprietário		
Bernardo Ferraz de Melo	Porto	Proprietário		
João de Valadares Carneiro (II)	Porto	Proprietário		11.01.1640
João de Figueiroa Pinto (II)	Paredes	Proprietário	Doutor em Leis (UC)	
João de Gouveia da Rocha	Guimarães	Magistrado judicial Professor universitário	Doutor em Leis (UC)	
João de Seabra de Sousa	Porto			
Francisco de Sousa da Silva	Porto			
João de Figueiroa Pinto (II)	Paredes	Proprietário	Doutor em Leis (UC)	
Pedro da Fonseca de Castro e Sousa				
João Pinto Pereira	Porto			
Sebastião Cardoso de Sampaio	Trancoso	Magistrado judicial	Bacharel em Cânones (UC)	
Manuel Correia de Lacerda	Vieira do Minho			
João de Calvos e Menezes				
Pedro Correia de Azevedo	Porto			
José da Fonseca Coutinho	Guarda	Clérigo		
João Freire Antão	Porto	Clérigo Proprietário		12.04.1637
Jácome de Vilas Boas Casado	Viana do Castelo	Magistrado judicial	Bacharel em Leis (UC)	
José da Fonseca Coutinho	Guarda	Clérigo		
Jácome de Vilas Boas Casado	Viana do Castelo	Magistrado judicial	Bacharel em Leis (UC)	

Data de morte	Cargos políticos	Início de funções	Término de funções	Idade à posse	Tipo e número de mandatos	Dias de mandato
	Conselheiro	02.07.1669	02.07.1670		1 mandato anual	365
03.02.1677	Conselheiro	02.07.1670	02.07.1671		1 mandato anual	365
1680		02.07.1671	02.07.1672	21	1 mandato anual	366
20.01.1674		02.07.1672	02.07.1673	26	1 mandato anual	365
		02.07.1673	02.07.1674		1 mandato anual	365
		02.07.1674	02.07.1675		1 mandato anual	365
20.09.1681	Procurador às Cortes Vereador	02.07.1675	02.07.1676	65	1 mandato anual	366
30.12.1714		02.07.1676	02.07.1677	39	1 mandato anual	365
		02.07.1677	02.07.1678		1 mandato anual	365
	Vereador	02.07.1678	02.07.1679		1 mandato anual	365
	Vereador	02.07.1679	02.07.1680		1 mandato anual	366
17.11.1684	Vereador	02.07.1680	02.07.1681	40	1 mandato anual	365
	Vereador	02.07.1681	02.07.1682		1 mandato anual	365
	Conselheiro	02.07.1682	02.07.1684		2 mandatos anuais	731
	Vereador	02.07.1684	02.07.1685		1 mandato anual	365
		02.07.1685	03.07.1686		1 mandato anual	366
	Vereador	03.07.1686	02.07.1687		1 mandato anual	364
	Vereador	02.07.1687	02.07.1688		1 mandato anual	366
	Vereador	02.07.1688	02.07.1689		1 mandato anual	365
		02.07.1689	02.07.1691		2 mandatos anuais	730
	Vereador	02.07.1691	02.07.1692		1 mandato anual	366
		02.07.1692	02.07.1693		1 mandato anual	365
		02.07.1693	02.07.1694		1 mandato anual	365
26.08.1697		02.07.1694	02.07.1695		1 mandato anual	365
30.12.1714		02.07.1695	02.07.1696	58	1 mandato anual	366
		02.07.1696	02.07.1697		1 mandato anual	365
26.08.1697		02.07.1697	26.08.1697		1 mandato anual (interrompido por morte)	55
		27.08.1697	02.07.1698		Eleito para completar mandato do anterior	309

QUADRO N.º 19
Provedores da Santa Casa da Misericórdia do Porto (1499-2017) *(Continuação)*

Nome	Naturalidade (concelho)	Profissão	Formação (curso e escola)	Data de nascimento
Sebastião da Costa	Golegã	Magistrado judicial	Bacharel em Leis (UC)	
João Freire Antão	Porto	Clérigo Proprietário		12.04.1637
António de Macedo Pereira	Montemor-o--Velho	Magistrado judicial	Bacharel em Leis (UC)	
Gonçalo Pinto Monteiro	Porto	Proprietário		
Francisco Pereira de Vasconcelos	Gondomar	Proprietário		
Luís Freire de Sá	Matosinhos	Proprietário		
Francisco Pereira de Vasconcelos	Gondomar	Proprietário		
António Baracho Leal	Vila Franca de Xira	Magistrado judicial	Bacharel em Cânones (UC)	1645
Cristóvão Alvo da Cunha	Porto	Proprietário		
Bento Ferreira de Andrade	Porto	Proprietário		
Francisco de Madureira Cirne de Sousa e Azevedo	Guimarães	Proprietário		
Tomás de Almeida	Lisboa	Clérigo	Doutor em Cânones (UC)	11.09.1670
Manuel Ferreira	Braga	Magistrado judicial	Bacharel em Cânones (UC)	1640
António de Sousa da Silva				
Estêvão Ferraz de Campos	Setúbal	Magistrado judicial	Doutor em Leis (UC)	
Luís de Melo da Silva	Pombal	Comerciante		11.10.1672
Jerónimo de Távora e Noronha e Leme	Porto	Clérigo		20.11.1690
Jorge Pessanha Pereira	Viana do Castelo	Proprietário	Bacharel em Cânones (UC)	
Jerónimo de Távora e Noronha e Leme	Porto	Clérigo		20.11.1690
Francisco Luís da Cunha e Ataíde	Lisboa	Magistrado judicial	Bacharel em Leis (UC)	04.06.1668
Jerónimo de Távora e Noronha e Leme	Porto	Clérigo		20.11.1690
Pedro Pacheco Pereira	Porto	Proprietário		29.06.1680
José Leite Pereira de Berredo		Proprietário Comerciante		
Manuel de Noronha e Menezes	Porto	Clérigo	Bacharel em Cânones (UC)	
Manuel Carneiro de Araújo	Porto	Clérigo		
Luís de Sousa de Carvalho	Porto	Clérigo		
José Monteiro Moreira		Proprietário		
Bartolomeu de Macedo Malheiro	Gondomar	Magistrado judicial	Bacharel em Cânones e Leis (UC)	11.04.1665

Data de morte	Cargos políticos	Início de funções	Término de funções	Idade à posse	Tipo e número de mandatos	Dias de mandato
23.01.1723		02.07.1698	02.07.1700		2 mandatos anuais	730
30.12.1714		02.07.1700	02.07.1701	63	1 mandato anual	365
10.08.1703		02.07.1701	02.07.1702		1 mandato anual	365
	Vereador	02.07.1702	02.07.1703		1 mandato anual	365
	Vereador	02.07.1703	02.07.1704		1 mandato anual	366
08.06.1705	Procurador às Cortes Vereador	02.07.1704	08.06.1705		1 mandato anual (interrompido por morte)	341
	Vereador	17.06.1705	02.07.1705		Eleito para completar mandato do anterior	15
	Conselheiro	02.07.1705	02.07.1707	60	2 mandatos anuais	730
	Vereador	02.07.1707	02.07.1708		1 mandato anual	366
	Vereador	02.07.1708	02.07.1709		1 mandato anual	365
	Vereador	02.07.1709	02.07.1710		1 mandato anual	365
27.02.1754	Secretário de Estado	02.07.1710	02.07.1712	39	2 mandatos anuais	731
		02.07.1712	02.07.1713	72	1 mandato anual	365
		02.07.1713	02.07.1714		1 mandato anual	365
		02.07.1714	02.07.1717		3 mandatos anuais	1096
	Vereador	02.07.1717	02.07.1718	44	1 mandato anual	365
26.11.1754		02.07.1718	03.07.1719	27	1 mandato anual	366
09.10.1724		03.07.1719	02.07.1720		1 mandato anual	365
26.11.1754		02.07.1720	02.07.1722	29	2 mandatos anuais	730
01.11.1755	Conselheiro	02.07.1722	02.07.1723	54	1 mandato anual	365
26.11.1754		02.07.1723	02.07.1725	32	2 mandatos anuais	731
	Vereador	02.07.1725	02.07.1726	45	1 mandato anual	365
		02.07.1726	02.07.1727		1 mandato anual	365
20.07.1764		02.07.1727	02.07.1728		1 mandato anual	366
30.12.1755		02.07.1728	02.07.1729		1 mandato anual	365
		02.07.1729	02.07.1731		2 mandatos anuais	730
		02.07.1731	02.07.1732		1 mandato anual	366
		02.07.1732	02.07.1733	67	1 mandato anual	365

QUADRO N.º 19
Provedores da Santa Casa da Misericórdia do Porto (1499-2017) *(Continuação)*

Nome	Naturalidade (concelho)	Profissão	Formação (curso e escola)	Data de nascimento
Luís de Sousa de Carvalho	Porto	Clérigo		
Mateus Afonso Soares	Estarreja	Magistrado judicial	Doutor em Leis (UC)	1680
João da Silva de Magalhães	Porto	Clérigo		
Francisco de Sousa da Silva Alcoforado Rebelo	Barcelos	Proprietário		25.10.1697
Gaspar Pereira Pacheco de Melo Ferraz	Porto			
Francisco de Sousa da Silva Alcoforado Rebelo	Barcelos	Proprietário		25.10.1697
Duarte Cláudio Huet Soto Maior	Lisboa	Proprietário		21.06.1687
Pedro da Costa Lima e Melo	Porto	Superintendente da Ribeira do Porto e da Casa da Moeda		04.04.1695
José Maria da Fonseca e Évora	Évora	Clérigo Teólogo	Doutor em Teologia (UC ou Universidade de Roma)	03.12.1690
Manuel Barbosa de Albuquerque	Porto	Clérigo	Bacharel em Cânones (UC)	
Vicente de Távora e Noronha Leme Cernache	Porto			08.02.1711
João Rodrigo Brandão Pereira de Lacerda e Melo	Guimarães			01.08.1711
Francisco de Sousa da Silva Alcoforado Rebelo	Barcelos	Proprietário		25.10.1697
Fernando Leite Lobo	Caminha	Magistrado judicial	Bacharel em Cânones (UC)	
Lourenço de Amorim da Gama Lobo	Caminha	Proprietário		
Bento Luís Correia de Melo	Pombal			02.09.1703
José Pedro Emaús	Lisboa	Magistrado judicial	Bacharel em Cânones (UC)	
Bento Luís Correia de Melo	Pombal			02.09.1703
Pedro Velho de Laguar	Salvaterra de Magos ou Lisboa	Magistrado judicial	Bacharel em Leis (UC)	
Bento Luís Correia de Melo	Pombal			02.09.1703
Jerónimo Leite Pereira Pinto do Lago Guedes	Porto			
António de Noronha e Meneses de Mesquita e Melo	Braga			02.09.1720
António de Távora		Clérigo		

Data de morte	Cargos políticos	Início de funções	Término de funções	Idade à posse	Tipo e número de mandatos	Dias de mandato
		02.07.1733	02.07.1734		1 mandato anual	365
		02.07.1734	02.07.1735	54	1 mandato anual	365
20.06.1747		02.07.1735	02.07.1736		1 mandato anual	366
10.01.1762	Vereador	02.07.1736	22.07.1737	38	1 mandato anual	385
	Vereador	22.07.1737	02.07.1738		1 mandato anual	345
10.01.1762	Vereador	02.07.1738	02.07.1739	40	1 mandato anual	365
7.11.1741		02.07.1739	02.07.1740	52	1 mandato anual	365
21.01.1742		02.07.1740	02.07.1741	45	1 mandato anual	365
16.06.1752	Diplomata	02.07.1741	02.07.1743	50	2 mandatos anuais	730
08.07.1748		02.07.1743	02.07.1744		1 mandato anual	366
29.04.1779	Vereador	02.07.1744	02.07.1745	33	1 mandato anual	365
24.03.1789	Vereador	02.07.1745	02.07.1746	33	1 mandato anual	365
10.01.1762	Vereador	04.07.1746	02.07.1747	48	1 mandato anual	366
		02.07.1747	02.07.1748		1 mandato anual	366
		02.07.1748	02.07.1749		1 mandato anual	365
	Vereador	02.07.1749	02.07.1751	45	2 mandatos anuais	730
	Conselheiro	02.07.1751	29.03.1753		2 mandatos anuais (o 2.º incompleto por ausência)	636
	Vereador	29.03.1753	02.07.1753	49	Eleito para completar mandato do anterior	95
02.04.1755		02.07.1753	02.04.1755		2 mandatos anuais (o 2.º incompleto por morte)	639
	Vereador	06.04.1755	02.07.1755	51	Eleito para completar mandato do anterior	37
15.12.1773	Vereador	02.07.1755	02.07.1756		1 mandato anual	366
09.11.1800	Vereador	02.07.1756	02.07.1757	35	1 mandato anual	365
04.06.1766		02.07.1757	02.07.1759		2 mandatos anuais	730

QUADRO N.º 19
Provedores da Santa Casa da Misericórdia do Porto (1499-2017) *(Continuação)*

Nome	Naturalidade (concelho)	Profissão	Formação (curso e escola)	Data de nascimento
João de Almada e Melo	Monção	Oficial do Exército		15.08.1703
Francisco José da Serra Craesbeck de Carvalho	Lisboa	Magistrado judicial	Bacharel em Cânones (UC)	
Bento Luís Correia de Melo	Pombal			02.09.1703
Martim Afonso de Melo	Baião			
João Pedrossem da Silva	Porto	Clérigo		24.06.1713
Domingos Luís Ribeiro Vieira	Vieira do Minho	Magistrado judicial Professor universitário	Bacharel em Cânones (UC)	
Eusébio Tavares de Sequeira	Coimbra	Magistrado judicial	Doutor em Leis (UC)	1706
António de Lencastre	Lisboa	Oficial do Exército		03.02.1719
João de Almada e Melo	Monção	Oficial do Exército		15.08.1703
João Rodrigo Brandão Pereira de Lacerda e Melo	Guimarães			01.08.1711
Pedro Henquel	Porto	Negociante		c. 1724
António de Melo Correia	Baião			27.03.1748
Francisco de Almada e Mendonça	Lisboa	Magistrado judicial	Bacharel em Leis (UC)	28.02.1757
António de Melo Correia	Baião			27.03.1748
José Pamplona Carneiro Rangel	Porto	Oficial do Exército		26.12.1737
Diogo Leite Pereira de Lima e Melo Alvim	Vila Nova de Gaia	Proprietário		21.09.1745
Francisco de Sousa Cirne de Madureira	Porto	Negociante		03.07.1784
José de Sousa e Melo	Porto	Alto funcionário da AP Proprietário		16.10.1745
José Carvalho da Cunha e Silva	Porto	Clérigo	Bacharel em Cânones (UC)	
António Maia	Porto	Negociante		08.03.1778

Data de morte	Cargos políticos	Início de funções	Término de funções	Idade à posse	Tipo e número de mandatos	Dias de mandato
03.10.1786		02.07.1759	02.07.1760	55	1 mandato anual	366
	Deputado Conselheiro	02.07.1760	02.07.1761		1 mandato anual	365
	Vereador	02.07.1761	02.07.1762	57	1 mandato anual	365
	Vereador	02.07.1762	02.07.1763		1 mandato anual	365
03.04.1782		02.07.1763	02.07.1764	50	1 mandato anual	366
		02.07.1764	02.07.1765		1 mandato anual	365
		02.07.1765	02.07.1766	59	1 mandato anual	365
17.10.1788		02.07.1766	02.07.1772	47	6 mandatos anuais (nomeação régia)	2192
03.10.1786		02.07.1772	13.09.1780	68	8 mandatos anuais (nomeação régia)	2995
24.03.1789	Vereador	13.09.1780	24.03.1789	69	8 mandatos anuais (nomeação régia), o 8.º incompleto por morte	3114
27.09.1800		29.03.1789	04.09.1792		Eleito para completar mandato do anterior	1255
23.11.1808	Vereador	04.09.1792	02.07.1794	44	2 mandatos anuais (nomeação régia)	666
18.08.1804	Diplomata Conselheiro Deputado	02.07.1794	18.08.1804	37	1 mandato anual, 1 trienal e 3 por nomeação régia (o último incompleto por morte)	3699
23.11.1808	Vereador	06.09.1804	16.07.1805	56	Eleito para completar mandato do anterior	313
10.09.1814	Vereador	16.07.1805	09.07.1812	67	7 mandatos anuais (recondução por nomeação régia até 1810; eleições em 1810 e 1811)	2550
06.09.1819	Vereador	09.07.1812	06.09.1819	66	8 mandatos anuais (o 8.º incompleto por morte)	2615
	Vereador	11.10.1819	03.07.1821	35	1 mandato para completar o do anterior e 1 mandato anual	631
12.06.1839	Vereador	03.07.1821	03.07.1822	75	1 mandato anual	365
22.06.1824		03.07.1822	02.07.1823		1 mandato anual	364
20.07.1838	Deputado	02.07.1823	02.07.1824	45	1 mandato anual	366

QUADRO N.º 19
Provedores da Santa Casa da Misericórdia do Porto (1499-2017) *(Continuação)*

Nome	Naturalidade (concelho)	Profissão	Formação (curso e escola)	Data de nascimento
Manuel Pamplona Carneiro Rangel (1.º visconde de Beire)	Vila Nova de Gaia	Oficial do Exército		03.10.1774
Gaspar Cardoso de Carvalho e Fonseca Vasconcelos	Armamar	Negociante		25.10.1746
António Maia	Porto	Negociante		08.03.1778
Francisco Barroso Pereira	Porto	Magistrado judicial	Bacharel em Leis (UC)	
Francisco Lourenço de Almeida	Estarreja	Magistrado judicial	Bacharel em Leis (UC)	agosto.1773
Francisco de Sousa Cirne de Madureira	Porto	Negociante		03.07.1784
Henrique Carlos Freire de Andrade Coutinho Bandeira	Braga	Negociante		16.12.1774
João Monteiro de Carvalho	Vila Nova de Gaia	Negociante		18.05.1755
João Pedro Ribeiro	Porto	Clérigo Professor universitário Magistrado judicial	Doutor em Cânones (UC)	27.05.1758
João Monteiro de Carvalho	Vila Nova de Gaia	Negociante		18.05.1755
Pedro IV, imperador do Brasil e rei de Portugal	Sintra			12.10.1798
Francisco Faustino da Costa	Porto	Magistrado judicial	Bacharel em Leis (UC)	22.01.1803
José Maria Brandão de Melo Cogominho Correia Pereira de Lacerda (Conde de Terena)	Porto	Proprietário		15.09.1793
Francisco Marques de Oliveira	Coimbra	Magistrado judicial	Bacharel em Leis (UC)	09.10.1793
António Ribeiro da Costa	Porto	Advogado	Bacharel em Cânones (UC)	28.06.1783
António José da Costa Lobo	Porto	Professor do Ensino Superior	Curso de Matemática (Academia Real da Marinha e Comércio)	21.06.1784
Domingos Ribeiro de Faria	Porto	Empresário Administrador bancário		29.09.1788

Data de morte	Cargos políticos	Início de funções	Término de funções	Idade à posse	Tipo e número de mandatos	Dias de mandato
12.05.1849	Deputado Senador Par do Reino Governador civil	02.07.1824	02.07.1825	49	1 mandato anual	365
15.01.1826	Vereador	02.07.1825	15.01.1826	78	1 mandato anual (incompleto por morte)	197
20.07.1838	Deputado	19.01.1826	02.07.1826	47	Eleito para completar mandato do anterior	164
	Deputado	02.07.1826	02.07.1827		1 mandato anual	365
10.04.1853		02.07.1827	24.07.1828	53	1 mandato anual	388
	Vereador	24.07.1828	02.07.1829	44	1 mandato anual	343
26.11.1840	Vereador	02.07.1829	03.07.1830	54	1 mandato anual	366
	Vereador	03.07.1830	03.07.1831	75	1 mandato anual	365
04.01.1839	Deputado	03.07.1831	02.07.1832	73	1 mandato anual	365
	Vereador	02.07.1832	06.07.1833	77	1 mandato anual	369
24.09.1834		06.07.1833	03.07.1834	34	1 mandato anual	362
	–	03.07.1834	03.07.1835	31	1 mandato anual (Vice-Provedor em representação do Provedor)	365
20.06.1859	Vereador Governador civil	03.07.1835	03.07.1836	41	1 mandato anual (Vice-Provedor em representação do Provedor)	366
		03.07.1836	04.07.1839	42	3 mandatos anuais	1096
17.07.1851	Deputado Presidente de Câmara Municipal Presidente de Junta de Freguesia	04.07.1839	03.07.1842	56	3 mandatos anuais	1095
22.03.1848	Membro do Conselho de Distrito Administrador de concelho	03.07.1842	02.07.1843	58	1 mandato anual	364
29.09.1858	Presidente de Câmara Municipal	02.07.1843	03.07.1845	54	2 mandatos anuais	732

QUADRO N.º 19
Provedores da Santa Casa da Misericórdia do Porto (1499-2017) *(Continuação)*

Nome	Naturalidade (concelho)	Profissão	Formação (curso e escola)	Data de nascimento
António da Silva Guimarães	Porto	Advogado	Bacharel em Cânones (UC)	04.12.1800
António Pinto Machado Torre	Porto	Advogado	Bacharel em Direito (UC)	05.11.1804
António da Silva Guimarães	Porto	Advogado	Bacharel em Cânones (UC)	04.12.1800
José Joaquim de Viamonte (Barão de Viamonte da Boavista)	Vila Real	Proprietário		02.01.1791
António José Dias Guimarães	Porto	Professor do Ensino Superior Negociante	Bacharel em Leis (UC)	01.05.1805
Francisco Lopes de Azevedo Velho da Fonseca Barbosa Pinheiro Pereira e Sá Coelho (1.º conde de Azevedo)	Vila Verde	Proprietário		21.02.1809
António Roberto de Oliveira Lopes Branco	Lisboa	Magistrado judicial	Bacharel em Direito (UC)	27.03.1808
António Augusto Soares de Sousa Cirne	Porto	Proprietário	Bacharel em Direito (UC)	30.03.1823
Francisco José Rodrigues de Oliveira	Porto	Advogado Proprietário	Bacharel em Leis (UC)	19.03.1810
António Ferreira Moutinho	Porto	Médico Proprietário	Bacharel em Medicina (UC)	07.12.1823
Francisco José Rodrigues de Oliveira	Porto	Advogado Proprietário	Bacharel em Leis (UC)	19.03.1810
João José de Vasconcelos	Ponte de Lima	Sacerdote Professor do Ensino Superior	Bacharel em Filosofia (UC)	17.07.1801
António Augusto Soares de Sousa Cirne	Porto	Proprietário	Bacharel em Direito (UC)	30.03.1823
José Pereira Reis	Coimbra	Médico Professor do Ensino Superior	Bacharel em Medicina (UC)	14.03.1808
Martinho José Pinto Meneses de Sousa M. A. C. M. M. de Vasconcelos Pereira de Bulhões (1.º conde de Castelo de Paiva)	Castelo de Paiva	Proprietário Empresário	Curso Superior de Agricultura	12.09.1848
Francisco de Azeredo Teixeira de Aguilar (2.º conde de Samodães)	Vila Nova de Gaia	Oficial do Exército Proprietário	Bacharel em Matemática (UC) Curso de Engenharia Militar e Civil (Escola do Exército)	16.07.1828

Data de morte	Cargos políticos	Início de funções	Término de funções	Idade à posse	Tipo e número de mandatos	Dias de mandato
04.08.1872		03.07.1845	21.07.1847	44	2 mandatos anuais	748
03.06.1849		21.07.1847	03.06.1849	42	2 mandatos anuais (o 2.º incompleto por morte)	683
04.08.1872		03.06.1849	03.07.1849	48	Eleito para concluir o mandato do antecessor	30
28.04.1859	Vereador	03.07.1849	04.07.1851	58	2 mandatos anuais	731
10.08.1857		04.07.1851	04.07.1853	46	2 mandatos anuais (o 2.º na sequência da morte do provedor eleito, que não toma posse)	731
25.12.1876	Deputado Governador civil	04.07.1853	02.07.1854	44	1 mandato anual	363
20.11.1889	Governador civil Ministro	02.07.1854	06.07.1861	46	7 mandatos anuais	2561
15.03.1900	Governador civil	06.07.1861	21.07.1864	38	3 mandatos anuais	1111
11.09.1884		21.07.1864	10.07.1871	54	7 mandatos anuais	2545
20.09.1899		10.07.1871	10.07.1872	47	1 mandato anual	366
11.09.1884		10.07.1872	10.07.1873	62	1 mandato anual	365
20.12.1889		02.07.1873	16.07.1875	71	2 mandatos anuais	744
16.03.1900	Governador civil	16.07.1875	22.11.1882	52	7 mandatos anuais	2685
11.01.1887	Membro do Conselho de Distrito Vereador	24.11.1882	15.12.1883	74	1 mandato anual (Comissão Administrativa)	386
22.05.1923	Governador civil Deputado Par do Reino Presidente de Câmara Municipal	15.12.1883	03.12.1884	35	1 mandato bienal (incompleto por demissão)	354
03.10.1918	Deputado Vereador Vice-presidente de Câmara Municipal Par do Reino Governador civil Ministro	03.12.1884	17.08.1888	56	1 mandato para completar o do anterior e 3 mandatos anuais	1353

QUADRO N.º 19
Provedores da Santa Casa da Misericórdia do Porto (1499-2017) *(Continuação)*

Nome	Naturalidade (concelho)	Profissão	Formação (curso e escola)	Data de nascimento
Aires Frederico de Castro e Sola	Figueira de Castelo Rodrigo	Magistrado judicial	Bacharel em Direito (UC)	05.09.1826
Júlio Lourenço Pinto	Porto	Magistrado administrativo Administrador bancário	Bacharel em Direito (UC)	24.05.1842
Francisco de Azeredo Teixeira de Aguilar (2.º conde de Samodães)	Vila Nova de Gaia	Oficial do Exército Proprietário	Bacharel em Matemática (UC) Curso de Engenharia Militar e Civil (Escola do Exército)	16.07.1828
Venceslau de Sousa Pereira de Lima	Porto	Professor do Ensino Superior Administrador de empresas	Bacharel em Matemática e Filosofia (UC) Doutor em Filosofia (UC)	15.11.1858
António de Oliveira Monteiro	Idanha-a-Nova	Médico Professor do Ensino Superior	Licenciado em Medicina (UC)	24.01.1842
Paulo Marcelino Dias de Freitas	Terras de Bouro	Médico Professor do Ensino Superior	Licenciado em Medicina (Escola Médico--Cirúrgica do Porto)	24.10.1849
José António Forbes de Magalhães	Porto	Proprietário	Bacharel em Direito (UC)	17.05.1854
António Alves Cálem Júnior	Porto	Empresário		07.11.1860
António Luís Gomes	Oliveira de Azeméis	Advogado Empresário	Bacharel em Direito (UC)	23.09.1863
António Alves Cálem Júnior	Porto	Empresário		07.11.1860
António Luís Gomes	Oliveira de Azeméis	Advogado Empresário	Bacharel em Direito (UC)	23.09.1863

Data de morte	Cargos políticos	Início de funções	Término de funções	Idade à posse	Tipo e número de mandatos	Dias de mandato
26.01.1898	Deputado Par do Reino	17.08.1888	16.08.1890	61	2 mandatos anuais	729
06.05.1907	Administrador de concelho Governador civil Procurador à Junta Geral de Distrito	16.08.1890	17.08.1891	48	1 mandato anual	366
03.10.1918	Deputado Vereador Vice-presidente de Câmara Municipal Par do Reino Governador civil Ministro	17.08.1891	17.08.1894	63	3 mandatos anuais	1096
24.12.1919	Primeiro-Ministro Deputado Par do Reino Conselheiro Presidente de Câmara Municipal Governador civil Ministro	17.08.1894	16.08.1895	35	1 mandato anual	364
06.07.1903	Vereador Vice-presidente de Câmara Municipal Presidente de Câmara Municipal Governador civil Deputado Par do Reino	16.08.1895	17.08.1896	53	1 mandato anual	367
12.08.1929	Deputado Procurador à Junta Geral de Distrito	17.08.1896	16.08.1901	46	5 mandatos anuais	1824
29.12.1943	Vereador	16.08.1901	12.11.1910	47	9 mandatos anuais	3375
16.08.1932	Deputado	10.01.1911	05.05.1912	50	Mandato sem termo predefinido (Comissão Administrativa)	481
28.08.1961	Ministro Deputado Diplomata	06.05.1912	13.11.1919	48	3 mandatos anuais e 2 bienais	2747
16.08.1932	Deputado	13.11.1919	27.03.1930	59	1 mandato anual e 3 trienais	3787
28.08.1961	Ministro Deputado Diplomata	27.03.1930	24.01.1945	66	5 mandatos trienais	5417

Quadro N.º 19

Provedores da Santa Casa da Misericórdia do Porto (1499-2017) *(Continuação)*

Nome	Naturalidade (concelho)	Profissão	Formação (curso e escola)	Data de nascimento
Alberto Carlos de Almeida Frazão	Sabugal	Oficial do Exército	Curso da arma de Infantaria (Escola do Exército)	02.07.1888
Luís José de Pina Guimarães	Luanda	Médico Professor do Ensino Superior	Licenciado em Medicina (UP) Doutor em Medicina (UP)	24.08.1901
José de Sousa Machado Fontes	Porto	Advogado	Licenciado em Direito (UC)	03.08.1889
Domingos Cândido Braga da Cruz	Braga	Médico	Licenciado em Medicina e Cirurgia (UC) Doutor em MedicinaeCirurgia (UC)	03.10.1899
Elísio de Oliveira Alves Pimenta	Porto	Advogado Conservador do Registo Predial	Licenciado em Direito (UC)	23.11.1909
José Joaquim Pio Maria Guimarães Pestana Leão Pereira de Vasconcelos	Matosinhos	Advogado Proprietário	Licenciado em Direito (UL)	12.03.1913
Luís Maria de Figueiredo Cabral Pinheiro Torres	Porto	Médico	Licenciado em Medicina (UP)	18.07.1916
José Guedes da Silva Barbosa	Vila Nova de Gaia	Engenheiro civil	Licenciado em Engenharia (UP)	14.10.1920
Albano do Carmo Rodrigues Sarmento	Velas	Engenheiro civil Professor do Ensino Superior	Licenciado em Filosofia (UC) Licenciado em Engenharia Civil (Univ. de Gand)	27.01 1889
Domingos Cândido Braga da Cruz	Braga	Médico	Licenciado em Medicina e Cirurgia (UC) Doutor em Medicina e Cirurgia (UC)	03.10.1899

Data de morte	Cargos políticos	Início de funções	Término de funções	Idade à posse	Tipo e número de mandatos	Dias de mandato
12.09.1959		26.01.1945	05.01.1953	56	1 mandato anual e 2 trienais (como Presidente de Comissões e Provedor)	2901
29.04.1972	Vereador Deputado Presidente de Câmara Municipal Procurador à Câmara Corporativa	05.01.1953	05.01.1956	51	1 mandato trienal	1095
31.05.1978	Procurador à Câmara Corporativa	05.01.1956	05.01.1959	66	1 mandato trienal	1096
23.03.1986	Procurador à Junta Geral de Distrito Presidente de Câmara Municipal Governador civil Procurador à Câmara Corporativa	05.01.1959	04.01.1965	59	2 mandatos trienais	2191
25.02.2002	Presidente de Câmara Municipal Deputado Governador civil	04.01.1965	18.06.1965	55	1 mandato trienal (incompleto por demissão)	165
05.10.1990	Procurador à Câmara Corporativa	21.06.1965	13.06.1966	52	Eleito para completar mandato do anterior (incompleto por demissão)	357
13.08.1966		14.06.1966	13.08.1966	49	Em substituição do provedor anterior (incompleto por morte)	60
27.12.1995		20.10.1966	15.02.1968	46	Eleito para completar mandato do anterior	483
22.10.1970	Presidente de Câmara Municipal Procurador à Câmara Corporativa Subsecretário de Estado	15.02.1968	05.01.1970	79	Mandato sem termo predefinido (Comissão Administrativa)	690
23.03.1986	Procurador à Junta Geral de Distrito Presidente de Câmara Municipal Governador civil Procurador à Câmara Corporativa	05.01.1970	07.12.1974	70	2 mandatos trienais (2.º mandato incompleto por demissão)	1797

QUADRO N.º 19
Provedores da Santa Casa da Misericórdia do Porto (1499-2017) *(Continuação)*

Nome	Naturalidade (concelho)	Profissão	Formação (curso e escola)	Data de nascimento
Armando Barbosa de Araújo Cotta	Penafiel	Médico	Licenciado em Medicina (UP)	05.06.1906
José Vaz Guedes de Sousa Bacelar	Amarante	Médico	Licenciado em Medicina (UP) Doutor em Medicina (UP)	30.08.1905
Domingos Cândido Braga da Cruz	Braga	Médico	Licenciado em Medicina e Cirurgia (UC) Doutor em Medicina e Cirurgia (UC)	03.10.1899
António Pacheco de Almada	Porto	Funcionário Público	Curso de Construções, Obras Públicas e Minas (Instituto Industrial do Porto)	29.08.1911
Aires Fernandes Martins	Sever do Vouga	Oficial do Exército Professor do ensino básico e secundário	Curso de Preparatórios Militares (UP)	17.04.1916
José Luís Pizarro Monteiro de Abreu do Couto de Amorim Novaes	Porto	Proprietário Administrador de empresas		04.09.1926
José Carlos Viveiros Avides Moreira	Porto	Administrador de empresas	Licenciado em Direito (UL)	14.02.1941
José Luís Pizarro Monteiro de Abreu do Couto de Amorim Novaes	Porto	Proprietário Administrador de empresas	–	04.10.1926
José Guimarães dos Santos	Santa Maria da Feira	Médico Professor do Ensino Superior	Licenciado em Medicina (UC)	17.10.1934
António Ferreira dos Santos	Trofa	Cónego Músico	Cursos superiores na área da Música (Esc. Sup. de Música de Munique)	26.06.1936
José Luís Pizarro Monteiro de Abreu do Couto de Amorim Novaes	Porto	Proprietário Administrador de empresas	–	04.10.1926
António Manuel Lopes Tavares	Porto	Administrador de empresas	Licenciado e Mestre em Direito (ULP) Doutor em Ciência Política, Cidadania e Relações Internacionais (ULP)	17.11.1959

Data de morte	Cargos políticos	Início de funções	Término de funções	Idade à posse	Tipo e número de mandatos	Dias de mandato
25.07.1990	–	07.12.1974	16.09.1976	68	Mandato sem termo predefinido (Comissões Administrativa e de Gestão)	649
04.10.2001	–	12.12.1979	07.01.1980	74	Mandato sem termo predefinido (Comissão Administrativa)	26
23.03.1986	Procurador à Junta Geral de Distrito Presidente de Câmara Municipal Governador civil Procurador à Câmara Corporativa	07.01.1980	25.05.1981	80	1 mandato trienal (incompleto pela entrada em vigor de um novo Compromisso)	504
09.05.1987	–	25.05.1981	27.05.1986	69	2 mandatos trienais (o 2.º incompleto por demissão)	1828
10.03.1989	Vice-presidente e presidente de Câmara Municipal Deputado	06.01.1987	29.11.1988	70	1 mandato trienal (incompleto por demissão)	693
18.08.2010		06.12.1988	04.01.1993	62	1 mandato para concluir o do antecessor e 1 mandato trienal	1490
03.08.2014	–	04.01.1993	02.01.1996	51	1 mandato trienal	1093
18.08.2010	–	02.01.1996	09.01.2002	69	1 mandato trienal (prolongado por impugnação das eleições)	2199
–	–	09.01.2002	03.11.2005	67	1 mandato trienal (prolongado por impugnação das eleições)	1394
–	–	07.11.2005	01.10.2007	69	Mandato sem termo predefinido (Comissão Administrativa)	693
18.08.2010	–	01.10.2007	18.08.2010	80	1 mandato trienal (incompleto por morte)	1052
–	Deputado	20.08.2010	03.01.2017	51	1 mandato para concluir o do antecessor e 2 mandatos trienais (nota: a 03.01.2017 tomou posse para 1 mandato quadrienal, não considerado neste estudo)	2329

Biografias dos Provedores
da Santa Casa da Misericórdia do Porto
(1499-1700)

Diogo de Sousa

Bispo do Porto

(Figueiró dos Vinhos ou Évora, c. 1460 | Braga, 19.6.1532)

1499 | 1505 (?)

Bispo do Porto (1494-1505). Arcebispo de Braga (1505-1532).

Doutor em Teologia pela Universidade de Paris.

Conselheiro de Estado.

Natural de Figueiró dos Vinhos ou de Évora.

Filho de João Rodrigues Ribeiro de Vasconcelos, 3.º senhor de Figueiró e Pedrógão, e de Branca da Silva.

Neto paterno de Rui Vaz Ribeiro e de Violante de Sousa, de onde provém o apelido e brasão que adotou. Neto materno de Rui Gomes da Silva, alcaide-mor de Campo Maior e Ouguela.

Irmão de Maria de Sousa Ribeiro; Isabel de Menezes; Pedro de Sousa Ribeiro de Vasconcelos, alcaide-mor de Pombal; Rui Mendes de Vasconcelos, 4.º senhor de Figueiró; Catarina da Silva Vasconcelos; e Violante de Sousa de Menezes.

Sobrinho de Diogo da Silva de Menezes, 1.º conde de Portalegre e aio de D. Manuel I.

O local e data de nascimento de Diogo de Sousa, não obstante a investigação já produzida a seu respeito, permanecem por esclarecer de forma precisa. No que respeita à sua naturalidade, alguns autores apontam Figueiró dos Vinhos, distrito de Leiria, como local mais provável; outras fontes indicam que terá nascido em Évora, mais concretamente no palácio dos Silva e Sousa. Quanto à data de nascimento, tendo como fonte o seu epitáfio tumular, que refere ter morrido a 19 de junho de 1532 aos 72 anos, Diogo de Sousa terá necessariamente de ter nascido entre junho de 1459 e junho de 1460.

Certo é que desde novo mostrou possuir uma especial inclinação para as letras, estudando latim, gramática e retórica em Évora e Lisboa. Concluídos os estudos preparatórios em Portugal, seguiu o ensino superior na Universidade de Salamanca, onde cursou Cânones e ali, nas suas próprias palavras, adquiriu a preparação em «todas as artes e ciências que são necessárias à Teologia» (SOARES, 2011: 529). Desta cidade espanhola passou para Paris, onde se doutorou em Teologia.

Dividiu-se nos anos imediatos entre Portugal – onde, antes ainda de atingir os trinta anos de idade, se torna cónego da Sé de Évora –, e a cúria papal em Roma, na qual é dado como um dos seus maiores e mais ilustres letrados e onde privou com o mais importante círculo eclesiástico da época e contactou com a vanguarda artística deste período do Renascimento, facto que influenciará e enformará o seu percurso de forma determinante, como veremos.

Em 1492, fruto da sua crescente influência junto das mais altas esferas do poder, foi nomeado deão da capela real de D. João II. A viver na Corte, teve oportunidade de frequentar as aulas de Cataldo Parísio Sículo e aperfeiçoar os seus conhecimentos de retórica. Este humanista italiano revelará por Diogo de Sousa grande estima e dedicação, manifestadas nas quatro cartas e 29 epigramas que lhe dirige, para lhe fazer confidências ou se valer dos seus préstimos.

Nesse mesmo ano, encontrava-se em Roma quando, a 11 de agosto, precisamente nessa cidade italiana, ocorreu a eleição de Rodrigo Borgia como papa. Assim, no ano seguinte, participa na embaixada de obediência ao novo Sumo Pontífice, que adotou o nome Alexandre VI. Diogo de Sousa permanecerá por mais dois anos em Itália, demorando-se em Roma e Florença, onde contacta com o padre dominicano Girolamo Savonarola, célebre pelas suas profecias e apelos reformistas e que de alguma forma influenciou o pensamento humanístico de Diogo de Sousa.

A 23 de outubro de 1495, encontrando-se a Sé do Porto vaga por renúncia do bispo D. João de Azevedo, Diogo de Sousa foi nomeado bispo do Porto por D. João II – que viria a morrer dois dias depois –, nomeação confirmada por Alexandre VI através da bula *Gratiae divina praemium*. Recebido na cidade com notáveis festejos que se prolongaram por vários dias, é então um dos dois únicos bispos em Portugal, a par do de Coimbra, a residir efetivamente na sede da respetiva diocese, já que, à época, tais prelados passavam a maior parte do seu tempo na Corte régia.

Nestas funções, foi o grande responsável pela redação das segundas Constituições Sinodais do Porto, apresentadas no concílio diocesano de 24 de agosto de 1496 e que o próprio D. Diogo mandou imprimir no ano seguinte, um conjunto de normas estruturantes dos diversos setores da vida religiosa da diocese que a marcaram do ponto de vista histórico precisamente em razão da sua impressão, que permitiu uma mais ampla divulgação – alguns especialistas sustentam até que terá sido o primeiro livro impresso na cidade do Porto. Nesse mesmo ano, Diogo de Sousa ordenou também a impressão dos *Evangelhos e Epístolas com suas Exposições em Romance*.

Uma das principais deliberações saídas do referido Sínodo foi a cobrança a D. Manuel, a título de indemnização, da prata que D. Afonso V retirara da Catedral e de outras igrejas e mosteiros da diocese para sustento das despesas com a guerra de sucessão de Castela. Concordando o monarca com a deliberação, foi o valor recebido aplicado na aquisição de valiosas peças para a Sé do Porto, entre elas um pontifical, um retábulo para a capela-mor, uma cruz de prata grande, uma mitra e dois frontais (FERREIRA, 1924: 65).

Mas a negociação mais notável entre D. Diogo e D. Manuel terá sido a concertação do pagamento de uma renda anual de três mil libras que o bispo do Porto lhe julgava devida pela cedência ao Rei da jurisdição da cidade, por decisão de D. João I em 1406 mas que nunca se cumprira integralmente, assumindo D. Manuel o pagamento da dívida para «descargo da nossa consciência e dos Reis passados se em alguma maneira nisso temos obrigação», como refere o monarca em carta régia de 6 de setembro de 1502 (CUNHA, 1623: 276-280).

Conhecedor do poder atrativo das relíquias sobre as populações, D. Diogo destacou-se ainda, no que a esta prelatura diz respeito, por ter mandado trasladar da igreja de S. Pedro de Miragaia para a Sé Catedral as relíquias de São Pantaleão, as quais teriam sido trazidas de Constantinopla, em 1453, por cristãos fugidos da invasão turca. O corpo do santo foi transportado a 12 de setembro de 1499, em procissão solene, na qual D. Diogo de Sousa, sob um pálio, transportou nas próprias mãos a mais preciosa relíquia. O bispo do Porto tornava-se assim um dos principais responsáveis pelo culto a S. Pantaleão, conseguindo, inclusive, que este se tornasse o padroeiro da cidade – até aí era S. Vicente – e promovendo a sua festa litúrgica.

No mesmo ano, D. Diogo de Sousa instituía a Confraria da Misericórdia do Porto, questão que desenvolvemos mais adiante, e era nomeado capelão-mor da segunda mulher de D. Manuel, Rainha D. Maria. A partir desse momento, o monarca passa a cometer-lhe «também os negócios mais graves do reino e folgava de seguir em tudo seu parecer» (CUNHA, 1989: 290).

Já em 1505, D. Manuel I envia D. Diogo em nova embaixada a Roma, agora dirigida ao papa Júlio II, para o felicitar pela sua elevação ao sólio pontifício, em nome do monarca português, competindo ao bispo do Porto o beijar o pé ao papa em sinal de obediência, tarefa necessariamente confiada a alguém em quem se reconhecesse capacidade para representar o reino externamente. Mas não foi só de questões «espirituais» que D. Diogo de Sousa foi tratar a Roma, e nas materiais obteve grande sucesso, satisfazendo todas as pretensões que lhe tinham sido recomendadas pelo Rei, plasmadas nas bulas *Orthodoxae Fidei e Militans Ecclesia*, ambas de 12 de julho – pela primeira o papa concedeu a D. Manuel a Cruzada para a guerra contra os infiéis em África e com a segunda aprovou os novos Estatutos da Ordem de Cristo.

Regressado ao berço do Renascimento, D. Diogo permaneceu em Itália até outubro, entre Roma e Florença, contactando, uma vez mais, com o melhor da arte renascentista e do pensamento humanista. Ali travou estreita amizade com figuras como Henrique Caiado, que lhe dedicou diversas produções literárias; Pedro Margalho, que lhe dedicou o *Physices Compendium*, impresso em Salamanca em 1520; e André de Resende, a quem mais tarde D. Diogo incumbiria de eternizar em texto as grandezas da cidade de Braga.

Seria o papa Júlio II a endereçar ao cabido bracarense e aos súbditos da igreja de Braga, a 11 de julho de 1505, a bula *Gratiae divinae praemium* para que reconhecessem e obedecessem a D. Diogo de Sousa como seu arcebispo, cargo que este desempenharia até à sua morte. Mas a forma como este processo foi conduzido seria objeto de controvérsia. O seu antecessor, D. Jorge da Costa, renunciara ao cargo de forma negociada, a troco de uma pensão de 4000 cruzados e da concessão da mitra do Porto, então vaga, para o seu sobrinho D. Diogo da Costa, embora alegasse antes que se retirava por «entender ser aquele [D. Diogo de Sousa] o gosto de el-Rei». No ano seguinte, a pena irónica de Gil Vicente, no seu sermão ao «muito nobre Rei Dom Manuel», escreve jocosamente também querer «ir a Roma [...] arcebispar».

Tratava-se, de facto, de uma escolha pautada pelas tendências que caracterizaram as opções dos monarcas para as dioceses do reino até ao primeiro quartel do século XVI – «prelados com serviços já prestados à Coroa, com fortes vinculações familiares à grande fidalguia, alguma ocupando posições nucleares no Conselho do Rei e governo da Monarquia» (PAIVA, 2006: 295) –, pelo que, a sua nomeação, além do mérito próprio que D. Diogo já provara ter, seria igualmente uma recompensa pela sua fidelidade e serviços. Aliás, pouco depois desta promoção, vangloriava-se de ser o prelado que entre todos os do reino tinha mais igrejas de sua colação, número confirmado pelo recenseamento – visando primeiramente reforçar o controlo administrativo e recolher maiores rendas – que D. Diogo ordenou assim que se instalou em Braga o qual, terminado em 1512, apurou mais de 450 igrejas dentro do território que o arcebispo governava.

Entrando solenemente em Braga a 22 de novembro de 1505, uma das suas primeiras medidas, logo em dezembro seguinte, foi a convocação do sínodo, a exemplo do que havia feito no Porto anos antes. Ali solicitou ao cabido e demais clero a concessão de um subsídio caritativo que lhe permitisse pagar as dívidas que contraíra quando se deslocara a Roma, comunicando aos presentes «como El-Rei D. Manuel o mandara neste ano a Roma, a fim de prestar obediência ao Santo Padre Júlio II, no que fizera grandes despesas» (FERREIRA, 1931: 369-370). À dívida inicial de 8000 ducados acresciam já outros 4000 de juros, mas apesar da avultada quantia, o subsídio pedido pelo arcebispo foi prontamente aceite pelos clérigos bracarenses. Ali mandou publicar, também como no Porto, as Constituições Sinodais para Braga, que aliás retoma muitos dos princípios enunciados no documento relativo à diocese portuense, acrescentando-lhe outros atinentes à realidade específica da arquidiocese. No documento aborda a reforma dos costumes, práticas rituais e litúrgicas, «com uma exigente preocupação catequética, mais didática e pedagógica na sua aplicação prática» (SOARES, 2011: 542).

Mas seria menos como clérigo e mais como «segundo fundador» da cidade de Braga (SOARES, 2011: 527) que D. Diogo de Sousa ficaria para a História, pelas importantes medidas de remodelação urbanística que empreendeu. Comprou casas, quintas e vinhas para poder abrir e alargar praças e ruas, construiu igrejas e monumentos, melhorou o abastecimento de águas, tomou medidas de salubridade, construiu complexos comerciais e beneficiou espaços públicos. Sob sua administração, a cidade rompeu a cintura de muralhas medieval e alargou-se extramuros, ali erguendo uma cidade nova, com espaços arejados que perduram até hoje.

São da sua responsabilidade o Campo dos Remédios (atual Largo Carlos Amarante), o Campo da Vinha (onde hoje se situa a Praça Conde de Agrolongo), o Largo das Carvalheiras e a Avenida Central. Mandou abrir uma nova porta da cidade, o Arco da Porta Nova, e as ruas Nova de Sousa – assim nomeada em sua homenagem –, do

Cabido, de S. Marcos e do Campo de Maximinos. Restaurou e ergueu fontanários, como os do Largo do Paço, Cárcova, Cónega, Granjinhos e da Senhora-a-Branca. Em frente da Sé mandou construir, em pedra de cantaria, os novos Paços do Concelho, e na parte inferior deste, um alpendre onde se vendia pão. Sem descurar a construção religiosa, mandou erguer cruzeiros e numerosas capelas para o povo rezar.

Na Sé de Braga foi responsável pela construção da atual capela-mor e dos túmulos dos pais de D. Afonso Henriques (D. Henrique de Borgonha e D. Teresa de Leão), e ali restaurou as capelas de S. Geraldo e de S. Lourenço Vicente, as torres, as paredes exteriores e as da sacristia. Edificou a capela do Senhor Jesus da Misericórdia e a capela-mor, onde artistas da Biscaia construíram o retábulo em pedra de Ançã, em gótico florido, muito admirado no tempo, embora até nós apenas tenha chegado o frontal deste trabalhadíssimo altar. Enriqueceu também o tesouro da Sé com belíssimas peças de ourivesaria e paramentos. Como o próprio D. Diogo reconhecerá anos depois, «quanto a esta Sé e edifícios dela e assim prata e ornamentos que nela fiz e pus, sei que está mui diferenciada de toda as outras" (apud COSTA, 1990: 71).

Tomou conta do Hospital de S. Marcos, cuja construção se iniciara anos antes de D. Diogo chegar a Braga, mas que à sua chegada estava «desmantelado, em casa imprópria, com pouca gente, e renda insuficiente, e a gafaria achava-se deserta» (FERREIRA, 1931: 375). Acrescentou-lhe, então, rendas de outras instituições de beneficência, dotando-o de uma maior capacidade para acolher clérigos, peregrinos e viajantes pobres que ali encontravam tratamento gratuito. Finalizada a construção do Hospital, entregou a sua administração à Câmara Municipal. Além disso, mandou erguer uma casa com cozinha, bancos e leitos para acolher romeiros que iam a S. Frutuoso, e na Porta do Souto e na Porta Nova de Sousa levantou albergues com camas para os almocreves dormirem gratuitamente quando vinham comerciar para a cidade.

Ainda no domínio da beneficência, e tal como no Porto, desempenhou um papel de relevo na fundação da Misericórdia de Braga, «agasalhando-a» na capela de Jesus no claustro da Sé de Braga (BESSA, 2011: 508). A sua intervenção no processo de instalação da Misericórdia bracarense fica bem patente no Estatuto que deu à sua capela funerária, em 4 de maio de 1530, onde Diogo de Sousa refere expressamente querer «uma Missa cantada às quartas-feiras de cada semana pelos confrades e benfeitores da Misericórdia, enquanto durar a dita Confraria; porquanto nós ordenamos esta Confraria, e a fizemos assentar e celebrar seus ofícios nesta Capela de Jesus da Misericórdia, que fundamos de novo» (ADB, *Gavetas das Capelas*, n.º 61).

Outra vertente de D. Diogo que importa destacar é o seu papel como mecenas das artes. Desde logo, procurou enaltecer a Cidade dos Arcebispos, não só através do urbanismo, mas também das letras, cujo corolário se encontra na já referida obra que encomendou a André de Resende, em 1526, *De Bracarensis urbis antiquitate et laudibus*, que terá sido a primeira composição poética do afamado escritor eborense, «um poema de mais de trezentos versos da fundação de Braga, tão polido e apurado, tão cheio de erudição e outras elegâncias, qual o podia fazer o melhor poeta dos que hoje veneramos», assim o descreveu o seu contemporâneo D. Rodrigo da Cunha (apud MARQUES, 1989: 297-298). Em dedicatória, o autor dirige-se a D. Diogo de Sousa como «*Pontificum deus, Hispaniaeque fidus fulgentissimum, bonarum vigiliarum fautor unicum scribentium confugium*», isto é, bispo de Deus e patrono de escritores.

Continuando a privilegiar o livro como instrumento de divulgação – tomara entretanto como seu fiel colaborador Rodrigo Álvares, o tipógrafo e editor responsável pela impressão das Constituições Sinodais do Porto –, promove a publicação do *Breviarium Bracarense*, que conheceu três edições durante a sua prelatura (1511, 1512 e 1528), do *Missale Bracarense* (1512), do *Manuale Bracarense* (1517) e da *Arte de rezar as horas canonicas ordenadas segundo as regras e costume bracarense*, obra que encomendou ao padre Sisto Figueira.

Verdadeiro bibliófilo – mandava marcar os exemplares que adquiria com as suas armas pessoais –, conservou o seu interesse pelo livro manuscrito, de que continuou a servir-se nos momentos de maior solenidade: adquiriu para a Sé metropolitana pelo menos 15 manuscritos litúrgicos em pergaminho; para a igreja da Misericórdia, um conjunto de seis livros litúrgicos, incluindo um missal em pergaminho e de apresentação luxuosa que lhe custou 77 470 reais, uma fortuna para a época; e no Memorial das obras que mandou fazer depois que entrou a primeira vez arcebispo na cidade de Braga registou, sob o «Título dos livros que o dito senhor arcebispo mandou fazer e deu à dita Sé», as benemerências no domínio dos livros, assinalando 11 espécies.

Deu igualmente relevo à instrução do clero e do povo, procurando, desde logo, fundar um colégio universitário em Braga, e cuidou da salvaguarda e divulgação pública dos testemunhos arqueológicos daquela urbe, até aí dispersos – não por acaso, o atual Museu de Arqueologia bracarense leva hoje o seu nome. Reputando a ignorância como um «uma das coisas que muito estorva» (ADB, *Livro das confirmações de D. Diogo de Sousa*, fl. 381), empenhou-se então na criação do Colégio de S. Paulo, cuja preparação se inicia logo em 1509 mas que só começou a funcionar em pleno em 1532, a meses da morte de Diogo de Sousa, que ainda assim pôde ver o seu projeto em atividade. No Colégio, que oferecia ensino gratuito para todos os que quisessem aprender, fossem ou não da cidade, ministravam-se as disciplinas de Gramática, Lógica, Teologia e Artes, um programa de estudos abrangente e imbuído do espírito renascentista, procurando prestar uma formação integral a clérigos e cidadãos em geral.

No mesmo sentido, nos Estatutos do Cabido, em 1516, renovou a obrigação de o mestre-escola ter sempre na cidade um bom mestre de gramática, pago à sua custa; por provisão de 1532, proibiu que os clérigos fossem promovidos a «ordens sacras sem entenderem latim»; ordenou a construção de uma nova livraria no claustro da Sé, «pintada e ladrilhada, com suas janelas e vidraças e bancos e assentos para os livros»; e em 21 de setembro de 1527 envia a D. João III uma carta onde apresenta um projeto cultural e educativo mais ambicioso para a cidade de Braga e para o País, um «verdadeiro manifesto de uma política educativa nacional, que afina pelo diapasão da moderna pedagogia da Europa» (SOARES, 2011: 553), procurando através dela transformar Portugal num centro cultural europeu, ao nível de França, Itália e Espanha, estabelecendo uma relação entre a «magnificência» do Rei e o nível de instrução do povo por ele governado.

De modo a suster a saída de estudantes portugueses para o estrangeiro, na referida carta responderá nestes moldes ao pedido que o Rei lhe fizera a pedir «alguma soma de dinheiro» para a concessão de 60 bolsas de estudo em Paris:

> E não cures de mandar a Paris sessenta escolares a aprender Teologia, mas mandai vir de lá sessenta lentes (a modo de falar, porque até dez bastariam para tudo) e então fazei um colégio mui comprido e mui grande e de poucas pinturas e lavores onde se leia Teologia e toda as artes e ciências que para ela são necessárias. E faça-se em lugar conveniente para isso, o qual me a mim parece que será esta cidade de Braga ou o Porto pela qualidade, ares e temperança da terra (apud COSTA, 1990: 86-87).

Como hoje sabemos, porém, o apelo de D. Diogo pela instalação de um estabelecimento de ensino superior no Norte do País não colheria junto de D. João III, que dez anos depois desta missiva transferia a Universidade de Lisboa para Coimbra.

Um último aspeto que se deve relevar da vida e obra de Diogo de Sousa prende-se com a qualidade da sua administração. De facto, não obstante a escala da obra desenvolvida, procurou sempre assegurar o equilíbrio financeiro, não escondendo o orgulho por tal rigor, como escreve no Memorial endereçado a D. Manuel em 1519: «Guardo o que devo a todos e a ninguém tomo justiça nem fazenda, nem tenho a que deva um só vintém e quanto ou quão pouco aproveito a todos com o meu eles o digam» (apud COSTA, 1993: 62).

Revelando uma notável sensibilidade administrativa – como prelado dispunha de todos os direitos fiscais, jurisdicionais e legislativos –, D. Diogo de Sousa iniciara o desempenho do seu *munus* eclesial em condições de enorme fragilidade institucional: «a grande extensão geográfica da arquidiocese e os vários domínios da vida da comunidade, a necessitarem de organização e intervenção, envolveram uma máquina burocrática e um número de funcionários consideráveis que D. Diogo de Sousa soube gerir e dirigir, como fautores de progresso e modernidade» (SOARES, 2011: 541). A título de exemplo, de forma a administrar melhor os seus territórios, em 20 de setembro de 1512, D. Diogo de Sousa e o bispo de Ceuta, D. Henrique, celebraram um contrato sobre as administrações de Valença e Olivença, ficando a primeira unida à mesa arcebispal de Braga e transitando a segunda para o bispado de Ceuta.

Em suma, a obra de Diogo de Sousa teve como indiscutível corolário a transformação de uma urbe medieval numa cidade renascentista, com luz, com espaço e com arte. Reconhecendo em si próprio o mérito da ação reformadora que desenvolveu – «disseram de Otaviano por Roma que achara de ladrilho e a deixara de mármore, e eu achei esta de barro e sem templos, nem gente nem edifícios [...] fiz de uma aldeia cidade» (apud COSTA, 1990: p. 71) –, nela empregou boa parte da sua fortuna, sem olhar ao seu enriquecimento pessoal, como refere no seu Memorial de 23 de outubro de 1519: «Todo o meu tempo e fazenda despendo em meu ofício sem me lembrar senão o pão de cada dia, nem espero que pela minha morte me achem heranças compradas, nem tesouros escondidos» (apud COSTA, 1993: 61).

Reafirmaria esse pensamento na fase final da sua vida, em carta dirigida a D. João III, datada de 24 de março de 1528, onde aproveita para enaltecer a obra que desenvolvera em Braga: «E ponha ante si quão pouca substância é Braga e que a fiz de novo e despendi nela tanto tempo e dinheiro e não para ficar a meus herdeiros e como nunca procurei de ter no mundo um só palmo de terra, tudo o que fiz foi por Deus e pela alma de vosso pai que me deu este arcebispado e depois pela vossa e muito adiante pela minha» (apud COSTA, 1993: 85).

Por esta altura, D. João III procurou transferir D. Diogo de Sousa para a Corte e assim beneficiar da experiência do arcebispo, proposta que este recusará terminantemente, porque se em Lisboa «há desejo de honra, eu tenho a principal em vosso reino, sendo arcebispo de Braga». Tal decisão não representava, porém, qualquer desprimor ou desconsideração pelo monarca ou pela monarquia. Aliás, se já D. Manuel I, pouco antes de falecer, em 7 de abril de 1521, o nomeara seu testamenteiro, o seu filho e sucessor, precisamente D. João III, de pronto o nomeou capelão-mor de sua mulher, a Rainha D. Catarina. E em 1528, quando o mesmo Rei pede a D. Diogo ajuda para a compra das Molucas a Carlos V, este imediatamente ofereceu ao Rei dois mil cruzados em dinheiro e várias peças em prata, em peso superior a 85 quilos.

Este homem do Renascimento, no sentido mais puro da expressão, mecenas e cultor das artes e do espírito, intelectual, humanista, cuja ação se revestiu das mais variadas facetas – religiosa, social, legislativa, intelectual, arquitetónica e urbanística –, morreu a 19 de junho de 1532, vítima de paralisia, ficando sepultado na sua capela funerária no claustro da Sé de Braga, como era seu desejo, «vestido em hábito de São Francisco com corda e descalço como frade sem debaixo haver camisa nem outra vestidura [...] em pontifical com mitra na cabeça».

A fundação da Confraria da Misericórdia foi uma iniciativa da Rainha D. Leonor, por influência do trinitário frei Miguel Contreiras, de origem castelhana, que terá vindo para Portugal em 1481, e tornando-se confessor da Rainha, tê-la-á incentivado a fundar a Confraria da Santa Casa da Misericórdia de Lisboa, inaugurada a 15 de agosto de 1498. Na cerimónia de abertura estiveram presentes, entre outras personalidades, a Rainha, as damas do seu séquito e D. Jorge da Costa, com quem D. Leonor terá trocado impressões, por este conhecer a reorganização levada a efeito nos serviços assistenciais e hospitalares realizados à época em Itália, tendo o próprio remodelado o Hospital de Santo António dos Portugueses, em Roma (FONSECA, 1996: 17).

O grande objetivo de D. Leonor consistia em organizar e estruturar os múltiplos estabelecimentos dedicados ao apoio dos pobres, dos necessitados e dos presos que eram socorridos nos hospitais, nas gafarias e nas albergarias, alguns com enormes carências de meios logísticos e humanos. A fundação da Confraria na capital do reino seria constituída por cem homens, disponíveis para a prática cristã das virtudes corporais e espirituais, oriundos dos ofícios mecânicos e dos segmentos sociais mais reconhecidos da cidade de Lisboa, cuja hierarquia começava no escudeiro, e tinha por objetivo dar maior consistência ao apoio dos socialmente desclassificados.

Esta atitude agradou a D. Manuel que, logo a 14 de março de 1499, dirigiu uma carta aos juízes, vereadores, procurador, fidalgos, cavaleiros e homens-bons da cidade do Porto, incentivando-os a constituírem uma irmandade de natureza pia, inspirada no modelo da recém-formada Misericórdia de Lisboa. Nessa carta, que mais se assemelha a uma epístola, o Rei encoraja a criação de misericórdias em todas as cidades e lugares de maior visibilidade do reino. Ao mesmo tempo, D. Manuel enviou, também, uma carta ao bispo portuense D. Diogo de Sousa, dando-lhe conta da sua intenção e «excitando-o a que corresse por sua conta esta Obra de Misericórdia». É possível que tenha indicado expressamente o nome do prelado para ocupar a provedoria da Confraria da Misericórdia do Porto (BASTO, I, 1997: 165-166).

Porém, segundo o historiador setecentista Manuel Pereira de Novais, só depois de a Câmara Municipal ter recebido a referida Carta é que houve, em agosto do mesmo ano, uma grande sessão no claustro da Sé, onde com D. Diogo se reuniram todos aqueles a quem a Carta era dirigida, resolvendo-se que, enquanto não se construíssem edifícios próprios para a Casa do Despacho e igreja da nova Irmandade, fosse titular dela o altar que está no dito claustro.

Acrescenta o referido historiador:

> Feito tudo isto, se conformaram todos na disposição do Compromisso que se lhes havia enviado pelo Rei, fazendo provedor, que justo foi o mesmo senhor bispo [D. Diogo], e elegeram Irmãos dos mais nobres da cidade, e outros mecânicos do demais possível dela, assentando-lhes num livro de Matrícula... e logo começaram a exercer todos os seus ofícios com muita caridade e amor entre os presos, pobres e necessitados (NOVAIS, 1913: 52, tradução nossa).

Esta exposição serve para enquadrar a origem da Confraria da Santa Casa da Misericórdia do Porto, fundada em 1499 (BASTO, I, 1997: 543) e que a 7 de agosto foi instalada na capela de São Tiago, no claustro velho da Sé de Porto (FERREIRA, 192: 67), ali funcionando a primeira igreja e sede da Misericórdia. Todavia, a componente humana dos primeiros anos da sua existência não é clara nem objetiva, assim como a sua atividade junto dos desgraçados da urbe, desconhecendo-se o nome dos provedores que ocuparam o respetivo cargo até sensivelmente meados de 1514.

No entanto, já em 1503 era mordomo de fora Sebastião Álvares, sapateiro de profissão (AHSCMP, *Livro de Pergaminhos* n.º 2, doc. 13; Série H, B.co 6, n.º 18, fl. 25), homem que não pertencia às elites portuenses. A presença deste cargo mostra que a Confraria da Santa Casa da Misericórdia do Porto já existia. Foi inicialmente instalada no enxido dos Naranjos, no claustro velho da Sé do Porto, na capela de Santiago – que seria a sua primeira igreja, oficializada publicamente em 7 de agosto de 1502 (AHSCMP, *Livro de Pergaminhos* n.º 2, doc. 13) –, e aí permaneceu até meados da centúria de Quinhentos.

Na realidade, D. Manuel, por carta de 1504, tendo em consideração o trabalho laudatório então desenvolvido a favor dos pobres, presos e doentes da cidade do Porto pelo «provedor, mordomos e irmãos da Confraria de Nossa Senhora da Misericórdia», determina que os Irmãos fossem «privilegiados e escusos e relegados de todos os encargos e ofícios do concelho», isto é, ficariam isentos de dar pousada, pagar peitas, fintas, pedidos e empréstimos (AHSCMP, Série D, B.co 4, n.º 5). Pelo dispositivo diplomático manuelino não há dúvida de que já em 1504 havia provedor e Mesa constituída, embora não seja feita qualquer referência nominal dos seus membros.

Por outro lado, é conhecida a falta de adesão espontânea da cidade e foi difícil encontrar cem homens «de boa fama, sã consciência e honesta vida tementes a Deus e guardadores de seus mandamentos, mansos e humildes a todo o serviço de Deus e da dita Confraria». De facto, das cerca de setenta famílias que dominam a cidade do Porto, apenas uma ínfima parte dos seus membros viria a aderir à Confraria até meados do século XVI, preferindo o Senado da Câmara, as funções públicas no âmbito da administração local, da administração central, no cabido e instituições seculares, no clero regular, nas ordens militares, nomeadamente na cavalaria de Cristo, no serviço da África e da Índia, e nas múltiplas atividades económicas que lhes permitiam fazer fortuna (BRITO, 1997).

Esta falta de adesão à iniciativa régia terá levado D. Manuel a sugerir a D. Diogo de Sousa a assunção, nos primeiros anos da vida da Confraria, da responsabilidade de provedor, de examinar os que lentamente iam aderindo a este Instituto, e implementar o apoio caritativo que o Compromisso enunciava.

Certo é que em 1505, como acima referimos, D. Diogo da Costa deixa a diocese do Porto para ocupar o lugar de arcebispo da Sé bracarense, pelo que forçosamente deixou quaisquer funções que desempenhava na Misericórdia. O período que decorre entre 1505 e 1514 permanece obscuro, desconhecendo-se qualquer tipo de atividade exercida e os respetivos membros que ocuparam os cargos administrativos da Irmandade.

Carta enviada pelo Rei D. Manuel às principais personalidades do Porto a solicitar a instalação de uma Misericórdia na cidade (1499)

Juiz, vereadores, procurador, fidalgos, cavalheiros, e homens bons. Nós el-Rei vos enviamos muito saudar, cremos que sabereis como nesta nossa cidade de Lisboa se ordenou uma Confraria para se as obras da Misericórdia haverem de cumprir, especialmente acerca dos presos, pobres e desamparados, que não têm quem lhes requeira seus feitos e socorra as suas necessidades, e assim em outras muitas obras piedosas, segundo mais largamente em seu regimento se contém, do qual vos mandamos dar o traslado; e porque as obras de Misericórdia que pelos oficiais desta Confraria cada dia se fazem, redunda em muito louvor de Deus de que Nós tomamos muito contentamento por se em nossos dias fazer, folgamos muito, que em todas as cidades, vilas, lugares principais do nosso Reino se fizesse a dita Confraria, na forma e maneira que no dito regimento se contém: e porém, vos encomendamos, considerando quanto isto é serviço de Deus, vos queirais ajuntar, e ordenar como nessa cidade se faça a dita Confraria, e além de fazerdes serviço a Deus, e coisa de que ante Ele havereis muitos merecimentos. Nós vo-lo agradeceremos muito e teremos em serviço. Escrita em Lisboa, a 14 dias de março. Vicente Carneiro a fez de 1499. = REI =. Por el-Rei para o Porto ao juiz, vereadores, procuradores, fidalgos, cavalheiros e homens bons.

(Fonte: *Compromisso da Misericórdia do Porto*. 1883. Porto: Tipografia do Jornal do Porto)

Mesa da Santa Casa da Misericórdia do Porto em 1503
Provedor – D. Diogo de Sousa
Mordomo de fora – Sebastião Álvares, sapateiro

FONTES E BIBLIOGRAFIA

Fontes arquivísticas

Arquivo Distrital de Braga (ADB) – *Gavetas das Capelas*, n.º 61; *Livro das confirmações de D. Diogo de Sousa*.

Arquivo Histórico da Santa Casa Misericórdia do Porto (AHSCMP) – *Livro de Pergaminhos*, n.º 2, doc. 13; *Testamentos*, série H, banco 6, n.º 18; *Mizericordia do Porto*, série D, banco 4, n.º 5 (inserto em traslado de Filipe I, 1598).

Fontes impressas

Compromisso da Misericórdia do Porto. 1883. Porto: Tipografia do Jornal do Porto.

CUNHA, D. Rodrigo da, 1623 – *Catalogo e Historia dos Bispos do Porto*. Porto: Impressor João Rodrigues.

NOVAIS, Manuel Pereira de, 1913 – "Episcopologio", in *Manuscritos inéditos da Biblioteca Pública Municipal do Porto*, vol. IV. Porto: Biblioteca Pública Municipal do Porto.

SOUSA, D. Diogo, 1497 – *Constituiçõees qve fez ho senhor dom Diogo de Sousa b[is]po do Porto*. Porto: Oficina de Rodrigo Álvares.

SOUSA, D. Diogo. 1506(?) – *Constituyçoões feytas por mandado do Reverendissimo senhor dom Diogo de Sousa Arçebispo e Senhor de Braga Primas das Espanhas*.

Sumario do que toca a vida do senhor Dom Dioguo de Sousa, cod. 50-V-29. Lisboa: Biblioteca da Ajuda.

Bibliografia

AGUIAR, David Emanuel Vieira, 2012 – *D. Diogo de Sousa e as ofertas de bens móveis à Sé de Braga*. Dissertação de Mestrado em Património e Turismo Cultural pela Universidade do Minho (policopiado).

ALMEIDA, Fortunato de, 1967 – *História da Igreja em Portugal*, vol. I. Porto: Portucalense Editora.

BASTO, Artur de Magalhães, 1997 – *História da Santa Casa da Misericórdia do Porto*, 2.ª edição, vol. I. Porto: Santa Casa da Misericórdia do Porto.

BESSA, Paula, 2011 – "D. Diogo de Sousa, *fundador* das Misericórdias do Porto e de Braga: rumos do gosto em obras da sua encomenda", in *A Misericórdia de Vila Real e as Misericórdias no Mundo de Expressão Portuguesa*. Porto: CEPESE, pp. 507-514.

BRITO, Pedro de, 1997 – *Patriciado urbano quinhentista: as famílias dominantes do Porto (1500-1580)*. Porto: Arquivo Histórico da Câmara Municipal do Porto.

COSTA, Avelino de Jesus, 1961 – "D. Diogo de Sousa, novo fundador da cidade de Braga", in *Distrito de Braga*, ano I, 2-4, pp. 477-533.

COSTA, Avelino de Jesus, 1990 – "D. Diogo de Sousa novo fundador de Braga e grande Mecenas da cultura", in *Homenagem à Arquidiocese Primaz nos 900 anos da dedicação da catedral*. Braga: Academia Portuguesa de História, pp. 17- 119.

CUNHA, Dom Rodrigo da, [1635] 1989 – *Historia Ecclesiastica dos Arcebispos de Braga e dos Santos Varões illustres, que floreceram neste Arcebispado*. Braga: Manoel Cardozo impressor [Ed. fac-similada de José Marques].

FERREIRA, Cónego José Augusto, 1923-1924 – *Memorias Archeologico-historicas da Cidade do Porto. Fastos episcopais e políticos*, 2 volumes. Braga: Livraria Cruz & Cia..

FERREIRA, Monsenhor José Augusto, 1931 – *Fastos episcopais*. Braga: Ed. da Mitra Bracarense.

MAURÍCIO, Rui, 2000 – *O Mecenato de D. Diogo de Sousa Arcebispo de Braga (1505-1532). Urbanismo e Arquitectura*, 2 volumes. Leiria: Magno Edições.

MEIRELES, Maria Adelaide, 1995 – *Os Livreiros no Porto no século XVIII. Produção e Comércio*. Porto: Associação Portuguesa de Livreiros Alfarrabistas.

NASCIMENTO, Aires A., 1998 – "D. Diogo De Sousa (1460-1532), Bispo do Porto, Homem de Livros e leitor de Savonarola". *Humanitas*, vol. 50. Coimbra: Instituto de Estudos Clássicos / Faculdade de Letras da Universidade de Coimbra, pp. 701-708.

OLIVEIRA, Miguel de, 1994 – *História Eclesiástica de Portugal*, edição revista e atualizada. Mem Martins: Publicações Europa-América.

PAIVA, José Pedro, 2006 – *Os bispos de Portugal e do Império. 1495-1777*. Coimbra: Imprensa da Universidade de Coimbra.

SILVA, Francisco Ribeiro da, 2002 – "O bispado do Porto à luz das Constituições Sinodais da época moderna: valores clericais e normas", in *Tempos e Lugares de Memória – Homenagem a D. Domingos de Pinho Brandão*, Actas do I Congresso sobre a Diocese do Porto, vol. I. Porto/Arouca: Centro de Estudos D. Domingos de Pinho Brandão/Universidade Católica/FLUP-DCTP, pp. 57-81.

SOARES, Nair de Nazaré Castro, 2011 – "O Arcebispo de Braga D. Diogo de Sousa, 'Principe Umanizzato' do Renascimento e o seu projecto educativo moderno". *Humanitas*, vol. 63. Coimbra: Instituto de Estudos Clássicos / Faculdade de Letras da Universidade de Coimbra, pp. 527-561.

JOEL SILVA FERREIRA MATA
RICARDO ROCHA

Pêro Gomes

(? | ?)

Provedor da Santa Casa da Misericórdia do Porto

2.7.1514 | 30.6.1516 (?)

Escudeiro.

Pai de Belchior Pais, que em 1535 partiu do Reino para a Índia, para ocupar o cargo de escrivão da fortaleza de Malaca.

O Compromisso da Confraria da Misericórdia do Porto, dado por D. Manuel em 1498-1499, estipulava que a eleição do provedor devia ser realizada no dia de Nossa Senhora da Visitação (AHSCMP, Série D, B.co 4, n.º 2), que seria também o orago e dia de festa da Confraria, isto é, o dia 2 de julho. Nesta ocasião, eram eleitos dez oficiais e um escrivão da Casa, devendo seis deles pertencer aos ofícios mecânicos e outros seis deviam ser originários socialmente de outra «condição de escudeiros pera cima» (AHSCMP, Série D, B.co 4, n.º 2). Foi neste contexto que Pêro Gomes, escudeiro (AHSCMP, Série H, B.co 6, n.º 18, fl. 26), terá sido provedor da Misericórdia do Porto, em 1514. É possível que tenha sido reeleito para o ano administrativo subsequente, embora as fontes compulsadas não nos permitam afirmá-lo com toda a segurança.

Nos seus primórdios, a Misericórdia do Porto possuía muito poucas esmolas, não tinha meios nem fundos de significado económico; não tinha património urbano ou rural que pudesse ser rentabilizado sob a forma enfitêutica ou outra que permitisse obter fundos para promover a sua ação caritativa no apoio aos necessitados. Apesar do pouco interesse manifestado nos primeiros anos pelos portuenses à causa da Confraria, motivo pelo qual, D. Manuel enviou, a 17 de março de 1518, uma carta ao corregedor Pêro Vaz e outra do mesmo teor à Câmara do Porto (BASTO, I, 1997: 234-235) –, o certo é que pouco a pouco a ação pia da Confraria vai sendo reconhecida e, à medida que a sua visibilidade era manifestada entre a comunidade, alguns portuenses e outros do termo do burgo começaram a sua atividade como filantropos da Misericórdia através de ações testamentárias, que se traduziram na transmissão de prédios e parte de prédios, cujas rendas em muito contribuíram para engrossar a receita afetada anualmente ao serviço dos pobres, dando-se, assim, início a um percurso importante na captação de verbas certas com as quais os mordomos de fora podiam contar e programar a atividade assistencial.

Em reunião efetuada na Casa da Confraria de Nossa Senhora da Misericórdia, no dia 14 de julho de 1514, o provedor Pêro Gomes e os mesários analisaram, decidiram e deliberaram aceitar a doação feita por Isabel Leitoa, dona, viúva de João Toscano, que por seu testamento deixara à Misericórdia do Porto a metade de umas casas, situadas na Rua dos Banhos, por cima dos Cobertos, que estavam emprazadas à enfiteuta Maria Anes, por duzentos e cinquenta reais. A benemérita propôs esta doação patrimonial à Confraria por ter conhecimento da atividade piedosa da Instituição no conforto espiritual dos que morriam, dos pobres e dos que estavam presos na cadeia da cidade, e por saber que os rendimentos da Irmandade eram manifestamente insuficientes para socorrer a todos os que a ela recorriam (AHSCMP, Série H, B.co 5, n.º 8, fl. 3v.).

Isabel Leitoa declarou que estas meias casas faziam parte da sua herança e que as mesmas pagavam de sua renda a uma capela instituída no mosteiro de S. Francisco da cidade do Porto, que tinha por administrador João António Carneiro, filho de João Carneiro, o velho, no valor de duzentos reais e que por este seu ato fazia pura e irrevogável doação *inter vivos*, devendo a Confraria aceitar e respeitar a assunção do compromisso com a referida capela, podendo a Irmandade administrar a parte restante da renda ou aquela parte que, futuramente, os prédios objeto desta doação rendessem. A doadora impôs ainda à Confraria o encargo e a obrigação de uma missa de aniversário celebrada na semana da Visitação, assim como, depois de terminada a cerimónia litúrgica, os sacerdotes passarem pela sua sepultura e aspergirem sobre ela água benta e lhe dizerem também um responso (AHSCMP, Série H, B.co 6, n.º 18, fl. 26v).

O provedor Pêro Gomes e mesários aceitaram os termos propostos por Isabel Leitoa que, na mesma ocasião, doara, também, metade de outras casas situadas na Fonte da Prata, nas quais vivia Maria Anes, viúva, pelo foro de quatrocentos e cinquenta reais, dos quais duzentos reais estavam igualmente afetados à capela instituída no mosteiro franciscano da cidade, administrada por João António Carneiro, deixando assim à Misericórdia os restantes duzentos e cinquenta reais, devendo o provedor e Irmãos que no ano de sua morte administrassem a Casa «lhe pagarem a tumba» (AHSCMP, Série H, B.co 5, n.º 8, fl. 3v-4). O provedor e os restantes membros do cabido aceitaram mais este legado com as obrigações declaradas.

O passamento de Isabel Leitoa deve ter ocorrido pouco tempo depois de ter expressado a sua derradeira vontade testamentária, uma vez que João Afonso, mordomo de fora da Confraria, durante o mês de julho de 1517, registou no *Livro da Receita e Despesa* a missa e as despesas a ela associadas relativas à celebração de diversos aniversários pelas almas de alguns benfeitores, mencionando o nome de Isabel Leitoa, cujas despesas se cifraram na quantia de setenta reais (AHSCMP, Série L, B.co 1, n.º 4, fl. 8).

Em reunião da Mesa que deve ter ocorrido logo após o dia 8 de agosto de 1515, Pêro Gomes e os mesários decidiram aceitar, da benemérita Isabel Afonso, viúva de João Novo, a terça parte de todos os seus bens móveis e de raiz, e ainda cem reais, em dinheiro, pelas casas onde vivia sua filha Catarina Aranha, casada com André Fernandes, desde que a Confraria a enterrasse no seu jazigo, no mosteiro de S. Francisco da cidade do Porto. Além deste encargo, o provedor e Irmãos anuíram a mandar dizer uma missa rezada no dia do seu aniversário no altar do Bom Jesus da Misericórdia «em uma sexta-feira de Quaresma» (AHSCMP, Série H, B.co 6, n.º 18, fl. 29).

Assim começou lentamente o reconhecimento do trabalho dos Irmãos da Confraria para com os socialmente desqualificados da cidade do Porto, cuja visibilidade captou a confiança de mulheres viúvas que, já no fim da vida, ofereciam os seus bens para auxiliar os pobres, os hospitalizados, os presos, os leprosos e todos aqueles que a Confraria conseguia ajudar. O património assim deixado à Misericórdia funcionava também como «os bens da alma» que sustentavam a celebração das missas de aniversário e outras que os seus instituidores deixavam insertas nos seus testamentos.

Mesa da Santa Casa da Misericórdia do Porto em 1503

Provedor – Pêro Gomes

Escrivão – João Pereira

Mordomo de fora – Vasco Fernandes

Outros indiferenciados – Gonçalo Antão; Francisco Gonçalves; Álvaro Afonso, Gonçalo Anes; Álvaro Martins e Sebastião Fernandes

FONTES E BIBLIOGRAFIA

Fontes arquivísticas

Arquivo Histórico da Santa Casa Misericórdia do Porto (AHSCMP) – *Livro de Pergaminhos, n.º 2*, doc. n.º 47; *Compromissos da Mizericordia de* Lisboa, série D, banco 4, n.º 2; *Administração dos Legados para Resgate de Captivos, 1620 a 1669*, série H, banco 5, n.º 8, fls. 3-4; *Testamentos*, série H, banco 6, n.º 18, fls. 26-26v e 29; *Testamentos de múltiplos benfeitores*, série H, banco 9, n.º 14; *Mordomo da Casa. Despeza e Receita*, série L, banco 1, n.º 4, fl. 8.

Bibliografia

BASTO, Artur de Magalhães, 1997 – *História da Santa Casa da Misericórdia do Porto*, 2.ª edição, vol. I. Porto: Santa Casa da Misericórdia do Porto.

JOEL SILVA FERREIRA MATA

António de Coiros

(Porto? | ?)

Provedor da Santa Casa da Misericórdia do Porto

2.7.1516 | 2.7.1518

Tabelião.

Cidadão da cidade do Porto.

Vereador da Câmara Municipal do Porto (1514).

Filho de Gaspar de Couros, tabelião e escrivão da Câmara, e de Ana Fernandes.

Irmão de Leonor de Couros, Belchior Barbosa de Couros, cónego da Sé portuense, de Isabel de Couros e de D. Catarina de Couros.

Neto paterno de Rui de Couros Carneiro e de D. Maria Barbosa.

Foi, como os seus ascendentes, tabelião do Porto (BRITO, 1997: 167); ocupou o cargo de vereador em 1514 (AHSCMP, Série H, B.co 6, n.º 23, fl.78; BRITO, 1997: 424), e cidadão do Porto (AHSCMP, *Livro de Pergaminhos*, n.º 2, doc. n.º 47; Série H, B.co 6, n.º 18, fl.3v).

Eleito provedor no dia 2 de julho de 1516, António de Coiros governou a Confraria da Santa Casa da Misericórdia até 1 de julho do ano seguinte, sendo reeleito para o ano administrativo seguinte, (AHSCMP, *Livro de Pergaminhos*, n.º 2, doc. n.º 38 e 47; Série H, B.co 6, n.º 18, fl.32-32v e B.co 5, n.º 8, fl. 5v; FREITAS e MENDES, 1990: 6), cumprindo dois mandatos consecutivos.

A Mesa era constituída pelos seguintes Irmãos: Estêvão Álvares, escrivão da Casa, em substituição de Vasco Fernandes, que no mandato anterior havia exercido o cargo de mordomo de fora; Pires Martins, serralheiro, mordomo da Casa; Pires Martins, sapateiro, mordomo; Fernando Afonso, picheleiro; Vasco Martins, ataqueiro; Álvaro Martins, serralheiro; Francisco Gonçalves, cutileiro; e Afonso Martins, serralheiro, como administrador da Confraria (AHSCMP, *Livro de Pergaminhos*, n.º 2, doc. 47; Série H, B.co 5, n.º 8, fl. 4v). Em reunião que teve lugar no dia 4 de março de 1517, o provedor e os Irmãos presentes decidiram emprazar, em três vidas, a Francisco Fernandes, escudeiro e recebedor dos cereais na cidade do Porto, casado com Clara Fernandes, «mamposteiro no bispado da cidade do Porto» (AHSCMP, *Livro de Pergaminhos*, n.º 2, doc. n.º 47; Série H, B.co 6, n.º 18, fl. 3v), uma casa situada na rua abaixo dos Açougues, que havia sido deixada à Misericórdia por Pêro Anes da Póvoa e sua mulher Maria Anes, que rendiam à Confraria duzentos e cinquenta reais, pagos no dia de S. Miguel de Setembro (AHSCMP, *Livro de Pergaminhos*, n.º 2, doc. n.º 47; Série H, B.co 6, n.º 18, fl. 3v). Estas casas foram doadas, pelo casal, à Santa Casa da Misericórdia do Porto, por um testamento realizado na sua residência, a cargo do tabelião Brás Francisco, na presença de Jerónimo Domingues, mercador (AHSCMP, Série H, B.co 6, n.º 18, fl.32), pelo qual os doadores declararam que «temendo eles a Deus e sua justiça e o dia do espantoso juízo em que haviam de dar conta ao senhor Deus» (AHSCMP, Série H, B.co 6, n.º 18, fl.30v), deixavam à Irmandade a responsabilidade de dizerem uma missa no dia de Santa Maria de Março e que, finda a cerimónia, os clérigos deviam passar pelas sepulturas dos beneméritos devidamente identificadas pelos autores testamentários, estando a do marido «em um monumento alevantado do chão na capela do meio dos três que estão defronte do paço do bispo nesta crasta segunda e o de Maria Anes sua mulher, esta à porta principal da capela da Misericórdia da mão direita de fora que tem o seu nome escrito» (AHSCMP, Série H, B.co 5, n.º 8, fl.4v.).

Os autores devem ter falecido pouco tempo depois, uma vez que os seus nomes constam no *Livro da Receita e Despesa* do ano administrativo de 1517-1518, a propósito da celebração dos respetivos aniversários fúnebres (AHSCMP, Série L, B.co 1, n.º 4, fl. 228; BASTO, I, 1997: 228), a cargo dos capelães João Álvares e Tomé Dias, que auferiam de salário anual setecentos e cinquenta reais cada um (AHSCMP, Série L, B.co 1, n.º 4, fl. 228; BASTO, I, 1997: 228), correspondente a uma das remunerações mais robustas pagas pela Irmandade (GONÇALVES, 2010: 35), religiosos que deviam ter, entre outros, os seguintes requisitos no âmbito do desempenho da sua função religiosa: «possuir facilidade de relacionamento, virtude, bons dotes oratórios e cantar bem, para poder participar nas missas festivas» (GONÇALVES, 2010: 54).

O provedor e demais Irmãos aceitaram o legado, e a 10 de outubro de 1517, António de Coiros, como administrador dos bens da Misericórdia, tomou a posse destas casas na forma habitual «por terra e pedra e telha, abrindo as portas». O provedor reconheceu esta posse na presença de Francisco Fernandes, escudeiro e escrivão de «ver o peso» na cidade do Porto e Jerónimo Fernandes Galego, mestre piloto, morador em Vila Nova de Gaia. O termo público foi registado pelo tabelião Pêro Gonçalves (AHSCMP, Série H, B.co 6, n.º 18, fls. 32-32v).

Em 24 de fevereiro de 1518, o provedor e seus confrades receberam de António Afonso, viúvo, o terço de um casal, situado na aldeia de «Costyos», no julgado de Vermoim, em Vila Nova de Famalicão, onde vivia, como foreiro, Gonçalo Anes, cujo foro correspondente à terça parte do casal era constituído por três alqueires e meio de pão, que devia ser entregue a João Gonçalves Cordeiro, residente na Cordoaria, por dia de S. Martinho, com o encargo de natureza religiosa, por aniversário do seu passamento (AHSCMP, Série H, B.co 5, n.º 8, fl. 5v).

Mesa da Santa Casa da Misericórdia do Porto em 1516

Provedor – António de Coiros

Escrivão – Vasco Fernandes

Escrivão substituto – Estêvão Álvares

Mordomo – Pires Martins

Administrador da Confraria – Afonso Martins, serralheiro

Indiferenciados – Fernando Afonso, Vasco Martins, Álvaro Martins, Francisco Gonçalves; Afonso Martins

FONTES E BIBLIOGRAFIA

Fontes arquivísticas

Arquivo Histórico da Santa Casa Misericórdia do Porto (AHSCMP) – *Livro de Pergaminhos, n.º 2*, doc. n.º 38 e 47; *Mordomo da Casa. Despeza e Receita*, série L, banco 1, n.º 4; *Administração dos Legados para Resgate de Captivos, 1620 a 1669*, série H, banco 5, n.º 8, fl. 4v; *Testamentos*, série H, banco 6, n.º 18, fls. 3v, 30v-32v; *Copiador de prazos antigos*, série H, banco 6, n.º 23.

Bibliografia

BASTO, Artur de Magalhães, 1997 – *História da Santa Casa da Misericórdia do Porto*, 2.ª edição, vol. I. Porto: Santa Casa da Misericórdia do Porto.

BRITO, Pedro de, 1997 – *Patriciado urbano quinhentista: as famílias dominantes do Porto (1500-1580)*. Porto: Arquivo Histórico da Câmara Municipal do Porto.

FREITAS, Eugénio de Andrea da Cunha e; MENDES, António Lopes, 1990 – *Provedores e Escrivães da Santa Casa da Misericórdia do Porto*. Porto: Santa Casa da Misericórdia do Porto (datilografado).

GONÇALVES, Alberto; SILVA, Filomeno, 2010 – *Santa Casa da Misericórdia de Tarouca. Subsídios para a sua História*. Tarouca: Santa Casa da Misericórdia de Tarouca.

JOEL SILVA FERREIRA MATA

Egas Vaz

(? | ?)

Provedor da Santa Casa da Misericórdia do Porto

2.7.1518 | 2.7.1519

Mercador.

Vereador da Câmara Municipal do Porto.

Cidadão do Porto, onde era mercador, Egas Vaz tinha residência na Rua Chã.

Além das funções de vereador, Egas Vaz foi também almotacé, tesoureiro, procurador, guarda-mor, emissário da cidade à Corte em 1492, e provedor do Hospital de Cimo de Vila (COSTA, 1989: 177-178). Foi ainda procurador da cidade na Câmara no início de fevereiro de 1501 (BRITO, 1997: 433).

⁂

Eleito em 2 de julho de 1518, Egas Vaz exerceu a provedoria da Misericórdia do Porto até 2 de julho de 1519 (AHSCMP, Série H, B.co 6, n.º 23, fl. 366v).

Dando sequência aos atos administrativos do seu antecessor, em reunião da Mesa que ocorrera em 26 de fevereiro de 1519, foi analisada a doação testamentária deixada à Santa Casa da Misericórdia por João Lopes, abade da igreja de S. Salvador de Mosteiró, no julgado da Maia, sobre umas casas com o seu enxido, situadas junto do muro e postigo de Santo António do Penedo. O texto tabeliónico refere que o testador, «jazendo doente em cama [...] com seu juízo e entendimento [...] temendo a hora da morte de que era certo e sabedor que não podia escapar» (AHSCMP, Série H, B.co 6, n.º 18, fl. 34), deixava à Confraria a casa onde morava e a estrebaria, desde que a Irmandade se encarregasse de o enterrar na capela de S. Sebastião da Misericórdia, na Sé, e que lhe fosse dita uma missa, por aniversário, no dia de Nossa Senhora da Conceição, com responso e água-benta sobre a sepultura. Este testamento revogava todas as doações, cédulas ou quaisquer testamentos «postumeiros» que porventura o doador tivesse realizado (AHSCMP, Série H, B.co 6, n.º 18, fl. 34).

Em reunião do Senado da Câmara do Porto, com a presença dos vereadores Afonso Tomé, Gomes Pais (que iria ocupar o cargo de provedor da Misericórdia entre 1525-1526 e 1528-1529), Nuno Camelo, Gaspar de Figueiroa e o bacharel João Lourenço, juiz de fora, emprazaram a João Fernandes, sapateiro, umas casas na Rua do Souto, pelo valor de duzentos reais (AHSCMP, *Livro de Pergaminhos*, n.º 2, doc. n.º 51; Série H, B.co 6, n.º 22, fls. 94-101). Estas casas pertenciam ao Hospital de Rocamador, cuja administração estava sob a jurisdição da Câmara Municipal que, por sua vez, elegia o respetivo provedor. Foi seu derradeiro provedor Afonso Tomé, que havia assumido o cargo em 1494, em substituição de João Rodrigues, escudeiro do bispo e procurador da cidade, motivada por ausência sistemática, o que acarretava prejuízos para a gestão do hospital. Em seu lugar, foi eleito «às mais vozes» o referido Afonso Tomé, que administrou o Hospital de Rocamador até 15 de maio de 1521, altura em que D. Manuel anexou esta instituição de caridade, juntamente com outras duas do mesmo cariz, à Confraria da Santa Casa da Misericórdia, «com todas as suas rendas e heranças», (AHSCMP, *Livro de Pergaminhos*, n.º 2, doc. n.º 59-A), subtraindo-se à administração direta da vereação, que deixou de poder eleger o respetivo provedor (AHSCMP, *Livro de Pergaminhos*, n.º 2, doc. n.º 59-A).

O cargo de provedor do Hospital de Rocamador rendia anualmente ao seu titular o salário de mil e quarenta reais, aos quais se acrescentavam as «entradas» dos contratos enfitêuticos efetuados, constituídas por bens de natureza diversa como vestuário, calçado, galináceos, etc. (BASTO, I, 1997: 322), que o arrendatário entregava ao provedor no ato da outorga da escritura de locação do domínio útil. Com a passagem da administração hospitalar para a Misericórdia, o cargo de provedor passou a ser exercido *pro bono*, beneficiando diretamente a provedoria do Hospital de Rocamador, uma vez que o titular passaria a ser uma só pessoa, que era o provedor da Confraria da Santa Casa da Misericórdia.

O prédio então emprazado estava na posse de Leonor Anes, viúva, por escritura de emprazamento, em três vidas, que, por sua vez, havia nomeado, por última pessoa, Inês Anes. No entanto, as casas estavam muito danificadas e em perda total, razão pela qual Afonso Tomé as mandou colocar em pregão, para encontrar um novo inquilino e atualizar a respetiva renda. Esta ação foi bem-sucedida, uma vez que o imóvel foi de novo emprazado por uma renda superior àquela que pagava a foreira anterior (AHSCMP, *Livro de Pergaminhos*, n.º 2, doc. n.º 51; Série H, B.co 6, n.º 22, fls. 94-101). Apesar de a outorga ter sido feita pela vereação, a renda do imóvel revertera ia para a Irmandade da Confraria da Santa Casa da Misericórdia do Porto, logo após a anexação do Hospital de Rocamador e de outras instituições do mesmo género para a Confraria (AHSCMP, *Livro de Pergaminhos*, n.º 2, doc. n.º 59).

Mesa da Santa Casa da Misericórdia do Porto em 1518-1519

Provedor – Egas Vaz

Escrivão – Sebastião Álvares

Mordomo da capela – Rodrigo Anes, serralheiro

Mordomo de fora – João Álvares, sapateiro

Administrador da Confraria – Afonso Martins, serralheiro

Indiferenciados – Álvaro Afonso, cutileiro, António Rodrigues, picheleiro, Álvaro Afonso, cutileiro, António Rodrigues, picheleiro, Afonso Martins, serralheiro

FONTES E BIBLIOGRAFIA

Fontes arquivísticas

Arquivo Histórico da Santa Casa Misericórdia do Porto (AHSCMP) – *Livro de Pergaminhos, n.º 2*, docs. n.º 51, 59 e 59-A; *Copiador de prazos antigos*, série H, banco 6, n.os 22-23; *Testamentos*, série H, banco 6, n.º 18, fl. 34.

Bibliografia

BASTO, Artur de Magalhães, 1997 – *História da Santa Casa da Misericórdia do Porto*, 2.ª edição, vol. I. Porto: Santa Casa da Misericórdia do Porto.

BRITO, Pedro de, 1997 – *Patriciado urbano quinhentista: as famílias dominantes do Porto (1500-1580)*. Porto: Arquivo Histórico da Câmara Municipal do Porto.

COSTA, Adelaide Lopes Ferreira Millan da, 1989 – *"Vereação" e "Vereadores". O governo do Porto* em *finais do séc. XV*. Porto: Faculdade de Letras (policopiado).

JOEL SILVA FERREIRA MATA

Diogo Leite

(? | ?)

Provedor da Santa Casa da Misericórdia do Porto

2.7.1519 | 2.7.1520

Cidadão. Cavaleiro.

Vereador da Câmara do Porto (1512, 1513 e 1525).

Provedor da Santa Casa Misericórdia do Porto (1519-1520 e 1522-1523).

Sobre esta personalidade, sabe-se apenas que foi cavaleiro e vereador da Câmara do Porto, eleito por três vezes, tendo sido também admitido como Irmão na Santa Casa da Misericórdia do Porto, onde ocuparia o lugar de provedor entre 1519 e 1520 e entre 1522 e 1523.

⁂

Diogo Leite foi eleito no dia 2 de julho de 1519 para o mandato que terminaria no dia 2 de julho do ano seguinte (AHSCMP, Série H, B.co 5, n.º 8, fl. 115)

A documentação analisada relativamente ao primeiro mandato de Diogo Leite não lhe atribui qualquer qualificativo profissional ou social. Mas no espólio referente ao segundo mandato o provedor aparece designado como sendo cidadão e cavaleiro. Para o efeito, julgamos tratar-se de uma e não de duas pessoas distintas.

É durante o seu primeiro mandato administrativo ao serviço da Confraria da Santa Casa, na prática das sete virtudes corporais e das sete virtudes espirituais, consagradas no Compromisso, que o Senado da cidade, constituído pelos vereadores Jusarte Lobo, Pêro Andrade, cavaleiro da casa do Rei, e com a presença de Afonso Tomé, provedor do Hospital de Rocamador, que teve lugar a outorga de um contrato de renovação, em três gerações, encabeçado por Francisco Anes, mercador, habitualmente residente no cais da cidade (AHSCMP, *Livro de Pergaminhos*, n.º 2, doc. n.º 55).

Com efeito, o referido hospital possuía um prédio na Rua da Praça da Ribeira e, em 10 de abril de 1520, o titular manifestou à vereação o seu desejo de renovar o contrato que detinha do imóvel, cuja renda era então paga a vários senhorios: ao mosteiro de S. Domingos (360 reais), à Sé do Porto (135 reais) e a S. Nicolainho a mesma importância, restando ao Hospital de Rocamador, a renda de 230 trinta reais (AHSCMP, *Livro de Pergaminhos*, n.º 2, doc. n.º 55).

A renovação solicitada foi analisada pelo Senado e pelo provedor da referida instituição de caridade de apoio aos pobres e aos doentes, depois de ter sido feita uma avaliação, da qual resultou a fixação da renda em 1500 reais que reverteriam, por inteiro, para a administração do hospital e que em breve passaria para a gestão direta da Confraria, conforme consta da carta régia de 15 de maio de 1521 (AHSCMP, *Livro de Pergaminhos*, n.º 2, doc. n.º 59).

Deste mandato consta ainda uma venda do domínio útil de um casal situado na Prelada, freguesia de Ramalde, do julgado de Bouças, que estava na posse de Gonçalo Vaz Pessoa, a Simão Ribeiro e a sua mulher Antónia Pessoa (AHSCMP, *Livro de Pergaminhos*, n.º 4, doc. n.º 53). Este tipo de transação onerosa devia ser dado a conhecer ao senhorio, a quem o vendedor devia ter pago o laudémio, uma vez que o hospital não exerceu o direito de preferência, aliás como aconselhava a boa gestão da instituição, para quem os valores pecuniários a tempo certo (rendas) eram cruciais para fazer face às inúmeras solicitações de natureza social.

Mesa da Santa Casa da Misericórdia do Porto em 1519-1520
Provedor – Diogo Leite

FONTES E BIBLIOGRAFIA

Fontes arquivísticas

Arquivo Histórico da Santa Casa Misericórdia do Porto (AHSCMP) – *Livro de Pergaminhos, n.º 2*, docs. n.º 51, 55, 58, 59 e 60; *Livro de Pergaminhos, n.º 4*, doc. n.º 59, 61 e 65; *Administração de legados para resgate de cativos*, série H, banco 5, n.º 8, fl. 115; *Administração de vários legados*, série H, banco 6.

Bibliografia

BASTO, Artur de Magalhães, 1997 – *História da Santa Casa da Misericórdia do Porto*, 2.ª edição, vol. I. Porto: Santa Casa da Misericórdia do Porto.

JOEL SILVA FERREIRA MATA

Diogo Pinto Pereira

(Porto, ? | ?)

Provedor da Santa Casa da Misericórdia do Porto

2.7.1520 | 1.7.1522

Juiz (1512-1513).

Vereador da Câmara do Porto (1526).

Cidadão do Porto.

Provedor da Santa Casa da Misericórdia do Porto (1520-1522 e 1526-1527).

Trisavô de João Pinto Pereira, provedor da Misericórdia do Porto (1688-1689).

Fidalgo da casa do duque de Bragança.

A sua eleição como vereador foi conhecida a 11 de janeiro de 1526, juntamente com a de Lopo Rebelo, Nuno Camelo e António Mendes, a do procurador Pêro Soeiro e a do tesoureiro Pantaleão Fogaça (AHMP, *Vereações*, Liv. I de Índices, fl.59); foi juiz em 1512 e 1513 (BRITO, 1997: 423). Na Santa Casa da Misericórdia do Porto, viria a ocupar o lugar de provedor em duas ocasiões: entre 1520 e 1522 e entre 1526 e 1527.

✻

Diogo Pinto Pereira foi provedor durante dois mandatos consecutivos, de 2 de julho de 1520 a 2 de julho de 1521 e de 2 de julho de 1521 a 2 de julho de 1522 (AHSCMP, Livro de Pergaminhos, n.º 4, doc. n.º 59; Série H, B.co 6, n.º 18, fl. 33v; BASTO, I, 1997: 417). Regressaria em 1526 para um terceiro mandato administrativo.

Em reunião de 12 de novembro de 1520, o provedor e os Irmãos presentes analisaram o testamento deixado por Francisco Figueiroa e lavrado pelo tabelião Pêro Gonçalves, que contemplava a Confraria com o censo de seiscentos reais de umas casas que lhe pertenciam, situadas na Rua da Ourivesaria, deixando à Confraria a obrigação de duas missas anuais, uma cantada e outra rezada, ditas no altar de Nossa Senhora da Silva, da Catedral da cidade.

Em 23 do mesmo mês, Diogo Pinto Pereira deslocou-se às casas de morada de Vasco Carneiro, juiz ordinário, e apresentou-se como provedor da Confraria da Santa Casa da Misericórdia para confirmar a informação dada pelos Irmãos e confrades de que estaria em seu poder um testamento deixado por Francisco Figueiroa, referenciado em 19 de fevereiro de 1519 (AHSCMP, *Livro de Pergaminhos*, n.º 2, doc. 51; Série H, B.co 6, n.º 22, fl. 93), que havia sido escrivão judicial nesta cidade, e que à sua morte deixou as suas casas, localizadas na Rua da Ourivesaria, à Confraria, prédio que rendia seiscentos reais. O provedor Diogo Pinto Pereira requereu ao juiz ordinário que lhe fosse dado o traslado do testamento «porquanto a dita Confraria se esperava ajudar da verba», para poder levar o seu apoio aos pobres (AHSCMP, Série H, B.co 6, n.º 18, fl. 33v).

O testador Francisco de Figueiroa terá falecido em data anterior a 23 de novembro de 1520, como também se percebe pela certidão judicial passada nesta data pelo tabelião Pêro Gonçalves, na qual se identifica a localização dos prédios e o locatário Jorge Martins, que também era tabelião público, na Rua da Ourivesaria (AHSCMP, Série H, B.co 5, n.º 18, fl. 7-8).

Em 28 de abril de 1522, Afonso Gonçalves e a mulher Brites Álvares doaram à Confraria a metade de umas casas de herdade, situadas na Rua de Vila, em frente ao hospital (AHSCMP, Série H, B.co 6, n.º 18, fls. 36v-39v). Afonso Gonçalves foi escudeiro e criado do bispo D. João de Azevedo, que governou a diocese do Porto entre 1465 e 1495 (OLIVEIRA, 1994: 309), e morava nos seus Cobertos, na Rua das Eiras. Os filantropos doaram a sua quota disponível, com as seguintes recomendações: o cônjuge sobrevivo mandará fazer «um trintário serrado de Santo Amador» na casa da Misericórdia, pela alma do defunto, e um mês após o seu falecimento dará «aquilo que os clérigos costumam levar pelo seu trabalho». Os testadores enumeravam os seus herdeiros e deixavam à Misericórdia a terça parte dos mesmos, impondo à Confraria a obrigação de lhe mandar dizer um aniversário na Oitava de Todos-os-Santos, com missa cantada e responso, saindo os clérigos sobre a sepultura para espargir a água-benta. Foram testemunhas notariais deste testamento Jerónimo Álvares, borzeguieiro; Pêro Anes, carpinteiro; Jerónimo Pires, barbeiro; e o «obreiro do dito Jerónimo Martins», na presença do tabelião Brás Francisco. O registo notarial deste ato pio, a favor da Misericórdia, custou aos autores testamenteiros a importância de oitenta reais (AHSCMP, Série H, B.co 6, n.º 18, fls. 37-38v).

Algum tempo depois, aforaram a Afonso Martins, sapateiro, morador na Rua do Souto, um prédio constituído por duas habitações que pertenciam ao Hospital de Rocamador. O pregão para encontrar a melhor oferta de foro havia já decorrido em 21 de julho de 1522. Os irmãos Rodrigo Anes – que à época desempenhava o cargo de mordomo de fora –, Marcos Anes, surrador, e Pêro Anes vistoriaram o prédio (AHSCMP, *Livro de Pergaminhos*, n.º 2, doc. n.º 58).

Em reunião efetuada no dia 21 de outubro deste ano, os irmãos emprazaram a Diogo Martins umas casas situadas algures no Padrão de Santo Elói, pelo foro de duzentos reais (AHSCMP, *Livro de Pergaminhos*, n.º 4, doc. 61). É ainda deste ano a doação feita pelo benemérito Afonso Gonçalves, escudeiro, de umas casas que estavam localizadas em frente ao Hospital de Cimo de Vila, emprazadas a Isabel Luís, pelo foro de cem reais, com a obrigação de duas missas anuais (AHSCMP, Série H, B.co 6, n.º 3 e n.º 10).

Em 1521, o provedor, como administrador dos bens e heranças confiados à Santa Casa, recebe a significativa doação feita pelo benfeitor Martins Afonso, soqueiro de profissão, que havia vivido na Reboleira, a qual constava de dois terços de casas que lhe tinham servido de lar em vida, e que entretanto tinham sido emprazadas por «prazo fateusim» à viúva do mercador Gonçalo Afonso, que pagava de foro novecentos reais, assim como ainda duas terças partes de um prédio rural na freguesia de Monte Córdova, cujo domínio útil estava nas mãos do lavrador João Álvares, por uma escritura, em três vidas, pelo qual pagava de foro – que transitou para a Misericórdia –, vinte e nove alqueires de pão e mais dois terços de meio alqueire, duas galinhas e dois terços de outra galinha que seriam entregues na casa da Irmandade, por dia de S. Miguel de Setembro (AHSCMP, Série H, B.co 5, n.º 8, fl. 7v).

O provedor e seus confrades aceitaram o tributo, quer em moeda quer em cereais, além dos galináceos, comprometendo-se a respeitar a derradeira vontade do soqueiro Martins Afonso inserta no testamento, e que correspondia à realização de duas missas mensais, rezadas, uma na primeira sexta-feira de cada mês, pela alma do testador e de seu filho Vicente Nunes. Além do encargo mensal, mandava Martins Afonso que, no final do ano, lhe fossem ditas duas missas cantadas com seus aniversários.

Diogo Pinto Pereira, como provedor da Confraria e ao mesmo tempo do Hospital de Rocamador, de Santa Clara de Cima de Vila, «por carta d'el-Rei nosso senhor», convocou uma reunião capitular, em 22 de janeiro de 1522, chamando a cabido os confrades Brás Afonso, escrivão da Misericórdia; Vasco Fernandes, mordomo da capela; Gonçalo Fernandes Carneiro; António Álvares; Rodrigo Anes; Manuel Afonso; Jerónimo Pires; Vasco Martins; o serralheiro Afonso Martins; e Pêro Gonçalves, num total de onze membros (AHSCMP, *Livro de Pergaminhos*, n.º 4, doc. 59; Série H, B.co 6, n.º 22, fl. 19v-20).

Terminada a leitura e tendo sido reconhecidas todas as formalidades, o provedor e seus confrades aforaram a Gaspar Fernandes umas casas na Rua das Flores, pelo valor de 450 reais. Foram testemunhas o piloto Gonçalo Anes, seu genro António Fernandes e Amador Gonçalves, filho de Gonçalo Fernandes, mercador, morador em Belmonte (AHSCMP, Série H, B.co 6, n.º 22, fl. 19v e 24v).

De 28 de abril de 1522 data o testamento feito por Afonso Gonçalves e sua mulher Beatriz Álvares a favor da Misericórdia, de metade de umas casas situadas na Rua de Cimo de Vila, desde que a Irmandade se comprometesse a dizer duas missas anuais: uma missa cantada e um aniversário. O provedor e os Irmãos que estavam com ele aceitaram incorporar no património construído da Confraria mais esta dádiva com as condições obrigacionistas impostas pelos doadores (AHSCMP, *Livro de Pergaminhos*, n.º 2, doc. 60).

Mesa da Santa Casa da Misericórdia do Porto em 1521

Provedor – Diogo Pinto Pereira

Escrivão – Luís Gonçalves

Mordomo da capela – Pêro Vaz

Mordomo de fora – Nuno Rodrigues

Procurador dos feitos da Santa Casa – João Ferreira

Procurador da Confraria – Sebastião Álvares

Indiferenciados – Fernão Pires; João Pires; Diogo Anes; João Afonso; Fernão Pires; Francisco Rodrigues Madrigal; Rodrigo Anes; Francisco Álvares

Carta enviada à Confraria da Santa Casa da Misericórdia do Porto, pela qual anexa os hospitais de Rocamador, Santa Clara e os de Cima de Vila (1521)

Dom Manuel por graça de Deus Rei de Portugal e dos Algarves d'aquém e d'além mar em África senhor de Guiné e da conquista, navegação [e] comércio da Etiópia, Arábia, Pérsia e da Índia, etc. A quantos esta nossa carta virem fazemos saber que sendo-nos informado que a Confraria da Misericórdia da nossa cidade do Porto era assim bem regida e governada pelo provedor e oficiais dela como cumpria a serviço de Nosso Senhor e que os pobres e enfermos recebiam toda caridade e consolação que se lhes devia fazer crendo que muito muito [riscado] mais melhor se faria se para isso tivessem renda havendo respeito aos hospitais que na dita cidade estão [a] serem feitos e ordenados principalmente para a cura [e] gasalhado dos pobres e enfermos que é uma das principais obras de misericórdia para que a dita Confraria foi instituída e ordenada por lhe fazermos esmola, havemos por bem e nos apraz de ajuntarmos e anexarmos à dita Confraria da Misericórdia da dita cidade os hospitais de Rocamador e o de Santa Clara e os de Cima de Vila que ora traz Pero Gomes de mão dos oficiais da Câmara da dita cidade com todas suas rendas e heranças que a eles pertencem dos quais e de cada um deles o provedor e irmãos da dita Confraria terão toda a administração, assim como a teve a cidade com todas suas rendas e heranças que a eles pertencem dos quais e de cada um deles o provedor e irmãos da dita Confraria terão toda a administração assim como até aqui tiveram os oficiais da dita cidade e pessoas que eles de sua mão punham assim para aforarem os bens e heranças deles como para recolherem e arrecadarem suas rendas e foros e fazerem tudo o mais que a eles cumprir.

No qual aforar o dito provedor e oficiais guardarão o Regimento que temos dados a nosso juiz dos resíduos e provedor dos ditos hospitais de que eles tomaram o trelado.

Das quais rendas e foros que dos ditos trelados houverem o dito provedor e oficiais da dita Confraria cumpram principalmente todos os encarregos com que os ditos hospitais foram instituídos e ordenados e que os defuntos por seus testamentos mandaram assim aqueles que os instituírem ou o trelado deles em público os oficiais da dita Confraria terão com os tombos de suas heranças bem guardado e declarado para se a todo o tempo ver e saber a obrigação que têm e as heranças que lhe leixaram e o mais que sobejar das rendas dos ditos hospitais despois de cumprido os ditos encarregos, e o dito provedor e oficiais da dita Confraria o despenderão nas obras de Misericórdia segundo forma de seu Compromisso e Regimento sem o provedor dos ditos hospitais e resíduos lhes disso tomar conta, salvo de cumprimento dos ditos hospitais e encarregos deles.

E porém mandamos ao dito provedor dos ditos hospitais, capelas e resíduos da dita cidade e comarca dela assim o que ora se como os que ao diante forem que dêem a posse dos ditos hospitais à dita Confraria e lhos leixem administrarem, regerem e governarem segundo devem e for conteúdo nos compromissos e regimentos assim dos ditos hospitais como da dita Confraria como o nosso em cada um ano lhes tomem conta se puderem os ditos encarregos segundo forma de seus compromissos e instituições e do mais que sobejar lhe leixará gastar nas outras obras de misericórdia sem lhe disso tomar conta alguma.

E porém ele levará sua conta segundo tem por regimento de seu ofício, e se porventura os ditos hospitais tiverem escrivão perpétuo não seja tirado antes, havemos por bem que tenha os ditos compromissos e tombos das heranças e dê sempre conta deles e esteja ao aforar das heranças e faça em seu livro auto de tudo o que se nisso passar e assim escreverá as despesas que se fizer no cumprimento dos ditos encarregos para o dito contador e provedor tomar a dita conta, e às despesas que se fizer do mais que sobejar tirados os ditos encarregos escreverá o escrivão da dita Confraria e vós o cumpris assim sem nisso pordes dúvida nem outro nenhum embargo.

E bem assim mandamos ao juiz da dita cidade, vereadores e oficiais dela que nisso não ponham dúvida alguma nem embargo porque nós o havemos assim por serviço de Deus e bem das almas dos ditos defuntos.

E para firmeza de tudo mandamos passar esta nossa carta por nós assinada, selada com o nosso selo pendente para mais firmeza. Dada em a nossa cidade de Lisboa a 15 dias de maio. Cosme Rodrigues a fez. Ano de Nosso Senhor Jesus Cristo de 1521.

Item Porque nos vimos por uma carta testemunhável os embargos com que verdade já veio, aceito não cumprir a vós porque sem embargo deles nem a outros quaisquer a que pertencer que lhe não recebam nenhuns embargos.

El Rei.

(Fonte: AHSCMP, *Livro de Pergaminhos*, n.º 2, doc. 59)

FONTES E BIBLIOGRAFIA

Fontes arquivísticas

Arquivo Histórico da Santa Casa Misericórdia do Porto (AHSCMP) – *Livro de Pergaminhos, n.º 2*, docs. n.º 51, 58 e 60; *Livro de Pergaminhos, n.º 3*, docs. 74 e 76; *Livro de Pergaminhos, n.º 4*, docs. n.º 59 e 61; *Testamentos*, série H, banco 6, n.º 18; *Copiador de prazos antigos*, série H, banco 6, n.º 22; *Administração dos Legados para Resgate de Captivos, 1620 a 1669*, série H, banco 5, n.º 8; *Recopilação das administrações dos legados, ordenadas alfabeticamente por Alexandre da Costa Pinheiro em…*, série H, banco 6, n.º 3.

Arquivo Histórico Municipal do Porto (AHMP) – *Vereações, Livro I de Índices*, fl. 59.

Bibliografia

BASTO, Artur de Magalhães, 1997 – *História da Santa Casa da Misericórdia do Porto*, 2.ª edição, vol. I. Porto: Santa Casa da Misericórdia do Porto.

BRITO, Pedro de, 1997 – *Patriciado urbano quinhentista: as famílias dominantes do Porto (1500-1580)* Porto: Arquivo Histórico da Câmara Municipal do Porto.

OLIVEIRA, Miguel de, 1994 – *História Eclesiástica de Portugal*, edição revista e atualizada. Mem Martins: Publicações Europa-América.

JOEL SILVA FERREIRA MATA

Diogo Leite

(?, ? | ?, ?)

Provedor da Santa Casa da Misericórdia do Porto

2.7.1522 | 1.7.1524

Cidadão. Cavaleiro.

Vereador da Câmara do Porto (1512, 1513 e 1525).

Provedor da Santa Casa Misericórdia do Porto (1519-1520 e 1522-1523).

Depois de ter exercido um primeiro mandato em 1519-1520, Diogo Leite foi reeleito no dia 2 de julho de 1522 e governou a Misericórdia até 2 de julho de 1523 (AHSCMP, Série H, B.co 6, n.º 22, fl. 53; Série H, B.co 6, n.º 18, fl. 147). É provável que tenha ocupado o cargo de provedor ainda no ano administrativo de 2 de julho de 1523 a 2 de julho de 1524.

Em dezembro de 1522 a Mesa era constituída pelos seguintes Irmãos: Diogo Leite, provedor; bacharel João Pereira, procurador da Casa; Manuel Reimão, escrivão; Gonçalo Fernandes, mordomo da capela; Rodrigo Anes, mordomo do Hospital de Rocamador; Sebastião Álvares; Afonso Rodrigues; Gonçalo Álvares; Pêro Anes; Afonso Cardoso; Domingos Anes; Gonçalo Anes; e João Afonso. Além destes, cite-se também os irmãos Rodrigo Anes, sapateiro que exerceu as funções de mordomo de fora; Marinho Anes, ferrador; e Pêro Anes (AHSCMP, *Livro de Pergaminhos*, n.º 4, doc. 61; Série H, B.co 6, n.º 22, fl. 77v).

Em reunião de 21 de dezembro deste mesmo ano, os mesários foram convocados pelo provedor para deliberarem sobre o aforamento a Diogo Martins, caldeireiro, de profissão, morador na Rua do Souto, de umas casas que possuía por escritura de emprazamento, em três pessoas. O provedor Diogo Leite explicou, nesta reunião capitular, que as casas estavam muito danificadas e corriam o risco de desabamento, não sendo uma situação desejável para a Misericórdia. O caldeireiro Diogo Martins, que estava presente, informou a Confraria que já havia solicitado ao antigo provedor Diogo Pinto Pereira que ele e alguns Irmãos fossem visitar o prédio e verem o estado em que se encontrava e que fosse feito o aforamento do domínio útil. Na verdade, a propriedade fora já inspecionada pelo antigo provedor Diogo Pinto Pereira, pelo sapateiro Rodrigo Anes – que ocupava o cargo de mordomo de fora –, o ferrador Marinho Anes e Pêro Anes, todos confrades (AHSCMP, Série H, B.co 6, n.º 22, fl. 78-78v).

Tendo em vista a resolução do problema, beneficiando ambas as partes, o provedor mandou apregoar as casas durante vinte dias. De seguida, as mesmas foram aforadas a

Diogo Martins, por duzentos reais, uma vez que ninguém, além dele próprio, apareceu como interessado. Este tipo de sucessão surgia muitas vezes. O titular da derradeira vida, sabendo que o prédio, à sua morte, deixaria de estar ocupado pelos seus familiares, não investia em obras de conservação e de restauro, levando o prédio à sua ruína material. A motivação para introduzir obras de beneficiação estava precisamente na renovação contratual.

Em maio de 1523 reuniram «dentro na Sé da dita cidade e dentro na casa da Santa Misericórdia», os Irmãos Diogo Leite, provedor; Manuel Ribeiro, escrivão da Confraria; Gonçalo Fernandes, mordomo da capela; Manuel Anes, mordomo «dos envergonhados»; Sebastião Álvares que nessa altura ocupava as funções de mordomo de fora; e Pêro Vaz, Curador e Procurador da Santa Casa da Misericórdia. Estes aforaram um prédio a Afonso Martins, sapateiro, também morador na Rua do Souto, cuja propriedade era constituída por duas habitações e o seu senhorio pertencia ao Hospital de Rocamador. O pregão ocorrera já no tempo do referido Diogo Pinto Pereira, provedor cessante que juntamente com os irmãos Rodrigo Anes – que nesse período desempenhou as funções administrativas de mordomo de fora –, Marcos Anes e Pêro Anes procederam a uma vistoria, no sentido de apurarem o valor real do imóvel. Concluído o processo, os irmãos concordaram em aforá-lo ao titular pelo valor anual de quatrocentos reais (AHSCMP, *Livro de Pergaminhos*, n.º 4, doc. n.º 63; Série H, B.co 6, n.º 22, fl. 147).

De novo, em reunião de 28 de junho de 1523, a Mesa presidida pelo provedor Diogo Leite e na presença dos Irmãos Manuel Reimão, escrivão da Casa; Sebastião Álvares, mordomo; Pêro Vaz, picheleiro, mordomo do Hospital de Santo Ildefonso; Rodrigo Enes, mordomo; João Álvares, capelão; Pêro Vaz, criado de Afonso Álvares; João António; Álvaro Martins; António Pires; Pedro Enes; e Gonçalo Álvares decidiu emprazar umas casas situadas na Rua da Ourivesaria. Estas casas estavam na posse de Leonor Gonçalves, viúva de Fernão Álvares, picheleiro, como primeira pessoa. Pelo seu procurador João de Campelo, clérigo, a locatária denunciou o vínculo contratual, dando liberdade ao provedor e Irmãos para voltarem a emprazar o imóvel. Assim, o prédio foi posto em pregão durante vinte dias nos lugares públicos de maior afluência da cidade: na Praça da Ribeira, na Rua dos Mercadores, na Rua da Bainharia e nos Paços do Concelho, por João Anes, porteiro da cidade. As casas andavam anteriormente emprazadas por duzentos reais, sendo emprazadas, de novo, por quinhentos reais, sendo evidente a vantagem financeira a favor do Hospital e da Misericórdia (AHSCMP, Série H, B.co 6, n.º 22, fls. 30v-34v).

Nesta mesma reunião da Mesa, «dentro na Sé da dita cidade e dentro na Casa da Santa Misericórdia» (AHSCMP, *Livro de Pergaminhos*, n.º 4, doc. 63), o provedor e diversos oficiais mecânicos que ocupavam os cargos de gestão da Confraria, de uma parte e Afonso Fernandes, sapateiro, da outra, foi realizado o aforamento de umas casas pertencentes ao Hospital de Rocamador, localizadas na Rua do Souto, cujo período de pregão ocorrera já em julho do ano anterior (AHSCMP, *Livro de Pergaminhos*, n.º 4, doc. 63; Série H, B.co 6, n.º 22, fls. 147-147v). Além disso, foi apresentado o resultado de uma vedoria efetuada ao edifício, no tempo do provedor Diogo Pinto Pereira e pelos irmãos Rodrigo Anes, sapateiro, mordomo de fora; Marcos Anes, sapateiro, e Pêro Anes (AHSCMP, *Livro de Pergaminhos*, n.º 4, doc. 63; Série H, B.co 6, n.º 22, fls. 147-147v). Com base nos elementos recolhidos, o provedor Diogo Leite e Irmãos então reunidos decidiram aforar a Afonso Fernandes o bem patrimonial, que era constituído por duas casas de morada, pelo valor de quatrocentos reais (AHSCMP, *Livro de Pergaminhos*, n.º 4, doc. 63; Série H, B.co 6, n.º 22, fl.147v).

Além destes atos administrativos, nesse mesmo dia, foram também emprazadas umas casas situadas algures em S. Nicolau, à inquilina Leonor Gonçalves, pela renda anual de quinhentos reais (AHSCMP, *Livro de Pergaminhos*, n.º 4, doc. 64).

Quatro dias depois, o cabido volta a reunir, e sob a presidência do seu provedor, decidiu aforar a Gonçalo Álvares e mulher Violante Carneira uma casa na Rua do Souto, pelo valor anual de trezentos e setenta reais. O objeto contratual foi apregoado pelo tabelião Brás Francisco e por Jerónimo do Forno, porteiro e jurado da cidade do Porto (AHSCMP, *Livro de Pergaminhos*, n.º 4, doc. n.º 65; Série H, B.co 6, n.º 22, fls. 53v-58v). O senhorio do imóvel pertencia ao Hospital de Rocamador, mas a «administração pertence por especial mandado de Sua Alteza» à Santa Casa da Misericórdia do Porto, conforme a carta de D. Manuel que mandava anexar certos hospitais da cidade em 13 de maio de 1521 (AHSCMP, *Livro de Pergaminhos*, n.º 2, doc. 59). O prédio estava em avançado estado de degradação, devendo os novos locatários introduzir as benfeitorias necessárias para que fosse melhorado (AHSCMP, *Livro de Pergaminhos*, n.º 4, doc. n.º 65; Série H, B.co 6, n.º 22, fl. 58v).

No derradeiro dia deste mandato, a Mesa, sob a presidência do provedor Diogo Leite, era constituída pelos seguintes membros: Manuel Reimão, escrivão da Confraria; Gonçalo Rodrigues, mordomo da capela; Sebastião Álvares, mordomo de fora; João António; Gonçalo Anes; Pedro Anes; Nuno Rodrigues; Vasco Fernandes; e Pêro Vaz (AHSCMP, *Livro de Pergaminhos*, n.º 4, doc. n.º 65; Série H, B.co 6, n.º 22, fls. 53v-58v).

No ano administrativo de 2 de julho de 1523 a 1 de julho de 1524, registe-se a reunião de Mesa de 13 de outubro de 1523, na qual os Irmãos são informados da venda do domínio útil de um prédio – que não foi identificado –, efetuada por Jerónimo Anes e mulher, moradores em Miragaia, a Pêro Anes e mulher, residentes no lugar do Pinheiro «junto à estrada que vem de Guimarães para a Porta do Olival» (AHSCMP, *Livro de Pergaminhos*, n.º 2, doc. 103).

Mesa da Santa Casa da Misericórdia do Porto em 1522
Provedor – Diogo Leite
Escrivão da Casa – Manuel Reimão
Procurador da Casa – bacharel João Pereira
Mordomo da capela – Gonçalo Fernandes
Mordomo de fora – Rodrigo Anes, sapateiro
Mordomo do Hospital de Rocamador – Rodrigo Anes
Indiferenciados: Sebastião Álvares; Afonso Rodrigues; Gonçalo Álvares; Pêro Anes; Afonso Cardoso; Domingos Anes; Gonçalo Anes; João Afonso; Marinho Anes; Pêro Anes

FONTES E BIBLIOGRAFIA

Ver página 161.

JOEL SILVA FERREIRA MATA

Fernão Soares

(?, ? | ?, ?)

Provedor da Santa Casa da Misericórdia do Porto

2.7.1524 | 2.7.1525

Escudeiro, cidadão.

Juiz e vereador da Câmara do Porto (1508).

Fernão Soares foi eleito na Casa da Confraria a 2 de julho de 1524 e governou a Irmandade até ao dia 2 de julho de 1525 (AHSCMP, *Livro de Pergaminhos*, n.º 4, doc. 69; Série H, B.co 6, n.º 23, fl. 219). A Mesa era constituída pelos seguintes Irmãos: Fernão Soares, provedor; Jácome Ribeiro, Procurador; Sebastião Álvares, escrivão, que havia sucedido no cargo a Manuel Reimão; Nuno Rodrigues, picheleiro; Diogo Pinto Pereira (que já havia exercido o cargo de provedor entre 1521-1522); os sapateiros Rodrigo Anes e João Afonso; Pêro Gonçalves; Pêro Vaz, mercador; os mordomos do Hospital de Santa Clara, Manuel Afonso e Gonçalo Pires; e João Afonso, mordomo do Hospital de Rocamador (AHSCMP, Série H, B.co 6, n.º 22, fl. 181).

Em reunião de 6 de julho de 1524, a Mesa, sob a presidência de Fernão Soares, deliberou aforar a João Simão umas casas que pertenciam ao Hospital de Santa Clara, situadas na Rua do Souto. Este aforamento é uma renovação contratual feita a Lopo Domingues, mercador, que querendo introduzir benfeitorias nas referidas casas, propôs à Mesa a substituição da escritura antiga por uma nova, na qual fosse considerado a primeira pessoa. As casas foram colocadas em pregão nos lugares habituais do município, e decorridos os vinte dias convencionais, o prédio foi aforado ao anterior titular, por novecentos reais de foro e pensão (AHSCMP, *Livro de Pergaminhos*, n.º 3, doc. 67; Série H, B.co 6, n.º 22, fl. 181-182).

Em 12 de dezembro de 1524, o provedor Fernão Soares, acompanhado por Gonçalo Lopes, criado do bispo, morador na Praça da Ribeira, Manuel Carvalho, procurador do Hospital de Rocamador, Nuno Rodrigues, picheleiro, frei Luís Toscano, procurador da Misericórdia, e Luís Gonçalves, compareceu na Praça da Ribeira, na casa do tabelião Pêro Gonçalves, para registar uma escritura de aforamento de umas casas que faziam parte do património do Hospital de Rocamador (AHSCMP, *Livro de Pergaminhos*, n.º 3, doc. 76), cuja jurisdição estava sob a alçada da Confraria.

No início do ano de 1525, o provedor Fernão Soares e os mesários emprazaram, em três pessoas, a Gonçalo Álvares umas casas na Rua do Souto, cuja escritura foi registada pelo tabelião público Gonçalo Mendes (AHSCMP, *Livro de Pergaminhos*, n.º 4, doc. 69), e em 6 de março aceitaram a doação feita pelos beneméritos André Gonçalves, Inês Álvares, sua mulher, e seu filho Pêro André, mareante da cidade do Porto, de um casal no lugar de Lever, na Terra da Feira, cuja posse aconteceu apenas em finais de 1526 (AHSCMP, *Livro de Pergaminhos*, n.º 2, doc. 70).

Neste mesmo ano, o provedor e Irmãos aceitaram os bens legados pela viúva Catarina Gonçalves, que constam de meias casas, na Rua de S. Nicolau, cujo senhorio pertencia ao Hospital de Rocamador (AHSCMP, *Livro de Pergaminhos*, n.º 2, doc. 71), que constavam de um testamento lavrado em 23 de abril.

Mesa da Santa Casa da Misericórdia do Porto em 1524

Provedor – Fernão Soares

Escrivão da Confraria – Sebastião Álvares

Procurador – Jácome Ribeiro

Mordomos do Hospital de Santa Clara – Manuel Afonso e Gonçalo Pires

Mordomo do Hospital de Rocamador – João Afonso,

Indiferenciados – Nuno Rodrigues, Diogo Pinto Pereira, Rodrigo Anes, João Afonso, Pêro Gonçalves; Pêro Vaz

FONTES E BIBLIOGRAFIA

Fontes arquivísticas

Arquivo Histórico da Santa Casa Misericórdia do Porto (AHSCMP) – *Livro de Pergaminhos*, nº. 2, doc. 70 e 71, *n.º 3*, doc. 67 e 76, *n.º 4*, doc. 69; *Livros de prazos, foros, compras, vendas, etc.*, série H, banco 6, n.ºs 22-23.

Bibliografia

BASTO, Artur de Magalhães, 1997 – *História da Santa Casa da Misericórdia do Porto*, 2.ª edição, vol. I. Porto: Santa Casa da Misericórdia do Porto.

BRITO, Pedro de, 1997 – *Patriciado urbano quinhentista: as famílias dominantes do Porto (1500-1580)*. Porto: Arquivo Histórico da Câmara Municipal do Porto.

JOEL SILVA FERREIRA MATA

Gomes Pais

(?, ? | ?, ?)

Provedor da Santa Casa da Misericórdia do Porto

2.7.1525 | 2.7.1526

Vereador da Câmara Municipal do Porto.

Provedor da Santa Casa da Misericórdia do Porto (1525-1526 e 1528-1529).

Filho de João Pais e de Catarina Ferraz, por sua vez filha de Joana Anes Ferraz, e irmã do bispo da Guarda D. Afonso Ferraz.

Teve vários irmãos entre os quais se destaca Gaspar Ferraz, provedor da Confraria da Santa Casa da Misericórdia do Porto em 1531-1532.

Casou com Marquesa Carneira, filha de Vasco Carneiro, o velho.

Cavaleiro da Ordem de Cristo (1523).

Gomes Pais foi juiz em 1501, vereador da Câmara do Porto (AHSCMP, *Livro de Pergaminhos*, n.º 2, fl. 51; Série H, B.co 6, n.º 22, fl. 94-101) em data não referida mas também em 1504 e 1505 (BRITO, 1997: 248), e de novo juiz na cidade desde 1508 a 1538 (BRITO, 1997: 424-426), em períodos alternados D. Manuel doou-lhe a dízima do esparto da cidade do Porto.

Recebeu o grau de cavaleiro por carta de D. João III e autorização para poder movimentar-se de mula, também atribuída por D. João III (BRITO, 1997: 424-426).

Em agosto de 1501 estava presente na vereação quando foi exposta pelos procuradores à Corte, Vasco Carneiro e Afonso Ferraz, a resposta sobre questões que pendiam sobre a entrada e a saída de vinho da cidade (BRITO, 1997: 459-460).

*

Gomes Pais foi eleito no dia 2 de julho de 1525 e exerceu o seu mandato até ao dia 2 de julho de 1526 (AHSCMP, *Livro de Pergaminhos*, n.º 3, doc. 74; Série H, B.co 1 n.º 9, fl. 1). Depois de dois anos de interregno, seria reeleito a 2 de julho de 1528 para um segundo mandato ao serviço da causa dos pobres da cidade do Porto (AHSCMP, Série H, B.co 6, n.º 22, fl. 226v).

Desconhecemos a composição da Mesa no início do mandato, mas no seu término era constituída pelos seguintes confrades: Gomes Pais, provedor; Manuel Reimão, escrivão da Casa, que aparece a exercer as mesmas funções em mandatos de provedores anteriores; Pêro Vaz, mordomo da capela; João Álvares, capelão da capela; Gonçalo Fernandes; Sebastião Vaz; Fernão Pires, Fernão Pires, sapateiro; Álvaro António, cutileiro (AHSCMP, Série H, B.co 6, n.º 22, fl. 71).

Mesmo no fim deste mandato, em reunião da Mesa de 1 de julho de 1526, os Irmãos sob a presidência do seu provedor aforaram a Brás Francisco, tabelião, umas casas na Rua das Flores, por quatrocentos e dez reais. O auto público foi apresentado pelo próprio, e assinado pelo provedor Gomes Pais e Irmãos em 26 de abril do mesmo ano. Na mesma data, foi apresentado também um alvará passado por Manuel Reimão, escrivão da Casa, assinado pelo provedor. O prédio arrendado era um chão com suas laranjeiras, com cerca de 145 m2 (15 varas de comprimento por 9,5 varas de largura; MARQUES, 1981, V: 68) que pertenciam ao Hospital de Rocamador (AHSCMP, Série H, B.co 6, n.º 22, fl. 71-73).

Mesa da Santa Casa da Misericórdia do Porto em 2.7.1525

Provedor – Gomes Pais

Escrivão da Casa – Manuel Reimão

Mordomo da capela – Pêro Vaz

Capelão da capela – João Álvares

Indiferenciados – Gonçalo Fernandes, Sebastião Vaz, Fernão Pires, Fernão Pires, Álvaro António

FONTES E BIBLIOGRAFIA

Fontes arquivísticas

Arquivo Histórico da Santa Casa Misericórdia do Porto (AHSCMP) – *Livro de Pergaminhos, n.º 2*, fl. 51 e doc. 82 e 88; *Livro de Pergaminhos, n.º 3*, doc. 74 e 83; *Livros de prazos, foros, compras, vendas, etc.*, série H, banco 6, n.º 22; *Testamentos*, série D, banco 6, n.º 18;

Arquivo Histórico Municipal do Porto (AHMP) – *Vereações, Liv. I dos Índices*, fl. 74v.

Bibliografia

BRITO, Pedro de, 1997 – *Patriciado urbano quinhentista: as famílias dominantes do Porto (1500-1580)*. Porto: Arquivo Histórico da Câmara Municipal do Porto.

MARQUES, A. H. de Oliveira, 1981 – "Pesos e Medidas", in SERRÃO, Joel (dir.), *Dicionário de História de Portugal*, vol. V. Porto: Livraria Figueirinhas.

JOEL SILVA FERREIRA MATA

Diogo Pinto Pereira

(?, ? | ?, ?)

Provedor da Santa Casa da Misericórdia do Porto
2.7.1526 | 2.7.1527

Juiz (1512-1513).

Vereador da Câmara do Porto (1526).

Cidadão do Porto.

Provedor da Santa Casa da Misericórdia do Porto (1520-1522 e 1526-1527).

Trisavô de João Pinto Pereira, provedor da Misericórdia do Porto (1688-1689).

Fidalgo da casa do duque de Bragança.

Volvidos quatro anos de ter desempenhado pela primeira vez as funções de provedor, Diogo Pinto Pereira reassume o cargo a 2 de julho de 1526. No ano administrativo que então se inicia, a Mesa era constituída, além do provedor, pelos seguintes Irmãos: Luís Gonçalves, que mantinha o cargo de escrivão da Confraria; Sebastião Álvares, procurador; Pêro Vaz, como mordomo da capela; Fernão Pires; João Pires; Diogo Anes; Francisco Álvares; Gonçalo Pires; Francisco Rodrigues Madrigal; Sebastião Vaz; doutor João Ferreira, procurador dos feitos; e Nuno Rodrigues, mordomo de fora (AHSCMP, *Livro de Pergaminhos*, n.º 3, doc. 76; Série H, B.co 6, n.º 22, fls. 129v-136).

Em reunião de 7 de maio de 1527, a Mesa deliberou mandar apregoar umas casas situadas na Praça da Ribeira, nos termos do regimento dos pregões. Essas casas eram habitadas por Diogo Fernandes, barbeiro, que as recebera em «dote de casamento Catarina Anes Ponte», sua sogra, por ter casado com sua filha Margarida Martins. Destas casas, pertencia meio quarto ao Hospital de Rocamador, e, por ele, o barbeiro pagava trezentos reais de foro e pensão. O pregão foi realizado na Praça da Ribeira, tendo o então titular explicado ao provedor que sua mulher era a primeira vida e que, querendo introduzir benfeitorias, requeria que lhe fosse feito um contrato autónomo da referida parcela da propriedade que era administrada pela Santa Casa. Neste ato publicitário estiveram diretamente envolvidos o provedor Diogo Pinto Pereira, o doutor João Ferreira, cidadão, morador na cidade do Porto e procurador da Confraria; Pêro Vaz, curador e mordomo da capela da Confraria; Nuno Fernandes, oficial mecânico da arte de pichelaria, «mordomo de fora das despesas da dita Confraria»; e Gonçalo Álvares, curador da Confraria (AHSCMP, Série H, B.co 6, n.º 22, fls. 129v-136).

Apesar da visibilidade pública, não houve quem se interessasse pela aquisição enfitêutica do meio quarto do prédio, tendo-se, entretanto, apresentado o referido Diogo Fernandes, que lançou mais «cinquenta reais que são trezentos reais», ficando assim concluído mais um procedimento administrativo cujo objetivo pugnava pelo aumento dos rendimentos pecuniários, em tempo certo, ao dispor da Irmandade (AHSCMP, Série H, B.co 6, n.º 22, fl. 134).

Mesa da Santa Casa da Misericórdia do Porto em 2.7.1526

Provedor – Diogo Pinto Pereira

Escrivão da Confraria – Luís Gonçalves

Procurador – Sebastião Álvares

Mordomo da capela – Pêro Vaz

Mordomo de fora – Nuno Rodrigues

Procurador dos feitos – João Ferreira

Indiferenciados – Fernão Pires; João Pires; Diogo Anes; Francisco Álvares; Gonçalo Pires; Francisco Rodrigues Madrigal; Sebastião Vaz

FONTES E BIBLIOGRAFIA

Ver página 169.

JOEL SILVA FERREIRA MATA

João Álvares, *o Preto*

(?, ? | ?, ?)

Provedor da Santa Casa da Misericórdia do Porto

2.7.1527 | 2.7.1528

Cidadão.

Provedor da Santa Casa da Misericórdia do Porto (1527-1528 e 1533-1537).

Cavaleiro e comendador da Ordem de Cristo (AHSCMP, Série H, B.co 1, n.º 5, fl. 98; Série H, B.co 6, n.º 22, fl. 123).

Cavaleiro e comendador da Ordem de Cristo, João Álvares, o Preto ou João Álvares Preto, designativo menos frequente, cumpriu vários mandatos como provedor da Confraria da Santa Casa da Misericórdia. O primeiro ocorreu entre 1527-1528 (AHSCMP, Série H, B.co 1, n.º 5, fl. 98; n.º 22, fl. 123); o segundo, terceiro, quarto e quinto foram desempenhados consecutivamente entre 1533-1537 (AHSCMP, *Livro de Pergaminhos*, n.º 3, docs. 100 e 101). Como já referimos, o Compromisso primitivo da Confraria da Santa Casa da Misericórdia não colocava quaisquer impedimentos quanto à reeleição, apenas fixava que o mandato fosse anual e que a eleição do provedor tivesse lugar no dia de Nossa Senhora da Visitação, isto é, no dia 2 de julho (AHSCMP, Série D, B.co 4, n.º 2).

Um dos primeiros atos administrativos do provedor João Álvares diz respeito ao emprazamento efetuado a favor de Diogo Álvares e sua mulher Isabel Anes, de meio quarto de umas casas situadas na Praça da Ribeira, que pertenciam ao Hospital de Rocamador, pela renda de trezentos reais. Decidiram este ato em reunião de 28 de julho de 1527, os seguintes Irmãos: o provedor; Luís Gonçalves, escrivão; Nuno Rodrigues, picheleiro; Pêro Vaz, curador, mordomo da capela; Sebastião Álvares, solicitador da Irmandade e mordomo do Hospital de Rocamador; Afonso Álvares; Francisco Álvares, alfaiate; Tomé Fernandes, sapateiro; Sebastião Vaz, alfaiate; João Afonso, sapateiro, mordomo de fora; Afonso Rodrigues, tintureiro; Gonçalo Pires e «outros» (AHSCMP, *Livro de Pergaminhos*, n.º 2, doc. 77).

Algum tempo depois, em reunião realizada no dia 25 de abril de 1528, a Mesa tomou conhecimento da venda do domínio útil de umas casas situadas na Rua da Bainharia, efetuada por Pêro de Seixas e mulher, naturais do lugar de Sangalhos, concelho de Coimbra, e que pertenciam ao Hospital de Rocamador, cuja renda andava pelos trezentos e setenta reais e que estavam, portanto, sob a jurisdição administrativa e senhorial da Irmandade, não se opondo nem requerendo o direito de preferência (AHSCMP. *Livro de Pergaminhos*, n.º 2, doc. n.º 78).

Data também do seu primeiro mandato à frente dos destinos administrativos da Confraria o reconhecimento de uma doação monetária, no valor de cento e trinta reais, feita por D. Fernando de Menezes, conde de Vila Real e de Valença, senhor de Almeida e de Caminha, fronteiro-mor do reino do Algarve e das comarcas da Beira e de Riba Coa, capitão e governador da cidade de Ceuta, que foi confirmada por seu filho D. Pedro de Menezes, no dia 15 de julho de 1527, na cidade de Coimbra (AHSCMP, *Livro de Pergaminhos*, n.º 2, doc. 77).

Em reunião de 28 de julho do mesmo ano, na «crasta segunda da Sé», a Mesa emprazou, como administradora dos bens patrimoniais do Hospital de Rocamador, um meio quarto de umas casas situadas na Praça da Ribeira, a Diogo Álvares e a sua mulher Isabel Anes, pela renda de trezentos reais (AHSCMP, *Livro de Pergaminhos*, n.º 2, doc. 87).

Como provedor simultâneo da Confraria e do Hospital de Rocamador, reuniu na casa da Misericórdia, na claustra da Sé, em 23 de maio de 1528, com Sebastião Álvares, mordomo da capela; Afonso Álvares, mordomo do Hospital de Rocamador, e Francisco Álvares, para deliberarem sobre o aforamento de umas casas e pardieiros, situados na Rua das Flores, ao interessado Gonçalo Vaz e sua mulher Catarina Pires. Na claustra da Sé compareceu Gonçalo Vaz, carpinteiro e morador na Rua dos Mercadores e exibiu um auto de pregão que havia sido lançado por Pêro Fernandes, escrivão da Misericórdia, por indicação do provedor João Álvares, o Preto, em 23 de março de 1528. O foreiro apresentou também um outro documento da autoria de Luís Gonçalves, escrivão da Casa «e provedor [n]a ausência» de João Álvares. Nele se procedera à identificação dos prédios em pregão, que partiam do nascente com a Rua das Flores, que estava na posse de Isabel Pires, viúva do espadeiro Pêro Anes, o qual «chão a dita Isabel Pires [...] desmanchou per carta de trespassação que fez a Gonçalo Vaz correeiro, seu genro, com sua mulher Catarina Pires», que a viúva detinha por emprazamento em três gerações, sendo ela a primeira (AHSCMP, *Livro de Pergaminhos*, n.º 3, doc. 79; Série H, B.co 6, n.º 22, fl. 122v-123v).

Descoberta a nomeação ilícita, ocultada do senhorio, Isabel Pires renunciou à posse, dando liberdade contratual ao provedor para lançar o prédio em pregão, o que efetivamente aconteceu, na Praça da Ribeira, por Luís Gonçalves, escrivão da Confraria que disse «vinha ali por mandado do provedor por estar mal sentido segundo deu sua fé com Pêro Vaz mordomo de fora da dita Casa da Misericórdia». Apesar de se ter manifestado indisponível, por estar doente, a administração da Confraria não ficou parada. O escrivão da Confraria, acompanhado pelos Irmãos Afonso Rodrigues, mordomo dos hospitais tutelados pela Misericórdia, Rodrigo Álvares, Manuel Afonso, João Afonso, todos moradores na Rua do Souto, Jorge Gomes, barbeiro, morador na Praça da Ribeira, e Nuno Rodrigues, picheleiro, procederam à avaliação do pregão e, com os Irmãos que o acompanharam, aforou a Gonçalo Vaz e sua mulher Catarina Pires, as casas acima identificadas, pelo valor de trezentos reais (AHSCMP, Série H, B.co 6, n.º 22, fl.126-126v).

No mesmo dia, na Praça da Ribeira, compareceu e apresentou um documento exarado por Gonçalo Álvares, escrivão da Confraria, «provedor na ausência de João Álvares Preto», sobre um chão e pardieiro que pertenciam ao Hospital de Rocamador e que estavam situados na Rua Nova, emprazados a Gonçalo Vaz, correeiro que era a terceira vida. O chão e o pardieiro foram colocados em pregão por Pêro Vaz, mordomo da Confraria, sendo de novo emprazado a Isabel Pires, viúva de Pêro Anes, espadeiro, pelo montante de cem reais (AHSCMP, *Livro de Pergaminhos*, n.º 3, doc. 79).

Ainda neste seu primeiro mandato regista-se a doação testamentária feita pelo benemérito André Afonso, pedreiro, que era casado com Margarida Anes. Não tinha herdeiros ascendentes nem descendentes, e por estar em fase terminal da vida, acamado «de doença que lhe Deus Nosso Senhor deu», mandou chamar o tabelião Rui de Coiros, que lavrou o seu testamento, consagrando como sua última vontade que fosse enterrado pelos Irmãos da Santa Casa no cemitério da Confraria, e que após a sua morte «logo daí por diante lhe serão obrigados pera todo o sempre enquanto o mundo for mundo lhe dizerem cinco missas rezadas com sua oferta», obrigando os clérigos a passarem pela cova para espargirem a água-benta (AHSCMP, Série H, B.co 6, n.º 18, fl. 40-41).

A doação diz respeito a metade de umas casas situadas na Rua das Taipas, nas quais vivia, deixando a sua mulher o usufruto vitalício «para sempre viver honradamente e ter com que se manter honradamente e suportar e sendo caso que a dita sua mulher se case o que ele tem e terá que tal não fará e em tal caso a Santa Misericórdia desta cidade haja sua herança dele dito André Afonso». Esta, como tantas outras doações pias a favor da Confraria, acontece no fim da vida dos testadores como forma de expiação de toda uma vida vocacionada para a profissão e os seus problemas, e também como meio de proteção na hora da sua morte, garantindo ao defunto o ritual e o cerimonial adequados, assim como a lembrança através dos ofícios obrigacionistas que são deixados à Irmandade que aceita sempre os legados que lhe são confiados. O tabelião lavrou o testamento do pedreiro André Afonso, em sua casa, mas foi acompanhado pelas testemunhas Henrique Pires, tecelão «que hora é na tenda de Gabriel Gonçalves» (AHSCMP, Série H, B.co 6, n.º 18, fl. 41), que morava em Leiria, e dos seus vizinhos Gonçalo Gonçalves, picheleiro e corretor, Salvador Anes, albardeiro, e Vasques Anes, ferreiro. Para dispor estas casas à Misericórdia, o benfeitor gastou em despesas notariais a quantia de sessenta reais (AHSCMP, Série H, B.co 6, n.º 18, fl. 41).

Em 1528, Simão Rodrigues doou à Confraria seiscentos reais da renda das suas casas situadas na Rua da Lada, que eram nesse tempo habitadas por Manuel Sardinha, com a imposição da Confraria lhe dizer três missas cantadas ao longo do ano, que o provedor e seus confrades aceitaram (AHSCMP, Série H, B.co 5, n.º 8, fl. 8v).

Mesa da Santa Casa da Misericórdia do Porto em 28.7.1527
Provedor – João Álvares, o Preto
Escrivão da Casa – Luís Gonçalves
Solicitador da Casa e mordomo do Hospital de Rocamador – Sebastião Álvares
Mordomo da capela e curador da Casa – Pêro Vaz
Mordomo de fora – João Afonso
Mordomo do Hospital de Rocamador – Francisco Álvares
Indiferenciados – Nuno Rodrigues; Afonso Álvares; Francisco Álvares; Sebastião Vaz; Afonso Rodrigues; Gonçalo Pires; e «outros»

FONTES E BIBLIOGRAFIA

Fontes arquivísticas

Arquivo Histórico da Santa Casa Misericórdia do Porto (AHSCMP) – *Livro de Pergaminhos, n.º 2*, docs. 77-79 e 87; *Livro de Pergaminhos, n.º 3*, doc. 79, 100-102 e 104; *Livro de Pergaminhos, n.º 4*, docs. 105-107, 108, 109; *Livro de prazos, foros, compras, vendas, etc.*, série H, banco 6, n.º 22; *Eleições da Mesa da Misericórdia* série D, banco 5, n.º 1; *Testamentos*, série D, banco 6, n.º 18; *1.º Compromisso da Misericórdia de Lisboa* série D, banco 4, n.º 2.

Bibliografia

BASTO, Artur de Magalhães, 1997 – *História da Santa Casa da Misericórdia do Porto*, 2.ª edição, vol. I. Porto: Santa Casa da Misericórdia do Porto.

MARQUES, A.H. de Oliveira, 1981 – "Pesos e Medidas", in SERRÃO, Joel (dir.), *Dicionário de História de Portugal*, vol. V. Porto: Livraria Figueirinhas.

JOEL SILVA FERREIRA MATA

Gomes Pais

(?, ? | ?, ?)

Provedor da Santa Casa da Misericórdia do Porto

2.7.1528 | 2.7.1529

Vereador da Câmara Municipal do Porto.

Provedor da Santa Casa da Misericórdia do Porto (1525-1526 e 1528-1529).

Filho de João Pais e de Catarina Ferraz, por sua vez filha de Joana Anes Ferraz, e irmã do bispo da Guarda D. Afonso Ferraz.

Teve vários irmãos entre os quais se destaca Gaspar Ferraz, provedor da Confraria da Santa Casa da Misericórdia do Porto em 1531-1532.

Casou com Marquesa Carneira, filha de Vasco Carneiro, o velho.

Cavaleiro da Ordem de Cristo (1523).

Depois de ter exercido um primeiro mandato no ano de 1525-1526, Gomes Pais regressou ao lugar de Provedor da Misericórdia do Porto em 2 de julho de 1528, para cumprir um segundo mandato (AHSCMP, Série H, B.co 6, n.º 22, fl. 226v).

Neste mandato, a Mesa era constituída, além de Gomes Pais, por Pêro Gonçalves, mordomo da capela; Diogo Gomes, mordomo de fora; Pêro Anes, serralheiro; João Afonso; Manuel Afonso; Sebastião Álvares; Gaspar Álvares; Francisco Anes, cavaleiro; e Nuno Martins.

Entre outros atos administrativos praticados neste mandato, observa-se a análise e posterior aceitação da doação efetuada pelo benfeitor André Afonso, pedreiro, morador nas Taipas, de metade de umas casas em que vivia, reservando, não obstante, a Margarida Anes, sua mulher, o usufruto vitalício do imóvel, devendo a Santa Casa tomar posse deste património após a sua morte (AHSCMP, Série H, B.co 6, n.º 3, fl. 11).

Deste período administrativo cite-se também o testamento de Beatriz Anes, de 10 de abril de 1529, que a Irmandade aceitou sem reservas, pois a viúva de João Anes deixava à Misericórdia «dez alqueires de pão meado, assim como o dito meu marido leixou que são com os dez que hora leixo vinte alqueires de pão», oriundos das rendas de uns moinhos e da herdade de Pias que os filantropos possuíam na freguesia de Real, no concelho de Santa Cruz de Riba Tâmega. Beatriz Anes deixou, também, por esmola «por remédio de minha alma», a quantia de cem reais (AHSCMP, *Livro de Pergaminhos*, n.º 2, doc. 88).

Da mesma altura foi registado o testamento do marido pelo qual constava a parte que deixa à Misericórdia, conforme refere a viúva, com a indicação de que devia ser dito um aniversário com missa cantada pelas oitavas do Espírito Santo (AHSCMP, *Livro de Pergaminhos*, n.º 2, doc. 82).

Em reunião que ocorreu a 25 de abril de 1529, a Mesa decidiu aforar umas casas «ao pé da Mancebia desta cidade» (AHSCMP, *Livro de Pergaminhos*, n.º 3, doc. 83; Série H, B.co 6, n.º 22, fl. 101). Este aforamento foi realizado na sequência do pedido de renovação contratual, feito por Beatriz Anes, viúva do ataqueiro Afonso Gonçalves, que sendo a derradeira vida de um emprazamento, em três vidas, solicitou a renovação do vínculo contratual que tinha sobre as casas térreas, em que vivia, e que pertenciam ao Hospital de Rocamador (AHSCMP, *Livro de Pergaminhos*, n.º 3, doc. 83; Série H, B.co 6, n.º 22, fl. 101).

O provedor, acompanhado de Luís Gonçalves, escrivão; Pêro Gonçalves, mordomo da casa; Afonso Rodrigues, tesoureiro da Confraria – cargo que aparece referenciado pela primeira vez –; o correeiro Afonso Álvares; Nuno Rodrigues; Gonçalo Fernandes; João Pires, alfaiate; Pero Vaz, picheleiro, foi apregoar, pela última vez, as casas referidas, depois de andarem anunciadas pelos lugares públicos principais da cidade, aguardando-se, agora, na Praça da Ribeira, quem as arrematasse pela maior oferta. Como acontecia quase sempre, não apareceu ninguém interessado a não ser a própria, que ofereceu um lanço de renda no valor de cem reais, a pagar anualmente na sede da Misericórdia (AHSCMP, *Livro de Pergaminhos*, n.º 3, doc. 83; Série H, B.co 6, n.º 22, fl. 105).

Mesa da Santa Casa da Misericórdia do Porto em 1528

Provedor – Gomes Pais

Mordomo da capela – Pêro Gonçalves

Mordomo de fora – Diogo Gomes

Indiferenciados – Pêro Anes, serralheiro; João Afonso; Manuel Afonso; Sebastião Álvares; Gaspar Álvares; Francisco Anes; Nuno Martins

FONTES E BIBLIOGRAFIA

Ver página 183.

JOEL SILVA FERREIRA MATA

Francisco de Sousa Alcoforado

(?, ? | ?, ?)

Provedor da Santa Casa da Misericórdia do Porto

2.7.1529 | 2.7.1531

Clérigo. Arcediago da Sé de Coimbra. Prior de Salreu.

Vereador da Câmara do Porto (1537 e 1545).

Provedor da Santa Casa da Misericórdia do Porto (1529-1531 e 1540-1541).

Filho de Gonçalo Vaz Alcoforado e de D. Margarida de Sousa.

Irmão de António de Sousa Alcoforado, provedor da Santa Casa da Misericórdia do Porto (1541-1542).

Casou com D. Maria Carneira, de quem teve dois filhos, Leonor de Sousa e António de Sousa Alcoforado.

Fidalgo da Casa Real.

Francisco de Sousa Alcoforado é descendente de uma família de fidalgos da casa do infante D. Fernando, que veio a fixar-se na cidade do Porto. Do seu casamento com D. Maria Carneira, filha de Luís Álvares Rangel e de Leonor Carneira, nasceram dois filhos: Leonor de Sousa, que casaria com seu primo Sebastião de Sousa de Menezes, e António de Sousa Alcoforado, que viveria no Porto, herdaria a casa de seu pai e viria a ser Comendador de São Pedro de Merlim na Ordem de Cristo (BRITO, 1997: 220).

Aparece como arcediago da Sé de Coimbra, cargo que renuncia a favor de seu sobrinho, Manuel de Sousa de Menezes, filho de sua irmã, D. Maria de Sousa; foi posteriormente prior de Salreu (BRITO, 1997: 289), e exerceu o cargo de juiz/vereador cuja presença no senado é referida entre fevereiro e outubro de 1537 e nos meses de abril a dezembro de 1545 (BRITO, 1997: 426-427), de forma intercalada.

⁂

Francisco de Sousa Alcoforado – no ano administrativo de 1529-1530 apenas mencionado como Francisco de Sousa – foi eleito em 2 de julho de 1529 e reeleito em igual dia do ano seguinte, mantendo-se assim como provedor até 1 de julho de 1531 (AHSCMP, *Livro de Pergaminhos*, n.º 3, docs. 85 e 90; *Livro de Pergaminhos*, n.º 4, doc. 93-a; Série D, B.co 4, n.º 10, fl. 3). Regressaria ao cargo de provedor em 1541, para um último mandato administrativo (AHSCMP, *Livro de Pergaminhos*, n.º 3, doc. 120; Série H, B.co 1, n.º 1, fl. 269).

A Mesa de 1529-1530 era constituída pelos membros seguintes: Francisco de Sousa Alcoforado, provedor; Luís Gonçalves, escudeiro, escrivão e provedor substituto; Rodrigo Anes; Sebastião Álvares; Gonçalo Francisco; Pêro Gonçalves; Gonçalo Pires; Francisco Rodrigues Madrigal; João Afonso, mordomo de fora; Francisco Álvares, mordomo da capela; Diogo Anes; Fernão Pires; Afonso Rodrigues; João Pires, alfaiate; e Francisco Anes. Mas nestes anos nem sempre Francisco de Sousa Alcoforado foi um provedor presente, sendo, nessas circunstâncias, substituído na administração da Confraria por Luís Gonçalves, escudeiro e escrivão da Irmandade e «provedor que hora era da dita Confraria [na] ausência de Francisco de Sousa» (AHSCMP, *Livro de Pergaminhos*, n.º 3, doc. 85; Série H, B.co 6, n.º 22, fl. 108v).

Em reunião efetuada em 22 de setembro de 1529, o provedor e Irmãos presentes aceitaram, por unanimidade, o benefício deixado a favor da Irmandade por Sebastião Rodrigues, ourives da cidade do Porto, constituído por vinte alqueires de pão meado provenientes de uns casais que o testamenteiro possuía na freguesia de Águas Santas, durante a vigência do contrato em três gerações que estava em vigor, assim como umas casas situadas na Rua da Lada, com a indicação de que os confrades deviam mandar dizer três missas cantadas, todos os anos (AHSCMP, *Livro de Pergaminhos*, n.º 2, doc. 84).

No mês seguinte, no dia 17, «na casa segunda da Sé», os mesários receberam Rodrigues Lopes, escudeiro do bispo, morador na Rua do Buraco, que confessou que havia comprado umas casas nas proximidades da Mancebia que pertenciam ao Hospital de Rocamador pelas quais pagava de foro quarenta reais, mas que não tinha dado conhecimento ao então provedor Fernão Soares, como revelara por uma outra escritura que apresentou, declarando ainda que o imóvel estava em avançado estado de degradação, muito danificado e abandonado. Nesta reunião, o arrendatário informou ainda o cabido que o antigo provedor Fernão Soares, Manuel Carneiro, provedor do Hospital de Rocamador, Fernão Luís, procurador e solicitador da Misericórdia, e o picheleiro Nuno Rodrigues, concordaram em proceder à avaliação do prédio. Uma vez que o locatário pretendia regularizar esta situação, o provedor Francisco de Sousa e Irmãos mesários decidiram outorgar o contrato de aforamento a favor de Rodrigues Lopes, pelo valor de cem reais (AHSCMP, *Livro de Pergaminhos*, n.º 3, doc. 85 e 86; Série H, B.co 6, n.º 22, fl. 110).

Dois dias depois, os Irmãos conferiram, por certidão passada pelo tabelião Pêro Gonçalves, os bens testamenteiros deixados por Maria Anes de Figueiroa à Santa Casa, que eram cinco alqueires de trigo e um dozão provenientes das rendas de umas casas situadas algures em Miragaia (AHSCMP, *Livro de Pergaminhos*, n.º 2, doc. 87).

Em 22 de setembro de 1529, o Procurador da Confraria Sebastião Álvares e outros Irmãos deslocaram-se a casa de Francisco de Sousa, fidalgo da casa do Rei, cidadão do Porto e juiz ordinário, para reclamar uma cédula que estava em poder do tabelião e que havia sido feita por Cristóvão Rodrigues, ourives, já defunto, na qual o titular deixava à Misericórdia diversos bens (AHSCMP, *Livro de Pergaminhos*, n.º 2, doc. 84; Série H, B.co 6, n.º 18, fls. 42-44v).

Em primeiro lugar, identificava os possessores de dois casais, situados na freguesia de Águas Santas: João Afonso do Paço, que explorava um deles pelo foro misto (géneros e moeda) de vinte e oito alqueires de milho, vinte de centeio, dois de trigo, três almudes de vinho e vinte reais em dinheiro; no segundo vivia Domingos Anes, que pagava de foro vinte e nove alqueires de milho, vinte e um de centeio, dois de trigo, doze almudes de vinho e vinte reais, entregues a João Aranha que, por sua vez, pagaria ao mosteiro beneditino de Santo Tirso a pensão global de mil reais. À morte de Cristóvão Rodrigues, sua mulher, Catarina da Rua, entregaria, por esmola, à Misericórdia, por tempo indeterminado, isto é, enquanto as vidas contratuais estivessem em vigor (segunda e terceira), vinte alqueires de pão meado, sem qualquer encargo para a Confraria.

Em segundo lugar, deixava à Misericórdia a renda dos imóveis que possuía na Rua da Lada, que no seu conjunto eram constituídos por cinco cobertos localizados nas proximidades do postigo da Porta da Ribeira, encostados ao muro da cidade e que «pagam de pensão à cidade seiscentos reais». A renda anual era de mil e seiscentos reais que, à sua morte, reverteriam na totalidade para a Misericórdia.

O mercador deixou ainda, no seu testamento, a quantia de mil reais a «uma moça de Riba Douro de doze anos e meio que [o] serviu». Este instrumento público foi escrito a rogo de Cristóvão Rodrigues, por Jerónimo Afonso, mestre «de ensinar moços».

Este legado pio, muito generoso, tinha como contrapartida o bem da alma e da memória, pela obrigação de três missas cantadas por ano, uma no dia da Ressurreição e as restantes no dia do Espírito Santo, a cargo da Confraria.

Em reunião de 3 de março de 1530, o provedor Francisco de Sousa e os Irmãos Luís Gonçalves, escudeiro e escrivão; Sebastião Álvares, mordomo de fora; Gonçalo Fernandes, mordomo do Hospital de Santa Clara; Afonso Álvares; Pêro Gonçalves, sapateiro; e Pantaleão Dias decidiram emprazar a Domingos Gonçalves e sua mulher umas casas situadas na Cruz do Souto, pela renda anual de seiscentos reais, cujo ato público foi lavrado pelo tabelião Brás Francisco (AHSCMP, *Livro de Pergaminhos*, n.º 3, doc. 91).

No mês de junho de 1530, na presença do provedor Francisco de Sousa e dos Irmãos Luís Gonçalves, escrivão; Sebastião Álvares, mordomo de fora e «visitador da dita casa»; Gonçalo Fernandes, mordomo do Hospital de Santa Clara; Afonso Álvares; Pêro Gonçalves, sapateiro; Pantaleão Leão; e Domingos António, na «casa velha», deliberaram emprazar, em três pessoas, a Gonçalo António e mulher Cecília Tomé umas casas na Rua da Reboleira, que haviam pertencido a Martim Afonso, coqueiro, pelo foro de novecentos reais, por escritura lavrada pelo tabelião Brás Francisco (AHSCMP, *Livro de Pergaminhos*, n.º 3, doc. 90).

Nesta mesma reunião, Francisco de Sousa, «provedor o ano presente», e demais confrades decidiram aforar também a Domingos Gonçalves e a sua mulher Mexia Pires umas casas na Rua do Souto, pela renda de seiscentos reais. O locatário, que estava presente, entregou à Mesa um auto de arrematação datado de 5 de abril do mesmo ano, da autoria do escrivão da Confraria Luís Gonçalves, que resultara de um pregão que o provedor havia mandado lançar sobre o referido imóvel que fazia parte do património construído e urbano do Hospital de Cima de Vila. Este contrato era uma mera renovação, uma vez que o arrendatário era já a terceira vida, finda a qual o vínculo contratual em vigor cessaria. Para introduzir benfeitorias, Domingos Gonçalves requereu um novo contrato passando a figurar como o primeiro titular, pois de outra forma não estaria motivado a investir à sua custa em obras de reparação e de restauro (AHSCMP, *Livro de Pergaminhos*, n.º 3, doc. 112; Série H, B.co 6, n.º 22, fls. 215v-222 e 314v-318).

No mesmo dia, foi efetuada uma reunião separada na «claustra velha da Sé na Casa da Misericórdia dela onde estavam o provedor e irmãos fazendo seu cabido e ajuntamento especialmente para o caso seguinte» (AHSCMP, Série H, B.co 6, n.º 22, fl. 36), isto é, o de apreciação e consequente deliberação e aprovação do emprazamento, em três pessoas, a Gonçalo Afonso, carpinteiro, e a sua mulher Cecília Tomé, de dois terços de umas casas, sitas na Reboleira, pelo foro de novecentos reais, que haviam sido habitadas por Martim Afonso, tanoeiro. O pregão para encontrar um novo inquilino decorreu na Praça da Ribeira, tendo o auto de arrematação sido passado a 19 de fevereiro do mesmo ano (AHSCMP, Série H, B.co 6, n.º 22, fl. 36).

Esta reunião serviu também para avaliar, discutir, decidir e aceitar a doação feita a favor da Irmandade por Branca Correia, viúva de Jorge Lourenço. O objeto pio constava de umas meias casas e de uma estrebaria situadas na Rua de Pena Ventosa, que haviam pertencido a Pêro Anes, ourives. Estes imóveis estavam, à época, ocupados por João Pires, carvoeiro, pelo foro de duzentos e sessenta reais, e a estrebaria, por sua vez, rendia de foro trezentos reais, perfazendo um total de quinhentos e sessenta reais (AHSCMP, Série H, B.co 6, n.º 18, fls. 45-47).

A benfeitora deixava este património à Misericórdia desde que a Irmandade mandasse celebrar um aniversário conforme o uso e a prática dos dominicanos da cidade, e que terminada a celebração do ofício litúrgico, o sacerdote devia passar pela sepultura de Jorge Lourenço, marido defunto da doadora, com seu responso, e deitar água-benta sobre a tumba que estava situada «a ilharga do altar de Nossa Senhora» (AHSCMP, Série H, B.co 6, n.º 3, fl. 13 e n.º 18, fl. 45), mais concretamente entre o altar de Nossa Senhora do Rosário e Nossa Senhora, e o mesmo procedimento obrigacional devia ocorrer sobre a sepultura de seu filho Luís Álvares (AHSCMP, Série H, B.co 6, n.º 3, fl. 13 e n.º 18, fl. 45).

A benemérita indicou o dia de Todos-os-Santos para a realização da missa de aniversário. Este testamento foi lavrado pelo tabelião Brás Francisco, na presença de Sebastião Álvares, solicitador da Misericórdia, de António Martins, latoeiro, de Jerónimo Pires, imaginário, e de João Álvares, correeiro. O testamento foi lido na reunião da Mesa e mereceu a aprovação unânime dos presentes, uma vez que «o dito provedor e irmãos disseram que eles aceitavam e recebiam em si a dita doação e esmola feita à dita Casa» (AHSCMP, Série H, B.co 6, n.º 3, fl. 13 e n.º 18, fl. 45). A posse das meias casas e da estrebaria deixadas à Confraria ocorreu a 10 de junho, por Sebastião Álvares, como solicitador e procurador da Misericórdia, na presença de Francisco Álvares, alfaiate, morador na Rua da Bainharia, e de Pedro Anes, tecelão, estante em S. Paio, concelho da Maia (AHSCMP, Série H, B.co 6, n.º 18, fl. 46v-47).

Por esta altura, os mamposteiros (recebedores de esmolas) da Confraria da Santa Casa da Misericórdia do Porto tinham liberdade para pedir esmolas em todos os lugares do bispado do Porto (BASTO, I, 1997: 226). Todavia, para exercerem a sua ação no concelho de Amarante e em outros lugares da sua proximidade, era necessária a autorização de D. Jorge, duque de Coimbra, mestre das Ordens Militares de Santiago e de Avis (PIMENTA, 2001), por ser senhor das beetrias nesses mesmos lugares. Neste sentido, D. Jorge, por provisão de 30 de junho de 1514, expedida de Setúbal, conferira aos mamposteiros portuenses privilégios semelhantes àqueles que D. Manuel havia já concedido em 24 de abril de 1511 (BASTO, I, 1997: 226 e 361). Não obstante, em 1530, precisamente durante o mandato de Francisco de Sousa Alcoforado, no Porto, foi fundada a Confraria da Santa Casa da Misericórdia de Amarante, tornando-se evidente o conflito de interesses e a proximidade de querelas que não eram, de todo, convenientes a qualquer das partes, uma vez que o objetivo era o mesmo – socorrer os pobres e os desqualificados.

Para solucionar esta questão, e a pedido da Mesa da Misericórdia de Amarante, foi realizada uma reunião no dia 20 de abril de 1530, presidida pelo provedor Francisco de Sousa Alcoforado, estando presentes os confrades que faziam parte da Mesa. Por sua vez, a Mesa da Misericórdia de Amarante estava representada pelo seu procurador Álvaro Pires do Couto, mandatado para «concertar e demarcar os termos e petitórios entre esta vila e a dita cidade» (AHSCMP, Série D, B.co 4, n.º 8; BASTO, I, 1997: 360). O cabido de Amarante tinha reunido no dia 18 de abril, na capela de Santo António, ao tardoz da igreja de S. Gonçalo dessa vila. A procuração foi feita por Francisco Cerqueira, cavaleiro da casa do duque D. Jorge. Nesta reunião conciliatória, ficou decidido, por consenso, que a Irmandade da Santa Casa da Misericórdia de Amarante teria liberdade exclusiva para fazer peditórios na vila, nos concelhos de Baião e de Teixeira (que viria a ser integrado no de Baião, cf. MATA, 2013), em todas as honras e coutos dos concelhos de Soalhães, Gouveia e Tuias, e na vila de Canaveses (AHSCMP, Série D, B.co 4, n.º 8; BASTO, I, 1997: 360).

Em 1530, a Mesa administrativa aceitou a doação outorgada por Beatriz Correia, viúva de Jorge Lourenço, uma casa situada junto da estrada do Forno, que estava aforada a

João Pires, carpinteiro, pela renda de duzentos e sessenta reais, com o encargo de uma missa de aniversário por si, pelo seu marido, pelo seu filho Luís Álvares e por seu pai Jorge Lourenço, já defuntos, no mosteiro de S. Francisco da cidade do Porto (AHSCMP, Série H, B.co 6, n.º 3, fl. 8v).

Mesa da Santa Casa da Misericórdia do Porto em 2.7.1529

Provedor – Francisco de Sousa Alcoforado

Escrivão da Casa e provedor substituto – Luís Gonçalves

Mordomo de fora – João Afonso

Mordomo da capela – Francisco Álvares

Indiferenciados – Rodrigo Anes; Sebastião Álvares; Gonçalo Francisco; Pêro Gonçalves; Gonçalo Pires; Francisco Rodrigues Madrigal; Diogo Anes; Fernão Pires; Afonso Rodrigues; João Pires; e Francisco Anes

FONTES E BIBLIOGRAFIA

Fontes arquivísticas

Arquivo Histórico da Santa Casa Misericórdia do Porto (AHSCMP) – *Livro de Pergaminhos, n.º 2*, docs. 84 e 87; *Livro de Pergaminhos*, n.º 3, doc. 85, 86, 89-91, 112, 120 e 121; *Livro de Pergaminhos, n.º 4*, doc. 93-a; *Livro de prazos, foros, compras, vendas, etc.*, série H, banco 6, n.º 22; *Testamentos*, série D, banco 6, n.º 18.

Bibliografia

BASTO, Artur de Magalhães, 1997 – *História da Santa Casa da Misericórdia do Porto*, 2.ª edição, vol. I. Porto: Santa Casa da Misericórdia do Porto.

BRITO, Pedro de, 1997 – *Patriciado urbano quinhentista: as famílias dominantes do Porto (1500-1580)*. Porto: Arquivo Histórico da Câmara Municipal do Porto.

MATA, Joel Silva Ferreira, 2013 – *O Foral da Terra de Baião. 500 Anos: 1513-2013. Em torno da estruturação do concelho*. Baião: Município de Baião.

PIMENTA, Maria Cristina Gomes, 2001 – "As Ordens de Avis e de Santiago na Baixa Idade Média: o governo de D. Jorge". *Militarium Ordinum Analecta*, vol. 5. Porto: Fundação Eng. António de Almeida.

JOEL SILVA FERREIRA MATA

Gaspar Ferraz

(?, ? ?, ?)

Provedor da Santa Casa da Misericórdia do Porto

2.7.1531 | 2.7.1532

Cavaleiro. Fidalgo da casa do duque de Bragança.

Filho de João Pais e de Catarina Ferraz.

Neto materno de Joana Anes Ferraz.

Irmão de Gomes Pais, provedor da Santa Casa da Misericórdia do Porto (1524-1525 e 1528-1529).

Casou com Lucrécia de Figueiroa, de quem teve cinco filhos: Afonso Ferraz, Vasco Ferraz, Brites Carneira, Joana Carneira e Ana Ferraz.

Gaspar Ferraz era filho de João Pais e de Catarina Ferraz e neto materno de Joana Anes Ferraz, irmã do bispo da Guarda, D. Afonso Ferraz (BRITO, 1997: 34). O seu irmão Gomes Pais foi provedor da Santa Casa da Misericórdia do Porto entre 1524 e 1525 e entre 1528 e 1529.

Casou com Lucrécia de Figueiroa, de quem teve cinco filhos: Afonso Ferraz, chantre da Sé do Porto e abade de Lustosa; Vasco Ferraz, padre da Companhia de Jesus; Brites e Joana Carneira, freiras do mosteiro de S. Bento de Ave-Maria; e Ana Ferraz, que ingressou no convento de Santa Clara do Porto (BRITO, 1997: 89).

Gaspar Ferraz foi eleito no dia 2 de julho de 1531 e terminou o seu mandato no dia 2 de julho do ano seguinte. Provedor «o ano presente» (AHSCMP, *Livro de Pergaminhos,* n.º 3, doc. 96), Gaspar Ferraz deu continuidade à atividade dos seus antecessores, gerindo o património dos hospitais que foram anexados à Santa Casa, tornando-se assim também provedor destas instituições.

Neste ano, a Mesa era constituída pelos Irmãos Gaspar Ferraz, provedor; Sebastião Álvares, solicitador e provedor do Hospital de Rocamador; Francisco Álvares, alfaiate, mordomo da capela; Jerónimo Rodrigues e seu pai Rodrigo Anes, sapateiro; António Pires; Diogo Anes; e António Anes (AHSCMP, *Livro de Pergaminhos,* n.º 4, doc. 93-A; Série H, B.co 1, n.º 2, fl. 150; B.co 6, n.º 22, fl. 25).

Em reunião de 18 de agosto de 1531, a Irmandade foi informada da venda do domínio útil de um pelame, na Fraga dos Pelames, na Rua do Souto, por Gonçalo Pires, mercador, e sua mulher a Diogo Vaz, sapateiro, e sua mulher, cuja escritura fora lavrada pelo tabelião Pêro Gonçalves. Neste instrumento público não consta a indicação de que a Confraria pretendia exercer o direito de preferência (AHSCMP, *Livro de Pergaminhos,* n.º 2, doc. 92).

Já em reunião de 17 de fevereiro de 1532, a Mesa decidiu aforar a Jerónimo do Porto, umas casas residenciais, um chão e um enxido, situados na Rua das Flores, pela quantia de oitocentos reais. Esta propriedade havia sido mandada apregoar pelo provedor Francisco de Sousa, seu antecessor que, ao mesmo tempo, ocupava o cargo de provedor do Hospital de Rocamador. Os bens foram renunciados por Gonçalo de Lara. Apesar do pregão levado a cabo por Afonso Romeiro nos locais habituais, o certo é que não apareceu ninguém interessado no imóvel. Findo o prazo de exposição pública, Gonçalo Lara manifestou interesse em continuar na posse do domínio útil do prédio, mas com um novo contrato, estando disposto a pagar de renda «o que fosse justo e honesto» (AHSCMP, Série H, B.co 6, n.º 22, fl. 28). Foi ainda feita mais uma tentativa de pregão na Praça da Ribeira, e «sendo já três horas despois do meio-dia e perante muita gente que na dita praça estava», surgiu Jerónimo do Porto para aforar o imóvel. Neste auto de arrematação foram testemunhas António de Sousa, fidalgo da casa do Rei, irmão do provedor anterior; Francisco Fernandes, criado do provedor anterior; e Sebastião Fernandes, criado de António de Sousa (AHSCMP, Série H, B.co 6, n.º 22, fl. 28).

Em abril do mesmo ano, a Mesa, já com alguns elementos diferentes face ao início do mandato – era agora constituída pelo provedor e pelos confrades Gonçalo Fernandes, mordomo da capela; Mateus Fernandes, mordomo de fora; Sebastião Álvares, solicitador; Rodrigo Anes; Francisco Álvares, Pêro Gomes; João Pires; Henrique Anes; António Pires e João Pires – decidiu emprazar a Gonçalo Luís, bainheiro, e a sua mulher Maria Vaz umas casas que pertenciam ao Hospital de Santa Clara, localizadas na Rua da Bainharia, pelo foro e pensão de quinhentos e cinquenta reais (AHSCMP, *Livro de Pergaminhos*, n.º 3, doc. 96).

Nesta mesma altura, também em abril, em nova reunião, os confrades foram informados da venda titulada por Violante Barbosa, viúva, moradora na Ilha Graciosa, nos Açores, a Cristóvão Afonso, alfaiate da cidade do Porto, do casal de Marrecos, na freguesia homónima pertencente ao concelho de Penafiel (AHSCMP, *Livro de Pergaminhos*, n.º 2, doc. 98).

Mesa da Santa Casa da Misericórdia do Porto em 2.7.1531

Provedor – Gaspar Ferraz

Mordomo da capela – Francisco Álvares, alfaiate

Solicitador da Casa e provedor do Hospital de Rocamador – Sebastião Álvares

Indiferenciados – Jerónimo Rodrigues; Rodrigo Anes; António Pires; Diogo Anes; António Anes

FONTES E BIBLIOGRAFIA

Fontes arquivísticas

Arquivo Histórico da Santa Casa Misericórdia do Porto (AHSCMP) – *Livro de Pergaminhos,* n.º 2, doc. 92; *Livro de Pergaminhos n.º 3,* doc. 96; *Livro de Pergaminhos, n.º 4,* doc.93-A; *Livro de prazos, foros, compras, vendas, etc.*, série H, banco 6, n.º 22.

Bibliografia

BRITO, Pedro de, 1997 – *Patriciado urbano quinhentista: as famílias dominantes do Porto (1500-1580).* Porto: Arquivo Histórico da Câmara Municipal do Porto.

JOEL SILVA FERREIRA MATA

João Caminha

(?, ? | ?, ?)

Provedor da Santa Casa da Misericórdia do Porto

2.7.1532 | 2.7.1533

Cidadão da cidade do Porto.

Vereador da Câmara Municipal do Porto (1528 e 1534-1535).

Fidalgo e cavaleiro da casa do Rei. Cavaleiro da Ordem de Cristo.

Filho de Afonso Vaz de Caminha e de Filipa do Quintal.

Irmão de Vasco Fernandes de Caminha, que havia sido vereador em 1513, e camareiro-mor do duque de Bragança.

Casou com D. Filipa de Sousa, filha de Pêro Andrade, de quem teve, entre outros filhos, Pêro de Andrade, poeta e camareiro-mor do infante D. Duarte.

João Caminha esteve na Índia com o vice-rei Afonso de Albuquerque e capitaneou uma armada em 1551. Foi vedor da Infanta D. Isabel.

Foram-lhe confirmados os direitos reais dos vinhos do Douro, privilégio que estava na sua família desde o seu avô e pai (BRITO, 1997: 213). Era filho de Afonso Vaz de Caminha e de Filipa do Quintal, tendo casado com D. Filipa de Sousa, filha de Pêro Andrade, de quem teve, entre outros filhos, Pêro de Andrade, poeta e camareiro-mor do infante D. Duarte (BRITO, 1997: 213).

Vereador do município portuense antes e depois de ter deixado o lugar de provedor continuou, nas novas funções, a zelar pelos interesses da Irmandade, nomeadamente durante a reunião da vereação de 25 de junho de 1534, na qual os vereadores presentes apreciaram o aforamento efetuado pela Câmara de umas casas situadas na Rua da Lada, sobre as quais a Misericórdia reclamava a esmola de mil reais deixados à Confraria por João Rodrigues e sua mulher Catarina Anes (AHSCMP, *Livro de Pergaminhos*, n.º 2, doc. 69; n.º 4, doc. 105; Série H, B.co 6, n.º 22, fl. 69 e fl. 266-269).

⁂

João Caminha deverá ter sido eleito provedor a 2 de julho de 1532 e governou a Confraria da Santa Casa da Misericórdia até 2 de julho do ano subsequente (AHSCMP, *Livro de Pergaminhos*, n.º 3, doc. 101, Série H, B.co 6, n.º 23, fl. 293v; n.º 24, fl. 26; BASTO, I, 1997: 417). Durante o seu mando administrativo, a Mesa da Misericórdia era constituída pelos seguintes Irmãos: Luís Gonçalves, escrivão; Sebastião Álvares, Procurador, recebedor e solicitador; Sebastião Vaz, alfaiate, mordomo de fora; Rodrigo Anes; Francisco Álvares; Diogo Martins; Fernão Pires, serralheiro; João Pires, alfaiate; João Pires, barbeiro; Fernão Pires, sapateiro; e Gaspar Afonso, sapateiro; e Matias Lourenço (AHSCMP, Série H, B.co 6, n.º 22, fl. 117). Eram assim seis os oficiais mecânicos, tal como previsto no Compromisso de 1498-1499.

Em reunião que contou com todos os confrades atrás identificados, ocorrida a 19 de maio de 1533, foi aprovada a outorga de uma escritura de aforamento sobre umas casas que pertenciam ao Hospital de Rocamador, situadas na Rua da Mancebia, à viúva Maria Carneira, pelo valor de cento e quarenta reais. A nova locatária foi representada por Pantaleão Carneiro, seu cunhado que, por procuração de 27 de fevereiro do mesmo ano, exarada por Belchior Barbosa, tabelião público e do judicial, na cidade do Porto e seus termos, foi mandatado para, em nome de Maria Carneira, referir que as casas já haviam estado em pregão em junho de 1531, por ordem do então provedor Francisco de Sousa, conforme constava de um instrumento tabeliónico roborado por dois irmãos da Confraria, os sapateiros João Rodrigues e Francisco Anes (AHSCMP, Série H, B.co 6, n.º 22, fl. 117-122). Em síntese, foi dito que Diogo Garcês devia titular a escritura, mas logo após o seu falecimento, a primeira pessoa do aforamento devia pertencer a Maria Carneira. Analisado o processo de pregão e a procuração apresentada, o provedor João Caminha e os mesários procederam à outorga da escritura das referidas casas do Hospital de Rocamador, cuja competência administrativa pertencia à Misericórdia.

Mesa da Santa Casa da Misericórdia do Porto em 2.7.1532

Provedor – João Caminha

Escrivão – Luís Gonçalves

Mordomo de fora – Sebastião Vaz, alfaiate

Procurador, recebedor e solicitador da Casa – Sebastião Álvares

Indiferenciados: Rodrigo Anes; Francisco Álvares; Diogo Martins; Fernão Pires; João Pires; João Pires; Fernão Pires; Gaspar Afonso; Matias Lourenço

FONTES E BIBLIOGRAFIA

Fontes arquivísticas

Arquivo Histórico da Santa Casa Misericórdia do Porto (AHSCMP) – *Livro de Pergaminhos, n.º 2*, doc. 69; *Livro de Pergaminhos, n.º 3*, doc. 101; *Livro de Pergaminhos*, n.º 4, doc. 105; *Livro de prazos, foros, compras, vendas, etc.*, série H, banco 6, n.os 22-24.

Bibliografia

BASTO, Artur de Magalhães, 1997 – *História da Santa Casa da Misericórdia do Porto*, 2.ª edição, vol. I. Porto: Santa Casa da Misericórdia do Porto.

BRITO, Pedro de, 1997 – *Patriciado urbano quinhentista: as famílias dominantes do Porto (1500-1580)*. Porto: Arquivo Histórico da Câmara Municipal do Porto.

JOEL SILVA FERREIRA MATA

João Álvares, *o Preto*

(?, ? ?, ?)

Provedor da Santa Casa da Misericórdia do Porto

2.7.1533 | 2.7.1537

Cidadão.

Provedor da Santa Casa da Misericórdia do Porto (1527-1528 e 1533-1537).

Cavaleiro e comendador da Ordem de Cristo (AHSCMP, Série H, B.co 1, n.º 5, fl. 98; Série H, B.co 6, n.º 22, fl. 123).

Depois de cumprir um primeiro mandato como provedor da Misericórdia do Porto em 1527-1528, João Álvares cumpriu quatro mandatos consecutivos entre 1533-1537 (AHSCMP, *Livro de Pergaminhos*, n.º 3, docs. 100 e 101). Como já referimos, o Compromisso primitivo da Confraria da Santa Casa da Misericórdia não colocava quaisquer impedimentos quanto à reeleição do provedor, apenas fixava que o mandato fosse anual e que a eleição tivesse lugar no dia de Nossa Senhora da Visitação, isto é, no dia 2 de julho.

No mandato de 1533-1534, a Mesa seria constituída pelos seguintes Irmãos: João Álvares, o Preto, provedor; Luís Gonçalves, escrivão da Casa; Pêro Vaz, mordomo da capela; Diogo Martins, mordomo de fora; Sebastião Álvares, solicitador; João Álvares, capelão; Pêro Vaz; Fernão de Almeida; Gonçalo Pires; Mateus Fernandes; Pêro Anes; e ainda pelos Irmãos Francisco Anes; Sebastião Vaz; João Pires, alfaiate; Rodrigo Anes; e João Pires, barbeiro (AHSCMP, *Livro de Pergaminhos,* n.º 3, docs. 100 e 101; Série H, B.co 6, n.º 22, fl. 41v e 82v).

Deste período (1533-1534), conhecem-se alguns atos administrativos realizados conjuntamente pelo provedor e respetiva Mesa. Assim, em reunião de 13 de julho de 1533, a Mesa deliberou outorgar duas escrituras de emprazamento. Os imóveis objeto de análise foram os seguintes: umas casas situadas acima do Padrão de Santo Elói que pertenciam ao Hospital de Rocamador, que eram ocupadas pela usufrutuária Isabel Anes, viúva de João Gonçalves, pelas quais pagava duzentos reais, e que pela nova escritura atualizou a renda em duzentos reais; e um outro imóvel que também pertencia ao mesmo hospital, situado na Rua do Souto, por foro e pensão de trezentos reais (AHSCMP, Idem, doc. 100; Idem, 82-82v).

Nesta mesma reunião, que teve lugar na Casa da Confraria de Nossa Senhora da Misericórdia, foi declarado pelo tabelião João Álvares ao então provedor João Álvares, o Preto, que o pregão mandado fazer sobre umas casas localizadas na Fonte Taurina havia terminado. Nesse sentido, foi outorgada escritura de aforamento a António Gonçalves e sua mulher, na qual aparece como testemunha, entre outras, João Caminha, «cavaleiro da Ordem de Cristo, provedor que foi da dita Confraria o ano passado» (AHSCMP, Idem, doc. 101; Idem, fl. 48v). Finalmente, foi também aprovada por unanimidade a renovação do contrato de emprazamento, após o período de pregão, a Isabel Anes, viúva de João Gonçalves, de umas casas na Rua do Souto que pertenciam ao Hospital de Rocamador, pelo foro atualizado de trezentos reais, uma vez que o contrato de emprazamento que havia expirado contemplava apenas a renda de duzentos reais (AHSCMP, Idem, doc. 100).

Uma semana depois, no dia 20 do mesmo mês, a Confraria, representada apenas pelos Irmãos Luís Gonçalves, escrivão, em substituição do respetivo provedor, por estar ausente, e por Sebastião Álvares, que ocupava o cargo de solicitador da Irmandade, deliberam outorgar um contrato de locação de umas casas situadas na Rua Taurina, ao precarista António Gonçalves, pelo valor de oitocentos reais (AHSCMP, *Livro de Pergaminhos*, n.º 3, doc. 101); e em reunião que teve lugar no mês de agosto, João Caminha, na qualidade de vereador, acompanhado por outros membros da edilidade, aceitou fazer uma composição amigável com João de Paiva, sobre um conflito de interesses entre as partes, acerca da posse de umas casas na Porta do Olival das Taipas (AHSCMP, *Livro de Pergaminhos*, n.º 2, fl. 106; Série H, B.co 6, n.º 22, fls. 69-70).

A 27 de julho, o provedor João Álvares voltou a ser substituído por Luís Gonçalves, «provedor [na] ausência [de] João Álvares o Preto provedor da dita Casa que é administrador» Nesta reunião, que teve lugar «na crasta velha da Sé da dita cidade na Casa da Confraria da Santa Misericórdia» (AHSCMP, *Livro de Pergaminhos*, n.º 3, doc. 102; Série H, B.co 6, n.º 22, fl. 206), foi decidido aforar, por unanimidade, um prédio a Diogo Borges, sapateiro, estante na Rua da Congosta, o qual, para o efeito, exibiu um auto de pregão e de arrematação passado pelo tabelião e assinado pelo provedor e Irmãos, datado de 15 de março de 1533. O locatário dirigiu-se ao Paço dos Tabeliães do público e perante António Francisco, escrivão, apresentou um alvará de certidão passado por Luís Gonçalves, escrivão da Misericórdia que nessa altura «tinha cargo de provedor», no qual constava que havia sido colocado em pregão «um aloque nos Pelames da dita cidade», que tinham vagado por cedência de Diogo Gomes (AHSCMP, *Livro de Pergaminhos*, n.º 3, doc. 102; Série H, B.co 6, n.º 22, fl. 206).

O pregão foi realizado nas seguintes localidades: na Rua do Cais (15, 16, 19, 20 de maio e 6 de junho); na Rua Nova do Rei (17 de maio); à porta do Paço do Concelho (23 de maio); na Rua Nova (24 e 26 de maio); na Praça da Ribeira (28 e 30 de maio; 7, 14 e 16 de junho); na Ponte de S. Domingos (10 de junho); na Rua de Fora da Porta da Ribeira (10 de junho); na Rua do Souto (18 de junho); e na Rua Nova das Flores (19 de junho). Cerca de um mês depois, a 20 de julho, e após ter terminado o processo de divulgação e de publicitação, Diogo Borges procurou a Irmandade na Casa da

Misericórdia, onde estava Luís Gonçalves, escrivão da Confraria, «que ao presente tem cargo de provedor por João Alvarez o Preto que ao presente é provedor ser ausente, e com ele estava a maior parte dos irmãos da dita Confraria», mostrando-se interessado no imóvel apregoado.

A arrematação pública ocorreu na Praça da Ribeira, por Luís Gonçalves, como provedor substituto e outros seis Irmãos confrades, depois de ter sido apregoado, pela última vez, pelo porteiro Afonso Romeiro, a 21 de julho, nos seguintes termos: «se alguém nele quiser lançar venha a mim e receber-lhe-ei o lanço dizendo por muitas vezes dou-lhe uma dou-lhe duas e meia e mais uma pequeninha». Efetivamente, o único que se mostrou interessado foi Diogo Borges, que ofereceu setenta reais de renda e pensão, a pagar na Casa da Confraria, no dia de S. Miguel de Setembro (AHSCMP, Série H, B.co 6, n.º 22, fls. 207-212v).

Em julho de 1533, a Mesa deliberou aceitar como enfiteutas António Gonçalves e sua mulher Catarina Gonçalves, que estavam interessados em ocupar umas casas que pertenciam ao Hospital de Rocamador, como foi reconhecido «por eles juntamente e por cada um deles». Estando vagas, foram colocadas em pregão pelo porteiro da cidade, António Romeiro. O anúncio público terminou no dia 13 de julho e, na Casa da Misericórdia, o tabelião João Álvares informou o provedor João Álvares, o Preto e os seus confrades de que havia feito o pregão, não havendo, por isso, qualquer obstáculo à outorga da escritura de aforamento, se essa fosse a vontade da Mesa. Este ato foi testemunhado por João Caminha, «cavaleiro da Ordem de Cristo, provedor que foi da dita confraria o ano passado» (AHSCMP, *Livro de Pergaminhos*, n.º 3, doc. 101; Série H, B.co 6, n.º 22, fl. 41v e 48v).

O provedor João Álvares, o Preto, foi em várias ocasiões um provedor ausente, deixando os destinos administrativos da Confraria confiados ao experimentado Luís Gonçalves, escrivão da Confraria, que neste contexto o substituiu, presidindo às reuniões da Mesa, acompanhando os pregões e por fim, procedendo, com o acordo dos restantes confrades, à outorga de escrituras de ocupação do domínio útil do espólio urbano que pertencia à Misericórdia pelas doações dos benfeitores e dos bens de raiz mais antigos que constituíam o património dos hospitais que estavam sob a administração da Confraria.

Já em 1534, em reunião da Mesa efetuada em 26 de fevereiro, de novo Luís Álvares, «que hora [na] ausência de João Álvares o Preto da dita Confraria, por não ser presente, tem carrego de provedor», com os confrades Sebastião Álvares, solicitador; Afonso Álvares, Francisco Álvares, Pantaleão Rodrigues e Diogo Martins, decidiu aforar a Isabel Pires, mulher de João Pires, marinheiro, referenciado na Lada, pelo valor de trezentos reais; no dia 27 de fevereiro, do mesmo ano e também na ausência do provedor, os mesmos confrades emprazaram umas casas que pertenciam ao Hospital de Rocamador, a Isabel Gonçalves, mulher de Pais Dias, marinheiro, por trezentos reais (AHSCMP, *Livro de Pergaminhos*, n.º 3, doc. 104; Série H, B.co 6, n.º 22, fl. 91v e 93v).

Durante a vigência do segundo mandato, o provedor João Álvares conseguiu resolver positivamente um diferendo que opunha a Câmara Municipal do Porto à Confraria da Misericórdia do Porto, a propósito de umas casas situadas na Rua da Lapa, juntas ao primeiro postigo da Lada. O litígio arrastava-se já há algum tempo. Com efeito, no dia 25 de junho de 1534, «dentro na Câmara da vereação da dita cidade estando aí juntos fazendo câmara sobre as coisas dos prazos», estando presentes Domingos Luís Mendes, juiz do crime de fora com alçada na cidade e no seu termo; Domingos Fernão de Magalhães, juiz do cível, com alçada na cidade e no seu termo; Fernão Novaço; o doutor Vasco Afonso; João Caminha; Francisco Figueira, procurador do concelho «pela eleição em ela mesma», todos vereadores, e o licenciado João Dias, juiz e provedor dos tombos e despesas das heranças dos concelhos da comarca de Entre-Douro-e-Minho, compareceu Sebastião Álvares, solicitador da Casa, em representação da Confraria da Misericórdia do Porto, como procurador «que é da confraria da Santa Misericórdia», e apresentou uma procuração que lhe fora outorgada pela Mesa, a 29 de abril de 1529, ao tempo presidida pelo provedor Gomes Pais e que, por unanimidade e por seu «geral e especial suficiente procurador», deu poderes de representação da Confraria neste assunto ao escrivão Luís Gonçalves, podendo o mesmo recorrer ao substabelecimento em caso de necessidade (AHSCMP, *Livro de Pergaminhos*, n.º 4, doc. 105; Série H, B.co 6, n.º 22, fl. 266-267).

A Santa Casa da Misericórdia do Porto pretendia que a vereação municipal deixasse à Confraria umas casas situadas na Rua da Lada que foram julgadas como pertencendo à cidade, pelo licenciado João Dias, juiz dos prazos e heranças dos concelhos. A Misericórdia arrogava o seu direito ao imóvel, uma vez que João Rodrigues e sua mulher Catarina Anes haviam doado à Santa Casa «mil reais de renda cada um ano a dita Confraria por umas casas sitas na Rua da Lada, em que viveu Inês Eanes, a Estacinha, e que a referida habitação é presentemente ocupada por Manuel Sardinha, genro de Inês Eanes, as quais são, efetivamente, património da cidade e por ela paga o valor de seiscentos reais, de foro e de pensão». A vereação municipal moveu uma ação judicial, considerando que as casas haviam sido sonegadas à cidade e que a Confraria se havia apropriado indevidamente da sua posse, emprazando-a em proveito próprio, o que foi considerado um ato ilícito (AHSCMP, Série H, B.co 6, n.º 22, fl. 268v-269).

O protesto do procurador da Mesa da Misericórdia fundamentou a ação da Confraria com base numa determinação régia dada ao Cabido da Sé na qual se vislumbrava «que pudesse haver certos lanços que lhe alguns defuntos deixavam em propriedades da dita cidade e assim outros também que o dito cabido tinha comprado em propriedades da dita cidade sem embargo ser contra forma da ordenação». O procurador Luís Gonçalves reconhecia que o património em causa pertencia, de facto, à cidade, mas em face da doação dos testamentários João Rodrigues e sua mulher Catarina Anes, já defuntos, pediu aos vereadores que deixassem alguma importância a título de esmola à Irmandade. A perspicácia argumentativa do procurador foi bem elucidativa pelo que os vereadores, que no seu conjunto contavam com João Caminha e Gaspar Ferraz, ex-provedores da Confraria, deliberaram, sem qualquer oposição, dar por esmola à Confraria da Misericórdia, a partir dessa data, a referida importância de mil reais (AHSCMP, *Livro de Pergaminhos*, n.º 4, doc. 105; Série H, B.co 6, n.º 22, fl. 266-267).

Em meados do mês de agosto de 1534, o provedor João Álvares e demais Irmãos da Misericórdia aforaram a João de Paiva uma casa situada junto à porta do Olival das Taipas, fixando, depois da negociação, sob proposta do inquilino, uma renda anual no valor de sessenta reais. A reunião foi realizada debaixo do alpendre do mosteiro de S. Domingos e congregou os vereadores deste ano da Câmara Municipal do Porto, Fernando de Novais, João Caminha, Gaspar Ferraz, o doutor Vasco Afonso, Francisco Duarte Figueiroa, «procurador pela eleição», o doutor Luís Mendes, juiz do crime com alçada na cidade e seu termo, e Domingos Fernandes de Magalhães, juiz do cível na cidade. Da outra parte compareceu o foreiro João de Paiva, cidadão, morador no Porto, que identificou a morada de casas na Rua das Taipas (AHSCMP, *Livro de Pergaminhos*, n.º 4, doc. 106; Série H, B.co 6, n.º 22, fl. 68-69).

Trata-se de um pequeno imóvel com a área aproximada de 66,5m² (onze varas de comprimento por cinco varas de largura; cf. MARQUES, 1981: 68). O arrendatário queixava-se que «por parte do conselho (*sic*) e república desta cidade lhe fora movida demanda». Para ultrapassar o conflito, o mesmo propôs que fosse feito um acordo para evitar despesas judiciais, estando disposto a pagar, de renda, o que fosse tido por justo. O concelho encarregou dois dos seus vereadores mais velhos para procederem à vedoria do imóvel. Da vistoria então realizada resultou numa proposta de nova renda no valor de sessenta reais, o que significa que o foreiro se dispôs a pagar mais cinquenta reais do que aquilo que pagava antes (AHSCMP, *Livro de Pergaminhos*, n.º 4, doc. 106; Série H, B.co 6, n.º 22, fl. 691). Este aforamento foi feito pelo provedor e Irmãos da Misericórdia, dando a entender que, pertencendo o senhorio à cidade, a renda era paga à Confraria da Santa Casa da Misericórdia.

Em reunião da Mesa de 20 de novembro de 1534, presidida por João Álvares, como provedor da Santa Casa e provedor do Hospital de Santa Clara, na presença de dez mesários, entre os quais estava Gonçalo Fernandes, mordomo do referido hospital, foi deliberado aforar, a Maria Fernandes, viúva, umas casas no porto de Miragaia.

A arrendatária apresentou à Mesa um alvará de D. João III, datado da cidade de Évora de 8 de julho de 1534, subscrito por Henrique Mota. Por este diploma, o Rei dava conta de que a viúva lhe pedira para interceder junto da Irmandade para que lhe fosse aforado o referido prédio. Nestas circunstâncias, a Mesa deliberou outorgar a escritura enfitêutica, pela renda de trezentos e setenta reais (AHSCMP, *Livro de Pergaminhos*, n.º 4.º, doc. 107; Série H, B.co 6, n.º 22, fl. 286).

Em reunião de 15 de abril de 1535, os mesários tomaram conhecimento da venda efetuada por João Gil e mulher a Gabriel Leão, da cidade do Porto, de umas casas de três sobrados, situadas na Rua da Ponte das Tábuas, cujo censo perpétuo foi deixado à Irmandade por Beatriz Gonçalves, mulher do vendedor, no montante de seiscentos reais (AHSCMP, *Livro de Pergaminhos*, n.º 4, doc. 109).

Foi conservada a ata da eleição de João Álvares para o seu último mandato, ocorrida a 2 de julho de 1536 a 2 de julho de 1537, cujo ato decorreu «na casa segunda da Sé da dita cidade, à capela da Santa Confraria de Nossa Senhora da Misericórdia», estando presentes os seguintes Irmãos: o provedor cessante; Jorge Ferraz; Gonçalo Brandão; Pantaleão Ferreira; todos fidalgos, cavaleiros e cidadãos portuenses; Pêro Álvares, capelão da Misericórdia; Fernando Álvares, mordomo da capela; Martins Fernandes, mordomo de fora; Vasco Álvares, solicitador da Confraria; o licenciado Mestre Tomás, e os Irmãos Rodrigo Anes; Sebastião Vaz; Pêro Vaz, picheleiro; Gonçalo Pires; Fernão Pires, serralheiro; Afonso Álvares; João Martins; Francisco Anes; João Pires, alfaiate; João Pires, vinhateiro; Pêro André; Afonso Rodrigues; Heitor Gonçalves; Gonçalo Anta, «e outros muitos irmãos e confrades da dita Confraria, estando todos juntos para elegerem o provedor e escrivão», achando-se assim presentes mais de vinte e cinco membros (AHSCMP, Série D, B.co 5, n.º 1, fl. 1).

A eleição devia ocorrer segundo o costume e forma do Compromisso, isto é, como sempre fora feito, não havendo, por conseguinte, qualquer novidade a introduzir no processo eletivo. Os confrades estavam sentados por indicação do capelão, enquanto o escrivão anotava «as vozes e votos de todos os irmãos e confrades que estavam presentes que haviam de votar para os eleitores» (AHSCMP, Série D, B.co 5, n.º 1, fl. 2v). O texto não é muito claro, mas como refere Magalhães Basto, a votação para a eleição administrativa da Confraria era feita em dois momentos (BASTO, I, 1997: 106). Primeiramente, eram eleitos um certo número de Irmãos que posteriormente eram separados em grupos de dois para elegerem mais cinco Irmãos, como aliás se depreende do texto da ata (AHSCMP, Série D, B.co 5, n.º 1, fl. 3). Foi, com base neste procedimento eleitoral que consideramos a eleição e a reeleição dos provedores desde os primórdios da Misericórdia até 1540.

Mesa da Santa Casa da Misericórdia do Porto em 2.7.1533

Provedor – João Álvares, o Preto

Escrivão da Casa e provedor substituto – Luís Gonçalves

Solicitador da Casa – Sebastião Álvares

Mordomo – Pêro Vaz

Indiferenciados – Pêro Anes; Francisco Anes; Sebastião Vaz; Mateus Fernandes; João Pires, Rodrigo Anes; João Pires

FONTES E BIBLIOGRAFIA

Ver página 193.

JOEL SILVA FERREIRA MATA

Diogo Brandão

(?, ? ?, ?)

Provedor da Santa Casa da Misericórdia do Porto

2.7.1538 | 2.7.1540

Morador na cidade do Porto.

Casou com Isabel Nunes, em 1505.

Fidalgo da Casa Real.

Pouco se sabe sobre Diogo Brandão. Apenas temos indicação de que morava na cidade do Porto e que era casado com Isabel Nunes no ano de 1505 (BRITO, 1997: 401), sendo fidalgo da Casa Real (RAU, 1959: 21).

⁂

Diogo Brandão exerceu dois mandatos consecutivos como provedor da Misericórdia do Porto: de 2 de julho de 1538 a 1 de julho de 1539 e de 2 de julho de 1539 a 2 de julho de 1540 (AHSCMP, Série H, B.co 4, n.º 31, fl. 401; Série H, B.co 6, n.º 22, fl. 63).

Em reunião de 16 de agosto de 1538, a Irmandade foi informada que Catarina Anes, viúva de Jorge Anes, carpinteiro da cidade do Porto, vendeu o prazo correspondente à terça parte de dois campos e de uma casa, sita na freguesia de Alfena, no julgado da Maia, a Sebastião Martins, residente nesse lugar, por escritura pública lavrada pelo tabelião Gaspar de Couros (AHSCMP, *Livro de Pergaminhos*, n.º 2, doc. 113).

Oito dias depois, em nova reunião efetuada em 24 de outubro, o provedor Diogo Brandão e seus confrades aceitaram a venda outorgada por Beatriz Barredo, antiga abadessa do Mosteiro de Vilacova, ao doutor Gonçalo de Castro, da cidade do Porto, do casal do Moliceiro, situado na freguesia de Vila Maior, na Vila da Feira, com as suas terras, vinhas, pomares e águas, que estava emprazado ao arrendatário Gonçalo Anes, pelo preço de trinta e um mil reais; no final do ano seguinte, o provedor e Irmãos emprazaram em três gerações, à locatária Catarina do Rego, solteira, moradora na cidade do Porto, umas casas na Rua do Buraco, junto à Praça da Ribeira, por cento e trinta reais (AHSCMP, *Livro de Pergaminhos*, n.º 2, docs. 114 e 116).

No dia 1 de fevereiro de 1540 teve lugar uma reunião na qual os mesários procederam à outorga da escritura de aforamento a António Álvares, espadeiro, sobre uns chãos de umas casas, situadas na Rua do Souto, pelo valor de trezentos e dez reais. Estes bens patrimoniais pertenciam ao Hospital de Rocamador. Fora seu locatário anterior Gervas Garcês, tabelião, que entretanto falecera. Vagando o prédio, o mesmo foi colocado em pregão, findo o qual, o provedor Diogo Brandão e os mesários presentes, decidiram aforar o imóvel (AHSCMP, Série H, B.co 6, n.º 22, fl.62v-66).

Em 17 de fevereiro de 1540, Isabel Afonso, mulher viúva de António Pigasso, tornou-se a benfeitora mais importante que a Confraria teve no decurso dos seus primeiros quarenta anos de existência. Isabel Afonso mandou lavrar um extenso testamento, no qual inclui como beneficiária, entre outros, Catarina, sua escrava, a quem deixa quatro mil reais, reservando, por sua vez, à Confraria da Santa Casa da Misericórdia do Porto uma parte significativa da herança que lhe coubera nas partilhas que foram feitas por morte de seu marido, registadas pelo tabelião Gonçalo Martins, no montante de setenta e três mil reais (AHSCMP, Série H, B.co 5, n.º 8, fl. 10).

A Confraria podia eventualmente tornar-se beneficiária de outras duas verbas que foram destinadas a Margarida Ferreira e a Graciano, filhos do doutor João Ferreira. À primeira, Isabel Afonso destinou certa importância para ajuda do seu casamento, ou em alternativa, dotá-la para a vida conventual. Na eventualidade do seu falecimento estando ainda solteira e sem profissão, este valor reverteria para a Santa Casa. Dotou também Graciano, seu irmão, com a verba de vinte mil reais «se ele for para o estudo», mas se falecer antes de «de entrar no estudo, que em tal caso fiquem à Misericórdia» (Idem, ibidem).

Mesa da Santa Casa da Misericórdia do Porto em 1540

Provedor – Diogo Brandão

Escrivão – Luís Gonçalves

Mordomo da capela – Mateus Fernandes

Mordomo de fora – João Rodrigues

Procurador – João Fernandes

Indiferenciados – Rodrigo Anes; Francisco Anes; Cristóvão Gonçalves; João Pires; Pêro Vaz; Francisco Rodrigues Madrigal; Gaspar Álvares; Pêro André; Francisco Álvares

FONTES E BIBLIOGRAFIA

Fontes arquivísticas

Arquivo Histórico da Santa Casa Misericórdia do Porto (AHSCMP) – *Livro de Pergaminhos, n.º 2,* doc. 113, 114 e 116; *Administração de legados para resgate de cativos,* série H, banco 5, n.º 8; *Livro de prazos, foros, compras, vendas, etc.*, série H, banco 6, n.º 22.

Bibliografia

BASTO, Artur de Magalhães, 1997 – *História da Santa Casa da Misericórdia do Porto*, 2.ª edição, vol. I. Porto: Santa Casa da Misericórdia do Porto.

BRITO, Pedro de, 1997 – *Patriciado urbano quinhentista: as famílias dominantes do Porto (1500-1580)*. Porto: Arquivo Histórico da Câmara Municipal do Porto.

RAU, Virgínia, 1959 – *Os Brandões do Porto, uma fortuna do século XVI*. Separata de Boletim Cultural da Câmara Municipal do Porto, vol. 22, fas.3-4. Porto.

JOEL SILVA FERREIRA MATA

Francisco de Sousa Alcoforado

(?, ? | ?, ?)

Provedor da Santa Casa da Misericórdia do Porto

2.7.1540 | 2.7.1541

Clérigo. Arcediago da Sé de Coimbra. Prior de Salreu.

Vereador da Câmara do Porto (1537 e 1545).

Provedor da Santa Casa da Misericórdia do Porto (1529-1531 e 1540-1541).

Filho de Gonçalo Vaz Alcoforado e de D. Margarida de Sousa.

Irmão de António de Sousa Alcoforado, provedor da Santa Casa da Misericórdia do Porto (1541-1542).

Casou com D. Maria Carneira, de quem teve dois filhos, Leonor de Sousa e António de Sousa Alcoforado.

Fidalgo da Casa Real.

Francisco de Sousa Alcoforado foi eleito provedor pela terceira vez em 2 de julho de 1540, depois de ter ocupado sucessivamente a provedoria da Santa Casa nos anos administrativos de 1529 a 1531 – acumulando, agora, em simultâneo, as funções de vereador da Câmara do Porto (Série H, B.co 1, n.º 1, fl. 269).

Da gestão patrimonial levada a cabo pelo provedor e seus confrades durante este ano administrativo, consta uma permuta muito vantajosa para a Santa Casa, cedendo os Irmãos um imóvel em avançado estado de degradação e recebendo, em troca, uma casa de morada com sua loja e portal, ambos os prédios localizados na Rua do Souto. Com efeito, em finais de janeiro de 1541, na Casa da Câmara «fazendo câmara e vereação» (Série H, B.co 1, n.º 1, fl.269), os vereadores Pantaleão Ferreira, Rui de Magalhães, Nicolau Reimão e o referido Francisco de Sousa Alcoforado, aqueles em representação da Câmara e o provedor da Confraria da Santa Casa da Misericórdia, receberam, em audiência, o padre Inocêncio da Conceição, reitor do Mosteiro de Nossa Senhora da Conceição, da Congregação de Santo Elói da cidade do Porto, estando também presentes Fernando Luís, picheleiro, e Jerónimo Afonso, serralheiro, ambos moradores na Rua do Souto. Nesta reunião, o reitor veio propor aos vereadores e provedor uma permuta patrimonial que envolvia um pardieiro que pertencia ao Hospital de Rocamador, administrado pela Confraria da Santa Casa, também ligado à Câmara pelo vínculo anual de quinze reais pagos anualmente ao Senado (Série H, B.co 1, n.º 1, fl.269).

Neste sentido, o reitor Inocêncio da Consolação reconheceu que «a porta principal do dito mosteiro da dita Rua do Souto era muito estreita em tanta maneira que por ela se não podiam bem servir a gente que ia e vinha do dito mosteiro e que por estarem casas de uma parte e outra e ser a dita serventia assim estreita e rebotar nela as águas que se nas mais casas faziam a dita serventia estava sempre suja» (Série H, B.co 1, n.º 1, fls.274-274v). No sentido de convencer a vereação e o provedor, o reitor reforçou que «ficaria a Rua do Souto mais enobrecida» (Série H, B.co 1, n.º 1, fl. 274v), artéria onde a Confraria possuía um património urbano significativo. Para resolver o problema de acessibilidade ao mosteiro de N.ª S.ª da Consolação seria necessário destruir um pequeno pardieiro (4 X 3 varas) que pertencia ao Hospital de Rocamador, ocupado ao tempo pelo concessionário Fernão Álvares, picheleiro que, na altura, pagava de foro à Confraria quatrocentos reais e três galinhas (Série H, B.co 1, n.º 1, fl.2 77v). Os padres do referido cenóbio ofereciam dois mil e quatrocentos reais (série H, B.co 1, n.º 1, fl. 274v), recebendo ainda a Confraria um prédio sito na mesma rua, arrendado a Gonçalo Anes e mulher, por quatrocentos e cinquenta reais (Série H, B.co 1, n.º 1, fl. 277v), o que beneficiaria claramente a Confraria, pelo aumento da renda e pela troca de um prédio em ruínas por um outro em boas condições de habitabilidade.

A proposta foi analisada pelos diversos órgãos da vereação (juízes, vereadores e procurador) que acabaram por aceitar a permuta «por ser enobrecimento da dita cidade e a coisa ser tão pouca» (Série H, B.co 1, n.º 1, fl.275v), desde que os religiosos pagassem à cidade os quinze reais que eram suportados pelo último ocupante do pardieiro.

Para concluir este negócio jurídico, a Confraria reuniu no dia subsequente «segundo antigo costume da Casa», sob a presidência do seu provedor, Francisco de Sousa Alcoforado, o escrivão, o mordomo da capela, o mordomo de fora, o Procurador e solicitador, e outros dez Irmãos para os quais não foi referida a respetiva função, estando também presente o reitor do mosteiro de N.ª S.ª da Consolação, que identificou o prédio a ceder à Misericórdia, na Rua do Souto, próximo ao Rocio. Os Irmãos, por unanimidade concluíram que «por o sentirem assim por serviço de Deus e por enobrecimento da dita cidade e do dito mosteiro por a razão da dita Casa da Misericórdia», aceitavam a permuta. Esta incorporação patrimonial na Confraria foi registada por Gaspar de Couros, tabelião das notas, arrolando como testemunhas Jerónimo de Banhos, cavaleiro, tabelião, Gonçalo Leão, contador e inquiridor na cidade. As despesas notariais somaram cento e cinquenta reais (Série H, B.co 1, n.º 1, fl.269v).

A aceitação por parte dos religiosos do referido mosteiro veio a ocorrer a 3 de março do ano em curso (Série H, B.co 1, n.º 1, fl. 269v). A finalização deste procedimento administrativo terminou quando a Confraria presidida por Francisco de Sousa Alcoforado tomou posse do referido imóvel a 18 de maio do mesmo ano, por João Fernandes, procurador e solicitador dos negócios da Misericórdia, na presença dos titulares Jerónimo Afonso e mulher, tendo ambos reconhecido a Confraria da Santa Casa como seu senhorio, envolvendo este ato público cinquenta reais de despesas notariais (Série H, B.co 1, n.º 1, fl. 272v).

Mesa da Santa Casa da Misericórdia do Porto em 1540

Provedor – Francisco de Sousa Alcoforado

Escrivão – Luís Gonçalves

Mordomo da capela – Mateus Fernandes

Mordomo de fora – João Rodrigues

Procurador – João Fernandes

Indiferenciados – Rodrigo Anes; Francisco Anes; Cristóvão Gonçalves; João Pires; Pêro Vaz; Francisco Rodrigues Madrigal; Gaspar Álvares; Pêro André; Francisco Álvares

FONTES E BIBLIOGRAFIA

Ver página 205.

JOEL SILVA FERREIRA MATA

António de Sousa Alcoforado

(? | ?)

Provedor da Santa Casa da Misericórdia do Porto

2.7.1541 | 2.7.1542

Vereador da cidade do Porto (1540).

Filho de Gonçalo Vaz Alcoforado e de D. Margarida de Sousa.

Irmão de Francisco de Sousa Alcoforado, que o precedeu neste mandato como provedor da Santa Casa da Misericórdia do Porto e também fora vereador da cidade (1537).

Casou em primeiras núpcias com D. Cecília de Miranda de quem teve seis filhos: Gonçalo de Sousa, Jerónimo de Sousa, D. Maria de Sousa, D. Inês, D. Margarida e D. Violante. Casou segunda vez com D. Isabel de Madureira de quem teve três filhos: Diogo de Sousa Alcoforado (procurador às Cortes de 1619), Francisco de Sousa Alcoforado e D. Antónia de Sousa.

Pai de Diogo de Sousa Alcoforado, provedor da Santa Casa da Misericórdia do Porto (1608-1609).

António de Sousa Alcoforado pertence à segunda geração de uma das famílias da Casa de D. Fernando que se veio fixar no Porto, no reinado de D. João II (BRITO, 1997: 220). Várias figuras da sua família tiveram destaque na história da cidade e do reino. Desde logo, seu irmão Francisco, de quem, de certo modo, se pode dizer que seguiu os passos, pois tal como ele foi vereador da cidade e provedor da Santa Casa da Misericórdia. Da sua descendência destaca-se a figura de um outro provedor da Casa, Diogo de Sousa Alcoforado, figura proeminente também na história do Porto.

Sabe-se, efetivamente, algo acerca da biografia e contexto pessoal de António de Sousa Alcoforado, mas o período em que esteve como provedor da Misericórdia do Porto está muito pouco documentado. Aliás, os indícios documentais são tão escassos, que este mandato nem sequer constava das listagens de provedores até agora conhecidas, publicadas por Magalhães Basto, por António Mendes e Eugénio Freitas, ou outros estudiosos da Casa.

Um dos raros registos da Misericórdia, relativamente a este período, é um ato notarial em que a Casa autoriza a venda de um prazo à data de 6 de maio de 1542, ocasião em que o provedor foi identificado como sendo efetivamente António de Sousa Alcoforado, mas tendo estado ausente, por «impedimento», nesse dia. O documento em causa não fornece informação objetiva sobre a composição da Mesa, nesse mandato, mas tendo sido o provedor substituído por Luís Gonçalves de Soágua é muito provável que fosse este o escrivão naquele período. São ainda mencionados como tendo testemunhado o ato um conjunto de Irmãos da Confraria excedendo o número de mesários, não se especificando quais seriam ou não os que tinham essa posição, na altura: Gaspar Afonso, mordomo da capela, Lucas Gonçalves, mordomo de fora, Sebastião Vaz, recebedor do Hospital de Cimo de Vila, Francisco Álvares, alfaiate, Rodrigo Anes, sapateiro, Francisco Anes, picheleiro, António Pires, cidadão, Gonçalo Pires, outro Gonçalo Pires, esteireiro, António Anes, freeiro, Fernão Pires, serralheiro, Mateus Fernandes, sapateiro, Heitor Gonçalves, esteireiro, Pêro Gonçalves, sapateiro, Silvestre Gonçalves, ferrador.

FONTES E BIBLIOGRAFIA

Fontes arquivísticas

Arquivo Histórico da Santa Casa da Misericórdia do Porto (AHSCMP) – *Tombos e inventário dos bens de raiz do Hospital de Santo Ildefonso*, série H, banco 1, livro 5.

Bibliografia

BRITO, Pedro de, 1997 – *Patriciado urbano quinhentista: as famílias dominantes do Porto (1500-1580)*. Porto: Arquivo Histórico da Câmara Municipal do Porto.

FILOMENA MELO

António Carneiro

(? | m. post. a 1575)

Provedor da Santa Casa da Misericórdia do Porto

2.7.1542 | 2.7.1543

Vereador da Câmara do Porto (1539 e 1553); provavelmente almotacé (1534).

Filho de Luís Carneiro, vereador da Câmara do Porto (1501), e de D. Melícia de Novais.

Sobrinho paterno de António Carneiro, secretário dos Reis D. João II, D. Manuel e D. João III e primo do compositor Pedro Carneiro.

Casou com D. Isabel Pinta, de quem teve quatro filhos: Luís Carneiro, vereador do Porto em 1576, Francisco Carneiro, desembargador do Paço e da Suplicação e conselheiro da Fazenda, António Carneiro, cavaleiro de Malta e D. Melícia.

Fidalgo da Casa Real.

António Carneiro entronca numa família proveniente da Casa de D. Fernando, que se viera fixar no Porto alguns anos antes do seu nascimento e cujas raízes estavam já muito bem consolidadas, no seu tempo. Pedro Brito (BRITO, 1997: 34-37) salienta o impacto da prolífera família Carneiro na vida da cidade e a teia das suas múltiplas ligações às demais famílias titulares portuenses, como algo que lhes permitiu rapidamente evidenciarem-se e tornarem-se então «sem sombra de dúvida, a primeira família portuense». Contudo, há que considerar que os Sá pouco ou nada participaram no governo municipal e que procuravam casar na nobreza de corte (BRITO, 1997: 36).

O relevo que a família alcançou deveu-se igualmente ao prestígio granjeado na Corte por alguns dos seus elementos, com destaque para seu tio, António Carneiro, de quem tomou o nome, que serviu como secretário real a três monarcas, como também Pedro Carneiro, na Casa do Infante D. Luís, entre outros. Muitos familiares seus estiveram na administração ultramarina, ao serviço da Igreja, etc. Mas, particularmente na cidade que era já o berço da família, destaca-se toda uma dinastia que passou pela vereação da cidade: seu avô, Vasco Carneiro, o pai, Luís Carneiro e o tio, Vasco Carneiro, o Moço. Da sua geração, os primos Manuel Carneiro e Gomes Pais, o Moço, que além de vereador também foi juiz. Um dos seus filhos, Luís Carneiro, veio a ser também vereador. António Carneiro, por seu lado, foi vereador do Porto nos anos 1539 e 1553, tendo já então sido almotacé, em 1534 (MATIAS, 1999: 26).

As fontes historiográficas que chegaram até hoje permitem, pois, conhecer razoavelmente o contexto biográfico de António Carneiro e a família em que nasceu.

⁂

Quanto ao seu desempenho pessoal à frente da Santa Casa da Misericórdia do Porto, a documentação não é tão pródiga, sendo possível balizar a sua passagem pela Casa, mas não se conhecendo, em particular, o modo como exerceu as suas funções. Aliás, os indícios documentais são tão escassos, que António Carneiro nem sequer constava, nesta data, nas listagens de provedores atá agora conhecidas, publicadas por Magalhães Basto, por António Mendes e Eugénio Freitas, ou outros estudiosos da Casa.

Embora só tenha sido eleito para dois mandatos (além deste, o de 1550-51), sabe-se que a sua presença na Misericórdia do Porto foi uma constante, durante cerca de trinta e cinco anos, ao longo dos quais, além de provedor, serviu também como escrivão, lugar para o qual foi várias vezes eleito, Irmão da Mesa, eleitor, mordomo, ou noutras funções. O ano de 1574 parece ter sido o último em que teve uma intervenção mais direta na administração da Casa. Por outro lado, o seu testamento data de 1575, o que, a juntar ao facto de a sua carreira ter sido já muito longa, faz pensar que, por esta altura, terá deixado de exercer a sua atividade pública ou parte dela.

Pelas fontes conhecidas, pouco se sabe sobre quem foram os Irmãos eleitos que o secundaram nas tarefas da provedoria. No ano de 1542, um documento notarial indica que estiveram presentes num ato público António Carneiro, provedor, Luiz Gonçalves, cidadão, escrivão, Silvestre Gonçalves, Procurador da dita casa, Francisco Álvares, mordomo da capela, Jorge Ferreira, mordomo de fora, João de Sousa, capelão, António Vaz, Sebastião Vaz, Fernão Pires, Pêro Tomé, Heitor Gonçalves, Gonçalo Pires, que constituiriam parte da Mesa.

Em dois documentos de abril de 1543 Luiz Gonçalves de Soágua é chamado escrivão da Confraria, o que leva a crer que poderá ter sido o escrivão efetivo ao longo deste mandato. São também referidos outros Irmãos da Casa, não sendo possível confirmar se eram igualmente mesários, na altura: Pêro Gonçalves mordomo da capela, João Fernandes, mordomo de fora, Baltazar de Torres, bacharel, Silvestre Gonçalves, solicitador das causas e negócios. O segundo texto faz ainda referência a Francisco Anes, Gonçalo Pires, João Pires, Lucas Gonçalves, António Vaz, Pêro Vaz, Diogo Martins, Sebastião Vaz e Sebastião Gonçalves.

FONTES E BIBLIOGRAFIA

Fontes arquivísticas

Arquivo Histórico da Santa Casa da Misericórdia do Porto (AHSCMP) – *Tombos e inventário dos bens de raiz do Hospital de Santo Ildefonso*, série H, banco 1, livro 5; *Livros de Prazos da Misericórdia*, série H, banco 6, livro 24; *Tombos do Hospital de Roque Amador*, série H, banco 1, livro 2

Bibliografia

BRITO, Pedro de, 1997 – *Patriciado urbano quinhentista: as famílias dominantes do Porto (1500-1580)*. Porto: Arquivo Histórico da Câmara Municipal do Porto.

FREITAS, Eugénio de Andrea da Cunha e; MENDES, António Lopes, 1990 – *Provedores e Escrivães da Santa Casa da Misericórdia do Porto*. Porto: Santa Casa da Misericórdia do Porto.

MATIAS, Ana Luísa Bellino Pereira Mendes, 1999 – *O Porto em 1533 – actas da vereação da cidade*. Dissertação de Mestrado em História Medieval apresentada à Faculdade de Letras da Universidade do Porto (policopiado).

FILOMENA MELO

Rui Brandão

(?, 1503 | 1579 ou post.)

Provedor da Santa Casa da Misericórdia do Porto

2.7.1543 | 2.7.1544

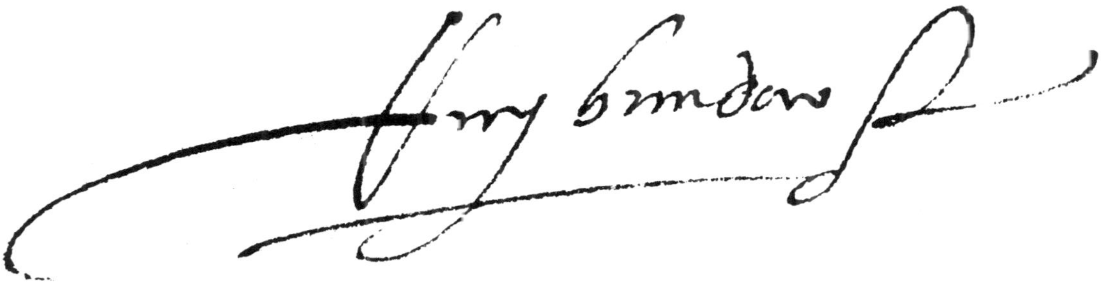

Vereador da Câmara do Porto (1545 e 1553).

Provedor da Santa Casa da Misericórdia do Porto (1543-1544, 1552-1554, 1557-1558 e 1567-1568).

Filho de João Sanches, juiz e vereador, e de Isabel Brandão, meia-irmã de Diogo Brandão Pereira e Fernão Brandão, poetas do cancioneiro de Garcia de Resende.

Irmão de Diogo Brandão Sanches, vereador da cidade do Porto e provedor da Santa Casa da Misericórdia do Porto. Tio de Afonso Brandão, filho deste Diogo Brandão Sanches, também vereador da cidade e igualmente provedor da Misericórdia. Primo em segundo grau de Diogo Brandão Pereira, o Contador, também provedor. Irmão de João Brandão Sanches, feitor na Flandres, pai de Maria Brandão, a do Crisfal

Casou com Maria de Madureira de quem teve seis filhos: Luís Brandão, vereador do Porto, Diogo Brandão, D. Henrique, D. Joana Madureira, D. Filipa Brandão, D. Bernarda Madureira.

Fidalgo da Casa d'el Rei.

A família Brandão/Brandão Sanches, em que nasceu Rui Brandão, é uma daquelas famílias numerosas, cheia de figuras notáveis de poetas, militares, religiosos e muitos homens da «governança», como então se dizia. É também uma família em que predomina a homonímia com que se honraram antepassados e se filiaram descendentes na linha da sua ínclita geração. Por tudo isto, a delimitação do perfil de cada um não é fácil, dada a existência coeva de parentes próximos, com o mesmo nome, exercendo as mesmas funções, nos mesmos locais. Mesmo assim, o onomástico Rui, menos frequente nesta família, permite destacar, com menor margem de erro, a figura deste provedor, Rui Brandão.

Nascido em 1503, era filho de João Sanches e Isabel Brandão e assim foi sobrinho dos poetas do Cancioneiro, Diogo Brandão Pereira e Fernão Brandão, meios-irmãos de sua mãe. Seu irmão, Diogo Brandão Sanches, foi como ele provedor da Santa Casa da Misericórdia do Porto e correligionário seu também na Câmara da mesma cidade em que ambos foram vereadores. Seu filho, Luís Brandão, e o neto, seu homónimo, Rui Brandão, também exerceram estes cargos públicos da cidade. É primo em segundo grau de Diogo Brandão Pereira, o Contador (neto de Diogo Brandão Pereira, o poeta, que também fora contador), sendo este seu contemporâneo e igualmente confrade da Misericórdia, onde veio a ser provedor, tal como aconteceu com um seu sobrinho, Afonso Brandão. Estes são pois os parentes mais próximos de Rui Brandão, que vivem na mesma cidade, exercem em simultâneo ou sucessivamente os mesmos cargos públicos e, tal como ele, pertencem à Santa Casa da Misericórdia da cidade.

Mas não são apenas os parentes por consanguinidade que o rodeiam. Tendo casado com Maria de Madureira, ligou-se à família Madureira, que de igual modo se encontrava representada no governo da cidade do Porto e também muito presente na Irmandade da Misericórdia da mesma cidade.

Além do seu empenho cívico na Câmara da cidade, pode dizer-se que Rui Brandão dedicou grande parte da sua vida pública à Misericórdia, onde esteve continuadamente, ao longo de trinta e cinco anos. Foi Tesoureiro, conselheiro da Mesa, escrivão, lugar para o qual foi muitas vezes eleito, e provedor, com cinco mandatos: 1543, 1552, 1553, 1557 e 1567, aos quais acrescem numerosas ocasiões, nas quais, como escrivão, substituiu o provedor do momento, na ausência deste. A sua ligação à Casa manifestou-se de outros modos ainda, para além de todos estes anos de serviço. Chegou até a adiantar dinheiro seu para financiar as obras da capela, numa altura crítica de falta de liquidez da Casa, em outubro de 1563, quando nem sequer era então provedor.

Da sua presença continuada na Casa ao longo de todos estes anos, encontram-se muitas assinaturas autógrafas apostas em documentos de todo este período, que permitem confirmar tratar-se do mesmo Rui Brandão, que atravessa efetivamente todas estas décadas ao serviço da Misericórdia. Sabe-se que foi ainda eleito para Irmão da Mesa no mandato de 1578-1579. Na ata da reunião havida a 18 de janeiro de 1579, está possivelmente a última notícia sobre a sua pessoa, na Casa, e do teor consta que foi substituído por Francisco Rodrigues de Freitas. Depois deste dia, não há nova menção ao seu nome, pelo que é credível, dada a idade avançada que já teria na altura, que tenha falecido então, ou pouco depois, vindo a surgir na Misericórdia, já na primeira década do século XVII, um outro Rui Brandão, possivelmente o seu neto.

Do seu primeiro mandato em concreto, pouco se sabe, como acontece com todos os provedores da mesma época, dado que os registos que chegaram até hoje são escassos e muito avaros em informações. Contudo, Rui Brandão está mencionado como tendo o cargo em vários documentos notariais em que a Misericórdia interveio, pelo menos entre setembro de 1543 e junho do ano seguinte, o que permite assumir, sem certezas, que terá cumprido o mandato integralmente.

De igual modo, o escrivão que o acompanhou neste mandato parece ter sido sempre Nicolau Fernandes, referido nas mesmas fontes.

No mais, sabendo que a composição da Mesa, na altura, era modificada de três em três meses, só foi possível obter duas hipóteses. Uma, a partir de um documento de 17 de fevereiro de 1544, indica que foram signatários os seguintes Irmãos, não sendo possível confirmar se eram ou não mesários, mas que provavelmente estavam presentes em função dos cargos que tinham na Casa: Silvestre Gonçalves, solicitador, Sebastião Vaz, Baltazar de Torres, bacharel, Gaspar Afonso, mordomo da capela, Gonçalves Fernandes, mordomo de fora, Mateus Fernandes (*Tombos do Hospital de Roque Amador*, Livro 2, fls. 221 e seg.; *Livros de prazos, foros, compras, vendas, etc.*, Série H, Banco 6, Livro 22, fls. 66 e seg.).

Outra hipótese, para o último trimestre do mandato, pode ser o grupo de Irmãos que refere um documento de 9 de junho de 1544. Este documento tem a particularidade de especificar que se encontravam em cabido, o que deixa supor que seria a Mesa então em exercício. Contudo, na altura, poderiam comparecer às reuniões do cabido outros Irmãos da Confraria. Então, além do provedor e de Nicolau Fernandes, na qualidade de escrivão, são também designados Sebastião Vaz, mordomo da capela, Silvestre Gonçalves, solicitador e mordomo de fora, Diogo Martins e Mateus Fernandes, mordomo e recebedor do Hospital de Roque Amador, Francisco Álvares, Baltazar de Torres, Lucas Gonçalves, Gonçalo Fernandes, Francisco Anes, Gaspar Álvares, Estêvão Gonçalves, Pêro Tomé e Gaspar Afonso (*Tombos do Hospital de Roque Amador*, Livro 3, fls. 345v-346).

FONTES E BIBLIOGRAFIA

Fontes arquivísticas

Arquivo Histórico da Santa Casa da Misericórdia do Porto (AHSCMP) – *Livros de Lembranças das deliberações da Mesa da Misericórdia*, série D, banco 8, livro 1; *Tombos do Hospital de Roque Amador*, série H, banco 1, livros 1-3; *Tombo dos bens de raiz do Hospital de Santa Clara*, série H, banco 1, livro 4; *Livros de prazos, foros, compras, vendas, etc.*, série H, banco 6, livro 22; *Livros de Prazos da Misericórdia*, série H, banco 6, livro 26; *Tombos e inventário dos bens de raiz do Hospital de Santo Ildefonso*, série H, banco 1, livro 5; *Administração do Legado de D. Manuel de Noronha*, série H, banco 3, livro 7.

Fontes digitais

SOVERAL, Manuel Abranches de, s/d – *Ferreira Pinto Brandão de Paços de Ferreira, Cête e Mouriz: uma família de militares e padres*. Disponível em: <http://tinyurl.com/hgojhaw> [consultado em maio-julho de 2016].

Bibliografia

BASTO, Artur de Magalhães, 1997 – *História da Santa Casa da Misericórdia do Porto*, 2.ª edição, vol. 1. Porto: Santa Casa da Misericórdia do Porto.

BRITO, Pedro de, 1997 – *Patriciado urbano quinhentista: as famílias dominantes do Porto (1500-1580)*. Porto: Arquivo Histórico da Câmara Municipal do Porto.

FREITAS, Eugénio de Andrea da Cunha e; MENDES, António Lopes, 1990 – *Provedores e Escrivães da Santa Casa da Misericórdia do Porto*. Porto: Santa Casa da Misericórdia do Porto.

MORAIS, Cristóvão Alão de, [1667] 1943-1948 – *Pedatura Lusitana: nobiliário de famílias de Portugal*, tomo I, vol. I, publicado por Alexandre António Pereira de Miranda Vasconcellos, António Augusto Ferreira da Cruz, Eugénio Eduardo Andrea da Cunha e Freitas. Porto: Livraria Fernando Machado.

PINTO, Maria Helena Barbosa, 2001 – *A vereação municipal do Porto em 1545*. Dissertação de Mestrado em História Medieval apresentada à Faculdade de Letras da Universidade do Porto (policopiado).

FILOMENA MELO

Diogo Brandão Sanches

(? | ?)

Provedor da Santa Casa da Misericórdia do Porto

2.7.1544 | 2.7.1545

Vereador da cidade do Porto (1559).

Filho de João Sanches, juiz e vereador do Porto, e de Isabel Brandão, meia-irmã de Diogo Brandão Pereira e Fernão Brandão, poetas do cancioneiro de Garcia de Resende.

Casou com Catarina Ferraz de quem teve cinco filhos, Afonso Brandão, provedor da Santa Casa da Misericórdia do Porto (1568, 1570, 1574, 1584), João Brandão, D. Maria Pereira, D. Simoa de Sampaio e D. Isabel Ferraz.

Irmão de Rui Brandão, vereador da cidade do Porto e provedor da Santa Casa da Misericórdia do Porto. Irmão de João Brandão Sanches, feitor na Flandres, pai de Maria Brandão, a do Crisfal. Primo em segundo grau de Diogo Brandão Pereira, o Contador, também provedor.

Fidalgo da Casa d'el Rei.

Não é fácil traçar o perfil de uma pessoa de nome Diogo Brandão na prolífera família Brandão/Brandão Sanches, em que o antroponímico Diogo predomina. Diogo Brandão, qual deles? Num único documento da Misericórdia o provedor deste ano é referido como Diogo Brandão Sanches. É num treslado de 1559, que se reporta ao original de 15 de março de 1545, que o provedor de então aparece designado inequivocamente como Diogo Brandão Sanches (*Tombos do Hospital de Roque Amador*, Livro 2, fl. 290v), embora nenhum outro documento encontrado, desta data ou de datas próximas, o refira novamente deste modo, mas tão-somente como Diogo Brandão (*Tombos do Hospital de Roque Amador*, Livro 2, fl. 143 e 164; *Tombos do Hospital de Roque Amador*, Livro 1, fl. 246).

Foi apenas com aquele fundamento que se pôde dirimir a questão, distinguindo-se este provedor dos outros seus homónimos, contemporâneos e conterrâneos. Porque assim mesmo, este não é o único Diogo Brandão Sanches da sua família, mas o seu historial que coincide cronologicamente com a atividade na Misericórdia também conduz para esta figura. Assumindo como correta esta identificação, balizada pelos parâmetros referidos, foi possível atribui-lhe o seu contexto familiar mais restrito, dentro das limitações das parcas fontes existentes, colocando-o no lugar exato do seu ramo genealógico, saber que era filho de João Sanches e Isabel Brandão, que casou com Isabel Ferraz de quem teve geração e até onde viveu, na cidade do Porto, o que, segundo Alão de Morais (MORAIS, tomo I, vol. I, p. 232), terá sido na Rua Formosa (mais tarde designada a Rua Nova).

⁂

Se não são abundantes os elementos biográficos sobre Diogo Brandão Sanches, menos ainda o são os que permitem apurar algo sobre a ação que teve enquanto provedor, durante este mandato, estando apenas confirmada a sua presença, nesta qualidade, num número considerável de atos notariais em que representa a Casa, já que foram feitas, neste período, várias transações de propriedades. Contudo, embora numerosos, estes documentos não são, pelas suas características intrínsecas, muito expressivos relativamente ao que se pretenderia saber acerca do exercício do provedor, nalguma outra vertente do seu desempenho.

Do escrivão e da Mesa ou Mesas que serviram neste período, apenas se sabe o que as mesmas fontes registaram. Numa escritura de emprazamento de 13 de julho de 1544, Luís Gonçalves está identificado como escrivão da Casa e sê-lo-á em todos os documentos encontrados, relativamente a este período.

No registo de 2 novembro de 1544 é mencionado Luís Gonçalves de Soágua, cidadão, como escrivão, tendo testemunhado o ato alguns Irmãos, muito possivelmente os mesários da altura: João de Sousa, capelão, Pêro Gonçalves, mordomo da capela, Lucas Gonçalves, mordomo de fora, Mateus Fernandes, Baltazar de Torres, João Rodrigues, Gonçalo Pires, Gonçalo Álvares, João Pires, Pêro Tomé e Gonçalo Fernandes, sendo estes últimos oficiais.

Do ano seguinte, à data de 15 de março de 1545, várias atestações confirmam que Luís Gonçalves, cidadão, era o escrivão, nessa altura. Há menções aos seguintes Irmãos: Francisco Álvares, Gonçalo Pires, Cristóvão Gonçalves, Francisco Rodrigues, Afonso Álvares, Pêro Tomé, Lucas Gonçalves e ainda Gaspar Álvares, mordomo da capela, Mateus Fernandes, mordomo de fora, que embora não sejam referidos como sendo os Irmãos da Mesa, a sua presença em atos públicos da Casa dever-se-ia certamente a estas funções ou aos outros cargos de que eram então responsáveis.

Um treslado do consentimento outorgado pela Misericórdia a uma venda de propriedades, com data de 3 de maio de 1545, confirma estar em exercício o mesmo escrivão, encontrando-se então presentes Silvestre Gonçalves, solicitador, Gonçalo Pires, mordomo, da capela, Mateus Fernandes, mordomo de fora, Estêvão Garcês, Pêro Gonçalves, João Fernandes, João Martins, Gonçalo Fernandes, Gonçalo Pires, Pêro André, provavelmente os mesários do último trimestre deste mandato.

FONTES E BIBLIOGRAFIA

Fontes arquivísticas

Arquivo Histórico da Santa Casa da Misericórdia do Porto (AHSCMP) – *Tombos do Hospital de Roque Amador*, série H, banco 1, livros 1-3; *Tombo dos bens de raiz do Hospital de Santa Clara*, série H, banco 1, livro 4; *Livros de prazos, foros, compras, vendas...*, série H, banco 6, livro 22.

Fontes digitais

SOVERAL, Manuel Abranches de, s/d – *Ferreira Pinto Brandão de Paços de Ferreira, Cête e Mouriz: uma família de militares e padres*. Disponível em: <http://tinyurl.com/hgojhaw> [consultado em maio-julho de 2016].

Bibliografia

BASTO, Artur de Magalhães, 1997 – *História da Santa Casa da Misericórdia do Porto*, 2.ª edição, vol. 1. Porto: Santa Casa da Misericórdia do Porto.

BRITO, Pedro de, 1997 – *Patriciado urbano quinhentista: as famílias dominantes do Porto (1500-1580)*. Porto: Arquivo Histórico da Câmara Municipal do Porto.

FREITAS, Eugénio de Andrea da Cunha e; MENDES, António Lopes, 1990 – *Provedores e Escrivães da Santa Casa da Misericórdia do Porto*. Porto: Santa Casa da Misericórdia do Porto.

MORAIS, Cristóvão Alão de, [1667] 1943-1948 – *Pedatura Lusitana: nobiliário de famílias de Portugal*, tomo I, vol. I, publicado por Alexandre António Pereira de Miranda Vasconcellos, António Augusto Ferreira da Cruz, Eugénio Eduardo Andrea da Cunha e Freitas. Porto: Livraria Fernando Machado.

PINTO, Maria Helena Barbosa, 2001 – *A vereação municipal do Porto em 1545*. Dissertação de Mestrado em História Medieval apresentada à Faculdade de Letras da Universidade do Porto (policopiado).

FILOMENA MELO

Pantaleão Ferreira

(? | m. post. março 1563 e ant. 1569)

Provedor da Santa Casa da Misericórdia

2.7.1545 | 2.7.1546

Vereador da cidade do Porto (1553).

Filho de Martim Lourenço e Violante Correia.

Meio-irmão de João Martins Ferreira, cidadão e vereador do Porto.

Avô de Álvaro Ferreira Pereira, provedor da Santa Casa da Misericórdia do Porto (1604-1605).

Casou com Ana Pimentel ou Mesquita, de quem teve oito filhos: João Martins Ferreira, Paio Correia, Diogo Ferreira, Maria do Salvador, Catarina Correia, Beatriz da Anunciação, Helena da Cruz e Violante de Jesus.

Fidalgo da Casa d'el Rei.

Há notícia de que, na sua juventude, foi moço de câmara. Sucedeu no morgado e capela de seu pai e foi vereador da cidade do Porto.

A documentação permite estabelecer a sua linhagem e relações familiares, mas não há muitos elementos sobre o seu percurso pessoal e nem mesmo a respeito da sua ação na Misericórdia. Aqui, sabe-se que foi um Irmão cooperante e presente na vida da Casa. Além do desempenho dos seus dois mandatos como provedor de 1545-1546 e 1547-1548, está profusamente atestada a sua presença na direção da Misericórdia do Porto, ao longo das décadas de 1540 e 1550, e nos primeiros anos da década seguinte, tendo sido ainda eleito para a Mesa de 1562, pelo que se depreende que o seu falecimento terá sido pouco posterior, no máximo até 1569, data de um documento do qual consta ter deixado um encargo testamentário à sua viúva para esmola à Confraria da Misericórdia (*Manuscritos*, 240, n.º 26).

⁂

Quanto a este seu mandato de 1545-1546, na ausência das atas eleitorais, é através de documentos notariais de venda de propriedades do Hospital Roque Amador, sujeito à alçada da Misericórdia, que se sabe ter sido provedor da Misericórdia (*Tombos do Hospital de Roque Amador*, Livro 2, fl. 182v e 231). Além dos documentos deste ano, também numa reunião de cabido, no mandato seguinte, é mencionado Pantaleão Ferreira como tendo sido o provedor precedente (*Tombo dos bens de raiz do Hospital de Santa Clara*, fls. 125-125v).

Contudo, embora confirmado este mandato, este tipo de fontes não permite conhecer muitos aspetos que o tenham caracterizado, sendo até as datas de enquadramento do mesmo meramente conjeturais. Inclusive, são escassos os dados sobre a Mesa que o acompanhou durante esse período. A 6 de setembro de 1545, aparece uma menção a Luís Gonçalves, apontado como escrivão, referindo-se ainda o possível conjunto de mesários: Rodrigo Anes, o Velho, Gaspar Álvares, Pêro Vaz, Pêro Fernandes, Francisco Anes, além de João de Sousa, capelão da Casa, Silvestre Gonçalves, solicitador, Sebastião

Vaz, mordomo da capela, presentes num ato público, devido a estes cargos que exerciam na Casa (*Tombos do Hospital de Roque Amador*, Livro 2, fl. 182v). A 29 de novembro de 1545, os Irmãos da Misericórdia autorizam a contratação de um prazo, estando identificados Luís Gonçalves, na qualidade de escrivão, e outros Irmãos que não se sabe se são ou não da Mesa nessa ocasião (*Tombos do Hospital de Roque Amador*, Livro 2, fl. 231).

FONTES E BIBLIOGRAFIA

Fontes arquivísticas

Arquivo Histórico da Santa Casa da Misericórdia do Porto (AHSCMP) – *Tombo dos bens de raiz do Hospital de Santa Clara*, série H, banco 1, livro 4; *Tombos e inventário dos bens de raiz do Hospital de Santo Ildefonso*, série H, banco 1, livro 5; *Tombos do Hospital de Roque Amador*, série H, banco 1, livros 1-2; *Despesa Geral*, série L, banco 1, livro 9.

Bibliografia

BASTO, Artur de Magalhães, 1997 – *História da Santa Casa da Misericórdia do Porto*, 2.ª edição, vol. 1. Porto: Santa Casa da Misericórdia do Porto.

BRITO, Pedro de, 1997 – *Patriciado urbano quinhentista: as famílias dominantes do Porto (1500-1580)*. Porto: Arquivo Histórico da Câmara Municipal do Porto.

FREITAS, Eugénio de Andrea da Cunha e; MENDES, António Lopes, 1990 – *Provedores e Escrivães da Santa Casa da Misericórdia do Porto*. Porto: Santa Casa da Misericórdia do Porto.

XAVIER, Ângela Barreto; PAIVA, José Pedro (dir.), 2005 – *Portugaliae Monumenta Misericordiarum – Crescimento e consolidação: de D. João III a 1580*, vol. 4. Lisboa: União das Misericórdias Portuguesas.

FILOMENA MELO

Luís Álvares de Madureira

(? | ?)

Provedor da Santa Casa da Misericórdia do Porto

2.7.1546 | 2.7.1547

Vereador da cidade do Porto (1548, e1556).

Provedor da Santa Casa da Misericórdia (1546-1547, 1549-1550 e 1556-1557).

Filho de Álvaro Dinis, vereador da cidade do Porto (1501) e de Brites de Madureira.

Casou com Joana de Madureira (Índia) de quem teve quatro filhos: Pêro de Madureira, Diogo de Madureira (provedor (1587)?), Juliana de Madureira e Maria de Madureira.

Cavaleiro fidalgo da Casa d'el Rei.

Quem foi o provedor Luís Álvares de Madureira? Atendendo à homonímia no seio da família Madureira, como em tantas outras, foi necessário ponderar e avaliar quem poderia ser este Luís Álvares de Madureira. Considerando as várias gerações da família e o período de vida possível de cada um dos homónimos, atribui-se, sem margem de dúvida, a presente identificação: Luís Álvares de Madureira, filho de Álvaro Dinis e Brites de Madureira. Para trás dele, um homónimo, filho de um contemporâneo de D. João I, foi seu avô, pai de D. Brites. Depois de si, outro homónimo, Luís Álvares de Madureira, será já seu neto, filho de Diogo de Madureira, pois está, cronologicamente muito distanciado de quem teve o auge da sua carreira nos anos de 1540 e 1550, que é o caso do presente biografado, o provedor. Estamos então perante Luís Álvares de Madureira, que viveu em pleno século XVI, neto de um Luís Álvares de Madureira, quatrocentista, e avô de outro, seiscentista.

Do provedor Luís Álvares de Madureira sabe-se que na sua juventude esteve na Índia, onde, como muitos outros, projetou o seu futuro. Deste modo, pôde regressar ao reino já casado com sua prima Joana de Madureira e trazendo alguns meios de fortuna que lhe permitiram adquirir uma quinta, com a qual instituiu o morgado do Freixo (BRITO, 1997: 368), com a capela de Nossa Senhora da Esperança, em S. Francisco do Porto, onde está sepultado (MORAIS, vol. II: 421).

No Porto fixou residência, tendo adquirido casas na Rua dos Mercadores – não se sabe exatamente quando, mas seguramente antes de 1568, data em que estas propriedades são referenciadas numa fonte (BRITO, 1988: 330). Foi vereador da Câmara da cidade, em 1556, (BRITO, 1988: s/p) e fez-se irmão da Misericórdia, cerca de 1546 ou provavelmente um pouco antes, tal como outros seus contemporâneos, igualmente figuras destacadas da vida municipal da cidade.

Da sua linhagem, seu filho Diogo, foi provedor em 1587. Em gerações futuras outros Madureira serão Irmãos da Casa, como Diogo Madureira de Barros, seu neto, que não chegou a ser provedor, mas foi confrade por muito tempo, para além de vários outros parentes desta família por consórcio matrimonial.

A informação sobre a orgânica interna da Misericórdia é muito escassa para esta cronologia. Dado que não se encontram as atas eleitorais, o presente mandato de Luís Álvares de Madureira, tal como o segundo, nem sequer constava das listagens até agora conhecidas, publicadas por Magalhães Basto, por António Mendes e Eugénio Freitas, ou outros estudiosos da Casa, embora a figura de Luís Álvares de Madureira tivesse já sido revelada, nalguns pontos da sua história pessoal e do seu papel no município da cidade do Porto.

Não obstante os parcos recursos disponíveis para conhecer esta figura, a leitura dos dados conjugados permite encontrar um fio de coerência no desenvolvimento da atividade deste provedor, não neste mandato em concreto, mas no conjunto dos anos que dedicou à Misericórdia. Foi eleito para três mandatos, sendo a sua primeira indigitação em 1546 e a última, dez anos depois, em 1556. Contudo, nos anos em que não foi provedor encontram-se quase sempre notícias da sua presença na Casa, como escrivão, ou noutro lugar da Mesa. E isto vai até uma última notícia datada de 1564, em que prestou serviço na Mesa. Como antes de 1546 não foi, até agora, encontrado outro indício da sua atividade na Misericórdia, é possível então concluir que pertenceu à Irmandade pelo menos durante quase duas décadas, balizadas, aproximadamente, por estas datas. Este tempo coincide com o período em que há notícia da sua participação na vida pública da cidade do Porto, tendo sido vereador em 1556, precisamente no ano em que obtivera um mandato como provedor da Santa Casa.

A continuada participação na vida da Misericórdia, ao longo de vinte anos, diz muito da personalidade deste confrade, deixando adivinhar um caráter cooperante e dinâmico, de alguém efetivamente dedicado ao trabalho da Casa. A isto acresce um curioso episódio, ocorrido neste mandato. No dia 20 de novembro de 1546, os Irmãos da Misericórdia elaboraram uma procuração que lhes era necessária para determinados negócios. Não se sabe por que razão, reuniram-se nesse dia em casa do provedor, «cabido fazendo» (*Tombo dos bens de raiz do Hospital de Santa Clara*, Livro 4, fls. 125-125v).

O caráter excecional deste local de reunião não é um apontamento anedótico a desprezar. A Confraria reunia, por norma, no edifício da Misericórdia. Os atos notariais muitas vezes eram aí lavrados, embora estes, eventualmente, pudessem ter lugar nas instalações do tabelião. Pontualmente, para tratar de certos assuntos, podiam ir os Irmãos até à Sé, reunir com o cabido ou o bispo da cidade. O que não é comum é convocar o cabido da Misericórdia para uma residência particular, nem mesmo sendo a casa do provedor. Tal facto evidencia a imagem de um provedor empenhado, que não abandona as suas obrigações senão *in extremis* e que, mesmo por qualquer impedimento, seu ou da Casa, já que não está explicado o motivo desta transferência de lugar, promove uma reunião nos seus aposentos particulares, de modo a assegurar o cumprimento dos compromissos da Misericórdia.

Não obstante os seus esforços para não faltar à reunião da Confraria, expressos no relato precedente, o provedor nem sempre terá conseguido lograr o seu intento de acompanhar os trabalhos da Casa. Quiçá não esteve de boa saúde durante este período, pois, uns meses antes do sucedido, concretamente a 1 de setembro de 1546, consta numa escritura de emprazamento que a Misericórdia do Porto fora representada apenas pelo escrivão e bem assim outros Irmãos, pois o provedor, Luís de Madureira, estivera ausente (*Tombos do Hospital de Roque Amador*, Livro 2, fl. 93). Pouco tempo depois, a 26 do mesmo mês de setembro, outro documento notarial confirma a mesma informação.

Estas fontes de caráter notarial são também as que permitem conhecer alguns membros da Mesa. Nas escrituras de setembro de 1546 é mencionado Luís Gonçalves de Soágua, escrivão da Misericórdia que, nesses dois momentos substituía o provedor. Os Irmãos que reuniram a 26 de setembro de 1546, foram, além do referido Luís Gonçalves de Soágua, escrivão da Confraria, João de Sousa, capelão, Pêro Vaz, solicitador, Gonçalo Fernandes, mordomo de fora, António Anes, Francisco Anes, Francisco Dias, Francisco Luís, Pêro Gonçalves, Gonçalo Pires, Sebastião Pires e André Dias.

No cabido de 20 de novembro de 1546, esteve presente o provedor Luís de Madureira, o capelão João de Sousa, Luís Gonçalves de Soágua, como escrivão da Casa, Pantaleão Ferreira, que está referido como tendo sido o provedor do ano precedente, Sebastião Vaz, mordomo da capela, Gonçalo Fernandes, mordomo de fora, Mateus Fernandes, Diogo Martins, Pêro Fernandes, Francisco Anes, Pêro Vaz, solicitador (*Tombo dos bens de raiz do Hospital de Santa Clara*, Livro 4, fls. 125-125v).

No dia imediato, a 21 de novembro de 1546, dão autorização para uma venda os seguintes Irmãos: Luís Álvares de Madureira, na qualidade de provedor, Luís Gonçalves, escrivão, João de Sousa, capelão, Henrique Nunes de Gouveia, André Dias, Gonçalo Pires, Pêro Vaz, procurador, Francisco Anes, Manuel Pires, Francisco Gonçalves, João Nunes, Gonçalo Dias, Sebastião Pires, António Anes.

FONTES E BIBLIOGRAFIA

Fontes arquivísticas

Arquivo Histórico da Santa Casa da Misericórdia do Porto (AHSCMP) – *Tombos do Hospital de Roque Amador*, série H, banco 1, livros 1-3; *Tombo dos bens de raiz do Hospital de Santa Clara*, série H, banco 1, livro 4; *Livros de Prazos da Misericórdia*, série H, banco 6, livro 26; *Livro de Receita e Despesa do Cofre*, série E, banco 1, livro 1.

Bibliografia

BRITO, Pedro de, 1997 – *Patriciado urbano quinhentista: as famílias dominantes do Porto (1500-1580)*. Porto: Arquivo Histórico da Câmara Municipal do Porto.

MORAIS, Cristóvão Alão de, [1667] 1943-1948 – *Pedatura Lusitana: nobiliário de famílias de Portugal*, publicado por Alexandre António Pereira de Miranda Vasconcellos, António Augusto Ferreira da Cruz, Eugénio Eduardo Andrea da Cunha e Freitas. Porto: Livr. Fernando Machado, 12 volumes.

VASCONCELOS, Emília Albertina Sá Pereira de, 2001 – *Vereações na Câmara do Porto no ano de 1548*. Dissertação de Mestrado em História Medieval apresentada à Faculdade de Letras da Universidade do Porto (policopiado).

FILOMENA MELO

Pantaleão Ferreira

(? | ?)

Provedor da Santa Casa da Misericórdia do Porto

2.7.1547 | 2.7.1548

Vereador da cidade do Porto (1553).

Filho de Martim Lourenço e Violante Correia.

Meio-irmão de João Martins Ferreira, cidadão e vereador do Porto.

Avô de Álvaro Ferreira Pereira, provedor da Santa Casa da Misericórdia do Porto (1604-1605).

Casou com Ana Pimentel ou Mesquita, de quem teve oito filhos: João Martins Ferreira, Paio Correia, Diogo Ferreira, Maria do Salvador, Catarina Correia, Beatriz da Anunciação, Helena da Cruz e Violante de Jesus.

Fidalgo da Casa d'el Rei.

Não se encontrando as atas eleitorais ou outros documentos que pudessem fornecer informações objetivas, é escassa a informação acerca deste mandato. Aliás, este ano nem sequer constava das listagens de provedores atá agora conhecidas, publicadas por Magalhães Basto, por António Mendes e Eugénio Freitas, ou outros estudiosos da Casa. Porém, Pantaleão Ferreira está identificado como provedor em atos notariais nos quais a Misericórdia esteve representada, neste período. É por estes documentos que se sabe que esteve ausente a 19 de fevereiro de 1548, sendo substituído pelo escrivão Luís Gonçalves. Mencionam-se no mesmo documento os Irmãos Luís Álvares de Madureira, Gonçalo Pires, mordomo da capela, João Fernandes, mordomo de fora, António Anes, solicitador da Casa, Francisco Álvares, Diogo de Vilar, João Dias, sapateiro, João Pires barbeiro, Sebastião Pires, tanoeiro, António Pires, serralheiro «cabido fazendo», o que deixa pressupor que seriam os mesários de então, ou que estavam ali por força das outras funções que tinham na Casa (*Tombos do Hospital de Roque Amador*, Livro 3, fl. 10).

Num documento autorizando a venda de propriedades, a 6 de maio de 1548, além do provedor estiveram presentes o escrivão Luís Gonçalves, cidadão do Porto, António Carneiro, fidalgo da Casa d'el Rei, Tomé da Costa, cidadão, Mateus Fernandes, mordomo da capela, Roque Lopes, mordomo de fora, António Anes, solicitador, João de Sousa, capelão da Misericórdia, Francisco Dias, António Afonso, Francisco Anes, depreendendo-se que estes seriam alguns dos mesários que então compunham a Mesa da Confraria, um pouco diferente da precedente, já que à altura é de presumir que os Irmãos serviam o cargo durante um trimestre e apenas o provedor e escrivão exerciam um mandato anual.

De notar a particularidade de ser escrivão nesta Mesa Luís Gonçalves, ele que servira exatamente o mesmo cargo durante o primeiro mandato de Pantaleão Gonçalves entre 1545 e 1546.

FONTES E BIBLIOGRAFIA

Ver página 249.

FILOMENA MELO

António de Sá e Menezes

(? ?)

Provedor da Santa Casa da Misericórdia do Porto

2.7.1548 | 2.7.1549

Provedor da Santa Casa da Misericórdia do Porto (1548-1549 e 1564-1565).

Tal como acontece com muitos outros membros da família Sá, a identificação deste provedor não é fácil. Dado que vários parentes também seus contemporâneos têm o mesmo onomástico, a questão é saber qual deles foi o provedor. Apreciando a documentação da Misericórdia a seu respeito, apenas se pode concluir, quanto à identificação, os seguintes três pontos: que é o mesmo, em ambos os mandatos; que subscrevia «António de Sá»; que era referido por terceiros como «António de Sá e Menezes».

As datas em que esteve na Misericórdia permitem estabelecer algumas demarcações cronológicas, mas não ajudam a dirimir totalmente a dificuldade de identificação. Articulando a diferença entre a maneira como assina e a maneira como é designado por terceiros, podem tirar-se algumas ilações, mas não conclusões. Ao assinar «António de Sá» depreende-se que não se considerava Menezes, nome que na sua família era reservado aos da linha da primogenitura. Porém, não foram apenas estes a utilizar tal nome. Talvez por isso e por o saberem daquela família, os confrades da Misericórdia identificam-no várias vezes assim. A outra hipótese é a de que o considerassem o primogénito, herdeiro do alcaide João Rodrigues de Sá e Menezes e, portanto, o associassem a esse nome.

Feitas estas considerações e admitindo que não foram localizados elementos que permitam fundamentar com irrefutável certeza a identidade deste provedor, duas hipóteses se afiguram plausíveis: António de Sá, filho de Henrique de Sá e irmão de João Rodrigues de Sá de Menezes, o Velho, ou o seu homónimo, filho deste último. Em qualquer dos casos, poderia ser considerado «Menezes», sem que ele próprio subscrevesse desse modo. Ainda em abono da possibilidade de que se trate de António de Sá, o primogénito de João Rodrigues de Sá, o Velho, alcaide-mor da cidade do Porto, há a considerar que este foi casado com D. Inês de Noronha, a qual, depois de viúva, deixou um legado à Santa Casa da Misericórdia. Frequentemente, se não eram os próprios provedores a deixar um legado à Casa, eram as suas viúvas que tomavam essa iniciativa. Porém, este indicador não basta para se resolver a questão, para o que seria necessária uma investigação mais aprofundada, uma vez que as genealogias existentes e outra biografia sobre esta família não apresentam elementos que possam ser considerados conclusivos quanto à ligação de um destes homens à provedoria da Santa Casa.

⁂

Sobre a sua passagem na Santa Casa da Misericórdia do Porto, não abunda informação de pormenor relativamente ao seu desempenho, nem existem atas eleitorais, tanto que este mandato nem sequer constava das listagens de provedores até agora conhecidas, publicadas por Magalhães Basto, por António Mendes e Eugénio Freitas, ou outros estudiosos da Casa. Contudo, há indicadores certos sobre a sua presença como Irmão, não só neste mandato, como no período que medeia as duas eleições e até cerca de um ano após a sua segunda vez como provedor.

No presente mandato de 1548-1549, efetivamente, António de Sá está identificado como provedor em vários documentos de contabilidade e tesouraria da Misericórdia, e com ele o escrivão Luís Gonçalves de Soágua e alguns outros Irmãos que se crê serem os mesários, e que foram identificados pelas assinaturas. Tais são, em agosto de 1548, João de Sousa, João Rodrigues, Gonçalo Gonçalves e outros; em setembro, António Carneiro, Pantaleão Ferreira, João de Sousa, João Fernandes e outros; em novembro, Tomé da Costa, Diogo Martins, Roque Lopes, João Fernandes; em dezembro, Pêro Vaz, Francisco Anes e outros; em fevereiro de 1549, António Afonso, Francisco Gonçalves e outros; em março, António Carneiro, Francisco Anes, Pêro Vaz, João Fernandes, João de Sousa e mais alguns; em abril, Luís Álvares de Madureira, António Carneiro, João de Sousa, Mateus Fernandes e outros; em junho, Luís Álvares de Madureira, Francisco Álvares, João Fernandes, Francisco Anes, António Gonçalves e a 2 de julho, Pantaleão Ferreira, Francisco Álvares, Henrique Nunes de Gouveia, Gonçalo Dias, Gonçalo Afonso, João Fernandes, Roque Lopes, João Alves e mais alguns.

FONTES E BIBLIOGRAFIA

Fontes arquivísticas

Arquivo Histórico da Santa Casa da Misericórdia do Porto (AHSCMP) – *Despesa Geral*, série L, banco 1, livro 9; *Livro de Lembranças das deliberações da Mesa da Misericórdia*, série D, banco 8, livro 1; *Administração do Legado de D. Manuel de Noronha*, série H, banco 3, livro 7.

Fontes digitais

CHAM – *Genealogias dos vice-reis e governadores do Estado Português da Índia no século XVI*. Disponível em: <http://www.cham.fcsh.unl.pt/ext/GEN/index.htm> [consultado em maio-julho de 2016].

Fontes impressas

SOUSA, António Caetano de, 1735-1749 – *Historia genealógica da Casa Real Portugueza...* Lisboa Occidental: na Officina de Joseph Antonio da Sylva, impressor da Academia Real, 12 tomos em 13 volumes.

Bibliografia

BASTO, Artur de Magalhães, 1997 – *História da Santa Casa da Misericórdia do Porto*, 2.ª edição, vol. 1. Porto: Santa Casa da Misericórdia do Porto.

BRITO, Pedro de, 1997 – *Patriciado urbano quinhentista: as famílias dominantes do Porto (1500-1580)*. Porto: Arquivo Histórico da Câmara Municipal do Porto.

FARDILHA, Luís, 2003 – "João Rodrigues de Sá de Menezes na corte de D. Manuel". *Revista da Faculdade de Letras "Línguas e literaturas"*, XX, I. Porto: Faculdade de Letras da Universidade do Porto, pp. 305-316.

FARDILHA, Luís, 2004 – "Disputa por um nome: o poema *Malaca Conquistada* (1634), de Francisco de Sá de Menezes, e a representação genealógica". *Revista da Faculdade de Letras "Línguas e literaturas"*, XXI, I. Porto: Faculdade de Letras da Universidade do Porto, pp. 61-87.

FREITAS, Eugénio de Andrea da Cunha e; MENDES, António Lopes, 1990 – *Provedores e Escrivães da Santa Casa da Misericórdia do Porto*. Porto: Santa Casa da Misericórdia do Porto (datilografado).

MONTEIRO, Fernando Manuel Moreira de Sá, 1981 – *Sás: subsídios para uma genealogia*. Separata do *Boletim de Trabalhos Históricos*. Guimarães: s/n.

FILOMENA MELO

Luís Álvares de Madureira

(? | ?)

Provedor da Santa Casa da Misericórdia do Porto

2.7.1549 | 2.7.1550

Vereador da cidade do Porto (1548 e 1556).

Provedor da Santa Casa da Misericórdia (1546-1547, 1549-1550 e 1556-1557).

Filho de Álvaro Dinis, vereador da cidade do Porto (1501) e de Brites de Madureira.

Casou com Joana de Madureira (Índia) de quem teve quatro filhos: Pêro de Madureira, Diogo de Madureira (provedor (1587)?), Juliana de Madureira e Maria de Madureira.

Cavaleiro fidalgo da Casa d'el Rei.

Não existindo atas eleitorais ou documentos de teor mais descritivo que possam fornecer informações claras sobre o desempenho do provedor, apenas se podem tomar como indicadores da sua ação neste mandato os atos notariais em que a Casa esteve implicada. Estes atestam determinados aspetos da gestão do património fundiário da Misericórdia e dos Hospitais por ela administrados. Encontram-se documentos desta tipologia sobretudo para o último trimestre de 1549.

As mesmas fontes referem Luís Gonçalves de Sobágua como escrivão da Misericórdia e mencionam os outros Irmãos que testemunharam os atos, não estando confirmado que fossem os mesários, na altura: Sebastião Vaz, António Cardoso, João Fernandes, João Dias, sapateiro, António Vaz, mercador, além de João de Sousa, capelão Tomé da Costa, António Anes, procurador, Mateus Fernandes, mordomo de fora, cuja presença se devia a estes cargos que detinham na Casa.

FONTES E BIBLIOGRAFIA

Ver página 255.

FILOMENA MELO

António Carneiro

(? | m. post. a 1575)

Provedor da Santa Casa da Misericórdia do Porto

2.7.1550 | 2.7.1551

Vereador da Câmara do Porto (1539 e 1553); provavelmente almotacé (1534).

Filho de Luís Carneiro, vereador da Câmara do Porto (1501), e de D. Melícia de Novais.

Sobrinho paterno de António Carneiro, secretário dos Reis D. João II, D. Manuel e D. João III e primo do compositor Pedro Carneiro.

Casou com D. Isabel Pinta, de quem teve quatro filhos: Luís Carneiro, vereador do Porto em 1576, Francisco Carneiro, desembargador do Paço e da Suplicação e conselheiro da Fazenda, António Carneiro, cavaleiro de Malta e D. Melícia.

Fidalgo da Casa Real.

Deste mandato de António Carneiro, as notícias escritas são assaz dispersas e pouco reveladoras, sabendo-se que em agosto de 1550, deu consentimento, na qualidade de provedor, para a venda de umas propriedades foreiras à Misericórdia. Mais tarde, numa escritura de emprazamento, celebrado a 13 de novembro de 1550, esteve presente na qualidade de provedor. São estes ténues indícios que permitem concluir que exerceu o mandato deste ano e, pelo mesmo tipo de fontes, está referido como escrivão, na altura, Tomé da Costa, não havendo certezas quanto aos demais elementos da Mesa.

Sabe-se sim que, embora tenha sido eleito apenas para dois mandatos (além deste, o de 1542-1543) a sua presença na Misericórdia do Porto foi uma constante durante cerca de trinta e cinco anos, ao longo dos quais pertenceu à Mesa como escrivão, lugar para o qual foi várias vezes eleito, conselheiro da Mesa, eleitor, mordomo, ou noutra função. O ano de 1574 parece ter sido o último em que teve uma intervenção mais direta na administração da Casa. Por outro lado, o seu testamento data de 1575, o que, a juntar ao facto de a sua carreira ter sido já muito longa, faz pensar que, por esta altura, terá deixado de exercer a sua atividade pública ou parte dela.

FONTES E BIBLIOGRAFIA

Ver páginas 237-238.

FILOMENA MELO

Francisco Pereira de Miranda

(? | ?)

Provedor da Santa Casa da Misericórdia do Porto

2.7.1551 | 2.7.1552

Vereador do Porto. Almoxarife.

Capitão em Chaul.

Casou com D. Guiomar Brandão ou Pereira de quem teve oito filhos: Martim Afonso de Miranda, Jorge Pereira de Miranda, provedor da Misericórdia do Porto (1588-1589 e 1601-1602), Fernão Brandão Pereira, João Álvares Pereira de Berredo, provedor da Misericórdia do Porto (1595-1596), D. Isabel de Miranda, D. Branca de Berredo, D. Catarina de Miranda, D. Maria de Berredo.

Cunhado do provedor da Misericórdia do Porto, Diogo Brandão Pereira (1559-1560).

Fidalgo da Casa Real.

São escassas e indiretas as referências a Francisco Pereira na documentação da Misericórdia relativas a este período, pelo que se torna até difícil, por questões de homonímia, determinar, com total segurança, a sua identidade. Aliás, este mandato nem sequer constava das listagens de provedores atá agora conhecidas, publicadas por Magalhães Basto, por António Mendes e Eugénio Freitas, ou outros estudiosos da Santa Casa.

Atendendo à cronologia, é de presumir que este Francisco Pereira seja o mesmo que assina como Francisco Pereira de Miranda em atas de reuniões da Mesa em que esteve presente frequentes vezes, servindo a Instituição ao longo de três décadas, vindo a ser provedor novamente em 1561-1562. A ser assim, foi Francisco Pereira de Miranda, fidalgo da Casa Real e senhor da Casa da Feira, vereador do Porto onde residia, depois de ter estado como capitão em Chaul. Institui, com sua mulher, um morgado e nas cláusulas do seu primitivo testamento contempla a Misericórdia generosamente, sendo que num segundo momento fez desta Confraria sua herdeira universal, caso viesse a falecer sem descendentes, preterindo até os seus familiares colaterais.

Ao serviço da Misericórdia, não só foi provedor, como substitui também o provedor em exercício, nalgumas ocasiões, como em 1564-1565, em lugar de António de Sá de Menezes, ou no ano seguinte, no de João Rodrigues de Sá. No conturbado mandato deste último, em 1580-1581, uma nova substituição que, provavelmente se tornou permanente, atendendo ao contexto político da época e ao papel que João Rodrigues de Sá assumiu na cidade, da qual depois fugiu. Também Francisco Pereira de Miranda esteve intensamente envolvido na movimentação política do momento. Naquela ocasião, pertenceu ao Conselho das coisas da guerra, órgão municipal criado a 22 de junho de 1580 e que tinha a particularidade de reunir habitualmente na Casa do Despacho da Misericórdia, ou não fosse constituído em grande parte por elementos desta Irmandade (SILVA, 1988: 785). Em agosto do mesmo ano, acompanhado por um grupo de figuras distintas da cidade e quase todos confrades seus da Misericórdia, integra uma comitiva de portuenses que, em representação da cidade, se dirigiram à Corte para jurar fidelidade a Filipe II (BASTO, 1997, fl. 504).

*

Embora seja conhecida a sua assídua colaboração com a Irmandade, da sua ação como provedor, neste período, pouco se sabe, dados os fracos indícios documentais, a que já se fez menção. Por fontes indiretas, tendo a Casa consentido numa venda de propriedades do Hospital Roque Amador, o ato notarial de 11 de outubro de 1551 refere a sua presença e bem assim a de Miguel Correia, cavaleiro fidalgo da Casa d'el Rei, na qualidade de escrivão e ainda António Carneiro, fidalgo da Casa d'el Rei, Vasco Leite e Henrique Nunes de Gouveia, cavaleiros da Casa d'el Rei e António Anes, solicitador da Casa da Misericórdia, referidos como Irmãos da Casa, sendo de presumir que fariam parte da Mesa, pelo menos na ocasião em que o contrato foi celebrado (*Tombos do Hospital de Roque Amador*, fls. 330-330v).

FONTES E BIBLIOGRAFIA

Fontes arquivísticas

Arquivo Histórico da Santa Casa da Misericórdia do Porto (AHSCMP) – *Livro de Lembranças das deliberações da Mesa da Misericórdia*, série D, banco 8, livro 1; *Livros de Receita e Despesa do Cofre*, série E, banco 1, livro 2; *Administração do Legado de D. Manuel de Noronha*, série H, banco 3, livro 7; *Tombos do Hospital de Roque Amador*, série H, banco 1, livro 3.

Bibliografia

BASTO, Artur de Magalhães, 1997 – *História da Santa Casa da Misericórdia do Porto*, 2.ª edição, vol. 1. Porto: Santa Casa da Misericórdia do Porto.

BRITO, Pedro de, 1997 – *Patriciado urbano quinhentista: as famílias dominantes do Porto (1500-1580)*. Porto: Arquivo Histórico da Câmara Municipal do Porto.

FREITAS, Eugénio de Andrea da Cunha e; MENDES, António Lopes, 1990 – *Provedores e Escrivães da Santa Casa da Misericórdia do Porto*. Porto: Santa Casa da Misericórdia do Porto (datilografado).

MORAIS, Cristóvão Alão de, [1667] 1943-1948 – *Pedatura Lusitana: nobiliário de famílias de Portugal*, publicado por Alexandre António Pereira de Miranda Vasconcellos, António Augusto Ferreira da Cruz, Eugénio Eduardo Andrea da Cunha e Freitas. Porto: Livr. Fernando Machado, 12 volumes.

SILVA, Francisco Ribeiro da, 1988 – *O Porto e o seu termo (1580-1640): os homens, as instituições e o poder*, 2 volumes. Porto: Arquivo Histórico da Câmara Municipal do Porto.

SILVA, Francisco Ribeiro da, 2002 – "A Misericórdia do Porto na Centúria de Quinhentos", in SAMAGAIO, Estêvão; MENDO, Paulo (coord.), *A Santa Casa da Misericórdia do Porto e o voluntariado em saúde: Comemoração dos 25 anos da Liga dos Amigos do Hospital Geral de Santo António*. Porto: Santa Casa da Misericórdia do Porto, pp. 29-42.

XAVIER, Ângela Barreto; PAIVA, José Pedro (dir.), 2005 – *Portugaliae Monumenta Misericordiarum – Crescimento e consolidação: de D. João III a 1580*, vol. 4. Lisboa: União das Misericórdias Portuguesas.

FILOMENA MELO

Rui Brandão

(?, 1503 | 1579 ou post.)

Provedor da Santa Casa da Misericórdia do Porto

2.7.1552 | 2.7.1554

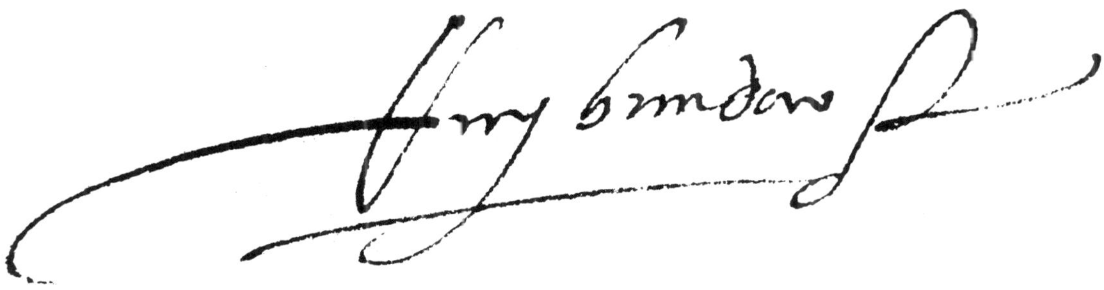

Vereador da Câmara do Porto (1545 e 1553).

Provedor da Santa Casa da Misericórdia do Porto (1543-1544, 1552-1554, 1557-1558 e 1567-1568).

Filho de João Sanches, juiz e vereador, e de Isabel Brandão, meia-irmã de Diogo Brandão Pereira e Fernão Brandão, poetas do cancioneiro de Garcia de Resende.

Irmão de Diogo Brandão Sanches, vereador da cidade do Porto e provedor da Santa Casa da Misericórdia do Porto. Tio de Afonso Brandão, filho deste Diogo Brandão Sanches, também vereador da cidade e igualmente provedor da Misericórdia. Primo em segundo grau de Diogo Brandão Pereira, o Contador, também provedor. Irmão de João Brandão Sanches, feitor na Flandres, pai de Maria Brandão, a do Crisfal.

Casou com Maria de Madureira de quem teve seis filhos: Luís Brandão, vereador do Porto, Diogo Brandão, D. Henrique, D. Joana Madureira, D. Filipa Brandão, D. Bernarda Madureira.

Fidalgo da Casa d'el Rei.

Se do seu primeiro mandato as informações que chegaram até hoje são muito poucas, deste mandato exercido entre julho de 1552 e julho de 1553 apenas existe um indício que remonta a 23 de abril de 1553, altura em que a Casa foi chamada a dar o seu consentimento à venda de umas propriedades do Hospital de Santo Ildefonso, instituto que tutelava. De tal modo que estes anos nem sequer constavam das listagens de provedores atá agora conhecidas, publicadas por Magalhães Basto, por António Mendes e Eugénio Freitas, ou outros estudiosos da Casa. É aquele documento a pedra de toque, o único que até agora se conhece que se refere a Rui Brandão, em abril de 1553, como sendo o «provedor o presente ano da dita confraria» (*Tombos e inventário dos bens de raiz do Hospital de Santo Ildefonso*, fl. 239v).

A mesma fonte revela que estiveram presentes ao ato João Rodrigues de Sá de Menezes, António Carneiro, escrivão, Luís Álvares de Madureira, mordomo da capela, todos fidalgos da Casa d'el Rei, Baltazar Delgado, mordomo de fora, Pantaleão Ferreira, Henrique Nunes de Gouveia, Luís Gonçalves de Sobágua, cavaleiros cidadãos da cidade do Porto, António Anes, solicitador da Casa, Francisco Luís, alfaiate, Diogo Gonçalves, sapateiro, João Fernandes, Gaspar Afonso, sapateiro e Pêro Tomé, barbeiro, «cabido fazendo» (*Tombos e inventário dos bens de raiz do Hospital de Santo Ildefonso*, fl. 239v), e por esta expressão é credível que esta fosse a composição da Mesa, na totalidade ou em parte, naquela data.

De outubro do mesmo ano, um documento de natureza semelhante, também autorizando uma venda, mas desta feita de propriedades do Hospital de Roque Amador, volta a mencionar Rui Brandão como provedor (*Tombos do Hospital de Roque Amador*, fls. 333v-334). Ora isto levanta uma questão complexa, uma vez que tal implica que Rui Brandão tenha exercido dois mandatos consecutivos, uma vez que as eleições decorriam em julho. Os factos registados relativos ao mês de abril seriam então de um mandato e os de outubro seguinte, de outro. Porém, como, até ao momento, só se podem tomar como referências estes dois documentos, na ausência de atas eleitorais ou quaisquer outros registos mais concludentes, não há nenhum elemento probatório adicional para confirmar ou contrapor a estas fontes. As hipóteses possíveis, nada mais do que hipóteses, são então as seguintes.

A primeira, mais próxima da objetividade dos dados e, portanto, mais fundamentada, é a de que Rui Brandão tenha, de facto, exercido dois mandatos consecutivos, ainda que não se saiba por que motivo, já que não era uma situação muito regular, na altura. A segunda hipótese, plausível, é a de que num destes momentos Rui Brandão não fosse o provedor titular, mas estivesse em substituição deste, por ausência ou até falecimento do provedor eleito, como por vezes ocorria. Deve dizer-se que, neste período, não raro, a menção «provedor» se aplica ao Irmão que está em substituição, sem que haja qualquer explicitação dessa particularidade.

Mais ainda, em caso de falecimento do provedor eleito, seria convocado o provedor precedente para o substituir, sem serem necessárias novas eleições, o que poderia explicar realmente esta situação. Uma terceira e última hipótese, mais especulativa, mas a não excluir, é a de que haja algum lapso na datação dos documentos, o que é menos credível e não deixaria de levantar, aliás tal como na segunda hipótese, a questão: quem era então o provedor eleito? De qualquer modo, fazendo fé na materialidade dos factos exarados na documentação, a resposta mais positivista, é a seguinte: Rui Brandão exerceu consecutivamente estes dois mandatos.

A composição da ou das Mesas do ano 1543-1544 está também escassamente documentada e a fonte disponível é a mesma autorização de venda, referida supra. Nela consta que António Carneiro, fidalgo da Casa d'el Rei, era o escrivão e que se encontravam também presentes Pantaleão Ferreira, fidalgo da Casa d'el Rei, Gaspar Nunes Barreto, cavaleiro-fidalgo da Casa d'el Rei, Vasco Leite, Henrique Nunes de Gouveia, cavaleiros da Casa d'el Rei, António Anes, solicitador da Casa, Francisco Luís, mordomo da Casa, João Fernandes, mordomo de fora, Gonçalo Pires, Francisco Anes, Gonçalo Marques, João Fernandes. É certo que, nestes tempos mais recuados da vida da Misericórdia do Porto, os cargos administrativos e executivos da Casa rodavam entre um número relativamente reduzido de pessoas. Contudo, dado que não está clarificada a questão dos dois mandatos sucessivos deste provedor, chama a atenção o facto de este elenco de nomes de uma possível composição da Mesa ser demasiado semelhante ao que constava no documento que se atribui ao mandato anterior, o que só complexifica este pequeno enigma.

FONTES E BIBLIOGRAFIA

Ver página 242.

FILOMENA MELO

António de Madureira

(? | ?)

Provedor da Santa Casa da Misericórdia do Porto

2.7.1554 | 2.7.1555

Vereador do Porto (1538 e 1548).

Filho de Diogo Fernandes de Ansede e Brites Lopes de Madureira.

É parente de Luís Álvares de Madureira e de Diogo de Madureira, ambos provedores e vereadores.

Casou com Maria Fernandes Póvoas, de quem teve três filhos: Diogo de Madureira, vereador da cidade do Porto e provedor da Misericórdia (1587)?, Maria de Madureira e Inês de Madureira.

Fidalgo da Casa Real.

Como Irmão da Santa Casa da Misericórdia, António de Madureira foi contemporâneo de outros parentes seus, como o também provedor Luís Álvares de Madureira, que fez um longo percurso na Casa, e Diogo de Madureira, filho deste ou de Luís, provedor em 1587 e também assíduo colaborador da Irmandade. Em gerações futuras outros Madureira serão Irmãos da Casa, como Diogo Madureira de Barros, que não chegou a ser provedor, mas foi confrade por muito tempo, para além de vários outros parentes desta família por consórcio matrimonial.

Da passagem de António de Madureira na Casa, apenas se conhece este mandato. Antes e depois, não está provado que tenha ocupado outras funções, nem se sabe ao certo por quantos anos foi Irmão, desconhecendo-se o motivo desta breve participação na vida da Irmandade ou da sua escassa documentação.

De igual modo são parcas as fontes que podem conduzir a algum conhecimento do que foi este mandato, sabendo-se ao certo apenas que foi provedor, participou, como tal nalguns atos notariais e terminou o mandato na data prevista. Quanto ao início, é provável que também tenha começado dentro do estipulado pelo calendário eleitoral da Casa, a 2 de julho, ou muito próximo dessa data, já que poucos dias depois dá o seu aval à realização de uma escritura. Medeiam cerca de dez meses para os quais não há notícias do decurso do seu exercício, até que perto do final do mandato, a partir de 8 de maio de 1555, voltam a existir provas de que permanecia no cargo.

Nas escrituras notariais realizadas, quer em julho de 1554 quer no ano seguinte declarou-se ser escrivão Luís Álvares de Madureira. São mencionados ainda os confrades Henrique Nunes de Gouveia, Baltazar Leite, António Anes, solicitador, Baltazar Delgado, Aleixo Ferreira, Vasco Leite, António Carneiro e no último contrato, Henrique Nunes de Gouveia, Gaspar Nunes Barreto, doutor Domingos Pires Pinto, Baltazar Delgado, mordomo da capela, António Anes, solicitador, e Aleixo

Ferreira, Tomé da Costa, Belchior Lobato, Pêro Fernandes, serralheiro, João Fernandes, cuteleiro.

Como, à época, a composição das Mesas rodava de três em três meses, salvo para o provedor e escrivão que, em princípio, tinham um mandato anual e, por outro lado, podiam participar nas assembleias os Irmãos que estivessem presentes, mesmo que não fossem os eleitos desse ano, é possível conjeturar que alguns destes seriam efetivamente os conselheiros eleitos e outros não, mas nada há que permita determinar quem seriam uns e outros, na altura.

Finalmente, na ocasião de prestação de contas e fecho de tesouraria do ano de 1554-1555 encontra-se a ata da eleição de 1555, o que permite verificar a data exata de cessação do presente mandato e de tomada de posse do provedor e Mesa seguintes. Confirma-se a presença do provedor cessante, António de Madureira, e declara-se ser escrivão Rui Brandão, que nesta qualidade subscreve a ata eleitoral, não se especificando o motivo pelo qual não fora escrivão o titular do cargo, Luís Álvares de Madureira, que esteve presente ao ato; estiveram ainda presentes nessa assembleia António de Sá, Baltazar Leite, mordomo do Hospital, Baltazar Delgado, mordomo da capela, Vasco Leite, mordomo dos envergonhados, João da Costa, mordomo de fora, Luís Gonçalves, o doutor Domingos Pires Pinto, João Dias, tanoeiro, Gonçalo Marques, Francisco Anes, Roque Lopes, Baltasar Fernandes, António Anes, solicitador da casa, Francisco Luís, João de Sousa, capelão, Baltazar de Torres, e outros, sendo de presumir que a maior parte deles – não sendo certo quais – pertenceriam à Mesa do ano que então findava.

FONTES E BIBLIOGRAFIA

Fontes arquivísticas

Arquivo Histórico da Santa Casa da Misericórdia do Porto (AHSCMP) – *Livros de Receita e Despesa do Cofre*, série E, banco 1, livro 1; *Tombos e inventário dos bens de raiz do Hospital de Santo Ildefonso*, série H, banco 1, livro 5; *Livros de Prazos da Misericórdia*, série H, banco 6, livro 26.

Bibliografia

BRITO, Pedro de, 1997 – *Patriciado urbano quinhentista: as famílias dominantes do Porto (1500-1580)*. Porto: Arquivo Histórico da Câmara Municipal do Porto.

FREITAS, Eugénio de Andrea da Cunha e; MENDES, António Lopes, 1990 – *Provedores e Escrivães da Santa Casa da Misericórdia do Porto*. Porto: Santa Casa da Misericórdia do Porto (datilografado).

MORAIS, Cristóvão Alão de, [1667] 1943-1948 – *Pedatura Lusitana: nobiliário de famílias de Portugal*, publicado por Alexandre António Pereira de Miranda Vasconcellos, António Augusto Ferreira da Cruz, Eugénio Eduardo Andrea da Cunha e Freitas. Porto: Livr. Fernando Machado, 12 volumes.

VASCONCELOS, Emília Albertina Sá Pereira de, 2001 – *Vereações na Câmara do Porto no ano de 1548*. Dissertação de Mestrado em História Medieval apresentada à Faculdade de Letras da Universidade do Porto (policopiado).

FILOMENA MELO

João Rodrigues de Sá de Menezes (dito «*o Velho*» ou «*o Alcaide-mor*»)

(?, n. c. 1485 | ?, 25.1.1579)

Provedor da Santa Casa da Misericórdia do Porto

2.7.1555 | 2.7.1556

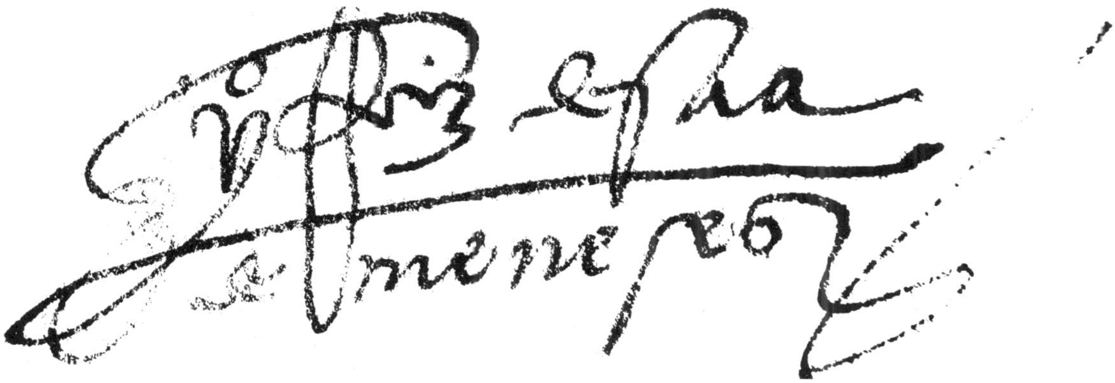

Oficial do Exército.

Quinto alcaide-mor da cidade do Porto (1524). Capitão-mor da cidade do Porto (1567). Senhor de Sever, Matosinhos, Paiva e Baltar. Do Conselho do Rei.

Embaixador às Cortes de Saboia e do Imperador Carlos V.

Poeta do Cancioneiro Geral de Garcia de Resende, tradutor de literatura clássica.

Filho de Henrique de Sá e Menezes, 4.º alcaide-mor do Porto, conde de Sever, e de D. Brites de Menezes.

Primo de João Rodrigues de Sá, vedor da Fazenda e provedor da Misericórdia do Porto; primo do poeta Francisco de Sá de Miranda; sobrinho do capitão, D. João de Menezes e do filho e sucessor deste, D. Duarte de Menezes, entre muitos outros.

Casou com D. Camila de Noronha de quem teve oito filhos: António de Sá de Menezes, Francisco de Sá de Menezes, alcaide-mor do Porto e provedor da Misericórdia do Porto, Pantaleão de Sá de Menezes, Inês de Noronha, Maria de Menezes, Sebastião de Sá de Menezes, Henrique de Sá e Francisco de Noronha.

Na tradição genealógica, autores consagrados, como António Caetano de Sousa ou Agostinho Rebelo da Costa, perpetuaram o mito de que João Rodrigues de Sá e Menezes teria vivido 115 anos, conservando sempre em pleno a sua força e destreza físicas e bem assim as faculdades intelectuais. Na verdade, numa família em que a homonímia é muito grande e os títulos e cargos passavam hereditariamente de geração em geração, é difícil, em determinadas circunstâncias, perceber quem é quem e delinear, com segurança, o perfil de cada um. Visto deste modo, de facto existiu um João Rodrigues de Sá, não só 115, mas muitos mais anos.

Não admira, pois, que as biografias sobre esta família sejam bastante confusas e que seja difícil fazer coincidir e correlacionar os dados apresentados pelos diferentes autores que se interessaram por uma ou várias destas figuras, salvo num ponto ou outro em que todos são convergentes. Por exemplo, ninguém duvida de que o primeiro João Rodrigues de Sá que nesta dinastia conquistou fama, glória e muitas mercês régias para a família, catapultando-a para a primeira linha da nobreza de Corte foi, inequivocamente, o contemporâneo e apoiante de D. João I, dito João Rodrigues de Sá, o das Galés. Mas, nos séculos seguintes, os ápodos – «o Velho», «o Moço», «o Capitão de Ormuz», «o Capitão-mor», «o Vedor», «o Alcaide», «Senhor de Sever», «Conde de Penaguião» – nem sempre bastam para dirimir as dificuldades que se encontram na definição do perfil de cada João Rodrigues de Sá, até porque o ápodo pode não acompanhar o nome em todas as menções.

Isto para só falar daqueles de nome João, já que com os onomásticos António e Francisco, que nesta família alternam quase sempre com os de João, não é muito mais fácil, pois a identificação de uns depende da de outros e os dados ficam demasiado enleados para se terem certezas, em determinados pontos, além da estrita genealogia. João de Menezes, João Rodrigues de Sá e Menezes, João Rodrigues de Sá, Francisco de Sá, Francisco de Sá de Menezes e outro Francisco de Sá de Menezes, Francisco de Sá de Miranda, António de Sá de Menezes, António de Sá, todos parentes próximos, todos letrados, humanistas, quase todos poetas, muitos homens de armas e diplomatas da confiança régia. Porque os Sás não foram só herdeiros de um destino bem fadado. A cada geração, muitos deles enobreceram a família por mérito próprio e pelo serviço a vários monarcas, até porque «o instinto, habilidade ou sorte que levou os Sás a apostar sempre no campo vencedor, contribui sem dúvida para a boa fortuna desta família», conforme muito bem reparou Pedro de Brito (BRITO, 1997: 30). Ao lado de D. João I, em 1383, no partido de D. Afonso V, em Alfarrobeira, fiéis a Filipe II de Castela, contra o prior do Crato e em 1640, com o Duque de Bragança. Que intuição política!

É esta a família de João Rodrigues de Sá, provedor da Santa Casa da Misericórdia do Porto no século XVI. Mas qual deles? À frente da Casa, por seis vezes em 25 anos, esteve um provedor de seu nome João Rodrigues de Sá. Não era inverosímil que fosse sempre a mesma pessoa. Mas pode não ter sido. A estratégia para procurar dirimir esta questão consistiu em comparar os autógrafos do provedor em cada um destes mandatos e, simultaneamente, cruzar essa informação com a forma como o provedor é referido na documentação coeva. A primeira análise deu os seguintes resultados.

No mandato de 1555, o provedor subscreve como «João Rodrigues de Sá de Menezes», nos quatro mandatos de 1558, 1562, 1565 e 1572 a firma é «João Rodrigues de Sá» e no atribulado mandato de 1580 não se encontra um único autógrafo seu. Magalhães Basto, que tão bem estudou a história da Santa Casa da Misericórdia do Porto, afirma que «no Livro de Lembranças de 1559-1576 aparecem-nos várias vezes as assinaturas dos Confrades: João Rodrigues de Sá (Vedor da Fazenda Real no Porto), João Rodrigues de Sá de Menezes (Alcaide-mor)» (BASTO, 1997: 415). É verdade, mas nunca em simultâneo, isto é, nunca se encontram apostas no mesmo documento as duas assinaturas, há que acrescentar. Nem mesmo nos róis de irmãos, constam os dois, como no de 1573, em que apenas está arrolado o vedor. Além disso, a assinatura com o nome «Menezes», isto é, «João Rodrigues de Sá de Menezes», só se encontra em documentos do mandato de 1555-1556, como foi dito. E isto faz toda a diferença, ou seja, toda a dificuldade.

Acresce ainda que, comparando as grafias das duas formas do nome, ao longo dos anos, elas são extremamente parecidas, quase coincidentes em todos os pormenores e características da escrita. Mas sabe-se que isso pode acontecer entre familiares muito próximos, sobretudo se tiverem tido o mesmo mestre de caligrafia. A única diferença é que na versão da assinatura de João Rodrigues de Sá de Menezes, a primeira parte do nome, i.e., «João Rodrigues de Sá» está numa primeira linha e em baixo, separado por um traço horizontal, pode ler-se «de Menezes». Em rigor, só o ramo primogénito deveria usar o nome Menezes, mas nem sempre foi assim e outros membros da família apelidaram-se deste modo. Portanto, não é um elemento diferenciador categórico.

Então, esta primeira estratégia de identificação pelo autógrafo não deu resultados conclusivos, permitindo assinalar apenas esta especificidade.

Num segundo passo, procurando analisar então como é referido o nome do provedor por terceiros seus contemporâneos, verificou-se o seguinte. Em documentos anteriores ao mandato de 1555-1556 e até a esta data, inclusive, encontra-se «João Rodrigues de Sá e Menezes» e também, por vezes, o nome é precedido de «o senhor», expressão que, como bem observou Pedro Brito, nos documentos municipais é exclusivamente utilizada nas referências a João Rodrigues de Sá (BRITO, 1997: 388). Na documentação da Misericórdia, embora se encontrem raríssimas exceções, pode dizer-se que é quase exclusivamente reservada a este João Rodrigues de Sá de Menezes, o de 1555. A especificação «vedor» veio ajudar apenas nos mandatos de 1562 e 1565. Em 1558, 1572, 1580 e mesmo fora dos mandatos, noutras ocasiões em que se refere este nome, é sempre e só João Rodrigues de Sá, sem a aposição de qualquer elemento que ajude a dirimir dificuldades de identificação.

Em face desta complexa situação e dos resultados, por assim dizer, inconclusivos ou pouco consistentes, a pergunta permanece. Quem é quem? A quem atribuir estes seis mandatos? Na impossibilidade de uma solução fechada e absoluta, ponderadas as hipóteses, parece razoável e fundamentada a seguinte interpretação:

- 1555-56 – o provedor poderá ser João Rodrigues de Sá de Menezes, o Alcaide – no texto da ata eleitoral é mencionado «o senhor João Rodrigues de Sá», mas o autógrafo aposto a este documento é «João Rodrigues de Sá de Menezes»; não obstante, como foi dito supra, tem as mesmas características gráficas de posteriores assinaturas em que consta apenas «João Rodrigues de Sá»; por outro lado, em abono a hipótese de ser o alcaide, está ainda o facto de ser designado como «o senhor».
- 1558-1559 – o provedor poderá ser João Rodrigues de Sá, o Vedor – hipótese baseada nas referências de terceiros seus contemporâneos e na forma da assinatura de João Rodrigues de Sá, em tudo igual às posteriores; a maior objeção é a proximidade cronológica entre este mandato e o precedente, mas ambos, vedor e alcaide, podem, de facto, ter sido confrades, nesta época.
- 1562-1563 – o provedor é João Rodrigues de Sá, o Vedor – porque há documentos que explicitam ser o vedor, não deixando margem para dúvida.
- 1565-1566 – o provedor é João Rodrigues de Sá, o Vedor – porque há documentos que explicitam ser o vedor, tal como no caso precedente.
- 1572-1573 – o provedor poderá ser João Rodrigues de Sá, o Vedor – hipótese baseada apenas nas referências ao seu nome e na própria assinatura, tal como

em 1558-1559; é referido como João Rodrigues de Sá e a assinatura autógrafa é igual às que se encontram nos três mandatos precedentes.
- 1580-1581 – o provedor é João Rodrigues de Sá, o Vedor – porque João Rodrigues de Sá, o anterior alcaide-mor do Porto, já tinha falecido.

Dada a complexidade do caso e as incertezas que permanecem, impunha-se esta longa explanação de um processo de investigação não menos longo e assaz ponderado. Posto isto, e seguindo o raciocínio feito, assume-se então, com as reservas necessárias, que este mandato foi de João Rodrigues de Sá e Menezes, o Alcaide-mor. E a juntar a todas estas reservas de identificação, há ainda a questão, mais intuitiva do que científica: como poderia João Rodrigues de Sá de Menezes dedicar-se tanto aos encargos da Misericórdia? Porque não foi só um ano como provedor, mas alguns mais, durante os quais teve outras funções na Casa. Se de alguma coisa vale haver ou não precedentes, deve notar-se que não consta que seu pai, o alcaide Henrique de Sá de Menezes, tenha sido Irmão da Misericórdia. O filho de João Rodrigues de Sá de Menezes, Francisco de Sá de Menezes, foi confrade e provedor, é certo, mas muito antes de ser alcaide e capitão-mor da cidade, o que lhe coube inesperadamente, por morte de seu irmão mais velho. Mesmo sabendo que João Rodrigues de Sá de Menezes era um homem com uma personalidade muito rica e diversificada, empenhado tanto em poesia como na arte da guerra, erudito e pragmático, mesmo sabendo que figuras das primeiras famílias da cidade foram Irmãos e provedores da Casa, custa aceitar esta hipótese de que tenha sido realmente este alcaide o João Rodrigues de Sá, provedor, sem questionar as incontornáveis reticências que esta identificação apresenta.

Como já se notou, pelo nascimento no seio desta família, João Rodrigues de Sá de Menezes está, à partida, numa posição proeminente na história do reino, sem dúvida, e da cidade do Porto, em particular. É o primogénito do ramo dos chefes da Casa, e estes varões dos Sás herdavam a alcaidaria do castelo do Porto, desde que o seu antepassado e homónimo João Rodrigues de Sá, designado distintivamente «o das Galés», fora compensado pela adesão e apoio incondicional à causa do Mestre de Avis, como foi dito também. A este cargo, veio a juntar-se o de capitão-mor da cidade, a partir de 1567. Deste modo, João nasce para ser alcaide do Porto. Assumirá esta responsabilidade após o falecimento do pai, em 1524, quando ainda estaria na casa dos trinta anos. Mas para além de cumprir este desígnio, também ele comungou da paixão familiar pelas letras, sendo poeta consagrado pelo Cancioneiro.

Serviu na Corte, ainda moço, no tempo de D. João II, e depois com D. Manuel, que lhe confiou delicadas missões diplomáticas, nomeadamente a de acompanhar a filha, a Infanta D. Beatriz, a Saboia, por ocasião do seu casamento, em 1521. Também ele se empenhou na carreira das armas, tendo participado na difícil campanha de Arzila, de 1508, sob o comando de seu tio, D. João de Menezes. Regressou às expedições norte-africanas em 1511 e 1513, sendo então já casado com D. Camila de Noronha. Assim, na sua vida que se repartiu entre os ambientes de corte e os cenários militares, João Rodrigues de Sá e Menezes também desmentiu Camões, à semelhança de tantos outros da sua família, usando com igual mestria a pena e a espada.

Quando se pretende conhecer João Rodrigues de Sá e Menezes na qualidade de provedor e confrade da Santa Casa da Misericórdia, esbarra-se com o silêncio ou as parcas palavras que se podem retirar das fontes, à semelhança do que acontecia com os demais provedores deste tempo.

É possível saber que João Rodrigues de Sá de Menezes era Irmão desta Confraria já alguns anos antes de ser provedor. Não se sabe exatamente desde quando, mas no dia 23 de abril de 1553, por exemplo, compareceu a um ato notarial, juntamente com o provedor da altura, Rui Brandão, e com outros Irmãos, em representação da Misericórdia. Há indicadores também de que permaneceu na Casa alguns anos após este mandato como provedor, já que no tempo de Manuel de Moura esteve na Mesa João Rodrigues de Sá de Menezes, no trimestre de janeiro a março de 1564.

Mais tarde, num rol de 1573, acima referido, consta o nome de João Rodrigues de Sá, o Vedor, mas não o seu. Portanto, João Rodrigues de Sá de Menezes esteve, pelo menos durante dez anos, na Confraria e, quiçá, as responsabilidades públicas, ou outros motivos, tê-lo-ão afastado da Irmandade ou, pelo menos, impedido de assumir quaisquer cargos que tenham sido registados.

⁂

Quanto a este seu mandato, em concreto, conhecem-se alguns documentos de emprazamento ou venda de propriedades sujeitas à alçada de Misericórdia, e por aí se tem conhecimento do que poderia ser a composição da Mesa que o secundou durante este período.

Por exemplo, a 26 de junho de 1556, estão reunidos para um ato notarial, além do provedor, o escrivão, Henrique Nunes de Gouveia, e os seguintes Irmãos, prováveis mesários, alguns outros, em função dos cargos que então tinham na Casa: Baltazar Leite, mordomo da capela, Gaspar Nunes Barreto, mordomo de fora, Rui Brandão, o doutor Dinis Pires Pinto, António Anes, solicitador da Casa, Sebastião Vaz, alfaiate, morador na R. Direita, João Dias, sapateiro, morador nas Congostas, Francisco Luís, alfaiate, morador na R. das Congostas.

No livro em que se regista a prestação de contas e fecho de tesouraria do ano de 1555-1556 encontra-se a ata da eleição para o ano seguinte, feita no dia 2 de julho de 1555, com o respetivo juramento. Confirma-se então que o provedor fez as eleições na data regulamentar e passou o testemunho à administração subsequente, ainda nesse dia.

A isto se resume o que pode ser conhecido deste mandato, como aliás é comum no primeiro século de funcionamento da Casa, pela escassez de documentos que atestem, mais pormenorizadamente, às ações então realizadas.

FONTES E BIBLIOGRAFIA

Fontes arquivísticas

Arquivo Histórico da Santa Casa da Misericórdia do Porto (AHSCMP) – *Livros de Prazos da Misericórdia*, série H, banco 6, livro 26; *Livro de Receita e Despesa do Cofre*, série E, banco 1, livro 1.

Fontes digitais

CHAM – *Genealogias dos vice-reis e governadores do Estado Português da Índia no século XVI*. Disponível em: <http://www.cham.fcsh.unl.pt/ext/GEN/Index.htm> [consultado em maio-julho de 2016].

Fontes impressas

COSTA, Agostinho Rebelo da, 1789 – *Descripção topografica, e historica da Cidade do Porto. Que contém a sua origem....* Porto: na Officina de Antonio Alvarez Ribeiro.

SOUSA, António Caetano de, 1735-1749 – *Historic genealógica da Casa Real Portugueza...* Lisboa Occidental: na Officina de Joseph Antonio da Sylva, impressor da Academia Real, 12 tomos em 13 volumes.

Bibliografia

BASTO, Artur de Magalhães, 1997 – *História da Santa Casa da Misericórdia do Porto*, 2.ª edição, vol. 1. Porto: Santa Casa da Misericórdia do Porto.

BRITO, Pedro de, 1997 – *Patriciado urbano quinhentista: as famílias dominantes do Porto (1500-1580)*. Porto: Arquivo Histórico da Câmara Municipal do Porto.

FARDILHA, Luís, 2003 – "João Rodrigues de Sá de Menezes na corte de D. Manuel". *Revista da Faculdade de Letras "Línguas e literaturas"*, XX, I. Porto: Faculdade de Letras da Universidade do Porto, pp. 305-316.

FARDILHA, Luís, 2004 – "Disputa por um nome: o poema *Malaca Conquistada* (1634), de Francisco de Sá de Menezes, e a representação genealógica". *Revista da Faculdade de Letras "Línguas e literaturas"*, XXI, I. Porto: Faculdade de Letras da Universidade do Porto, pp. 61-87.

FREITAS, Eugénio de Andrea da Cunha e; MENDES, António Lopes, 1990 – *Provedores e Escrivães da Santa Casa da Misericórdia do Porto*. Porto: Santa Casa da Misericórdia do Porto (datilografado).

MONTEIRO, Fernando Manuel Moreira de Sá, 1981 – *Sás: subsídios para uma genealogia*. Separata do *Boletim de Trabalhos Históricos*. Guimarães: s/n.

SILVA, Francisco Ribeiro da, 1988 – *O Porto e o seu termo (1580-1640): os homens, as instituições e o poder*, 2 volumes. Porto: Arquivo Histórico da Câmara Municipal do Porto.

FILOMENA MELO

Luís Álvares de Madureira

(? | ?)

Provedor da Santa Casa da Misericórdia do Porto

2.7.1556 | 2.7.1557

Vereador da cidade do Porto (1548 e 1556).

Provedor da Santa Casa da Misericórdia (1546-1547, 1549-1550 e 1556-1557).

Filho de Álvaro Dinis, vereador da cidade do Porto (1501) e de Brites de Madureira.

Casou com Joana de Madureira (Índia) de quem teve quatro filhos: Pêro de Madureira, Diogo de Madureira (provedor (1587)?), Juliana de Madureira e Maria de Madureira.

Cavaleiro fidalgo da Casa d'el Rei.

As provas documentais específicas relativas a este mandato são muito poucas, sendo o documento mais expressivo uma ata das eleições de 1556, que se encontra exarada num livro de tesouraria. Porém, nesta menciona-se apenas o provedor e o escrivão eleitos, dizendo que a escolha deste último recaíra novamente na pessoa de Henrique Nunes de Gouveia, que já vinha sendo o escrivão no ano que então terminava de 1555-1556 (*Livro de Receita e Despesa do Cofre*, fls. 1-2).

Num documento de emprazamento, datado de janeiro de 1557, é possível confirmar que tanto o provedor como o escrivão se mantinham em exercício, mas nada mais se sabe nem sobre outros factos ocorridos no período deste mandato, nem sobre a restante equipa que secundava o provedor no desempenho da sua missão.

FONTES E BIBLIOGRAFIA

Ver página 255.

FILOMENA MELO

Rui Brandão

(?, 1503 | ?, 1579 ou post.)

Provedor da Santa Casa da Misericórdia do Porto
2.7.1557 | 2.7.1558

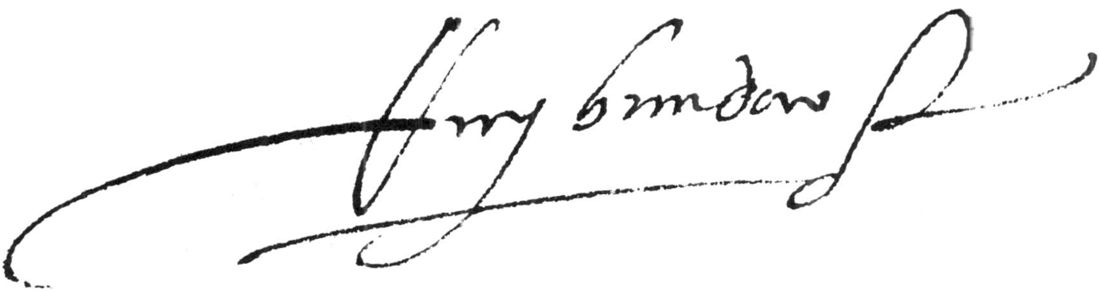

Vereador da Câmara do Porto (1545 e 1553).

Provedor da Santa Casa da Misericórdia do Porto (1543-1544, 1552-1554, 1557-1558 e 1567-1568).

Filho de João Sanches, juiz e vereador, e de Isabel Brandão, meia-irmã de Diogo Brandão Pereira e Ferrão Brandão, poetas do cancioneiro de Garcia de Resende.

Irmão de Diogo Brandão Sanches, vereador da cidade do Porto e provedor da Santa Casa da Misericórdia do Porto. Tio de Afonso Brandão, filho deste Diogo Brandão Sanches, também vereador da cidade e igualmente provedor da Misericórdia. Primo em segundo grau de Diogo Brandão Pereira, o Contador, também provedor. Irmão de João Brandão Sanches, feitor na Flandres, pai de Maria Brandão, a do Crisfal.

Casou com Maria de Madureira de quem teve seis filhos: Luís Brandão, vereador do Porto, Diogo Brandão, D. Henrique, D. Joana Madureira, D. Filipa Brandão, D. Bernarda Madureira.

Fidalgo da Casa d'el Rei.

No decurso deste mandato, o provedor Rui Brandão tomou providências no sentido de melhor organizar a coleta de foros e pensões devidos à Misericórdia. Depreende-se que as cobranças destes direitos estariam um tanto descuradas, pois os instrumentos de controlo andavam dispersos ou eventualmente até extraviados. Manda portanto organizar uma listagem exaustiva dos foros e pensões que eram devidos a cada um dos Hospitais que a Santa Casa da Misericórdia administrava. Embora a versão original se tenha extraviado, é possível ter conhecimento do conteúdo integral daquela recolha através de uma cópia mandada fazer quase vinte anos depois, o que comprova a utilidade e longevidade do documento então elaborado. No livro em que se encontra esta cópia pode ler-se na folha de rosto:

> Livro do recebimento dos hospitais que estão situados na cidade do Porto, a saber o de Santo Ildefonso fora da porta de cima de vila e outro dentro da porta; e do hospital do Rocamador; e o de Santa Clara de que a Misericórdia desta cidade do Porto tem administração «in perpetum» – o que se tresladou de outro livro que foi feito por mandado de Rui Brandão provedor da Misericórdia no ano de 1557. Vão todos os foros e pensões arruados, ainda que, misticamente, vão juntas todas de uns e outros hospitais, para que a arrecadação deles seja mais fácil e com melhor ordem arrecada(da)s; e neste livro vai acrescentado para ser mais fácil de saber onde estão estas propriedades e com quem confrontam – o qual fiz eu Álvaro de Valadares de mandado de Vicente Novais provedor desta casa este ano de 1575 (Transcrito por BASTO, 1997: 425).

Além desta notícia relevante, pouco mais se sabe acerca deste mandato, para além do que consta nalguma documentação que não se reporta diretamente à ação pessoal ou iniciativas do provedor, mas regista atos a que estava obrigado por inerência de funções.

Tal é o caso de um documento de venda de propriedades do Hospital de Cimo de Vila, que a Misericórdia tutelava. Por este documento, datado de 16 de maio de 1558, sabe-se que estiveram também presentes em representação da Misericórdia, além do próprio provedor, o escrivão então em exercício, Henrique Nunes de Gouveia, o doutor Domingos Pires Pinto, na qualidade de procurador, Tomé da Costa, mordomo de fora, Francisco Luís, procurador da Casa, António Carneiro, Pantaleão Ferreira, Gaspar Nunes Barreto, António Pinto, Baltazar Delgado, António Anes, solicitador, sendo estes provavelmente os Irmãos da Mesa ou parte deles, naquele período (*Tombos e inventário dos bens de raiz e censos do Hospital de Santo Ildefonso,* fl. 77).

FONTES E BIBLIOGRAFIA

Ver página 242.

FILOMENA MELO

João Rodrigues de Sá
(dito «*o Moço*» ou «*o Vedor*»)

(? | ?)

Provedor da Santa Casa da Misericórdia do Porto

2.7.1558 | 2.7.1559

Capitão-mor do Porto (1580 – de junho a setembro). Vedor-mor da Fazenda do Porto. Comendador de Cristo e Senhor de Aguiar.

Provedor da Santa Casa da Misericórdia do Porto (1558-1559, 1562-1563, 1565-1566, 1572-1573 e 1580-1581).

Filho de Francisco de Sá de Menezes, Vedor da Fazenda do Porto, senhor de Aguiar, e de D. Isabel da Silva.

Primo de João Rodrigues de Sá de Menezes, alcaide-mor do Porto, poeta, provedor da Misericórdia do Porto; primo e sogro de Francisco de Sá de Menezes, alcaide-mor do Porto, poeta, provedor da Misericórdia do Porto; primo do poeta Francisco de Sá de Miranda.

Casou duas vezes, a primeira com D. Camila de Noronha, de quem teve D. Catarina de Noronha, a segunda com D. Maria da Silva, de quem teve Francisco de Sá de Menezes, poeta épico e ainda, fora destes matrimónios, teve Isabel da Silva.

Na família a que pertence João Rodrigues de Sá, a homonímia é muito grande e os títulos e cargos passavam hereditariamente de geração em geração, tornando-se difícil, em determinadas circunstâncias, perceber quem é quem e delinear, com segurança, o perfil de cada um. Como tal, seguindo o mesmo raciocínio feito para o provedor João Rodrigues de Sá de Menezes, assume-se, com as reservas necessárias, que este mandato de 1558-1559 foi de João Rodrigues de Sá, o Vedor.

Um pouco obscurecido pela figura de seu primo e homónimo, os traços do perfil e percurso pessoal deste João Rodrigues de Sá não estão muito bem delineados até ao momento preciso em que a ocasião política lhe é favorável e em que sobe à ribalta da cena política portuense. Tal ocorrerá, alguns anos após este mandato, em 1580, altura em que, como já foi enunciado, estaria também como provedor da Santa Casa.

Pouco antes de começar aquele mandato de 1580, a 22 de junho, houve uma reunião na Sé. Naquele tempo, estava como capitão da cidade Pantaleão de Sá, substituindo no cargo a seu irmão Francisco, retido em negócios da Corte. Pantaleão e Francisco, ambos primos de João Rodrigues de Sá. A essa reunião, presidiu pois Pantaleão de Sá e estiveram presentes os vereadores da Câmara, «muitos fidalgos, pessoas nobres e cidadãos para praticarem na defensão desta cidade – por terem informação que os inimigos estavam neste reino» (BASTO, 1997: 499). Por inimigos entenda-se o exército castelhano de Filipe II. Foi esboçado um plano defensivo da cidade, consistindo em reforçar a guarda da muralha – cuja estrutura, naquele tempo, ainda dava proteção à cidade – através da constituição de uma milícia de nobres que viesse reforçar a companhia de ordenanças encarregada dessa missão. Para capitanear esta «bandeira das pessoas nobres» foi escolhido João Rodrigues de Sá. Da mesma reunião saiu também uma comissão para se ocupar dos «negócios da guerra» (BASTO, 1997: 499-500).

Paradoxalmente, João Rodrigues de Sá assumiu o comando da defesa da cidade contra um eventual ataque das tropas filipinas, quando haveria indícios de que era simpatizante deste partido e não de D. António, prior do Crato, como em breve demonstrará. Alguns autores consideram por este e outros motivos que, neste momento, a cidade do Porto temeria já o aproximar das tropas de D. António e não tanto os exércitos castelhanos como publicamente se expressava. (SILVA, 1988: 783-784).

Em qualquer dos casos, a próxima etapa dos acontecimentos trouxe mais uma oportunidade a João Rodrigues de Sá. Seu primo, o capitão-mor Pantaleão de Sá, foge da cidade e é então que João Rodrigues de Sá assume a liderança dos acontecimentos, tomando posse do lugar vacante que aquele deixara abandonado. Estes eventos tiveram lugar a 3 de julho de 1580 (BASTO, 1997: 502) ou seja, imediatamente após ter tomado posse como provedor da Casa nesse mandato. Tanto assim que a Junta Diretiva da cidade reuniu a 5 do mesmo mês na sede da Misericórdia, à Rua das Flores, a fim de determinar as providências necessárias à «quietação» da cidade (BASTO, 1997: 502). Aliás, já ali tinham lugar, desde finais de junho, reuniões do Conselho das coisas da guerra, ao qual pertenciam também outros Irmãos da Casa, à época, Francisco Pereira de Miranda, Jerónimo de Sousa e Martim Ferraz, além de João Rodrigues de Sá, entenda-se (SILVA, 1988: 785).

No âmbito desta sua atividade cívica, e uma vez demonstrado publicamente o apoio à causa filipina, é designado para ir à Corte, em agosto do mesmo ano de 1580, e com ele seguiram, na mesma comitiva, outros distintos Irmãos da Casa da Misericórdia, como Diogo Leite de Azevedo, Fernão Nunes Barreto, Jerónimo de Sousa, Francisco Pereira de Miranda, em virtude do papel que desempenhavam no governo da cidade, para ali ir jurar fidelidade ao Rei Filipe (BASTO, 1997: 504). Por consequência, no início de setembro, quando D. António, prior do Crato, entra no Porto, João Rodrigues de Sá foi «desamparado da cidade» tendo fugido à pressa numa embarcação inglesa que zarpou para Lisboa (BASTO, 1997: 505-506).

⁂

Estes três meses da carreira efémera de João Rodrigues de Sá na liderança da cidade são, como se disse, os mais documentados de toda a sua vida pública. Mas, recuando ao tempo do presente mandato como provedor de 1558-1859 e quando se trata de conhecer o seu tempo ao serviço da Santa Casa, não se encontra muito mais do que ténues indícios. Na ausência da ata eleitoral ou do juramento da tomada de posse a primeira referência ao «novo provedor da dita casa» (*Tombos do Hospital de Roque Amador*, Livro 3, fl. 41) está numa escritura de emprazamento, celebrada a 17 de julho de 1558, data que seria pouco posterior ao início do seu mandato, o que explica a referência ao facto.

Do início do ano de 1559, existe um documento bem mais ilustrativo de uma iniciativa sua. O provedor João Rodrigues de Sá apresentou ao cabido da Sé do Porto um pedido para «acabar a ermida» e bem assim para poderem ter «adro e cemitério no pátio» onde sepultar «os pobres e outros defuntos» (*Administração dos Bens Legados por D. Lopo de Almeida*, Livro 13, fls. 33 e seg.). Magalhães Basto chama a atenção para o facto deste pedido permitir conjeturar que ainda estava em curso a obra da igreja da Casa da Rua das Flores, que seria inaugurada no mandato seguinte, no final deste mesmo ano civil de 1959 (BASTO, 1997: 384).

Deste ou de outro assunto mais relevante, não existe qualquer outra notícia. A referida escritura de julho de 1558 permite conhecer, além do escrivão daquele ano, António Pinto, cidadão da cidade do Porto, os Irmãos da Misericórdia, presentes ao ato: António Carneiro, fidalgo da Casa d'el Rei, como mordomo de fora, Luís Álvares de Madureira, fidalgo da Casa d'el Rei, doutor Dinis Pires Pinto, cidadão, como procurador da Casa, Jordão Pinheiro, cavaleiro fidalgo da Casa d'el Rei, Gaspar Nunes Barreto, fidalgo da Casa d'el Rei, Baltazar Leite, mordomo da capela, Pantaleão Ferreira, fidalgo da Casa d'el Rei, Gomes Anes, Amador Gonçalves, sangrador, João Pires, todos confrades e todos igualmente moradores da cidade do Porto, possíveis mesários daquele primeiro quartel do mandato.

No documento de janeiro de 1559, é também referido como escrivão da Misericórdia António Pinto e os conselheiros Rui Brandão, Luís Álvares de Madureira, Pantaleão Ferreira, João Dias, tanoeiro, Gonçalo Pires, ferreiro, Baltazar Leite, capelão.

Já no final deste mandato, a 23 de junho de 1559, Baltazar Leite subscreve um documento administrativo da gestão de um dos legados da Casa, embora não declare estar como escrivão; informa, sim, estar em presença do provedor e de outros Irmãos deputados da Mesa, não os nomeando, e destes somente se identificam com certeza as assinaturas de Rui Brandão e Luís Álvares de Madureira.

FONTES E BIBLIOGRAFIA

Fontes arquivísticas

Arquivo Histórico da Santa Casa da Misericórdia do Porto (AHSCMP) – *Administração dos Bens Legados por D. Lopo de Almeida*, série H, banco 1, livro 13; *Administração do Legado de D. Manuel de Noronha*, série H, banco 3, livro 7; *Tombos do Hospital de Roque Amador*, série H, banco 1, livros 1-3; *Livro de Lembranças das deliberações da Mesa da Misericórdia*, série D, banco 8, livros 1-2; *Livros de Receita e Despesa do Cofre*, série E, banco 1, livro 2.

Fontes digitais

CHAM – *Genealogias dos vice-reis e governadores do Estado Português da Índia no século XVI*. Disponível em: <http://www.cham.fcsh.unl.pt/ext/GEN/Index.htm> [consultado em maio-julho de 2016].

Fontes impressas

COSTA, Agostinho Rebelo da, 1789 – *Descripção topografica, e historica da Cidade do Porto. Que contém a sua origem....* Porto: na Officina de Antonio Alvarez Ribeiro.

SOUSA, António Caetano de, 1735-1749 – *Historia genealógica da Casa Real Portugueza...* Lisboa Occidental: na Officina de Joseph Antonio da Sylva, impressor da Academia Real, 12 tomos em 13 volumes.

Bibliografia

ABREU, Laurinda, 2002 – "As Misericórdias de D. Filipe I a D. João V", in PAIVA, João Pedro (coord.), *Portugaliae Monumenta Misericordiarum – Fazer a História das Misericórdias*, vol. 1. Lisboa: União das Misericórdias Portuguesas.

BASTO, Artur de Magalhães, 1997 – *História da Santa Casa da Misericórdia do Porto*, 2.ª edição, vol. 1. Porto: Santa Casa da Misericórdia do Porto.

BRITO, Pedro de, 1997 – *Patriciado urbano quinhentista: as famílias dominantes do Porto (1500-1580)*. Porto: Arquivo Histórico da Câmara Municipal do Porto.

FARDILHA, Luís, 2003 – "João Rodrigues de Sá de Menezes na corte de D. Manuel". *Revista da Faculdade de Letras "Línguas e literaturas"*, XX, I. Porto: Faculdade de Letras da Universidade do Porto, pp. 305-316.

FARDILHA, Luís, 2004 – "Disputa por um nome o poema *Malaca Conquistada* (1634), de Francisco de Sá de Menezes, e a representação genealógica". *Revista da Faculdade de Letras "Línguas e literaturas"*, XXI, I. Porto: Faculdade de Letras da Universidade do Porto, pp. 61-87.

FREITAS, Eugénio de Andrea da Cunha e; MENDES, António Lopes, 1990 – *Provedores e Escrivães da Santa Casa da Misericórdia do Porto*. Porto: Santa Casa da Misericórdia do Porto (datilografado).

MONTEIRO, Fernando Manuel Moreira de Sá, 1981 – *Sás: subsídios para uma genealogia*. Separata do *Boletim de Trabalhos Históricos*. Guimarães: s/n.

SILVA, Francisco Ribeiro da, 1988 – *O Porto e o seu termo (1580-1640): os homens, as instituições e o poder*, 2 volumes. Porto: Arquivo Histórico da Câmara Municipal do Porto.

FILOMENA MELO

Diogo Brandão Pereira

(? | ?)

Provedor da Santa Casa da Misericórdia do Porto

2.7.1559 | 2.7.1560

Vereador da cidade do Porto (1556? e 1568?).

Mesário da Santa Casa da Misericórdia do Porto (1560-1561).

Filho de Fernão Brandão Pereira e de Isabel de Pina.

Casou com D. Leonor Teixeira de quem teve três filhos: D. Isabel Brandão, Luís Brandão (frei) e D. Bernardina; teve ainda com D. Maria, D. Mécia da Silva.

Neto, por via materna, do cronista Rui de Pina. Por via paterna é sobrinho dos provedores Rui Brandão e Diogo Brandão Sanches, e primo de Diogo Brandão Pereira, o Contador, e de Afonso Brandão. Cunhado do provedor da Misericórdia Francisco Pereira de Miranda.

Comendador da Ordem de Cristo. Senhor da Quinta de Avintes.

Definir a identidade deste provedor não é fácil. Na família de Diogo Brandão Pereira predomina a homonímia e o seu nome encontra-se em várias gerações, atribuído a diferentes pessoas. O primeiro Diogo Brandão Pereira do século XVI faleceu em 1528, portanto está excluída a hipótese de ser ele o provedor deste ano. Seu neto, também com o mesmo nome, viveu já em meados e finais do século, mas era conhecido pelo ápodo decorrente do seu cargo, «o Contador». Este será certamente provedor já no final do século, em 1597, quando surge um novo Diogo Brandão Pereira, designado também por «o Contador». Portanto, o provedor do ano de 1559 poderá ser um primo daqueles, um outro Diogo Brandão Pereira, filho de Fernão Brandão Pereira.

Assim, a articulação entre os dados fornecidos pela documentação da Misericórdia e outras fontes, nomeadamente os elementos compilados na *Pedatura Lusitana* (MORAIS, 217-222), conduzem, com alguma verosimilhança à figura deste Diogo Brandão Pereira. Em abono desta hipótese, que se crê ser a mais plausível, encontram-se outros indicadores relativos à sua presença na cidade, ou arredores, em meados daquele século. Sabe-se, por exemplo, que foi testemunha do casamento de uma sua irmã, em 1565 (BRITO, 1997: 401), a qual casou com Francisco Pereira de Miranda, também provedor e contemporâneo de Diogo Brandão Pereira, na Santa Casa da Misericórdia. As mesmas dificuldades decorrentes da homonímia impedem de ter a certeza que tenha sido vereador da Câmara do Porto em 1556 e 1568.

Na Santa Casa da Misericórdia, não há muitas notícias da sua presença como Irmão, sendo de crer que teria ingressado na Confraria pouco antes de ser provedor. Posteriormente, serviu na Mesa, no trimestre de dezembro de 1560 a fevereiro de 1561, no mandato do provedor que lhe sucedeu. Há ainda uma referência ao seu nome (e provavelmente a esta pessoa) num emprazamento de 1567 e uma última no rol de confrades, de 1573. Depois, só no final do século como se disse, surge um outro Diogo Brandão Pereira, em destaque na Casa, mas esse será já o da geração seguinte, seu primo segundo.

Diogo Brandão Pereira protagoniza, como provedor da Misericórdia do Porto, um dos eventos mais relevantes da sua História: a bênção da igreja e respetivo adro, momento fundador, que ocorreu a 13 de dezembro de 1559. O bispo da cidade do Porto, D. Rodrigo Pinheiro, presidiu à cerimónia, que se encontra descrita com algum pormenor no documento que inaugura o Livro de Lembrança mais antigo que se conhece (*Livros de Lembranças das deliberações da Mesa da Misericórdia*, fls. 4-5; BASTO, 1997: 385-387).

Mas nem todos os dias deste mandato foram de gáudio e celebração. A 26 de maio de 1560, a Casa estabelece os termos de contratação do cirurgião Baltazar Rodrigues para atender «a todos os pobres que a esta casa parecer» curando «quaisquer feridas, apostemas, chagas» ou fazendo quaisquer intervenções «de cirurgia que a Casa lhe mandar curar», exceto os de «males de boubas» que «não será obrigado a curar», salvo se estiverem «em extrema necessidade» ou vierem à Casa em «perigo de morte» (*Livros de Lembranças das deliberações da Mesa da Misericórdia*, fls. 8-9). Depreende-se desta medida que, em tempo de peste, o terrível «mal de boubas», aumentaria o número dos que procuravam a assistência prestada pela Misericórdia. No entanto, a Casa não está vocacionada para estes doentes, embora admita que *in extremis* tem obrigação de valer a todos os necessitados.

No mais, as notícias da Casa, neste período, não saem muito da rotina administrativa, merecendo ainda algum destaque uma dádiva do prior de Paços de Sousa que se propunha oferecer, anual e vitaliciamente, dez alqueires de trigo ou centeio à Misericórdia, segundo um registo de 13 de março de 1560 (*Livros de Lembranças das deliberações da Mesa da Misericórdia*, fl. 7).

Não se conhece a Mesa que secundou o provedor durantes este mandato, havendo notícia apenas do escrivão, que terá sido o abade Baltazar Leite. Sabe-se que este, a 17 de agosto de 1559 esteve ausente, tendo sido substituído por António Carneiro.

FONTES E BIBLIOGRAFIA

Fontes arquivísticas

Arquivo Histórico da Santa Casa da Misericórdia do Porto (AHSCMP) – *Eleições da Mesa da Misericórdia*, série D, banco 5, livro 1; *Livro de Lembranças das deliberações da Mesa da Misericórdia*, série D, banco 8, livro 1; *Administração do Legado de D. Manuel de Noronha*, série H, banco 3, livro 7.

Fontes digitais

SOVERAL, Manuel Abranches de, s/d – *Ferreira Pinto Brandão de Paços de Ferreira, Cête e Mouriz: uma família de militares e padres*. Disponível em: <http://tinyurl.com/hgojhaw> [consultado em maio-julho de 2016].

Bibliografia

BASTO, Artur de Magalhães, 1997 – *História da Santa Casa da Misericórdia do Porto*, 2.ª edição, vol. 1. Porto: Santa Casa da Misericórdia do Porto.

BRITO, Pedro de, 1997 – *Patriciado urbano quinhentista: as famílias dominantes do Porto (1500-1580)*. Porto: Arquivo Histórico da Câmara Municipal do Porto.

FREITAS, Eugénio de Andrea da Cunha e; MENDES, António Lopes, 1990 – *Provedores e Escrivães da Santa Casa da Misericórdia do Porto*. Porto: Santa Casa da Misericórdia do Porto (datilografado).

MORAIS, Cristóvão Alão de, [1667] 1943-1948 – *Pedatura Lusitana: nobiliário de famílias de Portugal*, publicado por Alexandre António Pereira de Miranda Vasconcellos, António Augusto Ferreira da Cruz, Eugénio Eduardo Andrea da Cunha e Freitas. Porto: Livr. Fernando Machado, 12 volumes.

FILOMENA MELO

Gaspar Nunes Barreto

(? | ?)

Provedor da Santa Casa da Misericórdia do Porto

2.7.1560 | 2.7.1561

Almoxarife dos Armazéns do Porto.

Provedor da Santa Casa da Misericórdia do Porto (1560-1561 e 1573-1574). Escrivão da Mesa da Santa Casa da Misericórdia do Porto.

Filho de Fernão Nunes Barreto e de Isabel Ferraz.

Casou com Isabel Cardosa de quem teve quatro filhos, Fernão Nunes Barreto, vereador da cidade do Porto e provedor da Misericórdia (1578-1579 e 1586-1587), Jerónimo Barreto, bispo do Funchal e depois do Algarve, Reimão Barreto e Guiomar Barreto. Casou segunda vez com Cecília de Madureira de quem teve três filhos, Tomás Barreto, Ângela de Madureira e outra filha.

Avô de Gaspar Nunes Barreto e bisavô de Nuno Barreto Fuseiro e de Fernão Nunes Barreto, ambos provedores da Santa Casa da Misericórdia do Porto.

Fidalgo da Casa d'el Rei.

Tal como muitos outros provedores e confrades da Misericórdia seus contemporâneos, Gaspar Nunes Barreto pertence a uma família da nobreza local, bastante articulada e ligada às demais famílias de idêntica extração, empenhada nos cargos cívicos da cidade do Porto e com muitos parentes na Misericórdia, quer em simultâneo, quer ao longo de gerações. Curiosamente, os mais envolvidos na Confraria, dedicam-lhe aproximadamente vinte anos, ou pouco mais, de serviços continuados. Este conjunto de factos, a carreira comum, por assim dizer, que percorriam, não facilita em nada a diferenciação de perfis. E, claro, com uma grande homonímia que é o maior obstáculo à individualização de cada um, quando têm um curso de vida em tudo muito semelhante. Não são de admirar, pois, os equívocos e dificuldades que se encontram na interpretação genealógica.

Relativamente à distinção entre este Gaspar Nunes Barreto de 1560 e o seu neto e homónimo, a documentação da Misericórdia dá uma achega, pois existem assinaturas autógrafas, em diferentes momentos, pelas quais é possível afirmar o seguinte. O provedor Gaspar Nunes Barreto de 1560-1561 é o mesmo de 1573-1574. O mais plausível é que tenha sido este casado com Isabel Cardosa, conforme se depreende de um vínculo de capela, feito em 1547, em que a instituidora menciona o marido e também o filho, portanto já nascido, Fernão Nunes Barreto (BRITO, 1988: 358). Este, filho de ambos, a seu tempo, ocupará o lugar de provedor, em 1578 e 1586. Por conseguinte, o provedor de 1613 e 1617 é Gaspar Nunes Barreto, filho deste Fernão e homónimo do seu avô quinhentista. E porque não assumir que é um só, em momentos diferentes da vida?

A cronologia não é o maior obstáculo, pois Gaspar Nunes Barreto, que já era adulto em 1547, poderia estar ativo ainda em 1617, com muita idade, mas não uma idade totalmente improvável. Porém, como se disse acima, a escrita da mão de cada um deles afasta completamente esta hipótese. Se em algumas famílias até mesmo a grafia de vários dos seus membros é muito semelhante, entre este avô e neto, as assinaturas não deixam a menor dúvida. A mão que assina em 1560 é a que assina até 1573, após o que há um hiato significativo e só volta a aparecer novamente um Gaspar Nunes

Barreto no século XVII, que assina de forma completamente diferenciada do primeiro. É este mesmo tipo de análise que permite afirmar ainda que o provedor deste mandato de 1560 conviveu, na Misericórdia, com um outro confrade quase homónimo, Gaspar Nunes, pois ambos subscrevem muitas vezes, o mesmo documento.

Como de certo modo já ficou implícito, o provedor de 1560 foi também, fora dos seus dois mandatos, um Irmão muito presente na vida da Casa. Foi várias vezes escrivão e, mesmo sem estes primeiros cargos da Casa, foi sempre assíduo às reuniões da Confraria, ao longo de cerca de duas décadas. Há notícias suas que remontam a 1553 e que se apagam, bruscamente, após o mandato de 1573-1574, pelo que é de crer que esta data coincide com o fim da sua vida ou, na melhor das hipóteses, ter-se-á afastado, por qualquer outro motivo.

Nos *Livros de Lembranças das deliberações da Mesa da Misericórdia,* relativamente ao mandato deste provedor, o primeiro registo conhecido é já de 23 de outubro de 1560, uma simples eleição de um novo procurador da Casa, por falecimento do precedente.

Contudo, outra eleição bem mais significativa viria a ter lugar cerca de um mês depois, a 24 de novembro, atestada por registo documental. Trata-se de um dos documentos mais representativos deste mandato, além de ser uma das raras atas eleitorais anteriores a 1592, para mais bastante completa, mencionando todos os Irmãos escolhidos para a Mesa. O mesmo texto informa que a eleição foi precedida de um debate sobre as vantagens de se governar a casa melhor «com os treze que sem eles». Isto leva a pensar que estariam em consideração outras alternativas ou, eventualmente, algum provedor teria tentado exercer o mandato sem recorrer à Mesa. Deliberaram então pela estrutura colegial e, na sequência, foram eleitos os Irmãos da Mesa para servir nos meses de dezembro, janeiro e fevereiro registada no mesmo livro (*Livros de Lembranças das deliberações da Mesa da Misericórdia,* fls. 12-12 v), já que o provedor e o escrivão detinham cargos anuais.

A eleição para o trimestre seguinte, que decorreu em 23 fevereiro de 1561, também ficou registada no mesmo livro (*Livros de Lembranças das deliberações da Mesa da Misericórdia,* fl. 13). Não se entende claramente se a Mesa eleita para dezembro deveria começar a exercer pouco depois das eleições, no início de dezembro, ou se após o Natal, data que na altura assinalava o início do ano novo. Estes trimestres estão um tanto desfasados quer do ano civil, quer do ano de duração dos mandatos, mas em todo o caso é muito útil conhecer estes dados, sabendo embora que tudo ficaria mais claro se se viessem a localizar as atas que estão em falta, supostamente mais duas.

Relativamente a este período, ainda foram localizados outros registos, sendo assim um mandato do qual se conhecem muitos aspetos, até pormenores do quotidiano da

Casa e das numerosas questões, maiores ou menores, que cabia ao provedor resolver: a «conta do pão de Filipa Gomes», o «Título das lavadeiras do hospital», o «arrendamento das casas da Ponte», são alguns exemplos disso, além de vários outros apontamentos relativos a contratos e pagamentos de serviçais, alguns não assinados, mas possivelmente desta cronologia (*Livros de Lembranças das deliberações da Mesa da Misericórdia,* fls. 14v-17v).

De entre os contratos e pagamentos daqueles que serviam a Casa e os Hospitais por ela tutelados, destaca-se um que merece particular atenção. A 12 de janeiro de 1561, delibera-se admitir um novo «físico», sendo as condições contratuais estabelecidas pela Mesa e subscritas pelo provedor e mesários (*Livros de Lembranças das deliberações da Mesa da Misericórdia,* fls. 18-18v). Este contrato tem a particularidade de se reportar a Lopo Dias, cristão-novo, genro do médico que até então estava ao serviço da Casa, Mestre Simão, o qual pretendia retirar-se parcialmente e delegar as suas funções neste seu genro. Deste modo, Lopo Dias foi admitido, não só no cargo como também na Irmandade, vindo este caso a desencadear um complicado processo com a Mesa da Consciência e Ordens, mais de duas décadas depois (SILVA, 2002: 38). Contudo, não há qualquer dado, nesta altura da contratação, que indicie se esta tenha sido uma decisão difícil ou embaraçosa para o provedor e Irmãos, nem há qualquer memória de que tenha havido algum debate ou objeção de qualquer um dos mesários. Parece, pois, credível que este contrato não tenha levantado a menor celeuma na ocasião em que a Casa deliberou simplesmente aceitar a proposta do Mestre Simão.

Tal como para outros mandatos, em que faltam atas eleitorais, é de presumir que as eleições para a mudança de mandato terão decorrido na data habitual de 2 de julho. A data mais próxima que está documentada é 26 de julho de 1560, ocasião em que é concedida pela Misericórdia a licença para venda de umas propriedades. Os Irmãos nomeados nesse documento serão, certamente, os membros da primeira Mesa deste mandato, ou parte dela: António Carneiro, Luís Álvares de Madureira, João de Sousa capelão, Vasco Leito, mordomo de fora, Henrique Homem, Tesoureiro, o doutor Dinis Pires Pinto, João Rodrigues, sapateiro, João Fernandes, carcereiro, Gonçalo Marques.

A ter havido uma eleição intercalar para os Irmãos da Mesa a servir no segundo trimestre, não há registo desse documento, nem outro indicador que permita reconstituir a possível composição dessa Mesa. Para o terceiro trimestre, a ata de que se falou acima, de 24 de novembro de 1560, indica terem sido eleitos para servir nos meses de dezembro, janeiro e fevereiro os seguintes Irmãos: Francisco Pereira [de Miranda?], Baltazar Leite, Diogo Brandão Pereira, Baltazar Delgado, Pantaleão Ferreira, Sebastião Vaz, alfaiate, João Dias, tanoeiro, Jorge Vaz, cirieiro, João Fernandes, António Gonçalves, da Grade e Francisco Gonçalves, correeiro. Mantinha-se o provedor em exercício e o respetivo escrivão que, segundo consta, seria Luís Álvares de Madureira, à época ausente, que vinha sendo substituído por António Carneiro.

Nas eleições de 23 de fevereiro de 1561, também já referidas, foram eleitos António de Sá, António Carneiro, Rui Brandão, Gaspar Pamplona, Vasco Leite, João Fernandes, cuteleiro, Francisco Gonçalves, Gonçalo Pires, cirieiro, Pêro Fernandes, cuteleiro, Domingos de Vilar e Baltazar Fernandes, sombreireiro; o provedor Gaspar Nunes Barreto subscreve o documento, assim como Luís Álvares de Madureira, permanecendo este na qualidade de escrivão da Confraria.

FONTES E BIBLIOGRAFIA

Fontes arquivísticas

Arquivo Histórico da Santa Casa da Misericórdia do Porto (AHSCMP) – *Livro de Lembranças das deliberações da Mesa da Misericórdia*, série D, banco 8, livro 1; *Tombos do Hospital de Roque Amador*, série H, banco 1, livro 3; *Administração do Legado de D. Manuel de Noronha*, série H, banco 3, livro 7; *Livros de Receita e Despesa do Cofre*, série E, banco 1, livro 3; *Tombos e inventário dos bens de raiz do Hospital de Santo Ildefonso*, série H, banco 1, livro 5.

Bibliografia

BRITO, Pedro de, 1997 – *Patriciado urbano quinhentista: as famílias dominantes do Porto (1500-1580)*. Porto: Arquivo Histórico da Câmara Municipal do Porto.

FREITAS, Eugénio de Andrea da Cunha e; MENDES, António Lopes, 1990 – *Provedores e Escrivães da Santa Casa da Misericórdia do Porto*. Porto: Santa Casa da Misericórdia do Porto (datilografado).

MORAIS, Cristóvão Alão de, [1667] 1943-1948 – *Pedatura Lusitana: nobiliário de famílias de Portugal*, publicado por Alexandre António Pereira de Miranda Vasconcellos, António Augusto Ferreira da Cruz, Eugénio Eduardo Andrea da Cunha e Freitas. Porto: Livr. Fernando Machado, 12 volumes.

SILVA, Francisco Ribeiro da, 2002 – "A Misericórdia do Porto na Centúria de Quinhentos", in SAMAGAIO, Estêvão; MENDO, Paulo (coord.), *A Santa Casa da Misericórdia do Porto e o voluntariado em saúde: Comemoração dos 25 anos da Liga dos Amigos do Hospital Geral de Santo António*. Porto: Santa Casa da Misericórdia do Porto, pp. 29-42.

FILOMENA MELO

Francisco Pereira de Miranda

(? | ?)

Provedor da Santa Casa da Misericórdia do Porto

2.7.1561 | 2.7.1562

Vereador do Porto. Almoxarife.

Capitão em Chaul.

Casou com D. Guiomar Brandão ou Pereira de quem teve oito filhos: Martim Afonso de Miranda, Jorge Pereira de Miranda, provedor da Misericórdia do Porto (1588-1589 e 1601-1602), Fernão Brandão Pereira, João Álvares Pereira de Berredo, provedor da Misericórdia do Porto (1595-1596), D. Isabel de Miranda, D. Branca de Berredo, D. Catarina de Miranda, D. Maria de Berredo.

Cunhado do provedor da Misericórdia do Porto, Diogo Brandão Pereira (1559-1560).

Fidalgo da Casa Real.

Embora esteja amplamente atestada a sua presença assídua ao serviço da Misericórdia, há que ressaltar o seu papel durante este mandato, a partir dos dados específicos que se recolhem das atas de reuniões então havidas. Estes têm quase todos um sentido comum, sendo possível inferir a política de ação do provedor. Aliás, pode adivinhar-se que o facto de ter passado longos anos ao serviço da Casa, em diversas funções, permitiu-lhe ter elementos para construir uma perspetiva sobre a realidade de então e definir o cunho que pretendia imprimir à Instituição que ia dirigir. As linhas de força que caracterizam este mandato integram-se perfeitamente no espírito da ortodoxia católica pós-tridentina e no que se chama o movimento da Contra-Reforma. Visam a morigeração dos comportamentos, mas também e fundamentalmente, consolidar entre os Irmãos os laços que os unem, quer no sentido mais puro da fraternidade cristã, pela reconciliação, através do Sacramento da confissão, quer ainda, do ponto de vista formal, através da adoção de vestes e comportamentos rituais que também são os elementos distintivos que a Confraria patenteia para o exterior.

O primeiro documento registado no *Livro de Lembranças das deliberações da Mesa* e que Francisco Pereira de Miranda subscreve já como provedor, neste período, é uma ata de 27 de julho de 1561, em que fica determinado que todos os Irmãos ao ingressar na Casa, tenham já um hábito pronto, para o envergarem obrigatoriamente. Outra ata, de 3 de agosto do mesmo ano, incide de certo modo sobre questões afins, estipulando alguns aspetos rituais do enterro dos Irmãos e respetivas mulheres. Estabelece-se o traje que os Irmãos deveriam vestir para acompanhar os enterros e bem assim os procedimentos a ter, assegurando que os funerais, nestes moldes, eram estritamente reservados para os elementos da Confraria e suas mulheres (*Livros da Misericórdia*, fls. 24 e 25-25v). Nestas determinações pode entrever-se o esforço de aproximar e criar coesão entre os Irmãos através de práticas de representação ritualizadas, «expressas simbolicamente por uma veste talar comum», como sublinha Francisco Ribeiro da Silva (SILVA, 2002: 36), conferindo também maior intensidade e solenidade a estes tempos fortes da vida.

Possivelmente o último documento emitido no seu mandato, é também de natureza normativa e igualmente se aplica a um momento especial da vida da Casa. A ata de 28 de junho de 1562 regista certas disposições relativas às eleições, nomeadamente a preparação espiritual que os Irmãos deviam fazer, confessando-se obrigatoriamente no dia da Visitação (à altura celebrada a 2 de julho), antes do ato eleitoral. Consagra-se assim, em letra de forma, uma prática «que nesta Casa sempre se usou» (*Livros de Lembranças das deliberações da Mesa da Misericórdia*, fl. 32), mas que certamente estaria a cair no esquecimento, de tal modo que foi necessário reabilitá-la. Sobre este documento existe apenas uma dúvida formal. É provável que tivesse sido produzido na data referida, de modo a ter efeito de imediato nas eleições que iriam decorrer uns dias depois; poderá ter sido registado e assinado posteriormente, como é comum suceder com as atas, tendo por isso sido subscrito por João Rodrigues de Sá, o provedor eleito alguns dias depois da feitura do documento, mas que aqui se intitula já provedor.

Procurando agora apreciar o desempenho deste provedor, no seu conjunto, e recorrendo à interpretação de Ângela Barreto Xavier e José Pedro Paiva, que se referem às Misericórdias, em geral, destaca-se o facto de que «ao tornarem-se atrativos, os cargos da Misericórdia eram cobiçados e tornam-se fonte de problemas e conflitos, por isso impõe-se limitar, mas também regular os acessos». E, concretizando com o exemplo que a Misericórdia do Porto oferece, acrescentam estes autores: «daí que os processos de eleição, não isentos de subornos, tendessem a ser cada vez mais controlados e ritualizados» (UNIVERSIDADE CATÓLICA, 2005: 18). É neste contexto que se firma a prática da confissão para todos os Irmãos que quisessem participar nas eleições.

No enfatizar destas práticas e na adoção de outras acima referidas se revelou o quão sensível foi o provedor de então ao tomar o pulso à Casa e na leitura que fez dos problemas que poderiam minar internamente o espírito da Misericórdia, determinando táticas para os combater pela via que hoje se diria «construtiva», fomentado a coesão e a conciliação entre os Irmãos, recorrendo às estratégias mais eficazes ao seu alcance para a prossecução destes altos desideratos.

No mais, o *Livro de Lembranças* dá notícia da gestão corrente da Casa, como o registo das lavadeiras, seus contratos e pagamentos, que transita do mandato precedente, de aspetos da gestão financeira e de propriedades, adquirindo-se e investindo-se em património que renderia a benefício das obras da Casa, sem que se destaque qualquer outro assunto que mereça particular relevo.

Quanto à composição da Mesa, na ausência de informação objetiva, é possível inferir apenas que Baltazar Leite terá tido o cargo de escrivão. O primeiro documento que subscreve ao serviço desta Mesa será possivelmente o de 6 de julho de 1561, logo após as eleições, encontrando-se outro do mesmo mês, a 27 e depois vários outros registos, com datas subsequentes, também subscritos pelo mesmo Baltazar Leite na qualidade de escrivão, sendo o último, como era próprio, a ata da eleição do provedor seguinte, o que atesta ter exercido este cargo ao longo de todo o mandato do provedor então em exercício, ou pelo menos na maior parte do tempo.

FONTES E BIBLIOGRAFIA

Ver páginas 269-270.

FILOMENA MELO

João Rodrigues de Sá
(dito «*o Moço*» ou «*o Vedor*»)

(? | ?)

Provedor da Santa Casa da Misericórdia do Porto

2.7.1562 | 2.7.1563

Capitão-mor do Porto (1580 – de junho a setembro). Vedor-mor da Fazenda do Porto. Comendador de Cristo e Senhor de Aguiar.

Provedor da Santa Casa da Misericórdia do Porto (1558-1559, 1562-1563, 1565-1566, 1572-1573 e 1580-1581).

Filho de Francisco de Sá de Menezes, Vedor da Fazenda do Porto, senhor de Aguiar, e de D. Isabel da Silva.

Primo de João Rodrigues de Sá de Menezes, alcaide-mor do Porto, poeta, provedor da Misericórdia do Porto; primo e sogro de Francisco de Sá de Menezes, alcaide-mor do Porto, poeta, provedor da Misericórdia do Porto; primo do poeta Francisco de Sá de Miranda.

Casou duas vezes, a primeira com D. Camila de Noronha, de quem teve D. Catarina de Noronha, a segunda com D. Maria da Silva, de quem teve Francisco de Sá de Menezes, poeta épico e ainda, fora destes matrimónios, teve Isabel da Silva.

Recuando ao tempo do presente mandato como provedor de 1562-1563, volta a encontrar-se um vazio informativo. Isto é, existe documentação suficiente que atesta ter sido provedor nesta data João Rodrigues de Sá, vedor, como já foi dito e esses documentos atestam que, neste período, foi assegurada a administração corrente da Casa e da gestão financeira do seu património, incluindo os legados, cumprindo-se as obrigações da Casa. Porém, o que esta documentação não proporciona é qualquer elemento que permita identificar uma marca pessoal do provedor, uma intenção própria, menos ainda a sua visão e perspetivas sobre e para a Instituição que dirigia. Teria ou não, não se sabe, pois destes registos rotineiros (a nomeação de capelães da Casa e da cadeia, a cargo da Misericórdia, as contas da Casa, etc.) não é possível extrair qualquer nótula de cunho pessoal.

O único documento que se diferencia um pouco, data de 27 de junho de 1563 e é a última ata registada no *Livros de Lembranças* relativa a este mandato. Como em vários outros anos, aproximando-se a ocasião das eleições, o provedor e a Mesa preparam esse momento recordando alguns princípios do Compromisso ou introduzindo novas diretrizes para regular esse ato. Não foi, pois, excecional, que a menos de uma semana de passar o mandato, a Mesa se pronunciasse sobre as eleições, determinando que nelas nenhum eleitor pudesse votar noutro Irmão que fosse também eleitor. Ainda que aparentemente singela, tal disposição patenteia claramente a preocupação com o modo como decorriam as eleições e o empenho particular que esta administração teve na preparação desse delicado momento.

Quanto à composição da Mesa, em contraste com a lacónica informação sobre o seu desempenho, foi possível, por fontes indiretas, obter dados claros que dão uma cobertura de grande parte do mandato. Como habitualmente, o escrivão era eleito para servir um ano, em paralelo com o provedor e, neste ano de 1562-1563, o cargo de escrivão da Casa coube a Rui Brandão. Os Irmãos que completam a Mesa, eleitos para os meses de julho, agosto e setembro, foram António de Sá, Pantaleão Ferreira, António da Rocha, Gaspar Nunes, da Reboleira, Henrique Homem e «oficiais mecânicos» João Dias, tanoeiro, Gaspar Dias, João Dias, sapateiro, Francisco Gonçalves, sapateiro, Baltazar Fernandes, sombreireiro e Gonçalo Pires, cirieiro.

No mesmo ano, deveriam servir nos meses de outubro, novembro e dezembro os seguintes confrades: Francisco Pereira de Miranda, António Carneiro, Gaspar Nunes Barreto, Jordão Pinheiro e Vasco Leite; e oficiais João Fernandes, carcereiro, António Pires, sangrador, António Gonçalves da Grade, Gregório Nunes, Curador, Francisco Gonçalves, correeiro, Afonso Gonçalves, serralheiro. Para os meses seguintes de janeiro, fevereiro e março foram eleitos: Pantaleão Ferreira, Luís Álvares de Madureira, Gaspar Pamplona, Baltazar Leite; oficiais, Gomes Eanes, João Dias, sapateiro, António Ferreira, sapateiro, Diogo Rodrigues, sombreireiro e Gonçalo Anes, sapateiro.

No consentimento que a Casa dá para uma venda de propriedades, em fevereiro de 1565, além do provedor e escrivão, confirmam-se terem estado presentes, em representação da Casa, alguns dos mesários já referidos: Baltazar Leite, Luís Álvares de Madureira, Pantaleão Ferreira, António Ferreira, Diogo Rodrigues, Gonçalo Anes; e acrescentam-se ainda os nomes do licenciado Francisco Botelho, Baltazar Delgado, Sebastião Vaz, Gonçalo Gonçalves e Bento Fernandes.

Não foi encontrada informação objetiva sobre o quarto trimestre, mas na reunião do cabido realizada a 27 de junho de 1563 para tratar das disposições eleitorais, como referido acima, a ata foi assinada, além do provedor e escrivão por António Carneiro, Luís Álvares de Madureira, Jordão Pinheiro, António da Rocha, António Anes, Diogo de Vilar, Jorge Gonçalves, Francisco Botelho, Afonso de Barros, Henrique Homem, Baltazar Leite, Francisco Gonçalves, Pantaleão Álvares, António de Sá, André Pires, Simão Antunes, Francisco Pereira [de Miranda], Gonçalo Gonçalves e outros cujo autógrafo é menos legível. Este número excedeu o dos mesários uma vez que na altura poderiam participar nas reuniões outros Irmãos que não apenas os treze, mas entre estes estão, muito provavelmente, os da Mesa, ou boa parte deles.

FONTES E BIBLIOGRAFIA

Ver páginas 296-297.

FILOMENA MELO

Manuel de Moura

(? | ?)

Provedor da Santa Casa da Misericórdia do Porto

2.7.1563 | 2.7.1564

Cavaleiro fidalgo da Casa d'el Rei.

Pouco se sabe da biografia de Manuel de Moura. Na Misericórdia do Porto, está atestada a sua presença como Irmão da Confraria nas décadas de 60 e 70 da centúria de 1500, embora também não sejam muito abundantes os documentos que se lhe referem.

O primeiro ato registado no *Livros de Lembranças das deliberações da Mesa da Misericórdia*, relativamente ao seu mandato como provedor, data de 16 de agosto de 1563. Não é particularmente relevante quanto ao conteúdo, já que se trata de um simples contrato de um moço para serviço da Casa, mas permite balizar o início deste exercício, sendo assim credível que tenha tido início na data estabelecida, que então era a 2 de julho. Já quanto ao término do mandato, há alguma confusão decorrente das datações dos documentos disponíveis, como adiante se verá.

Não existe, para este mandato, nenhum documento que aponte uma grande iniciativa do provedor, ou algo particularmente notável que lhe possa ser diretamente atribuído, contudo, a Casa terá vivido tempos marcantes. Indicador desse facto é o registo de 31 de outubro de 1563 pelo qual se sabe que a Mesa recebeu a oferta de Rui Brandão, Irmão da Casa e várias vezes provedor, que se dispusera a adiantar dinheiro para financiar as obras da igreja, por não haver liquidez na altura. Efetivamente, a 21 de maio do ano seguinte encomendavam-se telhas e cal para levar a cabo essas mesmas obras.

Como bem observou a historiadora Laurinda Abreu, o facto de as Misericórdias terem recebido legados com restrições de utilização e que implicavam capital cativo em bens de raiz ou a compra de padrões de juro, acarretou uma falta de liquidez que os provedores tiveram dificuldade em gerir. «A breve trecho, todas estas opções [de investimento] se mostrariam ruinosas para as finanças das Misericórdias, uma vez que se traduziriam numa imobilização de capital e não na sua multiplicação» (UNIVERSIDADE CATÓLICA, 2002: 62). Este é um dos primeiros momentos em que a penúria se manifesta na Santa Casa da Misericórdia do Porto.

Esta não foi a única questão, neste mandato, relativa à gestão financeira da Casa, não tendo embora as demais o caráter extremo ou excecional que a notícia anterior revela, tratando-se de situações mais simples, correntes, por assim dizer.

As finanças ocupavam o provedor e a sua equipa, mas não em exclusivo, já que tinham à frente assuntos de diversa ordem, dos mais complexos aos mais comezinhos, a fim de assegurar o funcionamento da Casa e o cumprimento dos seus propósitos e compromissos. A título de exemplo, coube a Manuel de Moura resolver os problemas suscitados na capelania da cadeia, assegurada pela Misericórdia, acerca da oração das orações de vésperas da Trindade.

O que parece ser o último registo deste mandato, com menção expressa ao provedor, é um documento assinado, seguido de dois apontamentos da mesma mão, mas não subscritos, que relatam o historial da feitura de duas dalmáticas. O processo teve início a 6 de junho de 1564, altura em que se adquirem os materiais. Veio a concluir-se a elaboração das peças e respetivos acessórios (cordões, franjas, etc.), a 30 de junho, tendo sido benzidas no dia seguinte e utilizadas pela primeira vez na missa do dia de Santa Isabel, em 2 de julho 1564 (UNIVERSIDADE CATÓLICA, 2002: 45).

Juntamente com o provedor, o escrivão que foi eleito por um ano para este mandato foi Gaspar Nunes. Francisco Álvares de Soágua, no escatocolo de um assento de 25 de junho de 1564, declara tê-lo escrito em substituição de Gaspar Nunes «por estar ocupado», contudo, é este último quem subscreve o texto, juntamente com o provedor Manuel de Moura.

Não se conhece a primeira composição da Mesa saída das eleições de julho, nem a do trimestre seguinte, mas um apontamento registado num *Livros de Lembranças* indica quais os Irmãos que deveriam servir nos meses de janeiro, fevereiro e março de 1564, mantendo-se o provedor e o escrivão. São os seguintes: João Rodrigues de Sá de Menezes, Rui Brandão, Luís Álvares de Madureira, António da Rocha, Francisco Álvares de Soágua, Francisco Luís, Gaspar Dias, Pedro Tomé, João Dias, sapateiro, Gregório Nunes, João Fernandes, carcereiro.

Porém, a 19 de março de 1564, Gaspar Nunes, escrivão, assina como provedor na ausência de Manuel de Moura. Por seu turno, Rui Brandão substituiu aquele, como escrivão. Estavam ainda neste cabido João Rodrigues de Sá de Menezes, António Carneiro, António da Rocha, Francisco Álvares, Baltazar Leite, Gaspar Dias, tanoeiro, João Francisco, carcereiro do cárcere do bispo da cidade, João Dias, sapateiro, Gregório Nunes, Curador, Francisco Luís e Pêro Tomé «todos Irmãos da Mesa»; de notar a presença ainda de António Carneiro, certamente para repor o número necessário de presenças, dado que o escrivão estava a substituir o provedor ausente e por sua vez fora substituído. Contudo, no mesmo dia 19 de março, o provedor Manuel de Moura já estaria presente, assinando com o escrivão um registo, num outro livro da administração do legado de Manuel de Noronha.

Para o trimestre seguinte, de abril a junho, os nomes dos Irmãos da Mesa são estes: Gaspar Pamplona, Afonso de Barros, Pedro Vaz Caminha, Jorge Vaz, Henrique Homem, Gonçalo Pires, cirieiro, Jorge Brás, sapateiro, Bartolomeu Fernandes, cuteleiro, Afonso Gonçalves, serralheiro, Gonçalo Rodrigues, sombreireiro e Sebastião Vaz, alfaiate.

Há a registar um equívoco que poderá ser apenas de datação. A 22 de abril do mesmo ano de 1564, foi feita uma ata assinada por António de Sá, como provedor, e registada por Gaspar Nunes, não como escrivão titular, mas em substituição de António Carneiro, ausente. Ora estes são o provedor e escrivão seguintes, que deverão ter entrado em exercício a partir de 2 de julho desse ano. A leitura da data no documento em causa não suscita dúvidas, mas a data em si, sim, sendo possivelmente um registo de outro mês. Ou então, como por vezes ocorre que as atas são transcritas para livro muito depois da data dos acontecimentos a que se reportam, poderá esta, relativa ao mês de abril, ter sido exarada mais tarde e, portanto, assinada pelo provedor e escrivão que tomaram posse dois meses e meio depois da data que nela consta.

FONTES E BIBLIOGRAFIA

Fontes arquivísticas

Arquivo Histórico da Santa Casa da Misericórdia do Porto (AHSCMP) – *Livro de Lembranças das deliberações da Mesa da Misericórdia*, série D, banco 8, livro 1; *Tombos e inventário dos bens de raiz do Hospital de Santo Ildefonso*, série H, banco 1, livro 5; *Administração do Legado de D. Manuel de Noronha*, série H, banco 3, livro 7.

Bibliografia

FREITAS, Eugénio de Andrea da Cunha e; MENDES, António Lopes, 1990 – *Provedores e Escrivães da Santa Casa da Misericórdia do Porto*. Porto: Santa Casa da Misericórdia do Porto (datilografado).

ABREU, Laurinda, 2002 – "As Misericórdias de D. Filipe I a D. João V", in PAIVA, João Pedro (coord.), *Portugaliae Monumenta Misericordiarum – Fazer a História das Misericórdias*, vol. 1. Lisboa: União das Misericórdias Portuguesas.

FILOMENA MELO

António de Sá de Menezes

(? | ?)

Provedor da Santa Casa da Misericórdia do Porto

2.7.1564 | 2.7.1565

Provedor da Santa Casa da Misericórdia do Porto (1548-1549 e 1564-1565).

Neste seu mandato como provedor também há dúvidas e dados equívocos, muito concretamente quanto ao estabelecimento da data de início do mesmo. Embora existam documentos do início de julho de 1564 que referem ser ainda provedor Manuel de Moura, um documento anterior, de 22 de abril do mesmo ano de 1564, foi assinado por António de Sá, como provedor (*Livros de Lembranças das deliberações da Mesa da Misericórdia,* fl. 46v) e registado por Gaspar Nunes, já não como escrivão titular que fora no mandato precedente, mas em substituição de António Carneiro, escrivão ausente, como é dito. Um engano na datação? Um documento tardiamente assinado já pelo provedor seguinte? Não tendo sido provedor imediatamente antes de Manuel de Moura, nem sequer da Mesa no tempo deste, estão excluídas estas hipóteses de substituição provisória ou definitivamente. É mais credível qualquer uma das possibilidades anteriormente enunciadas.

Mais certo é ser deste provedor o registo feito a 25 de julho de 1564 (*Livros de Lembranças das deliberações da Mesa da Misericórdia,* fl. 48) e outros documentos já muito posteriores, inclusivamente vários do ano seguinte. Quanto ao fim do mandato, tudo aponta para que terá ocorrido dentro do prazo previsto, pois António de Sá consta ainda como como provedor num documento de 29 de junho de 1565 sobre o «acrescentamento» feito ao solicitador da Casa e do dia 8 de julho existe uma ata já da Mesa do provedor seguinte.

Para além destas questões de datação, não há muito mais a relevar acerca deste período da Casa. As atas existentes não registam ações que se destaquem da normal administração da Misericórdia e da gestão das suas finanças e legados.

Do conjunto de mesários conhece-se apenas, com certeza, o nome do escrivão, António Carneiro, o qual foi substituído por Gaspar Nunes que supre frequentes vezes a sua ausência sobretudo entre janeiro e maio de 1565.

FONTES E BIBLIOGRAFIA

Ver páginas 261-262.

FILOMENA MELO

João Rodrigues de Sá (dito «*o Moço*» ou «*o Vedor*»)

(? | ?)

Provedor da Santa Casa da Misericórdia do Porto

2.7.1565 | 2.7.1566

Capitão-mor do Porto (1580 – de junho a setembro). Vedor-mor da Fazenda do Porto. Comendador de Cristo e Senhor de Aguiar.

Provedor da Santa Casa da Misericórdia do Porto (1558-1559, 1562-1563, 1565-1566, 1572-1573 e 1580-1581).

Filho de Francisco de Sá de Menezes, Vedor da Fazenda do Porto, senhor de Aguiar, e de D. Isabel da Silva.

Primo de João Rodrigues de Sá de Menezes, alcaide-mor do Porto, poeta, provedor da Misericórdia do Porto; primo e sogro de Francisco de Sá de Menezes, alcaide-mor do Porto, poeta, provedor da Misericórdia do Porto; primo do poeta Francisco de Sá de Miranda.

Casou duas vezes, a primeira com D. Camila de Noronha, de quem teve D. Catarina de Noronha, a segunda com D. Maria da Silva, de quem teve Francisco de Sá de Menezes, poeta épico e ainda, fora destes matrimónios, teve Isabel da Silva.

Recuando ao tempo do mandato de 1565-1566, nesta altura, os registos das reuniões da Mesa ainda eram pouco frequentes, muito sumários e lacónicos, tornando-se difícil procurar, a partir deles, encontrar linhas de força da ação de um provedor. Mais ainda, sabendo-se que o provedor, esteve ausente, como em novembro de 1566 e não é certo por quanto tempo, como adiante se verá.

Então, deste mandato, o documento mais relevante data de 7 de abril de 1566 e é uma ata em que se atesta a decisão de reservar cinco sepulturas na igreja para atribuir aos Irmãos mais pobres da Confraria, determinando-se também alguns rituais que deveriam ser cumpridos nos enterros. Sabendo-se que a caridade de dar sepultura aos mortos é uma das primeiras preocupações da Casa, e não raro se encontram disposições para regulamentar o papel dos Irmãos nessas circunstâncias, neste caso o facto assume maior relevo por ser ainda a medida que de algum modo se destaca das demais, meros atestados do cumprimento das mais rotineiras obrigações administrativas da Misericórdia.

Mais incerta é a atribuição de um documento de um dia das eleições, 2 de julho, mas sem ano. Como se trata do provedor João Rodrigues de Sá e do escrivão Baltazar Leite, poderá eventualmente pertencer ao último dia deste mandato. Nele consta uma proposta para que as eleições fossem feitas por sorteio e não por votos, para evitar as críticas que se faziam na cidade aos votos pedidos. Porém, esta disposição, o texto reconhece-o, é contrária ao compromisso e, noutra ocasião em que foi implementada deu origem a um longo processo, que culminou na anulação das eleições, por ordem régia. Neste caso, todos os presentes deram o seu acordo a este procedimento. Só não é certo se foi efetivamente implementado ou entretanto impugnado ainda antes das eleições – para tal era necessário conhecer a ata eleitoral – e, mais ainda, recorde-se não estando a data completa, não se pode afiançar que seja realmente deste ano.

Quanto à composição da respetiva Mesa e à própria delimitação do âmbito cronológico do mandato, existem várias dificuldades e questões pouco claras. Porque as duas questões se articulam, do ponto de vista das provas documentais, apreciam-se conjuntamente.

Logo nos primeiros dias do mandato, no dia 8, a fazer fé que este terá começado na data habitual de 2 de julho, António da Rocha subscreve um texto, na qualidade de escrivão. Tal informação é coerente com a de 4 de novembro de 1565, em que a Mesa delibera que, por ausência do provedor e também do escrivão, António da Rocha, se designe o provedor do ano precedente, conforme os regulamentos previam, em caso de falecimento ou impedimento grave e definitivo. Mas aqui começam os problemas também, pois tal medida é inaudita ou, pelo menos, muito pouco comum, se tomada em vida do provedor e para mais de um provedor que regressa à Casa, em determinados momentos. Esta situação é ainda mais equívoca porque, sem mencionar João Rodrigues de Sá, António de Sá, assina vários documentos como estando em posse plena posse do cargo. Noutros textos, declara-se até que, tal como João Rodrigues de Sá, também Manuel de Moura, estava impossibilitado de comparecer e daí recuar-se até Francisco Pereira de Miranda para encontrar novo provedor.

Assim como Francisco Pereira de Miranda passa a assinar na qualidade de provedor, provavelmente António de Sá fora também provedor interino, por impedimento de João Rodrigues de Sá. Afinal, estavam todos impedidos?

Uns dias depois da referida reunião de novembro, em 9 dezembro de 1565, Manuel de Moura assina um registo explicitamente como provedor (*Livros de Lembranças*..., fls. 82-87). Porém, no ano seguinte, a 7 de abril de 1566, João Rodrigues de Sá volta à Casa como provedor, tendo como escrivão Baltazar Leite (*Livros de Lembranças*..., fl. 87). Poucos dias depois, a 23 desse mês, Baltazar Leite subscreve como escrivão um documento que Manuel de Moura assina como provedor e na mesma fonte, os documentos de 2 e 22 de maio são uma vez mais subscritos por João Rodrigues de Sá (*Administração do Legado de D. Manuel de Noronha*, fls. 196v-197v). Se o documento acima referido de 2 de julho, é efetivamente de 1566, então também fica assegurado que o provedor acabou por encerrar o seu mandato, presidindo às eleições para o seu sucessor, como lhe competia.

Cumpre também assinalar que, ao contrário da referida ata de 2 de julho a que falta a aposição da data, mas contém um notável conjunto de subscrições, outras houve, neste período, devidamente datas, mas não assinadas, nem sequer pelo escrivão. Tal pode ser considerado comum, tratando-se de apontamentos ou adendas a um texto já escrito, mas não tão comum assim, quando se trata de atas.

Tal como para a determinação do percurso do provedor ao longo deste mandato, existem igualmente grandes equívocos em torno da figura do escrivão. Na altura em que o provedor se ausentou, foi pensada a hipótese de António da Rocha continuar assim mesmo no cargo, mas ele recusa alegando estar de viagem para Lisboa. Então, indigitou-se Baltazar Leite, com o fundamento de que fora escrivão três anos antes; contudo dizia-se que o lugar caberia em rigor a António Carneiro, por ter sido «escrivão o ano passado», mas que este estava ocupado e bem assim Gaspar Nunes «que o foi ante ele». Ora, o problema reside no facto de, no ano precedente, quando António de Sá assinava como provedor, o escrivão ter sido Gaspar Nunes e antes, sim, fora António Carneiro e antes deste, Gaspar Nunes já havia sido escrivão, de facto; então, Baltazar Leite não fora escrivão pela última vez três mandatos antes, mas sim quatro, com o provedor Francisco Pereira de Miranda, em 1561-1562 (*Livros de Lembranças*..., fls. 83-84).

O nó de equívocos e dificuldades não termina aqui. Existe ainda uma ata de 15 de setembro de 1566, data que já estaria bastante fora do âmbito cronológico deste mandato, a qual se diz ter sido lavrada em presença do provedor, sendo subscrita por João Rodrigues de Sá, nessa qualidade, e pelo escrivão, António Carneiro. Um labirinto! Só o feliz acaso de se encontrarem novos dados em documentação ainda inédita poderá trazer alguma luz a este período difícil de compreender.

FONTES E BIBLIOGRAFIA

Ver páginas 296-297.

FILOMENA MELO

Gaspar Pamplona

(? | ?)

Provedor da Santa Casa da Misericórdia do Porto

2.7.1566 | 2.7.1567

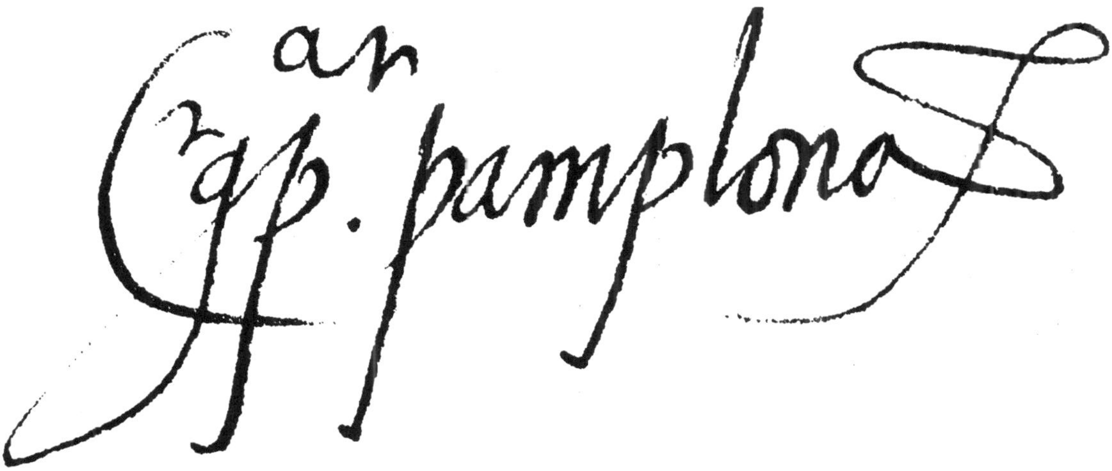

Vereador do Porto (1559, 1566 e 1576).

Mesário da Santa Casa da Misericórdia do Porto.

Filho de João Álvares Pamplona e Leonor Carneira.

Casou com D. Ana de Sousa, sem descendentes.

Era titular do morgado de Pamplona do qual foi herdeira sua irmã D. Brites Carneiro de Pamplona.

Do que se conhece da biografia de Gaspar Pamplona, verifica-se que a sua ascensão aos cargos públicos do município ocorre no início da segunda metade do século XVI, altura em que foi por três vezes vereador, num intervalo de aproximadamente dezasseis anos. De igual modo, a presença de Gaspar Pamplona em lugares diretivos da Misericórdia é circunscrita a um período limitado, ainda mais restrito até, pouco mais de uma década, que se sobrepõe exatamente à fase em que se encontra ativo na vida municipal. Na documentação respeitante à Santa Casa da Misericórdia do Porto, é referido pela primeira vez como Irmão eleito para a Mesa no ano de 1560 e a última no ano de 1570-1571, tendo tido um único mandato como provedor. Contudo, embora não tendo voltado a pertencer aos corpos dirigentes da Casa, ainda é mencionado num rol de 1573, como tendo sido escalado para integrar o grupo de Irmãos que tinha obrigação de acompanhar os enterros que eventualmente viessem a acontecer no último quartel daquele ano.

⁕

Durante o mandato como provedor, pouco é o que se pode saber acerca da sua ação, já que, apenas está referido como tal em registos dos meses de abril e maio de 1567, o que põe desde logo um problema de rigor na atribuição das datas extremas do mandato, sendo apenas por inferência que se pode presumir que terá exercido o mandato na íntegra. As mesmas fontes, apontam Fernão de Azevedo, como escrivão, substituído na sua ausência por Gaspar Nunes. Contudo, numa carta de emprazamento que poderá ter sido anterior, pois tem a data de 2 de março de 1567, declara-se ser provedor João Rodrigues de Sá, vedor da fazenda, e escrivão da Casa o referido Fernão de Azevedo. Estão ainda mencionados como testemunhas presentes ao ato os Irmãos Francisco Pereira, Diogo Brandão Pereira, Rui Brandão, António Carneiro, o licenciado Gonçalo Pires, o procurador da Casa, Gaspar Dias e Baltazar Dias, ambos irmãos e tanoeiros, Pero Tomé, barbeiro e Melchior Duarte calceteiro, possivelmente os Irmãos da Mesa, na altura.

Porém, a referência a este provedor e escrivão levanta problemas relativamente à fiabilidade deste registo e/ou da respetiva datação. Não raro, o provedor precedente – e no caso fora efetivamente João Rodrigues de Sá – é chamado a exercer funções novamente, dando continuidade ao seu mandato, em caso de impedimento grave do provedor eleito, pois tratando-se de uma substituição pontual esta deveria ser assegurada pelo escrivão desse ano. A fazer fé neste documento, o provedor não coincide com o que exercia em abril e maio, Gaspar Pamplona; por sua vez, o escrivão é o mesmo, o que multiplica as interrogações acerca deste documento. Aliás, convém notar que o mandato precedente, do referido João Rodrigues de Sá, levanta também alguns problemas de delimitação, não sendo de excluir que possa haver algum equívoco ou imprecisão na atribuição destes dois mandatos. Porventura só as atas eleitorais, em falta para este período, poderiam trazer algumas certezas ou ajudar pelo menos a compreender melhor a sucessão dos provedores desta altura.

FONTES E BIBLIOGRAFIA

Fontes arquivísticas

Arquivo Histórico da Santa Casa da Misericórdia do Porto (AHSCMP) – *Livro de Lembranças das deliberações da Mesa da Misericórdia*, série D, banco 8, livro 1; *Tombos do Hospital de Roque Amador*, série H, banco 1, livro 2; *Administração do Legado de D. Manuel de Noronha*, série H, banco 3, livro 7.

Bibliografia

BRITO, Pedro de, 1997 – *Patriciado urbano quinhentista: as famílias dominantes do Porto (1500-1580)*. Porto: Arquivo Histórico da Câmara Municipal do Porto.

FREITAS, Eugénio de Andrea da Cunha e; MENDES, António Lopes, 1990 – *Provedores e Escrivães da Santa Casa da Misericórdia do Porto*. Porto: Santa Casa da Misericórdia do Porto (datilografado).

FILOMENA MELO

Rui Brandão

(?, 1503 | ?, m. 1579 ou post.)

Provedor da Santa Casa da Misericórdia do Porto
2.7.1567 | 2.7.1568

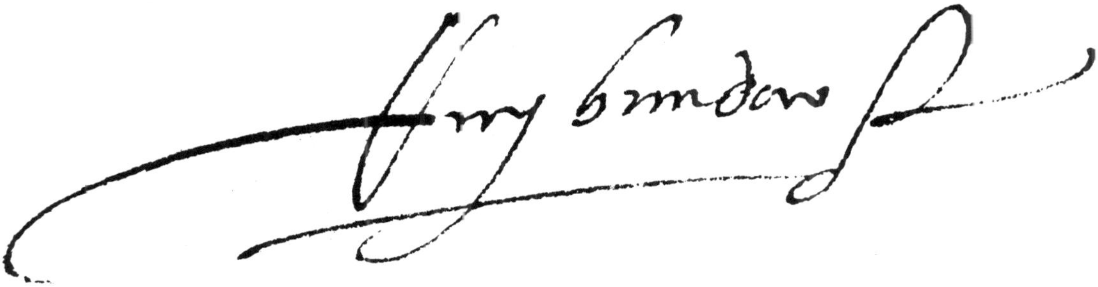

Vereador da Câmara do Porto (1545 e 1553).

Provedor da Santa Casa da Misericórdia do Porto (1543-1544, 1552-1554, 1557-1558 e 1567-1568).

Filho de João Sanches, juiz e vereador, e de Isabel Brandão, meia-irmã de Diogo Brandão Pereira e Fernão Brandão, poetas do cancioneiro de Garcia de Resende.

Irmão de Diogo Brandão Sanches, vereador da cidade do Porto e provedor da Santa Casa da Misericórdia do Porto. Tio de Afonso Brandão, filho deste Diogo Brandão Sanches, também vereador da cidade e igualmente provedor da Misericórdia. Primo em segundo grau de Diogo Brandão Pereira, o Contador, também provedor. Irmão de João Brandão Sanches, feitor na Flandres, pai de Maria Brandão, a do Crisfal.

Casou com Maria de Madureira de quem teve seis filhos: Luís Brandão, vereador do Porto, Diogo Brandão, D. Henrique, D. Joana Madureira, D. Filipa Brandão, D. Bernarda Madureira.

Fidalgo da Casa d'el Rei.

Este é, portanto, o último mandato de Rui Brandão, mas sem dúvida o que está mais e melhor documentado. Embora não se conheça a ata do dia em que saiu eleito provedor, existem várias outras fontes que colmatam esta lacuna, estando seguramente atestado o seu exercício com uma atividade particularmente intensa a partir de setembro de 1567 e até maio do ano seguinte. É de supor que cumpriu o mandato integralmente, inclusive nos restantes meses que completariam o ano de exercício.

Os referidos documentos que subscreveu como provedor são sobretudo registos de reuniões da Mesa em que foram tratados assuntos de caráter administrativo e de gestão da Casa, de maior ou menor complexidade. Contudo, alguns tópicos sobressaem de entre aqueles mais rotineiros, permitindo conhecer as disposições do provedor e o que de novo foi feito. Merece destaque o documento de 28 de março de 1568, no qual são estipuladas as regras de substituição dos provedores ausentes ou impedidos de exercerem o mandato, de acordo com o que anteriormente era costume fazer-se e conforme estava determinado também que se praticasse na Casa da Misericórdia de Lisboa. Noutro plano, ficou registada uma deliberação de empreender alguns trabalhos de melhoramento da igreja. Na reunião de 16 de fevereiro de 1568, esta ideia ganhou forma, tendo-se decidido encomendar na Flandres um gradeamento de altar, em bronze, que deveria chegar totalmente concluído, pronto a aplicar no lugar.

Por coincidência, é também durante este mandato que a Casa recebe mais um significativo legado proveniente de um irmão de Rui Brandão, João Brandão, feitor na Flandres, que havia falecido à data de 14 de outubro de 1567.

Da composição da respetiva Mesa nada se sabe ao certo, a não ser que Gaspar Nunes subscreve como escrivão quase todos os documentos identificados como sendo deste mandato, havendo registos de setembro de 1567 a dezembro de 1567 e no ano de 1568, em fevereiro, abril e maio. É exceção um documento datado de 28 de dezembro de 1567, subscrito por António Carneiro, que declara precisamente que o escrivão titular estava «ocupado em outros negócios do cabido», depreendendo-se que se refira a Gaspar Nunes.

FONTES E BIBLIOGRAFIA

Ver página 242.

FILOMENA MELO

Afonso Brandão

(? | ?)

Provedor da Santa Casa da Misericórdia do Porto

2.7.1568 | 2.7.1569

Vereador da Câmara Municipal do Porto (1583 e 1590). Procurador às Cortes de Almeirim (1579). Do Conselho e da Casa d'el Rei.

Provedor da Santa Casa da Misericórdia do Porto (1568-1569, 1570-1571, 1574-1575 e 1584-1585). Mesário da Santa Casa da Misericórdia do Porto.

Filho de Diogo Brandão Sanches, vereador do Porto e provedor da Misericórdia (1544), e de Catarina Ferraz.

Sobrinho do vereador e provedor Rui Brandão, primo em terceiro grau de Diogo Brandão Pereira, o Contador, também provedor. Sobrinho-neto de Diogo Brandão Pereira e Fernão Brandão, poetas do cancioneiro de Garcia de Resende.

Casou com D. Brites Freire, filha do contador Jerónimo Brandão Pereira, de quem teve dez filhos: João Brandão Freire, vereador da cidade do Porto (1619), frei Diogo Brandão, Rui Brandão, Jerónimo Brandão, Francisco Ferraz, Fernão Brandão, frei Jorge Ferraz, D. Catarina, D. Isabel e D. Inês; fora deste casamento teve Maria Brandão.

Comendador de Mouriz, na Ordem de Cristo, sucedeu no morgado de Coreixas, da família Ferraz e no padroado de S. Cristóvão de Refóios.

A família Brandão/Brandão Sanches é uma família de prole numerosa, em que todos ou quase todos, ao longo de várias gerações, se destacaram quer como poetas, militares, religiosos ou em outras funções de relevo na vida pública, em particular na cidade do Porto, mas também fora dela e até além-mar. Certo é que, nos séculos XV, XVI e XVII, pelo menos, em qualquer instituição portuense se encontram sempre membros desta família, em simultâneo, em vários cargos. Assim foi com a Misericórdia do Porto, desde os primeiros tempos e durante séculos, pode dizer-se assim, sem qualquer exercício de hipérbole. Vários Brandões foram Irmãos da Confraria, ocupando muitas vezes lugares de particular destaque, na provedoria ou na Mesa.

Tal foi o caso de Afonso Brandão Sanches, filho de Diogo Brandão Sanches, também ele vereador da cidade e provedor da Santa Casa, e de Catarina Ferraz, por via de quem Afonso veio a herdar o morgado de Coreixas, após acordo com Gaspar Nunes Barreto, igualmente Irmão da Misericórdia do Porto e, a dado passo, também provedor.

Não estão muito documentados outros tempos da sua vida, além dos anos em que serviu como vereador e do facto de ter sido procurador às Cortes de 1579. Por isso mesmo, é de valorizar o que se sabe sobre o empenho que pôs na campanha em que se envolveu juntamente com outras figuras como Lopo Cardoso e o então vereador Fernão Nunes Barreto, que também foi provedor, para a promoção do ensino, a alto nível, na cidade do Porto.

Tal facto diz muito a seu respeito, ou não fosse Afonso da família Brandão, que bem desmente o reparo camoniano de que a pena e a espada, em Portugal, andavam dissociadas. Este grupo, em que Afonso Brandão pontuava, pugnou pela criação de uma aula de latim no colégio dos Jesuítas para instrução dos jovens portuenses nos «bons costumes, doutrina e latim» (SILVA, 1988: 269-270). O voto do povo veio a chumbar esta meritória iniciativa, numa sessão da câmara, em 1597, quando tudo estava prestes a ter início, depois de uma década em que aqueles homens e alguns outros trabalharam a ideia que fermentou e acabou por morrer, quando estava prestes a ganhar corpo.

*

Este mandato como provedor da Santa Casa da Misericórdia do Porto para o ano de 1568-1569, foi o primeiro de Afonso Brandão, que voltou a ser eleito em 1570, 1574 e 1584. Ainda estava na Casa em 1590, data em que foi eleito para um lugar na Mesa, uma última vez. É neste mesmo ano de 1590 que se sabe ter tido o último cargo público também como vereador da cidade. Portanto, durante estas duas décadas, ou um pouco mais, está atestada a sua presença na Misericórdia. Ali exerceu várias funções, além do governo da provedoria, tendo-se cruzado até com alguns familiares, como seu tio Rui Brandão, da geração precedente, com quem esteve ainda em Mesa, e outros Brandões, mas também Ferrazes e Barretos, seus parentes pelo lado materno.

Certamente o primeiro documento que assina após a sua tomada de posse neste mandato é uma ata da Mesa, com data de 25 de julho de 1568, na qual foi escolhido um novo procurador da Casa (*Livros de Lembranças das deliberações da Mesa da Misericórdia*, fl. 87v). Existem vários outros registos que atestam a sua assiduidade às reuniões em que, conjuntamente com a Mesa, foram despachados assuntos correntes da gestão da Casa, como a admissão de um sacristão, a quitação de contas, as disposições sobre a administração dos legados, etc. Todas estas ações eram obrigações comuns dos provedores, por isso merece destaque o único momento documentado em que se manifesta uma iniciativa pessoal do provedor.

Em novembro de 1568, Afonso Brandão presidiu a uma reunião da Mesa na qual se determinou fazer alguns arranjos e modificações na sala do despacho, onde decorriam habitualmente as sessões. Não se percebe bem o motivo desta preocupação, que não está expresso ou implícito sequer no texto da ata, mas regista-se o facto. Assim, o arquibanco disposto ao longo da sala, assento normalmente ocupado pelo provedor, escrivão e alguns outros Irmãos, deveria ser substituído por bancos redondos, semelhantes aos dos outros Irmãos – em busca da paridade entre Irmãos? Deliberou-se também que a Mesa em que escreviam os mordomos de fora fosse deslocada mais para junto da «porta da escada» (*Livros de Lembranças das deliberações da Mesa da Misericórdia*, fl. 107).

Da Mesa que o acompanhou neste mandato, ao certo nada se sabe, apesar dos nomes que subscrevem algumas atas, mas que podem não ser necessariamente os dos mesários e sim ou também de outros Irmãos presentes na sala, já que nenhum documento os menciona especificamente. Sabe-se apenas que Gaspar Nunes é inequivocamente o titular do cargo de escrivão, assinando nesta qualidade um conjunto significativo de documentos, entre julho de 1568 e maio do ano seguinte.

FONTES E BIBLIOGRAFIA

Fontes arquivísticas

Arquivo Histórico da Santa Casa da Misericórdia do Porto (AHSCMP) – *Livro de Lembranças das deliberações da Mesa da Misericórdia*, série D, banco 8, livros 1-2; *Administração do Legado de D. Manuel de Noronha*, série H, banco 3, livro 7; *Livros de Receita e Despesa do Cofre*, série E, banco 1, livro 4.

Bibliografia

ABREU, Laurinda, 2002 – "As Misericórdias de D. Filipe I a D. João V", in PAIVA, João Pedro (coord.), *Portugaliae Monumenta Misericordiarum – Fazer a História das Misericórdias*, vol. 1. Lisboa: União das Misericórdias Portuguesas.

BASTO, Artur de Magalhães, 1997 – *História da Santa Casa da Misericórdia do Porto*, 2.ª edição, vol. 1. Porto: Santa Casa da Misericórdia do Porto.

BRITO, Pedro de, 1997 – *Patriciado urbano quinhentista: as famílias dominantes do Porto (1500-1580)*. Porto: Arquivo Histórico da Câmara Municipal do Porto.

FREITAS, Eugénio de Andrea da Cunha e; MENDES, António Lopes, 1990 – *Provedores e Escrivães da Santa Casa da Misericórdia do Porto*. Porto: Santa Casa da Misericórdia do Porto (datilografado).

SILVA, Francisco Ribeiro da, 1988 – *O Porto e o seu termo (1580-1640): os homens, as instituições e o poder*, 2 volumes. Porto: Arquivo Histórico da Câmara Municipal do Porto.

FILOMENA MELO

Vicente Novais

(? | ?)

Provedor da Santa Casa da Misericórdia do Porto

2.7.1569 | 2.7.1570

Secretário da Índia.

Vereador da Câmara do Porto (1551 e 1561).

Filho de Fernão Novais e Brites Brandão.

Casou com D. Branca da Silva de quem teve sete filhos: Fernão de Novais, Luís Novais da Silva, provedor da Misericórdia (1611) e cavaleiro da Ordem de Cristo, D. Maria da Silva. D. Marta da Silva. D. Brites da Silva, D. Brites da Silva, D. Guiomar da Silva, D. Jerónima da Silva; teve ainda três filhos bastardos: Sebastião de Novais, Ana de Novais e Francisca de Novais.

Fidalgo da Casa d'el Rei.

Do percurso pessoal de Vicente Novais, sabe-se que esteve alguns anos na administração ultramarina, tendo sido Secretário da Índia no tempo do governador Estêvão da Gama, portanto cerca de 1540-1543. Terá acumulado pecúlio considerável que lhe permitiu, no regresso ao Porto, construir a sede familiar na Rua das Flores.

Em 1551, e dez anos depois, em 1561, há registo de ter sido vereador da cidade do Porto.

Foi provedor da Misericórdia do Porto, em 1569-1570, repetindo o mandato alguns anos depois, em 1575-1576, sendo que nos anos intermédios há algumas notícias, poucas, da sua presença ao serviço da Casa.

Como a documentação que se conserva deste período é muito limitada, sabe-se apenas que, enquanto provedor, se ocupou dos assuntos correntes da Casa, como era próprio das suas funções, não descurando a administração dos legados, de importância maior para a vida da Misericórdia e cumprimento dos seus propósitos.

Pelo mesmo motivo de escassez documental, não se conhece ao certo o conjunto de Irmãos que o acompanharam no exercício das suas funções de provedor. É de presumir que o escrivão, neste período, terá sido Vasco Leite, uma vez que se encontram atestações com datas extremas de 30 de outubro de 1569 e 8 de junho de 1570.

FONTES E BIBLIOGRAFIA

Fontes arquivísticas

Arquivo Histórico da Santa Casa da Misericórdia do Porto (AHSCMP) – *Livro de Lembranças das deliberações da Mesa da Misericórdia*, série D, banco 8, livro 1; *Tombos do Hospital de Roque Amador*, série H, banco 1, livro 3; *Administração do Legado de D. Manuel de Noronha*, série H, banco 3, livro 7.

Bibliografia

BRITO, Pedro de, 1997 – *Patriciado urbano quinhentista: as famílias dominantes do Porto (1500-1580)*. Porto: Arquivo Histórico da Câmara Municipal do Porto.

FREITAS, Eugénio de Andrea da Cunha e; MENDES, António Lopes, 1990 – *Provedores e Escrivães da Santa Casa da Misericórdia do Porto*. Porto: Santa Casa da Misericórdia do Porto (datilografado).

FILOMENA MELO

Afonso Brandão

(? | ?)

Provedor da Santa Casa da Misericórdia do Porto

2.7.1570 | 2.7.1571

Vereador da Câmara Municipal do Porto (1583 e 1590). Procurador às Cortes de Almeirim (1579). Do Conselho e da Casa d'el Rei.

Provedor da Santa Casa da Misericórdia do Porto (1568-1569, 1570-1571, 1574-1575 e 1584-1585). Mesário da Santa Casa da Misericórdia do Porto.

Filho de Diogo Brandão Sanches, vereador do Porto e provedor da Misericórdia (1544), e de Catarina Ferraz.

Sobrinho do vereador e provedor Rui Brandão, primo em terceiro grau de Diogo Brandão Pereira, o Contador, também provedor. Sobrinho-neto de Diogo Brandão Pereira e Fernão Brandão, poetas do cancioneiro de Garcia de Resende.

Casou com D. Brites Freire, filha do contador Jerónimo Brandão Pereira, de quem teve dez filhos: João Brandão Freire, vereador da cidade do Porto (1619), frei Diogo Brandão, Rui Brandão, Jerónimo Brandão, Francisco Ferraz, Fernão Brandão, frei Jorge Ferraz, D. Catarina, D. Isabel e D. Inês; fora deste casamento teve Maria Brandão.

Comendador de Mouriz, na Ordem de Cristo, sucedeu no morgado de Coreixas, da família Ferraz e no padroado de S. Cristóvão de Refóios.

Este é o segundo mandato de Afonso Brandão como provedor da Santa Casa. O primeiro fora para o ano de 1568-1569 e posteriormente foi eleito ainda em 1574 e, uma última vez, em 1584. Ainda estava na Casa e foi eleito para um lugar na Mesa, em 1590. É neste mesmo ano de 1590 que se sabe ter tido o último cargo público também, como vereador da cidade. Durante estas duas décadas, um pouco mais, está atestada a sua presença na Misericórdia. Ali exerceu várias funções, além do governo da provedoria, tendo-se cruzado mesmo com alguns familiares, como seu tio Rui Brandão, da geração precedente, com quem esteve ainda em Mesa, e outros Brandões, mas ainda Ferrazes e Barretos, seus parentes pelo lado materno.

Os dias de Afonso Brandão, à frente a Misericórdia, foram certamente mais tranquilos no seu primeiro mandato. Desta segunda vez que tomou a vara, teve que enfrentar uma das maiores calamidades da cidade, e sem dúvida a maior do seu tempo – a peste.

No entanto, os registos do *Livro das Lembranças* deste período não evidenciam este problema, embora um grande número de documentos, mais do que era comum, diga respeito a aquisição de sepulturas, assistência a pobres e doentes, referindo inclusive o pagamento de «mezinhas», mas sem uma menção específica à doença (*Livros de Lembranças das deliberações da Mesa da Misericórdia*, fls. 123v-128).

O que há também a notar, e pode dever-se a este facto ou não são as duas substituições que se verificaram na Mesa, como adiante se verá. O próprio provedor, habitualmente assíduo, poderá ter estado ausente e quiçá o motivo. Em suma, além destes factos que lhe são alheios, nada há de particularmente relevante sobre o seu desempenho neste período, registando-se apenas que a Casa cumpriu as suas obrigações, como se depreende das poucas e lacónicas atas deste período.

Desde 9 de julho de 1570 até 30 de junho de 1571 todos os documentos são subscritos pelo escrivão Francisco Álvares de Soágua, o que não deixa margem de dúvida que terá sido o escrivão eleito para secundar o provedor durante este mandato. Quanto à restante composição da Mesa, um documento de 21 de janeiro de 1571 menciona os membros presentes na reunião desse dia: Gaspar Pamplona, Manuel de Moura, Paulo Preto da Fonseca, cónego Simão Rebelo, Baltazar de Torres (com a indicação de estar «em lugar do prior de Azamor»), Amador Gonçalves, sangrador, João Rodrigues, sapateiro, Gonçalo Gonçalves, sapateiro, Gomes Eanes, cuteleiro, Diogo Gonçalves, Bento Fernandes, sapateiro (com menção a estar «em lugar de Baltazar Dias») e António Ferreira.

FONTES E BIBLIOGRAFIA

Ver página 338.

FILOMENA MELO

Francisco de Sá de Menezes

(Porto, c. 1510 | m. c. 1583)

Provedor da Santa Casa da Misericórdia do Porto

2.7.1571 | 2.7.1572

Governador do Reino (1578). Alcaide-mor da cidade do Porto. Capitão-mor das fortalezas de São João da Foz do Douro (Porto) e Nossa Senhora das Neves (Matosinhos).

Natural da cidade do Porto.

Filho de João Rodrigues de Sá de Menezes, alcaide-mor do Porto e provedor da Misericórdia, e de sua mulher D. Catarina de Noronha.

Irmão de Pantaleão de Sá, capitão de Sofala, que o substitui como capitão-mor da cidade do Porto; primo e genro de, João Rodrigues de Sá, vedor da fazenda do Porto e provedor da Misericórdia do Porto; primo de Francisco de Sá de Menezes, poeta épico.

Casou com Ana de Mendonça e em segundas núpcias Catarina de Noronha ou de Sá, sem descendência.

Cavaleiro Fidalgo da Casa Real. Conde de Matosinhos e de Portimão, Senhor de Aguiar de Sousa, de Sever, Bouças. Comendador da Ordem de Santiago. Camareiro-mor de D. Sebastião, D. Henrique e Filipe I.

Alguns anos antes de Francisco de Sá de Menezes ocupar este cargo, já haviam sido provedores da Santa Casa da Misericórdia do Porto seu pai, João Rodrigues de Sá de Menezes, seu primo e sogro João Rodrigues de Sá, que repetiu mandatos também posteriormente e, depois destes, virão muitos outros da mesma linhagem. Mas não só foram provedores, como ocuparam outros cargos e prestaram serviço à Casa, em diversas funções. A família Sá/Sá de Menezes pontua na vida da Misericórdia do Porto como poucas outras. Aliás, não só na Misericórdia. A família Sá está à frente da cidade, onde os primogénitos são alcaides-mores. Tal remonta a duzentos anos antes de Francisco de Sá de Menezes, a outro João Rodrigues de Sá, dito o das Galés, que nesta dinastia dos Sás conquistou fama, glória e muitas mercês régias para a família, catapultando-a para a primeira linha da nobreza de corte, pelo apoio e serviços prestados a D. João I.

Mas os Sás não foram apenas herdeiros de um destino bem fadado. A cada geração, muitos deles enobreceram o seu nome, por mérito próprio, pelas letras, pelas armas e, acima de tudo, pela fidelidade – sempre bem recompensada – a vários monarcas. «O instinto, habilidade ou sorte que levou os Sás a apostar sempre no campo vencedor, contribui sem dúvida para a boa fortuna desta família», conforme muito bem reparou Pedro de Brito (BRITO, 1997: 30). Ao lado de D. João I, em 1383, no partido de D. Afonso V, em Alfarrobeira, fiéis a Filipe II de Castela, contra o prior do Crato e em 1640, com o Duque de Bragança.

Pela linha varonil da primogenitura, os chefes da família, recebiam a alcaidaria do castelo do Porto, desde que o seu antepassado João Rodrigues de Sá, o das Galés, fora deste modo compensado pela adesão e apoio incondicional à causa do Mestre de Avis, como acima foi dito. A este cargo veio juntar-se o de capitão-mor da cidade, a partir de 1567.

Filho segundo de João Rodrigues de Sá de Menezes, Francisco de Sá de Menezes, tal como muitos outros dos Sás, como seu próprio pai, aliás, e alguns mais seus parentes, era um homem das letras, cultor de vários géneros poéticos, mas também cortesão, tendo sido camareiro-mor, em quem três monarcas depositaram a maior confiança e estima, pelo que foi sempre prodigamente recompensado, desde D. Sebastião, a Filipe I, sem esquecer o cardeal-rei D. Henrique. Sem o saber, Francisco nascera também para as armas. A vida (a morte!) trouxe-lhe inesperadamente a responsabilidade da alcaidaria e da capitania da cidade do Porto, vacantes em 1579 por falecimento de seu pai, o que se deu pouco depois da morte do seu irmão, que fora o primogénito da sua geração. Viu-se, então, como o filho mais velho sobrevivo de João Rodrigues de Sá de Menezes, chefe da Casa dos Sás e primeiro homem da cidade.

Não descurou as suas responsabilidades militares e cívicas, bem pelo contrário, empenhando-se até a suas próprias expensas na renovação forte de S. João da Foz. Mas pouco tempo permaneceu na cidade. Chamado aos negócios da Corte, deixou seu irmão, Pantaleão de Sá, a substituí-lo. Este, por sua vez, desertou da cidade quando corriam rumores de que estava eminente um cerco pelas tropas castelhanas, em meados de 1580. Nesse contexto, assumiu o comando João Rodrigues de Sá, primo e sogro de Francisco de Sá de Menezes. Veio também aquele a fugir da cidade, poucos meses depois, na companhia da filha, a mulher de Francisco, já não pelo rumor da chegada de tropas castelhanas, mas pela certeza da entrada de D. António, prior do Crato, no Porto. Deste modo, a família sofreu um grande abalo, perdendo o prestígio e o respeito da cidade, o que só anos mais tarde recuperará, numa outra geração. Francisco de Sá de Menezes faleceu pouco depois, em data sobre a qual as fontes não são concordantes, 1583 ou 1584.

⁂

Muito antes de todas estas atribulações, antes até de ser alcaide e capitão-mor da cidade do Porto, Francisco de Sá de Menezes, fizera-se confrade da Misericórdia e foi eleito provedor, em 1571-1572. Mas, durante este período, quiçá que ocupações ou maleitas o afastaram da Santa Casa onde não deixou marca que se conheça. Poucas vezes compareceu, sendo substituído nas suas obrigações ora por Fernão de Azevedo, ora por Rui Brandão, quando foi preciso tomar as habituais providências da administração dos legados, ou autorizar a venda de umas casas sob alçada da Misericórdia. Sabe-se ainda que Francisco Álvares de Sobágua estaria na Mesa, pois ficou como escrivão enquanto Rui Brandão assumiu a provedoria. Não há notícia segura de outros mesários. Em tempo de epidemia, é possível especular sobre os motivos deste vazio deixado por tão notórias ausências, mas nada mais do que especular. A menos que surjam novos achados documentais que tragam nova luz sobre este mandato.

FONTES E BIBLIOGRAFIA

Fontes arquivísticas

Arquivo Histórico da Santa Casa da Misericórdia do Porto (AHSCMP) – *Eleições da Mesa da Misericórdia*, série D, banco 5, livro 1; *Tombos do Hospital de Roque Amador*, série H, banco 1, livro 3; *Administração do Legado de D. Manuel de Noronha*, série H, banco 3, livro 7.

Fontes digitais

CHAM – *Genealogias dos vice-reis e governadores do Estado Português da Índia no século XVI*. Disponível em: <http://www.cham.fcsh.unl.pt/ext/GEN/Index.htm> [consultado em maio-julho de 2016].

Fontes impressas

COSTA, Agostinho Rebelo da, 1789 – *Descripção topografica, e historica da Cidade do Porto. Que contém a sua origem*.... Porto: na Officina de Antonio Alvarez Ribeiro.

SOUSA, António Caetano de, 1735-1749 – *Historia genealógica da Casa Real Portugueza*... Lisboa: na Officina de Joseph Antonio da Sylva, impressor da Academia Real, 12 tomos em 13 volumes.

Bibliografia

BASTO, Artur de Magalhães, 1997 – *História da Santa Casa da Misericórdia do Porto*, 2.ª edição, vol. 1. Porto: Santa Casa da Misericórdia do Porto.

BRITO, Pedro de, 1997 – *Patriciado urbano quinhentista: as famílias dominantes do Porto (1500-1580)*. Porto: Arquivo Histórico da Câmara Municipal do Porto.

FARDILHA, Luís, 2003 – "João Rodrigues de Sá de Menezes na corte de D. Manuel". *Revista da Faculdade de Letras "Línguas e literaturas"*, XX, I. Porto: Faculdade de Letras da Universidade do Porto, pp. 305-316.

FARDILHA, Luís, 2004 – "Disputa por um nome: o poema *Malaca Conquistada* (1634), de Francisco de Sá de Menezes, e a representação genealógica". *Revista da Faculdade de Letras "Línguas e literaturas"*, XXI, I. Porto: Faculdade de Letras da Universidade do Porto, pp. 61-87.

FREITAS, Eugénio de Andrea da Cunha e; MENDES, António Lopes, 1990 – *Provedores e Escrivães da Santa Casa da Misericórdia do Porto*. Porto: Santa Casa da Misericórdia do Porto (datilografado).

MONTEIRO, Fernando Manuel Moreira de Sá, 1981 – *Sás: subsídios para uma genealogia*. Separata do *Boletim de Trabalhos Históricos*. Guimarães: s/n.

SILVA, Francisco Ribeiro da, 1988 – *O Porto e o seu termo (1580-1640): os homens, as instituições e o poder*, 2 volumes. Porto: Arquivo Histórico da Câmara Municipal do Porto.

FILOMENA MELO

João Rodrigues de Sá (dito «*o Moço*» ou «*o Vedor*»)

(? | ?)

Provedor da Santa Casa da Misericórdia do Porto

2.7.1572 | 2.7.1573

Capitão-mor do Porto (1580 – de junho a setembro). Vedor-mor da Fazenda do Porto. Comendador de Cristo e Senhor de Aguiar.

Provedor da Santa Casa da Misericórdia do Porto (1558-1559, 1562-1563, 1565-1566, 1572-1573 e 1580-1581).

Filho de Francisco de Sá de Menezes, Vedor da Fazenda do Porto, senhor de Aguiar, e de D. Isabel da Silva.

Primo de João Rodrigues de Sá de Menezes, alcaide-mor do Porto, poeta, provedor da Misericórdia do Porto, primo e sogro de Francisco de Sá de Menezes, alcaide-mor do Porto, poeta, provedor da Misericórdia do Porto; primo do poeta Francisco de Sá de Miranda.

Casou duas vezes, a primeira com D. Camila de Noronha, de quem teve D. Catarina de Noronha, a segunda com D. Maria da Silva, de quem teve Francisco de Sá de Menezes, poeta épico e ainda, fora destes matrimónios, teve Isabel da Silva.

Recuando ao tempo do presente mandato como provedor de 1572-1573, o que se sabe, como para quase todos os mandatos deste período, é muito pouco e obtido mais por indícios e conjeturas, do que por prolixa informação.

Onde é que se encontra a iniciativa do provedor, neste mandato? Em documentos administrativos e de tesouraria, nas contas feitas com a mulher que servia o hospital e com um criado da Casa, na esmola paga ao homem que abria as covas, num apontamento sobre a capelania da Misericórdia. Em suma, por aqui pode apenas concluir-se que o provedor cumpriu com alguma assiduidade as suas obrigações de gestor da Casa. Do conjunto dos compromissos da Casa fazia parte zelar não só pelo cumprimento das obrigações dos legados, como também, evidentemente, pela arrecadação dos mesmos, o que era imprescindível; contudo, não deixa de ser curioso notar um movimento particularmente intenso de cobranças e arrecadações de legados durante este mandato, embora faltem elementos que permitam interpretar tal facto – uma possível coincidência ou uma campanha de reforço das finanças?

Quanto à composição da Mesa, Afonso Pires Borrego assina como escrivão todos os documentos conhecidos deste mandato. Dos restantes elementos, apenas uma escritura de transação de propriedades do Hospital de Roque Amador, datada de 12 de outubro de 1572, menciona um conjunto de Irmãos que poderiam ser os mesários daquele trimestre: Rui Brandão, Gaspar Nunes Barreto, o licenciado Francisco Vieira, Gonçalo Pires, ferreiro, Gonçalo Anes, sapateiro, André Álvares, tanoeiro, André Rodrigues, sapateiro, Pêro Pires. No mais, apenas algumas assinaturas colhidas num ou outro documento poderiam apontar alguns nomes de mesários, mas não é certo que o fossem todos aqueles que subscrevem, numa altura em que outros Irmãos, não eleitos para a Mesa, podiam participar nas reuniões dos treze.

FONTES E BIBLIOGRAFIA

Ver páginas 296-297.

FILOMENA MELO

Gaspar Nunes Barreto

(? | ?)

Provedor da Santa Casa da Misericórdia do Porto

2.7.1573 | 2.7.1574

Almoxarife dos Armazéns do Porto.

Provedor da Santa Casa da Misericórdia do Porto (1560-1561 e 1573-1574). Escrivão da Mesa da Santa Casa da Misericórdia do Porto.

Filho de Fernão Nunes Barreto e de Isabel Ferraz.

Casou com Isabel Cardosa de quem teve quatro filhos, Fernão Nunes Barreto, vereador da cidade do Porto e provedor da Misericórdia (1578-1579 e 1586-1587), Jerónimo Barreto, bispo do Funchal e depois do Algarve, Reimão Barreto e Guiomar Barreto. Casou segunda vez com Cecília de Madureira de quem teve três filhos, Tomás Barreto, Ângela de Madureira e outra filha.

Avô de Gaspar Nunes Barreto e bisavô de Nuno Barreto Fuseiro e de Fernão Nunes Barreto, ambos provedores da Santa Casa da Misericórdia do Porto.

Fidalgo da Casa d'el Rei.

Como de certo modo já ficou implícito, o provedor de 1560 foi também, fora dos seus dois mandatos, um Irmão muito presente na vida da Casa. Várias vezes escrivão e, como se pôde verificar, muito assíduo às reuniões da Confraria, ao longo de cerca de duas décadas, pois há ali notícias suas que remontam a 1553 e que se apagam, bruscamente, após este mandato de 1573-1574, pelo que é de crer que a data coincide com o fim da sua vida ou, na melhor das hipóteses, ter-se-á afastado, por qualquer motivo. Aliás, não raro esteve ausente durante este mandato, o que não só contrasta com a assiduidade revelada no seu primeiro mandato, como com o conjunto de todo o seu percurso na Casa até então, em que marcara presença regular e constante.

O assunto que domina este mandato e que é objeto da primeira reunião de que há notícia, a 5 de agosto de 1573, desenvolve-se em torno de uma peculiar questão. Nessa reunião, presidida pelo provedor e à qual compareceram os Irmãos da Mesa, mas ainda muitos outros mais, foi debatida a colocação (ou não!) do retábulo encomendado para o altar-mor da capela da Casa, executado pelo carpinteiro Pedro Anes. Dizem as atas que esta peça era de tão grandes dimensões que se estenderia pelo cruzeiro, parecendo a todos os Irmãos presentes que de modo algum se poderia «fazer capela-mor sem se perder o dito retábulo». A hipótese de nunca se conseguir vir a fazer a capela-mor por a escala desta ficar, desde logo, condicionada pela dimensão do retábulo, foi algo que todos quiseram evitar. Assim sendo, seria insensato aceitar o retábulo, para abandoná-lo mais tarde, depois de feita a despesa de mandar pintar e dourar, despesa essa que se presumia ser elevada, em função das suas excessivas dimensões. Ponderado tudo isto, decidiu-se prescindir desta peça, de que se presume estar na altura apenas concluída a estrutura de marcenaria (*Livros de Lembranças das deliberações da Mesa da Misericórdia*, fls. 117-117v).

Várias outras reuniões da Mesa estão registadas regularmente, em dezembro de 1573 (*Livros de Lembranças das deliberações da Mesa da Misericórdia*, fl. 136), 2 de fevereiro de 1574 (*Livros de Lembranças das deliberações da Mesa da Misericórdia*, fl. 59v), em abril (*Livros de Lembranças das deliberações da Mesa da Misericórdia*, fl. 141v) e maio do mesmo ano (*Livros de Lembranças das deliberações da Mesa da Misericórdia*, fl. 73v) e finalmente em junho, já perto do final do mandato, portanto (*Livros de Lembranças das deliberações da Mesa da Misericórdia*, fls. 128v e 142), tendo nelas sido tratados assuntos de caráter corrente, por assim dizer, das obrigações da Casa e da sua administração.

As informações sobre a composição da Mesa não são tão claras neste mandato como o haviam sido da primeira vez que Gaspar Nunes Barreto foi provedor. Quanto ao escrivão eleito, parece ter sido António Fernandes Alvo, que assina alguns documentos. No ano de 1574, em particular nos últimos meses do mandato, este ausentou-se frequentemente, sendo substituído por Francisco Baião, em reuniões do mês de fevereiro de 1574 e por Francisco Álvares de Soágua, conforme se verifica na feitura de dois documentos de 16 e um de 20 de junho de 1574. Num deles, Francisco Álvares de Soágua declara: «escrevi na ausência de Rui Brandão que serve de escrivão».

Tal deixa supor que, eventualmente, a ausência do primitivo escrivão titular, António Fernandes Alvo, se tenha prolongado de tal modo neste final de mandato que tivesse sido substituído definitivamente por Rui Brandão, vindo este, por sua vez a ausentar-se pontualmente. De qualquer modo, se Rui Brandão assumiu o encargo de escrivão, fê-lo informalmente e não na sequência de qualquer indigitação, pois na ata de eleição da Mesa subsequente, a 2 de julho de 1574, declara-se escrivão ao serviço, por ausência de António Fernandes Alvo.

Quanto aos demais mesários, conhecem-se alguns pelas assinaturas apostas em vários documentos que subscrevem nessa qualidade. Em setembro de 1573 encontram-se os nomes de Afonso Brandão, Rui Brandão, João Gonçalves, Pedro Fernandes, Gaspar Novais, Vicente Novais, Bento Fernandes, Gaspar P. Gonçalves e Gonçalo Pires de Barros(?), coincidindo estas subscrições, sensivelmente, com as mesmas menções aos Irmãos presentes na reunião de 5 de agosto, acima referida, altura em que compareceram não apenas os mesários mas um vasto conjunto de outros Irmãos, como o próprio texto diz, não sendo possível separar exatamente quem eram uns e outros (*Livros de Lembranças das deliberações da Mesa da Misericórdia*, fls. 117-117v).

Outra fonte, de 4 de outubro de 1573, regista o escrivão António Fernandes Alvo a presidir, substituindo o provedor ausente, tendo Rui Brandão assumido o papel de escrivão, e estando ainda presentes os seguintes Irmãos, que não se diz expressamente serem os mesários da altura, mas que o seriam provavelmente, dado coincidirem, pelo menos em parte, com os do documento de setembro: o licenciado Gaspar Gonçalves, o licenciado Manuel Álvares, o abade Diogo Valadares, Bento Fernandes, sapateiro,

Pêro Fernandes, cutileiro, Francisco Luís, João Gonçalves, Gaspar Novais, alfaiate e Gaspar Afonso.

Do ano seguinte, um documento de abril permite identificar as assinaturas do provedor e do escrivão titular António Fernandes Alvo e ainda de Francisco Álvares de Sobágua, Rui Brandão, António Carneiro, Sebastião Pereira, entre outras menos legíveis.

FONTES E BIBLIOGRAFIA

Ver página 307.

FILOMENA MELO

Afonso Brandão

(? | ?)

Provedor da Santa Casa da Misericórdia do Porto

2.7.1574 | 2.7.1575

Vereador da Câmara Municipal do Porto (1583 e 1590). Procurador às Cortes de Almeirim (1579). Do Conselho e da Casa d'el Rei.

Provedor da Santa Casa da Misericórdia do Porto (1568-1569, 1570-1571, 1574-1575 e 1584-1585). Mesário da Santa Casa da Misericórdia do Porto.

Filho de Diogo Brandão Sanches, vereador do Porto e provedor da Misericórdia (1544), e de Catarina Ferraz.

Sobrinho do vereador e provedor Rui Brandão, primo em terceiro grau de Diogo Brandão Pereira, o Contador, também provedor. Sobrinho-neto de Diogo Brandão Pereira e Fernão Brandão, poetas do cancioneiro de Garcia de Resende.

Casou com D. Brites Freire, filha do contador Jerónimo Brandão Pereira, de quem teve dez filhos: João Brandão Freire, vereador da cidade do Porto (1619), frei Diogo Brandão, Rui Brandão, Jerónimo Brandão, Francisco Ferraz, Fernão Brandão, frei Jorge Ferraz, D. Catarina, D. Isabel e D. Inês; fora deste casamento teve Maria Brandão.

Comendador de Mouriz, na Ordem de Cristo, sucedeu no morgado de Coreixas, da família Ferraz e no padroado de S. Cristóvão de Refóios.

Este é o terceiro mandato de Afonso Brandão como provedor da Santa Casa, lugar que já ocupara em 1568-1569 e 1570-1571. Será ainda eleito provedor uma última vez, em 1578. Ainda estava na Casa e foi eleito para um lugar na Mesa, em 1590. É neste mesmo ano de 1590 que se sabe ter tido o último cargo público também, como vereador da cidade. Durante estas duas décadas, um pouco mais, está atestada a sua presença na Misericórdia. Ali exerceu várias funções, além do governo da provedoria, tendo-se cruzado até com alguns familiares, como seu tio Rui Brandão, da geração precedente, com quem esteve ainda em Mesa, e outros Brandões, mas também Ferrazes e Barretos, seus parentes pelo lado materno.

Há um grande vazio documental sobre este mandato que só começa a estar mais ilustrado a partir de março de 1575, ou seja, mais de um semestre andado sobre a data em deveria ter ocorrido a tomada de posse. É precisamente nesse mês de março que o provedor determina que se organize uma procissão rogando a Deus pelas «muitas necessidades desta cidade» (*Livros de Lembranças das deliberações da Mesa da Misericórdia*, fl. 69v). Depreende-se que seja uma alusão aos ventos funestos da peste. Aliás, no mês seguinte, a Misericórdia chega a acordo com a Câmara da cidade relativamente aos chamados «doentes da Porta do Olival» que, à partida, não estavam sob a sua alçada. Contudo, o município aceita cooperar pagando as despesas, assumindo a Misericórdia o encargo de lhes prestar a necessária assistência.

Sobressaem, além deste, outros assuntos relativos à gestão do hospital e, no mais, apenas está documentado o encaminhamento de questões correntes da Casa, sendo de notar que, no seu conjunto, são muito poucos os registos subscritos pelo provedor, durante este mandato.

Quanto à Mesa, também persistem algumas dúvidas, sendo complexo, desde logo, identificar o escrivão. Francisco Álvares de Soágua que foi eleito escrivão, no início do mandato, segundo consta de um Livro de tesouraria (*Livros de Receita e Despesa do Cofre*, fls. 1-2). Porém, em março de 1575 Fernão Nunes subscreve um registo, na qualidade de escrivão. Ainda em março e também em maio do mesmo ano, Luís Pinto diz estar a substituir o escrivão Gil Monteiro, ausente, escrivão esse que ainda não constara de outra fonte; o mesmo Luís Pinto assina ainda como escrivão a 5 e 17 de junho de 1575. É ainda ele que, nos documentos da administração do legado de D. Manuel de Noronha, concretamente nas dotações do ano de 1575, diz estar a substituir o escrivão Fernão Nunes Barreto. É difícil, sem outras provas documentais, sair deste labirinto, deveras equívoco.

Quanto à composição da Mesa, a ata de 12 de março de 1575 fornece os seguintes nomes: Vicente Novais, Vasco Leite e Fernão de Morais que compareceram como titulares dos seus lugares na Mesa; Filipe da Silva substituiu Diogo da Fonseca [Ribeiro]; Bartolomeu Duarte substituiu André Rodrigues; Gonçalo Pires substituiu António Gonçalves; Gonçalo Rodrigues substituiu Simão Álvares e Manuel de Araújo substituiu Luís Pinto Pessoa, para que este estivesse como escrivão. Segundo a ata de 12 de junho de 1575, a composição da Mesa é semelhante, excluindo as substituições, uma vez que os mesários eleitos estiveram quase todos presentes: Vicente Novais, Vasco Leite, Diogo da Fonseca Ribeiro, licenciado Francisco Vieira, André Rodrigues, Domingos Pires, licenciado Gaspar Gonçalves em substituição de Fernão de Morais, Jorge Gonçalves, Afonso Gonçalves e Luís Pinto Pessoa, que a subscreveu na qualidade que indica de «escrivão da casa», certamente tendo-se tornado definitiva a substituição que anteriormente fizera.

FONTES E BIBLIOGRAFIA

Ver página 338.

FILOMENA MELO

Vicente Novais

(? | ?)

Provedor da Santa Casa da Misericórdia do Porto

2.7.1575 | 2.7.1576

Secretário da Índia.

Vereador da Câmara do Porto (1551 e 1561).

Filho de Fernão Novais e Brites Brandão.

Casou com D. Branca da Silva de quem teve sete filhos: Fernão de Novais, Luís Novais da Silva, provedor da Misericórdia (1611) e cavaleiro da Ordem de Cristo, D. Maria da Silva. D. Marta da Silva. D. Brites da Silva, D. Brites da Silva, D. Guiomar da Silva, D. Jerónima da Silva; teve ainda três filhos bastardos: Sebastião de Novais, Ana de Novais e Francisca de Novais.

Fidalgo da Casa d'el Rei.

Havia sido provedor da Misericórdia num primeiro mandato em 1569-1570, sendo que nos anos intermédios há algumas notícias, embora poucas, da sua presença ao serviço da Casa, noutros cargos.

O presente mandato, tal como outros desta época, está pouco documentado. Sabe-se que o provedor tomou algumas decisões relativas à gestão corrente do quotidiano da Casa, o que compreendia também deliberações sobre a assistência aos doentes a cargo da Misericórdia, assunto de que há notícia numa ata da Mesa. Já quase no término do mandato, a 10 de junho de 1576, coube-lhe resolver uma questão particularmente delicada, determinando as providências a tomar para a expulsão de Irmãos apontados pelos visitadores como estando em situação marital ilícita.

O provedor terá sido eleito juntamente com o escrivão Luís Pinto Pessoa, segundo se comprova por documentos que este subscreveu em julho e agosto de 1575, e também em janeiro, março e abril de 1576. Álvaro de Valadares subscreve um documento de 10 de junho de 1576, declarando fazê-lo por estar ausente o escrivão Luís Pinto Pessoa, depreendendo-se que este seria efetivamente o escrivão titular deste período. Além destes dois elementos, não há informação segura sobre a restante composição da Mesa.

FONTES E BIBLIOGRAFIA

Ver páginas 340-341.

FILOMENA MELO

Sebastião Pereira

(? | ?)

Provedor da Santa Casa da Misericórdia do Porto

2.7.1576 | 2.7.1577

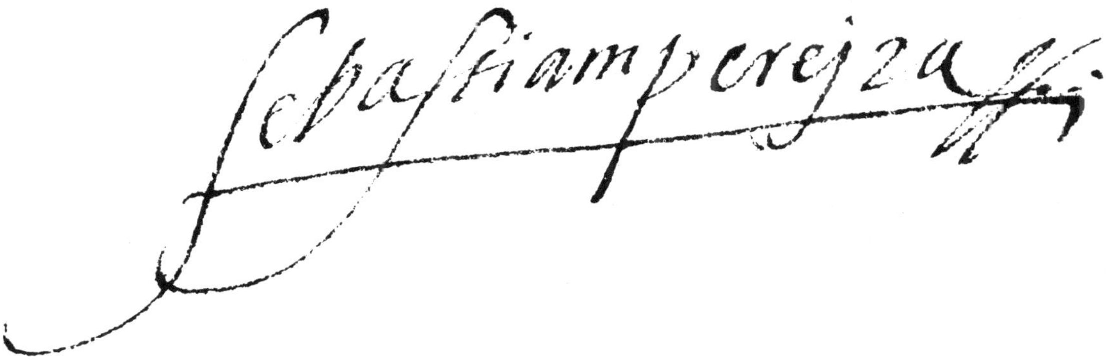

Fidalgo da Casa Real.

Com os elementos disponíveis na documentação da Misericórdia, não é fácil definir o perfil deste provedor, erradicando as dúvidas suscitadas pela homonímia com alguns contemporâneos e conterrâneos seus. Sebastião Pereira do Lago? Sebastião Leite Pereira? Sebastião Pereira, que foi tesoureiro municipal? Na incerteza, ficam estas hipóteses em aberto a que, eventualmente se poderão juntar outras, quiçá mais acertadas.

Contudo, apesar da ausência de atas eleitorais, há informação suficiente que atesta ter sido provedor neste mandato Sebastião Pereira e existem mais dados do que é costume neste período sobre o desempenho do provedor. Embora uma coisa não possa colmatar a outra, é possível, pelo menos, optar por seguir esta via mais consistente e conhecer algo da ação de Sebastião Pereira e bem assim da vida da Casa sob a sua tutela, já que não é seguro definir a sua biografia de outro modo.

A primeira notícia que merece destaque, data de 25 de novembro de 1576. Revela a preocupação do provedor com o cumprimento de uma das principais obrigações da Casa – a obra de misericórdia de enterrar os mortos. Para dignificar esses momentos e honrar os Irmãos defuntos, estabelece a obrigação de que todos os confrades da Santa Casa da Misericórdia tivessem em suas casas cera para acompanharem os enterros. Num outro momento, foi igualmente determinado que para o ingresso na Irmandade era necessário dar um contributo prévio de duas libras de cera, por «justos respeitos» (*Livros de Lembranças das deliberações da Mesa da Misericórdia*, fl. 2).

Nas disposições relativas à admissão de novos Irmãos, ficou também determinado, em fevereiro de 1577, que o total dos membros da Irmandade não deveria exceder o número estipulado e somente seriam admitidos novos ingressos quando falecesse alguém e, portanto, houvesse vaga. Este foi um debate quase constante na Misericórdia, pois as determinações régias impunham que se respeitasse um limite de duzentos Irmãos, mas na Confraria muitos eram de parecer que os serviços da Casa eram bastantes – e eram, efetivamente – e que uma boa parte dos Irmãos, por uma razão ou por outra, não colaborava ativamente, pelo que era necessário um maior número de pessoas dispostas a assumir as tarefas e a respeitar as obrigações da Misericórdia.

Quanto a questões disciplinares, durante este mandato foram afastados três Irmãos por comportamento impróprio, o que não raro acontecia, mas ainda assim este número merece consideração, para mais sabendo-se que estes casos envolveram desacatos e desrespeito pelo provedor.

Frequentes vezes se verificou que, com o aproximar da habitual data de eleições na Irmandade, o provedor e a Mesa reuniram para tomar algumas medidas específicas, preparatórias do ato eleitoral. Neste caso, foi até no próprio dia das eleições, a 2 de julho de 1577, que a Mesa apreciou o Compromisso e debateu a questão das eleições dos onze mesários, que até então eram escolhidos de três em três meses. Decidiu-se então que, tal como para o provedor e escrivão, os demais membros da Mesa passariam também e ser eleitos para um mandato anual. Esta deliberação será efetivamente implementada, passando a ser organizada desse modo a administração da Casa, doravante, durante muitos séculos.

Porém, neste mandato a estrutura em vigor ainda era a precedente, em que a Mesa rodava a cada três meses. Nuno Martins de Gouveia está identificado como escrivão em várias subscrições, ao longo deste período. Quanto aos demais Irmãos da Mesa, apenas se conhecem alguns nomes dos que estavam ao serviço em de outubro de 1576, tendo comparecido a uma escritura, em representação da Misericórdia: Pêro Pires, solicitador das causas da Casa, Gaspar Gonçalves, tanoeiro, Gonçalo Rodrigues, sombreireiro.

FONTES E BIBLIOGRAFIA

Fontes arquivísticas

Arquivo Histórico da Santa Casa da Misericórdia do Porto (AHSCMP) – *Livro de Lembranças das deliberações da Mesa da Misericórdia*, série D, banco 8, livro 1; *Tombos do Hospital de Roque Amador*, série H, banco 1, livro 2.

Bibliografia

BRITO, Pedro de, 1997 – *Patriciado urbano quinhentista: as famílias dominantes do Porto (1500-1580)*. Porto: Arquivo Histórico da Câmara Municipal do Porto.

FREITAS, Eugénio de Andrea da Cunha e; MENDES, António Lopes, 1990 – *Provedores e Escrivães da Santa Casa da Misericórdia do Porto*. Porto: Santa Casa da Misericórdia do Porto (datilografado).

FILOMENA MELO

Aires da Silva

(Lisboa, ? | Alcácer Quibir, 4.8.1578)

Provedor da Santa Casa da Misericórdia do Porto

2.7.1577 | 2.7.1578

Clérigo.

Doutor em Teologia pela Universidade de Coimbra.

Reitor do colégio de São Paulo de Coimbra. Reitor da Universidade de Coimbra. Bispo do Porto.

Natural de Lisboa.

Filho de Rui Pereira da Silva, guarda-mor de D. João III, e de D. Isabel da Silva.

Natural de Lisboa, Aires da Silva estudou Filosofia em Coimbra, e depois Teologia e, segundo D. Rodrigo da Cunha, destacou-se no estudo, de tal modo que veio a ser escolhido por D. Sebastião para primeiro reitor do Colégio de São Paulo, em 1563, assumindo, posteriormente, o cargo de reitor da Universidade de Coimbra (CUNHA, 1742, Parte II, cap. XXXVII: 301-308).

Em 1570 é feito bispo do Porto e é durante este período que se torna provedor da Misericórdia da cidade, cargo que deveria ocupar de julho de 1577 a julho do ano seguinte. Contudo, no final do mandato, pelo menos em maio de 1578, estava já em Lisboa a fim de acompanhar D. Sebastião a Alcácer Quibir, tendo embarcado com o Rei a 24 de junho. Veio a ser morto, a 4 de agosto, durante aquela batalha (CUNHA, 1742, Parte II, cap. XXXVII: 301-308).

Todos os autores são unânimes em exaltar as suas virtudes, nomeadamente as ações caritativas em prol dos pobres. Enquanto bispo do Porto, patrocinou a Misericórdia com «avultadas esmolas», segundo as palavras de Magalhães Basto, quando esta Casa atravessava uma fase crítica de falta de liquidez para fazer face às suas obrigações assistenciais, nomeadamente no inverno de 1574-1575 (BASTO, 1997: 476). Além destes gestos registados até antes do período em que foi provedor, não se conhece muito acerca da sua intervenção direta ao serviço da Santa Casa da Misericórdia do Porto.

Apreciando as atas das reuniões então havidas, vêem-se nelas plasmados alguns assuntos correntes relativos à gestão da Casa e pouco mais, destacando-se a 9 de junho de 1578, o facto de se ter determinado fazer o registo dos cálices de que a Casa dispunha para os serviços religiosos, por ordem do provedor que mandara «que pusesse neste Livro das Lembranças os cálices que havia nesta Casa para que se soubesse em todo o tempo os que eram» (*Livros de Lembranças das deliberações da Mesa da Misericórdia*, fl. 55). Na ocasião em que tal foi feito, recorde-se, já o provedor se encontrava ausente, em Lisboa, pelos motivos supra referidos, mas terá deixado orientações claras para ser feito este inventário e, provavelmente, para o encaminhamento de outros assuntos.

O provedor não esteve ausente apenas nestes meses finais. A pouca assiduidade do provedor às reuniões da Casa foi uma constante, podendo-se especular apenas que as obrigações da sua cátedra episcopal o impediriam de estar presente, já que a sua dedicação ao trabalho da Misericórdia não está em causa, como se depreende pelo que vem sendo exposto. Substituía-o no cargo, sistematicamente e como era protocolar, o número dois da Casa, à altura, o escrivão Rui Brandão, passando Luís Pinto Pessoa a assinar como escrivão, nalguns casos atestados, sendo estes os dois únicos mesários deste período, de cujo nome se tem a certeza.

Sendo a grande questão nacional a expedição africana de São Sebastião que então se preparava, embora o desastre só ocorresse no decurso do mandato seguinte, é surpreendente o quão lacónicos são os documentos da Misericórdia, não aludindo sequer ao assunto, mesmo tendo o provedor deixado o seu mandato por terminar, a fim de participar no funesto evento.

FONTES E BIBLIOGRAFIA

Fontes arquivísticas

Arquivo Histórico da Santa Casa da Misericórdia do Porto (AHSCMP) – *Livro de Lembranças das deliberações da Mesa da Misericórdia*, série D, banco 8, livro 1; *Administração do legado de D. Manuel de Noronha*, série H, banco 3, livro 7.

Fontes impressas

COSTA, Agostinho Rebelo da, 1789 – *Descripção topografica, e historica da Cidade do Porto. Que contém a sua origem....* Porto: na Officina de Antonio Alvarez Ribeiro.

CUNHA, D. Rodrigo da, 1742 – *Catálogo dos Bispos do Porto.* Porto: Officina Prototypa Episcopal.

Bibliografia

BASTO, Artur de Magalhães, 1997 – *História da Santa Casa da Misericórdia do Porto*, 2.ª edição, vol. 1. Porto: Santa Casa da Misericórdia do Porto.

FREITAS, Eugénio de Andrea da Cunha e; MENDES, António Lopes, 1990 – *Provedores e Escrivães da Santa Casa da Misericórdia do Porto.* Porto: Santa Casa da Misericórdia do Porto (datilografado).

FILOMENA MELO

Fernão Nunes Barreto

(c. 1547 | ?, 22.5.1597)

Provedor da Santa Casa da Misericórdia do Porto

2.7.1578 | 2.7.1579

Almoxarife (1573). Vereador da Câmara Municipal do Porto (1587, 1593 e 1597).

Provedor da Santa Casa da Misericórdia do Porto (1578-1579 e 1586-1587).

Filho de Gaspar Nunes Barreto, provedor da Misericórdia do Porto (1560-1561 e 1573-1574), e de Isabel Cardosa.

Casou com D. Maria Henriques de quem teve cinco filhos: Gaspar Nunes Barreto, provedor da Misericórdia do Porto (1613 e 1617), Nuno Barreto, João Nunes Barreto, Jerónimo Barreto e D. Isabel Henriques.

Sogro de D. Fradique de Menezes e avô de Nuno Barreto Fuseiro e de Fernão Nunes Barreto, todos provedores da Misericórdia do Porto.

Filho de um provedor, pai e avô de outros, também Fernão Nunes Barreto foi Irmão da Confraria da Misericórdia, alimentando a tradição de uma dinastia empenhada no serviço da Misericórdia, aliás de todo uma família, se se tiver em conta as ligações colaterais de parentesco. De igual modo, como era comum não só entre os membros da sua família, mas também entre todos os seus pares, também Fernão Nunes Barreto deteve cargos municipais de relevo na cidade do Porto, onde foi almoxarife e vereador.

Já era nascido em 1547, altura em que sua mãe, Isabel Cardosa, institui uma capela, mencionando-o como possível sucessor. É provável que então ainda fosse uma criança pequena, porque só há notícia de um primeiro cargo público no município do Porto e também na Misericórdia, em 1573. Deu assim início a uma dupla atividade pública, a qual decorreu em paralelo, ao longo das três décadas seguintes de 70, 80 e 90 do século XVI. Portanto, estes anos terão sido o apogeu da sua vida adulta.

Na Santa Casa da Misericórdia do Porto, não só foi provedor por duas vezes, como exerceu outros serviços, tendo chegado a ser nos seus primeiros anos nesta Irmandade confrade de seu pai. Porém, depois de tanto tempo dedicado a este Instituto, a dada altura terá deixado de pertencer à Misericórdia, por uma qualquer peripécia que não está bem clara e que terá ocorrido no segundo mandato. Aparentemente ter-se-á autoexcluído, mas não chegou a riscar-se ou a ser riscado do livro de Irmãos. Por isso, na ocasião da sua morte, os Irmãos debateram se deveria ou não ser enterrado como Irmão, como afinal era a sua vontade.

Chegaram ao veredicto de que, com base nessa falha jurídica, ou seja, por não ter sido cumprida a formalidade da exclusão e não ter sido efetivamente riscado, poderia ser-lhe dada a regalia de um enterro como Irmão da Misericórdia, tendo esta deliberação sido exarada em ata Por aí se sabe a data exata do seu falecimento, ocorrido a 22 de maio de 1597 (*Livros de Lembranças das deliberações da Mesa da Misericórdia*, fl. 123). Este caso terá feito tal eco na própria família que, cerca de setenta anos depois, seu neto, o provedor Nuno Barreto Fuseiro, veio a escrever as suas considerações e o parecer que tinha sobre o assunto, defendendo a tese de que, de facto, o avô nunca tinha sido «riscado», ou seja, expulso, da Confraria. Fica, sim, por esclarecer, o que esteve na origem então do afastamento voluntário e ressentido de Fernão Nunes Barreto, depois de tantos anos de dedicação à Casa.

Neste primeiro mandato de 1578, Nuno Barreto Fuseiro sucede ao provedor Aires da Silva, bispo do Porto, o qual deixara o cargo da provedoria um pouco antes do seu término para se ir juntar à expedição marroquina, vindo a morrer pouco depois, no fatídico dia de Alcácer-Quibir. Como ele, muitos confrades da Misericórdia, muitos filhos de quase todas as famílias da cidade e do reino, acompanharam a expedição e muitos não regressaram. Basta ler a História Sebástica para encontrar nas listagens das baixas ou dos reféns vários nomes que pessoalmente ou por seus familiares são conhecidos na Santa Casa da Misericórdia do Porto.

Não será por acaso que a Confraria irá empenhar-se vivamente, nos anos seguintes, numa nova obra de Misericórdia – o resgate dos cativos do Norte de África. É credível que houvesse na Casa um ambiente de luto, consternação e forte apreensão, mas contudo... total silêncio. Nem a menção a um *requiem*, nem uma palavra sobre eventuais ausentes, nada transpira para memória futura destes tempos de dor. Não obstante o impacto direto que os acontecimentos estavam a ter no reino e na vida de todos e de cada um, as atas e demais papéis da Misericórdia não deixam passar a mais leve suspeita de que possa ter acontecido algo neste período – e o que aconteceu!

Assim sendo, a notícia mais relevante deste mandato é a encomenda de um retábulo. Reunido com os Irmãos mesários, o provedor delibera com eles mandar fazer um retábulo segundo o desenho de Manuel de Ponte. Ainda um outro assunto levado à Mesa merece destaque. Foi a questão do respeito pelo sigilo a que estavam obrigados os Irmãos mesários no tratamento dos assuntos internos da Casa. Não se sabe o que terá suscitado este reparo, para mais tendo o assunto sido abordado numa reunião a que o provedor não compareceu, depreendendo-se que a proposta de discussão do tema não partira de si. Aliás, este seu mandato foi marcado por frequentes ausências, de que não se conhece o motivo, mas sabe-se que era substituído pelo escrivão Fernão de Azevedo. Com exceção dos casos acima expostos, nas outras reuniões foram tratados apenas assuntos comuns da administração da Casa, as obrigações dos legados, etc.

Sendo recorrente o absentismo do provedor, particularmente entre fevereiro e junho de 1579, acabou Álvaro de Valadares por substituir frequentes vezes como escrivão Fernão de Azevedo que, por sua vez, deveria presidir em lugar do provedor ausente.

Quanto aos demais Irmãos da Mesa, numa ata de 18 de janeiro de 1579 declara-se serem eles Francisco Pereira de Miranda, Afonso de Barros, Afonso Ferraz, Diogo

Leite de Azevedo, Luís Pinto Pessoa, Gonçalo Pires, cirieiro, Afonso Gonçalves, Jorge Gonçalves, Pêro Gonçalves, Marcos Fernandes, Bento Fernandes e ainda Rui Brandão que foi substituído nesse mesmo dia por Francisco Rodrigues de Freitas. Mas no mesmo dia 18 de janeiro, compareceram a uma escritura já não exatamente os mesmos. Além do provedor e do escrivão constam Francisco Vieira, Francisco Pereira de Miranda, Afonso de Barros, Afonso Ferraz, Jorge Gonçalves, Pêro Gonçalves, Bento Fernandes, João Pires.

FONTES E BIBLIOGRAFIA

Fontes arquivísticas

Arquivo Histórico da Santa Casa da Misericórdia do Porto (AHSCMP) – *Eleições da Mesa da Misericórdia*, série D, banco 5, livro 1; *Livro de Lembranças das deliberações da Mesa da Misericórdia*, série D, banco 8, livro 2; *Tombos e inventário dos bens de raiz do Hospital de Santo Ildefonso*, série H, banco 1, livro 5; *Administração do legado de D. Manuel de Noronha*, série H, banco 3, livro 7; *Livros de Receita e Despesa do Cofre*, série E, banco 1, livro 4.

Fontes impressas

SANTOS, Manuel dos, 1735 – *Historia Sebastica: contem a vida do Augusto Principe o Senhor D. Sebastiaõ, Rey de Portugal, e os successos memoraveis do Reyno, e conquistas no seu tempo... / author Fr. Manoel dos Santos....* Lisboa Occidental: na Officina de Antonio Pedrozo Galram.

Bibliografia

BRITO, Pedro de, 1997 – *Patriciado urbano quinhentista: as famílias dominantes do Porto (1500-1580)*. Porto: Arquivo Histórico da Câmara Municipal do Porto.

FREITAS, Eugénio de Andrea da Cunha e; MENDES, António Lopes, 1990 – *Provedores e Escrivães da Santa Casa da Misericórdia do Porto*. Porto: Santa Casa da Misericórdia do Porto (datilografado).

MORAIS, Cristóvão Alão de, [1667] 1943-1948 – *Pedatura Lusitana: nobiliário de famílias de Portugal*, publicado por Alexandre António Pereira de Miranda Vasconcellos, António Augusto Ferreira da Cruz, Eugénio Eduardo Andrea da Cunha e Freitas. Porto: Livr. Fernando Machado, 12 volumes.

SILVA, Francisco Ribeiro da, 1988 – *O Porto e o seu termo (1580-1640): os homens, as instituições e o poder*, 2 volumes. Porto: Arquivo Histórico da Câmara Municipal do Porto.

FILOMENA MELO

Jorge de Babo Ribeiro

(? | ?)

Provedor da Santa Casa da Misericórdia do Porto

2.7.1579 | 2.7.1580

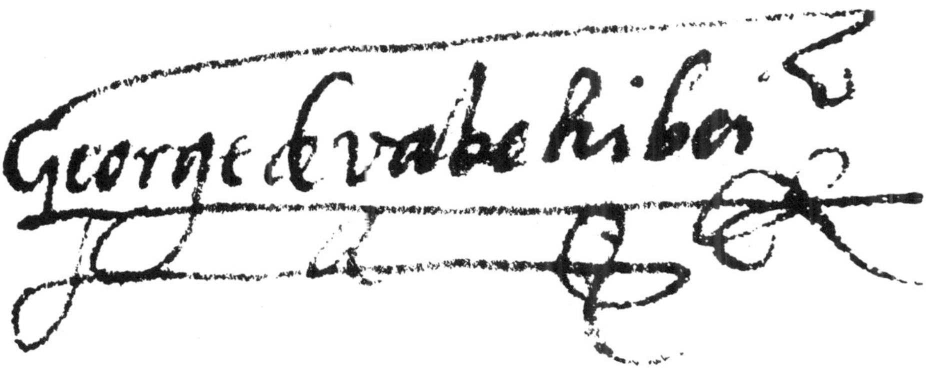

Guarda-mor da Saúde (1577) e vereador do Porto (1579).

Filho de Manuel Ribeiro e de Maria de Babo.

Casou com Violante Mendes, sem descendentes.

Fidalgo da casa d'el Rei.

Como a maior parte dos provedores, Jorge de Babo Ribeiro era uma figura proeminente da sociedade portuense de então, tendo exercido cargos relevantes na cidade pelo menos nos últimos anos da década de 1570. De certo modo, o seu percurso público fica um tanto maculado pelo triste episódio que protagonizou, forjando a sua «auto-eleição para procurador às cortes» de 1578 (SILVA, 1988: 376), eleição essa que veio a ser invalidada, uma vez revelada a manobra. No ano imediato, é eleito provedor da Santa Casa de Misericórdia do Porto, não constando ter tido outros cargos relevantes ou uma colaboração assídua na Irmandade, noutros períodos.

Contudo, no tempo do seu mandato, foi assíduo e estão atestadas várias etapas do seu desempenho à frente dos destinos da Casa.

Uma das primeiras medidas, a fazer fé nos registos, foi suspender a encomenda de um retábulo, adjudicada durante o manto precedente, discutindo-se se deveria ser dada primazia ao trabalho do retábulo, se à capela. Este assunto terá sido de tal modo polémico que se delibera, em setembro de 1579 e após debate em Mesa, a criação de um grupo de trabalho *ad-hoc*, paralelo à Mesa, para se ocupar exclusivamente da questão do retábulo.

O grupo deveria ser constituído por quatro nobres e quatro oficiais da Casa que, juntamente com o provedor e escrivão deveriam avaliar os prós e contras da execução do retábulo *versus* obra da capela e tratar deste assunto «com oficiais de toda a sorte assim da terra como de fora dela e com outras pessoas que bem entendam se será mais serviço de Deus e proveito desta casa ir avante com o retábulo que estava mandado fazer e acabar-se ou fazer capela» (*Livros de Lembranças das deliberações da Mesa da Misericórdia*, fl. 63).

Pode imaginar-se o quão divididas estavam as opiniões e quão aceso terá sido o debate, pois a reunião de que saiu esta deliberação foi de tal modo concorrida que as assinaturas dos presentes preencheram quase cinco páginas, o que se pode dizer ser caso único nas reuniões de Irmãos (*Livros de Lembranças das deliberações da Mesa da Misericórdia*, fls. 63-65).

A questão da encomenda ou não do retábulo é de facto o assunto dominante da altura, mas também se destaca, neste mandato um conjunto significativo de processos de expulsão de Irmãos.

Um terceiro tópico que se destaca neste período é a questão da dotação de órfãs pelo legado do cardeal-rei D. Henrique. Em cumprimento de uma ordem do bispo do Porto, a Misericórdia assume a responsabilidade de apresentar um levantamento das órfãs do bispado, para o que nomeia também expressamente três Irmãos incumbidos desta missão. O processo de recolha de dados decorre entre março e maio, após o que a Misericórdia determina, conjuntamente com o bispo, o modo de implementar as disposições testamentárias em causa.

Além destes temas que se evidenciam na documentação deste período o provedor ocupou-se, como era próprio das suas obrigações, dos demais assuntos de administração corrente da Casa.

O que é surpreendente é que, aliás à semelhança do que acontece noutras ocasiões igualmente críticas da vida da cidade do Porto ou do reino, não transpira das atas das reuniões da Mesa, nem de qualquer outro documento interno, qualquer indício de que o ambiente político fosse de algum modo tema de conversa entre os Irmãos. Dado que este mandato tem início nem um ano volvido sobre Alcácer Quibir, e que o final do mandato ocorre pouco depois da morte do cardeal-rei D. Henrique, é credível que as interrogações e apreensões estariam constantemente na mente de todos, para meias sendo o provedor, os mesários e muitos dos outros Irmãos da Misericórdia homens comprometidos com a vida pública e mesmo com a política da cidade e até do reino.

Seria compreensível que um código deontológico tácito impedisse que fossem levadas para dentro da Misericórdia estas preocupações que eram de todos. Porém, sabe-se que várias reuniões de natureza política tiveram lugar na Casa do Despacho da Misericórdia, sobretudo no mandato seguinte, e que nem todos os Irmãos convergiam quer na leitura do contexto político, quer na sua forma de intervenção pessoal e partidos que tomaram em cada momento. É até possível especular acerca da causa da acesa polémica entre Irmãos em torno da conclusão ou não do retábulo e do *leitmotiv* de tão elevado número de sanções disciplinares e expulsões de confrades durante este mandato, a que já se fez aqui referência. Então, mais ainda se torna artificial esta ausência absoluta de qualquer tipo de alusão às questões externas à Misericórdia, nos registos escritos da Casa. Com este provedor, ou qualquer outro destes tempos, o silêncio sobre matéria de *res publica* é de tal modo denso, que não parece inocente.

Segue-se a composição da respetiva Mesa à data de posse:

escrivão Paulo Correia substituído por Luís Pinto Pessoa em algumas ocasiões. mesários: Vasco Leite, Fernão de Azevedo, licenciado Gaspar Gonçalves, Francisco Pereira de Miranda, Diogo Leite d'Azevedo, de menor condição Gonçalo Rodriguez, Bartolomeu Duarte, carpinteiro, Baltazar Fernandes, André Rodrigues. Noutro documento posterior menciona-se a seguinte composição da Mesa, ligeiramente diferente, mas não são explanados os motivos das alterações verificadas: Vasco Leite, licenciado Gaspar Garcês, Diogo da Fonseca Ribeiro, licenciado Gaspar Gonçalves Fafiães, Gonçalo Pires, sombreireiro, Baltazar Gonçalves, carpinteiro, Baltazar Fernandes, coveiro(?), Bartolomeu Duarte, António Gonçalves, da Grade, Gonçalo Rodrigues, sombreireiro e Fernão de Azevedo.

Nos últimos meses do mandato, concretamente a 1 de maio de 1580, encontram-se os seguintes elementos: António da Costa Leite, Gaspar de Vilas Boas, Pêro Pires, solicitador das causas, sendo sempre Paulo Correia o escrivão, mas tratando-se de um documento do Hospital de Roque Amador, é compreensível que estivesse presente um pequeno número de mesários, suficiente para tratar do assunto em causa.

FONTES E BIBLIOGRAFIA

Fontes arquivísticas

Arquivo Histórico da Santa Casa da Misericórdia do Porto (AHSCMP) – *Livro de Lembranças das deliberações da Mesa da Misericórdia*, série D, banco 8, livro 2; *Tombos do Hospital de Roque Amador*, série H, banco 1, livro 1.

Bibliografia

BRITO, Pedro de, 1997 – *Patriciado urbano quinhentista: as famílias dominantes do Porto (1500-1580)*. Porto: Arquivo Histórico da Câmara Municipal do Porto.

FREITAS, Eugénio de Andrea da Cunha e; MENDES, António Lopes, 1990 – *Provedores e Escrivães da Santa Casa da Misericórdia do Porto*. Porto: Santa Casa da Misericórdia do Porto (datilografado).

SILVA, Francisco Ribeiro da, 1988 – *O Porto e o seu termo (1580-1640): os homens, as instituições e o poder*, 2 volumes. Porto: Arquivo Histórico da Câmara Municipal do Porto.

FILOMENA MELO

João Rodrigues de Sá
(dito «*o Moço*» ou «*o Vedor*»)

(?|?)

Provedor da Santa Casa da Misericórdia do Porto

2.7.1580 | 2.7.1581

Capitão-mor do Porto (1580 – de junho a setembro). Vedor-mor da Fazenda do Porto. Comendador de Cristo e Senhor de Aguiar.

Provedor da Santa Casa da Misericórdia do Porto (1558-1559, 1562-1563, 1565-1566, 1572-1573 e 1580-1581).

Filho de Francisco de Sá de Menezes, Vedor da Fazenda do Porto, senhor de Aguiar, e de D. Isabel da Silva.

Primo de João Rodrigues de Sá de Menezes, alcaide-mor do Porto, poeta, provedor da Misericórdia do Porto; primo e sogro de Francisco de Sá de Menezes, alcaide-mor do Porto, poeta, provedor da Misericórdia do Porto; primo do poeta Francisco de Sá de Miranda.

Casou duas vezes, a primeira com D. Camila de Noronha, de quem teve D. Catarina de Noronha, a segunda com D. Maria da Silva, de quem teve Francisco de Sá de Menezes, poeta épico e ainda, fora destes matrimónios, teve Isabel da Silva.

Não existe notícia de qualquer iniciativa sua, como provedor, durante o mandato para o qual foi eleito em 1580. Arrebatado pelo turbilhão político e pelas obrigações militares, tendo-se tornado capitão da cidade, em julho, tendo ido à Corte, em agosto e fugido do Porto, em setembro, a responsabilidade como provedor da Santa Casa ficou para trás. Se iniciativas houvesse havido neste mandato, não era justo ou, pelo menos não era fiável, atribuí-las às intenções do provedor. Embora muitas reuniões de cariz político ou militar tivessem lugar nas instalações da Santa Casa, como ficou dito, não parece ter sobrado muito tempo para tratar dos assuntos e obrigações da Misericórdia. Não que a documentação o refira abertamente – jamais.

As atas e outros documentos da Instituição caracterizam-se, neste e noutros mandatos, quase sem exceção, pela lei do silêncio em relação a tudo o que seja de algum modo extrínseco aos assuntos específicos da Casa. Mas neste caso, juntar os dados (ou a ausência deles!) não é difícil. Basta reparar que não há uma única palavra sobre o provedor, nem a mais pequena referência à sua presença em reuniões da Mesa, nem uma única assinatura em documentos deste período. E como poderia haver? O provedor só poderia ter estado presente em pouquíssimas ocasiões, em julho, ou num ou outro dia de agosto ou setembro. Mas dessas datas não há qualquer ata, registo ou documento subscrito pela Mesa. Portanto, a partir de então, todas as decisões foram tomadas sob a liderança de outrem.

Primeiramente, foi o escrivão eleito, Diogo Leite de Azevedo, quem substituiu o provedor. Diogo Leite de Azevedo, por sua vez, esteve ausente em agosto de 1580, tanto quanto se sabe.

A 8 de janeiro de 1581 há uma reunião da Mesa. O assunto é trivial, relativo à lavadeira do Hospital, mas o que é pouco claro é o facto de a Mesa ser presidida pelo licenciado Manuel Álvares, declarando-se estar este a substituir «o provedor Francisco Pereira de Miranda». Na ausência de outros elementos, é de presumir que possa ter havido uma substituição do provedor João Rodrigues de Sá no decurso do mandato.

As substituições, se temporárias, deveriam ser asseguradas pelo escrivão, no caso Diogo Leite de Azevedo, como aconteceu, pelo menos durante um certo tempo. Se definitivas – e era previsível que a partir de setembro a substituição do provedor teria este caráter, apesar de não ter sido caso de morte – o que estava estabelecido era repescar o provedor precedente e este fora Jorge de Babo Ribeiro. E, casos houve em que por impedimento deste se recuava não um mas dois ou três mandatos. Mas antes de Jorge de Babo Ribeiro estivera o provedor Fernão Nunes Barreto e antes dele, Aires da Silva e antes dele, outro e outro e para se chegar ao mandato de Francisco Pereira de Miranda era preciso recuar vinte anos. Vinte provedores indisponíveis? Pouco provável... Então porquê ele? O estado atual da investigação não permitiu ainda encontrar a resposta. O certo é que, pelo menos, três lideranças houve neste ano, *ipso facto*.

Quanto aos Irmãos que terão estado na Mesa, a serem todos conhecidos, tal poderia trazer mais alguma luz sobre a orgânica da Casa nestas alternâncias de liderança daquele ano. Porém, além do mencionado Diogo Leite de Azevedo, só foi possível identificar alguns mais, a partir das respetivas assinaturas: João Álvares Pereira de Berredo, Álvaro de Valadares, Luís Pinto Pessoa, Bento Fernandes e o já referido Francisco Pereira de Miranda.

A Misericórdia vê-se assim sem o provedor eleito e numa situação que, pelo que foi exposto, não é muito clara. De qualquer modo, Irmãos da Casa, já quase todos eles de longa data, experientes administradores da Mesa, já em outras ocasiões, tomaram a dianteira da provedoria vacante, nestas circunstâncias.

E não foram tempos fáceis, estes. Além das vicissitudes políticas, da ameaça de invasão da cidade – que se concretizou a partir dos primeiros dias de outubro de 1580 –, a cidade do Porto terá sofrido muito com o surto de peste de 1581, segundo Agostinho Rebelo da Costa (COSTA, 1789: 298); só não se sabe se a doença se manifestou desde os primeiros meses do ano, e se, portanto, ainda coincidiu totalmente com este mandato, ou não. Em todo o caso, um cenário apocalíptico.

Num verdadeiro contexto de calamidade, numa cidade sacrificada, uma Casa com a missão assistencial que a Misericórdia encarnava, seria o refúgio de muitos. Contudo, também ela fora fortemente atingida pelos sinais dos tempos e vivia dificuldades sérias, financeiras inclusive, que a impediam de fazer face aos seus compromissos. Isto para além de todas as atribulações internas e instabilidade de liderança que terá perturbado o seu regular funcionamento. A 9 de novembro de 1580, os Irmãos reúnem-se com o propósito de encontrar soluções que pudessem dar resposta imediata a alguns dos problemas que tinham que enfrentar. As atas da Mesa, de seu comum tão lacónicas, como acima se disse, neste momento são explícitas ao pintar com as cores cruéis da desgraça um quadro trágico da vida portuense de então: «a Casa da Misericórdia estava em muita necessidade e não tinha dinheiro nem havia quem pudesse pagar dívidas que se devia à Casa e por os tempos estarem tais que com a pobreza e as doenças da terra se enchiam os hospitais e não havia com que lhes acudir» (*Livros de Lembranças das deliberações da Mesa da Misericórdia*, fl. 77v).

Neste contexto de calamidade e penúria, deliberaram, como única saída à vista, tomar emprestados cem cruzados de uma verba que estava em depósito ao cuidado de Diogo Leite, proveniente de um legado que viera de António Fernandes, falecido na Índia, como único recurso possível para acudir aos pagamentos mais urgentes.

Efetivamente, a Casa já vinha manifestando problemas de liquidez, que se agudizaram em determinados momentos, como no mandato do provedor Manuel de Moura em 1563-1564. Os bens fundiários e capital cativo proveniente dos legados era por vezes um embaraço para a gestão da Casa, como notou a historiadora Laurinda Abreu «A breve trecho, todas estas opções [de investimento] se mostrariam ruinosas para as finanças das Misericórdias, uma vez que se traduziriam numa imobilização de capital e não na sua multiplicação» (UNIVERSIDADE CATÓLICA, 2002: 62). Mais ainda, em tempos como estes que os Irmãos da Misericórdia descrevem, em que ninguém podia pagar a ninguém e todos precisavam de ajuda financeira.

Neste mandato sem provedor, numa Casa sem dinheiro, numa cidade em convulsão, num reino dividido entre vários possíveis e impossíveis Reis – uns desejados, outros não –, a Misericórdia do Porto sem poder valer a todos que sob o seu manto procuravam refúgio: *annus horribilis*!

FONTES E BIBLIOGRAFIA

Ver páginas 296-297.

FILOMENA MELO

Baltazar Delgado

(? | ?)

Provedor da Santa Casa da Misericórdia do Porto

2.7.1581 | 2.7.1582

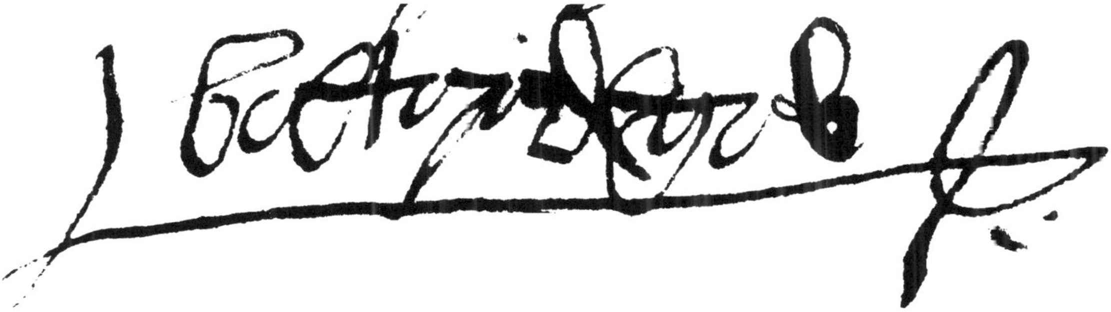

Advogado.

Almotacé da cidade do Porto (? 1532). Procurador da cidade (? 1553).

Casou com Isabel Aires ou Eanes de Brito de quem teve Baltazar Delgado de Abreu, António Delgado, Ana Delgado.

Avô de Luís Delgado de Abreu, que exerceu vários cargos na cidade do Porto (desembargador e corregedor do Tribunal da Relação, vereador municipal, etc.) e também foi provedor da Misericórdia do Porto.

Baltazar Delgado, por alguns dito «o Velho», para se diferenciar de seu filho, foi um cidadão do Porto, residente na Rua das Flores. O filho, muitas vezes designado por «o Moço», usava habitualmente como último nome Abreu. Não obstante este possível distintivo, tendo vivido em simultâneo na mesma cidade e ocupado cargos semelhantes, é compreensível a dificuldade de identificação, que hoje se possa ter. Alguma literatura atribui ao filho o cargo de almotacé, em 1532 e de procurador da cidade, em 1553 (BRITO,1997: 206).

Atendendo a outros indicadores da cronologia de ambos, é mais provável que, nestas datas, o detentor destes ofícios, nesta ocasião, tenha sido o pai. Ribeiro da Silva atribui a Baltazar Delgado de Abreu, o Moço, a idade de 38 anos, à data de 1591 (SILVA, 1988: 479) e situa a sua atividade pública nesta década e nas duas primeiras do século seguinte. Tal datação coincide exatamente com o tempo em que Baltazar, filho, foi Irmão da Misericórdia do Porto, onde esteve sempre muito presente em numerosas funções da Casa, durante cerca de 30 anos, que medeiam entre os inícios da década de 1590 e 1619, mas sem nunca ter sido eleito provedor. Por esta hipótese, que parece bem enquadrada no conjunto dos dados disponíveis, 1553 seria o ano do nascimento de Baltazar Delgado de Abreu, o Moço, e o cargo de procurador da cidade, nesse ano, só poderia ter sido atribuído ao pai, o futuro provedor Baltazar Delgado. Pelo mesmo motivo, o lugar de almotacé, de 1532, só poderia ter sido ocupado por este Baltazar, sendo, mesmo assim bastante jovem nessa altura, já que se verifica que na década de 80 do século XVI está ainda ativo e então que se torna provedor.

Coincide também que são de 1552 as mais antigas notícias da presença de Baltazar Delgado, o Velho, na Confraria da Misericórdia, sendo que estas terminam precisamente neste mandato de 1581-1582. Neste ano, as suas assinaturas já denotam pouca firmeza no traço, como é próprio da mão de alguém que estaria, na altura, muito acima dos 70 anos.

Do seu caráter, sublinha Alão de Morais (MORAIS: 362-363) uma inclinação muito devota, tendo a particularidade de ir rezar diariamente com os cónegos da Sé. Segundo o mesmo autor, foi este o motivo pelo qual esse cabido lhe concedeu o prazo de Paranhos.

No ano em que se tornou provedor, Baltazar Delgado teve que enfrentar grandes dificuldades na administração da Casa, umas por motivos de ordem interna que se conhecem, outras que se adivinham também, tendo em consideração todo o contexto em que a cidade e o País se encontravam. Cabe aqui lembrar que Baltazar Delgado sucedeu ao provedor João Rodrigues de Sá, o qual, por razões políticas, abandonara precipitadamente a cidade (e o seu lugar de capitão-mor que assumira por ausência do alcaide), quando as tropas de D. António, prior do Crato, se avizinharam do Porto. Assim, desde o mês de setembro anterior à eleição de Baltazar Delgado, a Casa tivera uma administração interina, por assim dizer. Tal seria o menor dos males, não fosse terem-se instalado no Porto, chegados de rompante, os quatro temidos cavaleiros do apocalipse: a guerra, a peste, a fome e a morte. A Santa Casa da Misericórdia do Porto viveu então, não menos do que qualquer outra casa da cidade, grandes aflições e sobressaltos.

O provedor Baltazar Delgado era já um confrade antigo, certamente um bom conhecedor da Casa e parece ter sabido tomar o pulso aos acontecimentos, imprimindo à Misericórdia o rumo certo – e possível – naquele momento. Assim, não admira que uma boa parte das questões tratadas durante este mandato dissessem respeito às finanças, quer pelas despesas realizadas e a realizar, quer pelos legados havidos, tratando-se da maneira de recolher as verbas ou os bens deixados à Casa numa altura de tanta carência. Recorde-se que, uns meses antes, ainda no mandato precedente, os Irmãos reunidos em Mesa tinham encontrado uma solução provisória de tomar emprestados cem cruzados de uma verba que estava em depósito ao cuidado de Diogo Leite, proveniente de um legado, como único recurso possível para acudir aos pagamentos mais urgentes. Nessa ocasião, declararam em ata o seguinte:

> a Casa da Misericórdia estava em muita necessidade e não tinha dinheiro nem havia quem pudesse pagar dívidas que se devia à Casa e por os tempos estarem tais que com a pobreza e as doenças da terra se enchiam os hospitais e não havia com que lhes acudir (*Livros de Lembranças das deliberações da Mesa da Misericórdia*, fl. 77v).

Neste contexto de limitações financeiras extremas, grassava no reino a Grande Peste que minou a cidade do Porto. Os Hospitais da Misericórdia, refúgio de tantos necessitados, eram agora ainda mais procurados. A situação estava muito crítica e não eram apenas os doentes da cidade os únicos a precisarem do abrigo destes institutos.

Em 1581, os impactos das Guerras da Restauração afetam diretamente a Misericórdia do Porto, que já se encontrava sobrecarregada com os estragos da peste. A 13 de outubro desse ano, D. Rodrigo Zapata, general do Rei D. Filipe na cidade do Porto, convocara o provedor para lhe comunicar a intenção de requisitar o Hospital de Rocamador para o seu exército. Como contrapartida, providenciara a colocação de mais camas, suportando essa despesa, e comprometia-se a deixá-las, quando retirasse, para que fossem usados ao serviço do Hospital. O provedor e o general discordaram quanto ao espaço que o exército deveria ocupar no Hospital e as negociações com outros Irmãos falharam também.

Acenderam-se então as hostilidades e começou um disputado braço de ferro entre a Misericórdia e o general Zapata. No dia seguinte, 14 de outubro, o provedor comunica o ponto da situação aos Irmãos da Mesa. Atendendo ao facto de a Misericórdia se encontrar depauperada pela assistência que prestara aos «pobres do degredo da peste», nem dinheiro havia para que se organizasse uma comitiva que fosse à Corte apelar à justiça régia. Então, os Irmãos cotizaram-se entre eles e «cada um deu como pôde e como tinha de devoção» para custear a viagem de um representante que fosse expor o caso ao Rei, seguros de que este não iria consentir em tal usurpação e ordenaria a Zapata que abandonasse o Hospital. Tal era o intuito e o crer da Misericórdia. (*Livros de Lembranças das deliberações da Mesa da Misericórdia*, fls. 79v/31v-80v/32). Não obstante todos os esforços diplomáticos e negociais da Irmandade, o general levou a melhor e o Hospital de Rocamador ficou ao serviço dos militares até 1587 (SILVA, 2002: 30).

Da composição da Mesa que secundou este provedor, pouco se sabe. Em setembro de 1581 está como escrivão Francisco Rodrigues Freitas e novamente em março de 1582. António Leite da Costa serve o cargo em outubro, novembro e dezembro de 1581, em fevereiro de 1582 e em abril do mesmo ano, mas não se conhecem os motivos destas oscilações no cargo. Num documento encontram-se as assinaturas do procurador da Casa, Gaspar Garcês, do capelão, André Fernandes, com a menção de que estariam presentes outros eleitos, sendo mencionados Bartolomeu Duarte, Manuel Gonçalves da Grade e Belchior Duarte.

FONTES E BIBLIOGRAFIA

Fontes arquivísticas

Arquivo Histórico da Santa Casa da Misericórdia do Porto (AHSCMP) – *Eleições da Mesa da Misericórdia*, série D, banco 5, livro 1; *Livro de Lembranças das deliberações da Mesa da Misericórdia*, série D, banco 8, livro 2; *Administração do legado de D. Manuel de Noronha*, série H, banco 3, livro 7.

Fontes impressas

COSTA, Agostinho Rebelo da, 1789 – *Descripção topografica, e historica da Cidade do Porto. Que contém a sua origem....* Porto: na Officina de Antonio Alvarez Ribeiro.

Bibliografia

BASTO, Artur de Magalhães, 1997 – *História da Santa Casa da Misericórdia do Porto*, 2.ª edição, vol. 1. Porto: Santa Casa da Misericórdia do Porto.

BRITO, Pedro de, 1997 – *Patriciado urbano quinhentista: as famílias dominantes do Porto (1500-1580)*. Porto: Arquivo Histórico da Câmara Municipal do Porto.

FREITAS, Eugénio de Andrea da Cunha e; MENDES, António Lopes, 1990 – *Provedores e Escrivães da Santa Casa da Misericórdia do Porto*. Porto: Santa Casa da Misericórdia do Porto (datilografado).

MORAIS, Cristóvão Alão de, [1667] 1943-1948 – *Pedatura Lusitana: nobiliário de famílias de Portugal*, publicado por Alexandre António Pereira de Miranda Vasconcellos, António Augusto Ferreira da Cruz, Eugénio Eduardo Andrea da Cunha e Freitas. Porto: Livr. Fernando Machado, 12 volumes.

SILVA, Francisco Ribeiro da, 1988 – *O Porto e o seu termo (1580-1640): os homens, as instituições e o poder*, 2 volumes. Porto: Arquivo Histórico da Câmara Municipal do Porto.

SILVA, Francisco Ribeiro da, 2002 – "A Misericórdia do Porto na Centúria de Quinhentos", in SAMAGAIO, Estêvão; MENDO, Paulo (coord.), *A Santa Casa da Misericórdia do Porto e o voluntariado em saúde: Comemoração dos 25 anos da Liga dos Amigos do Hospital Geral de Santo António*. Porto: Santa Casa da Misericórdia do Porto, pp. 29-42.

FILOMENA MELO

Diogo Leite de Azevedo

(? | ?)

Provedor da Santa Casa da Misericórdia do Porto

2.7.1582 | 2.7.1583

Vereador da Câmara Municipal do Porto (1580 e 1589).

Provedor da Santa Casa da Misericórdia do Porto (1582-1583, 1593-1594, 1609-1610 e 1624-1625). Escrivão e tesoureiro da Mesa da Santa Casa da Misericórdia do Porto. Mesário da Santa Casa da Misericórdia do Porto.

Filho de Diogo Leite do Amaral e de Maria Pereira.

Casado com Helena de Castro ou Azevedo (em São Miguel, Açores), de quem teve três filhos: Jácome Leite de Vasconcelos, João Leite e Maria de Vasconcelos.

Irmão de António Pereira de Vasconcelos, provedor da Misericórdia do Porto.

Diogo Leite de Azevedo entronca numa das grandes famílias da cidade, a família Leite, e a sua carreira pública é semelhante à de tantos outros seus contemporâneos e pares sociais, pontuada por duas marcas comuns a quase todos eles: tem funções no governo da cidade do Porto e é Irmão da Confraria da Misericórdia. Como muitos deles, também aqui foi eleito provedor. Na Câmara, ocuparam também as mesmas funções seu pai, seu irmão e seu genro, para falar apenas dos familiares mais chegados. Seu irmão está, pela mesma altura, na Misericórdia e será provedor em anos próximos dos seus.

É de crer que neste primeiro mandato de 1582 Diogo Leite de Azevedo fosse ainda muito jovem, pois, por um lado, tinha ocupado o seu primeiro cargo de vereação na Câmara no ano de 1580, substituindo Diogo Soares Pereira e, por outro, tudo indica que em 1624 foi ainda provedor da Misericórdia pela quarta e última vez. Aliás, há notícia de ter sido eleito para a Mesa nas eleições de 1629. Ou seja, exerceu uma atividade pública, pelo menos, durante meio século. Durante este período, também exercera outros cargos de responsabilidade na Casa, como o de escrivão e Tesoureiro, sendo várias vezes da Mesa, eleitor, enfim, manifestando uma presença e colaboração regulares com a Irmandade a que pertencia.

A dado passo, e por motivos que não são claros, cerca de 1600 ou pouco antes, vai para os Açores, estabelecendo-se até algum tempo na ilha de São Miguel onde constitui família. Porém, nessa ocasião as contas com a Misericórdia, relativas à administração da fazenda de D. Lopo de Almeida não ficaram devidamente saldadas e a Casa entrou em alvoroço, tentando por todos os modos reaver a avultada soma que Diogo Leite de Azevedo ficara a dever do seu exercício. Aliás, na Misericórdia não era certo o seu paradeiro. Pensava-se que estaria provavelmente na Ilha de São Miguel «ou onde quer que estivesse», de onde não respondia às convocatórias judiciais. Deliberou-se aguardar pelo regresso ao Porto do seu Irmão e procurador, que se esperava ocorresse num prazo breve de quinze dias e então convocá-lo. Caso também ele não comparecesse, a Misericórdia estava disposta a enviar um Irmão à ilha de São Miguel para tratar diretamente do caso (*Livros de Lembranças das deliberações da Mesa da Misericórdia*, fls. 188-188v).

Fosse como fosse, este episódio, ocorrido em 1601, terá ficado sanado, uma vez que Diogo Leite de Azevedo volta a ser provedor terceira e quarta vez, alguns anos depois.

Quanto a este mandato, em concreto, também ele é marcado por constantes ausências do provedor Diogo Leite de Azevedo. Mas, nesta ocasião, sabe-se que, pelo menos uma parte, foi por uma boa causa e em prol da Misericórdia.

No ano anterior, tinha sido requisitado um Hospital da Misericórdia para Hospital Militar, por ordem do general Zapata e Filipe I não cedera às instâncias da Casa contra esta usurpação. Em seguida, nesta altura, concretamente, a Misericórdia recebe uma nova ordem para ceder parte do seu património, desta feita para a instalação de serviços que lhe eram totalmente alheios. Tratava-se de facultar um espaço para sediar o Tribunal da Casa da Relação do Porto, instância então criada por Filipe II, a 27 de julho de 1582. Esta pressão sucessiva para abdicar dos seus edifícios agitou a Santa Casa, tanto mais que o Hospital Militar já era um facto e não se podia correr o risco de se ver invadida portas adentro por mais um corpo estranho, cujas funções, neste caso, eram para mais completamente distintas dos propósitos da Misericórdia.

Foi neste contexto que Diogo Leite de Azevedo e outro Irmão da Casa foram pessoalmente negociar esta situação com o Rei. A ida desta pequena embaixada à Corte foi um esforço necessário, moroso, mas desta feita bem-sucedido e o veredicto régio resultou favorável à Misericórdia. Contudo, tal não evitou uma guerrilha institucional com este novo tribunal local que arranjou forma de pressionar a Casa, tentando controlá-la, usando como pretexto, como diz Francisco Ribeiro da Silva, a fiscalização das contas das doações (SILVA, 2002: 30).

O provedor terá regressado desta missão perto do dia 26 de dezembro de 1582, data em que há notícia de que chegou à Misericórdia, em companhia de Bartolomeu Duarte. Este documento refere que tinham ido à Corte explicar ao Rei que a Misericórdia não podia ceder umas casas à Relação, como o monarca lhes requerera, trazendo uma reposta favorável à permanência dessas casas na sua propriedade. Porém, nesta altura o provedor estava de novo ausente, não sendo especificado se regressara novamente à Corte, ou se fora apenas uma ausência breve.

Em janeiro, estava no Porto, tendo presidido a algumas reuniões da Mesa, como atestam os documentos dessa ocasião. Ali se encontrava também em junho de 1583, altura em que, em Mesa, delibera sobre vários assuntos da gestão das contas da Casa, sobretudo relativos a entradas e saídas de verbas. Aliás, tirando a grande questão com a Casa da Relação, o restante período do mandato terá sido tranquilo, a avaliar pelo teor das atas das reuniões havidas, tratando dos assuntos correntes que não levantavam polémica ou qualquer problema ao provedor.

Merece destaque apenas o facto de na altura a Casa ter recebido um retábulo representando a Descida da Cruz, oferta da condessa de Matosinhos (filha do antigo provedor, João Rodrigues de Sá e mulher do também ex-provedor e alcaide-mor da cidade, Francisco de Sá e Menezes); foi também registado o ingresso de algumas peças menos relevantes, como cadeiras, cofres, etc., legadas por outros ofertantes.

De notar a particularidade deste mandato ter sido dez dias mais breve do que o costume, não por se terem alterado as datas das eleições, mas sim por ter sido adotado, nesta altura, o calendário gregoriano, para cujo ajustamento foi necessária a supressão dos dias 5 a 14 de outubro – «o ano da confusão».

Do escrivão e constituição da Mesa, é apenas certo que, a 25 de novembro de 1582, os Irmãos reuniram e consideraram que a demorada ausência do provedor Diogo Leite de Azevedo justificava que fosse substituído por Fernão de Azevedo, pelo que os estatutos exigiam que se elegesse um novo escrivão, tendo a escolha recaído em João Álvares Pereira de Berredo. Contudo, em abril do ano seguinte, está comprovado que o provedor Diogo Leite de Azevedo retomara o seu cargo, tendo como escrivão João Álvares Pereira de Berredo.

FONTES E BIBLIOGRAFIA

Fontes arquivísticas

Arquivo Histórico da Santa Casa da Misericórdia do Porto (AHSCMP) – *Livro de Lembranças das deliberações da Mesa da Misericórdia*, série D, banco 8, livros 2-4; *Administração do legado de D. Manuel de Noronha*, série H, banco 3, livro 7; *Cartas Régias*, série D, banco 4, livro 7; *Eleições da Mesa da Misericórdia*, série D, banco 5, livro 1.

Bibliografia

BRITO, Pedro de, 1997 – *Patriciado urbano quinhentista: as famílias dominantes do Porto (1500-1580)*. Porto: Arquivo Histórico da Câmara Municipal do Porto.

FREITAS, Eugénio de Andrea da Cunha e; MENDES, António Lopes, 1990 – *Provedores e Escrivães da Santa Casa da Misericórdia do Porto*. Porto: Santa Casa da Misericórdia do Porto (datilografado).

MORAIS, Cristóvão Alão de, [1667] 1943-1948 – *Pedatura Lusitana: nobiliário de famílias de Portugal*, publicado por Alexandre António Pereira de Miranda Vasconcellos, António Augusto Ferreira da Cruz, Eugénio Eduardo Andrea da Cunha e Freitas. Porto: Livr. Fernando Machado, 12 volumes.

SILVA, Francisco Ribeiro da, 1988 – *O Porto e o seu termo (1580-1640): os homens, as instituições e o poder*, 2 volumes. Porto: Arquivo Histórico da Câmara Municipal do Porto.

SILVA, Francisco Ribeiro da, 2002 – "A Misericórdia do Porto na Centúria de Quinhentos", in SAMAGAIO, Estêvão; MENDO, Paulo (coord.), *A Santa Casa da Misericórdia do Porto e o voluntariado em saúde: Comemoração dos 25 anos da Liga dos Amigos do Hospital Geral de Santo António*. Porto: Santa Casa da Misericórdia do Porto, pp. 29-42.

FILOMENA MELO

Afonso Ferraz

(? | ?)

Provedor da Santa Casa da Misericórdia do Porto

2.7.1583 | 2.7.1584

Clérigo.

Chantre da Sé do Porto. Abade de Lustosa.

Mesário da Santa Casa da Misericórdia do Porto

Filho de Gaspar Ferraz e Lucrécia de Figueiroa.

Pouco se conhece do percurso pessoal deste provedor, sabendo-se que entronca na família Ferraz, ilustres portuenses de que saíram outros Irmãos e até provedores da Misericórdia, como Gaspar e Fernão Nunes Barreto.

Da sua passagem pela Misericórdia, sabe-se que já era Irmão da Casa pelo menos desde finais da década de 70 do século XVI, tendo sido eleito para Mesas anteriores ao seu mandato. Porém, depois deste, não se conhecem outras notícias da sua permanência na Casa.

⁕

Por entre os vários registos e apontamentos sobre a atividade da Casa no seu tempo, todos no sentido de assegurar o cumprimento das obrigações e a gestão corrente, merece destaque a decisão de enviado a Madrid uma missão da Misericórdia a fim de arrecadar localmente parte do legado de D. Lopo de Almeida. Este falecera a 29 de janeiro de 1584, em Madrid, tendo deixado à Casa todos os seus bens, por motivos que não são claros, dado não ter tido até então uma ligação especial com a Misericórdia do Porto, que se conheça, nem sequer com a cidade, em particular.

Esse legado foi, sem dúvida, o que mais impacto teve vida da Casa, incrementando consideravelmente o seu património e permitindo até, posteriormente, a criação de um novo Hospital, obras na capela, etc., tudo em conformidade com as disposições expressas pelo testador. O testador deixara especificações muito precisas acerca da aplicação dos seus bens a todas as obras da Misericórdia, descendo ao pormenor da circunscrição geográfica que poderia abranger (SILVA, 2002: 33-34).

Pelo considerável volume da doação, pela dispersão dos bens de várias naturezas e em diferentes locais e ainda por este conjunto de exigências expressas pelo testador, o legado de D. Lopo passou a constituir uma das preocupações de primeira linha da Santa Casa da Misericórdia do Porto. Como notou Laurinda Abreu, em 1584 era chegada à Misericórdia do Porto a «revolução patrimonial [...] sob a forma de um legado fabuloso deixado por um partidário da causa castelhana e íntimo de Cristóvão de Moura – D. Lopo de Almeida, fidalgo português residente em Madrid, sacerdote de missa e capelão de D. Filipe II, cuja fortuna permitiu à Misericórdia a construção de um hospital e a consolidação da sua posição na comunidade» (UNIVERSIDADE CATÓLICA, 2002: 57).

Sendo o mais prodigioso dote que alguma vez recebera, a perspetiva deste ingresso desencadeia uma atividade frenética em torno de todos os assuntos que lhe respeitavam. Para mais, tendo-se sucedido nos anos anteriores, sobretudo em 1580-1581, tempos de penúria e graves carências na Casa, totalmente depauperada e sem liquidez para fazer face aos seus compromissos.

A relevância do legado justificou a dedicação de um conjunto de livros de registos exclusivos para a sua administração, o que sempre acontecia com os ingressos mais volumosos, mas que neste caso vieram a ser, no conjunto dos anos, 15 livros (*Administração do legado de D. Manuel de Noronha*, livros 6 a 20).

Na ausência de ata eleitoral ou qualquer outro documento comprovando exatamente qual a Mesa que secundou o provedor Afonso Ferraz, é possível apenas inferir, de outros assentos, que o escrivão seria António Leite da Costa. Pelas assinaturas mais legíveis num registo, sabe-se que estiveram presentes numa reunião Gaspar Garcês, Vasco Leite, Francisco Botelho, João Dias Leite, Diogo Leite de Azevedo, Luís Pinto Pessoa, Sebastião Alves, João Fernandes, Jorge Gonçalves, possíveis elementos da Mesa daquele ano.

FONTES E BIBLIOGRAFIA

Fontes arquivísticas

Arquivo Histórico da Santa Casa da Misericórdia do Porto (AHSCMP) – *Livro de Lembranças das deliberações da Mesa da Misericórdia*, série D, banco 8, livro 2; *Administração do legado de D. Manuel de Noronha*, série H, banco 1, livros 7-9.

Bibliografia

ABREU, Laurinda, 2002 – "As Misericórdias de D. Filipe I a D. João V", in PAIVA, João Pedro (coord.) *Portugaliae Monumenta Misericordiarum – Fazer a História das Misericórdias*, vol. 1. Lisboa: União das Misericórdias Portuguesas.

BASTO, Artur de Magalhães, 1997 – *História da Santa Casa da Misericórdia do Porto*, 2.ª edição, vol. 1. Porto: Santa Casa da Misericórdia do Porto.

BRITO, Pedro de, 1997 – *Patriciado urbano quinhentista: as famílias dominantes do Porto (1500-1580)*. Porto: Arquivo Histórico da Câmara Municipal do Porto.

FREITAS, Eugénio de Andrea da Cunha e; MENDES, António Lopes, 1990 – *Provedores e Escrivães da Santa Casa da Misericórdia do Porto*. Porto: Santa Casa da Misericórdia do Porto (datilografado).

SILVA, Francisco Ribeiro da, 2002 – "A Misericórdia do Porto na Centúria de Quinhentos", in SAMAGAIO, Estêvão; MENDO, Paulo (coord.), *A Santa Casa da Misericórdia do Porto e o voluntariado em saúde: Comemoração dos 25 anos da Liga dos Amigos do Hospital Geral de Santo António*. Porto: Santa Casa da Misericórdia do Porto, pp. 29-42.

FILOMENA MELO

Afonso Brandão

(? | ?)

Provedor da Santa Casa da Misericórdia do Porto

2.7.1584 | 3.7.1585

Vereador da Câmara Municipal do Porto (1583 e 1590). Procurador às Cortes de Almeirim (1579). Do Conselho e da Casa d'el Rei.

Provedor da Santa Casa da Misericórdia do Porto (1568-1569, 1570-1571, 1574-1575 e 1584-1585). Mesário da Santa Casa da Misericórdia do Porto.

Filho de Diogo Brandão Sanches, vereador do Porto e provedor da Misericórdia (1544), e de Catarina Ferraz.

Sobrinho do vereador e provedor Rui Brandão, primo em terceiro grau de Diogo Brandão Pereira, o Contador, também provedor. Sobrinho-neto de Diogo Brandão Pereira e Fernão Brandão, poetas do cancioneiro de Garcia de Resende.

Casou com D. Brites Freire, filha do contador Jerónimo Brandão Pereira, de quem teve dez filhos: João Brandão Freire, vereador da cidade do Porto (1619), frei Diogo Brandão, Rui Brandão, Jerónimo Brandão, Francisco Ferraz, Fernão Brandão, frei Jorge Ferraz, D. Catarina, D. Isabel e D. Inês; fora deste casamento teve Maria Brandão.

Comendador de Mouriz, na Ordem de Cristo, sucedeu no morgado de Coreixas, da família Ferraz e no padroado de S. Cristóvão de Refóios.

Este é o último de quatro mandatos que exerceu Afonso Brandão como provedor da Santa Casa, tendo os outros sido em 1568-1569, 1570-1571 e 1574-1575. Ainda estava na Casa e foi eleito para um lugar na Mesa uma última vez, em 1590. É neste mesmo ano de 1590 que se sabe ter tido o último cargo público também, como vereador da cidade. Durante estas duas décadas, um pouco mais, está atestada a sua presença na Misericórdia. Ali exerceu várias funções, além do governo da provedoria, tendo-se cruzado até com alguns familiares, como seu tio Rui Brandão, da geração precedente, com quem esteve ainda em Mesa, e outros Brandões, mas também Ferrazes e Barretos, seus parentes pelo lado materno.

Não abunda informação sobre este período, de tal modo que este mandato nem sequer constava das listagens de provedores atá agora conhecidas, publicadas por Magalhães Basto, por António Mendes e Eugénio Freitas, ou outros estudiosos da Casa.

Mas pelos registos que foi possível encontrar, não só é seguro atribuir este mandato a Afonso Brandão, como há até elementos que permitem compreender as suas preocupações dominantes: a dotação das órfãs pelos legados a cargo da Misericórdia e a herança de D. Lopo de Almeida. Este benemérito deixara à Casa o mais prodigioso dote que alguma vez recebera, o que desencadeia uma atividade frenética em torno de todos os assuntos que lhe respeitavam. A relevância do legado justificou a dedicação de um conjunto de livros de registos específicos para a respetiva administração, o que sempre acontecia com os ingressos mais volumosos, mas neste caso vieram a ser, no conjunto dos anos, 15 livros (*Administração do Legado de D. Manuel de Noronha*, livros 6 a 20).

Como notou Laurinda Abreu, em 1584 era chegada à Misericórdia do Porto a «revolução patrimonial [...] sob a forma de um legado fabuloso deixado por um partidário da causa castelhana e íntimo de Cristóvão de Moura – D. Lopo de Almeida, fidalgo português residente em Madrid, sacerdote de missa e capelão de D. Filipe II, cuja fortuna permitiu à Misericórdia a construção de um hospital e a consolidação da sua posição na comunidade» (UNIVERSIDADE CATÓLICA, 2002: 57). Não admira, pois, que a Casa estivesse em grande agitação, na euforia de se ver beneficiária de tão notável património, para mais após uma fase em que chegara a ter falta de meios para fazer face às suas obrigações.

Não se sabe por que motivo, talvez pelas muitas solicitações que então tinha na Confraria devido a esta movimentação, talvez por quaisquer outras razões pessoais, o provedor Afonso Brandão pretendeu então escusar-se dos cargos da edilidade, nesta ocasião, valendo-se do benefício de dispensa que o serviço da Misericórdia lhe podia conferir (SILVA, 1988: 401).

É complexo procurar compreender a constituição da Mesa, na ausência de atas eleitorais, mas vejam-se os dados disponíveis, começando pelo escrivão. António Leite da Costa declara ter este cargo em outubro e novembro de 1584; entre janeiro e maio do ano seguinte, é Francisco Álvares de Sobágua quem subscreve como escrivão e, bem assim, em 26 de junho, na prestação de contas do legado de D. Manuel de Noronha, prestes a terminar o período deste exercício.

Porém, a 3 de julho de 1585, quando é dado juramento à nova Mesa, Francisco Álvares de Sobágua declara ter elaborado o documento e subscreve-o também na qualidade de provedor. Estaria, como escrivão, a substituir o provedor ausente? Na qualidade de mesários, subscrevem pelo menos dois documentos deste mandato, Gaspar Garcês, o chantre do Porto, Afonso Ferraz, António Pereira, João Álvares Pereira de Berreco, Diogo de Madureira, Jorge Gonçalves, Gonçalo Gomes, Bento Fernandes.

FONTES E BIBLIOGRAFIA

Ver página 338.

FILOMENA MELO

Álvaro de Valadares

(? | ?)

Provedor da Santa Casa da Misericórdia do Porto

3.7.1585 | 2.7.1586

Vereador da Câmara do Porto (1577, 1580 e 1586).

Escrivão, tesoureiro e conselheiro da Mesa da Santa Casa da Misericórdia do Porto.

Filho de João de Valadares e Ana de Azeredo.

Casado com Antónia Carneira de quem teve sete filhos: João de Valadares Carneiro, provedor da Santa Casa da Misericórdia do Porto (1614-1615), Pantaleão Carneiro, Fernão de Valadares Carneiro, D. Brites, D. Bernarda, D. Ana e D. Maria.

Avô de Luís de Valadares Carneiro, provedor da Santa Casa da Misericórdia do Porto (1660-1661 e 1675-1676).

Bisavô de João de Valadares Carneiro, provedor da Santa Casa da Misericórdia do Porto (1680-1681).

Cavaleiro da Ordem de Cristo.

O perfil de Álvaro de Valadares, em traços gerais, é idêntico ao da maioria dos provedores do seu tempo. Provém de uma família da nobreza portuense, empenhada na governação municipal, proprietária e com capela instituída. O próprio Álvaro de Valadares institui capela em S. Domingos do Porto (BRITO, 1997: 363). Tal como seu pai, foi vereador em várias ocasiões, tendo tido algum protagonismo até, nos tempos atribulados de 1580. Integrava, naquela ocasião, o grupo de autarcas demitidos por ordem régia de efeito imediato, em outubro desse ano (SILVA, 1988: 1087), mas depois desta data ainda voltará à Câmara.

Contudo, não consta que seu pai, antes dele, já tivesse sido Irmão da Misericórdia do Porto e deste modo, coube a Álvaro de Valadares inaugurar, no seu ramo familiar, esta vertente da ação social e caritativa. Permaneceu na Confraria da Misericórdia durante vários anos, havendo notícias de que era Irmão pelo menos uma década antes de ser provedor. Sabe-se também que esteve na Casa até ao ano de 1590, pelo menos, tendo prestado outros serviços como escrivão, tesoureiro ou conselheiro da Mesa.

Não obstante existam algumas atas que documentam vários momentos do seu mandato, aliás estão até identificadas a própria ata da sua eleição para provedor e a ata do ano seguinte, em que passa a pasta ao seu sucessor, este mandato não constava das listagens de provedores atá agora conhecidas, publicadas por Magalhães Basto, por António Mendes e Eugénio Freitas, ou outros estudiosos da Casa.

Os assuntos das atas de reunião do provedor e da Mesa atestam, sobretudo, as medidas habituais do âmbito da gestão financeira da Casa, destacando-se uma questão relativa à intervenção da Misericórdia relativamente ao degredo dos presos a seu.

Num Livro de Lembranças (*Livros de Lembranças das deliberações da Mesa da Misericórdia*, fl. 95) encontra-se um inventário dos livros da administração da Misericórdia e da fazenda de D. Lopo de Almeida que o escrivão em exercício, Luís Pinto Pessoa, entregou na ocasião em que cessou funções, terminado que foi também o mandato deste provedor. Embora sendo um registo de natureza administrativa, não é muito frequente encontrar este tipo de documentos, sobretudo para as épocas mais remotas, e eles são uma chave fundamental para compreender a orgânica da Instituição, à época.

Outros documentos burocráticos dão a conhecer o intenso labor desenvolvido em tarefas relativas ao cumprimento das obrigações da Casa quanto ao cumprimento das disposições dos seus benfeitores, sendo que na altura a Misericórdia já administrava um conjunto significativo de legados muito volumosos, como era o do bispo de Lamego, D. Manuel de Noronha, além do recém-integrado legado de D. Lopo.

Quanto à composição da respetiva Mesa à data de posse era a seguinte: escrivão Luís Pinto Pessoa; Afonso Brandão, Fernão de Azevedo, Francisco Álvares de Soágua, D. Jerónimo Pereira de Menezes, Gil Monteiro Pinto, Manuel Gonçalves, da Grade, Pantaleão Correia, Diogo Pires, Baltazár Gonçalves, Melchior Duarte, Sebastião Álvares, alfaiate (*Livros de Receita e Despesa do Cofre*, fl. 2).

FONTES E BIBLIOGRAFIA

Fontes arquivísticas

Arquivo Histórico da Santa Casa da Misericórdia do Porto (AHSCMP) – *Livro de Lembranças das deliberações da Mesa da Misericórdia*, série D, banco 8, livro 2; *Livros de Receita e Despesa do Cofre*, série E, banco 1, livro 4; *Administração do Legado de D. Manuel de Noronha*, série H, banco 3, livro 7.

Bibliografia

BRITO, Pedro de, 1997 – *Patriciado urbano quinhentista: as famílias dominantes do Porto (1500-1580)*. Porto: Arquivo Histórico da Câmara Municipal do Porto.

SILVA, Francisco Ribeiro da, 1988 – *O Porto e o seu termo (1580-1640): os homens, as instituições e o poder*, 2 volumes. Porto: Arquivo Histórico da Câmara Municipal do Porto.

FILOMENA MELO

Fernão Nunes Barreto

(n. igual ou anterior a 1547 | ?, 22.5.1597)

Provedor da Santa Casa da Misericórdia do Porto
2.7.1586 | 3.7.1587

Almoxarife (1573). Vereador da Câmara Municipal do Porto (1587, 1593 e 1597).

Provedor da Santa Casa da Misericórdia do Porto (1578-1579 e 1586-1587).

Filho de Gaspar Nunes Barreto, provedor da Misericórdia do Porto (1560-1561 e 1573-1574), e de Isabel Cardosa.

Casou com D. Maria Henriques de quem teve cinco filhos: Gaspar Nunes Barreto, provedor da Misericórdia do Porto (1613 e 1617), Nuno Barreto, João Nunes Barreto, Jerónimo Barreto e D. Isabel Henriques.

Sogro de D. Fradique de Menezes e avô de Nuno Barreto Fuseiro e de Fernão Nunes Barreto, todos provedores da Misericórdia do Porto.

No decurso deste exercício, Fernão Nunes Barreto parece ter cumprido as suas obrigações como provedor, no que concerne à administração da Casa, existindo alguns registos que dão conta de terem sido tratados os assuntos correntes que normalmente subiam à apreciação da Mesa e do provedor. Mas além das questões triviais, destacam-se, pelo seu caráter excecional, as deliberações havidas sobre a obra da capela da Misericórdia, custeada pelo legado de D. Lopo da Costa, segundo atesta um prolixo documento descritivo no qual são determinados o plano e características desta edificação, a executar em conformidade com as orientações expressas pelo testador (*Livros de Lembranças das deliberações da Mesa da Misericórdia*, fl. 119/80).

Em face disto é até paradoxal que este mandato não estivesse identificado nas listagens de provedores até agora conhecidas, publicadas por Magalhães Basto, por António Mendes e Eugénio Freitas, ou outros estudiosos da Casa, o que normalmente só se verifica com os mandatos que deixaram poucos vestígios documentais.

Além do que foi exposto acerca dos registos em *Livros de Lembranças*, conhece-se a ata das eleições de que Fernão Nunes Barreto saiu provedor, em 2 de julho de 1586 (*Livros de Receita e Despesa do Cofre*, fls. 2-2v), e bem assim a ata das eleições seguintes em que, como provedor em exercício, preside ao ato eleitoral e toma o juramento do seu sucessor (*Livros de Receita e Despesa do Cofre*, fls. 3-3v).

Composição da Mesa: escrivão, Francisco Neto de Figueiroa; Conselheiros: Diogo de Madureira, Álvaro de Valadares, Jorge Pereira de Miranda, António Leite da Costa, Luís Pinto Pereira, Bento Fernandes, sapateiro, Gonçalo Rodrigues, Afonso Gonçalves, André Rodrigues, sapateiro, Jorge Gonçalves, alfaiate, Gaspar Nabais, alfaiate.

Em atas de reuniões que tiveram lugar no início de março de 1587, Diogo Álvares Leite assina como escrivão. Poderá ter sido uma substituição temporária já que, no final do mandato, Francisco Neto de Figueiroa volta a exercer este cargo. Nestes documentos de março, os Irmãos subscritores também não são exatamente os mesmos que compõem a Mesa inicial, o que pode indiciar eventuais substituições, de que não há outra prova ou, mais certamente, estariam presentes alguns confrades que não apenas os treze eleitos e era costume assinarem também, quando participavam nas reuniões.

FONTES E BIBLIOGRAFIA

Ver página 374.

FILOMENA MELO

Diogo de Madureira

(? | ?)

Provedor da Santa Casa da Misericórdia do Porto

3.7.1587 | 2.7.1588

Os indicadores fornecidos pela documentação da Misericórdia a respeito de Diogo de Madureira, não permitem dirimir a questão da sua identidade, o que só será possível, eventualmente, com uma investigação ainda mais aprofundada. Na família Madureira são vários os homónimos, sendo possível, à partida, excluir a hipótese de alguns deles terem sido o provedor deste ano, pela época ou circunstâncias em que viveram. Porém, Diogo de Madureira, o filho do antigo provedor Luís Álvares de Madureira ou o filho do também provedor António de Madureira, têm a idade e o perfil para servir este cargo, nesta altura. Qual deles foi Irmão da Misericórdia? Os dois? Qual deles o provedor desta altura? Mantendo-se esta dúvida, o mais certo é apreciar o que foi feito na Misericórdia, ao longo do mandato e repensar, posteriormente, os rumos da investigação que podem conduzir a uma correta identificação desta personagem.

Como quase sempre acontece, uns anos antes de ser provedor já um Diogo de Madureira é eleito para funções na Mesa. Há notícias da sua presença na Casa desde 1584 e continua a prestar serviço à Confraria durante cerca de dez anos, sendo que só volta à Casa um outro Diogo de Madureira ou Diogo de Madureira de Barros, já em meados do século XVI.

⁂

O presente mandato de 1587-1588 não constava das listagens de provedores até agora conhecidas, publicadas por Magalhães Basto, António Mendes e Eugénio Freitas, ou outros estudiosos da Casa. Contudo, existe a ata das eleições e, além dela, este período está abundantemente documentado por vários registos que chegaram até ao presente, atestando uma atividade assídua do provedor, o qual presidiu à Mesa da Irmandade para tratar dos mais diversos assuntos do quotidiano e obrigações da Casa, como dotação de órfãs, definição das atribuições e remunerações do cirurgião e do sangrador do Hospital, entre outros.

Para além destas rotinas, o que se evidencia neste período é o encargo que transitara do provedor precedente de levar a cabo a edificação da capela de D. Lopo de Almeida, o grande empreendimento então em curso. Logo nos primeiros tempos do seu mandato, a 29 de agosto de 1587, Diogo de Madureira preside a uma assembleia na qual se debatem aspetos relativos a esta obra. A decisão aponta no sentido de prosseguir o empreendimento, mas com contenção de custos, «com menos despesa», como se disse, de modo a não faltarem ao cumprimento das demais obrigações que a Misericórdia tinha, com grandes encargos financeiros o que parecia ser um grande problema, na altura. Para este efeito, foi criada uma espécie de comissão de vigilância e controle das obras e das verbas nela aplicadas.

As atas, como sempre lacónicas relativamente a tudo o que fosse alheio ao ritmo de funcionamento da Casa e dos institutos por ela tutelados, não manifestam qualquer indício da preocupação com um novo surto de peste, que começou a grassar em 1588, preocupação essa que pairava certamente na mente de todos, mas não foi objeto de qualquer debate formal da Mesa, nem de forma alguma transparece na documentação. A cidade do Porto será poupada, coisa que então ainda não se sabia, apenas se desejava, sem dúvida. Por isso, não deixa de ser curioso notar que, mesmo após vários momentos críticos vividos em situações anteriores, não fossem então pensadas medidas preventivas como um possível reforço da capacidade dos hospitais da Casa ou uma regulamentação para lidar com os casos de doença que eventualmente ocorressem. Não deixa de surpreender que uma preocupação desta magnitude, de que todos falariam amiúde, não tenha o menor eco e não se aluda, nem se questione o que fazer, se viesse a ser necessário, o que era de uma grande probabilidade, na perspetiva de então. Mas esta era a prática habitual na Casa, cujos registos escritos, atas ou outros apontamentos, não refletem os assuntos sobre os quais não houve uma deliberação formal da Mesa.

Se a ameaça de peste que, a entrar na cidade, iria ter reflexos diretos e imediatos na vida da Misericórdia, não foi objeto de qualquer uma das reuniões havidas, muito menos foi abordada oficialmente a grande questão de política nacional e internacional da altura – a partida da invencível armada, em maio 1588.

Quanto à composição da Mesa neste período, há uma ata eleitoral em que o nome do escrivão, Álvaro de Valadares, foi sobreposto a um outro previamente escrito, talvez por lapso. Este foi frequentes vezes substituído: em agosto de 1587, António Leite da Costa declara ter escrito por ordem do provedor, mas não se identifica como escrivão; em setembro do mesmo ano, é Paulo Correia quem escreve a ata; em janeiro de 1588, Gaspar Garcês declara estar a substituir o escrivão ausente. Contudo, no final do mandato é Álvaro de Valadares quem fecha a prestação de contas do legado de D. Manuel de Noronha, em 30 de junho de 1588 e a 2 de julho de 1588 é ele também que subscreve a ata eleitoral da Mesa subsequente.

Os outros mesários são João Álvares Pereira [de Berredo], Jorge de Magalhães, Paulo Correia, Diogo Brandão, Fernão Nunes Barreto, João Fernandes, sapateiro, Diogo Pires, sapateiro, João Álvares, cirieiro, Pantaleão Álvares, cutileiro, Manuel Gonçalves, da Grade, Baltazar Gonçalves, o fidalgo.

FONTES E BIBLIOGRAFIA

Fontes arquivísticas

Arquivo Histórico da Santa Casa da Misericórdia do Porto (AHSCMP) – *Livro de Lembranças das deliberações da Mesa da Misericórdia*, série D, banco 8, livro 2; *Livros de Receita e Despesa do Cofre*, série E, banco 1, livro 5; *Administração do Legado de D. Manuel de Noronha*, série H, banco 3, livro 7.

Fontes impressas

COSTA, Agostinho Rebelo da, 1789 – *Descripção topografica, e historica da Cidade do Porto. Que contém a sua origem....* Porto: na Officina de Antonio Alvarez Ribeiro.

Bibliografia

BRITO, Pedro de, 1997 – *Patriciado urbano quinhentista: as famílias dominantes do Porto (1500-1580)*. Porto: Arquivo Histórico da Câmara Municipal do Porto.

SILVA, Francisco Ribeiro da, 1988 – *O Porto e o seu termo (1580-1640): os homens, as instituições e o poder*, 2 volumes. Porto: Arquivo Histórico da Câmara Municipal do Porto.

FILOMENA MELO

Jorge Pereira de Miranda

(? | ?)

Provedor da Santa Casa da Misericórdia do Porto

2.7.1588 | 2.7.1589

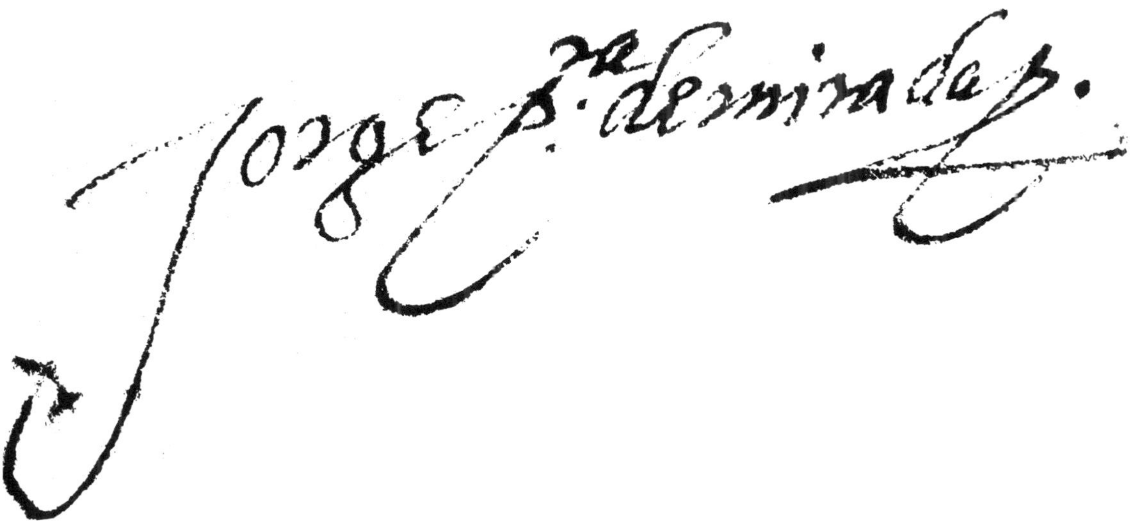

Fidalgo.

Escrivão da Mesa da Santa Casa da Misericórdia do Porto. Conselheiro da Mesa da Santa Casa da Misericórdia do Porto (1586, 1593, 1603 e 1605). Provedor da Santa Casa da Misericórdia do Porto (1588-1589 e 1601-1602).

Filho de Francisco Pereira de Miranda, provedor da Misericórdia do Porto, e de D. Guiomar Pereira.

Casado com D. Antónia de Sousa ou Melo, sem descendência, e segunda vez com D. Maria Coutinho sem descendência. Teve fora do casamento um filho, João Álvares Pereira.

Irmão de João Álvares Pereira de Berredo (?), provedor da Misericórdia do Porto.

Acerca do percurso pessoal e atividade cívica de Jorge Pereira de Miranda, não foi possível reunir informação suficiente. Já quanto ao seu desempenho na Misericórdia sabe-se que foi um Irmão muito presente durante cerca de vinte anos, pelo menos. Pode dizer-se até que a sua participação na vida da Casa foi intensiva pois além de ter sido duas vezes provedor, foi chamado numerosas vezes como eleitor e foi também conselheiro da Mesa em 1586, 1593, 1603 e 1605.

⁂

Quando eleito provedor, neste primeiro mandato, já conhecia a Casa que teve de administrar. Este período não está muito documentado e, talvez por isso, o mandato não constasse nas listagens de provedores atá agora conhecidas, publicadas por Magalhães Basto, por António Mendes e Eugénio Freitas, ou outros estudiosos da Casa. Contudo sabe-se que a demanda da herança dos Moutinhos foi a principal questão que mobilizou os esforços deste provedor, tendo sido tomadas várias medidas para defender os interesses da Casa e permitir entrar na posse do tocante à Misericórdia (*Livros de Lembranças das deliberações da Mesa da Misericórdia*, fls. 95v e seg.). Este processo está profusamente descrito nas atas coevas.

As grandes questões externas à Casa não fizeram eco na documentação interna, já que não tiveram efeitos imediatos na vida do Instituto. Certamente o surto de peste que grassava pelo País preocupava a todos, mas como o Porto não terá sido atingido nesta altura (COSTA, 179: 299), o assunto não passou do plano das apreensões que pairavam no espírito de cada um dos confrades e das conversas pessoais que teriam. Outra preocupação do momento, mas também sem efeitos imediatos na vida da Casa, foi a derrota da invencível Armada, em agosto 1588.

A composição da respetiva Mesa à data de posse consta de um livro de tesouraria. Sabe-se que foi escrivão João Álvares Pereira de Berredo e conselheiros Afonso Brandão, Diogo Leite de Azevedo, Diogo de Madureira, Bernardo Pereira, Manuel da Costa, mestre-escola, e de menor condição Jorge Gonçalves, Bento Fernandes, Dinis

Pires, Pantaleão Correia, Afonso Gonçalves e Gonçalo Rodrigues (*Livros de Receita e Despesa do Cofre*, fls. 1-1v).

FONTES E BIBLIOGRAFIA

Fontes arquivísticas

Arquivo Histórico da Santa Casa da Misericórdia do Porto (AHSCMP) – *Livro de Lembranças das deliberações da Mesa da Misericórdia*, série D, banco 8, livros 2-3; *Livros de Receita e Despesa do Cofre*, série E, banco 1, livro 5; *Eleições da Mesa da Misericórdia*, série D, banco 5, livro 1.

Fontes impressas

COSTA, Agostinho Rebelo da, 1789 – *Descripção topografica, e historica da Cidade do Porto. Que contém a sua origem...*. Porto: na Officina de Antonio Alvarez Ribeiro.

Bibliografia

FREITAS, Eugénio de Andrea da Cunha e; MENDES, António Lopes, 1990 – *Provedores e Escrivães da Santa Casa da Misericórdia do Porto*. Porto: Santa Casa da Misericórdia do Porto (datilografado).

MORAIS, Cristóvão Alão de, [1667] 1943-1948 – *Pedatura Lusitana: nobiliário de famílias de Portugal*, publicado por Alexandre António Pereira de Miranda Vasconcellos, António Augusto Ferreira da Cruz, Eugénio Eduardo Andrea da Cunha e Freitas. Porto: Livr. Fernando Machado.

SILVA, Francisco Ribeiro da, 2002 – "A Misericórcia do Porto na Centúria de Quinhentos", in SAMAGAIO, Estêvão; MENDO, Paulo (coord.), *A Santa Casa da Misericórdia do Porto e o voluntariado em saúde: Comemoração dos 25 anos da Liga dos Amigos do Hospital Geral de Santo António*. Porto: Santa Casa da Misericórdia do Porto, pp. 29-42.

FILOMENA MELO

Manuel da Costa

(? | ?)

Provedor da Santa Casa da Misericórdia do Porto

2.7.1589 | 2.7.1590

Clérigo.

Mestre-escola da Sé do Porto.

Não foi possível obter muita informação biográfica acerca de Manuel da Costa e todos os dados que foi possível recolher se restringem a esta década de 1580, ou pouco mais. Sabe-se que no ano de 1585 recebeu uma tença régia «a título de prémio pelo seu comportamento «fiel» no tempo das alterações e de indemnização pela pilhagem de que foi vítima por parte das tropas de D. António» (RIBEIRO, 1988: 240). Tal facto permite perceber claramente qual foi o partido que tomou na ocasião, mas nada mais se sabe acerca de uma possível intervenção na vida cívica ou mesmo na política.

Quanto à sua presença na Misericórdia, há notícias que indicam que já fora designado escrivão dos bens e fazenda de D. Lopo de Almeida, em 1586, e sabe-se que pertenceu à Mesa do provedor que o precedeu, mas não se conhece a sua atividade na Casa, posterior a este mandato. Bastante mais tarde, por volta de 1597, a Misericórdia recebeu um órgão, somente o instrumento, para o qual foi encomendada a respetiva estrutura em madeira. Presume-se então que Manuel da Costa seria um cultor da musa Polímnia, mas nada mais se sabe a este respeito. Possivelmente, esta oferta ainda terá sido feita em vida e não como parte de um legado considerável que também deixou à Casa.

Do legado testamentário propriamente dito, surge uma primeira notícia em 20 de fevereiro de 1603, pelo que é de presumir que o seu falecimento ocorrera um pouco antes. Este legado destinava-se a várias obras pias, compreendendo pão para alimentação dos presos, dotes para casamento de órfãs e verbas para pagamento de resgates. Aliás, a indicação específica de que deveriam ser pagos os resgates de Manuel Beleágoa, que ficara refém no Norte de África após a jornada de D. Sebastião e de um religioso dominicano, também preso em Argel, leva a pensar que poderia existir um possível parentesco de Manuel da Costa com aquele seu homónimo da família Beleágoa, do Porto, esta por sua vez relacionada com a dos Couros, tal como os Costas, tendo estes últimos e mesmo os Beleágoa, dado numerosos filhos à Igreja. Porém, até ao momento, não se encontra o nome de Manuel da Costa efetivamente filiado em nenhum ramo de qualquer destas genealogias pelo que as conjeturas sobre o seu perfil são apenas isso mesmo.

O testamento de Manuel da Costa reflete um aspeto particularmente relevante daquele tempo e é o facto de que «a emergência de novas situações sociais provocou o aparecimento de novos assistidos, de entre os quais se destacam, naquilo que se podem considerar desdobramentos das categorias de pobre e de órfão, as donzelas pobres, os enjeitados e as órfãs em idade núbil. Mas também os cativos» como notaram Ângela Barreto Xavier e José Pedro Paiva (Universidade Católica Portuguesa, 2005: 15), lembrando ainda que «a preocupação com os cativos emana da coroa, e tem acolhimento como uma nova obrigação das casas» (Universidade Católica Portuguesa, 2005: 15).

Esta observação é tanto mais pertinente e adequada ao perfil do biografado quanto, no seu mandato como provedor, a Misericórdia do Porto parece ter assumido estas causas como prioritárias, à semelhança do que o próprio veio a fazer no seu testamento. A título de exemplo, destaca-se a deliberação de custear a aprendizagem do ofício de alfaiate a um rapaz «aleijado das pernas», tendo-se contratado o mestre e estabelecido o valor que se lhe iria pagar pela formação. Doravante, será mais frequente encontrar os testemunhos de intervenções deste tipo por parte da Misericórdia e a questão do pagamento dos resgates, mais do que qualquer outra, pode dizer-se que passará a estar na primeira linha das preocupações de todos os provedores, durante muitas décadas.

⁂

Se, como ficou dito, pouco se sabe acerca da vida pessoal e familiar de Manuel da Costa e tudo o que se pôde obter foram alguns indícios, já quanto à sua ação como provedor, se bem que sem ter nenhum momento de particular relevo, é possível conhecer várias etapas, com algum grau de pormenor. Tal é devido ao facto de várias compilações de documentos da Casa conterem menções a este provedor e ao seu tempo de exercício, mas em particular o *Livro 3 de Lembranças das deliberações da mesa*, aquele em que estão a maior parte dos registos deste mandato, ser o primeiro da sua série que chegou até aos dias presentes mais organizado e completo do que os volumes precedentes.

Assim, a atividade deste provedor está atestada com um grau de pormenor relativamente grande, havendo notícia de todos ou pelo menos de muitos assuntos que lhe coube resolver, registados ao longo de cerca de vinte fólios sucessivos. Não obstante, este mandato não se encontrava nas listagens de provedores até agora conhecidas, publicadas por Magalhães Basto, por António Mendes e Eugénio Freitas, ou outros estudiosos da Casa.

Sabe-se que foi Manuel da Costa, na qualidade de provedor, quem teve a honra de receber os restos fúnebres de D. Lopo de Almeida na sua última morada. Foi nesta ocasião que se tresladou para a capela própria, cujas obras entretanto haviam sido concluídas, o corpo daquele magno benfeitor da Casa, tendo a Misericórdia organizado as cerimónias com o ritual e a dignidade que o ato requeria, numa quarta-feira, 19 de julho de 1589, à semelhança do que fizera na ocasião em que primeiramente fora trazido de Madrid para a cidade do Porto, tendo então ficado em lugar provisório. Não obstante naquela ocasião se terem dado por concluídas as obras da capela que recebeu o túmulo de D. Lopo de Almeida, em janeiro do ano seguinte foi necessária uma nova empreitada de obras nas janelas, porque entrava «pó e água» em dias de chuva batida a vento e também «andorinhas e morcegos» que sujavam e deterioravam a nova capela (*Livros de Lembranças das deliberações da Mesa da Misericórdia*, fls. 32-32v).

Posteriormente, a 11 de abril do mesmo ano de 1590, em cumprimento do desiderato de D. Lopo, foi colocado na capela um sacrário, com toda a solenidade, missa cantada e todas as cerimónias adequadas ao momento. Sendo a capela de D. Lopo o altar-mor da igreja da Misericórdia, foram necessárias algumas disposições sobre as alfaias de quinta e sexta-feira Santas e sobre os ornamentos que até então estavam no altar, assuntos sobre os quais a Mesa refletiu, respetivamente nos dias 2 e 9 de maio de 1590.

De entre muitos outros legados que, na altura, a casa já recebera, destaca-se um outro, também com algum impacto na História de Misericórdia, cuja cobrança e gestão ocupará os Irmãos da Casa por muito tempo. É o legado de Luís Garcês, acerca do qual há numerosos apontamentos relativos a outras tantas diligências feitas durante este mandato e, bem assim, nos seguintes (*Livros de Lembranças das deliberações da Mesa da Misericórdia*, fls. 23, 27, 34, 45, 47, 59, 70, 78, 79, 109, 158, etc.)

Ainda relativamente a legados, há que notar que nem todos eles entravam na Casa pacificamente e coube a este provedor dar continuidade a um processo designado por «Demanda dos Moutinhos», de que já há notícias no ano anterior, tratando-se de um caso imbricado de uma herança, com contornos judiciais complexos.

Não obstante as pródigas informações que o referido *Livro de Lembranças* proporciona, não se encontram aí as atas eleitorais que permitiriam conhecer com precisão a composição da Mesa que esteve em exercício com o provedor Manuel da Costa. O escrivão, terá sido Miguel Soares de Carvalho, conforme atestados recolhidos em diversos documentos. Sabe-se que Álvaro de Valadares recebeu, como Tesoureiro neste mandato, a prestação de contas do Tesoureiro que o precedeu no cargo, tendo passado a pasta, um ano depois, a Francisco de Magalhães. Foi apenas possível identificar mais alguns deputados da Mesa, cujos nomes foram recolhidos a partir das assinaturas mais legíveis que apuseram em certos documentos. São eles Gaspar Garcês, Francisco Álvares de Sóágua, Bento Soares, Gaspar Novais, Gonçalo Martins.

FONTES E BIBLIOGRAFIA

Fontes arquivísticas

Arquivo Histórico da Santa Casa da Misericórdia do Porto (AHSCMP) – *Livro de Lembranças das deliberações da Mesa da Misericórdia*, série D, banco 8, livros 2-4; *Livros de Receita e Despesa do Cofre*, série E, banco 1, livro 5; *Administração do legado de D. Manuel de Noronha*, série H, banco 3, livro 7.

Bibliografia

BRITO, Pedro de, 1997 – *Patriciado urbano quinhentista: as famílias dominantes do Porto (1500-1580)*. Porto: Arquivo Histórico da Câmara Municipal do Porto.

SILVA, Francisco Ribeiro da, 1988 – *O Porto e o seu termo (1580-1640): os homens, as instituições e o poder*, 2 volumes. Porto: Arquivo Histórico da Câmara Municipal do Porto.

XAVIER, Ângela Barreto; PAIVA, José Pedro (dir.), 2005 – *Portugaliae Monumenta Misericordiarum – Crescimento e consolidação: de D. João III a 1580*, vol. 4. Lisboa: União das Misericórdias Portuguesas.

FILOMENA MELO

António Pereira de Vasconcelos

(? | ?)

Provedor da Santa Casa da Misericórdia do Porto

2.7.1590 | 6.7.1591

Vereador do Porto (1598 e 1607).

Provedor da Misericórdia do Porto (1590-1591 e 1597-1598).

Filho de Diogo Leite do Amaral e de Maria Pereira

Casado com D. Margarida Carneira de quem teve cinco filhos: Henrique Pereira, Francisco de Vasconcelos, Catarina de Vasconcelos, Filipa de Vasconcelos e Bernarda de Vasconcelos; teve ainda de Antónia da Silveira, Luís da Silva Pereira e de Maria Gonçalves, D. Maria Pereira.

Irmão de Diogo Leite de Azevedo, provedor da Misericórdia do Porto (1582-1583, 1593-1594, 1609-1610 e 1624-1625).

António Pereira de Vasconcelos, nascido numa família da nobreza portuense, fez o percurso típico dos seus pares e contemporâneos: teve uma posição política na autarquia da cidade, foi Irmão e provedor da Misericórdia, casou com uma senhora de igual estatuto e nobreza e teve muitos filhos. Tinha uma propriedade, não longe da cidade, a Quinta de Antães, que se perpetuou até hoje na mesma família (SILVA, 1988: 431). Tal como alguns outros do seu estatuto, depois de enviuvar fez-se clérigo, tendo sido até abade de Fermedo.

Em meados da década de 80 do século XVI encontra-se, pela primeira vez, um António Pereira na Misericórdia, que não é certo ser este provedor – mas também não é de excluir totalmente a hipótese já que o próprio assina deste modo, algumas vezes, em documentos do seu mandato. Efetivamente é no período que medeia os dois mandatos que participa mais intensamente na vida da Casa, tendo até sido eleito como conselheiro de algumas Mesas. Permanece na Misericórdia, comprovadamente, até 1609, ano em que ainda foi eleitor. O seu retiro espiritual será certamente a explicação para o facto de, após estes cerca de 20 ou 25 anos de atividade na Misericórdia, terem abruptamente desaparecido as notícias a seu respeito nesta Confraria.

Os atos registados em *Livros de Lembranças* deste período demonstram uma atividade assídua do provedor na administração dos assuntos correntes da Casa no cumprimento da sua primeira missão assistencial aos pobres, desamparados, enfermos e cativos, de que dependia também a arrecadação de legados e a gestão financeira dos mesmos. Não obstante, algumas tarefas comuns ganham contornos peculiares, atestando a diversidade de encargos e a complexidade de algumas responsabilidades que a Misericórdia assumia, nomeadamente em cumprimento da vontade de certos testadores. Tal é o caso do pedido expresso num legado deixado na China, onde falecera o testador, tendo ali uma porção considerável de almíscar; encarregara a Misericórdia do Porto de vender este produto e investir o dinheiro da venda de modo a obter um rendimento que seria depois regularmente entregue para sustento de uma sua irmã.

Por seu lado, o legado de Lopo de Almeida e as disposições deste benemérito continuam a estar no centro das preocupações da Casa. Mesmo depois de concluída a obra da capela de D. Lopo, esta continua a ser um dos focos da ação dos provedores ao longo de vários mandatos, de que este não é exceção. Assim, os painéis e sacrário da capela são motivo de uma reunião magna, a 14 de agosto de 1590, a fim de serem recolhidos vários pareceres dos Irmãos da Mesa e de outras pessoas.

O tema foi retomado em nova reunião, a 26 do mesmo mês, e nessa ocasião foi decidido obrigar o artista dos painéis a comprometer-se a cumprir escrupulosamente o plano decorativo que lhe fora encomendado. O inventário e transporte das peças do retábulo é também assunto exclusivo de uma reunião da Mesa, dois dias depois, a 28 de agosto de 1590.

A questão da pintura dos painéis é ainda reacendida em várias reuniões bastante posteriores, nomeadamente a 4 e a 26 de maio do ano seguinte de 1591. No conjunto das obrigações de manutenção desta capela e também de Rocamador, o azeite para as lâmpadas e a lavagem da roupa da capela são igualmente alvo de debate e deliberações do provedor com os conselheiros da Mesa.

Contudo, o legado de D. Lopo destinou-se não só à sua capela mas, fundamentalmente, ao serviço assistencial da Misericórdia, nomeadamente através do trabalho empreendido no Hospital. O facto de se dispor de mais verbas para assistência a doentes provenientes deste fundo é tanto mais oportuno quanto a cidade continuava a sofrer surtos de peste, cujas vítimas procuravam o amparo da Casa. Para ter mais algum controle sobre o movimento hospitalar, a Mesa pediu um breve relatório sobre os enfermos ingressados em anos precedentes e um ponto da situação no Hospital, à altura.

Outras fontes atestam ainda a ação deste provedor, num plano meramente burocrático, como por exemplo na sua função de administrador do Hospital de Santa Clara, para o que era chamado a intervir em questões tão diversas, como autorizar a alteração do ritmo semanal das missas que ali se rezavam, ou a venda de propriedades foreiras àquele instituto.

Com este conjunto de notícias, assaz abundantes para o que é costume na época, é de notar que este mandato não estava determinado nas listagens de provedores até agora conhecidas, publicadas por Magalhães Basto, por António Mendes e Eugénio Freitas, ou outros estudiosos da Casa.

Numa ata eleitoral encontrada num livro de tesouraria consta ter sido escrivão Bernardo Pereira; e conselheiros da Mesa Jerónimo Pereira de Menezes, Afonso Brandão, Diogo Leite de Azevedo, Pedro Homem, Álvaro de Valadares; de menor condição: Manuel

Gonçalves da Grade, Pantaleão Correia, picheleiro, Dinis Pires, freeiro, João Fernandes, sapateiro, Diogo Pires, sapateiro, Gonçalo Luís, sombreireiro.

Sabe-se que o escrivão era Bernardo Pereira, frequentes vezes substituído por Miguel Soares de Carvalho, conforme atestam documentos desde logo em julho e agosto de 1590, e também no final de março de 1591, embora o titular tenha subscrito a 11 e 17 do mesmo mês. Pontualmente, foi António Leite da Costa quem o substituiu, embora nenhum deles constasse da composição inicial da Mesa.

FONTES E BIBLIOGRAFIA

Fontes arquivísticas

Arquivo Histórico da Santa Casa da Misericórdia do Porto (AHSCMP) – *Livro de Lembranças das deliberações da Mesa da Misericórdia*, série D, banco 8, livro 3; *Livros de Receita e Despesa do Cofre*, série E, banco 1, livro 5; *Administração do Legado de D. Manuel de Noronha*, série H, banco 3, livro 7; *Tombo dos bens de raiz do Hospital de Santa Clara*, série H, banco 1, livro 5; *Eleições da Mesa da Misericórdia*, série D, banco 5, livro 1.

Bibliografia

BRITO, Pedro de, 1997 – *Patriciado urbano quinhentista: as famílias dominantes do Porto (1500-1580)*. Porto: Arquivo Histórico da Câmara Municipal do Porto.

MORAIS, Cristóvão Alão de, [1667] 1943-1948 – *Pedatura Lusitana: nobiliário de famílias de Portugal*, publicado por Alexandre António Pereira de Miranda Vasconcellos, António Augusto Ferreira da Cruz, Eugénio Eduardo Andrea da Cunha e Freitas. Porto: Livr. Fernando Machado, 12 volumes.

SILVA, Francisco Ribeiro da, 1988 – *O Porto e o seu termo (1580-1640): os homens, as instituições e o poder*, 2 volumes. Porto: Arquivo Histórico da Câmara Municipal do Porto.

FILOMENA MELO

Bernardo Pereira

(? | ?)

Provedor da Santa Casa da Misericórdia do Porto

6.7.1591 ? | 22.7.1592

Vereador da Câmara Municipal do Porto (1593, 1598 e 1609).

Guarda-mor da Saúde da cidade do Porto (1598).

Almotocé da cidade do Porto (1599 e 1610).

Casado com Susana Carneiro, de quem teve Brites Pereira e Simão Pereira, provedor da Misericórdia do Porto (?).

Sogro do provedor da Santa Casa da Misericórdia do Porto, Manuel de Sousa Almeida (1653).

A identificação de Bernardo Pereira, a partir dos documentos da Misericórdia, não é fácil. Ao certo, poucas coisas se podem afirmar. Uma delas é que este provedor de 1591 não é o mesmo Bernardo Pereira de 1630. Não só 40 anos os separam, o que não seria totalmente impossível, mas a grafia de ambos é marcadamente distinta e o modo pelo qual é designado o segundo aponta para a figura de frei Bernardo Pereira. De qualquer modo, com os dados disponíveis, não é seguro filiá-lo num ramo familiar ascendente, havendo apenas alguma certeza de que Bernardo Pereira, o autarca do Porto, foi casado com uma senhora da família Carneiro e tiveram, pelo menos, uma filha.

Depreende-se então que este Bernardo Pereira ainda do século XVI, bastante mais velho que o seu homónimo que depois ingressará na Casa, foi quem esteve na Câmara do Porto na mesma década em que foi provedor da Misericórdia e ainda um pouco depois, sendo a última notícia sua na Casa datada de 1610, coincidindo com o último mandato na edilidade. Ou seja, há uma coerência entre estas duas vertentes da sua vida que seguem em paralelo, como aconteceu com muitos outros que foram simultaneamente autarcas e confrades da Misericórdia, naquele tempo.

Quanto a este mandato, embora não esteja identificado nas listagens de provedores até agora conhecidas, publicadas por Magalhães Basto, por António Mendes e Eugénio Freitas, ou outros estudiosos da Casa, está bastante documentado.

Os primeiros registos exarados no *Livros de Lembranças* das deliberações da Mesa da Misericórdia relativos este mandato são tardios, de 5 e 21 de janeiro de 1592. Nas reuniões então havidas, tratou-se da questão da pintura de painéis para a igreja, despesa suportada pela fazenda de D. Lopo de Almeida, com o propósito de concluir o programa decorativo da respetiva capela. Este parece ser o assunto dominante, à altura, sendo retomado a 22 de fevereiro e a 12 abril. Desta feita, é sugerido que se faça um conjunto representando o tema da Visitação, para que o painel fosse utilizado nos dias desta festa, de modo a evitar pedir sempre emprestado o quadro dos padres da Companhia de Jesus, como era costume fazer-se até então. Porém, não havia verba para esta obra e delibera-se que o dinheiro deveria ser arrecadado em peditório, contando-se com o contributo dos Irmãos da Casa. A questão do retábulo, contudo, não ficou resolvida. O debate, que já ia longo, arrastou-se por algum tempo, antes de ser tomada uma decisão e se concretizar efetivamente a encomenda.

Mais perto do final do seu mandato, o provedor esteve a braços com uma situação bastante mais grave. A Casa terá sido alvo de uma devassa levada a cabo pelo desembargador da cidade, sem que formalmente tivesse havido uma notificação ou conhecimento acerca dos motivos deste procedimento. Reunida a Mesa, foi elaborada e enviada uma carta ao Rei, com data de 28 de junho de 1592, expondo o descontentamento e a perplexidade que a situação gerara. Impotentes perante esta afronta à autonomia da Casa, os Irmãos nada mais puderam fazer senão queixar-se e esperar um remédio superior.

No mais, as notícias encontradas sobre a ação deste provedor refletem as preocupações habituais de gestão financeira da Casa, transversais a todos os tempos.

Na ausência de atas eleitorais, até agora não localizadas, sabe-se, por outras fontes, que o escrivão terá sido António Leite da Costa. Foi possível identificar alguns dos deputados da Mesa pelas respetivas subscrições: Diogo de Madureira, António Pereira de Vasconcelos, Miguel Soares de Carvalho, Gaspar Garcês, Bento Fernandes e Jorge Gonçalves, entre outros, cuja grafia não facilita a leitura do nome.

FONTES E BIBLIOGRAFIA

Fontes arquivísticas

Arquivo Histórico da Santa Casa da Misericórdia do Porto (AHSCMP) – *Livro de Lembranças das deliberações da Mesa da Misericórdia*, série D, banco 8, livro 3; *Administração do Legado de D. Manuel de Noronha*, série H, banco 3, livro 7.

Bibliografia

GAYO, Manuel José da Costa Felgueiras, 1938-1941 – *Nobiliário de famílias de Portugal, Fac. simile* de impressão diplomática do original manuscrito existente na Santa Casa de Misericórdia de Barcelos. [Braga]: Agostinho de Azevedo Meirelles; Domingos de Araújo Affonso.

SILVA, Francisco Ribeiro da, 1988 – *O Porto e o seu termo (1580-1640): os homens, as instituições e o poder*, 2 volumes. Porto: Arquivo Histórico da Câmara Municipal do Porto.

FILOMENA MELO

Henrique de Sousa

(n. c. 1550 | ?)

Provedor da Santa Casa da Misericórdia do Porto

22.7.1592 | 2.7.1593

Conselheiro de Estado. Governador do Tribunal da Relação do Porto (10.11.1590).

Filho de Vasco de Sousa, fronteiro em Safim, e de sua mulher, D. Guiomar da Silva.

Casado com D. Mécia de Vilhena, de quem teve treze filhos: Diogo Lopes de Sousa, segundo conde de Miranda, Manuel de Sousa, João de Sousa, Margarida de Vilhena, Maria de Vilhena, Vasco de Sousa, Fernando de Sousa, Joana de Vilhena, Brites de Vilhena, Mariana de Vilhena, Genebra de Vilhena, Antónia de Vilhena, Madalena de Vilhena; fora do casamento teve ainda Catarina Tavares.

Moço fidalgo. Conde de Miranda do Corvo. Comendador de Alvalade e de Santa Maria de Vila Nova de Alvito na Ordem de Cristo e de Ourique, na Ordem de Santiago. Senhor da Casa de Sousa. Alcaide-mor de Arronches.

Henrique de Sousa é filho de uma família aristocrática e beneficiou muito do que recebeu de seu tio, Diogo Lopes de Sousa, um dos governadores do reino, no período subsequente à morte do cardeal-rei D. Henrique. Foi por via deste que obteve a benesse de Filipe II do Governo da Casa da Relação do Porto, então criada. Embora não tivesse formação académica como jurista, tal não fazia parte dos requisitos para o cargo. De facto, os predicados exigidos ao governador da Relação deviam ser não tanto profissionais, mas pessoais «limpeza de sangue, fidalguia, inteireza de costumes e de consciência, autoridade, naturalidade portuguesa. Mas o que acima de tudo se desejava era que fosse pessoa da confiança política do Rei» (SILVA, 1996: 396). Tudo isto estava presente na pessoa de Henrique de Sousa que, além do mais, não se limitara a ser um herdeiro e sucessor dos seus ancestrais, tendo-se evidenciado e acumulado favores reais, por mérito próprio.

Ainda muito jovem, estivera ao lado de D. Sebastião, em Alcácer Quibir. Escapando com vida, fora feito prisioneiro, pelo que teve que pagar o resgate de forma a poder regressar ao reino. Nessa ocasião, manteve-se fiel ao partido nacional, mas em breve passaria a sustentar ativamente a pretensão de D. Filipe. Organizou então, às suas custas, um setor de resistência à armada inglesa que viera em auxílio de D. António, prior do Crato. Esta manifestação de fidelidade à causa filipina granjeou-lhe as primeiras recompensas régias, sob a forma de comendas, a que futuramente se juntaram outras, os vários cargos e, em março de 1611, o título de Conde de Miranda do Corvo.

Entretanto, na cidade do Porto, seu primo Pedro Guedes assegurava o governo da Casa da Relação, desde 1583, e Henrique de Sousa irá tomar posse do cargo a 10 de novembro de 1590. É nesta altura que se encontra a residir no Porto.

Henrique de Sousa tem, de facto, um perfil excecional, que se destaca do comum, mesmo em tempo de cavalheiros e cavaleiros. A juntar a tudo isto, ainda teve ensejo de se fazer Irmão da Misericórdia e foi eleito provedor em 1592. Não há muitas notícias de outros papéis de relevo que tenha tido na Casa, mas ainda assim não terá descurado as suas obrigações de Irmão. Sabe-se, por exemplo, que em 1601 foi convocado como eleitor e prestou este serviço nas eleições de 2 julho daquele ano.

Do seu mandato como provedor, os *Livros de Lembranças das deliberações da Mesa da Misericórdia* não regista grandes momentos, mas as atas dão conhecimento de terem sido tratadas as questões correntes da Casa, como a capelania, a administração dos legados, etc. Não é certo que este mandato não tenha tido um impacto mais palpável, que possa não constar da documentação disponível. Uma hipótese a não descartar é que, tendo Henrique de Sousa acumulado o cargo de provedor da Misericórdia com o de governador da Relação, de que tomara posse dois anos antes, certamente se via a braços com problemas que solicitariam amiúde a sua intervenção nesse âmbito. Ou não tivessem sido estes anos tão agitados como de facto foram.

Os primeiros tempos do seu mandato coincidem com a eclosão no Porto dos levantamentos populares conhecidos como Motim dos Portos Secos. Estes motins foram bolhas que estouraram num ambiente de descontentamento e agitação que já vinha fermentando focos de revolta, desde 1580. Os vários levantamentos ocorreram nos primeiros dias do mês de julho de 1592, entre 4 e 8, concretamente, mantendo-se a situação tensa, inclusive com a coroa, durante os meses subsequentes (PINHEIRO, 2010: 284). Na verdade, o provedor Henrique de Sousa tomara posse apenas a 22 de julho, e não na data habitual, vinte dias antes, o que não será certamente alheio às circunstâncias descritas.

De notar que é somente a partir deste ano que se encontram todos os registos das atas eleitorais da provedoria da Misericórdia sistematizadas cronologicamente e em livro próprio, pelo que dispomos de documentação completa sobre estas e as posteriores eleições.

Composição da respetiva Mesa à data de posse e alterações: escrivão Gil Monteiro Pinto, conselheiros João Dias Leite, o deão, João Álvares Pereira de Berredo, Francisco Neto de Figueiroa, João Álvares Pereira de Azevedo, Domingos Fernandes, sapateiro, João Velho, sapateiro, Domingos Fernandes, espadeiro, Miguel Martins, mercador, Gonçalo Duarte, sapateiro, Gonçalo Martins, sapateiro.

A 2 de abril, estando ausente o escrivão Gil Monteiro Pinto, este foi pontualmente substituído por João Álvares Pereira de Berredo e a 8 de abril de 1593, foi eleito escrivão António Leite da Costa, que já tinha exercido este serviço anteriormente, por falecimento do referido Gil Monteiro Pinto.

FONTES E BIBLIOGRAFIA

Fontes arquivísticas

Arquivo Histórico da Santa Casa da Misericórdia do Porto (AHSCMP) – *Eleições da Mesa da Misericórdia*, série D, banco 5, livro 1; *Livro de Lembranças das deliberações da Mesa da Misericórdia*, série D, banco 8, livro 3; *Administração do Legado de D. Manuel de Noronha*, série H, banco 3, livro 7.

Fontes digitais

Portal da História. Disponível em: http://www.arqnet.pt/dicionario/miranda1c.html [consultado em maio-julho de 2016].

Fontes impressas

COSTA, Agostinho Rebelo da, 1789 – *Descripção topografica, e historica da Cidade do Porto. Que contém a sua origem*.... Porto: na Officina de Antonio Alvarez Ribeiro.

Bibliografia

FREITAS, Eugénio de Andrea da Cunha e; MENDES, António Lopes, 1990 – *Provedores e Escrivães da Santa Casa da Misericórdia do Porto*. Porto: Santa Casa da Misericórdia do Porto (datilografado).

PINHEIRO, Bruno, et al., 2010 – "Uma época histórica, uma cidade, três motins: análise comparativa dos motins do Porto em 1592, 1671 e 1757", in *CEM: Cultura, Espaços e Memória*, n.º 1. Porto: CITCEM/ /Edições Afrontamento, pp. 281-297.

SILVA, Francisco Ribeiro da, 1996 – "O Governador da Relação do Porto: um magistrado judicial ou um delegado regional do poder régio?", in *Actas das terceiras jornadas de estudo Norte de Portugal – Aquitânia*. Porto: Publicações da Universidade do Porto, pp. 393-401.

FILOMENA MELO

Diogo Leite de Azevedo

(? | ?)

Provedor da Santa Casa da Misericórdia do Porto

2.7.1593 | 3.7.1594

Vereador da Câmara Municipal do Porto (1580 e 1589).

Provedor da Santa Casa da Misericórdia do Porto (1582-1583, 1593-1594, 1609-1610 e 1624-1625). Escrivão e tesoureiro da Mesa da Santa Casa da Misericórdia do Porto. Mesário da Santa Casa da Misericórdia do Porto.

Filho de Diogo Leite do Amaral e de Maria Pereira.

Casado com Helena de Castro ou Azevedo (em São Miguel, Açores), de quem teve três filhos: Jácome Leite de Vasconcelos, João Leite e Maria de Vasconcelos.

Irmão de António Pereira de Vasconcelos, provedor da Misericórdia do Porto.

A eleição para o mandato 1593-1594, foi feita «por sortes», por opção do colégio eleitoral (*Eleições da Mesa da Misericórdia*, fl. 7). Este modelo eleitoral era adotado, por vezes, a fim de silenciar os rumores de votos comprados e de outras irregularidades verificadas nas eleições da Irmandade. Porém, não estava previsto estatutariamente e, em outras ocasiões em que se elegeu o provedor deste modo, as eleições foram prontamente anuladas por ordem régia. Nesta ocasião, parece que o processo não levantou qualquer celeuma e a eleição foi válida, apesar de ter sido seguido o método aleatório, não previsto no Compromisso.

As atas das reuniões de Mesa ocorridas durante este mandato atestam uma atividade constante do provedor em torno das questões habituais da Casa, sem grandes sobressaltos. São elas, as capelanias, a gestão dos legados – destacando-se, neste período, o legado de Luís Garcês e, como sempre desde que ficou confiado à Casa, o de D. Lopo de Almeida –, mas acima de tudo, o fruto de todo o labor dos confrades conduzia ao exercício das obras de caridade. Neste âmbito, destaca-se a decisão de tomar a cargo a educação de uma menina que estava na prisão da inquisição, ou promover a aprendizagem do ofício de alfaiate de um rapaz incapacitado de andar.

Quanto às medidas tomadas para melhorar a organização interna, destaca-se a decisão de elaborar um extenso inventário das alfaias litúrgicas existentes na Casa (*Livros de Lembranças*..., fls. 73-76v) e a designação de uma comissão de dez Irmãos, cinco nobres e cinco oficiais, para a revisão do texto do Compromisso (*Livros de Lembranças*..., fls. 80-81). A partir de então, passou a ser prática corrente, pelo menos durante os anos seguintes, constituir-se uma comissão consultiva de dez Irmãos, paralela à Mesa e normalmente eleita pouco depois desta, para se pronunciar acera de todas as questões previstas ou descritas no Compromisso e da conformidade das deliberações da Mesa com estes magnos estatutos da Misericórdia.

A Casa recebeu ainda uma provisão régia, datada de dezembro de 1593, tratando da delicada questão do controlo da tesouraria e finanças da Casa por parte de uma entidade externa, no caso, os provedores das comarcas. O teor da provisão determinava que estes poderiam «tomar as contas» das Misericórdias, mas estavam proibidos de levar «dinheiro algum às ditas Misericórdias pelo tomar das ditas contas, nem o levarão os oficiais que com eles fizerem a dita diligência», sendo esta uma questão que se irá arrastar durante alguns anos, com impacto na vida da Misericórdia do Porto e de outras congéneres, nomeadamente na Casa de Lisboa, que partilhava idêntica preocupação com esta ingerência que viam como abusiva, em matéria tão delicada como esta.

Das eleições, saíra uma Mesa composta pelo escrivão Pantaleão Rebelo, e os conselheiros Jorge Pereira de Miranda, Diogo de Sousa, Jorge de Magalhães, Diogo de Madureira, Fernão de Azevedo, Gaspar Nabais, alfaiate, Pantaleão Correia, picheleiro, Dinis Peres, freeiro, Gonçalo Rodrigues, sombreireiro, Geraldo Mendes, livreiro, Sebastião Gonçalves, sapateiro.

Logo a 2 de agosto de 1593, foram eleitos para a Mesa António Pereira de Vasconcelos, para substituir Diogo de Sousa na sua ausência, e Diogo Álvares Leite, para substituir Jorge de Magalhães, enquanto este estivesse ausente.

FONTES E BIBLIOGRAFIA

Ver páginas 392-393.

FILOMENA MELO

Jerónimo Pereira de Menezes

(? | ?, 13.9.1606)

Provedor da Santa Casa da Misericórdia do Porto

3.7.1594 | 13.7.1595

Vereador da Câmara do Porto (1590, 1591, 1592, 1596 e 1601).

Filho de D. Paulo Pereira, capelão-mor de D. João III.

Casado com D. Juliana Pais de quem teve Paulo Pereira; casou ainda com D. Ana de Madureira, não deixando descendência, e com D. Isabel Silva, não deixando descendência.

Contemporaneamente, viveram na cidade do Porto D. Jerónimo Pereira de Menezes, bispo de Miranda e do Porto entre 1592 e 1600 e o seu homónimo, D. Jerónimo Pereira de Menezes, fidalgo, vereador municipal, morador na Rua Nova, que foi casado primeiramente na família Carneiro com D. Juliana Pais e posteriormente com D. Ana de Madureira e ainda com D. Isabel Silva. Ambos teriam perfil para serem provedores, mas é credível que tenha sido este último o titular do mandato de 1594, pois a documentação da Misericórdia não sugere que o provedor de então fosse bispo e, normalmente, quando o era, esse título consta dos textos ou o próprio assina como tal.

Pelos papéis da Misericórdia sabe-se também que o provedor D. Jerónimo esteve na Casa ainda um pouco depois do seu mandato, tendo algumas funções como eleitor e até conselheiro da Mesa, sendo a última notícia sua datada de 1604, o que é coerente com a data do seu falecimento, dois anos depois.

Nas atas registadas no *Livro de Lembranças*, percebe-se uma atividade regular e assídua do provedor durante o seu mandato, o que é coerente com a atitude que revelava também na sua função como autarca, em que chegou a perder a paciência e queixar-se formalmente do absentismo dos seus pares (SILVA, 1988: 444). Sempre presente, é certo, não deixou contudo nenhuma marca particular da sua passagem, tendo encaminhado os assuntos correntes e resolvido as questões habitualmente suscitadas na administração da Casa.

De entre estas, predomina a arrecadação e gestão de legados, nomeadamente, a herança de D. Lopo de Almeida para o que foi necessário, nesta altura articular os interesses da Misericórdia do Porto com a sua congénere de Lamego. Foi também necessário, neste período, enviar uma missão a Madrid, com uma extensa lista de encargos a tratar, que dependiam da aprovação ou intervenção régia. A situação mais delicada, embora também relativamente comum noutros mandatos, foi a deliberação de «riscar» um Irmão por desobediência, o que seria sempre um constrangimento para todos.

Composição da respetiva Mesa à data de posse: escrivão Diogo Álvares Leite, conselheiros João Álvares Pereira de Berredo, António Pereira Vasconcelos, Francisco Álvares de Soágua, Bernardo Pereira, António Leite da Costa, Pantaleão Álvares, cuteleiro, Baltazar Gonçalves, carpinteiro, Gonçalo Martins, sapateiro, João Fernandes, o Velho, sapateiro, André Rodrigues, alfaiate (*Eleições da Mesa da Misericórdia*, fls. 9-9v).

FONTES E BIBLIOGRAFIA

Fontes arquivísticas

Arquivo Histórico da Santa Casa da Misericórdia do Porto (AHSCMP) – *Eleições da Mesa da Misericórdia*, Série D, Banco 5, Livro 1; *Livros de Lembranças das deliberações da Mesa da Misericórdia*, Série D, Banco 8, Livro 3.

Fontes digitais

CHAM – *Genealogias dos vice-reis e governadores do Estado Português da Índia no século XVI*. Disponível em: <http://www.cham.fcsh.unl.pt/ext/GEN/Index.htm> [consultado em maio-julho de 2016].

Bibliografia

BRITO, Pedro de, 1997 – *Patriciado urbano quinhentista: as famílias dominantes do Porto (1500-1580)*. Porto: Arquivo Histórico da Câmara Municipal do Porto.

FREITAS, Eugénio de Andrea da Cunha e; MENDES, António Lopes, 1990 – *Provedores e Escrivães da Santa Casa da Misericórdia do Porto*. Porto: Santa Casa da Misericórdia do Porto (datilografado).

MORAIS, Cristóvão Alão de, [1667] 1943-1948 – *Pedatura Lusitana: nobiliário de famílias de Portugal*, publicado por Alexandre António Pereira de Miranda Vasconcellos, António Augusto Ferreira da Cruz, Eugénio Eduardo Andrea da Cunha e Freitas. Porto: Livr. Fernando Machado, 12 volumes.

SILVA, Francisco Ribeiro da, 1988 – *O Porto e o seu termo (1580-1640): os homens, as instituições e o poder*, 2 volumes. Porto: Arquivo Histórico da Câmara Municipal do Porto.

FILOMENA MELO

João Álvares Pereira de Berredo

(? | ?)

Provedor da Santa Casa da Misericórdia do Porto

13.7.1595 | 2.7.1596

Conselheiro da Mesa da Santa Casa da Misericórdia do Porto.

Filho de Francisco Pereira de Miranda, provedor da Misericórdia do Porto (1551-1552), e de D. Guiomar Pereira.

Casado com D. Bernarda de Sousa, de quem teve seis filhos (?): Francisco Pereira, Jorge Pereira, Bernardo Pereira, Fernão Pereira, Brás Pereira, Guiomar de Miranda.

Irmão de Jorge Pereira de Miranda, provedor da Misericórdia do Porto (1588-1589 e 1601-1602).

Seguindo as genealogias propostas por Alão de Morais, é plausível que este provedor, João Álvares Pereira, designado por vezes e assinando também de Berredo, seja este João Álvares Pereira, filho do antigo provedor Francisco Pereira de Miranda e irmão de outro provedor, Jorge Pereira de Miranda. Comprovadamente é do ramo Pereira e o nome Berredo é atribuído a alguma da prole de Francisco Pereira de Miranda. O cálculo da idade, as funções exercidas e outros elementos contextuais tornam plausível esta hipótese que carece ainda de provas mais objetivas que a confirmem ou refutem.

Se foi este provedor João Álvares Pereira, filho de Francisco Pereira de Miranda, sabe-se que sobreviveu a seu irmão mais velho, Jorge, vindo por isso a ser o herdeiro dos bens de seu pai. O certo é que o provedor deste ano de 1595 teve uma vida extraordinariamente longa, como o atestam os documentos da Misericórdia. Foi pela primeira vez eleito para uma Mesa em 1580-1581 e há documentos assinados pela sua mão, nesta data. Inequivocamente é a mesma assinatura, com as características de escala da letra, *ductus* e outros sinais que conferem com os mesmos indicadores que se encontra em documentos de 1625-1626, na última ocasião em que fez parte da composição de uma Mesa. Quarenta e cinco anos de serviço constante na Misericórdia! Tão longa presença é caso raro, senão único.

Não obstante uma vida dedicada ao serviço da Casa, foi provedor uma só vez, neste ano de 1595-1596. Naquele ano, as eleições decorreram dez dias depois do que era costume, por motivos que não estão documentados, nem há indícios do que possa ter sido a causa deste atraso. As eleições do ano precedente não tinham suscitado qualquer questão, pelo menos que esteja atestada documentalmente, e nada foi escrito sobre a razão de se atrasarem tanto as deste ano. Mais estranho ainda é o facto de terem sido acompanhadas pelo Doutor João Freire de Andrade, desembargador da Casa da Relação da cidade do Porto e corregedor do crime, que assistiu ao ato em cumprimento de ordens régias. Por norma, esta presença externa só era imposta quando era preciso repetir eleições para atalhar a quaisquer irregularidades verificadas no decurso de um processo eleitoral anterior, ou se existissem suspeitas de que poderiam vir a ocorrer situações desse tipo.

Ultrapassado este episódio inicial, o mandato terá decorrido em total tranquilidade e sem nada de relevante a registar. Pelos livros de atas sabe-se que o provedor marcou presença assídua nas reuniões com a Mesa, em que foram tratados apenas os habituais assuntos correntes da Casa, com predomínio para a gestão financeira e administração dos legados, o que era normal e necessário fazer-se continuadamente.

Composição da respetiva Mesa à data de posse e alterações: escrivão Baltazar Delgado de Abreu, conselheiros Diogo de Madureira, Diogo Ribeiro de Miranda, Paulo Correia, Belchior de Oliveira, Diogo Leite, Domingos Fernandes, espadeiro, Bento Francisco, imaginário, Jerónimo da Costa, bainheiro, Miguel Martins, mercador, Pantaleão Pires, sapateiro, Gonçalo da Costa, alfaiate.

A 23 de setembro de 1595, Diogo de Madureira, que já era conselheiro da Mesa, foi eleito escrivão, por ausência de Baltazar Delgado de Abreu, e com a condição de permanecer no cargo enquanto este estivesse ausente.

FONTES E BIBLIOGRAFIA

Fontes arquivísticas

Arquivo Histórico da Santa Casa da Misericórdia do Porto (AHSCMP) – *Eleições da Mesa da Misericórdia*, série D, banco 5, livro 1; *Livro de Lembranças das deliberações da Mesa da Misericórdia*, série D, banco 8, livro 3.

Fontes digitais

CHAM – *Genealogias dos vice-reis e governadores do Estado Português da Índia no século XVI*. Disponível em: <http://www.cham.fcsh.unl.pt/ext/GEN/Index.htm> [consultado em maio-julho de 2016].

Bibliografia

BRITO, Pedro de, 1997 – *Patriciado urbano quinhentista: as famílias dominantes do Porto (1500-1580)*. Porto: Arquivo Histórico da Câmara Municipal do Porto.

FREITAS, Eugénio de Andrea da Cunha e; MENDES, António Lopes, 1990 – *Provedores e Escrivães da Santa Casa da Misericórdia do Porto*. Porto: Santa Casa da Misericórdia do Porto (datilografado).

MORAIS, Cristóvão Alão de, [1667] 1943-1948 – *Pedatura Lusitana: nobiliário de famílias de Portugal*, publicado por Alexandre António Pereira de Miranda Vasconcellos, António Augusto Ferreira da Cruz, Eugénio Eduardo Andrea da Cunha e Freitas. Porto: Livr. Fernando Machado, 12 volumes.

SILVA, Francisco Ribeiro da, 1988 – *O Porto e o seu termo (1580-1640): os homens, as instituições e o poder*, 2 volumes. Porto: Arquivo Histórico da Câmara Municipal do Porto.

FILOMENA MELO

António Pereira de Vasconcelos

(? | ?)

Provedor da Santa Casa da Misericórdia do Porto

2.7.1596 | 2.7.1597

Vereador do Porto (1598 e 1607).

Provedor da Misericórdia do Porto (1590-1591 e 1597-1598).

Filho de Diogo Leite do Amaral e de Maria Pereira.

Casado com D. Margarida Carneira de quem teve cinco filhos: Henrique Pereira, Francisco de Vasconcelos, Catarina de Vasconcelos, Filipa de Vasconcelos e Bernarda de Vasconcelos; teve ainda de Antónia da Silveira, Luís da Silva Pereira e de Maria Gonçalves, D. Maria Pereira.

Irmão de Diogo Leite de Azevedo, provedor da Misericórdia do Porto (1582-1583, 1593-1594, 1609-1610 e 1624-1625).

A ação de António Pereira de Vasconcelos como provedor da Misericórdia, neste período, decorreu sem sobressaltos, a julgar pelos registos existentes. A casa geriu os legados, praticou as suas boas obras e não se registou nada de particularmente relevante a não ser um ou outro episódio que a documentação conserva e que merecem algum destaque. Tal foi o caso de um registo de 16 de fevereiro de 1597, pelo qual a Misericórdia deliberou rejeitar um legado que o testamenteiro tinha ido apresentar à Casa, por vontade da legatária, recém-falecida. A Mesa considerou que a Casa tinha já «muitas obrigações de defuntos» e que esta herança implicava mais encargos – entenda-se, mais encargos do que benefícios – pelo que não tinha interesse em recebê-la. Não é caso único, mas raras são as situações em que a Irmandade pondera neste sentido.

Merece destaque também a iniciativa de custar a feitura da caixa de madeira para o órgão que a casa recebera de Manuel da Costa, mestre-escola, e antigo provedor, que oferecera o instrumento somente, sem a correspondente estrutura de suporte. O contrato com o ensamblador estabelece, com algum grau de pormenor, as características e o plano decorativo da peça encomendada.

Sabe-se que o provedor estava ausente quando, em 22 de maio de 1597, a assembleia reuniu, presidida pelo escrivão António de Góis Portugal, para deliberar acerca de uma situação delicada. Fernão Nunes Barreto fora duas vezes provedor, mas posteriormente deixara de ser Irmão da Misericórdia. Contudo, manifestara vontade de ser enterrado como Irmão. Com base numa falha formal, por não ter sido efetivado o registo de exclusão e não ter sido riscado o seu nome da tábua, a Mesa considerou que poderia ser cumprida a sua vontade de ter um enterro como membro da Misericórdia.

Composição da respetiva Mesa à data de posse e eventuais alterações. escrivão António de Góis Portugal, conselheiros Diogo de Sousa, António Leite da Costa, Pedro Homem Carneiro, João Álvares Pereira de Azevedo, Afonso Correia de Azevedo e, «de menor condição», Gaspar Rodrigues, António Martins, sapateiro, João Fernandes, Gaspar Novais, alfaiate, Pantaleão Correia, picheleiro, Domingos Fernandes, «o martinete».

FONTES E BIBLIOGRAFIA

Ver página 428.

FILOMENA MELO

Diogo Brandão
(«*O Contador*»)
(? | ?)

Provedor da Santa Casa da Misericórdia do Porto
2.7.1597 | 2.7.1598

Contador da Fazenda. Vereador (1591 e 1592).

Conselheiro da Mesa da Santa Casa da Misericórdia do Porto.

Filho de Jerónimo Brandão Pereira, contador da Fazenda do Porto, e de D. Isabel da Costa Freire.

Casado com D. Maria de Castilho de quem teve cinco filhos: Miguel Brandão de Castilho, Pêro de Castilho, Bernardo Brandão, D. Catarina Brandão e D. Maria de Castilho.

Fidalgo da Casa Real.

Na família de Diogo Brandão predomina a homonímia e o seu nome encontra-se em várias gerações, atribuído a diferentes pessoas. Mesmo com o ápodo «o Contador», não é fácil definir a sua identidade, pois não foi o único a usá-lo. Diogo Brandão Pereira, «o Contador» já fora seu avô, que faleceu em 1528, portanto está excluída a hipótese de ser ele o provedor deste ano. A articulação entre os dados fornecidos pela documentação da Misericórdia e outras fontes, nomeadamente os elementos compilados na *Pedatura Lusitana* (MORAIS I, 1: 217-222), conduzem, com alguma verosimilhança, mas sem certeza, à figura de Diogo Brandão, neto do referido contador e filho de seu filho Jerónimo, também ele contador. A perpetuação deste cargo na família, o qual já vinha do bisavô João Brandão é o vínculo mais seguro para seguir esta linhagem.

Certo é que Diogo Brandão ou Brandão Pereira, o Contador, provedor da Misericórdia do Porto em 1597, foi Irmão da Casa por volta destas datas, tendo sido eleitor no ano anterior a este seu mandato e conselheiro da Mesa no ano de 1601. Por coincidência cronológica, verifica-se que Diogo Brandão, o Contador, é vereador do município do Porto, também nesta altura, o que confirma a verosimilhança da identificação do provedor com esta personagem.

⁂

Da sua ação como provedor da Misericórdia do Porto sobressaem, entre outras coisas, as diligências em torno das questões testamentárias de D. Lopo de Almeida, à semelhança do que vinha acontecendo, ano após ano, desde que a Casa ficou depositária daquele extraordinário legado. No sentido de cumprir integralmente o desiderato de D. Lopo relativamente à construção de um Hospital Novo, era necessário o terreno de uma quinta que estava em litígio entre a Misericórdia e um particular. Tendo-se já obtido duas sentenças divergentes, foi então decidido ir a Coimbra requerer o parecer de um jurisconsulto.

Ainda em torno dos assuntos decorrentes da gestão desse mesmo legado, mas numa outra perspetiva, é feito um contrato com um escultor para a execução das imagens dos quatro evangelistas que deveriam ser colocadas nos nichos da capela de D. Lopo e também foi designado um novo capelão para esta mesma capela. Nesta altura é integrada na administração do legado de D. Lopo a herança que Estêvão Freire, criado daquele, deixara igualmente ao cuidado da Misericórdia, com o propósito de prover assistência aos pobres. As outras ocorrências registadas relativas à administração deste legado são mais comuns, como a passagem da responsabilidade do cofre, entre tesoureiros, ou a entrega de novos valores para depósito. O que é menos comum e merece destaque é o facto de, a dado passo, ser descrito, ainda que superficialmente, um conjunto de valiosíssimas joias de ouro, com pedras preciosas encastoadas, como a cruz com 20 diamantes, os anéis de rubi e «safira grande formosa», pertencentes ao cofre de D. Lopo. Não obstante todo o património, rendas e valioso tesouro, o legado D. Lopo era considerada insuficiente para acudir ao grande número de doentes que acorria ao Hospital, inclusive vindos de fora da cidade, pelo que a Mesa deliberou restringir o ingresso a 50 pessoas.

As carências da cidade não só na assistência a doentes como também a todos os pobres, tiveram eco na Corte, de modo que o Rei enviou um donativo para a Misericórdia distribuir, tendo em conta a falta de pão que naquele ano afetara a cidade e arredores.

Outra preocupação relevante de quem tinha a responsabilidade de administrar a Casa, era manter um número de Irmãos suficientes para «o serviço ordinário», o qual integrara já diversas tarefas assistenciais, aumentadas ainda em consequência das disposições de D. Lopo de Almeida, como o dizem os próprios mesários, em assembleia que convocaram expressamente para tratar deste assunto. Aliás, em março de 1598 a Mesa reuniu duas vezes para apreciar a questão do ingresso de mais Irmãos, propondo que totalizassem 250, já que o Rei recusara o pedido anteriormente apresentado pela Misericórdia para que fossem 300. A Irmandade e o monarca divergiam neste ponto e a perspetiva da Casa era que os muitos serviços e a indisponibilidade que alguns Irmãos manifestavam, sobrecarregava a outros e que se poderia atalhar a este inconveniente aumentando o número de sócios. A ordem régia, contudo, será no sentido de não ultrapassarem os 200, número esse que já fora excedido na ocasião. A solução encontrada pelo provedor e mesários para cumprir a ordem régia foi então a de não se substituiriam os Irmãos que viessem a falecer, até que o número baixasse para os referidos 200.

No mais, a função deste provedor foi, como era habitual, assegurar a rotina da Casa, a gestão e investimentos financeiros, através de pequenas providências necessárias, como a integração de um novo solicitador e de um novo procurador, a substituição de mesários ausentes, enfim, tomadas as medidas para prover todas as necessidades funcionais da Instituição.

Composição da respetiva Mesa à data de posse e alterações: escrivão Pantaleão Rebelo, conselheiros Francisco Álvares Soágua, Diogo Álvares Leite, Manuel de Castro Pinheiro, deão António Pinto, Doutor Carlos Brandão e, «de menor condição», Miguel

Martins, mercador, Pantaleão Martins, sapateiro, Diogo Fernandes, alfaiate, Geraldo Mendes, livreiro, Bento Ferreira, imaginário, Bartolomeu Resende.

A 11 de julho de 1597 os eleitores foram chamados para eleger um Irmão de maior condição em suprimento de Francisco Álvares Soágua, que fora canonicamente eleito, mas apresentara «razões suficientes para não haver de servir». É, por isso, desobrigado pelos Irmãos e eleito António Pereira de Vasconcelos para o seu lugar, «até ao dia de Santa Isabel de 98», ou seja, em regime de substituição definitiva. Também o deão António Pinto foi substituído por João Dias Leite, temporariamente, enquanto este se ausentara para ir a Lisboa.

A 8 de outubro de 1597, em reunião da Mesa, foram eleitos Álvaro Ferreira Pereira, para substituir o Doutor Carlos Brandão, ausente da cidade, que se previa não voltaria a tempo de retomar o mandato e também Baltazar Duarte, sapateiro, que foi chamado a substituir o livreiro Geraldo Mendes.

FONTES E BIBLIOGRAFIA

Fontes arquivísticas

Arquivo Histórico da Santa Casa da Misericórdia do Porto (AHSCMP) – *Eleições da Mesa da Misericórdia*, série D, banco 5, livro 1; *Livro de Lembranças das deliberações da Mesa da Misericórdia*, série D, banco 8, livro 3.

Fontes digitais

SOVERAL, Manuel Abranches de, s/d – *Ferreira Pinto Brandão de Paços de Ferreira, Cête e Mouriz: uma família de militares e padres*. Disponível em: <http://tinyurl.com/hgojhaw> [consultado em maio-julho de 2016].

Bibliografia

BASTO, Artur de Magalhães, 1997 – *História da Santa Casa da Misericórdia do Porto*, 2.ª edição, vol. 1. Porto: Santa Casa da Misericórdia do Porto.

BRITO, Pedro de, 1997 – *Patriciado urbano quinhentista: as famílias dominantes do Porto (1500-1580)*. Porto: Arquivo Histórico da Câmara Municipal do Porto.

FREITAS, Eugénio de Andrea da Cunha e; MENDES, António Lopes, 1990 – *Provedores e Escrivães da Santa Casa da Misericórdia do Porto*. Porto: Santa Casa da Misericórdia do Porto (datilografado).

MORAIS, Cristóvão Alão de, [1667] 1943-1948 – *Pedatura Lusitana: nobiliário de famílias de Portugal*, publicado por Alexandre António Pereira de Miranda Vasconcellos, António Augusto Ferreira da Cruz, Eugénio Eduardo Andrea da Cunha e Freitas. Porto: Livr. Fernando Machado, 12 volumes.

SILVA, Francisco Ribeiro da, 1988 – *O Porto e o seu termo (1580-1640): os homens, as instituições e o poder*, 2 volumes. Porto: Arquivo Histórico da Câmara Municipal do Porto.

FILOMENA MELO

António Leite da Costa

(? | ?)

Provedor da Santa Casa da Misericórdia do Porto

2.7.1598 | 2.7.1599

Vereador (1586, 1600 e 1616).

Escrivão da Mesa da Santa Casa da Misericórdia do Porto. Conselheiro da Mesa da Santa Casa da Misericórdia do Porto.

Casado com Leonor de Albuquerque, de quem teve António do Amaral de Albuquerque, provedor da Misericórdia do Porto.

Fidalgo.

A identificação do ramo familiar a que António Leite de Costa pertence, não é óbvia. A consulta de genealogias ou estudos genealógicos não foi suficiente para que a coincidência entre as referências disponíveis, nomeadamente cronológicas, permitisse apontar, com certeza, para uma determinada figura. Toma-se como referência o que sobre António Leite da Costa, enquanto vereador do Porto, compilou Ribeiro da Silva (SILVA, 1988), cujo enquadramento temporal é coincidente com o do provedor que se pretende aqui apresentar – está na autarquia portuense em paralelo com o período em que está na Misericórdia, começando e terminando as suas prestações em ambos os lugares, sensivelmente ao mesmo tempo. Quanto à sua prole, é a própria documentação da Misericórdia que fornece a informação inequívoca de que António do Amaral, mais adiante provedor, era filho deste outro provedor, António Leite da Costa (*Eleições da Mesa da Misericórdia*, fl. 36).

António Leite da Costa é um daqueles casos notáveis de um Irmão da Confraria que serve a Casa durante mais de quarenta anos, a par da sua vida cívica, como autarca da cidade, por um período quase tão longo também. O primeiro cargo de maior responsabilidade que teve na Misericórdia foi o de escrivão, em 1581. Desde então, repete este cargo numerosas vezes e ocupa outras funções na Mesa, em quase todos estes anos. Somente no ano de 1607 acontece ser eleito escrivão e declinar o cargo por se encontrar «muito enfermo». Por este mesmo motivo, foi substituído, em nova eleição realizada *ad-hoc*, por D. Fradique de Menezes. No ano seguinte de 1608 já se sentiria bem, pois volta a ser eleito para a Mesa e sê-lo-á ainda várias vezes, até 1619, concretamente. Permanece ao serviço da Irmandade, sendo convocado depois como eleitor, em 1621 e, pela última vez, que se saiba, em 1624.

A ação de António Leite da Costa como provedor incidiu sobretudo na gestão financeira da Casa que contou, naquele período, com novos legados de maior ou menor volume, com maiores ou menores exigências por parte dos legatários, segundo se pode apreciar pelas atas coevas. Um dos benfeitores, por exemplo, requeria como condição que a Misericórdia aplicasse uma parte da herança para mandar ensinar um ofício a um seu escravo, desígnio que a Casa se dispõe a cumprir, como atesta o assento da reunião de 12 de fevereiro de 1599.

Destaca-se também, pela peculiaridade, uma contribuição concedida a Dom Nicolau Paleólogo, de nacionalidade grega, para libertar a mãe e irmã, presas pelos turcos. Não é claro o motivo por que terá recorrido à Misericórdia do Porto, mas é dito que apresentara atestações e recomendações do governo do reino para que este caso fosse favorecido, indicando que se tratava de «pessoas da casa dos imperadores gregos» (*Livros de Lembranças das deliberações da Mesa da Misericórdia*, fl. 156v). Como a verba que lhe iria ser atribuída era oferta de uma benfeitora, Isabel da Costa Freire, que destinara este valor à libertação dos cativos, deliberou a Mesa que esta senhora deveria ser consultada, por se tratar de oferecer a esmola a um estrangeiro. A senhora, por sua vez, respondeu que consultaria o seu confessor após o que comunicou à Misericórdia a sua anuência na atribuição da esmola a esta pessoa, tendo a Mesa registado o facto, em presença do provedor que assinou a ata.

Coube também a este provedor presidir à reunião na qual se deliberou a expulsão do Irmão Pantaleão Álvares, pelo seu comportamento inadequado discutindo com o solicitador da casa e agredindo-o com «um círio no rosto», publicamente e na procissão de quinta-feira de Endoenças, facto que representou por isso ainda maior escândalo, tornando inevitável a deliberação de o excluir da Confraria (*Livros de Lembranças das deliberações da Mesa da Misericórdia*, fl. 165).

Em junho de 1599, ventos de guerra sopraram na cidade que se sentia ameaçada por uma «armada de inimigos», de modo que quem tinha meios estava a retirar da cidade os seus haveres e mesmo os religiosos levavam também para fora «a prata e os ornamentos dos mosteiros». É neste contexto que, a Misericórdia pensa em tomar providências no mesmo sentido. Na reunião do dia 14 daquele mês, ficou decidido «pôr em cobro» os ornamentos da Casa, incluindo, como não podia deixar de ser, os da capela de D. Lopo que terão sido removidos dos lugares e escondidos, temporariamente.

Composição da respetiva Mesa à data de posse e eventuais alterações. escrivão Pantaleão de Seabra, conselheiros João Dias Leite, Álvaro Ferreira Pereira, Bernardo Pereira, Miguel de Figueiroa, Baltazar de Abreu e, «de menor condição» Baltazar Gonçalves, carpinteiro, Baltazar Gonçalves, sapateira, Pantaleão Álvares, cutileiro, Gonçalo da Costa, calceteiro, António Martins, sapateiro, Miguel Dias, sapateiro.

FONTES E BIBLIOGRAFIA

Fontes arquivísticas

Arquivo Histórico da Santa Casa da Misericórdia do Porto (AHSCMP) – *Eleições da Mesa da Misericórdia*, série D, banco 5, livro 1; *Livro de Lembranças das deliberações da Mesa da Misericórdia*, série D, banco 8, livro 3.

Bibliografia

BRITO, Pedro de, 1997 – *Patriciado urbano quinhentista: as famílias dominantes do Porto (1500-1580)*. Porto: Arquivo Histórico da Câmara Municipal do Porto.

FREITAS, Eugénio de Andrea da Cunha e; MENDES, António Lopes, 1990 – *Provedores e Escrivães da Santa Casa da Misericórdia do Porto*. Porto: Santa Casa da Misericórdia do Porto (datilografado).

MORAIS, Cristóvão Alão de, [1667] 1943-1948 – *Pedatura Lusitana: nobiliário de famílias de Portugal*, publicado por Alexandre António Pereira de Miranda Vasconcellos, António Augusto Ferreira da Cruz, Eugénio Eduardo Andrea da Cunha e Freitas. Porto: Livr. Fernando Machado, 12 volumes.

SILVA, Francisco Ribeiro da, 1988 – *O Porto e o seu termo (1580-1640): os homens, as instituições e o poder*, 2 volumes. Porto: Arquivo Histórico da Câmara Municipal do Porto.

FILOMENA MELO

Miguel de Figueiroa e Silva

(? | ?)

Provedor da Santa Casa da Misericórdia do Porto

2.7.1599 | 2.7.1600

Clérigo.

Cónego do Cabido da Sé do Porto.

Bacharel em Cânones pela Universidade de Coimbra.

Conselheiro da Mesa da Santa Casa da Misericórdia do Porto.

Natural do Porto.

Filho de Amador de Azevedo.

A investigação em busca dos dados biográficos deste provedor não permitiu traçar com segurança o seu perfil, sendo apenas possível confirmar a sua condição canónica e a sua pertença ao cabido da Sé do Porto, tendo-se tornado bacharel em Cânones pela Universidade de Coimbra em inícios de julho de 1579. Sabe-se ainda que seu pai era Amador de Azevedo.

Na Santa Casa da Misericórdia a sua presença está mais documentada. Deixou obra feita enquanto provedor, mas também um trabalho atestado de colaboração com a administração da Casa noutros momentos, quer como conselheiro da Mesa, cargo para o qual fora eleito a 2 de julho de 1598, quer como eleitor, serviço que prestou no ano em que foi provedor e, novamente em 1603. Este é o último ano em que a sua presença na Casa está bem documentada, o que pode ser o indício de uma passagem muito breve, de apenas cinco anos como confrade. Eventualmente, poderá ter permanecido como Irmão, mas mantendo-se afastado dos cargos e responsabilidades administrativas da Misericórdia.

Durante o seu mandato, o provedor Miguel e Figueiroa e Silva presidiu assiduamente aos trabalhos da Mesa, para deliberar acerca dos mais variados assuntos sobre os quais eram necessárias providências superiores, embora sendo parte da atividade quotidiana da casa: a readmissão de alguns Irmãos afastados anteriormente; a expulsão de um outro por incumprimento dos encargos que lhe foram atribuídos, apresentando desculpas «mui frívolas» para as suas faltas; o registo dos contratos com o sangrador do Hospital, o solicitador da casa, ou o «tangedor» organista; a escolha do enfermeiro e juiz da cadeia, a gestão e administração dos legados. Destaca-se mais uma etapa do longo processo de arrecadação de dinheiro que ficara em Ormuz, do testador Manuel Fernandes, entre outros.

Neste tempo, ainda existiriam focos de peste relativamente próximos do Porto, pelo menos na Galiza, segundo atesta o registo que ficou em ata, relativo a um emissário que fora enviado para tratar de pendências que a Casa ali tinha. Este Irmão interrompeu a viagem e regressou ao Porto sem cumprir a missão, por temor da doença dadas as notícias que dela tivera.

Além de lidar com todos estes assuntos, o provedor tomou outras decisões importantes para a Instituição, como a de reorganizar os instrumentos de controle dos bens e propriedades da Casa. Deliberou mandar fazer um novo inventário dos tombos e documentos da Misericórdia por considerar que o existente estava «confuso» e ser imprescindível conhecer efetivamente o património, para se proceder às cobranças de rendas e direitos que lhe cabiam.

É digno de nota também o facto de, durante este mandato, e à semelhança dos provedores precedentes, a herança de D. Lopo, com a sua capela, continuar a estar no centro das atenções. Desta feita, o provedor deu seguimento ao plano decorativo da capela, mandando pintar a óleo e dourar as imagens dos Evangelistas que anteriormente tinham sido encomendadas. Das atas consta um verdadeiro caderno de encargos, com uma descrição pormenorizada do trabalho a realizar e das técnicas a utilizar, prazos de execução e pagamentos. De notar que um dos artistas era Irmão da Misericórdia do Porto e o outro residia em Lisboa.

A preocupação com a dignidade do culto e os contextos de celebração litúrgica depreende-se de várias providências tomadas por este provedor, ou não fosse ele uma figura do alto clero da cidade. Além dos melhoramentos da capela de D. Lopo, já referidos, e da atenção dada aos serviços prestados pelo organista, o provedor encomendou também um livro de canto litúrgico, manuscrito iluminado com notação musical gregoriana, «o mais antigo de todos» os que se encontraram na Santa Casa da Misericórdia do Porto (SAMAGAIO, 1999: 34).

Composição da respetiva Mesa à data de posse e alterações: escrivão Baltazar Pinto Aranha; conselheiros Paulo Correia de Azevedo, Diogo Álvares Leite, João Álvares Pereira Berredo, Baltazar de Góis, Francisco Álvares de Soágua e, «de menor condição», Gaspar Novais, Francisco Varela, alfaiate, Bartolomeu de Resende, Manuel Gomes, sapateiro, Domingos Fernandes, espadeiro, Dinis Pires, freeiro.

A 7 de julho de 1599, elegeram dois Irmãos «de maior condição» para a Mesa Cosme de Castro e Pantaleão Seabra, em substituição de João Álvares Pereira de Berredo e Francisco Álvares Soágua «por darem escusas que se lhe aceitaram».

A 12 de março de 1600, foi proposta a eleição de um Irmão para substituir Bartolomeu de Resende, falecido, tendo a escolha recaído em Santos Gonçalves de Sousa.

FONTES E BIBLIOGRAFIA

Fontes arquivísticas

Arquivo Histórico da Santa Casa da Misericórdia do Porto (AHSCMP) – *Eleições da Mesa da Misericórdia*, série D, banco 5, livro 1; *Livro de Lembranças das deliberações da Mesa da Misericórdia*, série D, banco 8, livro 3.

Bibliografia

FREITAS, Eugénio de Andrea da Cunha e; MENDES, António Lopes, 1990 – *Provedores e Escrivães da Santa Casa da Misericórdia do Porto*. Porto: Santa Casa da Misericórdia do Porto (datilografado).

SAMAGAIO, Estêvão Zulmiro Braga (coord.), 1999 – *Manuscritos, Pintura e Escultura da Santa Casa da Misericórdia do Porto*. Porto: Santa Casa da Misericórdia do Porto.

FILOMENA MELO

Miguel Soares de Carvalho

(Braga, ? | ?)

Provedor da Santa Casa da Misericórdia do Porto

2.7.1600 | 2.7.1601

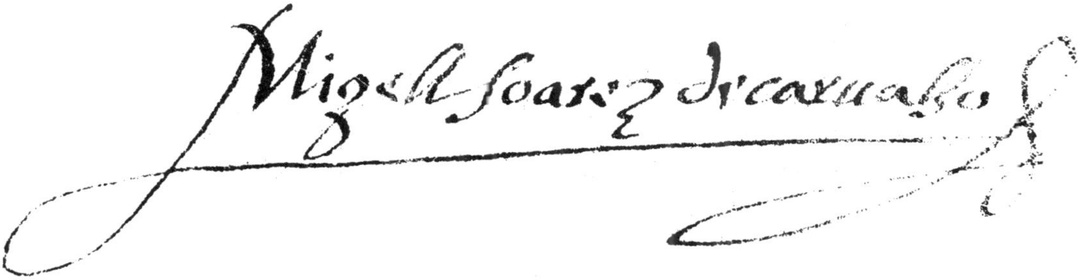

Clérigo.

Abade de Nossa Senhora de Gulpilhares.

Escrivão e conselheiro da Mesa da Santa Casa da Misericórdia do Porto.

Filho do Dr. Francisco Saraiva (ou António Saraiva de Carvalho) e de Maria Carneiro.

Miguel Soares de Carvalho está identificado como abade de Gulpilhares na documentação da Misericórdia do Porto e esta condição permitiu diferenciá-lo de outros seus homónimos e situá-lo na sua família. Porém, os biógrafos ou genealogistas divergem quanto ao nome do pai, António, segundo uns, Francisco, de acordo com outros.

Mais certo é o que se sabe sobre o seu percurso como Irmão da Misericórdia, onde esteve durante cerca de 30 anos, ao longo dos quais, além de provedor, foi escrivão, conselheiro da Mesa e várias vezes eleitor. A notícia mais antiga da sua presença num lugar de relevo na Casa remonta a 1589-1590, ao tempo do provedor Manuel da Costa, em que o abade Miguel Soares de Carvalho foi eleito escrivão. A mais recente é nas eleições de 1620 em que foi eleitor.

⁂

Como provedor eleito em 2 de julho de 1600, a ação de Miguel Soares de Carvalho decorreu dentro da normalidade esperada, tratando dos habituais assuntos da Casa mas também das questões mais complexas que urgia resolver. De entre os primeiros, fazia parte a nomeação do solicitador e do capelão, os pagamentos do médico, a assistência à pobreza envergonhada, por exemplo.

Quanto aos menos comuns, foi deliberado deixar de remunerar o homem que amassava o pão para os pobres, para que este serviço fosse exclusivamente voluntário. Embora não fosse frequente a Casa recusar heranças, era algo que às vezes acontecia, e o motivo, normalmente, era por estes legados implicarem demasiados encargos e obrigações. Foi o que sucedeu com a herança de Genebra Pessoa, que a Misericórdia deliberou recusar. Também não era banal nem frequente apreciar um pedido como o que o provedor recebeu dos padres de Santo Elói e que consistia em trocar duas casas integradas no património do Hospital de Roque Amador, administrado pela Misericórdia, com outras de renda equivalente, pela conveniência de serem fronteiras às instalações daquela congregação. A Misericórdia aceitou a permuta, ficando esta apenas dependente da aprovação régia.

Outras questões ainda, aparentemente simples, ganharam contornos de maior complexidade e requereram especial atenção do provedor e da Mesa. Tal é o caso da encomenda de uma imagem que acabou por gerar um litígio judicial com o escultor a quem a Casa tinha adjudicado a feitura da obra. A situação era ainda mais delicada, porque o artista já recebera as pedras preciosas para aplicar na peça.

Matéria de extrema delicadeza subiu à Mesa também neste mandato. Estava em causa uma cobrança da avultada dívida à fazenda de D. Lopo de Almeida por parte de um antigo provedor, Diogo Leite de Azevedo. Este fora uma figura muito presente na Casa, para a qual voltará mais tarde, e tivera também outros cargos de grande responsabilidade, como o de escrivão e tesoureiro. Terá sido no exercício destas funções que não conclui devidamente a prestação de contas. Na Misericórdia, pensava-se que estaria provavelmente na Ilha de São Miguel «ou onde quer que estivesse», como então se disse, de onde não respondia às convocatórias judiciais. Por outras fontes, está confirmado que efetivamente Diogo Leite de Azevedo fora para os Açores. Na reunião em que se debateu o caso, o provedor deliberou aguardar pelo regresso ao Porto do Irmão e procurador de Diogo Leite de Azevedo, que se esperava ocorresse dentro de 15 dias e convocá-lo então para pedir esclarecimentos e providências. Caso também ele não comparecesse, a Misericórdia enviaria um confrade à ilha de São Miguel para tratar diretamente do caso.

O provedor teve também que tomar outra decisão delicada, embora mais comum, relativamente à expulsão do Irmão Baltazar de Araújo, licenciado, advogado. O motivo da expulsão é que é peculiar, pois este seria acusado pelos demais confrades de, no seu ofício, não favorecer a Casa e até agir contra ela, o que causava público escândalo.

Como frequentemente acontecia, ao aproximar-se o final de cada mandato o provedor e mesários eleitos tomavam algumas providências tendo em vista o ato eleitoral que se avizinhava. É assim que a última deliberação registada durante este mandato, na véspera das eleições, precisamente no dia 1 de julho de 1601, foi no sentido de proibir que alguma mulher estivesse na sala do despacho ou à janela, em qualquer lugar da Casa, não só durante o ato eleitoral, em especial, mas também em todas as outras ocasiões.

Mesa da Santa Casa da Misericórdia do Porto em 2.7.1600

Provedor: Miguel Soares de Carvalho

Escrivão: João de Valadares Carneiro

Conselheiros: António Leite da Costa, D. Jerónimo Pereira de Menezes, António Pereira de Vasconcelos, Baltazar Delgado de Abreu, Pedro Homem Carneiro e, «de menor condição», Amador Fernandes, alfaiate, Gaspar Gonçalves, sapateiro, Damião Leonel, Bento Ferreira, Belchior Gonçalves, sapateiro, Baltazar Duarte

FONTES E BIBLIOGRAFIA

Fontes arquivísticas

Arquivo Histórico da Santa Casa da Misericórdia do Porto (AHSCMP) – *Eleições da Mesa da Misericórdia*, série D, banco 5, livro n.º 1; *Livro de Lembranças das deliberações da Mesa da Misericórdia*, série D, banco 8, livros n.os 2-3.

Bibliografia

BRITO, Pedro de, 1997 – *Patriciado urbano quinhentista: as famílias dominantes do Porto (1500-1580)*. Porto: Arquivo Histórico da Câmara Municipal do Porto.

FREITAS, Eugénio de Andrea da Cunha e; MENDES, António Lopes, 1990 – *Provedores e Escrivães da Santa Casa da Misericórdia do Porto*. Porto: Santa Casa da Misericórdia do Porto (datilografado).

GAYO, Manuel José da Costa Felgueiras, 1938-1941 – *Nobiliário de famílias de Portugal, Fac. simile* de impressão diplomática do original manuscrito existente na Santa Casa de Misericórdia de Barcelos. [Braga]: Agostinho de Azevedo Meirelles; Domingos de Araújo Affonso.

FILOMENA MELO

Jorge Pereira de Miranda

(? | ?)

Provedor da Santa Casa da Misericórdia do Porto

2.7.1601 | 2.7.1602

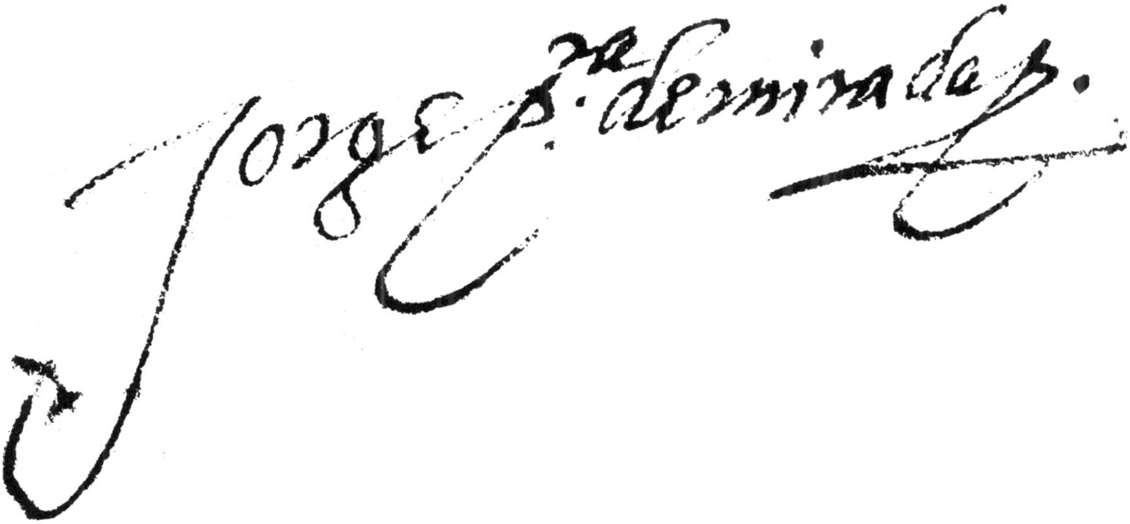

Fidalgo.

Escrivão da Mesa da Santa Casa da Misericórdia do Porto. Conselheiro da Mesa da Santa Casa da Misericórdia do Porto (1586, 1593, 1603 e 1605). Provedor da Santa Casa da Misericórdia do Porto (1588-1589 e 1601-1602).

Filho de Francisco Pereira de Miranda, provedor da Misericórdia do Porto, e de D. Guiomar Pereira.

Casado com D. Antónia de Sousa ou Melo, sem descendência, e segunda vez com D. Maria Coutinho sem descendência. Teve fora do casamento um filho, João Álvares Pereira.

Irmão de João Álvares Pereira de Berredo (?), provedor da Misericórdia do Porto.

Depois de ter sido escrivão e conselheiro da Mesa e de já ter sido provedor entre 1588 e 1589, Jorge Pereira de Miranda, quando eleito pela segunda vez para o lugar de provedor, conhecia já bem a Casa que teve de administrar. Não constituíam surpresa as questões habituais que lhe passaram pelas mãos, tais como a designação do capelão e do solicitador, os contratos de serviços, no caso, com o organeiro e com o organista – com a particularidade deste organista ser cego –, mas principalmente a gestão dos legados existentes, a arrecadação dos mesmos e a deliberação de aceitar ou não os novos ingressos (*Livro de Lembranças*, n.º 3, fls. 206-218).

Foi também necessária a sua intervenção no plano das obras assistenciais para ponderar e deliberar em face dos factos. Embora não fosse caso único, decidiu tomar a cargo o ensino de um ofício a um «moço pobre e aleijado de uma perna» (*Livro de Lembranças*, n.º 3, fl. 215v), o que implicava um contrato com o mestre do ofício, suportado financeiramente pela Casa.

A par desta ordem habitual das coisas, alguns assuntos menos gratificantes tiveram que ser de igual forma abordados, como o caso de um Irmão expulso, Baltazar de Araújo, que chegou a recorrer civilmente da decisão, para que a Casa fosse obrigada a reintegrá-lo. Este apelo a uma instância externa era muito mal visto na Misericórdia, considerando-se uma intromissão que desautorizava o provedor e a Mesa.

Como frequentemente acontecia, ao aproximar-se a data das eleições para os lugares de provedor e mesários do mandato seguinte, eram tomadas algumas providências tendo em vista o momento eleitoral. Foi assim que, em 26 de junho de 1602, o provedor subscreveu uma deliberação da Mesa no sentido de convocar os Irmãos, mesários e outros, para decidirem o melhor modo de fazer a eleição, se por sorteio ou se por votos, de forma a «evitar escândalo» (*Livro de Lembranças*, n.º 3, fl. 217). Tendo os Irmãos comparecido a 29 do mesmo mês, assentaram que se faria a escolha do novo provedor e mesários por sorteio. Embora os Irmãos tivessem considerado maioritariamente – 76 de 88 – que o sorteio evitaria o temido escândalo gerado por eventuais subornos e votos comprados, o Rei não permitiu que se ignorasse a letra de forma do Compromisso, obrigando a que as eleições se fizessem por votos, conforme estipulado estatutariamente (SILVA, 2002: 37). Assim, por terem sido feitas «por sortes que não por votos» (*Livro de Lembranças*, n.º 3, fls. 217-218), essas eleições vieram a ser anuladas por uma provisão régia de 22 de julho, levada ao conhecimento da Misericórdia por Luís Machado de Gouveia, chanceler da Casa da Relação do Porto. Este esteve presente na segunda ronda eleitoral, que decorreu a 25 de agosto daquele mesmo ano, a fim de assegurar uma espécie de vigilância externa do ato (*Eleições da Mesa da Misericórdia*, n.º 1, fls. 24-27).

Ao longo deste mandato assinale-se ainda, em 2 de dezembro de 1601, a substituição de D. Fradique, considerando-se que estaria ausente por cerca de três meses, por João Álvares Pereira de Berredo e, em 2 de janeiro de 1602, a substituição de Luís de Melo Pereira por Álvaro Ferreira Pereira até regressar de um período de ausência.

Mesa da Santa Casa da Misericórdia do Porto em 2.7.1601
Provedor: Jorge Pereira de Miranda
Escrivão: António Leite da Costa
Conselheiros: D. Fradique de Menezes, Diogo Álvares Leite, Luís de Melo Pereira, Diogo Brandão, Pantaleão Rebelo e, «de menor condição», Pantaleão Álvares, cuteleiro, António Fernandes, alfaiate, Domingos Fernandes, espadeiro, Pantaleão Pires, sapateiro, Gonçalo Martins, sapateiro, Tomé Correia, correeiro

FONTES E BIBLIOGRAFIA

Ver página 417.

FILOMENA MELO

Pedro Homem Carneiro

(? | m. 1625)

Provedor da Santa Casa da Misericórdia do Porto

25.8.1602 | 2.7.1603

Vereador do município do Porto (1609 e 1615).

Conselheiro da Mesa da Santa Casa da Misericórdia do Porto (1596-1597).

Filho de Henrique Homem Carneiro e de Inês Henriques.

Casado com Violante de Alvelos, sem geração.

Irmão de Diogo Homem Carneiro, vereador do município do Porto em 1621 e almotacé.

Cavaleiro da Ordem de Cristo.

Pedro Homem Carneiro fez um percurso público semelhante ao de muitos outros portuenses do seu estrato social. Foi autarca do município da cidade e Irmão da Santa Casa da Misericórdia. Do mesmo modo, um seu irmão, Diogo Homem Carneiro, teve também uma intervenção ativa na autarquia, tendo sido almotacé e vereador e ambos os irmãos, Rodrigo e Diogo Homem Carneiro, foram também seus confrades na Misericórdia, algumas vezes mesários, embora nunca provedores. Tal como alguns jovens da sua geração, Pedro Homem Carneiro esteve também em Alcácer Quibir, de onde teve a dita de regressar. À semelhança de tantos outros nas mesmas circunstâncias, uma vez tornado ao reino apoiou o partido de Filipe II, contra o do prior do Crato, o que lhe valeu reconhecimento e recompensas régias.

É na década de 1590 que Pedro Homem Carneiro ingressa na Misericórdia do Porto, tendo sido eleito conselheiro da Mesa em 1596, poucos anos antes de vir a ser eleito para o lugar de provedor. Porém, por motivos que não se conhecem, depois desta eleição de 1602 não voltou a ter qualquer cargo de responsabilidade na Casa, apesar de se saber que só faleceu em 1625.

⁕

No ano em que foi provedor, 1602, as eleições, convocadas como habitualmente para 2 de julho, realizaram-se na data prevista, mas foram feitas «por sortes que não por votos», como exigia o Compromisso. Dessas eleições saiu eleito Pedro Homem Carneiro, como provedor, o escrivão, os conselheiros nobres e alguns dos de menor condição que vieram a exercer o cargo. Porém, essas eleições foram anuladas por uma provisão régia de 22 de julho. Esta provisão foi levada à Santa Casa da Misericórdia por Luís Machado de Gouveia, chanceler da Casa da Relação do Porto, que esteve presente na segunda ronda eleitoral, a 25 de agosto daquele mesmo ano (*Eleições da Mesa da Misericórdia*, n.º 1, fls. 24-27). Foi então regularmente eleito, assim como a restante equipa que coincidiu praticamente com o núcleo que tinha saído da primitiva escolha, salvo na designação de alguns dos conselheiros oficiais.

Enquanto provedor, Pedro Homem Carneiro propôs que se finalizassem as obras da sacristia, uma vez que a estrutura estava feita e a abóbada parcialmente assentada. No entanto, não se podia utilizar porque a «obra não corria» (*Livro de Lembranças*, n.º 3, fl. 219). Obteve então a concordância da Mesa para levar a bom termo os trabalhos.

Ficou registado também um gesto solidário, quase simbólico, que se traduziu no envio de dinheiro para uma bandeira, pedida pela Casa da Misericórdia de Buarcos, que tinha sido «saqueada pelos ingleses e ficara sem ornamentos» (*Livro de Lembranças*, n.º 3, fl. 239v). Talvez se entenda melhor a importância da bandeira para estas Confrarias e, portanto, o valor simbólico deste ato, na seguinte interpretação de Magalhães Basto:

> A expressão Bandeira da Misericórdia ficou, pelos séculos fora, como sinónimo de piedade, de proteção e de amparo. E com razão! É que não havia miséria ou abandono que as Misericórdias não procurassem socorrer. Elas foram, como temos dito, o abrigo magnânimo de toda a Dor (BASTO, 1997: 485).

A bandeira representava a identidade, precedia a representação pública simbolizava a presença, na vida e na morte. Por isso, uma Casa podia ter sido despojada, saqueada de tudo, mas não vivia sem a sua bandeira.

As obras caritativas da Misericórdia podiam manifestar-se de diversos modos. Exemplo disso é o pedido feito pelo provedor e Irmãos às autoridades civis, a fim de lhes ser permitido exercer a obrigação cristã de dar sepultura aos mortos, especificamente aos condenados, numa ação que também era em benefício da saúde pública. Durante este mandato, há registo de dois destes casos, e a informação de que tal já havia sido feito «a outros». Cumprido o tempo regulamentar da exposição macabra dos «quartos» às portas da cidade de um homem que fora condenado à morte e esquartejamento, o governador autoriza a Misericórdia a proceder à sua sepultura, a 26 de agosto de 1602 (*Cartas Régias*, livro 7, fl. 146). Uma outra petição do provedor e Irmãos para enterrar um enforcado, cujo corpo «estava caído no chão e os cães o estão comendo do que dá muito mau exemplo às gentes», obtém o consentimento a 21 de fevereiro de 1603 (*Cartas Régias*, livro 7, fl. 147).

No mais, a ação deste provedor correspondeu ao cumprimento dos deveres habituais na sua posição, dando grande enfoque às questões de gestão financeira, cobrança de padrões de juro e administração dos legados e donativos pios. Destes, merece destaque a herança do antigo provedor e mestre-escola da Sé, Manuel da Costa, que deixara à Casa a administração de um legado em géneros, para a alimentação dos presos (Livro de Lembranças, n.º 3, fls. 236 e 238v). Também Baltazar Pinto Aranha, irmão da casa, na altura, e que virá a ser provedor uns anos mais tarde, ofereceu, nesta ocasião, uma coroa de prata para uma imagem de Nossa Senhora.

Mesa da Santa Casa da Misericórdia do Porto em 25.8.1602

Provedor: Pedro Homem Carneiro

Escrivão: João de Valadares Carneiro

Conselheiros: João Álvares Pereira Berredo, Álvaro Ferreira Pereira, Baltazar Pinto Aranha, Luís Brandão, Álvaro de Sousa e, «de menor condição», Baltazar Gonçalves, carpinteiro, António Fernandes Escadinha, Amador Fernandes, alfaiate, Miguel Martins, mercador, Gonçalo da Costa, António Fernandes, «Calçado Velho»

FONTES E BIBLIOGRAFIA

Fontes arquivísticas

Arquivo Histórico da Santa Casa da Misericórdia do Porto (AHSCMP) – *Cartas Régias*, série D, banco 4, livro 7; *Eleições da Mesa da Misericórdia*, série D, banco 5, livro 1; *Livro de Lembranças das deliberações da Mesa da Misericórdia*, série D, banco 8, livro 3.

Bibliografia

BASTO, Artur de Magalhães, 1997 – *História da Santa Casa da Misericórdia do Porto*, 2.ª edição, vol. 1. Porto: Santa Casa da Misericórdia do Porto.

BRITO, Pedro de, 1997 – *Patriciado urbano quinhentista: as famílias dominantes do Porto (1500-1580)*. Porto: Arquivo Histórico da Câmara Municipal do Porto.

FREITAS, Eugénio de Andrea da Cunha e; MENDES, António Lopes, 1990 – *Provedores e Escrivães da Santa Casa da Misericórdia do Porto*. Porto: Santa Casa da Misericórdia do Porto (datilografado).

SILVA, Francisco Ribeiro da, 1988 – *O Porto e o seu termo (1580-1640): os homens, as instituições e o poder*, 2 volumes. Porto: Arquivo Histórico da Câmara Municipal do Porto.

FILOMENA MELO

Fradique de Menezes

(n. Cantanhede | ?)

Provedor da Santa Casa da Misericórdia do Porto

2.7.1603 | 2.7.1604

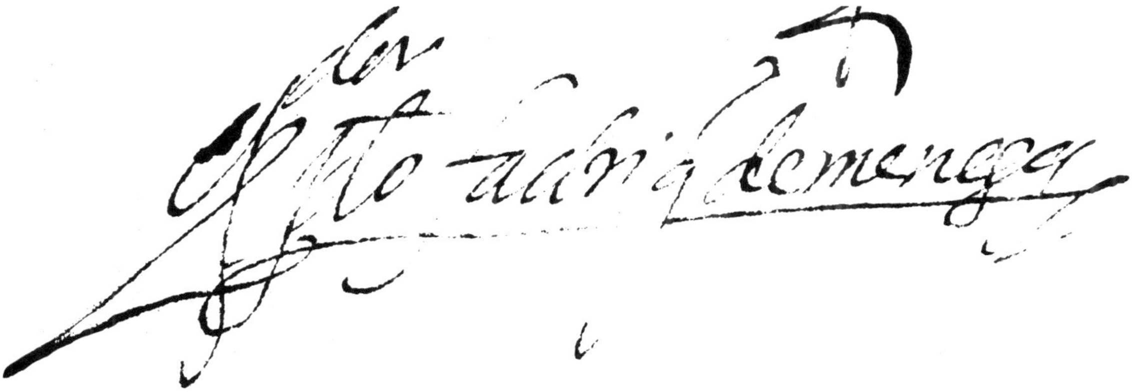

Bacharel em Cânones pela Universidade de Coimbra.

Conselheiro da Mesa da Santa Casa da Misericórdia do Porto (1598-1599). Escrivão da Mesa da Santa Casa da Misericórdia do Porto (1607-1608).

Natural de Cantanhede.

Filho de D. Pedro de Menezes, sétimo senhor de Cantanhede, e de sua segunda mulher, D. Inês de Zuniga.

Casado com D. Isabel Henriques, de quem teve António de Menezes, Francisco de Menezes e outros filhos.

Genro do antigo provedor da Misericórdia do Porto Fernão Nunes Barreto, cunhado do também provedor Gaspar Nunes Barreto e tio, por afinidade, dos futuros provedores Nuno Barreto Fuseiro e Fernão Nunes Barreto.

D. Fradique de Menezes não era o filho primogénito de seu pai e, por isso fora-lhe destinada a carreira eclesiástica, motivo pelo qual estudou Cânones em Coimbra, obtendo o grau de bacharel em inícios de junho de 1589. Por esta data, é possível que tenha nascido nas décadas de 1570 ou de 1580.

Porém, D. Fradique de Menezes tomou as rédeas do seu destino, deixando para trás Coimbra e o celibato eclesiástico, ao casar com uma senhora da nobreza portuense, D. Isabel Henriques.

É assim que se encontra D. Fradique a viver no Porto, inserido pelo casamento numa família com muitas ligações à Misericórdia. Não apenas sua mulher era filha e neta de antigos provedores da Misericórdia, como o irmão desta, Gaspar Nunes Barreto é também confrade da Casa, e será mais tarde também provedor e, além dele, muitos outros familiares descendentes e colaterais o foram, ao longo dos tempos.

D. Fradique entra na Santa Casa da Misericórdia do Porto nos últimos anos do século XVI e aí permanece por cerca de dez anos. A primeira eleição que teve foi para substituir um lugar vacante na Mesa, no ano de 1598-1599. Depois de ser provedor, foi ainda escrivão, em 1607, substituindo um confrade que declinara o cargo, e várias vezes, foi convocado como eleitor, desde 1601 até 1609, sendo esta a última vez em que há notícia da sua presença na Casa.

⁂

Eleito para o lugar de provedor em inícios de julho de 1603, D. Fradique de Menezes foi um provedor assíduo, ocupando-se das obrigações ordinárias da Casa que implicavam tarefas como nomear o solicitador, aceitar um rapaz para ajudar nos serviços, apreciar as contas, gerir as finanças, administrar os legados. Neste ponto destaca-se a deliberação de aplicar uma verba do legado do falecido provedor Manuel da Costa para resgate de Manuel Beliago, o qual ficara cativo na jornada do Rei D. Sebastião.

Menos comum, mas necessário, foi tomar uma decisão de afastar e substituir o capelão por este pretender impor alterações nas práticas devocionais das quartas-feiras de Quaresma, persistindo em fazê-lo mesmo depois de admoestado em contrário.

Mesa da Santa Casa da Misericórdia do Porto em 2.7.1603

Provedor: D. Fradique de Menezes

Escrivão: Diogo Álvares Leite

Conselheiros: António Pinto, deão, Francisco Magalhães, Pantaleão de Seabra, António Leite da Costa, Jorge Pereira de Miranda e, «de menor condições» Sebastião Gonçalves, sapateiro, Miguel Dias Homem, João de Sousa Barbeiro, Damião Leonel, André Vieira e António Fernandes, alfaiate

FONTES E BIBLIOGRAFIA

Fontes arquivísticas

Arquivo Histórico da Santa Casa da Misericórdia do Porto (AHSCMP) – *Eleições da Mesa da Misericórdia*, série D, banco 5, livro 1; *Livro de Lembranças das deliberações da Mesa da Misericórdia*, série D, banco 8, livro 3.

Fontes impressas

SOUSA, António Caetano de, 1735-1749 – *Historia genealógica da Casa Real Portugueza...* Lisboa Occidental: na Officina de Joseph Antonio da Sylva, impressor da Academia Real.

Bibliografia

FREITAS, Eugénio de Andrea da Cunha e; MENDES, António Lopes, 1990 – *Provedores e Escrivães da Santa Casa da Misericórdia do Porto.* Porto: Santa Casa da Misericórdia do Porto (datilografado).

MORAIS, Cristóvão Alão de, [1667] 1943-1948 – *Pedatura Lusitana: nobiliário de famílias de Portugal*, publicado por Alexandre António Pereira de Miranda Vasconcellos, António Augusto Ferreira da Cruz, Eugénio Eduardo Andrea da Cunha e Freitas. Porto: Livr. Fernando Machado.

FILOMENA MELO

Álvaro Ferreira Pereira

(? | ?)

Provedor da Santa Casa da Misericórdia do Porto

2.7.1604 | 2.7.1605

Conselheiro da Mesa da Santa Casa da Misericórdia do Porto (1598-1599 e 1602-1603).

Filho de João Martins Ferreira e de D. Joana de Vilhena.

Casado, pela primeira vez, com D. Joana de Novais de quem teve três filhas: D. Mariana Coutinho, D. Joana Ferreira de Vilhena, D. Filipa Ferreira de Vilhena. Casado, segunda vez, com D. Natália, de quem teve três filhos que morreram crianças.

Neto paterno do provedor da Santa Casa da Misericórdia do Porto, Pantaleão Ferreira (1545-1546 e 1547-1548).

Sogro do provedor da Santa Casa da Misericórdia do Porto, Diogo Gomes de Lemos (1628).

Cavaleiro da Ordem de Cristo.

Álvaro Ferreira Pereira sucedeu no morgado do pai e avô e tinha uma boa renda como cavaleiro da Ordem de Cristo, o que lhe permitiria viver muito confortavelmente. Não é conhecida atividade profissional ou política, sendo de presumir que se dedicasse exclusivamente à administração dos seus bens e, em paralelo, à Misericórdia da cidade do Porto, à qual presta serviços durante cerca de 20 anos bem preenchidos.

As primeiras notícias relativas a funções de destaque que ocupou remontam a 1597, data em que foi designado para substituir um mesário ausente. Depois, foi eleito conselheiro nas eleições do ano seguinte e, desde então, quase todos os anos prestou algum serviço à Casa, como eleitor ou como mesário, continuando a colaborar com a Misericórdia nestes mesmos moldes, após este mandato como provedor em 1604-1605. A última referência que sobre ele se encontra é de 2 de julho de 1616, em que foi uma vez mais eleitor.

⁂

No decurso do seu mandato como provedor, Álvaro Ferreira Pereira teve que enfrentar algumas situações de caráter extraordinário, além das habituais decisões administrativas e de gestão corrente do dia-a-dia da Casa, dos legados, das obras de caridade promovidas pela Misericórdia, como os resgates de cativos ou o acompanhamento dos enterros, que de tudo isto se ocupou.

Com impacto direto na autonomia da Misericórdia, a questão que mais se destaca neste período diz respeito à exigência que o Rei fizera a todas as Misericórdias para que prestassem contas públicas, tendo originado um movimento conjunto de muitas Casas, manifestando desconforto com esta imposição. Na verdade, existia já uma provisão régia, datada de 1593, em que fora determinado que os provedores das comarcas poderiam «tomar as contas» das Misericórdias, mas com restrições: que estavam proibidos de levar «dinheiro algum às ditas Misericórdias pelo tomar das ditas contas, nem o levarão os oficiais que com eles fizerem a dita diligência» (*Cartas Régias*, Livro 7, fls. 104-105v). A Misericórdia de Lisboa, que terá liderado a contestação a esta imposição, enviou, na altura, à sua congénere do Porto uma carta com a cópia de uma decisão régia no sentido de reavaliar a questão e pediu à Casa do Porto que desse conhecimento deste conteúdo às Casas suas vizinhas.

É também neste período que a Misericórdia do Porto se irá desdobrar em atividades assistenciais de caráter excecional, ao acolher os refugiados irlandeses que tinham sido expulsos da Irlanda sob acusação de colaboracionismo com os espanhóis, pela afinidade católica. Os eventos relacionados com o desembarque de refugiados irlandeses haviam tido início antes deste período e vão prolongar-se em futuros episódios das guerras entre a Inglaterra e a Irlanda. Nesta altura, a Misericórdia do Porto refere concretamente o desembarque de um grupo de homens, mulheres e crianças em Vila do Conde e as medidas tomadas para os acolher no Porto, deliberadas em reunião havida com as autoridades civis e o bispo da cidade. A Confraria elegeu uma comissão de Irmãos para se dedicar ao caso e, em particular, encaminhar os que vinham doentes, por se temer que pudessem trazer à cidade «alguma doença contagiosa». Por falta de dinheiro, a Misericórdia fez um peditório especial para poder acudir da melhor forma a este grupo.

Os esforços conjugados da Misericórdia, das autoridades civis, na pessoa do corregedor e juiz, o apoio direto do bispo do Porto e a participação da população da cidade, que contribuiu com esmolas, permitiu prover este grupo com os mantimentos e condições necessárias de modo a que pudesse seguir viagem numa embarcação que o corregedor disponibilizou para os encaminhar para Lisboa.

No rescaldo desta situação, foi então deliberado pelo provedor e mesários da Misericórdia, mais concretamente em 9 de janeiro de 1605, criar um hospital exclusivo para assistir aos doentes abrangidos pelo legado de D. Lopo de Almeida, uma vez que o Hospital de Roque Amador estava sobrelotado e, não menos importante, porque este deveria voltar à vocação para a qual fora instituído, que era prestar acolhimento a estrangeiros e caminhantes.

Não obstante já tivessem sido adquiridas umas casas com vista a construir instalações próprias para o Hospital de D. Lopo, certamente a passagem dos irlandeses pela cidade e a dificuldade que se verificara em albergá-los fez sentir de forma aguda a urgente necessidade de se efetivar a obra. Pouco depois de tomada a decisão, logo no dia 16 de março desse mesmo ano de 1605, foi lançada a primeira pedra, tendo a cerimónia decorrido com toda a solenidade própria do momento, e em conformidade com as disposições testamentárias que D. Lopo de Almeida deixara a este respeito. De todos estes passos, guarda memória a documentação que se conserva na Misericórdia, do tempo deste provedor.

Mesa da Santa Casa da Misericórdia do Porto em 2.7.1604

Provedor: Álvaro Ferreira Pereira

Escrivão: Pantaleão Rebelo

Conselheiros: António Leite do Amaral, Manuel Reimão, Baltazar de Góis Mascarenhas, Diogo Homem Carneiro, João Alves Pereira de Berredo e «de menor condição», Salvador Fernandes, barbeiro, Manuel Ferreira, barbeiro, Pantaleão de Freitas, sapateiro, Baltazar Gonçalves, sapateiro, António Fernandes Canto, Domingos Fernandes, espadeiro

FONTES E BIBLIOGRAFIA

Fontes arquivísticas

Arquivo Histórico da Santa Casa da Misericórdia do Porto (AHSCMP) – *Cartas Régias*, série D, banco 4, livro 7; *Eleições da Mesa da Misericórdia*, série D, banco 5, livro 1; *Livro de Lembranças das deliberações da Mesa da Misericórdia*, série D, banco 8, livro 3.

Bibliografia

BRITO, Pedro de, 1997 – *Patriciado urbano quinhentista: as famílias dominantes do Porto (1500-1580)*. Porto: Arquivo Histórico da Câmara Municipal do Porto.

FREITAS, Eugénio de Andrea da Cunha e; MENDES, António Lopes, 1990 – *Provedores e Escrivães da Santa Casa da Misericórdia do Porto*. Porto: Santa Casa da Misericórdia do Porto (datilografado).

MORAIS, Cristóvão Alão de, [1667] 1943-1948 – *Pedatura Lusitana: nobiliário de famílias de Portugal*, publicado por Alexandre António Pereira de Miranda Vasconcellos, António Augusto Ferreira da Cruz, Eugénio Eduardo Andrea da Cunha e Freitas. Porto: Livr. Fernando Machado.

VALLADARES, Rafael, 1996 – "Un reino más para la monarquía? Felipe IV, Irlanda y la guerra civil inglesa 1641-1649". *Studia Histórica. Historia Moderna*, 15. Salamanca: Ediciones Universidad de Salamanca, pp. 259-276.

FILOMENA MELO

António Pinto Pereira

(? | Porto, 19.2.1617)

Provedor da Santa Casa da Misericórdia do Porto

2.7.1605 | 2.7.1606

Clérigo. Deão da Sé do Porto.

Governador do Bispado do Porto.

Filho de Diogo Pinto Pereira e de Isabel Lobão Pimentel.

Pai de José Pinto Pereira e D. Mariana Pinto.

Irmão de Baltazar Pinto Pereira, cónego de Coimbra e deão da Sé do Porto e provedor da Santa Casa da Misericórdia do Porto (1627-1628) e tio de Matias da Silva de Abreu também provedor da Misericórdia do Porto (1674-1675).

O que hoje se sabe acerca da vida de António Pinto é principalmente o que está documentado a partir do momento em que se tornou deão da Sé do Porto em 1587. Posteriormente, em 1591, foi nomeado governador do bispado, após o falecimento do bispo D. frei Marcos de Lisboa e exerceu ainda outras funções na diocese.

Como muitos outros clérigos da Sé do Porto, foi Irmão da Misericórdia, durante cerca de doze anos, desde finais da década de 90 do século XVI até 1609, colaborando ativamente como conselheiro de várias Mesas e como eleitor também em algumas ocasiões. Na Casa, foram também confrades seus Irmãos de sangue, Baltazar e Belchior Pinto Pereira, este último pai do provedor Matias da Silva de Abreu.

Sabe-se ainda que terá falecido em 19 de fevereiro de 1617, na cidade do Porto.

Enquanto provedor, o assunto que domina as reuniões da Mesa é a obra do Hospital de D. Lopo, iniciada no mandato precedente. São tomadas várias providências neste sentido, a primeira das quais é designar um vedor da Casa para acompanhar os trabalhos. Decidem-se quais os trabalhos de carpintaria a fazer, ponderam-se soluções para imprevistos que surgem «porquanto parecia estarem as alcovas muito altas», desencadeando um problema de redimensionamento geral do projeto (*Livro de Lembranças*, n.º 3, fl. 291v) e, em novembro de 1606, em face da lentidão e dificuldades de execução da obra, sobretudo em tempo de inverno, procura-se superar a questão concordando os Irmãos em dar a obra de empreitada. Estipulam-se então os termos do contrato com o mestre-de-obras a fim de ser dado rumo aos trabalhos.

Como administrador da Casa, destaca-se ainda a iniciativa de António Pinto ordenar que fosse copiado para o *Livro de Lembranças* um conjunto de «Provisões, sentenças, despachos e papéis do licenciado António Ferreira sobre o cargo de físico da Misericórdia e Hospital da cidade do Porto», cargo que este exercera durante algum tempo, e que suscitara, naquele tempo, grande polémica e um complicado processo.

No mais, foram tomadas as habituais providências da Casa, cumpridas as obras de caridade, providenciadas as difíceis arrecadações de determinadas heranças, executada a gestão financeira. Quanto aos encargos dos legados, para além do já referido de D. Lopo de Almeida, que é um caso constante em todas as administrações, destacam-se ainda, neste período, o de Luís Garcês e o do antigo provedor Manuel da Costa que também, anos após terem sido doados à Misericórdia, ainda continuavam a permitir o exercício de algumas das suas boas obras, como pagamentos de resgates e dotação de órfãs, respetivamente.

Mesa da Santa Casa da Misericórdia do Porto em 2.7.1605

Provedor: António Pinto

Escrivão: Diogo Álvares Leite

Conselheiros: António Leite da Costa, Rodrigo Homem Carneiro, Baptista da Costa, Nicolau Ferreira, licenciado e, «de menor condição» Amador Fernandes, alfaiate, Francisco Nunes, livreiro, Tomé Correia, Miguel Domingos Homem, António Barbosa, António Fernandes, alfaiate

FONTES E BIBLIOGRAFIA

Fontes arquivísticas

Arquivo Histórico da Santa Casa da Misericórdia do Porto (AHSCMP) – *Eleições da Mesa da Misericórdia*, série D, banco 5, livro 1; *Livro de Lembranças das deliberações da Mesa da Misericórdia*, série D, banco 8, livro 3.

Bibliografia

FREITAS, Eugénio de Andrea da Cunha e; MENDES, António Lopes, 1990 – *Provedores e Escrivães da Santa Casa da Misericórdia do Porto*. Porto: Santa Casa da Misericórdia do Porto (datilografado).

MORAIS, Cristóvão Alão de, [1667] 1943-1948 – *Pedatura Lusitana: nobiliário de famílias de Portugal*, publicado por Alexandre António Pereira de Miranda Vasconcellos, António Augusto Ferreira da Cruz, Eugénio Eduardo Andrea da Cunha e Freitas. Porto: Livr. Fernando Machado.

PINTO, Cónego António Ferreira, 1940 – *O Cabido da Sé do Porto. Subsídios para a sua História*, VI. Porto: Publicações da Câmara Municipal do Porto.

FILOMENA MELO

Diogo Ribeiro de Miranda

(? | ?)

Provedor da Santa Casa da Misericórdia do Porto

2.7.1606 | 2.7.1607

Vereador da Câmara do Porto (1577, 1588, 1595 e 1605).

Conselheiro da Mesa da Santa Casa da Misericórdia do Porto (1595-1596).

Filho de António Ribeiro Soares e de sua primeira mulher Ana de Miranda.

Casado com D. Maria Aranha, sem geração. Fora do casamento teve um filho, Jerónimo, mais tarde frei Jerónimo da Madre de Deus.

Fidalgo.

As datas extremas da atividade pública de Diogo Ribeiro de Miranda como autarca e como Irmão da Misericórdia do Porto balizam exatamente 30 anos. Há um grande intervalo entre cada uma das notícias sobre os seus cargos municipais – é vereador quase de dez em dez anos – mas na Misericórdia a sua ação parece ter sido mais condensada, desenrolando-se entre 1595 e 1607. É possível que se tenha feito Irmão somente na década de 1590, já que não há memória da sua presença na Casa antes desta altura. Foi conselheiro da Mesa entre 1595 e 1596, eleitor neste último ano e provedor em 1606, após o que não cessam as informações a seu respeito.

⁂

Eleito em 2 de julho de 1606, o mandato de Diogo Ribeiro de Miranda terá sido pacífico e da sua ação como provedor não se conhece, pela documentação, nenhum momento que mereça particular relevo. As atas existentes indicam apenas o cumprimento das rotinas da Casa, que cabia ao provedor assegurar, compreendendo quer a gestão financeira e administrativa, quer as obrigações piedosas.

Mesa da Santa Casa da Misericórdia do Porto em 2.7.1606

Provedor: Diogo Ribeiro de Miranda

Escrivão: Miguel Soares de Carvalho

Conselheiros: Baltazar Delgado de Abreu, António Leite do Amaral, o doutor Gonçalo de Faria Andrade, Álvaro Ferreira Pereira, João de Valadares Carneiro e, «de menor condição» Baltazar Gonçalves, o fidalgo, Bento Ferreira, Gaspar Novais, António Fernandes Canto, Diogo Fernandes, alfaiate, António Martins, sapateiro

FONTES E BIBLIOGRAFIA

Fontes arquivísticas

Arquivo Histórico da Santa Casa da Misericórdia do Porto (AHSCMP) – *Eleições da Mesa da Misericórdia*, série D, banco 5, livro 1; *Livro de Lembranças das deliberações da Mesa da Misericórdia*, série D, banco 8, livro 3.

Bibliografia

BRITO, Pedro de, 1997 – *Patriciado urbano quinhentista: as famílias dominantes do Porto (1500-1580)*. Porto: Arquivo Histórico da Câmara Municipal do Porto.

FREITAS, Eugénio de Andrea da Cunha e; MENDES, António Lopes, 1990 – *Provedores e Escrivães da Santa Casa da Misericórdia do Porto*. Porto: Santa Casa da Misericórdia do Porto (datilografado).

SILVA, Francisco Ribeiro da, 1988 – *O Porto e o seu termo (1580-1640): os homens, as instituições e o poder*, 2 volumes. Porto: Arquivo Histórico da Câmara Municipal do Porto.

FILOMENA MELO

João Dias Leite

(? | ?)

Provedor da Santa Casa da Misericórdia do Porto

2.7.1607 | 4.7.1608

Filho de António Leite e de Mécia da Paz.

Casado com Brites Pereira, de quem teve cinco filhos, Diogo Leite, António Leite, Martim Leite Pereira, Gaspar Leite e D. Maria Leite.

Foi contemporâneo do provedor João Dias Leite um seu homónimo e também Irmão da Misericórdia do Porto, comummente designado na documentação da Casa por «o Deão». Depreende-se então que este provedor, que nunca surge designado como tal durante o seu mandato, seria outro João Dias Leite. Pelo enquadramento cronológico é verosímil que o provedor de 1607 seja João Dias Leite, dito o Novo, para se distinguir de seu avô, de quem era homónimo e que também viveu no Porto, mas que se evidenciara sobretudo na primeira metade do século XVI e, portanto, exclui-se que tenha sido ele o provedor deste ano. Um outro João Leite foi ainda contemporâneo dos demais. Na verdade, era João Leite do Amaral (e não Dias Leite) filho também de um outro António Leite, o provedor António Leite do Amaral. Este João Leite do Amaral é apontado nalguma bibliografia, por equívoco, como sendo o provedor João Dias Leite. Na verdade, João Leite do Amaral nunca foi provedor e a sua vida pública desenvolve-se posteriormente, sobretudo nas duas décadas seguintes.

Portanto, procurando o difícil encaixe de um nome, numa família e numa época, mostra-se em tudo bastante verosímil a identificação de João Dias Leite como o filho de António Leite e Mécia da Paz, casado com Brites Pereira e pai de cinco filhos.

Como Irmão da Santa Casa da Misericórdia do Porto, embora já ali colaborasse ativamente desde os finais do século XVI, só é eleito provedor uma única vez, em meados do ano de 1607. Posteriormente, há ainda notícia da sua presença na Casa, mas por pouco tempo. Após o ano de 1609, em que foi convocado como eleitor, não é conhecida qualquer outra atividade sua com algum relevo na vida da Instituição.

Logo no início do seu mandato, a 17 de julho de 1607, João Dias Leite teve que deitar mãos à obra e obviar aos problemas causados por uma inundação da igreja e sacristia, cujas proporções fizeram temer que a igreja ruísse e se perdesse todo o seu recheio. Os registos mencionam muita água que se espalhava por todo o espaço, ainda que fosse Verão, implicando a necessidade de «levar a água debaixo do altar», tendo-se pensado em construir uma vala de escoamento para o efeito (*Livro de Lembranças*, n.º 3, fls. 335-336). As infiltrações e humidade na igreja da Misericórdia não eram um problema novo, aliás começaram a notar-se desde o início, quando a obra foi dada por concluída, verificando-se normalmente em tempo de chuvas. A documentação não refere, neste caso, qual a origem de tanta água, em pleno verão. Pode pôr-se a hipótese de ter origem na fonte do pátio, sendo esta objeto de uma outra questão suscitada na altura. O acesso e propriedade destas águas deu origem a uma longa polémica que se arrastou durante anos e só veio a ser resolvida em fevereiro de 1610.

Além das intervenções com caráter urgente para acudir à inundação da Igreja, o provedor prosseguiu também os trabalhos do Hospital, estando atestado o avanço de várias etapas de obras neste local, compreendendo tarefas de carpintaria e pedraria.

No *Livro de Lembranças* deste período predominam efetivamente documentos de caráter contabilístico respeitantes a despesas com as obras, por motivos que se tornaram evidentes, mas também se encontram outras contas relativas a diferentes despesas então havidas. Sem dúvida, estes assuntos terão suscitado grande atenção do provedor, mas não o absorveram em exclusivo, pois também estão documentadas as habituais atividades da Casa, expressas em obras assistenciais, na gestão do quotidiano da Misericórdia e na administração das suas propriedades e interesses.

Mesa da Santa Casa da Misericórdia do Porto em 2.7.1607

Provedor: João Dias Leite

Escrivão: D. Fradique de Menezes

Conselheiros: João Álvares Pereira de Berredo, Diogo Leite de Azevedo, Diogo Homem Carneiro, António Pereira de Vasconcelos, João Álvares Pereira de Azevedo e de «menor condição» Baltazar Gonçalves, sapateiro, Damião Leonel, Pantaleão Brás, pedreiro, Gaspar Gonçalves da Torre, João Velho, Manuel Francisco, barbeiro

FONTES E BIBLIOGRAFIA

Fontes arquivísticas

Arquivo Histórico da Santa Casa da Misericórdia do Porto (AHSCMP) – *Eleições da Mesa da Misericórdia*, série D, banco 5, livro 1; *Livro de Lembranças das deliberações da Mesa da Misericórdia*, série D, banco 8, livros 3-4.

Bibliografia

BRITO, Pedro de, 1997 – *Patriciado urbano quinhentista: as famílias dominantes do Porto (1500-1580)*. Porto: Arquivo Histórico da Câmara Municipal do Porto.

FREITAS, Eugénio de Andrea da Cunha e; MENDES, António Lopes, 1990 – *Provedores e Escrivães da Santa Casa da Misericórdia do Porto*. Porto: Santa Casa da Misericórdia do Porto (datilografado).

GAYO, Manuel José da Costa Felgueiras, [1938-1941] – *Nobiliário de famílias de Portugal, Fac. simile* de impressão diplomática do original manuscrito existente na Santa Casa de Misericórdia de Barcelos. [Braga]: Agostinho de Azevedo Meirelles; Domingos de Araújo Affonso.

SILVA, Francisco Ribeiro da, 1988 – *O Porto e o seu termo (1580-1640): os homens, as instituições e o poder*, 2 volumes. Porto: Arquivo Histórico da Câmara Municipal do Porto.

FILOMENA MELO

Diogo de Sousa Alcoforado

(? | m. Porto)

Provedor da Santa Casa da Misericórdia do Porto

4.7.1608 | 2.7.1609

Vereador da Câmara do Porto (1588, 1594, 1600 e 1610). Procurador às Cortes (1619).

Conselheiro da Mesa da Santa Casa da Misericórdia do Porto.

Filho de António de Sousa Alcoforado, provedor da Santa Casa da Misericórdia do Porto (1541-1542) e vereador da mesma cidade (1540), e de sua segunda mulher, D. Isabel de Madureira.

Casado com D. Madalena de Vasconcelos, sem geração. Fora deste casamento teve uma filha, D. Maria de Sousa.

Gonçalo Vaz Alcoforado, avô do provedor Diogo de Sousa Alcoforado, viera fixar-se na cidade do Porto ainda no século XV e, desde então, várias figuras desta família tiveram destaque na cidade, em geral, e na Misericórdia, em particular. António de Sousa Alcoforado, o pai do provedor deste ano e seu tio Francisco, ambos vereadores da cidade, foram também provedores da Casa na década de 1540.

Diogo de Sousa Alcoforado, seguindo a tradição familiar, exerceu cargos de destaque na autarquia, mas tornou-se ainda mais proeminente na cidade, ao ser indigitado como procurador às Cortes de 1619.

Casou numa família, tal como a sua, de grande prestígio na cidade, a família Leite, com D. Madalena de Vasconcelos, que ficara viúva de Diogo Carneiro Soares.

Fez um primeiro testamento, com sua mulher, em 1612 e um segundo em 1625, no qual nomeou alguns sobrinhos, mas deixou avultados bens à Misericórdia, como o fizeram vários outros provedores. Nesta altura, a Mesa então eleita reuniu e deliberou aceitar o padrão de juro que legara à Casa.

A sua vida pública começara na Câmara da cidade, nos finais da década de 1580, um pouco antes do seu ingresso na Misericórdia, de que só há notícias na década seguinte. Uma vez na Casa, colaborou empenhadamente na sua administração, durante quase 30 anos, sendo conselheiro de várias Mesas e várias vezes convocado como eleitor. Contudo, foi provedor apenas uma vez, em 1608, ano que não foi muito feliz. Desde o começo, a sua eleição ficou obnubilada por peripécias menos dignas e, durante o mandato, esteve sempre muito doente, delegando as suas funções praticamente ao longo de quase todo o período.

Diogo de Sousa Alcoforado, sempre e em tudo tão ligado à vida portuense, encontra-se sepultado na sacristia velha do convento de São Francisco do Porto.

Ao findar o mandato anterior, durante as eleições de que haveria de sair provedor Diogo de Sousa Alcoforado, o eleitor Diogo Leite de Azevedo pediu um terceiro elemento, além do par com o qual devia fazer a proposta eleitoral, de modo a apresentar o seu rol, o que era uma prática prevista, destinada a superar situações de empate. Não obstante, Diogo Leite de Azevedo posteriormente queixou-se à Mesa então em exercício de que não o deixavam concluir o seu rol e denunciou pressões que recebia, pedindo-lhe o voto. O provedor da altura convocou então nova ronda eleitoral para o dia seguinte, gerando-se de imediato novos problemas, porque um outro eleitor, Paulo Correia, tinha-se ausentado para a sua quinta e recusava-se a comparecer, mandando recado por seu irmão de que já tinha entregue o voto que lhe cabia, no dia anterior.Novamente o provedor voltou a convocá-lo, enviando o solicitador, na sexta-feira, dia 4, mas persiste em recusar-se a ir, alegando desta vez estar doente de «uma cólica» que lhe dera durante a noite. Em face desta nova recusa, o provedor reuniu os demais eleitores de imediato e foi feita nova ronda eleitoral. Foi por este motivo que Diogo de Sousa veio a tomar posse mais tarde do que era habitual, em 4 de julho.

Uma vez superadas estas questiúnculas, foram os problemas de saúde que afetaram seriamente o provedor, durante este período em que deveria ter exercido o seu mandato. Há várias nótulas que o dizem claramente e existem de facto apenas seis atos por ele subscritos no *Livro de Lembranças*, um datado de julho de 1608, outro de dezembro do mesmo ano, e quatro, no ano seguinte, respetivamente um de janeiro, dois de abril e um de maio, dia 20, o último dia em que pôde comparecer, naquele ano.

Contudo, a dedicação do provedor à Casa parece ter sido incondicional, não só por nela ter estado presente grande parte da sua vida, prestando diversos serviços, como até por neste seu mandato ter-se disposto a adiantar uma verba avultada para suprir as necessidades da Casa, que se encontrava sem dinheiro. De assinalar um outro gesto solidário da Misericórdia do Porto, neste período, que foi oferecer à sua congénere de Arouca uma bandeira e uma tumba para os enterros, de que esta Casa manifestara ter falta, pela sua extrema pobreza. Embora o registo desta decisão não esteja assinado pelo provedor, esta notícia está datada de 10 de maio de 1609, altura em que o provedor ainda frequentava a Casa, pelo que é de crer que terá certamente tido conhecimento do pedido e autorizado esta oferta.

De qualquer modo, boa parte dos assuntos deste período, acabou por passar pelas mãos do escrivão Baltazar Pinto Aranha que substituiu o provedor, ocupando-se da gestão corrente da Casa.

Como foi dito, depreende-se que Diogo de Sousa Alcoforado esteve largas temporadas sem poder ir à Misericórdia e, depois de 20 de maio, não conseguiu voltar a deslocar-se até lá, para exercer as suas funções. Seria, pois, em sua casa, onde se encontrava muito doente que, a 30 de junho, o provedor recebeu uma provisão régia, datada de

25 de junho de 1609. Remeteu-a aos Irmãos da Mesa, a quem o documento também se dirigia e estes reúnem-se a 1 de julho para tomar conhecimento do respetivo conteúdo. Tratando-se de preparar as eleições que se avizinhavam, o provedor, não podendo estar presente, enviou-lhes recado, manifestando a sua esperança de poder ir à Misericórdia fazer as eleições, «ainda que fora em uma cadeira», tal era o seu estado de debilidade, mas também por aqui se depreende o seu empenho em cumprir a sua missão até ao final do mandato.

No documento que haviam recebido, o monarca admoestava o provedor e Irmãos no sentido de prepararem da melhor forma as eleições que se aproximavam, para que saísse eleito um provedor com a «autoridade e qualidade» que o cargo exigia, de modo a dignificar «uma das principais [Casas da Misericórdia] deste reino» (*Eleições da Mesa da Misericórdia*, n.º 1, fls. 39v-43v; *Livro de Lembranças*, n.º 4, fls. 42v-44). Está implícito que se deveriam precaver os escândalos verificados nas eleições de 1608. Além disso, sempre que ocorria alguma perturbação, era costume o Rei enviar recomendações específicas para as eleições seguintes. Desta feita, o monarca determina que o doutor António Cabral, chanceler da Relação do Porto, esteja presente para acompanhar as eleições, o que veio a verificar-se, e estabelece que este representante passaria a assistir a todos os atos eleitorais, a partir de então.

Mesa da Santa Casa da Misericórdia do Porto em 4.7.1608

Provedor: Diogo de Sousa Alcoforado

Escrivão: Baltazar Pinto Aranha

Conselheiros: António Leite da Costa, Miguel Soares de Carvalho, Baltazar de Góis Mascarenhas, Rodrigo Homem Carneiro, Manuel Reimão e de «menor condição» Francisco Fernandes, sapateiro, Francisco Borges, Baltazar Gonçalves, carpinteiro, Amador Fernandes, alfaiate, Dinis Pires, freeiro, António Fernandes, alfaiate

FONTES E BIBLIOGRAFIA

Fontes arquivísticas

Arquivo Histórico da Santa Casa da Misericórdia do Porto (AHSCMP) – *Eleições da Mesa da Misericórdia*, série D, banco 5, livro 1; *Livro de Lembranças das deliberações da Mesa da Misericórdia*, série D, banco 8, livros 3-4.

Bibliografia

BRITO, Pedro de, 1997 – *Patriciado urbano quinhentista: as famílias dominantes do Porto (1500-1580)*. Porto: Arquivo Histórico da Câmara Municipal do Porto.

FREITAS, Eugénio de Andrea da Cunha e; MENDES, António Lopes, 1990 – *Provedores e Escrivães da Santa Casa da Misericórdia do Porto*. Porto: Santa Casa da Misericórdia do Porto (datilografado).

MORAIS, Cristóvão Alão de, [1667] 1943-1948 – *Pedatura Lusitana: nobiliário de famílias de Portugal*, publicado por Alexandre António Pereira de Miranda Vasconcellos, António Augusto Ferreira da Cruz, Eugénio Eduardo Andrea da Cunha e Freitas. Porto: Livr. Fernando Machado.

SILVA, Francisco Ribeiro da, 1988 – *O Porto e o seu termo (1580-1640): os homens, as instituições e o poder*, 2 volumes. Porto: Arquivo Histórico da Câmara Municipal do Porto.

FILOMENA MELO

Diogo Leite de Azevedo

(? | ?)

Provedor da Santa Casa da Misericórdia
2.7.1609 | 2.7.1610

Vereador da Câmara Municipal do Porto (1580 e 1589).

Provedor da Santa Casa da Misericórdia do Porto (1582-1583, 1593-1594, 1609-1610 e 1624-1625). Escrivão e tesoureiro da Mesa da Santa Casa da Misericórdia do Porto. Mesário da Santa Casa da Misericórdia do Porto.

Filho de Diogo Leite do Amaral e de Maria Pereira.

Casado com Helena de Castro ou Azevedo (em São Miguel, Açores), de quem teve três filhos: Jácome Leite de Vasconcelos, João Leite e Maria de Vasconcelos.

Irmão de António Pereira de Vasconcelos, provedor da Misericórdia do Porto.

A 2 de julho de 1609 Diogo Leite de Azevedo foi eleitor nas eleições de que sairia eleito para o lugar de provedor pela terceira vez. É relevante assinalar que, embora sendo o seu terceiro mandato, é o primeiro desde que regressara dos Açores, provando assim que haviam sido ultrapassados os diferendos relativos à cobrança da dívida que tivera para com a tesouraria da Casa.

Neste mandato, além de zelar pela gestão dos assuntos correntes, a habitual promoção de obras pias e cumprimento das obrigações regulares da Casa, a sua ação destaca-se sobretudo pela atenção dadas às questões patrimoniais, à manutenção e melhoramento dos espaços da Misericórdia. Em outubro de 1609 aprovou a troca de umas casas com os padres de beneditinos. Por essa altura também decidiu fazer uma nova empreitada de obras no Hospital de D. Lopo, de modo a inserir uma escadaria de pedra, em alvenaria, e outros melhoramentos considerados necessários, sendo então estabelecidos os termos deste contrato com o mestre-de-obras e com o carpinteiro.

A 10 de março do ano seguinte determinou que se mandassem dourar os nichos da igreja. Na reunião de 4 de maio tratou-se da adjudicação da empreitada de lajear o pátio da Misericórdia. Quase no final do mandato, decidiu ainda mandar reavaliar as possibilidades de exploração e rendimento de uma quinta que a casa recebera, a Quinta de Rande, e sobre a qual tivera que resolver algumas questões judicialmente, estando então em condições de usufruir desse património.

De destacar também o facto de, a 19 de fevereiro de 1610, a Mesa registar a decisão de aforar a água do pátio, disputada pelo doutor Gaspar Ferreira, a fim de evitar demandas e pôr termo a uma questão que se arrastara pelo menos durante três anos.

No plano institucional, procurando sempre a paridade com as regalias obtidas pela Misericórdia de Lisboa, o provedor requereu que, à semelhança do que fora concedido àquela Instituição, também no Porto passasse a ser a Casa da Relação a fazer «todas as diligências dos presos pobres que fossem do rol da Misericórdia pelos muitos gastos que a Misericórdia fazia com seus livramentos e porque ora estão muitos presos pobres e a Casa da Misericórdia gasta muito com eles» (*Cartas Régias*, livro 7, fl. 150). Sobre isto obteve um despacho favorável a 15 de novembro de 1609. Não obstante, a questão não será pacífica e entre as duas instituições, a Misericórdia e a Relação, desenrolar-se-á um processo que irá durar cerca de seis anos, projetando-se nos mandatos dos provedores seguintes.

Mesa da Santa Casa da Misericórdia do Porto em 2.7.1609
Provedor: Diogo Leite de Azevedo
Escrivão: Rodrigo Homem Carneiro
Conselheiros: João Valadares Carneiro, João Álvares Pereira de Azevedo, Bernardo Pereira, Diogo Homem Carneiro, Luís de Melo Pereira e, «de menor condição», António Barbosa, mercador, Pantaleão Brás, João Velho, Tomé Correia, João Jorge, Baltazar Gonçalves, sapateiro

FONTES E BIBLIOGRAFIA

Ver páginas 392-393.

FILOMENA MELO

Luís da Silva Teles

(? | Lisboa, 18.9.1636)

Provedor da Santa Casa da Misericórdia

2.7.1610 | 2.7.1611

Alcaide-mor e comendador de Seia.

Conselheiro de Estado. Governador da Casa da Relação do Porto (1608). Vedor da fazenda (1616).

Filho de João Gomes da Silva e de sua primeira mulher D. Guiomar Henriques.

Casado com D. Mariana de Lencastre, de quem teve onze filhos: João Gomes da Silva, governador da Casa de Relação do Porto (1641) e Regedor e governador da Casa da Suplicação e provedor da Misericórdia do Porto (1642-1643), Fernão Teles de Menezes, governador da Casa da Relação do Porto (1645) e provedor da Misericórdia do Porto (1645-1646), António Teles da Silva, governador e capitão-geral do Estado do Brasil (1642-1647), Francisco da Silva, D. Maria da Silva, D. Guiomar, D. Isabel de Assunção, D. Antónia do Presépio, D. Brites, D. Ana da Cruz e D. Margarida do Deserto.

A família de Luís Silva Teles tinha raízes em Lamego e forte ligação a essa sua origem, sendo ele próprio padroeiro do Mosteiro das Chagas daquela cidade. Fixou-se no Porto, onde desenvolveu grande parte da sua vida ativa. Porém, não foi aqui, nem em Lamego, mas sim em Lisboa que veio a ser sepultado, na sacristia do Convento do Carmo, após ter falecido em 18 de setembro de 1636.

A vida pública de Luís da Silva Teles, na cidade do Porto, atinge o seu ponto de maior relevo quando, em 1608, é nomeado governador da Casa da Relação, em substituição do titular do cargo, Henrique de Sousa, que fora para o Conselho de Portugal, em Madrid. Ao que parece, esta nomeação tê-lo-á colhido de surpresa. A ordem régia visava pôr cobro aos graves conflitos que se haviam gerado entre desembargadores, pelo que aceita esta responsabilidade a contragosto (SILVA, 1974), vindo a permanecer no cargo até 1613, ano em que o pôde assumir o herdeiro de Henrique de Sousa, Diogo Lopes de Sousa.

Portanto, é nesta qualidade de figura maior da cidade que se torna Irmão da Santa Casa da Misericórdia e seu provedor no ano de 1610. Não admira pois que, com as suas obrigações como governador da Relação, não se tivesse dedicado, antes ou depois deste ano, à Misericórdia, onde não parece ter tido qualquer outra função ou cargo, em qualquer outra ocasião.

⁕

Uma vez eleito provedor em inícios de julho de 1610, Luís da Silva Teles, em reunião da Mesa de 17 de agosto, leu uma carta em que o Rei o proibia de acumular estas funções com as de governador da Casa da Relação, mandando que se fizesse nova eleição, pelo que, ato contínuo, se despediu e saiu, manifestando, também aqui, o seu desapego do cargo. Tendo os demais Irmãos da Mesa conferenciado sobre o caso, escreveram de imediato uma carta que enviaram ao Rei a pedir que autorizasse Luís da Silva a permanecer como provedor. Nas reuniões seguintes, enquanto se aguardou a resposta, foi substituído pelo escrivão da casa, João Álvares Pereira de Berredo.

A 27 de setembro de 1610 foi emitida a carta régia com a autorização requerida pelos confrades, a qual, uma vez recebida na Misericórdia, seria registada a 10 de novembro. A partir de dezembro desse ano, há registo de que o provedor Luís da Silva voltou a assinar as atas das reuniões da Mesa.

No primeiro quartel do seu mandato, o provedor Luís da Silva esteve então ausente pelos motivos referidos. As atas da Misericórdia, relativas a esse período em que foi substituído pelo escrivão revelam o cumprimento das obrigações habituais da Casa, de assistência, gestão patrimonial e de legados. Assumida a sua posição, o seu desempenho decorreu com igual normalidade, destacando-se apenas as medidas tomadas já quase a terminar o mandato. É nesta altura que liquida as contas com o pedreiro que lajeara o pátio da Casa, cuja obra estava a ser finalizada.

A 26 de junho, deliberou reduzir para 24 o número de doentes a serem assistidos no Hospital de D. Lopo, como medida para evitar fechar definitivamente as portas, por alegada falta de dinheiro para a grande despesa que implicava pagar ao cirurgião, ao médico, ao sangrador, à botica e a todos os serventes. Segundo as mesmas atas, ficou em aberto que, se estas providências se revelassem insuficientes, reduzir-se-ia ainda mais o número de doentes. Por outro lado, considerou-se a hipótese de esta medida ser também reversível, se viesse a ser possível angariar verbas para que o Hospital voltasse a comportar mais doentes.

Finalmente, a fim de planear da melhor forma as eleições que se avizinhavam, foi feita uma lista dos Irmãos que se encontravam doentes, ausentes, ou de algum modo impedidos de vir a exercer cargos na Casa, de forma a que não fossem indigitados para funções que depois não poderiam exercer.

Mesa da Santa Casa da Misericórdia do Porto em 2.7.1610

Provedor: Luís da Silva Teles

Escrivão: João Álvares Pereira Berredo

Conselheiros: Álvaro Ferreira Pereira, Luís Brandão, Baltazar Delgado de Abreu, Baltazar de Góis Mascarenhas, Pantaleão de Seabra e, «de menor condição», Gaspar Novais, Gaspar Afonso, Francisco Fernandes, mercador, Domingos Fernandes, espadeiro, Manuel Ferreira, barbeiro, Diogo Fernandes, alfaiate

FONTES E BIBLIOGRAFIA

Fontes arquivísticas

Arquivo Histórico da Santa Casa da Misericórdia do Porto (AHSCMP) – *Eleições da Mesa da Misericórdia*, série D, banco 5, livro 1; *Livros de Lembranças das deliberações da Mesa da Misericórdia*, série D, banco 8, livro 4.

Fontes impressas

COSTA, Agostinho Rebelo da, 1789 – *Descripção topografica, e historica da Cidade do Porto. Que contém a sua origem*.... Porto: na Officina de Antonio Alvarez Ribeiro.

Bibliografia

BASTO, Artur de Magalhães, 1997 – *História da Santa Casa da Misericórdia do Porto*, 2.ª edição, vol. 1. Porto: Santa Casa da Misericórdia do Porto.

BRITO, Pedro de, 1997 – *Patriciado urbano quinhentista: as famílias dominantes do Porto (1500-1580)*. Porto: Arquivo Histórico da Câmara Municipal do Porto.

FREITAS, Eugénio de Andrea da Cunha e; MENDES, António Lopes, 1990 – *Provedores e Escrivães da Santa Casa da Misericórdia do Porto*. Porto: Santa Casa da Misericórdia do Porto (datilografado).

MORAIS, Cristóvão Alão de, [1667] 1943-1948 – *Pedatura Lusitana: nobiliário de famílias de Portugal*, publicado por Alexandre António Pereira de Miranda Vasconcellos, António Augusto Ferreira da Cruz, Eugénio Eduardo Andrea da Cunha e Freitas. Porto: Livr. Fernando Machado.

RAU, Virgínia, 1984 – "Fortunas Ultramarinas e a nobreza portuguesa no século XVII", in *Estudos sobre História Económica e Social do Antigo Regime*. Lisboa: Editorial Presença.

SILVA, Francisco Ribeiro da, 1988 – *O Porto e o seu termo (1580-1640): os homens, as instituições e o poder*, 2 volumes. Porto: Arquivo Histórico da Câmara Municipal do Porto.

FILOMENA MELO

Luís Novais da Silva

(? | ?)

Provedor da Santa Casa da Misericórdia

2.7.1611 | 2.7.1612

Filho de Vicente de Novais, provedor da Santa Casa da Misericórdia do Porto (1569-1570 e 1575-1576), e de D. Branca da Silva.

Pai de Gomes de Novais, Pedro de Novais e Manuel de Novais.

Fidalgo da Casa Real. Cavaleiro da Ordem de Cristo.

Filho de Vicente de Novais, provedor da Santa Casa da Misericórdia do Porto (1569--1570 e 1575-1576), e de D. Branca da Silva, Luís Novais da Silva vivia na Rua das Flores, na cidade do Porto, onde fora também a casa de seu pai, de quem fora herdeiro. Era um homem abastado e tinha também casas em Lisboa, no Campo de Santana. Como não casou, e ainda que tivesse três filhos, fez herdeiro a seu sobrinho Luís da Silva e deixou um legado considerável à Misericórdia do Porto, pelo testamento redigido em 1616. Contudo, a herança em causa foi alvo de polémica e contestação judicial por um herdeiro da família, identificado como D. Manuel de Azevedo e Ataíde, que questionava as partilhas feitas e reivindicava o direito ao património que ficara de seus avós Vicente de Novais e D. Branca, pais do provedor legatário Luís Novais da Silva (*Livro de Lembranças*, n.º 4, fls. 314v-315).

Na cidade do Porto, Luís Novais da Silva viria a ser admitido como Irmão da Santa Casa da Misericórdia do Porto, sobressaindo apenas a sua presença naquela Irmandade no ano de 1611, altura em que foi eleitor nas eleições, das quais sairia escolhido para o lugar de provedor. Antes e depois desta data, não se conhece outra colaboração mais ativa da sua parte.

⁂

O mandato de Luís Novais da Silva à frente da Misericórdia portuense parece ter sido tranquilo. Apesar de a Casa vir a denotar falta de meios e liquidez havia já alguns anos, mantém-se solidária com as suas congéneres mais carenciadas. Nesta ocasião, foi a Casa de Ponte de Lima que recebeu uma tumba para os enterros, com os respetivos atavios de que carecia.

Apesar de relativamente recente, a construção da igreja tinha-se tornado um problema persistente. Os estragos causados pelas infiltrações nas paredes da igreja implicaram então que se fizessem novas obras para escoamento de águas. Além desta intervenção de caráter urgente, foram feitas também umas pequenas obras para a iluminação. Nada mais houve de particularmente relevante no decurso deste mandato, no qual, para além disto, foram cumpridas as habituais obrigações da Casa, feitos os contratos, pagas as contas, enfim, assegurada a gestão.

Mesa da Santa Casa da Misericórdia do Porto em 2.7.1611

Provedor: Luís Novais da Silva

Escrivão: Baltazar de Góis Mascarenhas

Conselheiros: Diogo de Sousa, António Leite da Costa, Gaspar Nunes Barreto, João Álvares Moutinho, prior de Cedofeita, António Homem Soares e, «de menor condição», Amador Fernandes, alfaiate, António Barbosa, mercador, Martim Cardoso, alfaiate, Francisco Borges, sapateiro, Pantaleão Pires, sapateiro, Pantaleão Brás, mestre de pedraria

FONTES E BIBLIOGRAFIA

Fontes arquivísticas

Arquivo Histórico da Santa Casa da Misericórdia do Porto (AHSCMP) – *Eleições da Mesa da Misericórdia*, série D, banco 5, livro 1; *Livro de Lembranças das deliberações da Mesa da Misericórdia*, série D, banco 8, livro 4.

Bibliografia

BASTO, Artur de Magalhães, 1997 – *História da Santa Casa da Misericórdia do Porto*, 2.ª edição, vol. 1. Porto: Santa Casa da Misericórdia do Porto.

BRITO, Pedro de, 1997 – *Patriciado urbano quinhentista: as famílias dominantes do Porto (1500-1580)*. Porto: Arquivo Histórico da Câmara Municipal do Porto.

FREITAS, Eugénio de Andrea da Cunha e; MENDES, António Lopes, 1990 – *Provedores e Escrivães da Santa Casa da Misericórdia do Porto*. Porto: Santa Casa da Misericórdia do Porto (datilografado).

MORAIS, Cristóvão Alão de, [1667] 1943-1948 – *Pedatura Lusitana: nobiliário de famílias de Portugal*, publicado por Alexandre António Pereira de Miranda Vasconcellos, António Augusto Ferreira da Cruz, Eugénio Eduardo Andrea da Cunha e Freitas. Porto: Livr. Fernando Machado.

FILOMENA MELO

Jorge de Eça

(? | ?)

Provedor da Santa Casa da Misericórdia do Porto

2.7.1612 | 11(?).8.1613

Filho de D. Francisco de Eça e de D. Antónia de Melo.

Casado com D. Luísa de Castro de quem teve Francisco de Eça. Casado, pela segunda vez, com D. Isabel da Silva, sem geração.

A identificação de D. Jorge de Eça não foi fácil, mas os elementos das genealogias de Alão de Morais conduzem, com muita probabilidade, a esta figura (MORAIS, V, 2: 121). Não só indica que viveu no Porto, depois de regressar da Índia, como também informa que aí casou então com D. Isabel da Silva, viúva de Jerónimo Pereira. Ora, Jerónimo Pereira falecera em 1606, de modo que se torna bastante plausível que fosse este Jorge de Eça o provedor de 1612, que estava a residir no Porto e que, perto desta data, poderia perfeitamente ter casado aí com a referida viúva.

Não se conhece muito acerca do historial de Jorge de Eça enquanto Irmão da Santa Casa da Misericórdia do Porto, antes ou depois do seu mandato enquanto provedor, sendo certo apenas que foi eleitor nas eleições de 2 de julho de 1611, ou seja, no ano que precedeu a sua própria eleição para provedor.

Durante o seu mandato, a Santa Casa continuou a manifestar dificuldades financeiras. Em novembro de 1612, chegou à Misericórdia o apelo de um religioso dominicano, preso em Argel, pedindo que lhe fosse pago o resgate pelas verbas do legado do antigo provedor e mestre-escola da Sé, Manuel da Costa, resgate esse que com todas as taxas e despesas inerentes, ascendia a 560 000 reais. Jorge de Eça autorizou que lhe fosse dado apenas um contributo de 20 000 reais, considerando que a Casa não estava «em tempo para maior esmola» (*Livro de Lembranças*, n.º 4, fls. 127-128v).

Não obstante, em março do ano seguinte, aprova a encomenda de 12 painéis representando a paixão de Cristo e em junho do mesmo ano manda dar início ao revestimento em tábua do chão da igreja, obra necessária pelo contínuo aparecimento de infiltrações e humidade que afetavam a igreja e a Casa. No mais, o provedor acompanhou as atividades regulares da Irmandade.

O seu mandato alongou-se um pouco mais do que o habitual, não é certo exatamente quantos dias mais, na sequência da celeuma gerada em torno da eleição do seu sucessor. A 2 de julho de 1613, reuniu-se como de costume a assembleia para eleger o provedor e a Mesa que deveria tomar posse para um novo mandato. A ata que regista este evento não foi concluída e não chegou a formalizar-se a tomada de posse do provedor que teria sido então eleito. Pelo documento que se segue a esta ata inacabada depreende-se que a escolha tinha recaído em João de Valadares Carneiro, mas a eleição terá sido anulada por ordem régia. No livro de atas foi transcrita uma carta que o monarca escrevera ao chanceler da Relação do Porto, em data anterior, pedindo-lhe que acompanhasse o processo eleitoral e aludindo ao impedimento constante no Compromisso de se designar uma pessoa de «raça de cristão-novo» para o exercício de qualquer cargo diretivo da Casa e para as funções principais, inclusive do Hospital de D. Lopo (*Livro de Lembranças*, n.º 4, fls. 139v-140). Esta questão não está bem determinada, não se percebendo se aludia diretamente ao provedor ou a algum dos conselheiros então eleitos.

Um outro documento, subscrito pelo próprio chanceler da Relação António Cabral a 11 de agosto de 1613, indica que recebera clara ordem régia para que a «eleição feita em João de Valadares Carneiro para provedor desta Santa Misericórdia se não publique». E acrescenta que o monarca «não consentirá se vote em pessoas em quem não concorram as qualidades do Compromisso» (*Eleições da Mesa da Misericórdia*, n.º 1, fls. 53-56v). Há uma posterior provisão régia, passada a favor de João de Valadares Carneiro e a pedido deste, em que se menciona o facto de ter estado castigado e suspenso da possibilidade de exercer qualquer ofício de natureza pública, por incompatibilidade com o exercício do seu cargo de capitão. Não ficam claros os motivos desta polémica, tanto mais que João de Valadares Carneiro acabará por ter uma eleição para provedor validada no ano seguinte, de 1614.

De qualquer modo, o mandato de Jorge de Eça terminou mais tarde, pois foi então necessário presidir a novas eleições, já entrado o mês de agosto, em dia que o estado deteriorado do documento não permite conhecer, parecendo ser o dia 11.

Mesa da Santa Casa da Misericórdia do Porto em 2.7.1612

Provedor: Jorge de Eça

Escrivão: Afonso Correia de Azevedo

Conselheiros: Miguel Soares de Carvalho, João de Valadares Carneiro, Álvaro Ferreira Pereira, Diogo Leite de Azevedo, Simão Pereira e, «de menor condição», Damião Leonel, Gaspar Fernandes, mercador, Frutuoso Gonçalves, sapateiro, Domingos Fernandes, espadeiro, Bento Pereira, mercador e Pantaleão de Freitas

FONTES E BIBLIOGRAFIA

Fontes arquivísticas

Arquivo Histórico da Santa Casa da Misericórdia do Porto (AHSCMP) – *Eleições da Mesa da Misericórdia*, série D, banco 5, livro 1; *Livro de Lembranças das deliberações da Mesa da Misericórdia*, série D, banco 8, livro 4.

Bibliografia

FREITAS, Eugénio de Andrea da Cunha e; MENDES, António Lopes, 1990 – *Provedores e Escrivães da Santa Casa da Misericórdia do Porto*. Porto: Santa Casa da Misericórdia do Porto (datilografado).

MORAIS, Cristóvão Alão de, [1667] 1943-1948 – *Pedatura Lusitana: nobiliário de famílias de Portugal*, tomo V, vol. 2, publicado por Alexandre António Pereira de Miranda Vasconcellos, António Augusto Ferreira da Cruz, Eugénio Eduardo Andrea da Cunha e Freitas. Porto: Livr. Fernando Machado.

FILOMENA MELO

Gaspar Nunes Barreto

(? | m. 1626)

Provedor da Santa Casa da Misericórdia do Porto

[11?].8.1613 | 2.7.1614

Corregedor do Crime da Casa da Relação do Porto.

Provedor da Santa Casa da Misericórdia do Porto (1613-1614 e 1617-1618).

Escrivão da Mesa da Santa Casa da Misericórdia do Porto (1625-1626).

Filho de Fernão Nunes Barreto, provedor da Santa Casa da Misericórdia do Porto (1578-1579 e 1586-1587), e de D. Maria Henriques.

Casado com D. Maria Corte Real, de quem teve três filhos, Fernão Nunes Barreto, Domingos Barreto e Jerónimo Barreto.

Neto de Gaspar Nunes Barreto, provedor da Santa Casa da Misericórdia do Porto (1560-1561 e 1578-1579), cunhado do também provedor daquela Misericórdia D. Fradique de Menezes (1603-1604) e tio dos provedores Nuno Barreto Fuseiro (1666-1668) e Fernão Nunes Barreto (1668).

A família de Gaspar Nunes Barreto é, porventura, a que mais mandatos obteve ao longos dos primeiros duzentos anos da Misericórdia do Porto, considerando não só o número dos Nunes Barreto propriamente ditos, mas também da sua família alargada, que entronca em Ferrazes, Madureiras, Menezes e outros igualmente muito dedicados à Casa. É também uma família com uma forte presença na governança da sua cidade.

Gaspar Nunes Barreto, o segundo provedor deste nome, não desmerece de uma e outra destas tradições familiares. Foi o sucessor de seu pai na Casa, senhorios e padroados e, eventualmente, no comércio de vinhos, de que alguns familiares seus se ocupavam. Nas palavras de Alão de Morais «casou por amores e obrigado pela justiça» (MORAIS, III, 2: 433).

Há memória da sua presença como Irmão da Confraria durante cerca de quinze anos que começam cerca de dois anos antes da sua eleição para provedor em 1613 e se prolongam até um último mandato como escrivão para o ano de 1625-1626, sendo este o último da sua vida. Durante este período foi provedor duas vezes, escrivão, conselheiro da Mesa e eleitor.

⁂

Devido à polémica em torno das eleições de 2 julho de 1613, cuja repetição foi exigida por ordem régia, Gaspar Nunes Barreto é eleito somente no mês de agosto e, portanto, toma posse mais tarde do que era habitual. Superados estes percalços iniciais, tudo parece ter decorrido de forma tranquila e sem grandes iniciativas. Por motivos que não se conhecem, o *Livro de Lembranças* apresenta o primeiro registo do mandato somente em data de janeiro de 1614. Seguem-se várias atas, de janeiro a abril, em que a Mesa foi presidida pelo escrivão, em substituição do provedor ausente, que só começa a assinar os documentos em finais desse mês de abril. Após essa data e até terminar o mandato é mais assíduo às reuniões da Misericórdia, nas quais não se determinou nada particularmente digno de nota.

Mesa da Santa Casa da Misericórdia do Porto em 11[?].8.1613
Provedor: Gaspar Nunes Barreto
Escrivão: Miguel da Costa
Conselheiros: Diogo de Sousa, António Leite da Costa, António Leite do Amaral, Baltazar de Góis Mascarenhas, Baltazar Pinto Aranha e, «de menor condição», Baltazar Gonçalves, sapateiro, Manuel Fernandes, alfaiate, João de Azevedo, António Barbosa, Francisco Borges, sapateiro, Pantaleão Álvares, cutileiro

FONTES E BIBLIOGRAFIA

Fontes arquivísticas

Arquivo Histórico da Santa Casa da Misericórdia do Porto (AHSCMP) – *Eleições da Mesa da Misericórdia*, série D, banco 5, livro 1; *Livro de Lembranças das deliberações da Mesa da Misericórdia*, série D, banco 8, livro 4.

Bibliografia

BRITO, Pedro de, 1997 – *Patriciado urbano quinhentista: as famílias dominantes do Porto (1500-1580)*. Porto: Arquivo Histórico da Câmara Municipal do Porto.

FREITAS, Eugénio de Andrea da Cunha e; MENDES, António Lopes, 1990 – *Provedores e Escrivães da Santa Casa da Misericórdia do Porto*. Porto: Santa Casa da Misericórdia do Porto (datilografado).

MORAIS, Cristóvão Alão de, [1667] 1943-1948 – *Pedatura Lusitana: nobiliário de famílias de Portugal*, tomo III, vol. 2, publicado por Alexandre António Pereira de Miranda Vasconcellos, António Augusto Ferreira da Cruz, Eugénio Eduardo Andrea da Cunha e Freitas. Porto: Livr. Fernando Machado.

SILVA, Francisco Ribeiro da, 1988 – *O Porto e o seu termo (1580-1640): os homens, as instituições e o poder*, 2 volumes. Porto: Arquivo Histórico da Câmara Municipal do Porto.

FILOMENA MELO

João de Valadares Carneiro

(n. Porto, 1569 | m. 1639)

Provedor da Santa Casa da Misericórdia do Porto

2.7.1614 | 2.7.1615

Oficial do Exército.

Vereador da Cidade do Porto (1624, 1627 e 1628).

Escrivão da Mesa da Santa Casa da Misericórdia do Porto (1600-1601).

Filho de Álvaro de Valadares, provedor da Santa Casa da Misericórdia do Porto (1585-1586) e vereador da cidade do Porto (1577, 1580 e 1586), e de Antónia Carneira.

Casado duas vezes, a primeira, com D. Maria Soares de quem teve três filhos, Álvaro de Valadares, Manuel de Valadares Carneiro, vereador da cidade do Porto, e D. Brites da Costa; a segunda, com D. Catarina Pereira Malheiro, de quem teve dois filhos, Luís de Valadares Carneiro, provedor da Santa Casa da Misericórdia do Porto (1660-1661), vereador da cidade e procurador às Cortes, e D. Leonor.

Avô de João de Valadares Carneiro, provedor da Santa Casa da Misericórdia do Porto (1680-1681).

Cunhado de Luís de Melo Pereira, provedor da Santa Casa da Misericórdia do Porto (1616-1617).

João de Valadares Carneiro nasceu no Porto e dedicou a sua longa vida ao serviço da cidade e da sua Misericórdia, em cuja igreja está sepultado. O percurso que seguiu emula o de seu pai, Álvaro de Valadares, de quem foi sucessor na sua Casa e bens instituídos. Na mesma linha de conduta e serviço estarão, a seu tempo, os descendentes e herdeiros desta linhagem, mas também muitos familiares colaterais, já que esta era uma carreira típica da nobreza portuense de então.

Ingressado na Irmandade da Misericórdia do Porto, foi eleito para um primeiro cargo de responsabilidade, escrivão da Mesa, em 1600. Desde então e até 1638, ano em que foi eleitor a 2 de julho, as notícias a seu respeito são constantes, sendo exaustivo enumerar todas as vezes em que foi escrivão, mesário ou eleitor, pois raro foi o ano em que não teve alguma destas funções de maior destaque na administração da Casa.

Contudo, apesar deste historial de quatro décadas de serviço à Misericórdia do Porto, apenas foi provedor uma vez, no ano de 1614, embora tivesse sido eleito uma primeira vez, no ano anterior, sem ter sido autorizado a tomar posse. Nessa ocasião, a 2 de julho de 1613, reuniu-se a assembleia para eleger a Mesa, mas a ata que regista este evento não está concluída nem assinada. O teor deste texto não revela sequer quem foi o provedor eleito ou qual a constituição da Mesa. Por outras fontes, depreende-se que foi eleito João de Valadares Carneiro, mas esta eleição foi anulada por ordem régia, por motivos que a documentação também não clarifica bem, tendo o monarca exigido a realização de novas eleições, supervisionadas por uma entidade externa, no caso, um chanceler da Casa da Relação. Na ordem enviada a este, alude-se ao impedimento constante no Compromisso de se designar uma pessoa de «raça de cristão-novo». Porém, há uma posterior provisão régia, passada a favor de João Valadares Carneiro e a pedido deste, em que se menciona o facto de ter estado castigado e suspenso da possibilidade de exercer qualquer ofício de natureza pública, situação que contestou, vindo a ser-lhe concedida a referida provisão. Este castigo teria então decorrido da incompatibilidade com o exercício do seu cargo de capitão. Contudo, alegara o queixoso que já se encontrava dispensado, quando o capitão-mor, Francisco de Sá de Menezes, o terá obrigado a servir (*Eleições da Mesa da Misericórdia*, n.º 1, fls. 53-67v).

⁂

Em suma, nesse ano de 1613, João de Valadares Carneiro não terá chegado a tomar posse, pelo menos não existe um registo completo desse ato e, em agosto, o provedor do ano precedente e a respetiva Mesa promoveram novas eleições. Porém, fossem quais fossem os graves impedimentos de João de Valadares Carneiro, no ano seguinte, 1614, viria a ser eleito provedor, aparentemente sem sobressaltos nem contestação, exercendo o mandato integralmente.

Tal como fora sempre um confrade muito presente na vida da Casa, as atas revelam que João de Valadares Carneiro foi também um provedor assíduo a todas as assembleias da Mesa, apresentando os assuntos e tomando as decisões necessárias, em cada momento. Certamente afetado pelo contexto da sua eleição precedente, mandou copiar um conjunto de missivas trocadas entre o Rei e a Casa sobre as condições de realização das eleições da Mesa, assunto que vinha já a suscitar a intervenção régia havia algum tempo. No mais, não se releva nenhuma medida, durante o seu mandato, que mereça particular destaque, além de ter promovido o cumprimento das obrigações da Casa, resolução dos problemas e litígios, exercício de obras pias, etc., dentro da rotina da Casa.

Mesa da Santa Casa da Misericórdia do Porto em 2.7.1614

Provedor: João de Valadares Carneiro

Escrivão: Simão Pereira Correia

Conselheiros: João de Figueiroa, Simão Ribeiro Pessoa, Pantaleão de Seabra de Sousa, Rui Gomes Golias, Baltazar Delgado de Abreu e de «menor condição», António Francisco, mestre de caldeiras, Bento Pereira, mercador, Manuel Lopes, cuteleiro, Damião Ferreira, alfaiate, Amador Fernandes, alfaiate e João Velho, sapateiro

FONTES E BIBLIOGRAFIA

Fontes arquivísticas

Arquivo Histórico da Santa Casa da Misericórdia do Porto (AHSCMP) – *Eleições da Mesa da Misericórdia*, série D, banco 5, livro 1; *Livro de Lembranças das deliberações da Mesa da Misericórdia*, série D, banco 8, livro 4.

Bibliografia

BRITO, Pedro de, 1997 – *Patriciado urbano quinhentista: as famílias dominantes do Porto (1500-1580)*. Porto: Arquivo Histórico da Câmara Municipal do Porto.

FREITAS, Eugénio de Andrea da Cunha e; MENDES, António Lopes, 1990 – *Provedores e Escrivães da Santa Casa da Misericórdia do Porto*. Porto: Santa Casa da Misericórdia do Porto (datilografado).

GAYO, Manuel José da Costa Felgueiras, [1938-1941] – *Nobiliário de famílias de Portugal, Fac. simile* de impressão diplomática do original manuscrito existente na Santa Casa de Misericórdia de Barcelos. [Braga]: Agostinho de Azevedo Meirelles; Domingos de Araújo Affonso.

MORAIS, Cristóvão Alão de, [1667] 1943-1948 – *Pedatura Lusitana: nobiliário de famílias de Portugal*, publicado por Alexandre António Pereira de Miranda Vasconcellos, António Augusto Ferreira da Cruz, Eugénio Eduardo Andrea da Cunha e Freitas. Porto: Livr. Fernando Machado.

SILVA, Francisco Ribeiro da, 1988 – *O Porto e o seu termo (1580-1640): os homens, as instituições e o poder*, 2 volumes. Porto: Arquivo Histórico da Câmara Municipal do Porto.

FILOMENA MELO

Pantaleão de Seabra e Sousa

(Porto | Porto, 21.10.1626)

Provedor da Santa Casa da Misericórdia do Porto
2.7.1615 | 2.7.1616

Vereador da cidade do Porto (1604, 1608, 1617 e 1621).

Escrivão da Mesa da Santa Casa da Misericórdia do Porto (1598-1599). Provedor da Santa Casa da Misericórdia do Porto (1615-1616 e 1626-1627).

Filho de Francisco de Seabra de Sousa e de D. Isabel de Figueiroa.

Casado, em Lisboa, com D. Eufrásia de Mesquita de quem teve nove filhos, Mendo de Seabra, João de Seabra, D. Faustino, Mateus de Seabra, D. Isabel, D. Catarina, D. Auta ou Antónia de Seabra, Gonçalo de Seabra e Manuel de Seabra.

Avô de João de Seabra de Sousa, provedor da Santa Casa da Misericórdia do Porto (1684-1685).

Sogro de Bento de Aguiar Caldeira, provedor da Santa Casa da Misericórdia do Porto (1633-1634 e 1637-1638).

Fidalgo da Casa Real. Cavaleiro da Ordem de Cristo.

Quando se pretende conhecer a figura de Pantaleão de Seabra e Sousa, encontra-se, em cada autor que sobre ele escreveu, a exaltação de uma faceta da sua história pessoal: os feitos de armas, a erudição, a veia literária, a faceta de genealogista. A este respeito, consta até que terá colaborado com o seu amigo e contemporâneo, D. Rodrigo da Cunha, na elaboração da sua obra (MACHADO, III: 512; COSTA, 346). Diogo Barbosa Machado, que o considerou particularmente dotado para a poesia latina, enumerou a sua produção literária que elogia pelo «juízo penetrante e a compreensão sublime de que o ornou beneficamente a natureza» (MACHADO, III: 512). A tradição (e alguma fundamentação) atribui-lhe a autoria da inscrição aposta ao Chafariz das Virtudes ou Fonte do Rio Frio. Esta obra data de 1619 e terá sido de sua iniciativa e conceção, enquanto autarca portuense, no contexto de um «programa camarário de abastecimento de água à cidade e de racionalização dos recursos dispersos no espaço urbano, processo que decorreu ao longo de toda a Idade Moderna, à medida que a cidade crescia» (Direção Geral do Património Cultural).

Mas nem todos os seus contemporâneos o admiravam em todas as suas facetas, como é humano e compreensível, e houve até quem o apoucasse ou achincalhasse como foi o caso de Tomé Carneiro, que não lhe poupou uma crítica verrinosa pelo facto de ter alterado o seu nome, ao que parece por mera vaidade: «O ilustre ramo dos Sousas/no meu Seabra enxertei;/pegou e Sousa fiquei,/que assi se pegam as cousas». O facto é que não foi fácil pesquisar o seu perfil biográfico, antes de saber desta alegada aposição de um novo nome, já que os genealogistas não o filiam em qualquer linhagem de Sousas. Aliás, nem o próprio assinou sempre deste modo.

A sua ação enquanto vereador do Porto também não foi toda ela coroada de êxitos e sucessos, vendo-se até envolvido numa polémica compra de armas cujo pagamento se exigia aos vereadores daquele ano, os quais negavam responsabilidades no caso. O facto é que o desenrolar dos acontecimentos acabou por levá-lo, justa ou injustamente, à prisão, em 1621. Este ano de 1621 terá sido o último em que foi vereador. A vida pública de Pantaleão de Seabra e Sousa foi longa, mas talvez um pouco menos do que a maioria dos seus biógrafos pretende. Certamente escudados uns nos outros, atribuem-lhe um último mandato camarário em 1628 que, dizem, não terá chegado a cumprir por ter então falecido. Contudo, em 1626 era provedor da Misericórdia pela segunda vez e veio a falecer em exercício, em outubro desse ano, como está atestado na documentação da Misericórdia, não deixando margem para dúvidas a este respeito.

Na Misericórdia, aquela é a última notícia a seu respeito, tendo sido a primeira de 1598, quando fora eleito escrivão da Mesa. Várias vezes foi convocado como eleitor ou eleito para a Mesa da Irmandade, ao longo dos seus quase 30 anos como confrade da Casa.

⁂

Pelo seu historial na administração da Santa Casa da Misericórdia do Porto, nesta sua primeira eleição para provedor, em 1615, Pantaleão de Seabra de Sousa conhecia já bem os seus deveres e responsabilidades da missão, o que terá contribuído para um exercício que decorreu com toda a tranquilidade, reunindo-se a Mesa assiduamente sob a presidência do provedor. Registaram-se numerosas obras de caridade, como o custear das despesas de ensino de um jovem e bem assim pagar grande número de resgates. Sobre isto foi feito um apanhado das verbas aplicadas nos anos precedentes, com indicação de quem tinham sido os beneficiários e quanto fora despendido com esse fim, de modo a proceder a um acerto contabilístico de caixa.

Quanto aos melhoramentos da Casa, a 27 de março de 1616, o provedor deliberou encomendar umas portas novas para a igreja, já que as existentes acusavam o desgaste do tempo e não tinham a dignidade requerida, conforme à «grandeza e perfeição da igreja» (*Livro de Lembranças*, n.º 4, fls. 205-205v). No final do mandato, a 5 de junho de 1616, tendo ficado pronta uma nova imagem de Nossa Senhora da Assunção que havia sido encomendada para substituir a anterior, a Mesa deliberou mandá-la estofar e pintar da melhor forma que fosse possível.

Durante este seu mandato, recebeu ainda uma sentença que fora favorável a todas as Misericórdias, relativamente a disposições sobre os enterramentos.

Mesa da Santa Casa da Misericórdia do Porto em 2.7.1615

Provedor: Pantaleão de Seabra e Sousa

Escrivão: Baltazar de Góis Mascarenhas

Conselheiros: Gaspar Nunes Barreto, Martim Ferraz de Almeida, Duarte Mendes de Vasconcelos, mestre-escola da Sé, licenciado João Álvares Moutinho, prior [de Cedofeita], Pero Correia Vieira, «irmãos oficiais», António Barbosa, mercador, Paulo Fernandes, barbeiro, Baltazar do Couto, Gonçalo Martins, mercador, António Fernandes Palha e Pantaleão Brás, pedreiro

FONTES E BIBLIOGRAFIA

Fontes arquivísticas

Arquivo Histórico da Santa Casa da Misericórdia do Porto (AHSCMP) – *Eleições da Mesa da Misericórdia*, série D, banco 5, livro 1; *Livro de Lembranças das deliberações da Mesa da Misericórdia*, série D, banco 8, livro 4.

Fontes digitais

Direção Geral do Património Cultural. Disponível em: <http://tinyurl.com/ztdpqbd> [consultado em maio--julho de 2016].

Fontes impressas

COSTA, Agostinho Rebelo da, 1789 – *Descripção topografica, e historica da Cidade do Porto. Que contém a sua origem*.... Porto: na Officina de Antonio Alvarez Ribeiro.

MACHADO, Diogo Barbosa, 1741 – *Bibliotheca Lusitana historica, critica e cronologica na qual se comprehende a noticia dos Authores Portuguezes, e das Obras, que compuserão desde o tempo da promulgação da Ley da Graça até o tempo prezente*, tomo I. Lisboa: Oficina de António Isidoro da Fonseca.

Bibliografia

CARNEIRO, Tomé Tavares, s/d [2012] – *Outavas à Jornada pelo Douro acima com uns amigos*. Porto: CITCEM/ Edições Afrontamento.

FREITAS, Eugénio de Andrea da Cunha e; MENDES, António Lopes, 1990 – *Provedores e Escrivães da Santa Casa da Misericórdia do Porto*. Porto: Santa Casa da Misericórdia do Porto (datilografado).

GAYO, Manuel José da Costa Felgueiras, [1938-1941] – *Nobiliário de famílias de Portugal, Fac. simile* de impressão diplomática do original manuscrito existente na Santa Casa de Misericórdia de Barcelos. [Braga]: Agostinho de Azevedo Meirelles; Domingos de Araújo Affonso.

MORAIS, Cristóvão Alão de, [1667] 1943-1948 – *Pedatura Lusitana: nobiliário de famílias de Portugal*, publicado por Alexandre António Pereira de Miranda Vasconcellos, António Augusto Ferreira da Cruz, Eugénio Eduardo Andrea da Cunha e Freitas. Porto: Livr. Fernando Machado.

FILOMENA MELO

Luís de Melo Pereira

(? | ?)

Provedor da Santa Casa da Misericórdia do Porto

2.7.1616 | 4.7.1617

Filho de Garcia de Melo e de D. Ana de Magalhães.

Casado, no Porto, com D. Leonor Malheira ou Machado, de quem teve oito filhos, Garcia de Melo Pereira, Francisco de Melo, Jorge de Melo, Lopo de Melo Pereira, D. Ana de Melo, D. Maria de Melo, D. Mariana de Melo e D. Serafina de Melo.

Cunhado de João de Valadares Carneiro vereador da cidade do Porto e provedor da Santa Casa da Misericórdia do Porto (1614-1615).

Hábito de Cristo.

Encontram-se poucos dados biográficos relativos ao provedor Luís de Melo Pereira. No entanto, a sua identificação foi inequívoca pois, não obstante a homonímia com Luís de Melo Pereira de Sampaio, avô ou neto, a cronologia destes não se enquadra muito bem com o período de exercício do provedor deste ano. De qualquer modo, o seu parentesco com João de Valadares Carneiro é algo referido na documentação da Misericórdia e não deixa margem para dúvidas.

Eleito para provedor da Santa Casa da Misericórdia do Porto em 2 de julho de 1616, Luís de Melo Pereira teria um mandato um tanto inquinado internamente por intrigas e queixas várias, nomeadamente de compadrio. Luís de Melo Pereira era já Irmão da Casa e colaborava na administração da mesma desde 1601, e assim continuará durante mais dois anos. Porém, neste ano em que foi eleito provedor, surgiram desde logo rumores que depois se tornaram em denúncias de subornos para a obtenção de votos, alegando-se que a Mesa ficara composta por um conjunto de pessoas com um grau de parentesco próximo.

Embora estas eleições não tenham sido formalmente contestadas nem anuladas, há uma carta régia, de setembro de 1616, que refere o descontentamento do monarca pela notícia de «desordens e subornos» para a obtenção dos lugares de provedor e outros mesários. Contudo, o Rei considera que «mereciam que se procedesse contra todos», mas em atenção a estarem a servir os cargos devidamente, decide perdoá-los e permite que prossigam o seu trabalho. Adverte, porém, de que a voltar-se a saber que «subornaram e pediram votos» seriam severamente punidos (*Eleições da Mesa da Misericórdia*, n.º 1, fls. 63v-64v). Em qualquer dos casos, um dos visados, António Cardoso da Fonseca ausentou-se pouco depois das eleições, logo a 17 de julho de 1616, quiçá para se afastar de toda aquela polémica, sendo o cónego Miguel de Macedo designado para o substituir temporariamente. A posição de João de Valadares Carneiro como escrivão deu azo a um grande escândalo entre os Irmãos da Misericórdia, ainda no término do mandato, quando se avizinhavam as eleições de 1617, sendo de novo alegado o grau de parentesco muito próximo entre este escrivão, o provedor e o conselheiro da Mesa António Cardoso da Fonseca, todos cunhados. Por este motivo, o Rei emite uma provisão, com data de 23 de junho de 1617, afastando João de Valadares Carneiro, de modo a que ele não assistisse à contagem dos votos nas eleições que iriam ser realizadas.

Esta questão, com todas as suas variantes, não foi o único problema então verificado, pois a Casa esteve também em conflito judicial com o cirurgião do Hospital de D. Lopo.

Não obstante estes momentos mais conflituosos, Luís de Melo Pereira conseguiu assegurar a gestão administrativa e financeira da Casa e as obras assistenciais que seguiram o seu curso habitual, com destaque para grandes aplicações de verbas para o pagamento de resgates a cativos. Também tece o ensejo de deixar o seu cunho pessoal nas obras de melhoramento da Misericórdia, mandando fazer um púlpito em «boa pedra» e ferro torneado, digno da igreja, já que o existente, de madeira, estava muito velho. A empreitada foi adjudicada aos mestres de cada especialidade, seguindo um projeto já estabelecido.

A Misericórdia obteve ainda um alvará régio, emitido a 12 de outubro de 1616, dispensando os Irmãos que estivessem na Mesa de servirem nesse ano nos ofícios do concelho.

Mesa da Santa Casa da Misericórdia do Porto em 2.7.1616

Provedor: Luís de Melo Pereira

Escrivão: João de Valadares Carneiro

Conselheiros: João de Figueiroa, Baltazar Delgado de Abreu, Diogo de Sousa, António Cardoso da Fonseca, António Homem Soares e, «de menor condição», Manuel Francisco, alfaiate, Gaspar de Sousa, sapateiro, Jácome Rodrigues, picheleiro, Gonçalo Afonso, sapateiro, João Velho Freire e Jácome Simões Cubas

FONTES E BIBLIOGRAFIA

Fontes arquivísticas

Arquivo Histórico da Santa Casa da Misericórdia do Porto (AHSCMP) – *Cartas Régias*, série D, banco 4, livro 7; *Eleições da Mesa da Misericórdia*, série D, banco 5, livro 1; *Livro de Lembranças das deliberações da Mesa da Misericórdia*, série D, banco 8, livro 4.

Bibliografia

FREITAS, Eugénio de Andrea da Cunha e; MENDES, António Lopes, 1990 – *Provedores e Escrivães da Santa Casa da Misericórdia do Porto*. Porto: Santa Casa da Misericórdia do Porto (datilografado).

MORAIS, Cristóvão Alão de, [1667] 1943-1948 – *Pedatura Lusitana: nobiliário de famílias de Portugal*, publicado por Alexandre António Pereira de Miranda Vasconcellos, António Augusto Ferreira da Cruz, Eugénio Eduardo Andrea da Cunha e Freitas. Porto: Livr. Fernando Machado.

FILOMENA MELO

Gaspar Nunes Barreto

(? | m. 1626)

Provedor da Santa Casa da Misericórdia do Porto

21.7.1617 | 2.7.1618

Corregedor do Crime da Casa da Relação do Porto.

Provedor da Santa Casa da Misericórdia do Porto (1613-1614 e 1617-1618).

Escrivão da Mesa da Santa Casa da Misericórdia do Porto (1625-1626).

Filho de Fernão Nunes Barreto, provedor da Santa Casa da Misericórdia do Porto (1578-1579 e 1586-1587), e de D. Maria Henriques.

Casado com D. Maria Corte Real, de quem teve três filhos, Fernão Nunes Barreto, Domingos Barreto e Jerónimo Barreto.

Neto de Gaspar Nunes Barreto, provedor da Santa Casa da Misericórdia do Porto (1560-1561 e 1578-1579), cunhado do também provedor daquela Misericórdia D. Fradique de Menezes (1603-1604) e tio dos provedores Nuno Barreto Fuseiro (1666-1668) e Fernão Nunes Barreto (1668).

As eleições do ano de 1617 tiveram início, como era convencional, no dia 2 de julho. Inicialmente, foi eleito provedor o governador Diogo Lopes de Sousa, tendo como escrivão Afonso Correia de Azevedo. Como ambos se escusaram de imediato, alegando demasiadas obrigações, nomeadamente «ao serviço de Sua Majestade», foi feita uma segunda ronda eleitoral de que saiu provedor Gaspar Nunes Barreto, que na primeira ronda fora eleito conselheiro. O processo arrastou-se assim um pouco mais do que era costume. Após as eleições, nos dias 5, 7, 9, 14 e 21 de julho, o escrivão e todos os conselheiros eleitos vieram sucessivamente prestar o juramento, de modo que a nova direção só ficou formalmente constituída, na totalidade, nesta data.

No mais, passados estes dias, a atividade da Casa decorreu de forma regular durante este mandato, segundo atestam os documentos, tendo sido tratados todo os assuntos habitualmente suscitados pela gestão da casa e exercício de obras pias e de caridade a que estava obrigada. Destaca-se que, à semelhança do que se vinha a verificar nos anos precedentes, é notória uma grande atenção dada ao pagamento de resgates de cativos.

Na reunião de 1 de outubro de 1617 o provedor declarou que se iria ausentar, devendo ser substituído pelo escrivão, sendo então eleito para escrivão o mestre-escola Duarte Mendes de Vasconcelos. O provedor Gaspar Nunes Barreto voltaria a presidir à Mesa a 31 de novembro do mesmo ano.

No término do mandato, no dia 1 de julho de 1618, preparando a festa da Casa, uma nova medida de contenção financeira foi determinada. Tratava-se de alterar o habitual programa decorativo, optando-se por não fazer a armação no pátio da Casa, como era costume no dia de Santa Isabel. Pretendia-se assim evitar a grande despesa que essa obra de caráter efémero implicava e a «grande perturbação» que trazia à Casa, além de que ainda causava sempre alguns estragos no telhado (*Livro de Lembranças*, n.º 4, fls. 257-258). Ficou então estabelecido restringir as decorações à zona do altar e à fachada do edifício, onde seriam colocadas alcatifas viradas para a rua.

Mesa da Santa Casa da Misericórdia do Porto em 21.7.1617
Provedor: Gaspar Nunes Barreto
Escrivão: Simão Ribeiro Pessoa
Conselheiros: João Álvares Pereira de Berredo, Diogo Leite de Azevedo, João Álvares Moutinho, prior de Cedofeita, Martim Ferraz de Almeida e «de menor condição», António Barbosa, mercador, Amador Fernandes, alfaiate, Gonçalo Martins, mercador, Gonçalo Fernandes, sapateiro, Valentim Carvalho, pedreiro e Marcos Manuel, sapateiro

FONTES E BIBLIOGRAFIA

Ver página 521.

FILOMENA MELO

Duarte Mendes de Vasconcelos

(Braga, ? | ?)

Provedor da Santa Casa da Misericórdia do Porto

2.7.1618 | 2.7.1619

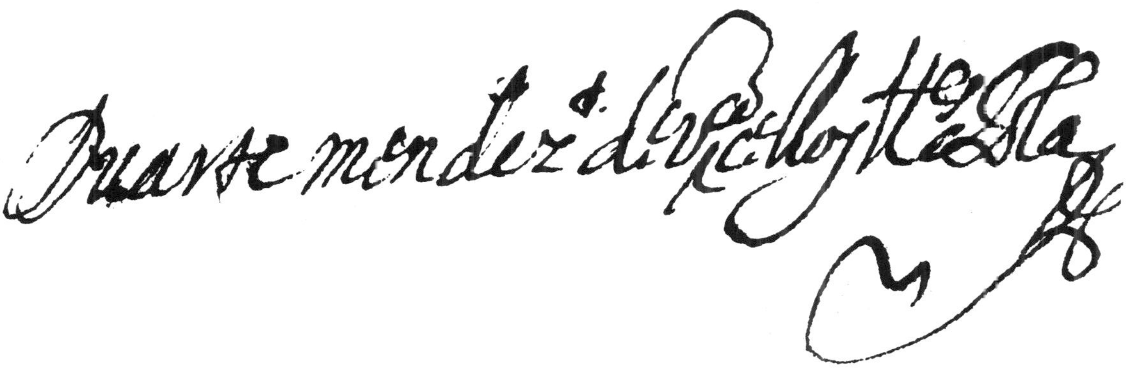

Clérigo.

Mestre-escola da Sé do Porto. Vigário-geral e governador do bispado do Porto (1627).

Provedor da Santa Casa da Misericórdia do Porto (1618-1619 e 1621-1622).

Natural de Braga.

Filho de Santos Mendes de Vasconcelos e de Cristova de Gouveia Osório.

Consultadas várias fontes genealógicas e consideradas várias hipóteses de entre os numerosos homónimos, algumas das quais estão excluídas, por uma questão cronológica. Parece plausível seguir-se Felgueiras Gayo (IV: 457) que identifica um mestre-escola da Sé do Porto, Duarte Mendes de Vasconcelos, que teria ocupado o cargo por renúncia de um seu tio. O facto de uma sua irmã ter casado em 1602, segundo a mesma fonte, também torna plausível que seja esta a figura de quem se diz que nesse mesmo ano «tomou posse do canonicato sendo ainda minorista, em 19 de abril de 1602. Foi vigário-geral e governador do bispado pela transferência de D. Rodrigo da Cunha, em 1627» (AZEVEDO,1979: 182).

Admitido como Irmão da Misericórdia da cidade do Porto, esteve, pelo menos, durante uma década em atividade no seio da Irmandade, ao longo da qual foi eleitor, conselheiro da Mesa e duas vezes provedor, a primeira em julho de 1618 e a segunda três anos depois.

⁂

Uma das primeiras medidas de Duarte Mendes de Vasconcelos como provedor, logo a 14 de julho de 1618, ou seja, pouco após a sua eleição, foi propor à Mesa a redução do número de assalariados externos, que desempenhavam determinadas funções na Casa, nomeadamente no acompanhamento dos enterros. Estipulava que deveriam ser os Irmãos a substituí-los, como aliás já fora prática em tempos idos, de forma a participarem diretamente no exercício da caridade e evitar despesas «poupando para os pobres» (*Livro de Lembranças*, n.º 4, fls. 259-260v).

Os estragos causados pelas infiltrações nas paredes da igreja voltaram a requerer a atenção do provedor que se recorda até das aberturas de escoamento feitas durante o mandato de Luís Novais da Silva, em 1612, encontrando-se as paredes «mais desaprumadas» até do que naquele tempo, abrindo rachas onde então se tinham feito enchimentos. Decidiu, então, em conjunto com a Mesa, chamar os mestres peritos em carpintaria e pedraria, e estabelecer um plano de recuperação eficaz das paredes, a começar pela abóbada (*Livro de Lembranças*, n.º 4, fls. 260v-263).

A 28 de junho de 1619, o provedor apresentou aos Irmãos da Mesa o Compromisso novo da Misericórdia de Lisboa, tendo-se debatido se iriam adotá-lo na Casa do Porto, para o que foi eleita uma comissão de dez Irmãos, como habitualmente «cinco de maior condição e cinco de menor», para apreciarem e se pronunciarem sobre este documento.

Embora tendo sempre presidido às reuniões da Mesa que se encontram registadas, estas foram pouco frequentes, versando, além dos três assuntos já referidos, sobre as habituais questões de gestão da Casa.

Mesa da Santa Casa da Misericórdia do Porto em 2.7.1618

Provedor: Duarte Mendes de Vasconcelos

Escrivão: Domingo do Rego

Conselheiros: Diogo de Sousa, Pantaleão de Seabra de Sousa, Martim Afonso de Sousa, Baltazar Delgado de Abreu, João de Figueiroa e, «de menor condição», Amador Guedes, Manuel Francisco, António da Costa, Damião Leonel, Manuel Fernandes e Paulo Fernandes

FONTES E BIBLIOGRAFIA

Fontes arquivísticas

Arquivo Histórico da Santa Casa da Misericórdia do Porto (AHSCMP) – *Eleições da Mesa da Misericórdia*, série D, banco 5, livro 1; *Livro de Lembranças das deliberações da Mesa da Misericórdia*, série D, banco 8, livro 4.

Fontes impressas

SOUSA, António Caetano de, 1735-1749 – *Historia genealógica da Casa Real Portugueza*...Lisboa Occidental: na Officina de Joseph Antonio da Sylva, impressor da Academia Real.

Bibliografia

AZEVEDO, Carlos Moreira de, 1979 – "A cidade do Porto nos relatórios das visitas 'ad limina' do Arquivo do Vaticano". Separata da *Revista de História* (2). Porto: Faculdade de Letras da Universidade do Porto, pp. 175-204.

FREITAS, Eugénio de Andrea da Cunha e; MENDES, António Lopes, 1990 – *Provedores e Escrivães da Santa Casa da Misericórdia do Porto*. Porto: Santa Casa da Misericórdia do Porto (datilografado).

GAYO, Manuel José da Costa Felgueiras, [1938-1941] – *Nobiliário de famílias de Portugal, Fac. simile* de impressão diplomática do original manuscrito existente na Santa Casa de Misericórdia de Barcelos, IV. [Braga]: Agostinho de Azevedo Meirelles; Domingos de Araújo Affonso.

MORAIS, Cristóvão Alão de, [1667] 1943-1948 – *Pedatura Lusitana: nobiliário de famílias de Portugal*, publicado por Alexandre António Pereira de Miranda Vasconcellos, António Augusto Ferreira da Cruz, Eugénio Eduardo Andrea da Cunha e Freitas. Porto: Livr. Fernando Machado.

PINTO, Cónego António Ferreira, 1940 – *O Cabido da Sé do Porto. Subsídios para a sua História*, VI. Porto: Publicações da Câmara Municipal do Porto.

SILVA, Francisco Ribeiro da, 1988 – *O Porto e o seu termo (1580-1640): os homens, as instituições e o poder*, 2 volumes. Porto: Arquivo Histórico da Câmara Municipal do Porto.

SILVA, Francisco Ribeiro da, 2002 – "A Misericórdia do Porto na Centúria de Quinhentos", in SAMAGAIO, Estêvão; MENDO, Paulo (coord.), *A Santa Casa da Misericórdia do Porto e o voluntariado em saúde: Comemoração dos 25 anos da Liga dos Amigos do Hospital Geral de Santo António*. Porto: Santa Casa da Misericórdia do Porto, pp. 29-42.

FILOMENA MELO

Baltazar Pinto Aranha

(n. c. 1575 | ?)

Provedor da Santa Casa da Misericórdia

2.7.1619 | 2.7.1620

Negociante.

Vereador da Câmara do Porto (1598, 1613, 1617, 1622 e 1626).

Escrivão da Mesa da Santa Casa da Misericórdia do Porto (1599-1600, 1608-1609). Provedor da Santa Casa da Misericórdia do Porto (1619-1620 e 1635-1636).

Filho de Pedro Pinto e de D. Branca Aranha.

Casado com D. Maria da Rocha Vilasboas ou Barbosa, de quem teve dois filhos, D. Branca Aranha Barbosa e João Ribeiro Aranha.

Sogro do provedor da Misericórdia do Porto Gonçalo Correia de Lacerda e Figueiroa (1640-1641) e avô do provedor Manuel Correia de Lacerda (1691-1692).

Fidalgo.

Suspeitando-se que tenha nascido por volta de 1575, Baltazar Pinto Aranha trilhou o caminho típico de um jovem fidalgo portuense do seu tempo. Constituiu família, dedicou-se aos negócios, ao governo municipal e à Misericórdia da cidade.

Quanto aos negócios, parece que teria possuído salinas em Aveiro e que se aplicava no comércio deste género (OLIVEIRA, 2007: 157). Na câmara da cidade do Porto, tal como seu pai, foi vereador e teve, ao longo dos vários anos em que foi eleito, uma postura muito interventiva, segundo recordam os registos municipais, interferindo em debates e pugnando pelos interesses da cidade, dando mostras de ter uma personalidade determinada e não se furtar a defender as causas que considerava válidas. O seu contributo maior terá sido aceitar a árdua tarefa de copiar e reorganizar o cartório municipal, o que lhe valeu alguns dissabores quando foi questionado e quase acusado de desviar para sua casa a documentação da autarquia e de a pôr assim em risco de eventualmente se extraviar (SILVA, 1988: 365). Na Câmara, tal como na Misericórdia, Baltazar Pinto Aranha não terá sido uma pessoa muito consensual, suscitando inimizades e más vontades, certamente devido às posições por ele assumidas.

Na Santa Casa da Misericórdia do Porto ingressou muito jovem – estaria ainda na casa dos vinte anos –, coincidindo aproximadamente com o início da sua atividade cívica no município, nos últimos anos do século XVI. A 2 de julho de 1599 assumiu a responsabilidade de ser eleitor naquele ato eleitoral e serviu esse ano como escrivão da Mesa. Desde então e até 1644 há notícias constantes da sua participação em diversos momentos ao serviço da Casa, tendo sido eleitor, algumas vezes, conselheiro ou deputado da Mesa, como então se dizia, e provedor duas vezes, em 1619 e 1635.

Em 1603, sendo provedor Pedro Homem Carneiro, Baltazar Pinto Aranha fez uma oferta notável de uma coroa de prata para uma imagem de Nossa Senhora. Nas eleições de 1608 fora eleito escrivão e, nos últimos dias deste mandato, entre 30 de junho e 2 de julho, substituiu o provedor Diogo de Sousa Alcoforado, que se encontrava doente, assumindo a qualidade de «provedor-escrivão». Apenas em 1616 recusou um cargo imediatamente após ter sido eleito escrivão nas eleições, não estando explicitados os motivos, mas sendo credível que pudessem estar relacionados com algumas polémicas e tomada de partidos que se haviam gerado na Casa.

Posteriormente ao seu primeiro mandato enquanto provedor em 1619, uma outra provisão régia traria alguma luz sobre factos vividos neste período e que importa conhecer para melhor se entender o que se poderá ter passado nos bastidores da Casa enquanto foi provedor Baltazar Pinto Aranha. O provedor que lhe sucedeu, após as eleições, foi Simão Pereira Correia que faleceria durante o mandato, devendo por isso ser substituído pelo antecessor, de acordo com as disposições estatutárias, mas isso não se verificou. A 23 de junho de 1621, o Rei escreveu à Misericórdia admoestando os Irmãos, especialmente Gaspar Coutinho, relativamente aos procedimentos havidos neste contexto, na sequência do falecimento do provedor Simão Pereira Correia. Nessa ocasião, o Rei recomendara que o falecido provedor fosse substituído por Baltazar Pinto Aranha e considerava o monarca que, «por paixões e respeitos particulares» e ainda por parcialidade, Baltazar Pinto Aranha tinha sido afastado da eleição, dando-se vantagem a Duarte Mendes de Vasconcelos, para a sucessão do falecido provedor Simão Pereira Correia. Baltazar Pinto Aranha queixara-se ao Rei destes Irmãos que o estavam a denegrir. Acusavam-nos de ter feito tantos gastos no seu mandato, que passado um ano ainda estavam a pagar os juros das despesas contraídas, de modo que nenhum Irmão queria aceitar o encargo de mordomo da bolsa «por falta de dinheiro».

O Rei, neste documento, iliba Baltazar Pinto Aranha, pronunciando-se a seu favor. Enaltece o seu papel na administração da Misericórdia e as «muitas diligências» que fizera durante o seu mandato, «com muita verdade, pontualidade e satisfação». Justifica-o considerando que os gastos avultados que lhe apontavam se tinham devido às obras que fizera para «proveito da casa», nomeadamente no hospital e na capela de que carecia, pois por muitos anos tinham estado ali sem missa (*Eleições da Mesa da Misericórdia*, n.º 1, fls. 86v-87v; *Livro de Lembranças*, n.º 4, fls. 332-333).

As atas das numerosas reuniões a que Baltazar Pinto Aranha presidiu durante o seu mandato enquanto provedor atestam a atividade regular da Casa, dedicada às habituais obrigações de caridade e piedade e também à boa gestão dos seus bens e legados. Destaca-se, neste ponto, a questão do pagamento dos resgates que, ao longo dos anos, continua a ser uma das principais obras da Casa. Com o sentido prático que demonstrava ter, Baltazar Pinto Aranha deliberou contratar um mestre de pedraria para fazer tulhas para os cereais que se estavam a desperdiçar por falta de condições de armazenamento.

Já no final deste mandato, o provedor e Irmãos receberam uma provisão régia datada de 5 de junho de 1620, que especificava recomendações sobre os procedimentos eleitorais a implementar desde então e que vão ter efeito de imediato nas eleições desse ano (*Eleições da Mesa da Misericórdia*, n.º 1, fls. 81v-82v).

Mesa da Santa Casa da Misericórdia do Porto em 2.7.1619

Provedor: Baltazar Pinto Aranha

Escrivão: António Homem Soares

Conselheiros: António Leite da Costa, João Álvares Moutinho, prior de Cedofeita, Baltazar de Góis Mascarenhas, Paulo Borges Pinto, Pantaleão de Figueiroa e, «de menor condição», Manuel Gomes, sapateiro, André António, correeiro, Jácome Simões Cubas, Baltazar do Couto, tosador, Gonçalo Fernandes, das Congostas, João Lopes, bainheiro

FONTES E BIBLIOGRAFIA

Fontes arquivísticas

Arquivo Histórico da Santa Casa da Misericórdia do Porto (AHSCMP) – *Eleições da Mesa da Misericórdia*, série D, banco 5, livro 1; *Livro de Lembranças das deliberações da Mesa da Misericórdia*, série D, banco 8, livros 3-4.

Fontes impressas

COSTA, António Carvalho da, 1706-1712 – *Corografia portugueza e descripçam topografica do famoso Reyno de Portugal, com as noticias das fundações das cidades, villas, & lugares, que contem....* Lisboa: Na Officina de Valentim da Costa Deslandes.

Bibliografia

FREITAS, Eugénio de Andrea da Cunha e; MENDES, António Lopes, 1990 – *Provedores e Escrivães da Santa Casa da Misericórdia do Porto*. Porto: Santa Casa da Misericórdia do Porto (datilografado).

GAYO, Manuel José da Costa Felgueiras, [1938-1941] – *Nobiliário de famílias de Portugal, Fac. simile* de impressão diplomática do original manuscrito existente na Santa Casa de Misericórdia de Barcelos. [Braga]: Agostinho de Azevedo Meirelles; Domingos de Araújo Affonso.

OLIVEIRA, Aurélio, 2007 – "O giro do sal na estratégia mercantil e industrial do Porto (séculos XIV-XVII)". *Revista da Faculdade de Letras – Geografia*, II Série, Volume I. Porto: Universidade do Porto, pp. 139-161.

SILVA, Francisco Ribeiro da, 1988 – *O Porto e o seu termo (1580-1640): os homens, as instituições e o poder*, 2 volumes. Porto: Arquivo Histórico da Câmara Municipal do Porto.

FILOMENA MELO

Simão Pereira Correia

(? | m. 3(?).2.1621)

Provedor da Santa Casa da Misericórdia

2.7.1620 | 3.2.1621

Vereador da Câmara Municipal do Porto (1617).

A identificação do provedor Simão Pereira Correia levanta vários problemas. Com um perfil semelhante e na mesma faixa cronológica, viviam então na cidade do Porto pelo menos três homens de nome Simão Pereira. À partida exclui-se a hipótese de ser provedor o mercador Simão Pereira, filho de Diogo Pereira, casado com D. Madalena Pereira, quer por ser cristão-novo quer, por esse mesmo motivo, ter obtido licença para ir para Madrid, em 1618. Não se sabe se foi ou não, mas a condição patenteada de cristão-novo faz excluir a hipótese de ser ele o provedor deste ano. Depois haveria a hipótese, muito plausível, de ser filho do provedor de 1591, Bernardo Pereira. Isso colocava-o numa dinastia de um vereador da cidade e provedor da Misericórdia, funções que também ele desempenhou, o que torna esta conjectura muito consistente. Porém, o filho de Bernardo Pereira aparece designado como Simão Pereira ou Simão Correia Pereia e não como Simão Pereira Correia que é o nome com que aparece o provedor. Na verdade, consultada outra bibliografia, chega a ser equívoco o uso deste nome e faz pensar se não seria efetivamente a mesma pessoa, designada, eventualmente por lapso, ora como Correia Pereira, ora como Pereira Correia ora ainda apenas como Pereira. Como Simão Pereira há um vereador do Porto, em 1602, um guarda-mor da saúde, em 1613 e um almotacé em 1608, 1610 e 1614. Como Simão Pereira Correia é designado o vereador portuense do ano de 1607 e o almotacé de 1615. Finalmente, Simão Correia Pereira aparece apenas associado ao lugar de vereador em 1617. Dado que não há sobreposição de datas, mas sim uma sequência numa faixa cronológica muito próxima, é credível que dois deles ou todos fossem uma única pessoa. Até ao momento, persiste a dúvida.

Se foi o filho do provedor Bernardo Pereira e de sua mulher Susana Carneira, então foi o marido de Eugénia Fontoura e pai de João Pereira Fontoura. Fosse qual deles fosse, pelo menos uma vez foi vereador da edilidade portuense e sabe-se como certo que faleceu no início de fevereiro de 1621, porque tal ocorreu no exercício do seu mandato como provedor da Santa Casa da Misericórdia do Porto.

Foi Irmão desta Confraria da Misericórdia durante cerca de 10 anos durante os quais subiu um a um todos os degraus até à provedoria. Foi uma vez conselheiro da Mesa, em 1612, escrivão, em 1614, provedor, em 1620 e no ano anterior fora convocado também como eleitor.

⁂

As eleições em que foi eleito provedor decorreram em conformidade com o disposto na provisão régia de 5 de junho de 1620 que continha recomendações específicas sobre os procedimentos eleitorais a implementar desde então.

O seu mandato foi breve, pois a 21 de janeiro de 1621 terá presidido pela última vez à assembleia da Misericórdia, vindo a falecer no início do mês seguinte. Os seis meses do seu governo parecem ter decorrido na normalidade, pelo menos assim o atestam as atas das reuniões da Casa havidas naquele tempo e bem assim o louvor póstumo que lhe é feito pelos Irmãos, na reunião em que decidem as providências a tomar para as cerimónias fúnebres.

Além das habituais providências para a gestão financeira e exercício das obras da Casas, o momento mais difícil terá sido a decisão, tomada conjuntamente com a Mesa, de expulsar um Irmão nobre, Pantaleão de Sousa, por «contumácia e desobediência».

Mesa da Santa Casa da Misericórdia do Porto em 2.7.1620

Provedor: Simão Pereira Correia

Escrivão: Gaspar Coutinho

Tesoureiro: Francisco Magalhães Pinto

Conselheiros: João Brandão Freire, doutor Luís Pereira de Castro, João Alves Pamplona, António Leite do Amaral e os oficiais Manuel Gonçalves, da Porta Nova, Manuel Ferreira, tanoeiro, Miguel Dias, alfaiate, Damião Ferreira, alfaiate, Diogo de Figueiredo, sapateiro e Paulo de Sousa, picheleiro

FONTES E BIBLIOGRAFIA

Fontes arquivísticas

Arquivo Histórico da Santa Casa da Misericórdia do Porto (AHSCMP) – *Eleições da Mesa da Misericórdia*, série D, banco 5, livro 1; *Livro de Lembranças das deliberações da Mesa da Misericórdia*, série D, banco 8, livro 4.

Bibliografia

FREITAS, Eugénio de Andrea da Cunha e; MENDES, António Lopes, 1990 – *Provedores e Escrivães da Santa Casa da Misericórdia do Porto*. Porto: Santa Casa da Misericórdia do Porto (datilografado).

SILVA, Francisco Ribeiro da, 1988 – *O Porto e o seu termo (1580-1640): os homens, as instituições e o poder*, 2 volumes. Porto: Arquivo Histórico da Câmara Municipal do Porto.

FILOMENA MELO

Duarte Mendes de Vasconcelos

(Braga, ? | ?)

Provedor da Santa Casa da Misericórdia

4.2.1621 | 2.7.1621

Clérigo.

Mestre-escola da Sé do Porto. Vigário-geral e governador do bispado do Porto (1627).

Provedor da Santa Casa da Misericórdia do Porto (1618-1619 e 1621-1622).

Natural de Braga.

Filho de Santos Mendes de Vasconcelos e de Cristova de Gouveia Osório.

Por morte do provedor Simão Pereira Correia, eleito em 1620 e que, portanto, estava em exercício no ano de 1621 quando faleceu, a Misericórdia recebeu uma provisão régia com a recomendação de favorecer a eleição do provedor anterior Baltazar Pinto Aranha, conforme estava regularmente estabelecido. Como este não se encontrava, foi necessário recuar ainda mais um mandato e a escolha recaiu assim no provedor que o precedera, Duarte Mendes Vasconcelos, e que fora até quem levara a vara no enterro do falecido provedor. A composição da Mesa não foi alterada, nestas circunstâncias, tendo apenas mudado o conjunto dos eleitores que fizera a escolha do novo provedor, por impedimento de alguns dos que tinham estado na eleição do ano anterior.

Contudo, este processo não terá sido linear, pois decorria já o mandato seguinte quando chegou à Casa uma provisão régia datada ainda de 23 de junho de 1621, que se reportava a estes episódios, admoestando os Irmãos da Misericórdia, especialmente Gaspar Coutinho, relativamente aos procedimentos havidos na sequência da morte do provedor Simão Pereira Correia e do que fora feito para a provisão do cargo. Nessa ocasião, o Rei recomendara que o falecido provedor fosse substituído por Baltazar Pinto Aranha. Considerou o monarca que «por paixões e respeitos particulares» e ainda por parcialidade, os confrades afastaram Baltazar Pinto Aranha da eleição, dando vantagem a Duarte Mendes de Vasconcelos. Baltazar Pinto Aranha queixara-se ao Rei destes Irmãos que o estavam a denegrir, dizendo que fizera tantos gastos, que ainda estavam a pagar os juros das despesas contraídas, de modo que nenhum Irmão queria aceitar o encargo de mordomo da bolsa «por falta de dinheiro». O Rei, neste documento, pronuncia-se a favor de Baltazar Pinto Aranha e enaltece o seu papel na administração da Misericórdia, as «muitas diligências» que fizera «com muita verdade, pontualidade e satisfação» e justificando que os gastos avultados se deveram às obras que fizera para «proveito da casa», nomeadamente o hospital e a capela (*Eleições da Mesa da Misericórdia*, n.º 1, fls. 86v-87v; *Livros de Lembranças*..., n.º 4, fls. 332-333).

Este mandato ficou marcado por um facto que está descrito como sendo do domínio do sobrenatural e miraculoso. No dia 18 de abril de 1621, domingo da oitava da Páscoa, estando o provedor reunido com outros Irmãos a dar «despacho das petições das esmolas dos pobres que estavam no pátio» em grande número, entre as três e as quatro horas houve um grande trovão e caiu um raio que atingiu a torre do campanário fazendo rolar pedras para o lado da rua e do pátio e cair caliça. Porém, as mais de 400 pessoas que se encontravam no pátio à espera de esmola, entre «homens mulheres e meninos», assim como as pessoas da Casa nada sofreram, apesar do impacto e do susto que o fenómeno causou. Tanto mais surpreendente foi o facto porque, à mesma hora em que a Misericórdia fora atingida, entrara um raio também na Sé do Porto, sem se saber por onde, tendo atingido o altar-mor e queimado uma imagem de S. João Baptista que estava no retábulo e danificado algumas colunas do edifício na Misericórdia, os estragos não foram mais do que aqueles que ficaram ditos, tendo a Mesa decidido registar o sucedido e promover uma procissão de ação de graças com a imagem do *Ecce Homo*, por não se terem perdido vidas naquele momento tão terrível, procissão essa que decorreu logo na 4.ª feira seguinte, dia 21 (*Livros de Lembranças...*, n.º 4, fls. 315v-317).

No tocante à administração de Duarte Mendes de Vasconcelos, à semelhança do que vinha a verificar-se em quase todos os mandatos, cada provedor zelava, a seu modo, pelo embelezamento e enriquecimento da Casa e em especial da igreja, estando ainda e sempre presente a vontade de D. Lopo de Almeida e as disposições testamentárias que fizera. Invocado isto mesmo, o provedor deliberou mandar fazer quatro castiçais de prata, dois pagos pelas verbas de D. Lopo e dois pela Casas, para que não fosse necessário pedi-los emprestados em certas ocasiões e para que «estivesse o Santíssimo Sacramento decentemente ornado» (*Livros de Lembranças...*, n.º 4, fls. 318v-319).

No mais, foi dado seguimento aos assuntos da Casa e às suas obras assistenciais, tendo o provedor dedicado bastante atenção às questões relativas à gestão financeira e patrimonial e bem assim aos legados. Destes destaca-se o que o antigo provedor Luís Novais da Silva deixara à Casa e cujas partilhas estavam a ser contestadas judicialmente pelo herdeiro da família.

Mesa da Santa Casa da Misericórdia do Porto em 4.2.1621

Provedor: Duarte Mendes de Vasconcelos

Escrivão: Gaspar Coutinho

Tesoureiro: Francisco Magalhães Pinto

Conselheiros: João Brandão Freire, doutor Luís Pereira de Castro, João Alves Pamplona, António Leite do Amaral e os oficiais Manuel Gonçalves, da Porta Nova, Manuel Ferreira, tanoeiro, Miguel Dias, alfaiate, Damião Ferreira, alfaiate, Diogo de Figueiredo, sapateiro e Paulo de Sousa, picheleiro

FONTES E BIBLIOGRAFIA

Ver páginas 541-542.

FILOMENA MELO

António Leite do Amaral

(? | ?)

Provedor da Santa Casa da Misericórdia

2.7.1621 | 2.7.1622

Vereador da Câmara Municipal do Porto (1617 e 1623).

Filho do licenciado Francisco Vieira da Silva e de sua primeira mulher, Aldonça Leite.

Casado com Brites da Costa de quem teve três filhos: João Leite do Amaral, Simão Leite e D. Helena Leite.

Fidalgo.

António Leite do Amaral tem o perfil típico daqueles que, no seu tempo, se tornaram provedores da Misericórdia: fidalgo, vereador da cidade do Porto, onde morava na R. Nova, e, mais ainda, douto e erudito, como alguns dos seus pares.

Foi pai de João Leite do Amaral, não do provedor de 1607, João Dias Leite, segundo foi possível apurar das fontes disponíveis, contrariando o equívoco gerado por alguma bibliografia que coloca este provedor como descendente de António Leite do Amaral. Na verdade, o filho deste, João Leite do Amaral, nunca foi provedor e a sua vida pública desenvolveu-se em datas posteriores, sobretudo nas duas décadas seguintes à fase de apogeu de seu pai e não antes dele, como é normal.

Na Misericórdia, António Leite do Amaral foi eleito pela primeira vez para um cargo de responsabilidade, conselheiro da Mesa, nas eleições de 2 de julho de 1604. Posteriormente, voltou a ser eleito muitas vezes para esta função, a última das quais, vinte anos depois desta eleição, em 1624, que é também o último ano em que há notícia da sua presença na Misericórdia. Neste período intermédio, foi ainda convocado algumas vezes como eleitor. Em suma, quando se tornou provedor, em 1621, conhecia já os meandros da administração da Casa, havia mais de quinze anos.

Logo nos primeiros tempos do mandato enquanto provedor, após ter sido eleito em 2 de julho de 1621, António Leite do Amaral recebeu uma provisão régia, emitida uns dias antes, a 23 de junho, admoestando os Irmãos da Misericórdia, especialmente Gaspar Coutinho, relativamente aos procedimentos havidos na sequência do falecimento do provedor Simão Pereira Correia, que falecera em exercício, no ano anterior. Nessa ocasião, o Rei recomendara que o falecido provedor fosse substituído por Baltazar Pinto Aranha, em conformidade com o que estava regulamentado, por ter sido este o provedor que antecedera o falecido. O monarca considerou que «por paixões e respeitos particulares» e ainda por parcialidade, os Irmãos afastaram Baltazar Pinto Aranha da eleição, dando vantagem a Duarte Mendes de Vasconcelos. Baltazar Pinto Aranha queixara-se ao Rei dos que o estavam a denegrir e que o tinham acusado de ter feito tantos gastos, que a Casa ainda estava a pagar os juros das despesas contraídas, de modo que nenhum Irmão queria aceitar o encargo de mordomo da bolsa «por falta de dinheiro». O Rei, no referido documento, pronuncia-se a favor de Baltazar Pinto Aranha e enaltece o seu papel na administração da Misericórdia, as «muitas diligências» que fizera «com muita verdade, pontualidade e satisfação», justificando os gastos avultados pelas obras que fizera para «proveito da casa», nomeadamente o hospital e a capela (*Eleições da Mesa da Misericórdia*, n.º 1, fls. 86v-87v; *Livros de Lembranças das deliberações da Mesa da Misericórdia*, n.º 4, fls. 332-333).

Além deste episódio, ao qual o provedor é, em parte, alheio, as atas não registam nada de particularmente relevante, a não ser o facto, sempre lamentável, de a Mesa ter reunido para expulsar o Irmão João de Afonseca, imaginário, por «contumácia e desobediência» (*Livros de Lembranças...*, n.º 4, fls. 335v-336).

No mais, estão registadas as habituais medidas para a organização administrativa e financeira da Casa, respeitados os momentos devocionais e praticadas as obras de caridade costumadas.

Mesa da Santa Casa da Misericórdia do Porto em 2.7.1621

Provedor: António Leite do Amaral

Escrivão: Paio Correia Pereira

Conselheiros: António Leite Ferreira, Baltazar Pinto Aranha, cónego Pedro Lopes, António do Amaral Albuquerque, Francisco Ferraz(?) e, «de menor condição», Gonçalo Martins, mercador, Pêro de Beja, carpinteiro, Francisco Borges, o novo, sapateiro, António Barbosa, mercador, Francisco Moreira, sapateiro, Baltazar Duarte, sapateiro

FONTES E BIBLIOGRAFIA

Fontes arquivísticas

Arquivo Histórico da Santa Casa da Misericórdia do Porto (AHSCMP) – *Eleições da Mesa da Misericórdia*, série D, banco 5, livro 1; *Livro de Lembranças das deliberações da Mesa da Misericórdia*, série D, banco 8, livro 4.

Bibliografia

BRITO, Pedro de, 1997 – *Patriciado urbano quinhentista: as famílias dominantes do Porto (1500-1580)*. Porto: Arquivo Histórico da Câmara Municipal do Porto.

FREITAS, Eugénio de Andrea da Cunha e; MENDES, António Lopes, 1990 – *Provedores e Escrivães da Santa Casa da Misericórdia do Porto*. Porto: Santa Casa da Misericórdia do Porto (datilografado).

GAYO, Manuel José da Costa Felgueiras, 1938-1941 – *Nobiliário de famílias de Portugal*, *Fac. simile* de impressão diplomática do original manuscrito existente na Santa Casa de Misericórdia de Barcelos. [Braga]: Agostinho de Azevedo Meirelles; Domingos de Araújo Affonso.

MORAIS, Cristóvão Alão de, [1667] 1943-1948 – *Pedatura Lusitana: nobiliário de famílias de Portugal*, publicado por Alexandre António Pereira de Miranda Vasconcellos, António Augusto Ferreira da Cruz, Eugénio Eduardo Andrea da Cunha e Freitas. Porto: Livraria Fernando Machado, 12 volumes.

SILVA, Francisco Ribeiro da, 1988 – *O Porto e o seu termo (1580-1640): os homens, as instituições e o poder*, 2 volumes. Porto: Arquivo Histórico da Câmara Municipal do Porto.

FILOMENA MELO

João de Figueiroa Pinto

(? | ?)

Provedor da Santa Casa da Misericórdia

2.7.1622 | 2.7.1623

Contador da Comarca do Porto.

Vereador da cidade do Porto (1619, 1623, 1628 e 1642).

Provedor da Santa Casa da Misericórdia do Porto (1622, 1629 e 1634).

Filho de Francisco Neto de Figueiroa, cavaleiro fidalgo da Casa Real, vereador da cidade do Porto (1601), e de Guiomar Pinto da Fonseca.

Não casou. Foi pai de João de Figueiroa Pinto e de D. Susana.

Fidalgo da Casa Real.

Francisco Neto de Figueiroa, pai do provedor João de Figueiroa Pinto, terá sido o primeiro proprietário da casa da R. das Flores que se perpetuará na família durante os séculos seguintes. Foi aí que viveu João de Figueiroa Pinto, figura que granjeou fama de erudição e de piedade.

Fez-se confrade da Misericórdia do Porto e serviu a Casa ao longo de mais de vinte anos, durante os quais foi três vezes provedor e ainda, em muitos anos, foi conselheiro da Mesa, escrivão ou eleitor. Em gerações futuras, outros Figueiroa Pinto servirão também a Casa e a cidade, na mesma linha deste seu antepassado.

Quando foi eleito provedor pela primeira vez, em 1622, João de Figueiroa Pinto já levava dez anos na Confraria onde tinha desempenhado funções de relevo.

No decurso deste seu mandato, teve as habituais preocupações dos seus congéneres em manter as finanças da Casa organizadas, zelar pelas propriedades e rendimentos, contratar os serviços necessários e cumprir as obrigações assistenciais e caritativas com que a Misericórdia estava comprometida. Nestas se incluem o custear ou contribuir para o pagamento de resgates de presos, algo que neste período se evidencia como uma das principais áreas de intervenção da Misericórdia.

Este ano terá decorrido sem sobressaltos nem surpresas na vida da Casa. Apenas no final do mandato, a 21 de junho de 1623, o provedor deliberou, conjuntamente com a Mesa, avançar com uma ação judicial contra o Duque de Bragança por causa do legado de D. Catarina, duquesa de Bragança, e dos contratos que o procurador dos Duques fizera com os provedores precedentes, os quais nunca haviam sido cumpridos. O assunto não fora esquecido, mas a Misericórdia do Porto ainda não tinha tomado providências para resolver a questão, nem as Misericórdias de Lamego e Braga, também mencionadas como partes interessadas. Nesta ocasião, decidiu-se avançar no sentido de resolver esta pendência, começando por reunir os papéis e apresentá-los aos letrados da Casa para que organizassem o processo e procedessem judicialmente, conforme se afigurava necessário.

Mesa da Santa Casa da Misericórdia do Porto em 2.7.1622
Provedor: João de Figueiroa Pinto
Escrivão: Pantaleão de Seabra
Conselheiros: Martim Ferraz de Almeida, João de Valadares Carneiro, Cosme Aranha da Rocha, Manuel Dias Banhos, Bento de Aguiar Caldeira e, «de menor condição» Manuel Gonçalves, tanoeiro, Manuel Francisco, alfaiate, Gonçalo Rodrigues, livreiro, Domingos André, Gaspar Afonso, sapateiro, David Ferreira

FONTES E BIBLIOGRAFIA

Fontes arquivísticas

Arquivo Histórico da Santa Casa da Misericórdia do Porto (AHSCMP) – *Eleições da Mesa da Misericórdia*, série D, banco 5, livro 1; *Livro de Lembranças das deliberações da Mesa da Misericórdia*, série D, banco 8, livro 4.

Fontes impressas

COSTA, Agostinho Rebelo da, 1789 – *Descripção topografica, e historica da Cidade do Porto. Que contém a sua origem*.... Porto: na Officina de Antonio Alvarez Ribeiro.

Bibliografia

BRITO, Pedro de, 1997 – *Patriciado urbano quinhentista: as famílias dominantes do Porto (1500-1580)*. Porto: Arquivo Histórico da Câmara Municipal do Porto.

FERREIRA-ALVES, Joaquim Jaime B., 2001 – *A Casa Nobre no Porto: na Época Moderna*. Lisboa: INAPA.

FREITAS, Eugénio de Andrea da Cunha e; MENDES, António Lopes, 1990 – *Provedores e Escrivães da Santa Casa da Misericórdia do Porto*. Porto: Santa Casa da Misericórdia do Porto (datilografado).

MORAIS, Cristóvão Alão de, [1667] 1943-1948 – *Pedatura Lusitana: nobiliário de famílias de Portugal*, publicado por Alexandre António Pereira de Miranda Vasconcellos, António Augusto Ferreira da Cruz, Eugénio Eduardo Andrea da Cunha e Freitas. Porto: Livr. Fernando Machado.

PAULINO, Francisco Faria (coord.), 1995 – *Tesouros artísticos da Misericórdia do Porto* [Catálogo da exposição]. Porto: Santa Casa da Misericórdia do Porto/Comissão Nacional para a Comemoração dos Descobrimentos Portugueses.

SILVA, Francisco Ribeiro da, 1988 – *O Porto e o seu termo (1580-1640): os homens, as instituições e o poder*, 2 volumes. Porto: Arquivo Histórico da Câmara Municipal do Porto.

VALENTE, Vasco, 1950 – "Os «Homens da Governança» do município do Porto desde 1428 até 1949. Subsídios biográficos, genealógicos e iconográficos para organização dum ficheiro", in *Boletim Cultural da Câmara Municipal do Porto*, vol. XIII, fasc. 1-2, março-junho de 1950. Porto: Câmara Municipal do Porto.

FILOMENA MELO

Pantaleão Pereira

(? | ?)

Provedor da Santa Casa da Misericórdia

2.7.1623 | 2.7.1624

Abade de S. Miguel da Gândara, Penafiel.

O provedor deste ano, referido na documentação interna da Misericórdia com o título de Abade, será o Pantaleão Pereira, o Abade de S. Miguel de Gândara, em Penafiel. Porém, quanto ao seu contexto familiar e genealógico, que Pantaleão Pereira é este? Certamente graças à trasladação das relíquias de S. Pantaleão para a cidade do Porto, o onomástico imperou em quase todas as famílias, durante algumas gerações e gente de boa linhagem por nome Pereira havia-a por toda a cidade do Porto, por todo o reino até. Será Pantaleão Pereira do Lago, Pinto Pereira, Pereira de Vasconcelos, Pereira de Miranda, Melo Pereira, Ferreira Pereira, Brandão Pereira, Pereira de Lima ou até outro? Até ao momento, não foi possível correlacionar com exatidão, este provedor e uma destas distintas famílias portuenses. Isto assumindo que Pantaleão Pereira é desta origem, porque, de facto, poderia ser de qualquer parte.

Ao certo, sabe-se que em 1611 já era D. Abade de Gândara (AZEVEDO, 183) e que na década de 1620 estava integrado na Confraria da Misericórdia do Porto, onde foi eleitor, escrivão e provedor, durante este período.

⁂

No seu exercício à frente da Casa, o provedor Pantaleão Pereira manteve as práticas habituais de gestão e administração das finanças, das propriedades e legados da Misericórdia, promovendo a prática das obras de caridade habituais, de que se evidenciam os pagamentos de dotes e resgates.

Excecional, mas não inédita, foi a decisão de rejeitar um determinado legado, devido às exigências do testador serem tais que se considerava acarretarem um encargo excessivo e desproporcionado para a Casa.

Para a dignificação dos momentos de culto, concretamente para que a procissão de 5.ª feira de Endoenças decorresse com a dignidade própria, o provedor decidiu encomendar um novo crucifixo, considerando que o existente estava «muito danificado» e com «bicho» representando até um risco sair na procissão. Estabeleceram-se os termos contratuais com o imaginário, a quem se impôs o requisito de que a peça a fazer fosse «de boa estatura e mais ao natural que fosse [possível] imitando a imagem do *ecce homo*» da Misericórdia (*Livros de Lembranças...*, n.º 4, fls. 361v-362).

Noutra ocasião, Pantaleão Pereira propôs a encomenda do gradeamento para a capela de Baptista da Costa de Sá, seguindo o modelo das que mandava fazer também para a capela-mor, «com pilares de pedra» e a balaustrada e bancos em jacarandá com guarnição em bronze. Pensou-se que os pilares da capela deveriam ter letreiros identificando a quem pertenciam, mas como estes pilares, na base, «estavam lavrados de diamantes e se não podia escrever neles», acabou por se determinar que essas placas ficariam «junto aos pilares na parede da banda de fora» (*Livros de Lembranças...*, n.º 4, fl. 364v).

Mesa da Santa Casa da Misericórdia do Porto em 2.7.1623

Provedor: Pantaleão Pereira

Escrivão: João de Valadares Carneiro

Conselheiros: João Brandão Freire, João Álvares Moutinho, prior de Cedofeita, António do Amaral de Albuquerque, Paio Correia Pereira, João Álvares Pamplona; oficiais Manuel Carvalho, cordoeiro, Valentim Carvalho, mestre de pedraria, Manuel Fernandes, alfaiate, Manuel Gomes, tanoeiro, Jácome Simões Cubas, Francisco Borges, o moço

FONTES E BIBLIOGRAFIA

Fontes arquivísticas

Arquivo Histórico da Santa Casa da Misericórdia do Porto (AHSCMP) – *Eleições da Mesa da Misericórdia*, série D, banco 5, livro 1; *Livro de Lembranças das deliberações da Mesa da Misericórdia*, série D, banco 8, livro 4.

Bibliografia

AZEVEDO, Carlos Moreira de, 1979 – "A cidade do Porto nos relatórios das visitas 'ad limina' do Arquivo do Vaticano". Separata da *Revista de História* (2). Porto: Faculdade de Letras da Universidade do Porto, pp. 175 -204.

FREITAS, Eugénio de Andrea da Cunha e; MENDES, António Lopes, 1990 – *Provedores e Escrivães da Santa Casa da Misericórdia do Porto*. Porto: Santa Casa da Misericórdia do Porto (datilografado).

FILOMENA MELO

Diogo Leite de Azevedo

(? | ?)

Provedor da Santa Casa da Misericórdia
2.7.1624 | 2.7.1625

Vereador da Câmara Municipal do Porto (1580 e 1589).

Provedor da Santa Casa da Misericórdia do Porto (1582-1583, 1593-1594, 1609-1610 e 1624-1625). Escrivão e tesoureiro da Mesa da Santa Casa da Misericórdia do Porto. Mesário da Santa Casa da Misericórdia do Porto.

Filho de Diogo Leite do Amaral e de Maria Pereira.

Casado com Helena de Castro ou Azevedo (em São Miguel, Açores), de quem teve três filhos: Jácome Leite de Vasconcelos, João Leite e Maria de Vasconcelos.

Irmão de António Pereira de Vasconcelos, provedor da Misericórdia do Porto.

O ano de 1624 foi o do quarto e último mandato deste provedor. No decurso deste exercício, registaram-se três autos de expulsão de Irmãos, por desobediência ou incumprimento das suas obrigações para com a Casa, o que é um número um tanto elevado e pouco comum. Os sentenciados foram Bento Ferreira Dinis, em agosto de 1624, António Ferreira Palha, em janeiro de 1625, e Manuel Lopes, que fora solicitador da Casa em junho desse mesmo ano. Facto ainda mais surpreendente é que todos foram reabilitados e reintegrados como Irmãos nos mandatos dos provedores seguintes, levando a especular ou pelo menos considerar a hipótese de dissidências pessoais que possam ter conduzido aos desacatos.

No mais, a Casa foi administrada como habitualmente, sendo providos os cargos vagos (capelão e solicitador), geridas as finanças, o património e os legados. Neste ponto destaca-se o facto de a Misericórdia ter recebido mais uma herança de um antigo provedor, concretamente um padrão de juro legado por Diogo de Sousa, entretanto já falecido, que fora provedor em 1608.

Mesa da Santa Casa da Misericórdia do Porto em 2.7.1624

Provedor: Diogo Leite de Azevedo

Escrivão: António de Amaral de Albuquerque

Conselheiros: Gaspar Nunes Barreto, Martim Ferraz de Almeida, Simão Ribeiro Pereira, Bernardo Pereira, comendador, António Leite do Amaral, e oficiais Manuel Ferreira, da Porta Nova, David Pereira, Gonçalo Fernandes, das Congostas, Sebastião Ferreira, mercador, Heitor Lopes e Manuel de Pena, barbeiro

FONTES E BIBLIOGRAFIA

Ver páginas 392-393.

FILOMENA MELO

Rodrigo da Cunha

(Lisboa, 1577 | Lisboa, 3.1.1643)

Provedor da Santa Casa da Misericórdia
2.7.1625 | 7.7.1626

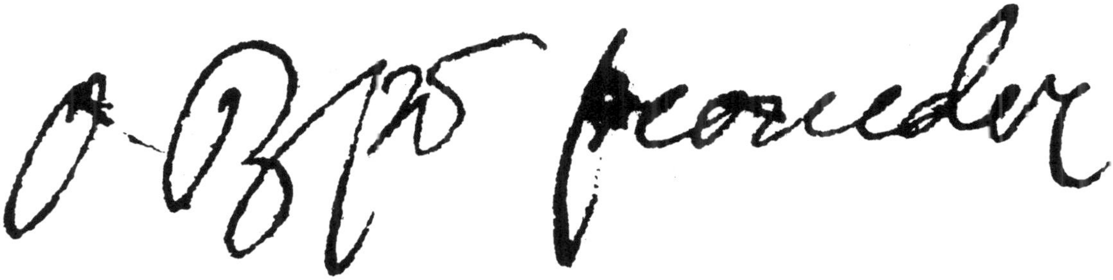

Clérigo.

Bispo de Portalegre (1615-1618). Bispo do Porto (1618-1626). Arcebispo primaz de Braga (1626-1634). Arcebispo de Lisboa (1635-1642).

Deputado e inquisidor da inquisição de Lisboa.

Filho de D. Pedro da Cunha, morgado de Tábua, capitão-mor de Lisboa e de D. Maria da Silva.

Nascido em Lisboa, estudou nesta cidade no colégio jesuíta de Santo Antão indo depois para Coimbra onde se doutorou em Direito Canónico. Como filho segundogénito de um grande senhor, a sua vida foi talhada para a carreira eclesiástica e assim se cumpriu, passando pelo Santo Ofício, como deputado e inquisidor e alcançando a dignidade episcopal, primeiro em Portalegre, seguidamente no Porto, depois em Braga, onde se distinguiu como autor da reforma do Breviário Bracarense, em 1634, e, finalmente, na arquidiocese de Lisboa, na qual teve o ensejo de presidir ao Sínodo de Lisboa de 1640.

Enquanto bispo do Porto assinale-se ainda que foi o responsável pelo lançamento da primeira pedra do edifício conventual da Ordem dos Carmelitas Descalços naquela cidade. Depois desta Ordem ter chegado ao Porto em 1617 com o apoio do governador das Armas da cidade, D. Diogo Lopes de Sousa, e depois de «vencidas as dificuldades para levantar casa própria», foi a ação de D. Rodrigo da Cunha que possibilitou tal realidade (FRANCO, 2010: 96).

Para trás ficou ainda a oportunidade de ter sido cardeal de Madrid, cargo que lhe foi proposto em 1638, mas que recusou, pois certamente a sua consciência política não lhe terá permitido pactuar com o monarca castelhano. Embora tenha estado na Corte de Filipe III, foi um seu opositor e, conforme bem sintetiza Rebelo da Costa, «concorreu eficazmente para a feliz aclamação d' el Rei D. João IV» (COSTA, 83). Uma vez que naqueles anos se encontrava na diocese de Lisboa, D. Rodrigo da Cunha estava no lugar exato para ter o papel político ativo que de facto teve. Apoiou os conjurados de 1640 e assumiu o governo do reino, conjuntamente com o arcebispo de Braga, enquanto a situação se clarificava e se aguardava a chegada do Duque de Bragança. O seu nome foi inscrito entre aqueles que juraram fidelidade ao Rei D. João IV, a 15 de dezembro de 1640 e bem assim esteve presente na confirmação do monarca, nas Cortes de Lisboa, em janeiro de 1641.

A vida de D. Rodrigo teve ainda uma terceira vertente igualmente notável, a de investigador e historiador. Destaca-se, da sua bibliografia activa a *Advertencias ao Iubileu do anno de mil e seiscentos e vinte* (1620), o *Catálogo dos Bispos do Porto* (1623), a *História Eclesiástica dos Arcebispos de Braga* (1634-1635) e a *História Eclesiástica da Igreja de Lisboa* (1642). O *Catálogo dos Bispos do Porto* é, ainda hoje, uma obra de referência da maior utilidade para a investigação e por esse motivo serviu de apoio para a realização de numerosas biografias que fazem parte do conjunto da presente obra.

D. Rodrigo da Cunha é uma figura maior da História de Portugal, por todas e qualquer uma das facetas da sua vida, sem dúvida. Não obstante, ou talvez por isso mesmo, não tem um papel particularmente relevante enquanto provedor da Misericórdia do Porto.

Na verdade, a maior parte das atas registadas no *Livro de Lembranças* deste período atestam que as reuniões da Mesa foram presididas pelo escrivão, em substituição do provedor, ausente, que subscreve um pequeno número de atas, a partir dos finais de abril de 1626. As dinâmicas e assuntos correntes da Casa se desenvolveram normalmente, mas com pouca ou nenhuma intervenção de D. Rodrigo da Cunha.

Numa dessas reuniões ficou deliberado alterar o ritmo dos despachos da Casa, por motivos que não ficaram claramente expressos, dizendo-se apenas que seria «de mais conveniência e melhor expedição», passando a ser despachadas às quartas-feiras as petições dos pobres, e aos domingos os assuntos e petições dos presos (*Livros de Lembranças*..., n.º 4, fl. 387).

O mandato desta Mesa prolongou-se um pouco mais porque o novo provedor, eleito como habitualmente a 2 de julho de 1626, «o conde governador», escusou-se a exercer o cargo não chegando a tomar posse e permanecendo D. Rodrigo da Cunha como provedor durante mais alguns dias, até se resolver a situação. Em seguida, Pantaleão de Seabra e Sousa foi empossado como provedor a 7 de julho, vindo a falecer em outubro, deixando outra vez a provedoria vacante. D. Rodrigo da Cunha, por ter sido o provedor precedente, deveria então voltar a assumir o cargo, conforme estava estipulado estatutariamente para casos semelhantes. Porém, presidiu interinamente à Mesa, recusando reassumir o cargo, como era sua obrigação, e convocou eleições para a provisão do cargo.

Mesa da Santa Casa da Misericórdia do Porto em 2.7.1625

Provedor: D. Rodrigo da Cunha

Escrivão: Pantaleão Pereira

Conselheiros: «conde governador», João Álvares Pereira de Berredo, João de Figueiroa Pinto, Paio Correia Pereira, Luís Álvares de Madureira, oficiais Francisco Manuel, sapateiro, Baltazar Duarte, Francisco Gonçalves, sapateiro, Jerónimo da Silva, oleiro, Pêro Francisco, sapateiro, João Dias, correeiro

Hagiografia de Santa Iria, por D. Rodrigo da Cunha

Corria o ano do Senhor de 653, que foi o terceiro do reinado de Recessuinto, quando sucedeu o glorioso martírio de Eiria, ou Irene, natural da vila de Tomar, a que os antigos chamaram Nabancia, nome, que ainda hoje conserva o rio Nabão, que a rega, e que o parece o deu à povoação e depois se chamou Thainar, por imposição dos Mouros, que com o senhorio, e tirania, mudaram o ser, e o nome das coisas; porque ainda uma pequena esperança lhe ficasse aos Cristãos, do que tinham possuído por tantas idades: passarão os tempos, e com a ordinária mudança deles, tomou a vila o nome do rio, com diferença só de uma letra, que é o que permanece, ressuscitando ao rio, o seu antigo, Nabão. Autor há que dá a Leiria (cidade poucas léguas distante de Tomar) por pátria desta Santa, levado ou da alusão do seu nome (argumento de grande força no muito antigo) ou também de uma tradição que dura entre os naturais, a qual afirma, que o edifício de umas casas, que está meia légua daquela cidade, sítio do nascimento do rio Lis, o é também da nossa insigne Mártir, coisa, em que não achamos muito fundamento, por ser a opinião contraria favorecida de quase todos os autores, que escrevem desta matéria, de cuja honra, não é justo, que privemos um tão nobre, e excelente povo como Tomar, cabeça em outro tempo da religião militar dos Templários, e hoje da nossa Portuguesa de Cristo, como herdeira, e sucessora de sua grandeza, e dignidades.

Nasceu esta Santa de cavaleiros nobres, ricos, e católicos, chamados Ermígio, e Eugenia, nomes, de que se inferir ser o pai Godo, e a mãe Romana, ou natural, e Portuguesa. Era senhor de Nabancia Castinaldo, ou governador de toda aquela comarca pelos Reis Godos, com titulo de conde (assim chamavam aos que governavam distritos, em que se dividia a Lusitânia, pequenos sempre, por não dar ocasião às tiranias do poder grande, justo receio de príncipes eleitos, que como nunca firmes no império, sempre lhe fica a grandeza dos vassalos suspeitosa, ou pela emulação, que oferece, ou pelos cumes que causa.) Tinha este Castinaldo de, de Cásia, matrona de grande respeito e sangue, um único filho herdeiro de sua casa, por nome Britaldo, mancebo de grandes esperanças.

3. Havia um recolhimento no lugar onde se criava Irene, a cargo, e cuidado de Casta, e Júlia, suas tias, irmãs de seu pai, em companhia de outras donzelas, avantajando-se a todas igualmente em formosura, que em virtude, e para que esta luzisse com maiores aumentos, a encomendou Célio varão perfeito, Abade de um mosteiro, da invocação de Nossa Senhora da mesma vila, e tio da santa donzela, irmão de sua mãe Eugénia, a um monge seu, chamado Remígio, que florescia com fama de santo, e sábio, para que sua doutrina, e santidade, em que os primeiros anos fosse instruída no perfeito estado das virtudes. Chegou com esta criação ao mais solido delas, sendo exemplar naquela tenra idade, de grande admiração, em toda aquela terra. Professavam as Religiosas daquele tempo mais

recolhimento, que clausura, e assim iam aos templos ouvir os divinos ofícios; porém Irene negava-se tanto a esta devota liberdade, que só uma vez no ano a admitia. Indo no dia do Apostolo S. Pedro visitar a Igreja, que estava vizinha aos paços do governador Castinaldo, viu ali naquela ocasião Britaldo seu filho, e afeiçoou-se de maneira a sua fermosura, e rara modéstia, que apertado do fogo de amor, que o abrasava, e refreado da honestidade da virgem, que não consentia manifestar-se incêndio tão mal nascido, lutando entre um e outro afeto, veio a cair gravemente enformo; aumentava-se o mal, com a desconfiança do remedio; porque os médicos lho não podiam aplicar, ignorando a causa, que o próprio enfermo lhe encobria; a doença, que parecia incurável, sarou com a vista de Irene; porque revelando-lhe Deus o estado de Britaldo, fiada na divina graça, e levada do esprito do céu, e caridade do próximo, o entrou a visitar, com o recato, e companhia devida a sua modéstia, e profissão. Tratou logo de o desenganar em suas pretensões, e foi fácil, pelo estado, em que o tinha posto a enfermidade. Quis com tudo lhe prometesse a puríssima donzela, que já mais se afeiçoaria, ou casaria com outro, que ele não fosse: não parece a Irene recusar o partido, como aquela, que todas suas afeições tinha postas no celestial Esposo. Deixou com isto melhorado no corpo, e já de todo convalescido n'alma, que de uma e outra enfermidade lhe foram sua vista, e palavras, medicina saudável.

4. Alegres os pais com a saúde do filho, começarão a fazer tanta estimação da Santa, por cujo meio a alcançara, que lhe renderão graças, como a milagrosa, publicando maravilhas tão grandes, e favores do céu, que deu motivo a toda aquela terra, para celebrar o nome de Irene, e consulta-la como a oraculo em suas necessidades. Agradecido Britaldo a este benefício, parou nos desejos desordenados, com que amava a Santa, sossegando-lhe só a promessa, de que não diferiria a outra vontade, que não fosse a sua; satisfazendo com este modo aos ciúmes, como a afeto mais violento da afeição. Tornou-se a Santa alegre para o seu mosteiro, de se ver livre do perigo a que a conduziu a caridade; mas como foi ação e Deus, mal podia ter outro fim.

5. Passados dous anos, que a santa Virgem gastou sempre em exercícios espirituais, tentou o diabo, como vigilante leão na perdição das almas, segunda vez dar assalto a imóbil fortaleza da castidade de Irene, tomando por instrumento ao monge Remígio, mestre seu nas letras, e no espírito. Foi o caso, que afeiçoado desenfreadamente este monge da fermosura da santa donzela, trocando os primeiros conselhos, que na virtude lhe dava, em abominações, lhe manifestou a torpeza de seu apetite, e dando lhe um, e muitos assaltos, ficou sempre firme, qual esposa de Cristo, cercada dos lírios da pureza, cuja frescura nem o ardor do Sol queima, nem o rigor do vento murcha. Acusou a Santa, não só com desprezo, em severas palavras, mas com valor tão heroico, o brutal despejo de Remígio, que indignado igualmente, que corrido, propôs vingar-se, e foi desta maneira. Buscou traça para lhe dar uma bebida, feita com tal confeição, que pouco a pouco lhe foi

inchando o ventre, ao modo de mulher pejada; cresceu a suspeita de o estar, entre os maus, como sucede de ordinário, e com mais certeza, quando ouviram, que o mesmo mester o certificava, e como as demonstrações exteriores (ao parecer) o não desmentiam, começou o crédito da Santa a perecer, duvidando de sua virtude, e pureza, até os bons, que nesta parte levados da murmuração pública se mostraram mais enganado das aparências do mal, que certos da realidade do bem.

(Fonte: *Historia ecclesiastica da Igreja de Lisboa: vida e acçoens de seus prelados, e varões eminentes em santidade, que nella florecerão...* 2.º vol., pág. 109-111)

FONTES E BIBLIOGRAFIA

Fontes arquivísticas

Arquivo Histórico da Santa Casa da Misericórdia do Porto (AHSCMP) – *Eleições da Mesa da Misericórdia*, série D, banco 5, livro 1; *Livro de Lembranças das deliberações da Mesa da Misericórdia*, série D, banco 8, livro 4.

Fontes impressas

COSTA, Agostinho Rebelo da, 1789 – *Descripção topografica, e historica da Cidade do Porto. Que contém a sua origem....* Porto: na Officina de Antonio Alvarez Ribeiro.

CUNHA, D. Rodrigo da, 1742 – *Catálogo dos Bispos do Porto*, 2.ª edição. Porto: Officina Prototypa Episcopal.

CUNHA, D. Rodrigo da, 1642 – *Historia ecclesiastica da Igreja de Lisboa: vida e acçoens de seus prelados, e varões eminentes em santidade, que nella florecerão...*, 2.º volume. Lisboa: Manoel da Sylua.

MACHADO, Diogo Barbosa, 1741 – *Bibliotheca Lusitana historica, critica e cronologica na qual se comprehende a noticia dos Authores Portuguezes, e das Obras, que compuserão desde o tempo da promulgação da Ley da Graça até o tempo prezente*, tomo I. Lisboa: Oficina de António Isidoro da Fonseca.

Bibliografia

FRANCO, José Eduardo (dir.), 2010 – *Dicionário Histórico das Ordens. Institutos religiosos e outras formas de vida consagrada católica em Portugal.* Lisboa: Gradiva.

FREITAS, Eugénio de Andrea da Cunha e; MENDES, António Lopes, 1990 – *Provedores e Escrivães da Santa Casa da Misericórdia do Porto.* Porto: Santa Casa da Misericórdia do Porto (datilografado).

SARAIVA, José Hermano (coord.), 2004 – *História de Portugal, Dicionário de Personalidades*, 20 volumes. Lisboa: Quidnovi-Edição e Conteúdos.

FILOMENA MELO

Pantaleão de Seabra e Sousa

(Porto | Porto, 21.10.1626)

Provedor da Santa Casa da Misericórdia
7.7.1626 | 21.10.1626

Vereador da cidade do Porto (1604, 1608, 1617 e 1621).

Escrivão da Mesa da Santa Casa da Misericórdia do Porto (1598-1599). Provedor da Santa Casa da Misericórdia do Porto (1615-1616 e 1626-1627).

Filho de Francisco de Seabra de Sousa e de D. Isabel de Figueiroa.

Casado, em Lisboa, com D. Eufrásia de Mesquita de quem teve nove filhos, Mendo de Seabra, João de Seabra, D. Faustino, Mateus de Seabra, D. Isabel, D. Catarina, D. Auta ou Antónia de Seabra, Gonçalo de Seabra e Manuel de Seabra.

Avô de João de Seabra de Sousa, provedor da Santa Casa da Misericórdia do Porto (1684-1685).

Sogro de Bento de Aguiar Caldeira, provedor da Santa Casa da Misericórdia do Porto (1633-1634 e 1637-1638).

Fidalgo da Casa Real. Cavaleiro da Ordem de Cristo.

Quando eleito para este segundo mandato, Pantaleão de Seabra e Sousa era já uma pessoa idónea, Irmão da Casa havia já vários anos e tudo levaria a crer que este exercício poderia decorrer da melhor forma. Porém, assim não foi e desde o início tudo esteve atribulado.

Pantaleão de Seabra e Sousa foi eleitor nas eleições de 2 de julho de 1626 e, nessa ocasião, foi eleito provedor o «conde governador». Porém, como este declinou o cargo, veio Pantaleão de Seabra a ser provedor, tomando posse a 7 de julho. Este segundo mandato começou assim alguns dias mais tarde do que era habitual, por renúncia do provedor que fora escolhido na primeira ronda eleitoral e terminou abruptamente, por ter falecido Pantaleão de Seabra de Sousa cerca de três meses após tomar posse.

Durante estes meses a vida da Casa terá decorrido normalmente, não havendo nota de nenhum assunto particularmente relevante exarado nas atas das reuniões da Mesa a que o provedor presidiu. O último destes registos é de 22 de setembro de 1626. A 21 do mês seguinte a Casa encontra-se já de luto e são necessárias providências para substituir o provedor. D. Rodrigo da Cunha aceitou presidir interinamente à Mesa, por ter sido o provedor anterior, mas recusou a sua obrigação de reassumir o cargo, como estava previsto estatutariamente, e convocou novas eleições para se encontrar o sucessor no lugar vacante.

Mesa da Santa Casa da Misericórdia do Porto em 7.7.1626
Provedor: Pantaleão de Seabra e Sousa
Escrivão: Cosme Aranha da Rocha
Conselheiros: Baltazar Pinto Aranha, Duarte Mendes Vasconcelos, Martim de Távora de Noronha, Francisco de Magalhães Cirne, abade, Pantaleão de Figueiroa e, «de menor condição» Manuel Carvalho, cordoeiro, António da Costa, sangrador, João Fernandes Valdez, Manuel António do Souto, Manuel Francisco, alfaiate

FONTES E BIBLIOGRAFIA

Ver página 530.

FILOMENA MELO

Francisco de Sá de Menezes

(n. 1598 | ?, 15.8.1647)

Provedor da Santa Casa da Misericórdia

25.10.1626 | 2.7.1627

Capitão e alcaide-mor do Porto.

Camareiro-mor.

Filho de João Rodrigues de Sá e Menezes e de D. Isabel de Mendonça.

Casou com D. Joana de Castro, de quem teve oito filhos, João, Manuel, Pantaleão, António, D. Maria de Castro, D. Isabel de Mendonça, D. Madalena de Castro, D. Maria Francisca de Sá.

Segundo conde de Penaguião. Senhor de Sever e Matosinhos. Comendador de Santiago do Cacém.

Francisco de Sá de Menezes é sem dúvida a figura mais destacada da cidade do Porto, no seu tempo. É o chefe da sua Casa e esta posição conferia-lhe também, por herança, o estatuto de capitão e alcaide-mor da cidade de Porto, desde o século XIV. A primazia desta família foi sendo consolidada, ao longo dos tempos, pela sua tendência notória para apostar certeiramente no campo vencedor e Francisco Sá de Menezes não desmereceu esta tradição familiar. Apesar de trazer o título de Conde de Penaguião, concedido a seu pai por Filipe I, e apesar de ter sido camareiro-mor dos últimos dois Filipes, foi-o também de D. João IV. Deste Rei, a quem soube também mostrar-se fiel, mereceu novas recompensas, sendo-lhe acrescentado o cargo de estribeiro-mor da Rainha.

Era filho de João Rodrigues de Sá e Menezes e de D. Isabel de Mendonça. Casou, em 21 de agosto de 1617, com D. Joana de Castro de quem teve oito filhos, João Rodrigues de Sá e Menezes, Manuel de Sá de Menezes, Pantaleão de Sá de Menezes, D. António de Sá, D. Maria de Castro, D. Isabel de Mendonça, D. Madalena de Castro, D. Maria Francisca de Sá.

Sem dúvida, o percurso pessoal de Francisco de Sá de Menezes foi sempre acompanhado por uma boa estrela, no sentido figurado, bem entendido, mas não apenas, segundo atesta um curioso episódio descrito na sua biografia por António Caetano de Sousa: «Estando em Peniche observando um cometa no ano de 1621, caiu de uma janela de trinta e cinco pés de alto, sem perigar, o que ele atribuiu a uma relíquia que trazia ao pescoço» (SOUSA, Provas XII, P II, 1145)

Tal como os seus antepassados, Francisco de Sá de Menezes também ingressou na Misericórdia da cidade do Porto e, como acontecera também com eles, rapidamente foi eleito provedor. O seu historial nesta Casa, porém, não é tão brilhante como os demais episódios da sua vida. Após a morte do provedor que fora eleito para o ano de 1626-27, Pantaleão de Seabra de Sousa, foi convocado D. Rodrigo da Cunha, o provedor que o precedera, que se escusou a reassumir o cargo, tendo presidido interinamente, durante escassos dias. Os Irmãos determinaram então não chamar o provedor que estivera antes de D. Rodrigo, e que fora Diogo Leite de Azevedo, por este se encontrar «fora do termo» e por outras razões que consideravam «justas e honestas causas». (AHSCMP, *Eleições da Mesa da Misericórdia*, Série D, Banco 5, Livro 1, fls. 97-98 e AHSCMP – *Livros de Lembranças das deliberações da Mesa da Misericórdia*, Série D, Banco 8, Livro 4, fl. 401). Por consequência, fizeram-se novas eleições, de que saiu então provedor Francisco de Sá de Menezes, mantendo-se a Mesa que saíra das eleições de 2 de julho.

Pelas circunstâncias referidas, o mandato deste provedor ficou reduzido em menos um trimestre. Durante este período, Francisco de Sá de Menezes foi assíduo a presidir à Mesa, tomando as decisões necessárias em cada momento, provendo aos vários assuntos relativos à administração, gestão financeira, obras pias e assistenciais da Casa. Na verdade, uma vez sanadas as peripécias que precederam a sua eleição, tendo tomado posse, tudo parece ter regressado à normalidade. As atas noticiam que a terá presidido pela primeira vez a uma assembleia da Casa a 8 de novembro de 1626, ocasião em que se determinou que fossem «riscados» dois Irmãos, David Pereira e Manuel Ferreira, mais tarde readmitidos. Em maio do ano seguinte aprovou também a exclusão de Gaspar Rodrigues, tanoeiro e nada mais houve de relevante, até ao último dia do seu mandato, precisamente.

Foi então em dia de eleições, 2 julho de 1627, que tudo se complicou novamente. A Mesa da Misericórdia reuniu-se para o ato eleitoral e, uma vez recolhidos os votos, o provedor determinou interromper o processo em curso e adiar as eleições para o dia seguinte, considerando serem «necessárias algumas diligências». Os presentes na sala e numerosos outros Irmãos que aguardavam no local, instaram com ele para que terminasse a eleição naquele dia, «como era costume e dispunha o Compromisso». Respondeu-lhes que era o provedor e «faria o que lhe parecesse», saindo de imediato do local. Embora contrafeitos, certamente, todos acataram a decisão, retiraram-se e compareceram no dia seguinte para retomar o processo. Não se encontrando Francisco de Sá de Menezes, mandaram-no chamar para presidir à Mesa e dar seguimento às eleições, ao que respondeu, mandando recado, que já não era provedor nem Irmão e que não lhe cabia por isso «dar ordem ao que se havia de fazer», devendo a Mesa cumprir o Compromisso. Deste modo, sem a sua presença, as eleições decorreram no dia 3 de julho desse ano e cessou definitivamente a sua colaboração com a Misericórdia.

Contudo, e apesar deste infeliz sucesso, depois deste mandato foi ainda eleito deputado da Mesa saída das eleições de 2 de julho de 1629, tendo-se recusado a ir assinar e tomar posse, alegando uma vez mais que já não era Irmão da Misericórdia. Em vista de tão perentória recusa, nada mais haveria a fazer.

Mesa da Santa Casa da Misericórdia do Porto em 25.10.1626

Provedor: Francisco de Sá de Menezes

Escrivão: Cosme Aranha da Rocha

Conselheiros: Baltazar Pinto Aranha, Duarte Mendes Vasconcelos, Martim de Távora de Noronha, Francisco de Magalhães Cirne, abade, Pantaleão de Figueiroa e, «de menor condição» Manuel Carvalho, cordoeiro, António da Costa, sangrador, João Fernandes Valdez, Manuel António do Souto, Manuel Francisco, alfaiate

FONTES E BIBLIOGRAFIA

Fontes arquivísticas

Arquivo Histórico da Santa Casa da Misericórdia do Porto (AHSCMP) – *Eleições da Mesa da Misericórdia*, série D, banco 5, livro 1; *Livro de Lembranças das deliberações da Mesa da Misericórdia*, série D, banco 8, livro 4.

Fontes impressas

SOUSA, António Caetano de, 1735-1749 – *Historia genealógica da Casa Real Portugueza*... Lisboa: na Officina de Joseph Antonio da Sylva, impressor da Academia Real, 12 tomos em 13 volumes.

Bibliografia

FARDILHA, Luís, 2004 – "Disputa por um nome: o poema *Malaca Conquistada* (1634), de Francisco de Sá de Menezes, e a representação genealógica". *Revista da Faculdade de Letras "Línguas e literaturas"*, XXI, I. Porto: Faculdade de Letras da Universidade do Porto, pp. 61-87.

FREITAS, Eugénio de Andrea da Cunha e; MENDES, António Lopes, 1990 – *Provedores e Escrivães da Santa Casa da Misericórdia do Porto*. Porto: Santa Casa da Misericórdia do Porto (datilografado).

FILOMENA MELO

Baltazar Pinto Pereira

(? | ?)

Provedor da Santa Casa da Misericórdia

3.7.1627 | 2.7.1628

Clérigo. Magistrado judicial.

Cónego da Sé de Coimbra. Deão da Sé do Porto.

Filho de Diogo Pinto Pereira e de Isabel Lobão Pimentel.

Irmão de António Pinto Pereira, provedor da Misericórdia do Porto (1605) e tio de Matias da Silva de Abreu também provedor da Misericórdia (1674).

Baltazar Pinto Pereira conjugou a sua condição de jurista, como desembargador dos Agravos e da Casa da Relação do Porto, com a vida eclesiástica que seguiu, tendo sido cónego, em Coimbra, e Deão, no Porto. Foi nomeado nesta dignidade eclesiástica como sucessor de seu irmão, o deão António Pinto Pereira, logo após o falecimento deste. Nas breves biografias dos cónegos do Porto que D. António Ferreira Pinto redigiu, refere que Baltazar Pinto Pereira foi excomungado, a 26 de julho de 1621, sendo por consequência suspenso do serviço do coro e rendimentos inerentes. Contudo, não apresenta os motivos que poderiam ter levado a esta situação extrema. É possível que a situação se tenha revertido, de alguma forma, pois senão certamente Baltazar Pinto Pereira não teria estado também ao serviço da Santa Casa da Misericórdia do Porto, onde ocupou o lugar de provedor muitos anos depois deste funesto episódio.

Na Misericórdia, onde não consta que tenha permanecido por muito tempo, foram também confrades os seus irmãos de sangue, o referido António Pinto e Belchior Pinto Pereira, este último pai do futuro provedor Matias da Silva de Abreu.

A avaliar pelas atas registadas no *Livro de Lembranças*, o seu mandato terá decorrido sem sobressaltos, tendo o provedor acompanhado a gestão administrativa e financeira da casa, deliberando sobre ações judiciais, aplicações de juros, provisão dos serviços da Casa, enfim, os mais diversos assuntos de caráter corrente. Terá sido, por isso, um tempo propício para promover os arranjos da casa e melhorar alguns aspetos estéticos e simbólicos da imagem da Misericórdia, a começar pelas bandeiras de todas as Casas que, por ordem régia de 9 de agosto de 1627, deveriam passar a incluir a representação de um frade trinitário e a sigla F.M.I., por forma a homenagear a memória do fundador, frei Miguel Contreiras. Na mesma linha de melhoramentos, a Mesa decidiu que o órgão da igreja deveria tocar aos domingos, dias santos e festas mais solenes. Com idêntico propósito de valorizar a Casa e engrandecer o culto, o provedor propôs que se aproveitasse para mandar vir de Lisboa azulejos para revestimento das paredes da igreja, aplicando assim um donativo de 200 000 reais que a Câmara dera à Misericórdia «para ornatos da igreja». Deste modo, evitavam-se os gastos que anualmente se faziam em armações provisórias para enfeitar a igreja em ocasiões festivas, já que o revestimento azulejar constituiria um ornato permanente da igreja.

Mesa da Santa Casa da Misericórdia do Porto em 3.7.1627

Provedor: Baltazar Pinto Pereira

Escrivão: Francisco Magalhães Pinto

Conselheiros: Pêro Vaz de Sousa (?), João de Figueiroa, Manuel da Rocha Leão, Bento de Aguiar Caldeira, doutor Francisco Rebelo Homem e «de menor condição» Gonçalo Rodrigues, livreiro, Manuel Gonçalves, tanoeiro, Pantaleão da Costa, bainheiro, Marcos Manuel, sapateiro, Domingos André, mercador, Francisco Gonçalves, sapateiro

FONTES E BIBLIOGRAFIA

Fontes arquivísticas

Arquivo Histórico da Santa Casa da Misericórdia do Porto (AHSCMP) – *Eleições da Mesa da Misericórdia*, série D, banco 5, livro 1; *Livro de Lembranças das deliberações da Mesa da Misericórdia*, série D, banco 8, livro 4.

Bibliografia

FREITAS, Eugénio de Andrea da Cunha e; MENDES, António Lopes, 1990 – *Provedores e Escrivães da Santa Casa da Misericórdia do Porto*. Porto: Santa Casa da Misericórdia do Porto (datilografado).

MORAIS, Cristóvão Alão de, [1667] 1943-1948 – *Pedatura Lusitana: nobiliário de famílias de Portugal*, publicado por Alexandre António Pereira de Miranda Vasconcellos, António Augusto Ferreira da Cruz, Eugénio Eduardo Andrea da Cunha e Freitas. Porto: Livraria Fernando Machado, 12 volumes.

PINTO, Cónego António Ferreira, 1940 – *O Cabido da Sé do Porto. Subsídios para a sua História*, VI. Porto: Publicações da Câmara Municipal do Porto.

FILOMENA MELO

Diogo Gomes de Lemos

(n. c. 1570 | Porto, 1651)

Provedor da Santa Casa da Misericórdia

2.7.1628 | 2.7.1629

Proprietário.

Filho de João Gomes de Lemos e de D. Teresa Andrade de Vasconcelos.

Casou com D. Mariana Vilhena de Coutinho ou Mariana de Lacerda, sem geração. Casou segunda vez com D. Guiomar Monteiro de Almeida (1646) de quem tinha dois filhos, João Gomes de Lemos e D. Jerónima de Lemos. Teve ainda outros três filhos: Duarte de Lemos, D. Madalena de Lemos e D. Luísa de Távora.

Genro de António Ferreira Pereira, provedor da Santa Casa da Misericórdia do Porto.

Sexto Senhor da Trofa, Álvaro, Pampilhosa, Jales e Alfarela (1617). 8.º morgado do Calhariz. Senhor da Honra e Torre de Silva e das Quintãs e Torres de Cambra e St.ª M.ª de Ventosa (Vouzela). Moço fidalgo da Casa Real. Comendador de Cambra e St.ª M.ª de Ventosa na Ordem de Cristo. Senhor da Casa do Patim, no Porto (pelo casamento).

Diogo Gomes de Lemos sucedeu a seu avô como 6.º Senhor de Trofa, pois seu pai falecera antes e, além dos muitos títulos que herdou, tornou-se ainda senhor da Casa de Patim, no Porto, pelo seu consórcio com D. Mariana. Deste matrimónio não houve filhos, mas Diogo Gomes de Lemos teve ainda assim seis filhos. Após enviuvar, a hipótese de um segundo casamento é posta em causa por alguns autores. Outros, porém, confirmam que o houve e atribuem-lhe uma data precisa, a 24 de março de 1646, explicando deste modo quer a legitimação dos dois filhos que ambos já tinham (João Gomes de Lemos e D. Jerónima de Lemos) quer o posterior sepultamento de D. Guiomar no panteão da família (SOVERAL).

Sob o domínio filipino, a Casa da Trofa terá mantido um certo distanciamento da vida pública, pois hostilizara abertamente o partido castelhano, de modo que Diogo Gomes de Lemos não exerceu qualquer cargo político, militar, ou diplomático, que implicasse a confiança política dos monarcas, dedicando-se a administrar o seu património familiar.

⁂

Ingressou na Santa Casa da Misericórdia do Porto, existindo notícias da sua participação na vida da Confraria, com alguma regularidade, desde o ano de 1627, que precedeu esta eleição como provedor e até, pelo menos, 1645.

Embora a maior parte do período deste mandato pareça ter decorrido sem sobressaltos, sendo tratados os habituais assuntos que a Mesa costuma registar, relativos à gestão da Casa e cumprimento das suas obrigações. É de referir um momento mais delicado, a expulsão de um Irmão, facto particularmente sensível por se tratar de um dos mesários eleitos daquele ano, Martim Ferraz de Almeida. Porém, este acabará por ser readmitido, uns anos mais tarde, facto que também não era inaudito.

Quanto a uma intervenção do provedor com maior impacto, sabe-se que a 11 de março de 1629, reunindo com os demais Irmãos da Mesa deliberou convocar uma equipa de mestres pedreiros para definirem um plano de recuperação da abóbada da igreja e reforço das estruturas da mesma que se encontrava em mau estado, com as paredes desaprumadas e sinais de degradação, como frequentemente, em fases anteriores, já fora verificado.

Mesa da Santa Casa da Misericórdia do Porto em 2.7.1628

Provedor: Diogo Gomes de Lemos

Escrivão: João Salvado de Sampaio

Conselheiros: Belchior Pinto Pereira, Cosme Aranha da Rocha, Martim Ferraz de Almeida, doutor Jorge Correia de Lacerda, António Castro Garcês(?) e, «de menor condição» André António, correeiro, Belchior Pinto, livreiro(?), João Ferreira, mestre de caldeiraria, Gaspar Lopes, cutileiro, André Fernandes, sombreireiro, Manuel Lopes, o Novo

FONTES E BIBLIOGRAFIA

Fontes arquivísticas

Arquivo Histórico da Santa Casa da Misericórdia do Porto (AHSCMP) – *Eleições da Mesa da Misericórdia*, série D, banco 5, livro 1; *Livro de Lembranças das deliberações da Mesa da Misericórdia*, série D, banco 8, livro 4.

Fontes digitais

SOVERAL, Manuel Abranches de, 1999-2016 – *A Casa da Trofa*, Disponível em: <http://tinyurl.com/jgqwtmn> [consultado maio-julho de 2016].

Bibliografia

BRITO, Pedro de, 1997 – *Patriciado urbano quinhentista: as famílias dominantes do Porto (1500-1580)*. Porto: Arquivo Histórico da Câmara Municipal do Porto.

FREITAS, Eugénio de Andrea da Cunha e; MENDES, António Lopes, 1990 – *Provedores e Escrivães da Santa Casa da Misericórdia do Porto*. Porto: Santa Casa da Misericórdia do Porto (datilografado).

GAYO, Manuel José da Costa Felgueiras, 1938-1941 – *Nobiliário de famílias de Portugal, Fac. simile* de impressão diplomática do original manuscrito existente na Santa Casa de Misericórdia de Barcelos. [Braga]: Agostinho de Azevedo Meirelles; Domingos de Araújo Affonso.

FILOMENA MELO

João de Figueiroa Pinto

(? | ?)

Provedor da Santa Casa da Misericórdia

2.7.1629 | 2.7.1630

Contador da Comarca do Porto.

Vereador da cidade do Porto (1619, 1623, 1628 e 1642).

Provedor da Santa Casa da Misericórdia do Porto (1622, 1629 e 1634).

Filho de Francisco Neto de Figueiroa, cavaleiro fidalgo da Casa Real, vereador da cidade do Porto (1601), e de Guiomar Pinto da Fonseca.

Não casou. Foi pai de João de Figueiroa Pinto e de D. Susana.

Fidalgo da Casa Real.

João de Figueiroa Pinto foi eleitor nas eleições de 2 de julho de 1629, em que foi eleito provedor.

Ao contrário do seu primeiro mandato, que decorrera de modo tranquilo e sem nenhuma ocorrência de particular relevo, ao longo deste ano o provedor, teve que intervir em áreas muito diversificadas e nem sempre pacíficas, além de assegurar a necessária gestão corrente da vida da Casa e das suas obras assistenciais.

Em abril de 1630, ocorreram algumas fricções institucionais com o bispo da diocese, na sequência da pretensão deste em ter alguma alçada sobre a Casa. Numa ata da Misericórdia, datada de 5 de abril daquele ano, foi feito um relato dos factos. O bispo do Porto, D. frei João de Valadares, pretendera, nos dias anteriores, fazer uma visitação à Casa. Para o efeito, mandara colocar na capela «cadeirão e bufete», sem comunicar esta intenção ao provedor. Claramente, tal atitude ultrapassava a alçada da sua jurisdição, à qual a Irmandade da Misericórdia não estava sujeita. Recorde-se que as Misericórdias não reportavam às autoridades eclesiásticas do local onde estavam implantadas. O provedor teve então que lidar com esta delicada situação, prevenindo todos os Irmãos de que deveriam estar de sobreaviso e, com todo o respeito que o bispo lhes merecia, não poderiam consentir que esta visitação se realizasse. Não consta que o metropolita tenha tentado em seguida concretizar este intento, que provavelmente abandonou, ao saber a reação da Casa. Na sequência deste episódio, a Misericórdia enviou ao Rei uma exposição acerca do sucedido.

Num plano bem diferente, a mais notável iniciativa do provedor João de Figueiroa Pinto terá sido a criação da botica, ou antes, a sua reconversão. Em períodos anteriores, o fornecimento de substâncias para tratamento dos doentes nunca suscitara qualquer questão particular que tivesse merecido subir à mesa. Porém, durante este mandato, o provedor teve uma conversa com um representante da Misericórdia de Lamego que, visitando o Hospital de D. Lopo, fez algumas sugestões que o provedor decidiu apresentar à Mesa, depois de se informar ainda acerca dos procedimentos seguidos em outros hospitais do reino. Decidiu então criar uma botica que não fosse apenas um dispensário, mas na qual se pudessem trabalhar as substâncias e criar os preparados necessários ao consumo hospitalar. Tratava-se efetivamente de alterar a política de fornecimento e provisão de medicamentos para o hospital, até aí adquiridos a altos preços. O projeto consistia em passar a adquirir os «simples» para depois se comporem na botica as «mezinhas» e os «fumos», inclusive para o tratamento do temível «mal de bubas». Deste modo seria possível obter a menor custo as composições necessárias, o que era particularmente relevante numa altura em que os produtos tinham encarecido excessivamente, por não estarem a ser comercializadas ou não se encontrar no mercado com facilidade algumas substâncias de que dependia o seu fabrico. À ata da reunião em que foram registadas estas medidas, anexou-se uma listagem de receitas e preços de produtos.

Pouco antes do término do mandato, a 27 de junho de 1630, o provedor tomou outras providências complementares relativamente à aquisição dos produtos para fornecimento do hospital e assistência aos pobres «da obrigação da Casa» e à articulação destas novas medidas com o regimento do físico. Ainda a 1 de julho, regista-se um novo assento para melhor definição dos preços a pagar pelas mezinhas.

Ainda relativamente ao serviço do hospital, mas a outro nível, este provedor interveio também na política salarial do hospital, por assim dizer, ao determinar a paridade dos salários dos cirurgiões do hospital, porquanto eles eram «iguais no trabalho» que ali desempenhavam.

Finalmente, a outra grande área de intervenção do provedor foi na decoração da igreja. O revestimento azulejar, fora aprovado no mandato precedente, com o intuito de decorar a igreja permanentemente evitando fazê-lo de modo precário em altura de festas. A obra foi empreendida durante este período, sendo da responsabilidade do provedor o contrato com o empreiteiro para a aplicação dos azulejos (fls. 442-442v). A fólios 472 e 473 do *Livros de Lembranças da Mesa da Misericórdia* (Série D, Banco 8, Livro 4) ficou registada, pormenorizadamente, a prestação de contas relativa a esta aquisição dos azulejos. Lamentavelmente, este conjunto azulejar não sobreviveu até aos dias de hoje (COMISSÃO, 35).

Mesa da Santa Casa da Misericórdia do Porto em 2.7.1629

Provedor: João de Figueiroa Pinto

Escrivão: Bento de Aguiar Caldeira

Conselheiros: Francisco Freitas de Amaral, chantre da Sé, António Leite Ferreira, Diogo Leite de Azevedo, Henrique Homem Carneiro, João Álvares Pamplona; «de menor condição» foram eleitos Sebastião Ferreira, mercador de vinhos, Manuel António do Souto, Baltazar Duarte, sapateiro, Manuel Ferreira, tanoeiro, Manuel Carvalho, cordoeiro, Pêro António, merceeiro

FONTES E BIBLIOGRAFIA

Ver página 561.

FILOMENA MELO

Bernardo Pereira

(? | ?)

Provedor da Santa Casa da Misericórdia

14.7.1630 | 2.7.1631

Clérigo.

Comendador (de Rio Tinto?).

Em 1591 a Misericórdia do Porto tivera já um provedor de nome Bernardo Pereira. Tudo leva a crer que o do presente ano de 1630 não é a mesma pessoa. Não só 40 anos os separam, o que não seria impossível, mas este está identificado na documentação da Casa como frei e comendador e por essa mesma documentação se vê quão diferentes são as assinaturas de ambos. A reforçar esta hipótese, não há notícias relativas a qualquer Bernardo Pereira entre 1610 e 1623, o que faz pensar ser a primeira data o fim da colaboração do primeiro e a segunda a chegada do novo Bernardo Pereira. Certo é então que não se trata de um segundo mandato tardio do primeiro provedor Bernardo Pereira, mas sim de um primeiro mandato de um outro homónimo, cuja filiação e enquadramento não foi possível estabelecer com segurança, até ao momento.

A documentação da Misericórdia é inequívoca quanto ao facto de o provedor deste ano ser comendador. De que comenda é a questão. Avaliando vários perfis, algumas hipóteses são de eliminar, como por exemplo Bernardo Pereira de Berredo, comendador de Mogadouro e governador de Portalegre, cuja cronologia confere, mas que neste tempo seria casado e não frei, além de que não consta que tenha tido alguma passagem relevante na cidade do Porto, ao ponto de nela vir a ser provedor. Seguindo este raciocínio chega-se a admitir, por exclusão de partes, mas sem forte convicção, que o mais provável será tratar-se de D. frei Bernardo Pereira, comendador de Malta, de Rio Meão. Dele se dizia ter um génio imperioso, responsável pelos conflitos então ocorridos entre a comenda e o cabido. Manipulador também, consegue favorecer a causa própria, assegurando que em 1629 «seu sobrinho João Pereira, chantre, cónego e mestre-escola seja o representante da Sé do Porto na tombação da comenda» (BRANDÃO, 85).

Na ocasião em que foi eleito provedor da Misericórdia do Porto encontrava-se em Lisboa, nos capítulos da sua ordem, mas prontamente respondeu que aceitava o cargo e enviou o juramento por escrito, motivo pelo qual a tomada de posse foi um pouco mais tardia do que era costume.

Não são muitos, nem particularmente significativos, os assentos que o *Livro de Lembranças* conserva relativamente a este período. O provedor, muitas vezes ausente, delegava a presidência da Mesa em João de Valadares Carneiro, escrivão durante esse ano, como era protocolar. Além das notícias sobre aspetos mais comuns da gestão financeira da Casa, destaca-se o esforço feito para resolver várias questões judiciais pendentes, nomeadamente a mais relevante e que se arrastava havia já vários anos, que opunha a Casa ao Duque de Bragança, por causa da herança da duquesa D. Catarina. Nesta altura, foi enviado um emissário a Lisboa, à Casa da Suplicação, tentando negociar um acordo «mais em favor da Casa» do que a proposta feita pelos representantes do Duque de Bragança, de forma a liquidar o diferendo de forma mais vantajosa para a Misericórdia. (AHSCMP – *Livros de Lembranças das deliberações da Mesa da Misericórdia*, Série D, Banco 8, Livro 4, fls. 474 a 478).

Mesa da Santa Casa da Misericórdia do Porto em 14.7.1630

Provedor: Bernardo Pereira

Escrivão: João de Valadares Carneiro

Conselheiros: Baltazar Pinto Aranha, Rodrigo Homem Carneiro, Manuel Leite Vasconcelos, Sebastião Correia Pereira, António do Amaral de Albuquerque e, «de menor condição»: Francisco Gonçalves, das Congostas, Francisco Soares, latoeiro, João Ferreira, caldeireiro, André António, Domingos de Oliveira, João Fernandes, sapateiro

FONTES E BIBLIOGRAFIA

Fontes arquivísticas

Arquivo Histórico da Santa Casa da Misericórdia do Porto (AHSCMP) – *Eleições da Mesa da Misericórdia*, série D, banco 5, livro 1; *Livro de Lembranças das deliberações da Mesa da Misericórdia*, série D, banco 8, livro 4.

Bibliografia

BRANDÃO, Francisco de Azevedo, 2009 – "Dicionário Biográfico de Personalidades Feirenses", in *Vila da Feira – Terra de Santa Maria*, n.º 23. Santa Maria da Feira: Liga dos Amigos da Feira, pp. 75-99.

FREITAS, Eugénio de Andrea da Cunha e; MENDES, António Lopes, 1990 – *Provedores e Escrivães da Santa Casa da Misericórdia do Porto*. Porto: Santa Casa da Misericórdia do Porto (datilografado).

FILOMENA MELO

Luís Álvares de Távora (ou Sousa)

(? | ?, 23.10.1645)

Provedor da Santa Casa da Misericórdia

2.7.1631 | 2.7.1632

Negociante. Proprietário.

Filho de Álvaro de Sousa e de D. Francisca de Távora.

Irmão de Gaspar de Sousa, governador do Maranhão.

Pai de Álvaro de Sousa ou Pires de Távora, Cristóvão, Luís de Sousa, D. Grácia e mais três filhas.

Frei e balio de Leça.

Luís Álvares de Távora foi um nome comum a várias figuras de relevo do período em causa, mas a desambiguação dos homónimos contemporâneos não levantou grandes dúvidas, já que tudo aponta para que o provedor deste ano seja o balio de Leça.

Todas as notícias a respeito de Luís Álvares de Távora ajudam a compor o perfil de um grande senhor, rico e poderoso. Os moradores do couto de Leça contavam com a sua proteção e não se poupou a esforços para se bater pelos privilégios da sua jurisdição local, que pretendia a todo o custo sustentar, alimentando um conflito renhido e demorado contra a vereação portuense e as instâncias judiciais que intervieram na questão. Fernando Ribeiro da Silva (1988, 77) sintetiza a grande questão deste modo:

> O Balio, Frei Luís Álvares de Távora, sustentava, apoiado pelos seus numerosos advogados, alguns deles cristãos-novos, que a jurisdição cível no Couto de Leça lhe cabia *in solidum* e que em consequência ele podia legitimamente formar Câmara com Vereadores e Procurador do Concelho confirmados por ele próprio ou por seus ouvidores. E logicamente quem dispunha do direito de fixar os preços dos produtos no território [...] eram os oficiais do Couto e não os da Câmara do Porto. Outras ilações o Balio extraía do seu estatuto privilegiado: os moradores do Couto não podiam ser obrigados a contribuir nem a reparar as calçadas e pontes localizadas fora da sua terra.

Na sequência deste conflito aberto, outros episódios vieram juntar-se e reacender a questão, que se perpetuou por cerca de 25 anos, pois o balio tudo fez e a todas as instâncias recorreu para, em vão, fazer valer o seu partido, contra os interesses do município e da coroa (SILVA, 1988, 77-80).

Não foram só as disputas por questões territoriais e jurisdicionais que fizeram de Luís Álvares de Távora uma personalidade exemplar de um grande senhor seiscentista. Como muitos seus contemporâneos era também um fidalgo-mercador, negociando em vinhos «como o mais genuíno e despreconceituado dos mercadores» (SILVA, 1988,

147) e possivelmente também em madeiras, tendo assumido abertamente o papel de armador de navios, ao serviço do monarca (SILVA, 1988, 222).

A faceta de benemérito, que completa o perfil deste grande senhor, exerceu-a, não só na Misericórdia do Porto, como também, ou até principalmente, no colégio novo dos jesuítas da cidade, dito Colégio dos Grilos, obra à qual se devotou com muito empenho e generosa contribuição pecuniária, no montante de 30 000 cruzados. Ali veio a ser sepultado, num túmulo que se encontra do lado esquerdo da igreja, identificado com o seu brasão. A heráldica da família é também visível na fachada da igreja, tendo subsistido intacta ao movimento de destruição sistemática de toda a alusão aos Távora, cujas armas foram «picadas de norte a sul do País, na sequência do famigerado processo conduzido pelo marquês de Pombal» (SIMÕES, 2010).

Na sua passagem pela Misericórdia da cidade do Porto, enquanto provedor, o seu mandato é marcado pelo seu absentismo constante, não sendo explicitado o motivo de tantas ausências. Talvez por este motivo, são poucos os registos escritos feitos durante este período e deles não se saliente nenhum momento particular ou a resolução de qualquer assunto que mereça particular relevo. Estando ausente das reuniões da Mesa reuniu apenas para encaminhar as questões correntes, necessárias ao fluir da atividade regular da Casa. O provedor era então substituído pelo escrivão ou, na falta deste, o que também se verificou a 7 de abril de 1632, por outro mesário, Duarte Carneiro Rangel. Raras vezes se verifica, na história da Misericórdia, que um provedor, por mais absentista que tenha sido, não chegue a comparecer no seu último dia de mandato, para promover a eleição do seu sucessor e da Mesa para o ano seguinte. A 2 de julho de 1632, porém, Luís Álvares de Távora não estava na Misericórdia, sendo o ato eleitoral presidido pelo escrivão Manuel de Sousa de Almeida.

Mesa da Santa Casa da Misericórdia do Porto em 2.7.1631

Provedor: Luís Álvares de Távora ou Sousa

Escrivão: Manuel de Sousa de Almeida

Conselheiros: Pedro Vieira da Silva, Manuel de Sousa Cirne, Henrique Homem Carneiro, Duarte Carneiro Rangel, Baptista da Costa de Sé e, «de menor condição» Manuel Gonçalves, tanoeiro, João Simões, sapateiro, Gaspar de Almeida, merceeiro, Manuel Carvalho, cordoeiro, Francisco António, sapateiro, Baltazar do Couto

FONTES E BIBLIOGRAFIA

Fontes arquivísticas

Arquivo Histórico da Santa Casa da Misericórdia do Porto (AHSCMP) – *Eleições da Mesa da Misericórdia*, série D, banco 5, livro 1; *Livro de Lembranças das deliberações da Mesa da Misericórdia*, série D, banco 8, livro 4.

Fontes digitais

SIMÕES, Pedro Olavo, 2010 – *O colégio dos jesuítas*. Disponível em: <http://tinyurl.com/j2jutx4> [consultado em abril de 2016].

Bibliografia

FREITAS, Eugénio de Andrea da Cunha e; MENDES, António Lopes, 1990 – *Provedores e Escrivães da Santa Casa da Misericórdia do Porto*. Porto: Santa Casa da Misericórdia do Porto (datilografado).

GAYO, Manuel José da Costa Felgueiras, [1938-1941] – *Nobiliário de famílias de Portugal, Fac. simile* de impressão diplomática do original manuscrito existente na Santa Casa de Misericórdia de Barcelos. [Braga]: Agostinho de Azevedo Meirelles; Domingos de Araújo Affonso.

MORAIS, Cristóvão Alão de, [1667] 1943-1948 – *Pedatura Lusitana: nobiliário de famílias de Portugal*, publicado por Alexandre António Pereira de Miranda Vasconcellos, António Augusto Ferreira da Cruz, Eugénio Eduardo Andrea da Cunha e Freitas. Porto: Livraria Fernando Machado.

SILVA, Francisco Ribeiro da, 1988 – *O Porto e o seu termo (1580-1640): os homens, as instituições e o poder*, 2 volumes. Porto: Arquivo Histórico da Câmara Municipal do Porto.

SILVA, Francisco Ribeiro da, 1996 – "O Governador da Relação do Porto: um magistrado judicial ou um delegado regional do poder régio?", in *Actas das terceiras jornadas de estudo Norte de Portugal – Aquitânia*. Porto: Publicações da Universidade do Porto, pp. 393-401.

FILOMENA MELO

Jorge Correia de Lacerda

(? | ?)

Provedor da Santa Casa da Misericórdia

2.7.1632 | 2.7.1633

Magistrado judicial.

Doutor em Leis pela Universidade de Coimbra.

Filho de Gaspar Fernandes Ferreira, desembargador da Casa da Relação do Porto, e de Aldonça de Castro.

Casou primeira vez com D. Maria de Andrade de quem teve quatro filhos: Gaspar Correia, António Correia, Jorge Correia e D. Francisca de Lacerda. Casou segunda vez com D. Joana da Silveira, viúva do desembargador João Correia da Mesquita, de quem teve cinco filhos: Lourenço Correia de Lacerda, João Correia de Lacerda, Gonçalo Correia, D. Mariana e D. Ana da Silveira.

Apesar de se conhecer um pouco do percurso pessoal de Jorge Correia de Lacerda, os elementos disponíveis pouco mais são do que nótulas dos momentos mais marcantes da sua vida pública e particular: os estudos, em Coimbra – como colegial do Colégio de São Pedro e doutor em Leis pela Universidade –, os cargos que ocupou, enquanto magistrado judicial, na Relação e no Cível, os dois casamentos e a numerosa prole, de que se destaca seu filho João Correia de Lacerda, um renomado teólogo, no seu tempo.

No Porto, onde terá vivido a maior parte da sua vida, já que seu pai também fora desembargador da Casa da Relação da cidade, fez-se também irmão da Misericórdia, onde ingressou alguns anos antes de ser eleito provedor. Em 1628 teve, pela primeira vez, uma função de maior destaque na Confraria, sendo deputado da Mesa, na sequência das eleições desse ano.

Enquanto provedor, Jorge Correia de Lacerda não deixou neste seu mandato uma marca relevante e os registos de assuntos que mereceram um apontamento no *Livro de Lembranças* não são numerosos. Deles se infere que foram geridas as questões correntes da Casa, com a preocupação de organizar e clarificar alguns pontos, como a questão do regulamento da botica para o fornecimento das mezinhas e vários assuntos relacionados com a aplicação das verbas de legados, desde as dotações de casamento das órfãs, à cobrança dos juros que a Casa tinha na Galiza, e pouco mais.

Mesa da Santa Casa da Misericórdia do Porto em 2.7.1632

Provedor: Jorge Correia de Lacerda

Escrivão: João de Figueiroa Pinto

Conselheiros: Nicolau Monteiro, prior de Cedofeita, João de Valadares Carneiro, doutor António Rodrigues de Figueiredo, Bernardo Ferraz Pinheiro, Bernardo Godinho de Madureira e, «de menor condição», David Pereira, António Fernandes, Manuel Moutinho, João Ferreira, Jerónimo da Silva, Diogo Figueiredo (?)

FONTES E BIBLIOGRAFIA

Fontes arquivísticas

Arquivo da Universidade de Coimbra (AUC) – Índice de alunos da Universidade de Coimbra – João Correia de Lacerda.

Arquivo Histórico da Santa Casa da Misericórdia do Porto (AHSCMP) – *Eleições da Mesa da Misericórdia*, série D, banco 5, livro 1; *Livro de Lembranças das deliberações da Mesa da Misericórdia*, série D, banco 8, livro 4.

Bibliografia

FREITAS, Eugénio de Andrea da Cunha e; MENDES, António Lopes, 1990 – *Provedores e Escrivães da Santa Casa da Misericórdia do Porto*. Porto: Santa Casa da Misericórdia do Porto (datilografado).

MORAIS, Cristóvão Alão de, [1667] 1943-1948 – *Pedatura Lusitana: nobiliário de famílias de Portugal*, publicado por Alexandre António Pereira de Miranda Vasconcellos, António Augusto Ferreira da Cruz, Eugénio Eduardo Andrea da Cunha e Freitas. Porto: Livraria Fernando Machado, 12 volumes.

FILOMENA MELO

Bento de Aguiar Caldeira

(? | ?)

Provedor da Santa Casa da Misericórdia
2.7.1633 | 2.7.1634

Negociante.

Vereador da cidade do Porto (1626, 1627, 1636 e 1637). Almotacé da cidade do Porto (1639).

Provedor da Santa Casa da Misericórdia do Porto (1633-1634 e 1637-1638).

Filho de Rui Dias de Aguiar e D. Francisca Caldeira.

Casou com D. Antónia de Seabra de Sousa de quem teve João de Seabra de Sousa, Helena da Silva de Seabra (e outros?).

Genro de Pantaleão de Seabra de Sousa, provedor da Santa Casa da Misericórdia do Porto.

Bento de Aguiar Caldeira é um aristocrata portuense, com um perfil semelhante ao de tantos outros seus pares e contemporâneos, delineado por três facetas concomitantes: edil, negociante e confrade da Misericórdia.

Viveu na cidade do Porto, na freguesia da Sé, tendo a sua Quinta de Taracenas, em Vila Nova. A sua família estava bastante interligada com as principais casas nobres da cidade. Casou com uma senhora de idênticos pergaminhos e constituiu família. Empenhou-se no governo municipal, tendo sido vereador em várias ocasiões, desempenhando nesse cargo um papel muito ativo, estando até, por vezes, no centro de algumas polémicas. Aplicou-se também no comércio dos vinhos, tendo um volume de negócios considerável.

A dedicação que devotou à Confraria da Misericórdia do Porto é inquestionável. Ingressou na Irmandade nos inícios da década de 1620 e aí permaneceu durante mais de quarenta anos. Durante este longo período, participou ativamente na vida da Casa à qual prestou muitos serviços, ocupando assiduamente lugares de destaque na administração da Instituição, como mesário ou escrivão, além de ter sido provedor duas vezes, em 1633 e 1637.

Os registos escritos da Misericórdia sugerem que Bento de Aguiar Caldeira terá sido um provedor muito dinâmico e interventivo, o que é coerente com o que foi possível vislumbrar acerca do seu caráter e do seu desempenho quer na Câmara, quer nos seus negócios.

O provedor deu andamento aos assuntos correntes de gestão financeira e patrimonial da Casa, administração dos legados e bem assim o cumprimento das obrigações de piedade e caridade, com particular ênfase na arrecadação de valores em dívida à Casa, como o ouro de Ronda, por exemplo, além dos aspetos mais comuns, como estabelecimento de salários, a designação do solicitador e do capelão, a substituição do médico, etc.

Destacam-se ainda algumas iniciativas do provedor, como a elaboração de uma espécie de balancete dos resgates pagos a partir de diferentes fundos, de modo a melhor organizar esta contabilidade.

O que mais se evidencia, neste mandato, foi a reforma nos serviços do hospital. Depreende-se que a botica, já projetada alguns anos antes, ainda não teria sido instalada e o provedor Bento de Aguiar Caldeira volta a avançar com a ideia, considerando que podia ter lugar no espaço existente, mesmo antes de concluídas as enfermarias novas, obra de melhoramento no qual também muito se empenhou. Para promover o funcionamento da botica nos moldes pretendidos, a 1 de janeiro de 1634 reuniu a Mesa e estabeleceu os quantitativos que João Baptista, boticário do hospital, deveria cobrar pelas mezinhas. Restringiu os valores a «uma propina moderada» com um «preço fixo» reduzindo para metade do que «estavam taxadas as mezinhas no regimento do físico--mor» e dando a indicação expressa que de tudo deveria ser feito registo nos livros da administração do Hospital. Foi mesmo elaborado um regimento, com a lista completa das substâncias e os preços exatos que deviam ser aplicados. Para implementar todas estas reformas, a Misericórdia pediu e obteve um alvará régio de confirmação.

Outra medida relacionada com a vida do Hospital foi decisão de deixar de enviar os doentes de tinha para serem curados «por algumas mulheres fora do hospital», o que implicava muita despesa, devendo o cirurgião António Assucarelo (Ascareli?) passar a ocupar-se destes doentes, mediante o aumento da sua remuneração.

Um ponto menos grato neste mandato, mas que importa igualmente notar, foi o facto de um conjunto significativo de Irmãos ter sido expulso da Confraria, neste período, o que faz pensar até que ponto o caráter determinado do provedor não poderá ter contribuído para a agudização de tensões e a sua resolução de forma mais radical. Especulações à parte, o facto é que foram expulsos ao todo quatro Irmãos, o que é um número expressivo: o licenciado Manuel Homem, médico do Hospital, na sequência do escândalo causado por críticas à Irmandade; Damião Cardoso, por criticar também os Irmãos da Mesa e os seus procedimentos com «palavras demasiadamente atrevidas e descompostas»; Francisco Fernandes Nogueira e Gonçalo Pacheco por uma polémica e desacatos desencadeados em torno de uma construção feita junto ao Hospital de Santa Clara, devassando-o, sabendo-se, contudo, que estes vieram a ser readmitidos no ano seguinte, como frequentemente acontecia.

A propósito da composição da Mesa, assinale-se que Sebastião Correia Pereira estaria ausente na altura da eleição e foi de imediato substituído temporariamente, no dia 3, por João de Figueiroa Pinto, vindo a prestar juramente apenas a 21 de dezembro de 1633. Entretanto, a 18 de dezembro desse ano, fora eleito João de Figueiroa Pinto para substituir o chantre Francisco Freitas do Amaral, enquanto estivesse ausente.

Mesa da Santa Casa da Misericórdia do Porto em 2.7.1633

Provedor: Bento Aguiar Caldeira

Escrivão: Cosme Aranha da Rocha

Conselheiros: chantre Francisco Freitas do Amaral, doutor João Pita de Vasconcelos, Sebastião Correia Pereira, Pantaleão de Figueiroa, Jerónimo da Mota Teixeira e, «de menor condição» Domingos André, mercador, André Fernandes, sombreireiro, Mateus Gonçalves, tanoeiro, Pêro Dias, sapateiro, Francisco Soares, sangrador, Gaspar Lopes, cuteleiro

FONTES E BIBLIOGRAFIA

Fontes arquivísticas

Arquivo Histórico da Santa Casa da Misericórdia do Porto (AHSCMP) – *Eleições da Mesa da Misericórdia*, série D, banco 5, livro 1; *Livro de Lembranças das deliberações da Mesa da Misericórdia*, série D, banco 8, livro 4.

Bibliografia

FREITAS, Eugénio de Andrea da Cunha e; MENDES, António Lopes, 1990 – *Provedores e Escrivães da Santa Casa da Misericórdia do Porto*. Porto: Santa Casa da Misericórdia do Porto (datilografado).

GAYO, Manuel José da Costa Felgueiras, [1938-1941] – *Nobiliário de famílias de Portugal, Fac. simile* de impressão diplomática do original manuscrito existente na Santa Casa de Misericórdia de Barcelos, IV. [Braga]: Agostinho de Azevedo Meirelles; Domingos de Araújo Affonso.

SILVA, Francisco Ribeiro da, 1988 – *O Porto e o seu termo (1580-1640): os homens, as instituições e o poder*, 2 volumes. Porto: Arquivo Histórico da Câmara Municipal do Porto.

FILOMENA MELO

João de Figueiroa Pinto

(?, ?)

Provedor da Santa Casa da Misericórdia

2.7.1634 | 2.7.1635

Contador da Comarca do Porto.

Vereador da cidade do Porto (1619, 1623, 1628 e 1642).

Provedor da Santa Casa da Misericórdia do Porto (1622, 1629 e 1634).

Filho de Francisco Neto de Figueiroa, cavaleiro fidalgo da Casa Real, vereador da cidade do Porto (1601), e de Guiomar Pinto da Fonseca.

Não casou. Foi pai de João de Figueiroa Pinto e de D. Susana.

Fidalgo da Casa Real.

Durante este que será o seu terceiro e último mandato, João de Figueiroa Pinto dedica-se à resolução das necessidades comuns da Casa, como a provisão de lugares vacantes (o de juiz da cadeia, médico e capelão), a administração do património e legados, e o cumprimento da sua missão de auxílio aos necessitados, com grande relevo para os pagamentos de resgate de cativos, pois a Misericórdia então administrava alguns legados especificamente destinados ao cumprimento deste propósito.

Destacam-se dois episódios menos comuns, ambos relativos a legados. Um deles foi o facto da Misericórdia do Porto ter sido a beneficiária do testamento de um mercador francês, cuja herança aceitou. O outro foi ter sido deixado um padrão de juros em Ronda conjuntamente a esta Casa do Porto e à da Vidigueira. Esta última escreve à primeira acerca da cobrança desse padrão. Embora a Misericórdia do Porto se relacionasse com outras Casas, sobretudo as mais próximas geograficamente, e com a Casa de Lisboa que era, por assim dizer, a Casa-mãe, não é comum encontrarem-se registos que a liguem a outras Casas. A articulação que, neste caso, teria que ser feita com a Vidigueira para fazer uma cobrança em lugar tão distante de ambas, deveu-se à vontade do testador aqui não identificado e cujos motivos para a escolha destes dois institutos também não estão expressos.

A 17 de setembro de 1634, Bento de Aguiar Caldeira é eleito para substituir na Mesa Bernardo Ferraz Pinheiro, e Francisco Gonçalves é eleito para substituir Manuel Gomes, enquanto estes estivessem ausentes.

Mesa da Santa Casa da Misericórdia do Porto em 2.7.1634
Provedor: João de Figueiroa Pinto
Escrivão: Pantaleão de Figueiroa
Conselheiros: Baltazar Pinto Aranha, Justiniano da Costa Vasconcelos, Pedro Lopes, cónego, Bernardo Ferraz Pinheiro, António de Couros e, «de menor condição» Manuel António, João Baldez, Baltazar Colaço, Manuel Vasques, Gaspar Afonso, Manuel Gomes

FONTES E BIBLIOGRAFIA

Ver página 561.

FILOMENA MELO

Baltazar Pinto Aranha

(n. c. 1575 | ?)

Provedor da Santa Casa da Misericórdia
2.7.1635 | 2.7.1636

Negociante.

Vereador da Câmara do Porto (1598, 1613, 1617, 1622 e 1626).

Escrivão da Mesa da Santa Casa da Misericórdia do Porto (1599-1600, 1608-1609). Provedor da Santa Casa da Misericórdia do Porto (1619-1620 e 1635-1636).

Filho de Pedro Pinto e de D. Branca Aranha.

Casado com D. Maria da Rocha Vilasboas ou Barbosa, de quem teve dois filhos, D. Branca Aranha Barbosa e João Ribeiro Aranha.

Sogro do provedor da Misericórdia do Porto Gonçalo Correia de Lacerda e Figueiroa (1640-1641) e avô do provedor Manuel Correia de Lacerda (1691-1692).

Fidalgo.

Por motivos que não foi possível apurar, não há qualquer registo, no *Livro de Lembranças*, de deliberações da Mesa durante os dois primeiros meses deste mandato, o que também não exclui que tenham sido feitas as reuniões, sem que houvesse nada de relevo a anotar em ata.

O primeiro assento data de 2 de setembro de 1635. A partir desta data, os registos são feitos regularmente, versando os habituais assuntos sobre os quais a Mesa se debruçava e o provedor deliberava, respeitantes à administração e organização da Casa e bem assim ao cumprimento das obrigações a que estava vinculada de assistência aos pobres, doentes e presos, particularmente, para o pagamento de resgates que continuava a ser uma preocupação de primeira linha. Além destas questões de organização interna e de cumprimento dos compromissos assumidos pela Casa, que eram obrigatoriamente tratadas em todas as Mesas, o provedor Baltazar Pinto Aranha teve, durante este mandato, uma forte intervenção sobretudo no que concerne à conservação do património imobiliário, preocupando-se com a sua utilização mais racional e eventualmente rentável.

A 2 de setembro, como foi dito, a primeira ata registada versa sobre uma proposta do provedor para se fazer um «sepulcro perpétuo», a fim de evitar as grandes despesas e a «muita inquietação» que causava aos Irmãos fazer todos os anos um sepulcro provisório para as cerimónias da Semana Santa, o qual, feito assim precariamente, acabava por resultar numa obra «de pouca consideração», segundo opinava o provedor. E a sua opinião não era inusitada, pois sobre esta proposta diz que já refletira previamente e fizera várias consultas, certamente precavendo-se de situações semelhantes às que haviam ocorrido no seu primeiro mandato, quando os Irmãos se queixaram ao Rei a criticar o seu despesismo. Foi então aprovada a proposta pelos mesários, decidindo-se avançar com a execução da peça e respetiva peanha, em dimensões adequadas à charola (AHSCMP, *Livros de Lembranças das deliberações da Mesa da Misericórdia*, Série D, Banco 8, Livro 4, fls. 551v-552).

Poucos dias depois, a 5 de setembro, será igualmente aprovada uma nova proposta de obras apresentada pelo provedor. Tratava-se agora de uma intervenção para recuperar algumas estruturas no Hospital de Todos-os-Santos. Diz-se que as paredes do quintal estavam a cair e a cozinha estava de tal modo em risco que já não era utilizada para preparar as refeições dos internados. O provedor avança também com a proposta para que se abrisse um poço, tendo-se informado de que seria uma obra fácil. A água serviria para «para limpeza dos mesmos internados», para «fazer hortas para provimento de todos» e até «poderia vir hortaliça do mesmo quintal para o comer dos domingos e quartas-feiras dos presos».

Ainda sobre obras, a 22 de maio de 1636 o provedor, depois de ter consultado alguns peritos, apresentou um «modelo» para dourar as janelas da igreja da Misericórdia, considerando que esta era «das melhores que havia no reino» e que ali «se tinha gastado muita fazenda», inclusive nas armações provisórias que faziam para as festas e que assim passariam a ser escusadas (Idem, 559v-560).

Tal como se aplicou na Câmara Municipal do Porto a recuperar, copiando e organizando, os documentos cartório municipal, igualmente considerou Baltazar Pinto Aranha que os «assentos da irmandade que estavam na igreja eram velhos e engelhados» todos com «as capas sujas», pelo que era prioritário refazê-los, para não se perderem os respetivos conteúdos, tanto mais que era um trabalho que implicava uma despesa «limitada» (Idem, 552-552v).

Não sendo nada de particularmente notável, mas pelo seu caráter excecional, é curioso apreciar o conteúdo do registo de 6 de janeiro de 1636, no qual se anota a decisão de enviar alguém da Misericórdia do Porto a Vila do Conde, onde tinha dado à costa um navio com cera. A Casa decide então habilitar-se a ficar com parte dessa cera que a alfândega estava a dar fiada a muitas comunidades e particulares, até que aparecesse o dono ou fosse recebida ordem para se arrematar. A esta decisão não terá sido alheio o espírito empreendedor do homem de negócios que também era o provedor Baltazar Pinto Aranha, determinado a não desperdiçar uma excelente oportunidade.

Mesa da Santa Casa da Misericórdia do Porto em 2.7.1635

Provedor: Baltazar Pinto Aranha

Escrivão: António de Couros

Conselheiros: doutor Nicolau Monteiro, doutor Francisco de Valadares, Francisco Cardoso de Madureira, Bernardo Godinho de Madureira, Henrique Homem Carneiro e «de menor condição» Francisco Gonçalves, António Dias, das Congostas, António André de Barros, João Simões, do Souto, Francisco Pereira, da Porta Nova, Manuel Gonçalves, moleiro

FONTES E BIBLIOGRAFIA

Ver página 546.

FILOMENA MELO

Nicolau Monteiro

(Porto, 6.12.1581 | Porto, 20.12.1672)

Provedor da Santa Casa da Misericórdia
2.7.1636 | 2.7.1637

Clérigo.

Prior da Colegiada de Cedofeita (1630). Mestre-Escola da colegiada de Barcelos. Bispo eleito de Portalegre (1645). Bispo eleito da Guarda (1655). Bispo do Porto (1671-1672).

Doutor em Cânones pela Universidade de Coimbra.

Provedor da Santa Casa da Misericórdia do Porto (1636-1637, 1643-1644 e 1664-1665).

Filho de Nicolau Velho e de D. Maria Monteiro.

D. Nicolau Monteiro viveu uma vida longa de quase cem anos e tão preenchida que dele se pode dizer que desempenhou todos os cargos e teve todas as funções que o seu estado eclesiástico e a sua formação em cânones proporcionaram: perceptor de príncipes, embaixador, bispo, escritor e, por três vezes, provedor da Santa Casa da Misericórdia da cidade que foi seu berço.

Nasceu no Porto, em 1581, no seio de uma família da nobreza. Saiu jovem para fazer os seus estudos em Coimbra, mas voltou à cidade diversas vezes, em tempos diferentes, a última das quais, em 1671, para ser bispo. Apesar da idade avançada que à época tinha, ainda desenvolveu vasta obra na diocese, durante o seu exercício. Veio a falecer no ano seguinte, sendo sepultado na capela-mor da Sé do Porto. Fechou assim o ciclo da sua vida no local de onde partiu e no qual, contas feitas, terá vivido mais de metade dos seus 91 anos.

Os passos do seu percurso estão bastante documentados e são tantas e tão ilustrativas as biografias já produzidas sobre a sua pessoa, que se elegeram dois excertos de diferente autoria para dar a conhecer o seu perfil e currículo:

> [...] Estudadas na pátria as letras humanas passou à Universidade de Coimbra, onde aplicado à jurisprudência canónica se distinguiu pela viveza da compreensão de todos os seus condiscípulos e recebida a borla doutoral naquela faculdade se restituiu à sua pátria, de onde saiu a tratar na cúria romana um negócio grave de uma pessoa autorizada.
>
> Tanto que chegou a Roma se opôs a um canonicato da catedral de Coimbra e sendo os opositores insignes letrados a todos foi preferido com grande crédito da sua literatura.
>
> Concluído felizmente o negócio na cúria, voltou para o reino, e no mesmo tempo que residia em Coimbra servindo o canonicato, exercitou o lugar de vigário geral dessa diocese, com suma integridade, pela qual padeceu vários insultos que dissimulou,

prudente. Ocupava o priorado da celebre colegiada de S. Martinho de Cedofeita seu tio João Álvares Moutinho, e querendo deixar substituto capaz de tão grave benefício o resignou em seu sobrinho, cuja eleição mostrou o acerto com que fora feita. Informado o Sereníssimo Rei D. João IV da sua profunda capacidade e maduro talento, o mandou a Roma no ano de 1645 para representar à Santidade de Inocêncio X a injustiça com que negava o provimento dos bispados de Portugal. Com a voz, e com a pena explicou ao Sumo Pastor os lagrimosos gemidos das ovelhas de tantos rebanhos reduzidas ao último desamparo por falta de pastores que lhe ministrassem o alimento espiritual. Não foram eficazes estas súplicas para que o pontífice como pai universal se compadecesse das espirituais opressões que padecia o reino de Portugal [...]

Chegando a Portugal, foi residir na sua colegiada de Cedofeita. Dela o separou a nomeação que fez da sua pessoa El Rei D. João IV, sendo já mestre-escola da colegiada de Barcelos, para mestre do príncipe D. Teodósio e seus irmãos, os infantes D. Afonso e D. Pedro, em cujo ministério deu a conhecer mais claramente a capacidade do seu talento, pois sem diminuição do decoro devido à soberania dos seus discípulos os repreendia daquelas imperfeições que podiam acusar de menos vigilante e zeloso o seu magistério. Crescendo o seu merecimento com a idade, foi eleito em 3 de dezembro de 1646, bispo de Portalegre, e no ano de 1655 da Guarda, dos quais não teve confirmação. Amante da tranquilidade da sua colegiada, como inimigo do tumulto da Corte, suplicou a el Rei que lhe permitisse licença para se retirar à sua pátria, pois o número dos anos o dispensava do magistério. E deferindo el Rei a tão justificada súplica ordenou que se lhe continuasse a moradia que percebia em Lisboa, a qual heroicamente rejeitou, dizendo que não podia utilizar-se dos emolumentos do ócio que não exercitava. Retirado à colegiada de Cedofeita vivia para Deus, ocupando a maior parte do tempo em devotos exercícios. Não consentiu o príncipe D. Pedro que seu mestre não fosse premiado, como pediam os seus merecimentos, e logo que tomou a regência da monarquia o nomeou bispo do Porto, insinuando-lhe na carta que lhe seria muito grato o seu consentimento, pois dele tinha recebido a doutrina, como discípulo.

Obrigado da real insinuação aceitou a dignidade, em que foi confirmado pela Santidade de Clemente X e sagrado pelo Núncio Apostólico Francisco Ravizza em a Igreja dos Padres da Congregação do Oratório de Lisboa, em 31 de maio de 1671. Foi recebido com geral aplauso na sua Diocese a 26 de julho, onde praticou as virtudes de um perfeito prelado. Deputou dois esmoleres para distribuição das esmolas, um dos pobres, que concorriam ao seu palácio e outro daquelas pessoas cujo nascimento e honestidade lhes impediam pedir socorro para suas necessidades. Com magnífica e piedosa despesa reformou a a Igreja de S. Pedro de Miragaia e novamente edificou a paróquia de S. Nicolau onde com o nome desse grande taumaturgo recebeu a primeira graça [...].

Relaçaõ das verdadeiras Resoens em favor do Estado Ecclesiastico deste Reino de Portugal feita em Roma no principio do anno corrente superabundante às que alli haviaõ feito pelo mesmo Reino no anno de 1642 os Bispos de Lamego, e Eleito de Elvas. Lisboa: Paulo Crasbeeck, 1645.

Vox Turturis Portugallia gemens ad Pontificem Summum pro Regesuo ut audiatura susta gemit ac clamat: clamat namque, ac gemit jure civili humana atione, ordinatione divina, ac obsequio regio animata. Lisboa: Domingos Lopes Rosa, 1649.

Ballidos das Igrejas de Portugal ao Supremo Pastor Summo Pontífice Romano pelos três Estados do Reino. Paris: Sebastião Cramoisy. 1653.

(adapt. MACHADO, III, 496-497)

A versão da biografia de D. Nicolau Monteiro, elaborada por Agostinho Rebelo da Costa, revela o seguinte:

D. Nicolau Monteiro, que tomou posse em Abril de mil seiscentos e setenta e um, foi natural desta cidade, Doutor em Cânones pela Universidade de Coimbra e nela cónego provisor e vigário geral mestre-escola da Colegiada de Barcelos, D. Prior de Cedofeita, embaixador de El-rei D João IV à santidade de Urbano VIII. Aio do príncipe D. Teodósio e dos Infantes seus irmãos que foram Reis de Portugal. conselheiro de Estado, confessor da Rainha Dona Luiza de Gusmão, bispo eleito de Portalegre, Guarda e do Porto, cuja igreja quis felicitar com a sua assistência, rejeitando por esta causa o Arcebispado de Braga e preferindo deste modo o bem das ovelhas entre as quais nasceu, do que as entranhas cujas inclinações ignorava.

É indizível o que obrou em beneficio dos deus súbditos. Ninguém implorava o seu socorro que fosse destituído de auxílio. Tudo repartia com os pobres e chegava a espoliar sé dos seus próprios vestidos para os cobrir os templos os hospitais os cárceres tudo era o objeto da sua ternura e piedade.

Reedificou as igrejas de S. Pedro de Miragaia e S. Nicolau, na qual tinha sido batizado.

Falou muitas vezes ao Papa e o moveu com as suas eficacíssimas razões e muito mais com o livro que compôs intitulado *Vox Turturis* a convencer-se da Justiça de Portugal contra Castela. O Embaixador daquele reino, enfurecido desta preferência, mandou dois tiros de bacamarte, mas a Providência o preservou e só caiu morto o seu cocheiro.

Enfim, cheio de trabalhos carregado de cilícios, golpeado de ásperas disciplinas, morreu em opinião de santo, no dia vinte de Dezembro de mil seiscentos e setenta e dois, com noventa e um anos de idade. Muitos instrumentos das suas penitências e uma

> camisa ensopada em sangue extraído do seu corpo pelo rigor dos cilícios e disciplinas com que o macerava, conservam-se em poder do reverendo Doutor António Monteiro, cónego da insigne colegiada de Cedofeita, morador na Casa do Pinheiro e parente deste exemplaríssimo prelado. O seu retrato é exposto ao público todos os anos no dia dois de Julho pelos irmãos da Santa Casa da Misericórdia, à qual deixou um copioso legado para a convalescença dos doentes (adapt., COSTA, 84-86).

Não obstante as suas numerosas ocupações de alto gabarito, D. Nicolau Monteiro ingressou na Misericórdia da cidade do Porto e participou intensamente na vida desta Confraria. Ao longo dos quarenta anos em que foi Irmão, sempre que se encontrava na cidade conseguiu colaborar com este Instituto, assumindo regularmente vários cargos, além de ter sido provedor por três vezes, em 1636, 1643 e 1664. Foi eleito deputado da Mesa nos anos de 1632, 1638, 1640 e 1642. Foi eleitor em 1641, em 1643, quando saiu eleito provedor, em 1649, e novamente em 1664, ocasião em que foi provedor pela última vez. É efetivamente um currículo surpreendente, sobretudo se se considerar o somatório de responsabilidades e cargos que D. Nicolau Monteiro tinha, para além da Misericórdia.

⁂

Enquanto provedor no ano de 1636, D. Nicolau não se furtou às obrigações do lugar, comparecendo regularmente na Casa para reunir com a Mesa e tratar dos assuntos da provedoria. Um dos maiores encargos da Casa, nesta altura, continua a ser o pagamento de resgates de cativos, pagamento esse que é possível sobretudo com recurso às verbas legadas expressamente para esse efeito. Tal assunto é, aliás, objeto de todos os assentos feitos no decurso do primeiro trimestre deste mandato e ainda de vários outros, posteriormente.

Embora nenhum legado, em nenhum tempo, tenha igualado ou sequer tido alguma semelhança com o impacto que a herança de D. Lopo de Almeida tivera na Misericórdia cerca de meio século antes, a Casa aceita, a 26 de abril de 1637, um novo ingresso bastante relevante, com obrigação de capela. Tratava-se do legado de Manuel Fernandes de Calvos, falecido em Ormuz e denominado «o Rico de Ormuz».

Além do relevo destes tópicos no contexto das questões abordadas em Mesa, o provedor ocupou-se ainda das outras necessidades e obrigações correntes da Casa, que não descurou nem delegou em terceiros, desempenhando integralmente todas as funções inerentes ao cargo.

Mesa da Santa Casa da Misericórdia do Porto em 2.7.1636

Provedor: D. Nicolau Monteiro

Escrivão: João de Figueiroa Pinto

Conselheiros: Gonçalo Correia de Lacerda, Miguel Brandão da Silva, António do Amaral Albuquerque, Rui Gomes Golias, Miguel de Aiala de Gouveia e, «de menor condição», Manuel de Carvalho, cordoeiro, Manuel António, do Souto, Manuel Gomes, tanoeiro, João Ferreira, caldeireiro, António de Sousa, serralheiro, David Pereira

FONTES E BIBLIOGRAFIA

Fontes arquivísticas

Arquivo Histórico da Santa Casa da Misericórdia do Porto (AHSCMP) – *Eleições da Mesa da Misericórdia*, série D, banco 5, livros 1-2; *Livro de Lembranças das deliberações da Mesa da Misericórdia*, série D, banco 8, livros 4-5.

Fontes digitais

Diocese do Porto – *Cronologia*. Disponível em: <http://www.diocese-porto.pt/cronologia/> [consultado em maio-julho de 2016].

Fontes impressas

COSTA, Agostinho Rebelo da, 1789 – *Descripção topografica, e historica da Cidade do Porto. Que contém a sua origem....* Porto: na Officina de Antonio Alvarez Ribeiro.

CUNHA, D. Rodrigo da, 1742 – *Catálogo dos Bispos do Porto*. Porto: Officina Prototypa Episcopal.

MACHADO, Diogo Barbosa, 1741 – *Bibliotheca Lusitana historica, critica e cronologica na qual se comprehende a noticia dos Authores Portuguezes, e das Obras, que compuserão desde o tempo da promulgação da Ley da Graça até o tempo prezente*, tomo I. Lisboa: Oficina de António Isidoro da Fonseca.

Bibliografia

FREITAS, Eugénio de Andrea da Cunha e; MENDES, António Lopes, 1990 – *Provedores e Escrivães da Santa Casa da Misericórdia do Porto*. Porto: Santa Casa da Misericórdia do Porto (datilografado).

SILVA, Maria Manuela Ribeiro Conde de, 2011 – *Inventariação de retratos pictóricos de bispos do Porto*. Dissertação de Mestrado em História da Arte em Portugal apresentada à Faculdade de Letras da Universidade do Porto (policopiado).

FILOMENA MELO

Bento de Aguiar Caldeira

(? | ?)

Provedor da Santa Casa da Misericórdia
2.7.1637 | 2.7.1638

Negociante.

Vereador da cidade do Porto (1626, 1627, 1636 e 1637). Almotacé da cidade do Porto (1639).

Provedor da Santa Casa da Misericórdia do Porto (1633-1634 e 1637-1638).

Filho de Rui Dias de Aguiar e D. Francisca Caldeira.

Casou com D. Antónia de Seabra de Sousa de quem teve João de Seabra de Sousa, Helena da Silva de Seabra (e outros?).

Genro de Pantaleão de Seabra de Sousa, provedor da Santa Casa da Misericórdia do Porto.

No seu primeiro mandato, Bento de Aguiar Caldeira deu mostras de ter sido uma figura muito presente e ativa na Casa. Desta feita, por motivos que não estão esclarecidos, não compareceu à maior parte das reuniões da Mesa, de tal modo que estas passam até a ser presididas pelo escrivão, Baltazar Pinto Aranha, a partir de abril de 1638.

Os assuntos tratados durante este mandato são estritamente dentro da rotina da Casa, verificando-se um momento de maior tensão na expulsão de um Irmão, Manuel Bravo, em outubro de 1637, o qual virá a ser readmitido, no ano seguinte. No mais, a atividade deste período restringiu-se ao pagamento de um dote a uma jovem, «sem embargo de ter algum erro na sua virtude»; aos pagamentos de resgates, que continuam a ser numerosos; à provisão de lugares da Casa; à promoção do ensino de ofícios, cobranças e prestações de contas, com destaque para a pormenorizada conta do solicitador da Casa, apresentada a 30 de junho de 1638, relativa à sua missão em Lisboa, onde se ocupara de vários assuntos, tais como demandas, cobranças, etc. Além destas rotinas devidamente cumpridas, chegou ainda a ser pensado e aprovado em Mesa fazerem-se grades para o cruzeiro da igreja, mas a obra não se concretizou.

Mesa da Santa Casa da Misericórdia do Porto em 2.7.1637

Provedor: Bento de Aguiar Caldeira

Escrivão: Baltazar Pinto Aranha

Conselheiros: João de Valadares Carneiro, doutor Miguel Garcês, Bernardo Ferraz Pinheiro, Bernardo Godinho de Madureira, Pantaleão de Figueiroa e, «de menor condição» Francisco Gonçalves, das Congostas, André Fernandes, sombreireiro, Diogo de Figueiredo, sapateiro, Miguel Dias, alfaiate, Gonçalo Rodrigues, barbeiro (?), Gaspar de Almeida, merceeiro

FONTES E BIBLIOGRAFIA

Ver página 610.

FILOMENA MELO

António do Amaral de Albuquerque

(? | ?)

Provedor da Santa Casa da Misericórdia

3.7.1638 | 4.7.1639

Procurador da cidade do Porto em Cortes (1642).

Vereador da Câmara Municipal do Porto (1626 e 1642). Almotacé da cidade do Porto (1634).

Filho de António Leite da Costa, provedor da Misericórdia e Leonor de Albuquerque.

Casou com D. Maria Pereira.

Fidalgo.

António do Amaral de Albuquerque, fidalgo portuense, vereador da cidade e procurador do Porto em Cortes, este é, em traços muito gerais, o perfil que é possível traçar para este provedor.

Filho de um antigo vereador e também provedor da Santa Casa da Misericórdia do Porto, talvez pela tradição familiar, cedo ingressou na Irmandade e nela permaneceu por três décadas. Quando foi eleito provedor, tinha já um grande conhecimento da Casa e uma longa experiência até da sua administração, por ter pertencido a várias Mesas.

⁂

A primeira e talvez a mais relevante medida do seu mandato, registada no *Livro de Lembranças*, a 18 de julho de 1638, foi convocar o médico e cirurgião da Casa para propor-lhes que fossem eles a fazer o exame dos presos, gratuitamente. Por este serviço seriam compensados apenas com uma pequena propina pelo Natal, o que eles aceitaram, dado o propósito caritativo desta ação.

Um outro facto merece destaque, embora seja uma iniciativa privada. Tratava-se de avaliar a possibilidade de fazer uma nova capela na igreja, obra a ser realizada por um particular, Manuel Tavares, que se comprometeu a custear todo o trabalho e, posteriormente, ornamentar a capela. O provedor apresentou o plano à Mesa, em reunião de 9 de março de 1639.

No mais, António do Amaral de Albuquerque geriu a Casa sem que nada houvesse a assinalar, fazendo-se as habituais diligências para cobrar juros em dívida, contratando-se o pessoal de serviço em falta, administrando-se o património e, sobretudo continuando a dar-se um significativo relevo aos contributos para resgates.

Os dias mais complexos do seu mandato, paradoxalmente, terão sido os últimos que o obrigaram a demorar-se um pouco mais do que o habitual no exercício do cargo. A 2 de julho de 1639 presidiu, como era seu dever, às eleições para a escolha do provedor e mesários que iriam suceder-lhe, eleições essas recheadas de peripécias pouco abonatórias para alguns dos intervenientes. No decurso do ato eleitoral, foi dado conhecimento à Mesa de uma ordem do governador no sentido de não serem atribuídos votos a Cosme Aranha da Rocha, Pantaleão de Figueiroa e ao próprio Pedro Vaz Soares de Sousa, «porque havia culpa deles» em «matéria grave». Por esse motivo, no dia seguinte, a 3 de julho, o provedor reuniu com os Irmãos da Mesa e os eleitores debatendo o sucedido e o modo como o corregedor do crime, António de Beja, interferira nas eleições. Este declarara tê-lo feito por ordem do governador, pelo que o provedor, mesários e eleitores decidiram fazer uma exposição ao Rei acerca destes factos. Após esta «tentativa de intromissão indevida», embora fundamentada por uma provisão (SILVA, 2002, 37), logo a 4 de julho, o governador deu o dito por não dito e informou o provedor de que «podia fazer livremente sua eleição por se não querer meter nas cousas da Misericórdia». Os eleitores prosseguiram então a sua tarefa, tendo a votação sido concluída e saindo eleito Pedro Vaz Soares de Sousa. Este encontrava-se ausente, na sua quinta perto de Guimarães, mas quando lhe foi comunicada a eleição, aceitou o cargo. Contudo, não existe neste livro a ata do juramento que terá prestado. Foi este provedor, António Amaral de Albuquerque, quem recebeu ainda o juramento da nova Mesa, e por este motivo não se sabe exatamente em que data começou o mandato do provedor seguinte.

Mesa da Santa Casa da Misericórdia do Porto em 3.7.1638

Provedor: António do Amaral de Albuquerque

Escrivão: Henrique Homem Carneiro

Conselheiros: doutor Nicolau Monteiro, prior de Cedofeita, doutor Luís Delgado de Abreu, Rui Brandão, doutor Rui Gomes Golias, António de Couros Carneiro e, «de menor condição», Manuel Gomes, Gonçalo de Sousa, ourives, Manuel Lopes, o novo, Sebastião Dias, correeiro, Valentim Carvalho, Gonçalo Moreira, pedreiro

FONTES E BIBLIOGRAFIA

Fontes arquivísticas

Arquivo Histórico da Santa Casa da Misericórdia do Porto (AHSCMP) – *Eleições da Mesa da Misericórdia*, série D, banco 5, livro 1; *Livro de Lembranças das deliberações da Mesa da Misericórdia*, série D, banco 8, livro 4.

Bibliografia

FREITAS, Eugénio de Andrea da Cunha e; MENDES, António Lopes, 1990 – *Provedores e Escrivães da Santa Casa da Misericórdia do Porto*. Porto: Santa Casa da Misericórdia do Porto (datilografado).

SILVA, Francisco Ribeiro da, 1988 – *O Porto e o seu termo (1580-1640): os homens, as instituições e o poder*, 2 volumes. Porto: Arquivo Histórico da Câmara Municipal do Porto.

SILVA, Francisco Ribeiro da, 2002 – "A Misericórdia do Porto na Centúria de Quinhentos", in SAMAGAIO, Estêvão; MENDO, Paulo (coord.), *A Santa Casa da Misericórdia do Porto e o voluntariado em saúde: Comemoração dos 25 anos da Liga dos Amigos do Hospital Geral de Santo António*. Porto: Santa Casa da Misericórdia do Porto, pp. 29-42.

FILOMENA MELO

Pedro Vaz Cirne de Sousa (ou Soares de Sousa)

(? | ?)

Provedor da Santa Casa da Misericórdia
4.7.1639 | 2.7.1640

Clérigo. Frei.

Vereador da Câmara da cidade do Porto (1615). Almotacé da Câmara da cidade do Porto (1616). Procurador da cidade do Porto em Cortes (1645).

Filho de Manuel Cirne Soares e de D. Antónia de Sousa.

Casou com Maria de Madureira de quem teve quatro filhos: Manuel Cirne, António de Sousa Cirne, provedor da Misericórdia do Porto (1678-1679), Diogo de Sousa Cirne, D. Margarida de Sousa; teve ainda D. Maria de Sousa, filha de Maria da Silva.

Avô de Francisco de Madureira Cirne de Sousa e Azevedo, provedor da Misericórdia do Porto (1709-1710).

Fidalgo da Casa Real. Comendador da Ordem de Malta.

No seio da família deste provedor, são vários os homónimos e alguns seus contemporâneos, sendo que a presente identificação suscitou algumas dúvidas. Porém, seguindo a Ribeiro Ferreira, principalmente, parece razoável identificá-lo com o que aqui se aponta, filho de Manuel Cirne Soares e de D. Antónia de Sousa. A ser assim, seria sobrinho do provedor Pantaleão Pereira e neto de outro Pedro Vaz Soares Cirne.

Casou com Maria de Madureira que alguns genealogistas dizem ser de origem mourisca e filha legitimada de Diogo de Madureira, de quem veio a ser herdeira. Assim, além das casas da Rua Nova, no Porto, a família tinha ainda, por herança da mulher, uma quinta, na periferia da cidade, às Fontainhas e, pelo menos mais uma outra em Guimarães, referida na própria documentação da Misericórdia.

Foi vereador e almotacé da cidade do Porto e tornou-se uma figura muito reputada politicamente, sobretudo a partir de 1640. Cristóvão Alão de Morais utilizou uma curiosa expressão para o designar, chamando-o de «grande repúblico» (MORAIS, II, 1: 636-637). Isto porque terá sido a primeira pessoa a aclamar D. João IV na cidade do Porto. Por esse facto foi também escolhido para representar a cidade e em nome dela ir prestar obediência ao novo monarca e bem assim representá-la nas Cortes de 1645.

Quando enviuvou, deixou o século e entrou na religião de S. João Baptista.

⁂

Na Misericórdia da cidade do Porto, a primeira notícia de maior relevo que lhe respeita data de 3 de julho de 1627, altura em que foi eleito para integrar a Mesa desse ano.

O contexto da sua eleição para provedor, em 1639, foi bastante complexo. No decurso do ato eleitoral, foi dado conhecimento à Mesa de uma ordem do governador no sentido de não serem atribuídos votos a Cosme Aranha da Rocha, Pantaleão de Figueiroa e ao próprio Pedro Vaz Soares de Sousa, «porque havia culpa deles» em «matéria grave». Por esse motivo, no dia seguinte, a 3 de julho, o provedor António do Amaral de Albuquerque manteve-se em exercício e reuniu com os Irmãos da Mesa e os eleitores, debatendo acerca do sucedido e do modo como o corregedor do crime, António de Beja, interferira nas eleições. Este declarara tê-lo feito por ordem do governador, pelo que o provedor, mesários e eleitores decidiram fazer uma exposição ao Rei, expondo estes factos. A 4 de julho, o governador deu o dito por não dito e informou o provedor de que «podia fazer livremente sua eleição por se não querer meter nas cousas da Misericórdia». Os eleitores prosseguiram então a sua tarefa, tendo a votação sido concluída com a escolha de Pedro Vaz.

O então eleito provedor encontrava-se em Guimarães, numa sua quinta, mas ao ser-lhe comunicado o resultado eleitoral, aceitou o cargo. Contudo, não se encontra no livro próprio a ata do juramento que terá prestado, não se sabendo, por este motivo, em que data começou o mandato. Aliás, foi ainda o seu antecessor, António do Amaral de Albuquerque, quem recebeu o juramento da nova Mesa.

Do mesmo modo, não há certeza de quando terá comparecido pela primeira vez na Casa, na qualidade de provedor. Ou seja: terá enviado o seu juramento, por escrito ou por entreposta pessoa e comparecido posteriormente? Terá bastado a sua palavra de que aceitava o cargo, vindo depois a prestar juramento, mais tarde? Não se sabe. A primeira ata de uma assembleia da nova Mesa data de 17 de julho desse ano e foi assinada pelo escrivão, «em ausência do provedor». A ata seguinte, de 15 de setembro, apresenta uma formulação idêntica. A primeira vez em que se regista a sua presença a presidir à mesa é já a 20 de setembro. Nessa ocasião, não foi tratado nenhum assunto particularmente relevante, pois apenas se deliberou acerca da possibilidade de enviar o solicitador à Corte, a fim de ali tratar dos negócios da Casa. A partir de então, o provedor marca presença assiduamente em todas as reuniões havidas durante o seu mandato e que serão até em grande número.

Para além das peripécias associadas à sua eleição e tomada de posse, Pedro Vaz marcou a história da instituição ao decidir e planear a construção de uma enfermaria para homens entrevados no Hospital de Cimo de Vila, onde havia espaço e condições para se fazer essa obra, suprindo assim uma carência na vertente assistencial da Misericórdia, considerando que o Hospital de Santa Clara tinha caráter de albergaria.

No mais, os registos deixam transparecer a atenção que este provedor dedicou a todos os assuntos da Casa, em geral, preocupando-se com o controle das aplicações financeiras, o acompanhamento dos assuntos correntes da vida da Misericórdia, como a escolha do médico e do juiz da prisão, o pagamento dos resgates e até uma situação mais crítica, a de deliberar acerca da exclusão de um Irmão, o mercador Francisco de Barros, que se recusara a servir como Irmão «de menor condição», vindo mais tarde a ser perdoado e reintegrado, como tantas vezes acontecia.

Mesa da Santa Casa da Misericórdia do Porto em 4.7.1639

Provedor: Pedro Vaz Soares de Sousa ou Cirne de Sousa

Escrivão: António de Couros Carneiro

Conselheiros: doutor Lourenço Coelho Leitão, Francisco Cardoso de Madureira, Gonçalo Correia de Lacerda, João de Figueiroa Pinto, Manuel Bravo e, «de menor condição», Diogo Pinto, ourives, Francisco da Silva, cereeiro, João Dias, correeiro, João Lopes, João Barbosa, sapateiro, Pêro Ferreira, tanoeiro

FONTES E BIBLIOGRAFIA

Fontes arquivísticas

Arquivo Histórico da Santa Casa da Misericórdia do Porto (AHSCMP) – *Eleições da Mesa da Misericórdia*, série D, banco 5, livro 1; *Livro de Lembranças das deliberações da Mesa da Misericórdia*, série D, banco 8, livros 4-5.

Bibliografia

FREITAS, Eugénio de Andrea da Cunha e; MENDES, António Lopes, 1990 – *Provedores e Escrivães da Santa Casa da Misericórdia do Porto*. Porto: Santa Casa da Misericórdia do Porto (datilografado).

MORAIS, Cristóvão Alão de, [1667] 1943-1948 – *Pedatura Lusitana: nobiliário de famílias de Portugal*, publicado por Alexandre António Pereira de Miranda Vasconcellos, António Augusto Ferreira da Cruz, Eugénio Eduardo Andrea da Cunha e Freitas, tomo II, vol. 1. Porto: Livraria Fernando Machado.

SILVA, Francisco Ribeiro da, 1988 – *O Porto e o seu termo (1580-1640): os homens, as instituições e o poder*, 2 volumes. Porto: Arquivo Histórico da Câmara Municipal do Porto.

SILVA, Francisco Ribeiro da, 1993 – "O Porto e as Cortes no século XVII ou os concelhos e o poder central em tempos do absolutismo". *História – Revista da Faculdade de* Letras, II série, vol. X. Porto: Faculdade de Letras da Universidade do Porto, pp. 9-68.

FILOMENA MELO

Gonçalo Correia de Lacerda e Figueiroa

(? | ?)

Provedor da Santa Casa da Misericórdia
4.7.1640 | 2.7.1641

Filho de António Correia da Cunha e de D. Joana de Mesquita.

Casou duas vezes, uma com D. Maria Monteira ou D. Maria da Paz e outra com D. Branca Aranha Barbosa. De entre os filhos de ambos os casamentos conhecem-se os nomes de Manuel Correia de Lacerda, provedor da Santa Casa da Misericórdia do Porto (1691-1692) e Senhor de Farelães, Fernão Correia de Lacerda, D. Maria Correia e D. Mariana de Lacerda.

Genro do provedor da Misericórdia do Porto, Baltazar Pinto Aranha (1619-1620 e 1635-1636).

Gonçalo Correia de Lacerda é mais um provedor cuja identificação e biografia não são fáceis de estabelecer. Contemporaneamente um outro Gonçalo Correia de Lacerda, filho do provedor Jorge Correia de Lacerda também teria o perfil para ser ele próprio provedor. Porém, seria certamente muito jovem ainda, nesta ocasião e veio a fazer a sua vida, em boa parte, em Leiria, onde foi juiz de fora. Além disso, não é tão fácil estabelecer a ligação desta família com os Figueiroa. Por isso, optou-se pela hipótese que em tudo parece mais conforme de ser provedor estoutro Gonçalo Correia de Lacerda ou Lacerda e Figueiroa, genro de um provedor e pai de outro, pois, entre outros motivos, estes laços de proximidade com a Casa são de ter em conta.

Uma vez determinado ser este o provedor do ano de 1640, outro problema se levanta. Os genealogistas são muito confusos na apresentação dos elementos biográficos que lhe respeitam. Felgueiras Gaio indica que casou com D. Maria da Paz, Carvalho da Costa diz que esta era a sogra enquanto a mulher seria Maria Monteira. Terá casado uma segunda vez, mas também não se consegue confirmar se D. Branca Aranha Barbosa foi a primeira ou a segunda mulher. Por consequência, não é certo em que etapa nasceram os filhos, ao todo cinco, dois de um casamento e três de outro. Em todo o caso, Manuel Correia de Lacerda, que virá a ser provedor da Santa Casa da Misericórdia do Porto (1691) e Senhor de Farelães, será o primogénito do primeiro casamento, em virtude de ser o herdeiro. Conhecem-se ainda os nomes de Fernão Correia de Lacerda, D. Maria Correia e D. Mariana de Lacerda.

Da sua vida na Santa Casa da Misericórdia do Porto, há mais certezas. Foi deputado da Mesa saída das eleições de 2 de julho de 1636 e, de novo, em 1639. Foi eleitor nas eleições de 2 de julho de 1638 e finalmente eleito provedor, em 1640, sendo este ano também o último em que há notícia da sua colaboração com a Confraria.

O primeiro quartel deste mandato parece ter decorrido dentro da normalidade, sendo tratados os habituais assuntos da Casa, provisão da capelania, gestão financeira, etc. Destaca-se, nesta altura, a preocupação do provedor em proceder a uma nova consulta dos mestres-de-obras sobre a segurança da edificação de uma nova capela que um particular, Manuel Tavares, se propusera custear e que a Misericórdia já aceitara, no ano precedente. Só autoriza a obra depois de se certificar que o impacto desta não comportaria riscos para o edifício existente.

Embora os *Livros de Lembranças* deste período, pela natureza dos seus registos, não tenham qualquer eco dos acontecimentos de 1 de dezembro de 1640, é de notar, coincidência ou não, já que não existem outros elementos interpretativos, o facto de entre os dias 20 de novembro de 1640 e 2 abril do ano seguinte não ter sido feita nenhuma ata. Ou não houve nenhum assunto a registar ou, provavelmente, não terá sequer havido qualquer momento de reunião da Mesa. Aliás, o provedor já não esteve presente nesta última reunião de novembro e só voltou a presidir a 1 de maio de 1641. Tal não significa, evidentemente, que a Casa não tenha prosseguido a sua actividade regular durante este período, mas não é possível sabê-lo ao certo, na ausência de elementos informativos.

Só no ano seguinte, na referida ata de 2 de abril de 1641, poderá ser encontrada uma alusão muito indireta à situação que então se vivia. No Hospital de D. Lopo tinham sido recebidos e tratados feridos, à revelia do provedor e da Mesa. O caso desencadeou um conflito entre a direção da Casa e o cirurgião António Assucarelo (Ascareli?). Este fora o responsável pela decisão de admitir esses feridos no hospital, considerando não necessitar de qualquer outra autorização para exercer as suas funções, por ser titular de licença régia para tal. A polémica então gerada dominará as demais reuniões da Mesa, até ao final do exercício deste provedor, prolongando-se ainda pelo mandato seguinte. De que feridos se tratava, não se sabe ao certo, mas é lícito considerar que pudessem ser vítimas do conflito armado decorrente de algumas ações militares então ocorridas, como a tomada do Castelo de S. João da Foz.

Em concreto, é difícil tirar ilações, pois não se conhece a sensibilidade política do provedor e demais representantes da Misericórdia face aos acontecimentos da altura. Contudo, é razoável admitir que se tenham fundido no sentir unânime da cidade – as elites e os populares – e dos seus principais órgãos administrativos, em particular da câmara municipal que «assumiu a liderança do processo» na cidade do Porto (SILVA, 1994, 193-194). É plausível que assim fosse, posto que a adesão aos princípios dos conjurados e a D. João IV foi, no dizer de Francisco Ribeiro da Silva, uma adesão consensual. A ocasião não é visto como uma rutura, pois «essa acontecera 60 anos antes, em 1580, ou talvez de forma mais sensível, nas últimas décadas da dominação filipina». Contudo, é compreensível que nem todos tivessem aderido ao momento e «com igual entusiasmo» como também sublinha (SILVA, 1994, 195-196).

Em suma, pode considerar-se que os acontecimentos de 1 de dezembro de 1640 não tiveram um impacto direto na vida da Casa, como Instituição, mas sim, e inevitavelmente, na vivência particular de todos e cada um dos seus membros, imbuídos no espírito do tempo e do lugar.

Mesa da Santa Casa da Misericórdia do Porto em 4.7.1640

Provedor: Gonçalo Correia de Lacerda [e Figueiroa]

Escrivão: Francisco Cardoso de Madureira

Conselheiros: doutor Nicolau Monteiro, Baltazar Pinto Aranha, António do Amaral de Albuquerque, Rui Gomes Golias, Pantaleão Alvo Godinho e, «de menor condição» Manuel Gomes, tanoeiro, Miguel de Brito, sapateiro, António André, Sebastião Dias, correeiro, Francisco Soares, Pantaleão da Costa

FONTES E BIBLIOGRAFIA

Fontes arquivísticas

Arquivo Histórico da Santa Casa da Misericórdia do Porto (AHSCMP) – *Eleições da Mesa da Misericórdia*, série D, banco 5, livro 1; *Livro de Lembranças das deliberações da Mesa da Misericórdia*, série D, banco 8, livro 5.

Fontes impressas

COSTA, António Carvalho da, 1706-1712 – *Corografia portugueza e descripçam topografica do famoso Reyno de Portugal, com as noticias das fundações das cidades, villas, & lugares, que contem....* Lisboa: Na Officina de Valentim da Costa Deslandes.

Bibliografia

FREITAS, Eugénio de Andrea da Cunha e; MENDES, António Lopes, 1990 – *Provedores e Escrivães da Santa Casa da Misericórdia do Porto*. Porto: Santa Casa da Misericórdia do Porto (datilografado).

GAYO, Manuel José da Costa Felgueiras, [1938-1941] – *Nobiliário de famílias de Portugal, Fac. simile* de impressão diplomática do original manuscrito existente na Santa Casa de Misericórdia de Barcelos, IV. [Braga]: Agostinho de Azevedo Meirelles; Domingos de Araújo Affonso.

SILVA, Francisco Ribeiro da, 1994 – "A cidade do Porto e a Restauração". *História – Revista da Faculdade de* Letras, II série, vol. XI. Porto: Faculdade de Letras da Universidade do Porto, pp. 193-214.

FILOMENA MELO

Luís Delgado de Abreu

(Porto, ? | Lisboa, 1667)

Provedor da Santa Casa da Misericórdia

2.7.1641 | 16.08.1642

Magistrado judicial. Professor universitário.

Doutor em Leis pela Universidade de Coimbra.

Natural do Porto.

Filho de Baltazar Delgado de Abreu, vereador da Câmara do Porto, e de Susana Soares.

Neto paterno de Baltazar Delgado, vereador da Câmara do Porto e provedor da Misericórdia.

Carta de familiar do Santo Ofício (1627). Hábito de noviço (18 de dezembro de 1653). Carta do hábito de Cristo (20 de dezembro de 1653).

Doutor em Leis pela Universidade de Coimbra, onde seria lente, Luís Delgado de Abreu foi uma personalidade da vida portuense do seu tempo. Seu pai e avô já se haviam distinguido pela atividade cívica que ambos tiveram, ocupando cargos públicos da cidade, de modo que Luís Delgado de Abreu entronca numa família que já tinha os seus pergaminhos bem defendidos. Alguns dos lugares que ele próprio ocupou na magistratura eram ainda mais prestigiados, uma vez que eram os cargos de representação da coroa nas instâncias judiciais do Porto.

Foi desembargador Extravagante da Relação do Porto (23 de novembro de 1635). Corregedor do Cível da Casa da Relação (6 de outubro de 1642). Promotor de Justiça da Casa da Suplicação (6 de agosto de 1643). Deputado da Mesa da Consciência (18 de dezembro de 1653). Conselheiro (11 de março de 1664). Além disso, a sua longa vida permitiu que estivesse vários anos no exercício de tais funções, sendo também bastamente recompensado pelo Rei com tenças e mercês (SUBTIL, 2010, 401).

Sem ter casado e sem descendentes, o provedor Luís Delgado de Abreu fez testamenteiro e herdeiro o seu parente Luís de Valadares Carneiro, que também fora provedor da Misericórdia do Porto, mas também deixou um legado a favor da Santa Casa da Misericórdia. Esse legado foi aceite pela instituição a 5 de setembro de 1668, após o seu falecimento ocorrido em Lisboa no ano anterior.

Em paralelo aos cargos que ocupava na cidade, e seguindo também as pisadas dos seus antepassados, foi um elemento muito presente na vida da Misericórdia, onde prestou vários serviços à Casa como deputado da Mesa, eleitor e, finalmente, provedor, no presente mandato de 1641-1642.

⁂

Ao longo do período em que administrou a casa, foi assíduo a presidir à Mesa, na qual se tratou da gestão da Casa e dos seus legados, bem como da aplicação de verbas em obras beneméritas, com grande ênfase para o pagamento de resgates de cativos, cujos pedidos continuavam a chegar à Casa. Destaca-se de entre estes assuntos correntes, por assim dizer, o facto de a Casa aceitar então um legado avultado sujeito a determinadas condições impostas pelo benfeitor, o qual pretendeu ficar anónimo, tendo requerido ao antigo provedor, Baltazar Pinto Aranha, que mediasse a questão. Não se sabe se, naquele tempo, teria ou não sido desvendada a identidade deste benemérito. Efetivamente, o seu nome não ficou registado e, pelo menos para a posteridade, cumpriu-se o seu desiderato de permanecer anónimo.

Outro momento a registar foi a exclusão, o «riscar» de Irmão, como se dizia. Tratava-se de uma figura prestigiada, o deão da Sé, Diogo Pinto Pereira, que era acusado de desacatar as ordens que recebera da Mesa. Porém, como em outros casos similares, este Irmão expulso veio a ser readmitido no ano seguinte.

Quando se aproximou a data de 2 de julho, presidiu às eleições como era sua obrigação, e nelas foi eleito o provedor João Gomes da Silva. No dia seguinte, este compareceu na Misericórdia declarando que não podia aceitar o cargo sem licença régia, em virtude do seu estatuto de representante da coroa, na cidade. Esta licença vem a ser-lhe concedida a 8 de agosto, tomando posse a 16 desse mês e dando juramento à Mesa no dia seguinte, 17 de agosto. Este conjunto de factos explica o prolongamento do mandato de Luís Delgado de Abreu, que se manteve em exercício até ao dia 16 de agosto de 1642.

Luís Delgado de Abreu não voltou a ser eleito provedor. Porém, dois anos depois deste mandato, foi chamado a exercer novamente o cargo, apenas por alguns dias, na verdade uma semana, entre 26 de junho e 2 de julho, por D. Nicolau Monteiro, na altura o provedor em exercício, se ter ausentado para a Corte, sem possibilidade de regressar ainda a tempo de concluir o mandato. Estando também indisponível o provedor precedente, foi deste modo que Luís Delgado de Abreu exerceu o cargo durante aqueles dias e presidiu às eleições de 1644.

Mesa da Santa Casa da Misericórdia do Porto em 2.7.1641

Provedor: Luís Delgado de Abreu

Escrivão: Pantaleão Alvo Godinho

Conselheiros: António de Couros, doutor Belchior Vaz Correia, João Soares do Amaral, Manuel de Valadares Carneiro, António Carneiro de Vasconcelos e, «de menor condição» Francisco Pereira, tanoeiro, Luís de Sousa, Pedro Álvares(?), Francisco da Silva, cirieiro, Amaro Gonçalves, livreiro, Manuel de Araújo, latoeiro

FONTES E BIBLIOGRAFIA

Fontes arquivísticas

Arquivo Histórico da Santa Casa da Misericórdia do Porto (AHSCMP) – *Eleições da Mesa da Misericórdia*, série D, banco 5, livro 1; *Livro de Lembranças das deliberações da Mesa da Misericórdia*, série D, banco 8, livro 5.

Bibliografia

BRITO, Pedro de, 1997 – *Patriciado urbano quinhentista: as famílias dominantes do Porto (1500-1580)*. Porto: Arquivo Histórico da Câmara Municipal do Porto.

FREITAS, Eugénio de Andrea da Cunha e, 1979 – "Familiares do Santo Ofício no Porto". Separata da *Revista de* História, vol. II. Porto: Centro de História da Universidade do Porto, pp. 229-236.

FREITAS, Eugénio de Andrea da Cunha e; MENDES, António Lopes, 1990 – *Provedores e Escrivães da Santa Casa da Misericórdia do Porto*. Porto: Santa Casa da Misericórdia do Porto (datilografado).

MORAIS, Cristóvão Alão de, [1667] 1943-1948 – *Pedatura Lusitana: nobiliário de famílias de Portugal*, publicado por Alexandre António Pereira de Miranda Vasconcellos, António Augusto Ferreira da Cruz, Eugénio Eduardo Andrea da Cunha e Freitas. Porto: Livraria Fernando Machado, 12 volumes.

SUBTIL, José, 2010 – *Dicionário dos Desembargadores (1640-1834)*. Lisboa: EDIUAL.

FILOMENA MELO

João Gomes da Silva

(? | ?)

Provedor da Santa Casa da Misericórdia

17.7.1642 | 2.7.1643

Governador da Casa da Relação do Porto (1641). Regedor e governador da Casa da Suplicação.

Filho de Luís da Silva Teles, alcaide-mor de Seia, governador da Casa da Relação do Porto e provedor da Misericórdia (1610-1611) e de D. Mariana de Lencastre.

Casou com D. Joana ou Maria de Távora de quem teve três filhos: Luís da Silva, D. Mariana da Silva ou de Lencastre e D. Joana de Távora; teve ainda António Teles, bispo do Funchal.

Irmão de Fernão Teles de Menezes, governador da Casa da Relação do Porto (1645) e provedor da Misericórdia do Porto (1645-1646) e de António Teles da Silva governador e capitão-geral do Estado do Brasil (1642-1647).

João Gomes da Silva teve na cidade do Porto uma posição proeminente. Tal como seu pai, foi governador da Casa da Relação, cargo que assumiu em janeiro de 1641, mas teve também outros papéis relevantes, nomeadamente na carreira das armas, destacando-se o facto de ter participado na Restauração da Baía.

Como Irmão da Misericórdia do Porto, não há notícias de que tenha desempenhado quaisquer funções na Casa, a não ser no ano em que foi eleito provedor, em 1642. Nessa ocasião, compareceu na Misericórdia no dia 3 de julho, um dia após as eleições, declarando que não podia aceitar o cargo sem licença régia, devido ao seu cargo de governador da Relação. Esta licença foi-lhe concedida a 8 de agosto, vindo a tomar posse a 16 desse mês e dando juramento à Mesa no dia seguinte, 17 de agosto. Começou assim o seu mandato com um mês e meio de atraso em relação ao que era costume.

Posteriormente, embora não estejam referidos os motivos, é de crer que o seu papel na vida pública da cidade não lhe deixasse muita margem para comparecer na Misericórdia e assumir o seu papel de provedor. Sabe-se apenas que faltou a muitas reuniões da Mesa, sendo substituído pelo escrivão Bento de Aguiar Caldeira e só se tornou assíduo no último quartel do mandato.

Durante este período, a aplicação de verbas para resgate de cativos continua a ser uma preocupação constante da Misericórdia. No mais, mesmo na ausência do provedor, foram tratados os assuntos correntes de gestão da Casa e das suas obras de caridade e piedade.

O assunto que maior destaque teve nesta altura foi a reforma do Compromisso, que se destinava a dotar a Santa Casa da Misericórdia do Porto de um regulamento próprio, já que até então se orientava pelos textos estatutários e normativos de Lisboa. Foi então iniciado um processo de reflexão e debate com vista a concretizar este desiderato, ponderando-se os motivos pelos quais era necessária a elaboração de um novo documento regulamentar *ad-hoc* para a esta Casa. Na reunião de 10 de junho de 1643 foram feitas algumas considerações sobre determinados pontos do Compromisso, relativamente aos enterros e a eleições, sendo aprovada a decisão de normalizar determinados procedimentos, harmonizando-os com o que era praticado na Casa de Lisboa (AHSCMP, *Livros de Lembranças das deliberações da Mesa da Misericórdia*, Série D, Banco 8, Livro 5, fls. 59-59v). Deliberou-se ainda que parte destas orientações estavam em rascunho, pelo que iria ser copiado o texto integral do Compromisso e mandado à Corte, para aprovação régia, o que foi ainda cumprido no âmbito deste mandato, conforme registo de 2 de julho, ainda subscrito pela Mesa e provedor deste ano (Idem, 63).

Maria Alice Azevedo transcreve a fundamentação apresentada para a elaboração de um novo regimento

> Pelo mesmo Compromisso e estatutos que se começou a governar a Misericórdia de Lisboa, posto que modificados e alterados algumas vezes, conforme a mudança e variedades dos tempos, se governou também esta Irmandade [Santa Casa da Misericórdia do Porto], até ao ano presente de 1643, em que pareceu ser precisamente necessário executarem-se os assentos que por diversas vezes se tinham tomado por muitas razões que se representaram sobre se haverem de tirar, reformar e acrescentar algumas coisas no Compromisso de que se usavam, e vistos os anitos e reformados que deles se fizeram, e a que novamente mandou fazer no seu a Misericórdia de Lisboa, se foi escolhendo de todos o que mais acomodado pareceu ao estado presente e mais conveniente para Deus Nosso Senhor ser melhor servido, e as obras da Misericórdia se cumprirem com mais perfeição e facilidade, e tudo se ordenou e dispôs pelo modo que se declara nos capítulos seguintes (AZEVEDO, 1999, fl. 24).

Como era frequente, o mandato termina com os preparativos para as eleições que se iriam seguir e bem assim a festa da Visitação, a decorrer nessa altura. Assim, na última reunião desta Mesa, já no próprio dia 2 de julho de 1643, foi decidido não fazer a festa senão na igreja, proibindo-se que daí em diante voltasse a ser utilizado o pátio da Casa para esse fim.

Mesa da Santa Casa da Misericórdia do Porto em 17.7.1642

Provedor: João Gomes da Silva

Escrivão: Bento de Aguiar Caldeira

Conselheiros: doutor Nicolau Monteiro, Luís de Valadares Carneiro, Diogo de Madureira de Barros, Bernardo Godinho Madureira, Justiniano da Costa e, «de menor condição» Gonçalo Francisco, mercador, Domingos Pinto, sombreireiro, Manuel Vasques, Manuel de Araújo, merceeiro, Cristóvão de Moreira, sangrador, João da Costa, tanoeiro

FONTES E BIBLIOGRAFIA

Fontes arquivísticas

Arquivo Histórico da Santa Casa da Misericórdia do Porto (AHSCMP) – *Eleições da Mesa da Misericórdia*, série D, banco 5, livro 1; *Livro de Lembranças das deliberações da Mesa da Misericórdia*, série D, banco 8, livro 5.

Fontes impressas

COSTA, Agostinho Rebelo da, 1789 – *Descripção topografica, e historica da Cidade do Porto. Que contém a sua origem....* Porto: na Officina de Antonio Alvarez Ribeiro.

Bibliografia

AZEVEDO, Maria Alice, 1999 – "Compromisso da Misericórdia do Porto" in SAMAGAIO, Estêvão Zulmiro Braga (coord.), *Manuscritos, Pintura e Escultura da Santa Casa da Misericórdia do Porto*. Porto: Santa Casa da Misericórdia do Porto, pp. 24-27.

FREITAS, Eugénio de Andrea da Cunha e; MENDES, António Lopes, 1990 – *Provedores e Escrivães da Santa Casa da Misericórdia do Porto*. Porto: Santa Casa da Misericórdia do Porto (datilografado).

MORAIS, Cristóvão Alão de, [1667] 1943-1948 – *Pedatura Lusitana: nobiliário de famílias de Portugal*, publicado por Alexandre António Pereira de Miranda Vasconcellos, António Augusto Ferreira da Cruz, Eugénio Eduardo Andrea da Cunha e Freitas. Porto: Livraria Fernando Machado, 12 volumes.

RAU, Virgínia, 1984 – "Fortunas Ultramarinas e a nobreza portuguesa no século XVII", in *Estudos sobre História Económica e Social do Antigo Regime*. Lisboa: Editorial Presença.

SILVA, Francisco Ribeiro da, 1988 – *O Porto e o seu termo (1580-1640): os homens, as instituições e o poder*, 2 volumes. Porto: Arquivo Histórico da Câmara Municipal do Porto.

FILOMENA MELO

Nicolau Monteiro

(Porto, 6.12.1581 | Porto, 20.12.1672)

Provedor da Santa Casa da Misericórdia
2.7.1643 | 26.6.1644

Clérigo.

Prior da Colegiada de Cedofeita (1630). Mestre-Escola da colegiada de Barcelos. Bispo eleito de Portalegre (1645). Bispo eleito da Guarda (1655). Bispo do Porto (1671-1672).

Doutor em Cânones pela Universidade de Coimbra.

Provedor da Santa Casa da Misericórdia do Porto (1636-1637, 1643-1644 e 1664-1665).

Filho de Nicolau Velho e de D. Maria Monteiro.

Durante este mandato, evidenciam-se os assuntos direta ou indiretamente relacionados com o Hospital de D. Lopo e a botica. Nesta altura, a Misericórdia recebeu uma provisão régia a anular uma sentença que o tribunal da Relação dera relativamente a um médico da Casa e sobre a qual esta se insurgira. Trata-se, portanto, de uma vitória institucional da Misericórdia, pois o texto da provisão sublinha o facto de que aquele tribunal não deveria sequer ter tido conhecimento dos assuntos tratados em Mesa e que apenas o provedor e mesários tinham autoridade nas matérias de foro interno da Casa, nas quais nenhuma outra instância se deveria imiscuir.

O provedor ocupa-se também da gestão de legados já confiados à Casa e da integração de novas heranças. No mais, são tratados os assuntos administrativos habituais.

Próximo do final do mandato, D. Nicolau Monteiro foi chamado a Lisboa, ao serviço do Rei, e sem previsão de poder voltar a tempo de concluir a sua missão na Casa, naquele ano. Foi por isso necessário substitui-lo, de acordo com os termos estatutários, sendo então convocado o provedor que o precedera, o qual também estava ausente. Foi chamado então Luís Delgado de Abreu, que fora provedor dois anos antes e que assume o cargo, desde 26 de junho de 1644 até à data das eleições seguintes, a que preside.

Mesa da Santa Casa da Misericórdia do Porto em 2.7.1643

Provedor: Dom Nicolau Monteiro

Escrivão: António do Amaral de Albuquerque

Conselheiros: João Barreto Coelho, Gonçalo Borges Pinto, Pantaleão Alvo Godinho de Resende, doutor Lourenço Coelho Leitão e, «de menor condição», Agostinho Francisco, das Congostas, Pantaleão Cardoso, sangrador, Miguel Correia, mercador, Manuel Carvalho Quaresma, João Duarte, espadeiro (?), Gonçalo Gaspar Carvalho

FONTES E BIBLIOGRAFIA

Ver página 624.

FILOMENA MELO

Luís Delgado de Abreu

(Porto, ? | Lisboa, 1667)

Provedor da Santa Casa da Misericórdia
26.6.1644 | 2.7.1644

Magistrado judicial. Professor universitário.

Doutor em Leis pela Universidade de Coimbra.

Natural do Porto.

Filho de Baltazar Delgado de Abreu, vereador da Câmara do Porto, e de Susana Soares.

Neto paterno de Baltazar Delgado, vereador da Câmara do Porto e provedor da Misericórdia.

Carta de familiar do Santo Ofício (1627). Hábito de noviço (18 de dezembro de 1653). Carta do hábito de Cristo (20 de dezembro de 1653).

Luís Delgado de Abreu assume a provedoria em 26 de junho em substituição de D. Nicolau Monteiro, estando em exercício de funções por poucos dias, já que a eleição de nova Mesa teria lugar em 2 de julho.

Mesa da Santa Casa da Misericórdia do Porto em 26.6.1644

Provedor: Luís Delgado de Abreu

Escrivão: António do Amaral de Albuquerque

Conselheiros: João Barreto Coelho, Gonçalo Borges Pinto, Pantaleão Alvo Godinho de Resende, doutor Lourenço Coelho Leitão e, «de menor condição», Agostinho Francisco, das Congostas, Pantaleão Cardoso, sangrador, Miguel Correia, mercador, Manuel Carvalho Quaresma, João Duarte, espadeiro (?), Gonçalo Gaspar Carvalho

FONTES E BIBLIOGRAFIA

Ver página 642.

FILOMENA MELO

Lourenço Coelho Leitão

(Pinhel, ? | ?)

Provedor da Santa Casa da Misericórdia

2.7.1644 | 23.7.1645

Magistrado judicial.

Bacharel em Leis pela Universidade de Coimbra.

Natural de Pinhel.

Filho de João Gomes Leitão e de Feliciana Coelho de Campos.

Casou com D. Ana Cardoso, sem geração.

Sendo natural de Pinhel e filho de João Gomes Leitão e de Feliciana Coelho de Campos, sabe-se que Lourenço Coelho Leitão matriculou-se em Leis na Universidade de Coimbra em 1587, onde se tornaria bacharel.

Seguindo a carreira de magistrado judicial, viria a ser nomeado corregedor do crime do Porto, desembargador da Casa da Relação daquela cidade e, por fim, desembargador do Desembargo do Paço. Posteriormente, ter-lhe-á sido prometido um lugar na Corte, em 14 de novembro de 1644 que possivelmente terá sido confirmado em 27 de maio de 1645 (SUBTIL, 2010, 390).

Enquanto esteve na cidade do Porto, manteve uma proximidade regular com a Casa da Misericórdia, desde inícios da década de 1630, pelo menos, tendo sido eleitor, deputado da Mesa e finalmente provedor, em 1644. Certamente pelos factos acima aventados, relativos à sua transferência para a Corte, a partir desta data não se encontram mais notícias acerca da sua presença na Irmandade.

Durante o seu mandato como provedor, não se conhece nenhum projeto ou iniciativa que mereça especial destaque. Embora a assídua presença nas reuniões de que há registo, Lourenço Coelho Leitão tratou apenas das questões mais comuns que habitualmente eram apresentadas à Mesa: contributos para resgatar cativos e para dotes, aplicações financeiras, litígios pequenos ou maiores, demandas e questões de vizinhança, etc.

Mesa da Santa Casa da Misericórdia do Porto em 2.7.1644
Provedor: Lourenço Coelho Leitão
Escrivão: Baltazar Pinto Aranha
Conselheiros: Francisco Cardoso de Madureira, doutor Cristóvão Soares, Rui Vaz Ferraz, António de Couros Carneiro, Tomás Ferreira, irmãos oficiais António da Costa, sangrador, Jacob Ferreira, Francisco Gonçalves, sapateiro, Manuel de Arrais, mercador, Francisco de Almeida, mercador, João Ferreira Caldeira

FONTES E BIBLIOGRAFIA

Fontes arquivísticas

Arquivo Histórico da Santa Casa da Misericórdia do Porto (AHSCMP) – *Eleições da Mesa da Misericórdia*, série D, banco 5, livros 1-2; *Livro de Lembranças das deliberações da Mesa da Misericórdia*, série D, banco 8, livro 5.

Bibliografia

FREITAS, Eugénio de Andrea da Cunha e; MENDES, António Lopes, 1990 – *Provedores e Escrivães da Santa Casa da Misericórdia do Porto*. Porto: Santa Casa da Misericórdia do Porto (datilografado).

GAYO, Manuel José da Costa Felgueiras, 1938-1941 – *Nobiliário de famílias de Portugal, Fac. simile* de impressão diplomática do original manuscrito existente na Santa Casa de Misericórdia de Barcelos. [Braga]: Agostinho de Azevedo Meirelles; Domingos de Araújo Affonso.

SUBTIL, José, 2010 – *Dicionário dos Desembargadores (1640-1834)*. Lisboa: EDIUAL.

FILOMENA MELO

Fernão Teles de Menezes

(? | ?)

Provedor da Santa Casa da Misericórdia
23.7.1645 | 2.7.1646

Governador da Casa da Relação do Porto (1645). Regedor da Casa da Suplicação. Governador das armas da Beira. Mordomo-mor da Rainha D. Luísa.

Filho de Luís da Silva Teles, alcaide-mor de Seia, governador da Casa da Relação do Porto e provedor da Misericórdia do Porto (1610-1611), e de D. Mariana de Lencastre.

Casou com D. Mariana de Mendonça de quem teve seis filhos: Luís Silva, António Teles, Simão Teles, Manuel Teles da Silva, D. Luísa e D. Maria.

Irmão de João Gomes da Silva, governador da Casa da Relação do Porto (1641), regedor da Casa da Suplicação e provedor da Misericórdia do Porto (1642) e de António Teles, governador e capitão-geral do Estado do Brasil (1642-47), de quem foi herdeiro.

Conde de Vilar Maior.

Fernão Teles de Menezes pertenceu a uma das famílias com mais protagonismo na cidade, no seu tempo. Seu pai, Luís da Silva Teles, e seu irmão, João Gomes da Silva, haviam ocupado os cargos do Governo cível da Casa da Relação do Porto e Fernão Teles de Menezes teve esta mesma posição em maio de 1645, sucedendo precisamente a seu irmão. Mas não foi só por herdar as prerrogativas familiares que se distinguiu. Fernão Teles de Menezes foi um dos conjurados de 1640 e, como tal, após a aclamação de D. João IV, foi generosamente recompensado pelo seu empenho na causa nacional. O Rei fê-lo seu conselheiro da guerra, governador das armas da Beira, mordomo-mor da Rainha e ainda conde Vilar Maior, título que veio a obter como herdeiro de seu irmão António.

Tal como sucedera com seu pai e irmão, foi eleito provedor da Misericórdia do Porto, pouco depois de assumir o cargo de governador do cível da cidade. Esta sobreposição de funções leva a crer que os Irmãos da Confraria quiseram distingui-lo e honrá-lo, dando-lhe a primazia da Casa também, já que era a figura mais importante da cidade. Tanto assim que antes da sua eleição não tinha tido qualquer papel na Casa e não volta a tê-lo depois deste ano de mandato.

Após ser eleito provedor, no dia 2 de julho, como habitualmente acontecia, requereu autorização régia para assumir o cargo, devido ao facto de ser governador, e só tomou posse do cargo na Misericórdia a 23 de julho.

Não obstante as obrigações e responsabilidades do seu cargo na cidade, enquanto provedor esteve presente assiduamente nas reuniões da Mesa, participando da gestão dos assuntos mais comezinhos da Casa, como a organização das contas, a atribuição das capelanias e outras questões que habitualmente subiam à Mesa, entre os quais se incluía também o reingresso de um Irmão que havia sido expulso em 1628, Martim Ferraz de Almeida, e a expulsão de outro, João Teixeira de Melo.

Além destes assuntos, o mais marcante no desempenho de Fernão Teles de Menezes foi o conjunto de diligências feitas no sentido de ser aprovado o Compromisso da

Irmandade. A reforma do texto do Compromisso vinha sendo esboçada havia algum tempo e visava prover a Misericórdia do Porto de um regulamento próprio, já que até então se regera pelo modelo de Lisboa. A 15 de abril de 1646, os Irmãos concordaram em submeter o novo documento à aprovação régia. Este obteve um despacho favorável do Desembargo do Paço, no dia 5 de maio, sendo o respetivo alvará régio emitido a 17 do mesmo mês. Depois, foi sujeito à apreciação das autoridades eclesiásticas, recebendo as chancelas do Santo Ofício e do Ordinário do local no início de junho. Percorridas estas instâncias, foi impresso e autorizado a circular no final do mesmo ano (AZEVEDO, 1999: 24).

Mesa da Santa Casa da Misericórdia do Porto em 23.7.1645

Provedor: Fernão Teles de Menezes

Escrivão: António de Couros Carneiro

Conselheiros: António do Amaral de Albuquerque, Manuel de Valadares Carneiro, doutor Jerónimo da Silva Azevedo, Bernardo Godinho de Madureira, João da Cunha Alvo e oficiais Francisco Pereira, da Porta Nova, Luís de Sousa, sangrador, João Simões, Pantaleão Cardoso, João Lopes, bainheiro, Inácio Vieira

FONTES E BIBLIOGRAFIA

Fontes arquivísticas

Arquivo Histórico da Santa Casa da Misericórdia do Porto (AHSCMP) – *Compromisso da Misericórdia do Porto*, série D, banco 4, livro 4; *Eleições da Mesa da Misericórdia*, série D, banco 5, livro 2; *Livro de Lembranças das deliberações da Mesa da Misericórdia*, série D, banco 8, livro 5.

Fontes impressas

COSTA, Agostinho Rebelo da, 1789 – *Descripção topografica, e historica da Cidade do Porto. Que contém a sua origem*.... Porto: na Officina de Antonio Alvarez Ribeiro.

Bibliografia

AZEVEDO, Maria Alice, 1999 – "Compromisso da Misericórdia do Porto" in SAMAGAIO, Estêvão Zulmiro Braga (coord.), *Manuscritos, Pintura e Escultura da Santa Casa da Misericórdia do Porto*. Porto: Santa Casa da Misericórdia do Porto, pp. 24-27.

FREITAS, Eugénio de Andrea da Cunha e; MENDES, António Lopes, 1990 – *Provedores e Escrivães da Santa Casa da Misericórdia do Porto*. Porto: Santa Casa da Misericórdia do Porto (datilografado).

MORAIS, Cristóvão Alão de, [1667] 1943-1948 – *Pedatura Lusitana: nobiliário de famílias de Portugal*, publicado por Alexandre António Pereira de Miranda Vasconcellos, António Augusto Ferreira da Cruz, Eugénio Eduardo Andrea da Cunha e Freitas. Porto: Livraria Fernando Machado, 12 volumes.

RAU, Virgínia, 1984 – "Fortunas Ultramarinas e a nobreza portuguesa no século XVII", in *Estudos sobre História Económica e Social do Antigo Regime*. Lisboa: Editorial Presença.

SILVA, Francisco Ribeiro da, 1988 – *O Porto e o seu termo (1580-1640): os homens, as instituições e o poder*, 2 volumes. Porto: Arquivo Histórico da Câmara Municipal do Porto.

FILOMENA MELO

Jerónimo da Silva Azevedo

(Porto, ? | Lisboa, 19.2.1661)

Provedor da Santa Casa da Misericórdia

2.7.1646 | 2.7.1647

Magistrado judicial. Professor universitário.

Bacharel em Leis pela Universidade de Coimbra.

Natural do Porto.

Filho de Francisco de Azevedo e de Leonor Pedrosa.

Fidalgo da Casa Real. Hábito da Ordem de Cristo (19 de junho de 1652).

Embora um seu primo fosse também seu homónimo, parece ser este Jerónimo da Silva Azevedo, magistrado judicial, o provedor eleito pela Misericórdia do Porto, em 1646.

Nasceu na cidade do Porto, mas passa a sua juventude em Coimbra, onde estudou Leis e foi lente. Ali se encontra aquando da aclamação de D. João IV e participa na elaboração do libelo dedicado ao monarca, nesta ocasião. Rebelo da Costa louva as suas muitas qualidades e atribui-lhe não só oratória obra, mas também poética.

De regresso à sua cidade, exerceu vários cargos na magistratura local e, posteriormente, outras funções na corte e no estrangeiro, tendo acompanhando João Rodrigues de Sá a Inglaterra, como secretário da embaixada que então chefiara.

Em 1652 recebeu o alvará do hábito da Ordem de Cristo, com 50 mil réis de tença para quem casasse com a filha, o que deixa supor que teve, pelo menos, uma filha.

Faleceu em Lisboa e está sepultado na igreja de Nossa Senhora da Graça dos Eremitas de Santo Agostinho.

*

É provável que tenha ficado em Coimbra até perto de 1645, altura em que aparece a primeira notícia da sua presença na Misericórdia do Porto, como deputado eleito para a Mesa daquele ano. No ano seguinte, é eleito provedor.

As reuniões da Mesa, durante este período, foram quase todas dedicadas a tratar das questões contabilísticas, aplicações financeiras, atualização de salários, verbas para resgates e pouco mais.

A destacar, o fim do longo historial, por vezes conflitivo, do cirurgião António Assucarelo (Ascareli?), que se demite do seu lugar no Hospital D. Lopo, tendo a Mesa escolhido o seu sucessor. Ocorrência mais comum, a expulsão de um Irmão da Confraria, desta feita, Gonçalo Rodrigues, readmitido no ano seguinte.

É durante este mandato que começa a vigorar o novo Compromisso, na verdade o primeiro especificamente destinado à Santa Casa da Misericórdia do Porto, autorizado a vigorar por despacho de 22 de dezembro de 1646.

Mesa da Santa Casa da Misericórdia do Porto em 2.7.1646

Provedor: Jerónimo da Silva Azevedo

Escrivão: Bento de Aguiar Caldeira

Conselheiros: Luís de Valadares Carneiro, João Álvares de Azevedo, licenciado Manuel Nunes Franco, Paulo Correia de Azevedo, Amaro de Meireles Freire e, «de menor condição», José Lobo, Miguel Pereira, Pantaleão da Costa, bainheiro, Cristóvão de Moreira (?), barbeiro, Manuel Dias dos Santos, mercador, Gonçalo Gaspar Carvalho

Excerto inicial de aclamação de D. João IV da Universidade de Coimbra, composto por Jerónimo da Silva de Azevedo

En pancraciastes ego in hoc celeberrimo plusquam olympiaco puluere inexpertus difficulem incrimis asperrimam hodierna luce cogos subire prouintiam: enim enim vero, quamuis locus iste ad docendum amplissimus, ad dicendum ornatisimus semper mihi visusit; tamen ingenue fateor, pectus anellum pauidoque timore percussum, maxime formidabat, hac, quae mihi clarior omnibis felicissimis auibus luscessit illius authoritatem acamplitudinem attingere: optimo dane iure nam si ad periculosam dicendi aleam exfugestu oculos conijcio in hom sententiarum publico theatro, in hom omniou artium celeberrimo emporio, in hox Conimbricensi, plusquam Atheneo musarum congressu in vestro, quod maius est, viri academici praeclarissimo conspectum [...].

(Fonte: *Invictissimo Regi Lusitaniae Joanni IV. Academia Conimbricensis libellum dicat in felicissima sua aclamatione. Jussu Emanuelis de Saldanha)*

FONTES E BIBLIOGRAFIA

Fontes arquivísticas

Arquivo Histórico da Santa Casa da Misericórdia do Porto (AHSCMP) – *Compromisso da Misericórdia do Porto*, série D, banco 4, livro 4; *Eleições da Mesa da Misericórdia*, série D, banco 5, livro 2; *Livro de Lembranças das deliberações da Mesa da Misericórdia*, série D, banco 8, livro 5.

Fontes impressas

COSTA, Agostinho Rebelo da, 1789 – *Descripção topografica, e historica da Cidade do Porto. Que contém a sua origem....* Porto: na Officina de Antonio Alvarez Ribeiro.

UNIVERSIDADE de Coimbra, 1641 – *Invictissimo Regi Lusitaniae Joanni IV. Academia Conimbricensis libellum dicat in felicissima sua aclamatione. Jussu Emanuelis de Saldanha*...Coimbra: Tipografia Didaci Gomez de Loureiro.

Bibliografia

BASTO, Artur de Magalhães, 1997 – *História da Santa Casa da Misericórdia do Porto*, 2.ª edição, vol. 1. Porto: Santa Casa da Misericórdia.

FREITAS, Eugénio de Andrea da Cunha e; MENDES, António Lopes, 1990 – *Provedores e Escrivães da Santa Casa da Misericórdia do Porto*. Porto: Santa Casa da Misericórdia do Porto (datilografado).

GAYO, Manuel José da Costa Felgueiras, 1938-1941 – *Nobiliário de famílias de Portugal, Fac. simile* de impressão diplomática do original manuscrito existente na Santa Casa de Misericórdia de Barcelos. [Braga]: Agostinho de Azevedo Meirelles; Domingos de Araújo Affonso.

SAMAGAIO, Estêvão Zulmiro Braga (coord.), 1999 – *Manuscritos, Pintura e Escultura da Santa Casa da Misericórdia do Porto*. Porto: Santa Casa da Misericórdia do Porto.

SUBTIL, José, 2010 – *Dicionário dos Desembargadores (1640-1834)*. Lisboa: EDIUAL.

FILOMENA MELO

Pantaleão Alvo Godinho

(Porto, ? | ?, 1661)

Provedor da Santa Casa da Misericórdia
2.7.1647 | 17.8.1648

Proprietário. Negociante.

Procurador da cidade do Porto às Cortes (1642). Vereador da cidade do Porto (4 vezes). Almotacé da cidade do Porto (1634).

Natural de Campanhã, cidade do Porto.

Filho de Simão ou Simeão Alvo e de Grácia ou Engrácia Godinho.

Casou com D. Maria ou Antónia Pereira de quem teve seis filhos: Simão Alvo Godinho, António Godinho, D. Maria, D. Clara, D. Ângela e D. Ana.

Cavaleiro da Ordem de Cristo.

Pantaleão Alvo Godinho nasceu no Porto, em Campanhã, e viveu sempre bastante ligado à cidade. Herdou de seu pai a casa e morgado dos Alvos e, tal como ele, conciliou a fidalguia e os negócios, sendo um grande produtor e comerciante de vinhos. Era proprietário da Quinta da Campanhã e de vinhedos no Alto Douro. Esteve também ao serviço da autarquia portuense, tendo sido vereador por quatro vezes e ainda procurador da cidade em Cortes, após a Restauração (1642-1643).

Foi também um empenhado confrade da Santa Casa da Misericórdia do Porto, onde esteve cerca de duas décadas, até à sua morte. Durante este período, parece estar sempre presente e disposto a assumir os serviços da Casa. Raro é o ano em que não foi deputado da Mesa ou até escrivão e também foi muitas vezes convocado como eleitor. Foi eleito provedor apenas no ano de 1647, mas nessa altura já levava cerca de sete anos como Irmão e conhecia bem a realidade da Casa.

No que diz respeito ao seu mandato enquanto provedor, parece ter sido um período muito tranquilo. Na verdade, há poucos registos de atas durante este mandato, sendo que não há mesmo nenhum entre fevereiro e agosto de 1648. Isto porque, naquele ano, o mandato seguinte se iniciou mais tarde, por motivos que adiante serão apresentados.

Os conteúdos dos registos não têm nada de particularmente relevante, sendo resoluções sobre assuntos que normalmente cabia ao provedor e à Mesa encaminhar: provisão de capelanias, contratação do advogado, aceitação de heranças, contributos para resgates e pouco mais.

Anos mais tarde, concretamente em 1653-54, durante o mandato do provedor Manuel de Sousa e Almeida, ocorre um episódio que deixa entender ter havido alguma questão delicada, relacionada com o dinheiro da Casa, durante este mandato. Pantaleão Alvo Godinho virá a alegar então que ele e os Irmãos que com ele tinham composto a Mesa no ano do seu exercício, tinham emprestado dinheiro à Casa e que se lhes ficara devendo, motivo pelo qual se queixara ao Rei, solicitando uma provisão para solucionar o caso.

No final do mandato de Pantaleão Alvo Godinho, mais propriamente no dia das eleições, a 2 de julho de 1648, os irmãos Luís e Manuel de Valadares Carneiro interromperam o processo eleitoral interpondo uma petição, supostamente em nome da Irmandade, mas que apenas os representava a eles e aos seus partidários e familiares, pedindo que o desembargador Manuel de Tovar de Vasconcelos, também seu parente, assistisse ao ato eleitoral, para evitar subornos. Em face disto e considerando o provedor ainda em exercício que os subornos, a existirem, só podiam vir dos Valadares Carneiro, suspendeu as eleições e enviou conhecimento do caso ao Rei. Em agosto a Misericórdia recebe a carta régia com ordem para se fazer a eleição, lembrando que ninguém poderia intrometer-se sem ordem expressa do Rei por ser a Irmandade da sua «imediata proteção» e designando o desembargador Gaspar Cardoso, chanceler e governador da Casa da Relação, para acompanhar este processo.

Esta situação e as diligências que foram então necessárias explicam a prorrogação do mandato de Pantaleão Alvo Godinho até ao dia 17 de agosto, altura em que foram feitas as eleições válidas, uma hora após a leitura da referida carta régia à Mesa.

Mesa da Santa Casa da Misericórdia do Porto em 2.7.1647

Provedor: Pantaleão Alvo Godinho

Escrivão: Rui Vaz Ferraz de Melo

Conselheiros: doutor Manuel de Tovar, Francisco Cardoso de Madureira, Gaspar de Sequeira de Menezes, Manuel Osório Cabral, arcediago do Porto, João Barreto Coelho e, «de menor condição», João Dias, correeiro, Manuel de Araújo, latoeiro, Domingos Barreiros, sangrador, Agostinho Francisco, das Congostas, João da Costa, tanoeiro, Gonçalo(?) Álvares, das Aldas

FONTES E BIBLIOGRAFIA

Fontes arquivísticas

Arquivo Histórico da Santa Casa da Misericórdia do Porto (AHSCMP) – *Eleições da Mesa da Misericórdia*, série D, banco 5, livros 1-2; *Livro de Lembranças das deliberações da Mesa da Misericórdia*, série D, banco 8, livro 5.

Bibliografia

FREITAS, Eugénio de Andrea da Cunha e; MENDES, António Lopes, 1990 – *Provedores e Escrivães da Santa Casa da Misericórdia do Porto*. Porto: Santa Casa da Misericórdia do Porto (datilografado).

GAYO, Manuel José da Costa Felgueiras, [1938-1941] – *Nobiliário de famílias de Portugal, Fac. simile* de impressão diplomática do original manuscrito existente na Santa Casa de Misericórdia de Barcelos. [Braga]: Agostinho de Azevedo Meirelles; Domingos de Araújo Affonso.

SILVA, Francisco Ribeiro da, 1988 – *O Porto e o seu termo (1580-1640): os homens, as instituições e o poder*, 2 volumes. Porto: Arquivo Histórico da Câmara Municipal do Porto.

SILVA, Francisco Ribeiro da, 1993 – "O Porto e as Cortes no século XVII ou os concelhos e o poder central em tempos do absolutismo". *História – Revista da Faculdade de* Letras, II série, vol. X. Porto: Faculdade de Letras da Universidade do Porto, pp. 9-68.

SILVA, Francisco Ribeiro da, 2008 – *Quinhentos/Oitocentos (Ensaios de História)*. Porto: Faculdade de Letras da Universidade do Porto.

FILOMENA MELO

Amaro de Meireles Freire

(n. c. 14.7.1596 | ?)

Provedor da Santa Casa da Misericórdia
17.8.1648 | 2.7.1649

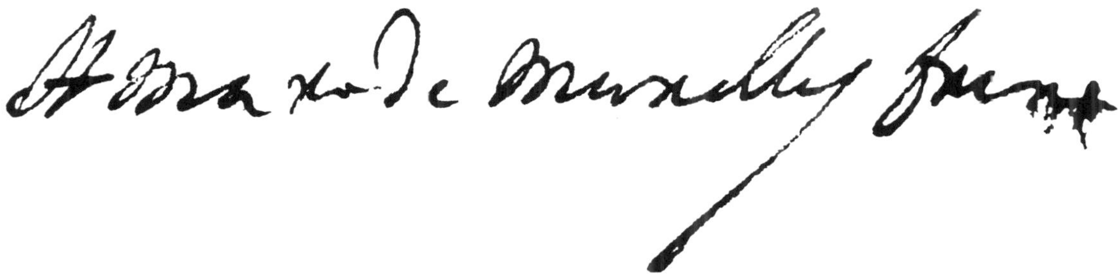

Clérigo.

Cónego (1635). Tesoureiro-mor da Sé do Porto (1635).

Doutor em Cânones pela Universidade de Coimbra.

Filho de Domingos Gaspar Moreira e Águeda Freire de Meireles.

A respeito do provedor Amaro de Meireles Freire dizem os genealogistas ter sido batizado em Covas, que será porventura o lugar do seu nascimento, a 14 de julho de 1596, o que aponta para uma data de nascimento muito próxima desta e confere com os outros elementos relativos a etapas posteriores da sua vida. Forma-se em Cânones na Universidade de Coimbra e, no ano de 1635, apresenta o seu processo com habilitação *de genere* para ser admitido ao canonicato da Sé do Porto. Já a data de falecimento referida por alguns biógrafos, anterior a 10 de agosto de 1645, não confere com o facto de, em 1648, ter sido eleito provedor da Misericórdia do Porto. Aliás, segundo a documentação da Santa Casa, em 1652 participou nas eleições da Irmandade e era ainda tesoureiro da Sé da cidade desde 14 de junho de 1635.

No ano em que foi eleito provedor, começou muito tardiamente o seu exercício, em meados de agosto, na sequência de problemas levantados aquando das eleições.

No dia das eleições, a 2 de julho de 1648, os irmãos Luís e Manuel de Valadares Carneiro interromperam o processo eleitoral interpondo uma petição, supostamente em nome da Irmandade, mas que apenas os representava a eles e aos seus partidários e familiares. Pretendiam que o desembargador Manuel de Tovar de Vasconcelos, seu parente, assistisse ao ato eleitoral, a fim de evitar subornos. Pantaleão Alvo Godinho, o provedor que estava a presidir às eleições declarou que a haver subornos estes só podiam vir dos Valadares Carneiro e, de seguida, suspendeu as eleições, enviando conhecimento do caso ao Rei. Somente em agosto chega a carta régia mandando que fosse feita a eleição e lembrando que ninguém poderia intrometer-se nos assuntos da Misericórdia sem ordem expressa do Rei, por ser a Irmandade da sua «imediata proteção». No mesmo documento designa o desembargador Gaspar Cardoso, chanceler e governador da Casa da Relação, para acompanhar o processo eleitoral.

Estas peripécias e as diligências que foram então necessárias explicam a prorrogação do mandato de Pantaleão Alvo Godinho até ao dia 17 de agosto.

Todo este mandato ficou inquinado por causa desta situação e das suas sequelas. Em nenhum outro momento fora tão elevado o número de Irmãos que se afasta ou é afastado da Irmandade. Pouco depois de tomar posse, o provedor assiste à debandada coletiva de várias pessoas relevantes na Casa, figuras gradas da sociedade de então, ligadas ao grupo que saíra perdedor nas eleições.

Na reunião da Mesa de 30 de agosto de 1648, presidida pelo provedor, regista-se em ata que, a 19 de agosto, tinham sido recebidas cartas de demissão dos Irmãos Pantaleão Freire, mestre-escola da Sé, Manuel de Seabra, arcediago da Régua e do licenciado Belchior Soares Vieira, que alegavam ocupações que os impossibilitavam de se dedicarem ao serviço da Irmandade. Este argumento foi considerado desajustado e sabia-se que as motivações deste grupo eram outras e «particulares». Contudo, ficou em ata a declaração do provedor e mesários que concordaram com o facto de que «ser irmão da dita irmandade era livre», pelo que se deliberou aceitar a demissão e «riscar» este grupo da lista dos Irmãos da Casa.

Na mesma reunião foi dada a informação de que, no dia 23 daquele mesmo mês de agosto, o doutor Jerónimo da Silva, desembargador da Relação do Porto, se dirigira pessoalmente ao provedor pedindo para ser «riscado» por se terem queixado dele como «cabeça de motim e subornar para a eleição de provedor», sendo o seu pedido aceite. Na mesma ocasião ainda, Garcia de Melo Pereira, Manuel Pereira Ferreira e Duarte Carneiro Rangel, enviaram cartas alegando também «ocupações» que os impediam de permanecer na Misericórdia, pelo que foram excluídos. Finalmente, a 30 de agosto, chegaram cartas de teor idêntico de Manuel Leite Correia, tendo a Mesa decidido por maioria que fossem «riscados» e «desobrigados» da Irmandade.

Poucos dias depois, na reunião de 6 de setembro, o provedor presidindo à Mesa, recebeu as cartas dos Irmãos Bráulio Braz Brandão e Luís Brandão, alegando motivos pelos quais não lhes «convinha serem irmãos», pedindo para serem riscados, o que foi aceite. Contudo, não obstante os motivos alegados e os termos pouco cordiais em que estes Irmãos saíram da Misericórdia, quase todos voltam a ser reintegrados, alguns anos mais tarde, o que no caso se compreende, pois tratou-se claramente de uma fricção de vontades e personalidades e não propriamente de uma rejeição dos princípios ou valores da Irmandade.

A 19 de março de 1649, e aparentemente por outros motivos relacionados com desobediência e desrespeito pelas convocatórias da Mesa, também é expulso o Irmão Manuel da Costa, ensamblador, sendo ainda mais grave o caso pelo facto de ser um dos deputados da Mesa, naquele ano. No mesmo dia, foi eleito Cristóvão de Moura, barbeiro, para o substituir naquele lugar.

Apesar de todas estas polémicas e do ambiente mais tenso que o provedor terá enfrentado em determinados momentos, este mandato foi muito ativo no que respeita às iniciativas da Casa. Até mesmo os assuntos comuns de gestão e administração que subiram à Mesa foram em grande número: muitas contas, aplicações financeiras, decisões sobre heranças, nomeações para os lugares vacantes de capelão, solicitador, juiz da cadeia, procurador, servente da sacristia, além de outros, que tocavam habitualmente a todas as administrações.

O provedor empenhou-se ainda em levar a cabo iniciativas que visavam melhorar as condições dos edifícios da igreja e do hospital. Apresentou aos Irmãos uma proposta para serem feitas novas grades da igreja, considerando que as existentes já estavam «muito indecentes» e que os altares de S. Calisto e S. João até estavam «expostos sem guarda», e contratou o ensamblador André de Almeida para executar a obra. Em complemento, propôs também que fosse feito um púlpito a «condizer» com o gradeamento.

No Hospital, foi feita uma nova empreitada de obras, também por intervenção do provedor. Tendo verificado que alguns enfermos não recebiam os sacramentos antes de morrer, considerou que seria necessário ter o capelão sempre presente no Hospital. Para isso, em reunião de 18 de abril, determinou as verbas que deveriam ser aplicadas para fazer um compartimento no hospital de modo a que o capelão pudesse ali ficar. Decidiu também que fosse dada continuidade a obras na enfermaria e reaproveitados alguns espaços que não estavam a ser utilizados. Recuperando-se uns pardieiros que estavam caídos poderia criar-se uma enfermaria masculina e outra feminina para os «doentes de boubas» e os de «mal de febres», havendo ainda lugar para construir «casas de alugueis que rendessem».

Cerca de um mês depois, a 19 de maio, reportando-se à visita feita ao Hospital de D. Lopo, conclui ser ainda necessário um conjunto de intervenções no local, nomeadamente para tapar com pedra uma tribuna que tinha sido aberta na casa do boticário para acesso à capela e que dava para o dormitório das mulheres. Considerou esta situação inaceitável, porque além de sair fumo para a capela à hora de comer, era «indecente haver tribuna de pessoa particular» num hospital tão «autorizado» como aquele.

De igual modo, no setor de homens doentes de «humor» fora aberta uma janela que o provedor considera que estava a prejudicar muito a enfermaria. Além disso, naquele lugar o soalho estava podre, afetando o andar inferior, carecendo de intervenção imediata. Provavelmente, a gestão das verbas para estas obras terá levantado problemas, podendo até, de algum modo, ter havido algo de irregular. É possível que assim tenha sido, posto que em 1652 o Rei irá dirigir ao provedor da altura um alvará emitido a pedido do próprio Amaro de Meireles Freitas, para que não procedesse contra ele neste assunto da aplicação de verbas em determinadas obras do Hospital de D. Lopo.

Quanto ao culto e práticas devocionais, áreas em que raramente os provedores interferiam, regulou a prática do compasso nas capelas da igreja da Misericórdia, reservando-a exclusivamente ao mestre do coro e ao capelão da Casa, excluindo a possibilidade de ser feito por iniciativa de qualquer pessoa de fora.

Mesa da Santa Casa da Misericórdia do Porto em 17.8.1648

Provedor: Amaro de Meireles Freire

Escrivão: João da Cunha Alvo

Conselheiros: Gonçalo Borges Pinto, doutor Gaspar de Lemos Galvão, Francisco Pinto de Azevedo, João de Araújo da Costa, arcediago de Oliveira, Miguel de Ayala de Gouveia e «de menor condição» Manuel Antunes, Luís de Sousa, das Congostas, Pantaleão Mendes, Gonçalo de Azevedo, sapateiro, Manuel da Costa, ensamblador, Francisco Pereira, da Porta Nova

FONTES E BIBLIOGRAFIA

Fontes arquivísticas

Arquivo Histórico da Santa Casa da Misericórdia do Porto (AHSCMP) – *Eleições da Mesa da Misericórdia*, série D, banco 5, livro 2; *Livro de Lembranças das deliberações da Mesa da Misericórdia*, série D, banco 8, livro 5.

Bibliografia

FREITAS, Eugénio de Andrea da Cunha e; MENDES, António Lopes, 1990 – *Provedores e Escrivães da Santa Casa da Misericórdia do Porto*. Porto: Santa Casa da Misericórdia do Porto (datilografado).

PINTO, Cónego António Ferreira, 1940 – *O Cabido da Sé do Porto. Subsídios para a sua História*, VI. Porto: Publicações da Câmara Municipal do Porto.

SOVERAL, Manuel Abranches de, 1998 – "Meirelles Barreto de Moraes, das Casas do Pinheiro de Cête, Sermanha de Sedielos e Outeiro de Mouriz". *Raízes e Memórias*, n.º 14. Lisboa: Associação Portuguesa de Genealogia, outubro de 1998.

FILOMENA MELO

Miguel de Aiala de Gouveia

(? | m. ant. a 4.4.1666)

Provedor da Santa Casa da Misericórdia

4.7.1649 | 2.7.1650

Clérigo. Abade da Sé. Arcediago de Oliveira.

Licenciado em Cânones pela Universidade de Coimbra.

Até ao momento não foi possível estabelecer, com segurança, o enquadramento familiar de Miguel Aiala de Gouveia. Pelos documentos da Misericórdia, somente há certezas quanto à sua condição canónica. Para o efeito, terá feito estudos, certamente em Coimbra, pois na mesma fonte é referido como sendo licenciado.

Na Misericórdia esteve cerca de três décadas, participando ativamente na vida da Casa, tendo sido muitas vezes mesário, mas provedor foi-o apenas neste ano de 1649.

Certamente pela sua forte ligação à Casa, num gesto que não era inédito, Miguel Aiala de Gouveia designa a Misericórdia do Porto como herdeira dos seus bens, conforme atesta o auto de aceitação do testamento aprovado pela mesa a 4 de abril de 1666. Por aqui se depreende que terá falecido um pouco antes desta data.

⁂

Enquanto provedor, não se encontra nada de particularmente notável no seu mandato. Tudo parece ter decorrido dentro da normalidade, a avaliar pelos registos documentais, que espelham o cumprimento das obrigações e das habituais rotinas administrativas da Casa. Nota-se, talvez, uma particular atenção do provedor à gestão financeira da Casa e a alguns aspetos formais dos ritos religiosos, tendo então proibido o empréstimo de hábitos para funerais, de modo a que não ficassem estragados e propondo o incremento dos «ornamentos para o culto divino e missas». Para este propósito manda fazer cortinas, frontais de altar, e outra paramentaria que estava em falta.

A Mesa registou algumas alterações ao longo deste mandato, mas nada leva a crer que não tenham sido situações pacíficas e por motivos válidos, sabendo-se apenas de um Irmão – Luís Pereira Banhos, que não era da Mesa, e que foi «riscado», a 1 de agosto e 1649, por alegada desobediência.

Contudo, várias situações terão contribuído para o afastamento ou ausência de alguns Irmãos, por doença ou impedimentos pessoais, de tal modo que o provedor considera que, ainda que estivessem inscritos na Irmandade aqueles que o Compromisso previa, era necessário reforçar o número dos que participavam efetivamente nas obrigações da Casa, substituindo aqueles que declaravam não ter condições para cumprir os deveres de Irmãos. Esta deliberação ficou exarada em ata, datada de 25 de novembro de 1649.

Mesa da Santa Casa da Misericórdia do Porto em 4.7.1649

Provedor: Miguel de Aiala de Gouveia

Escrivão: Timóteo Campelo da Costa

Conselheiros: Francisco Cardoso de Madureira, Pantaleão Alvo Godinho, Pantaleão Rebelo, abade da Sé, doutor Manuel Maio (?) de Macedo, licenciado Roque Teixeira e, «de menor condição» Agostinho Francisco, sapateiro, Miguel Correia, serigueiro, João Ferreira Caldeira, Francisco Gonçalves, das Congostas, Gonçalo Gaspar Carvalho, Francisco Machado

FONTES E BIBLIOGRAFIA

Fontes arquivísticas

Arquivo Histórico da Santa Casa da Misericórdia do Porto (AHSCMP) – *Eleições da Mesa da Misericórdia*, série D, banco 5, livros 1-2; *Livro de Lembranças das deliberações da Mesa da Misericórdia*, série D, banco 8, livro 5.

Bibliografia

FREITAS, Eugénio de Andrea da Cunha e; MENDES, António Lopes, 1990 – *Provedores e Escrivães da Santa Casa da Misericórdia do Porto*. Porto: Santa Casa da Misericórdia do Porto (datilografado).

FILOMENA MELO

António de Couros Carneiro (ou Garcez)

(n. c. 1615 | morreu depois de 2.7.1656 e antes de setembro de 1658)

Provedor da Santa Casa da Misericórdia

2.7.1650 | 2.7.1651

Magistrado judicial.

Bacharel em Leis pela Universidade de Coimbra

Filho de Gaspar Garcez e Ana de Couros Carneiro.

Casado com Antónia Ferreira de quem teve Catarina Carneiro e Álvaro Vaz Mogueimas.

Cavaleiro da Ordem de Cristo.

A biografia de António de Couros Carneiro não é fácil de construir. São vários os equívocos dos genealogistas quanto à sua identificação, desde logo quanto ao próprio nome e ao dos pais e ainda quanto à mulher. Num autor pode ler-se que António de Couros Carneiro casou com Antónia Ferreira, que fora «sua manceba e criada», para algumas linhas adiante a mesma ser D. Antónia Ferreira de Sotomayor, o que o próprio considera ser uma identidade «suspeitosa» e não confirmada (Gaio, VI, 5). Que António de Couros Carneiro foi casado com Antónia Ferreira e que esta lhe sobrevive, di-lo a documentação da Misericórdia e de modo inequívoco.

É com base nas fontes documentais da Casa que se podem ter algumas certezas quanto a determinados passos da vida deste provedor. Sabe-se então que cumpriu integralmente o mandato para que foi eleito, em 1650 e que concluiu em julho de 1651. Nas eleições de 2 de julho de 1656 há uma última notícia a seu respeito, na Casa, tendo então comparecido como eleitor. Isto permite datar a sua morte entre esta data e setembro de 1658. Esta última, aliás deverá estar mais próxima da ocorrência, já que é nessa altura que a Mesa então em exercício vai ocupar-se do legado que a viúva, Antónia Ferreira, entregou à Misericórdia, em cumprimento da vontade testamentária do marido. Sendo esta fonte credível, sabe-se que nesta ocasião já tinha falecido e que foi mais um dos muitos provedores a deixar à Casa um generoso legado, com obrigação de missas. Cabe ainda dizer que esteve na Irmandade desde o início da década de 1630, portanto ali permaneceu durante mais de vinte anos, servindo-a regularmente em várias Mesas, como escrivão e ainda como eleitor, também frequentes vezes.

⁂

Na diversidade de assuntos aos quais o provedor teve que responder no desempenho das suas funções, durante o ano em que exerceu o mandato, percebe-se um empenho pessoal nas vertentes devocionais e nas obras assistenciais.

Em sucessivas reuniões da Mesa, António de Couros Carneiro apresenta a proposta para serem concluídos os trabalhos de preparação dos aposentos do capelão, iniciados cerca de dois anos antes, de modo que um sacerdote pudesse permanecer no Hospital para dar assistência espiritual aos doentes e em particular aos moribundos. Os aposentos em causa estavam, na altura, praticamente terminados, faltando alguns aspetos de pormenor, como as «gelosias». O provedor empenhou-se para que ficassem a postos de modo a que o local pudesse começar a ser utilizado. Determina a provisão dessa capelania do hospital, que estava vaga, e destina a verba para «cobrir a propina» do capelão (AHSCMP, *Livros de Lembranças das deliberações da Mesa da Misericórdia*, Série D, Banco 8, Livro 5, fls. 168v-171v, 172v-173, 180-181v).

Também lhe é pedido que substitua o moço de sacristia que «era muito pequeno e não chegava aos altares para pôr e tirar as velas e as partia todas». Não querendo despedir o rapaz, que era órfão e que a Casa protegera, mas não sendo possível assegurar a dignidade do culto sem um serviço de sacristia, decide-se arranjar outro moço para o serviço, também pobre e desamparado, mas mais capaz de cumprir as obrigações que eram requeridas.

Um outro aspeto interessante é que António de Couros Carneiro recupera a tradição, abandonada uns anos antes, de fazer de novo no pátio da Casa a festa de Santa Isabel. Um seu antecessor considerara que a festa no pátio implicava muita despesa e que se deveria restringi-la ao momento religioso, mas muitas pessoas consideravam que o espaço da igreja era insuficiente e queriam retomar o costume antigo. O provedor esteve de acordo, autorizando, numa das últimas reuniões desta Mesa, antes da festa, concretamente, a 21 de junho de 1651, que se retomasse a utilização do pátio.

O provedor ocupou-se também dos aspetos mais comuns da governação da Casa, transversais a todos os mandatos, que implicavam a tomada de decisões relativas a gestão de legados, aplicação de verbas para rendimento e obras caritativas, etc., incluindo a deliberação de excluir da Irmandade dois Irmãos, Pascoal Pereira, mercador e José de Sousa, vestimenteiro.

Entretanto, sucedeu ter a Casa um legado de valor considerável sobre o qual a Mesa deliberou, feitas as contas, que cumpridas as obrigações do testador ainda era possível dispor de um montante para aplicar nas obras de um hospital novo, sabendo-se, como já foi visto, que as obras assistenciais foram uma prioridade para este provedor. Posteriormente, foram feitos à margem do documento alguns comentários desabonatórios acerca desta decisão e do conteúdo da ata em causa: «assento sem pés nem cabeça». Não é possível, pela avaliação da letra ou de outro modo, assegurar quem fez estes comentários. É seguramente uma informação coeva, pouco posterior à data da elaboração do registo, provavelmente do mandato seguinte. O apontamento prossegue, e indica ainda que havia desacertos e incoerências nos dados do referido assento e que as contas estavam «em tudo e por tudo erradas». A verba em causa acabou por ser aplicada a juro, por decisão do provedor seguinte, remetendo estas notas para o fólio 195, onde foi feito o assento desta nova decisão.

Mesa da Santa Casa da Misericórdia do Porto em 2.7.1650

Provedor: António de Couros Carneiro (ou Garcez)

Escrivão: António Carneiro de Vasconcelos

Conselheiros: António do Amaral de Albuquerque, Nuno Álvares Velho, Manuel Osório Cabral, arcediago do Porto, Gaspar de Sequeira de Menezes, Francisco de Matos e «de menor condição» João Lopes, da Banharia, Pantaleão Cardoso, Francisco Soares, sangrador, Francisco Moreira, barreteiro, Amador de Matos, Pedro Alves

FONTES E BIBLIOGRAFIA

Fontes arquivísticas

Arquivo Histórico da Santa Casa da Misericórdia do Porto (AHSCMP) – *Eleições da Mesa da Misericórdia*, série D, banco 5, livros 1-2; *Livro de Lembranças das deliberações da Mesa da Misericórdia*, série D, banco 8, livro 5.

Bibliografia

FREITAS, Eugénio de Andrea da Cunha e; MENDES, António Lopes, 1990 – *Provedores e Escrivães da Santa Casa da Misericórdia do Porto*. Porto: Santa Casa da Misericórdia do Porto (datilografado).

GAYO, Manuel José da Costa Felgueiras, [1938-1941] – *Nobiliário de famílias de Portugal, Fac. simile* de impressão diplomática do original manuscrito existente na Santa Casa de Misericórdia de Barcelos. [Braga]: Agostinho de Azevedo Meirelles; Domingos de Araújo Affonso.

FILOMENA MELO

Manuel Osório Cabral

(n. c. 27.4.1610 | ?)

Provedor da Santa Casa da Misericórdia

2.7.1651 | 2.7.1652

Clérigo. Arcediago da Sé do Porto.

Filho de António Osório Cabral.

Não foi possível recolher muita informação acerca do percurso pessoal do provedor Manuel Osório Cabral. Terá nascido um pouco antes do dia 27 de abril de 1610, já que esta foi a data do seu batizado. Sendo doutor e arcediago da Sé do Porto, certamente fez os seus estudos em Coimbra.

No Porto esteve, pelo menos, entre 1647 e 1669, pois durante estes anos participou ativamente na vida da Santa Casa da Misericórdia, onde teve vários cargos de responsabilidade, antes e depois do ano de 1651 em que foi eleito provedor.

Manuel Osório de Castro marcou presença assídua nas reuniões da Mesa com a qual, ao longo do seu mandato, administrou a Casa e geriu as finanças, sem nenhuma iniciativa particularmente relevante. No cumprimento das obrigações do seu cargo, assegurou a provisão de lugares das capelanias, do sangrador do hospital, do juiz da cadeia; deu atenção às das aplicações financeiras e aos legados; autorizou pagamentos; aceitou o reingresso de Irmãos que tinham sido expulsos e promoveu o processo de expulsão de um outro, no caso Domingos Moreira, agulheiro.

Mesa da Santa Casa da Misericórdia do Porto em 2.7.1651

Provedor: Manuel Osório Cabral

Escrivão: Pantaleão Rebelo

Conselheiros: Paulo de Meireles Pacheco, Diogo Ferraz Bravo, João Álvares de Azevedo, Manuel Pacheco, Lucas Bezerra Cabral e «de menor condição» Francisco Moreira de Almeida, mercador, Miguel Pereira, ourives, Jacinto de Sousa, sangrador, Agostinho Ferreira, bainheiro, Pêro Vieira, mercador, João Barbosa, sapateiro

FONTES E BIBLIOGRAFIA

Fontes arquivísticas

Arquivo Histórico da Santa Casa da Misericórdia do Porto (AHSCMP) – *Eleições da Mesa da Misericórdia*, série D, banco 5, livro 2; *Livro de Lembranças das deliberações da Mesa da Misericórdia*, série D, banco 8, livro 5.

Bibliografia

FREITAS, Eugénio de Andrea da Cunha e; MENDES, António Lopes, 1990 – *Provedores e Escrivães da Santa Casa da Misericórdia do Porto*. Porto: Santa Casa da Misericórdia do Porto (datilografado).

PINTO, Cónego António Ferreira, 1940 – *O Cabido da Sé do Porto. Subsídios para a sua História*, VI. Porto: Publicações da Câmara Municipal do Porto.

FILOMENA MELO

João Velho Barreto

(n. Pernambuco | ?)

Provedor da Santa Casa da Misericórdia

2.7.1652 | 2.7.1653

Magistrado judicial.

Licenciado em Cânones pela Universidade de Coimbra.

Conselheiro do Rei (1651).

Filho de Paio Velho de Araújo ou Luís do Rego Barros e Inês de Góis.

Casou com D. Antónia de Brito, sem geração.

Hábito da Ordem de Cristo (1651).

Embora o perfil do provedor João Velho Barreto tenha sido estabelecido com base em genealogias e outros estudos, há algo de dúbio ou contraditório nalgumas informações fornecidas por estas fontes, que levantam dúvidas ou, pelo menos, impõem que se salvaguarde a possibilidade de existir algum erro ou lapso nesta atribuição.

Isto porque haveria, na cidade do Porto, sensivelmente pela mesma altura, um homónimo deste provedor. Além disso, embora feita a sua genealogia, foram encontrados dois nomes possíveis, mas bastante diferentes, para o pai: Paio Velho de Araújo e Luís do Rego Barros. Finalmente, os autores concordam que, João Velho Barreto, uma vez viúvo se fez clérigo, segundo uns, em 1676. Porém, segundo outros, em 1673 já teria morrido. Pode tratar-se apenas de um lapso, mas não é despiciendo, já que vem somar-se aos outros pontos dúbios acerca desta personagem.

João Velho Barreto, seguindo estas pistas biográficas, teria nascido em Pernambuco, sendo de ascendência flamenga, por parte da mãe, por cujo ramo seria também sobrinho-bisneto do Papa Adriano VII.

Tendo sido colegial do Colégio de São Paulo, João Velho Barreto matriculou-se em Cânones na Universidade de Coimbra, tendo feito exame privado e tendo-se tornado licenciado em inícios de maio de 1626. Viria para o Porto exercer funções na magistratura, onde foi desembargador e chanceler da Relação. Depois seguiu para a Corte, onde chegou ao Conselho do Rei, a desembargador do Desembargo do Paço e a chanceler-mor do reino. João Velho Barreto foi ainda escrivão da Correição, chanceler e promotor da justiça de Viana e Foz de Lima, por renúncia de seu pai, Paio Velho de Araújo em finais de novembro de 1657.

Casou em Aveiro com Antónia de Brito e não teve filhos. Depois de viúvo fez-se clérigo e teria chegado a ser prior-mor de Avis, se não se tivesse recusado a sê-lo.

O seu perfil de alto gabarito corresponde efetivamente ao das personalidades que chegavam a provedores da Misericórdia.

Embora, de acordo com alguns elementos da sua biografia, tenha vindo estabelecer-se no Porto em 1635, não constam informações a seu respeito na Misericórdia, nessas datas, com exceção de um pequeno período, nos anos de 1650.

⁂

Uma vez eleito provedor, logo nos primeiros dias do seu mandato, concretamente a 4 de julho de 1652, João Velho Barreto propôs à Mesa que fosse feita a eleição dos Tesoureiros para os diferentes sectores da Misericórdia e institutos na sua dependência, sendo uma inovação o facto de constar esta ata nos registos dos *Livros de Lembranças*. Outra novidade institucional foi implementada no mesmo dia. Em resposta a um requerimento que o advogado da Casa apresentara ainda à Mesa anterior, já em final de mandato, coube a esta nova administração escolher um procurador para secundar o referido advogado na preparação dos requerimentos e audiências. Foi proposto o nome do licenciado Francisco Aranha, irmão do número, que aceitou esta função de bom grado e *pro bono*.

A 23 de julho, na sequência de um pedido dirigido ao Rei, chegou a autorização para que a Casa pudesse «escolher um tabelião da dita cidade para que lhe faça as escrituras».

O provedor teve também a preocupação e a iniciativa de melhorar as instalações do Hospital de D. Lopo, promovendo obras de reforço da estabilidade e «tapamento de tijolo» da casa da cozinheira, contígua à capela e ainda o «tapamento na casa da entrada dos homens dos males para serem melhor curados», segundo se estabeleceu em acta de 28 de agosto.

A partir desta data, por motivos que não estão especificados, o provedor não voltou a comparecer nas reuniões da Mesa, pelo menos daquelas de que há registo, durante um longo período, voltando a estar presente, somente já mais perto do final do mandato. A 15 de setembro, embora o provedor estivesse ausente, foi proposto elegerem-se Irmãos que suprissem o número significativo dos mesários ausentes. Volta a ser mencionado o caso de Gaspar de Sequeira de Menezes, a que se juntam os nomes de Gonçalo Borges Pinto e Heitor da Cunha Aranha, sendo substituídos pelo já eleito na reunião precedente, Pantaleão Rebelo, e António Carneiro de Vasconcelos. Além deste equívoco de se eleger novamente Pantaleão Rebelo, há que notar que, para três deputados ausentes foram designados apenas dois nomes. Mais equívoco é o facto de se anotar, no final da ata, que Pantaleão Rebelo viria substituir Damião Rangel de Macedo, por falecimento deste, uma vez que antes já fora designado para substituir o ausente Gaspar de Sequeira de Menezes.

Durante a sua longa ausência, a Mesa ocupou-se exclusivamente dos assuntos correntes de gestão da Casa, nomeadamente da substituição de mesários ausentes e da administração das capelas, de que há um significativo número de registos.

Mesa da Santa Casa da Misericórdia do Porto em 2.7.1652

Provedor: João Velho Barreto

Escrivão: Miguel de Aiala de Gouveia

Conselheiros: doutor Damião Rangel, Manuel de Valadares Carneiro, Heitor da Cunha Aranha, Gaspar de Sequeira de Menezes, Gonçalo Borges Pinto e, «de menor condição» João Ferreira Caldeira, Francisco Pereira, serigueiro, António Ribeiro, cuteleiro, da Banharia, Jácome Álvares, Francisco Gonçalves, das Congostas, Francisco Moreira, barreteiro

FONTES E BIBLIOGRAFIA

Fontes arquivísticas

Arquivo Histórico da Santa Casa da Misericórdia do Porto (AHSCMP) – *Eleições da Mesa da Misericórdia*, série D, banco 5, livro 2; *Livro de Lembranças das deliberações da Mesa da Misericórdia*, série D, banco 8, livro 5.

Bibliografia

FREITAS, Eugénio de Andrea da Cunha e; MENDES, António Lopes, 1990 – *Provedores e Escrivães da Santa Casa da Misericórdia do Porto*. Porto: Santa Casa da Misericórdia do Porto (datilografado).

MORAIS, Cristóvão Alão de, [1667] 1943-1948 – *Pedatura Lusitana: nobiliário de famílias de Portugal*, publicado por Alexandre António Pereira de Miranda Vasconcellos, António Augusto Ferreira da Cruz, Eugénio Eduardo Andrea da Cunha e Freitas. Porto: Livraria Fernando Machado, 12 volumes.

SUBTIL, José, 2010 – *Dicionário dos Desembargadores (1640-1834)*. Lisboa: EDIUAL.

FILOMENA MELO

Manuel de Sousa de Almeida

(São Pedro do Sul c. 1587 | ?)

Provedor da Santa Casa da Misericórdia
2.7.1653 | 25.7.1654

Proprietário.

Alcaide-mor e governador de Alfaiates. Fronteiro em Mazagão.

Vereador da Câmara Municipal do Porto (1635). Procurador da cidade do Porto às Cortes (1641).

Filho de Francisco de Sousa de Almeida e de D. Ana Carneira.

Casou primeira vez com D. Brites Pereira, s. g. Casou segunda vez com D. Violante Engrácia de Sá e Melo de quem teve oito filhos: Francisco de Sousa de Almeida, Aires de Almeida de Sousa, Duarte de Almeida de Sousa, Martim Afonso de Sousa, Bento de Almeida de Sousa, Ana Maria de Melo, Madalena Maria de Melo, Gabriela Antónia de Melo ou de Sá. Teve ainda fora dos casamentos Tristão de Sousa de Almeida, João de Almeida, Manuel de Sousa e Domingos de Sousa.

Cavaleiro fidalgo da Casa Real. Hábito de Cristo.

Manuel de Sousa e Almeida fez jus aos seus pergaminhos de descendente da heroica figura da Batalha de Toro, Duarte de Almeida, o decepado. Tem no currículo as suas próprias façanhas militares, como fronteiro em Mazagão, como capitão e alcaide-mor de Alfaiates, na defesa do Castelo de S. João da Foz ou combatendo um navio de piratas berberes que assediavam a costa portuense (SILVA, 1993:85).

O mesmo se pode dizer quanto ao seu património, títulos e bens. Como fiel partidário de D. João IV foi recompensado generosamente pelo monarca e estes prémios vieram juntar-se ao que herdara. Possuía morgado com várias quintas, era também senhor da Quinta da Cavalaria e do castelo de Vilharigues e foi administrador de uma capela na igreja da Misericórdia do Porto.

Tendo nascido no antigo concelho de Lafões, atual concelho de São Pedro do Sul, e vivido quase ano e meio em Mazagão e noutros locais, torna-se evidente que nem sempre esteve sediado no Porto. Porém, foi ali que casou com Brites Pereira, filha, Bernardo Pereira, antigo provedor da Misericórdia, e esteve no governo municipal como vereador e em Cortes, representando esta mesma cidade.

Nesta altura, já não era frequente os provedores demorarem-se muito tempo ao serviço da Casa, já que se tornava comum eleger-se a maior figura da cidade que, muitas vezes, aí estava numa missão temporária. Manuel de Sousa e Almeida pode considerar-se uma exceção. Apesar de ter estado noutras paragens, ainda assim viveu muito tempo no Porto, como foi visto. Nesta cidade, fez-se Irmão da Misericórdia, onde terá permanecido durante cerca de vinte e cinco anos, tendo servido a Casa algumas vezes antes e depois de 1653, data em que foi provedor. Contudo, no decurso deste mandato e por motivos que não estão plasmados nas atas, esteve ausente da maior parte das reuniões da Mesa, presidindo no início do mandato e depois somente nos últimos quatro meses. Provavelmente por este motivo, não há nada de particularmente notável a assinalar, tendo a Mesa assumido a gestão dos assuntos correntes que lhe foram apresentados, tais como a provisão de capelanias, do lugar de barbeiro do Hospital, integração de legados, pagamentos e cobranças.

Foi também a Mesa, na falta do provedor, que recebeu uma provisão régia acerca de um assunto delicado, suscitado por Pantaleão Alvo Godinho, que fora provedor em 1647-1648, o qual exigira o pagamento, a si e aos Irmãos que com ele tinham composto a Mesa no ano do seu exercício, de verbas que aplicara e que a Casa lhes ficara devendo desde então.

Mesa da Santa Casa da Misericórdia do Porto em 2.7.1653

Provedor: Manuel de Sousa de Almeida

Escrivão: António Carneiro de Vasconcelos

Conselheiros: D. Bartolomeu de Noronha, doutor Belchior do Rego de Andrade, Martim Leite Pereira, Miguel Ferraz Bravo, Nuno Álvares Velho e «de menor condição» Francisco Machado, João Lopes, Pantaleão Cardoso, Miguel Cabral, Pedro Álvares, da Banharia, Agostinho Francisco

FONTES E BIBLIOGRAFIA

Fontes arquivísticas

Arquivo Histórico da Santa Casa da Misericórdia do Porto (AHSCMP) – *Eleições da Mesa da Misericórdia*, série D, banco 5, livros 1-2; *Livro de Lembranças das deliberações da Mesa da Misericórdia*, série D, banco 8, livro 5.

Bibliografia

FREITAS, Eugénio de Andrea da Cunha e; MENDES, António Lopes, 1990 – *Provedores e Escrivães da Santa Casa da Misericórdia do Porto*. Porto: Santa Casa da Misericórdia do Porto (datilografado).

GAYO, Manuel José da Costa Felgueiras, 1938-1941 – *Nobiliário de famílias de Portugal, Fac. simile* de impressão diplomática do original manuscrito existente na Santa Casa de Misericórdia de Barcelos. [Braga]: Agostinho de Azevedo Meirelles; Domingos de Araújo Affonso.

MORAIS, Cristóvão Alão de, [1667] 1943-1948 – *Pedatura Lusitana: nobiliário de famílias de Portugal*, publicado por Alexandre António Pereira de Miranda Vasconcellos, António Augusto Ferreira da Cruz, Eugénio Eduardo Andrea da Cunha e Freitas. Porto: Livraria Fernando Machado, 12 volumes.

SILVA, Francisco Ribeiro da, 1988 – *O Porto e o seu termo (1580-1640): os homens, as instituições e o poder*, 2 volumes. Porto: Arquivo Histórico da Câmara Municipal do Porto.

SILVA, Francisco Ribeiro da, 1993 – "O Porto e as Cortes no século XVII ou os concelhos e o poder central em tempos do absolutismo". *História – Revista da Faculdade de* Letras, II série, vol. X. Porto: Faculdade de Letras da Universidade do Porto, pp. 9-68.

SILVA, Francisco Ribeiro da, 2008 – *Quinhentos/Oitocentos (Ensaios de História).* Porto: Faculdade de Letras da Universidade do Porto.

FILOMENA MELO

Pedro Velho Barreto

(? | ?)

Provedor da Santa Casa da Misericórdia

25.7.1654 | 2.7.1655

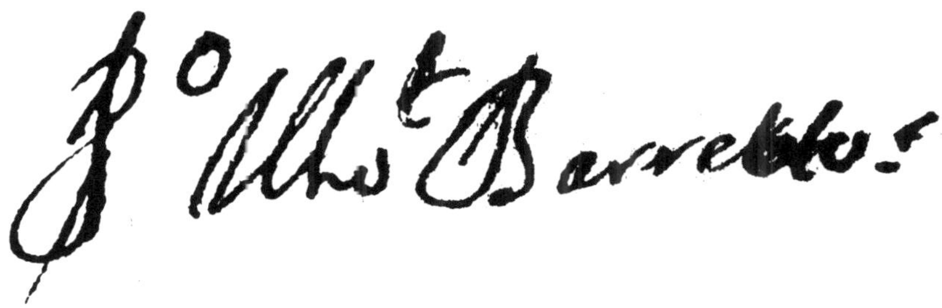

Este será porventura o provedor sobre quem menos se sabe, até ao momento. Não foi possível estabelecer o seu perfil com um mínimo de elementos válidos.

⁂

De igual modo, foram muito poucas as reuniões da Mesa que tenham dado matéria para registo durante este mandato, e destas os assuntos abordados foram os mais comuns, como atribuição de capelanias, provisão do lugar de enfermeiro e juiz da cadeia, anuência ao reingresso de Irmãos arrependidos, gestão de legados e algumas normas para os ofícios divinos. Sabe-se que foi eleito em 2 de julho de 1654, tendo tomado posse apenas no dia 25 do mesmo mês.

Mesa da Santa Casa da Misericórdia do Porto em 25.7.1654

Provedor: Pedro Velho Barreto

Escrivão: Pantaleão Rebelo

Conselheiros: Fernão de Freitas, chantre da Sé, Luís de Valadares Carneiro, Luís Brandão, Bento de Aguiar Caldeira, Manuel Pereira Ferreira e, «de menor condição» Amador de Matos, Miguel Homem, Domingos de Sousa, João Ferreira Caldeira, José Álvares, Manuel Mendes

FONTES E BIBLIOGRAFIA

Fontes arquivísticas

Arquivo Histórico da Santa Casa da Misericórdia do Porto (AHSCMP) – *Eleições da Mesa da Misericórdia*, série D, banco 5, livro 2; *Livro de Lembranças das deliberações da Mesa da Misericórdia*, série D, banco 8, livro 5.

Bibliografia

FREITAS, Eugénio de Andrea da Cunha e; MENDES, António Lopes, 1990 – *Provedores e Escrivães da Santa Casa da Misericórdia do Porto*. Porto: Santa Casa da Misericórdia do Porto (datilografado).

FILOMENA MELO

Álvaro Abranches da Câmara (ou Coutinho da Câmara)

(? | ?, 1660)

Provedor da Santa Casa da Misericórdia
2.7.1655 | 2.7.1657

Oficial do Exército.

Provedor da Santa Casa da Misericórdia de Almada.

Filho de D. Francisco da Câmara Coutinho e de D. Guiomar de Abranches.

Casou primeira vez (1620) com D. Maria de Lencastre de quem teve seis filhos: D. Francisco de Abranches, D. Madalena Maria de Lancastre e Abranches, D. Guiomar de Lancastre, D. Filipa de Lancastre, D. Catarina de Lancastre e D. Francisca de Lancastre. Casou segunda vez com D. Inês de Ávila, sem geração.

Senhor do morgado de Abranches-Almada. Comendador de São João da Castanheira, na Ordem de Cristo.

D. Álvaro da Câmara é lembrado na História de Portugal como um dos heróis do 1.º de Dezembro de 1640, não só por ter sido um dos conjurados, mas também pelo protagonismo que teve nesse dia ao tomar o castelo de S. Jorge, libertar os conselheiros da fazenda presos às ordens de Castela e ter içado de novo a bandeira portuguesa. Muito antes desta data já estivera a combater na primeira etapa da Restauração, por assim dizer, na Baía, em 1625. Durante as Guerras da Restauração voltou a ter uma intervenção militar relevante, liderando a defesa do território nacional, sobretudo no período em que se encontrava como governador de armas da província da Beira.

Por esta altura, concretamente em 1654, fixou-se no Porto, onde assumiu o cargo de governador da Casa da Relação, em dezembro desse ano.

Filho de D. Francisco da Câmara Coutinho e de D. Guiomar de Abranches, D. Álvaro da Câmara casou primeira vez em 1620 com D. Maria de Lencastre, de quem teve seis filhos, D. Francisco de Abranches, D. Madalena Maria de Lancastre e Abranches, D. Guiomar de Lancastre, D. Filipa de Lancastre, D. Catarina de Lancastre e D. Francisca de Lancastre. Casaria uma segunda vez com D. Inês de Ávila, sem descendência.

Alguns meses depois de assumir o Governo da cidade do Porto, Álvaro Abranches da Câmara foi eleito provedor da Misericórdia da cidade, em julho de 1655, mantendo-se no cargo, até 1657, uma vez que foi reeleito em 1656 para um segundo mandato consecutivo. Alegou-se não haver na altura nenhum Irmão capaz de assegurar estas funções. Não obstante, foram eleitos nesse ano para a Mesa vários Irmãos que já tinham sido provedores e/ou que vieram a sê-lo pouco tempo depois. De notar ainda que apenas existem notícias da presença de Álvaro Abranches da Câmara na Misericórdia do Porto nestes dois anos em que foi provedor, o que, juntamente com o facto de não se escolher nenhum outro Irmão para este lugar enquanto ele foi governador da cidade, leva a crer que a sua eleição decorrera de um convite dos Irmãos da Misericórdia à figura mais prestigiada da cidade e não de uma escolha saída genuinamente do seio da Casa e dos seus confrades. Nesta altura, começam a verificar-se outros casos em que os provedores parecem ter sido recrutados do mesmo modo entre as figuras de maior vulto na cidade, ainda que anteriormente não tivessem sequer ingressado na Confraria.

Álvaro Abranches da Câmara foi também provedor da Misericórdia de Almada, sendo um dos raros casos de um provedor que serviu este cargo em duas Casas diferentes.

Falecido em 1660, está sepultado na igreja de S. Paulo, em Almada, e nesta atual cidade, matriz da família Abranches-Almada, a sua memória é evocada com muita estima, tendo ali sido dado o seu nome a uma rua. Também em Vila Viçosa foi homenageado com uma estátua em bronze da autoria do escultor Lima Santos.

Quanto ao seu desempenho enquanto provedor da Misericórdia do Porto, são poucos os registos de atas relativas ao primeiro ano deste mandato e os assuntos são sobretudo burocráticos, tratando-se de resolver as questões correntes da Casa e dos Institutos dela dependentes, compreendendo a provisão de capelanias, do juiz e enfermeiro da cadeia, da avaliação de legados e seus encargos, etc. Nesta linha de assuntos predominantemente administrativos e financeiros, foi registada uma provisão régia enviada à Casa sobre a compra de padrões de juro.

A única medida que merece algum relevo pela sua peculiaridade, foi a decisão de manter as portas do Hospital fechadas e criar uma portaria, de modo a evitar a «devassidão» e a permanência de pessoas de fora nas enfermarias.

A documentação disponível sobre o segundo ano do mandato é igualmente pouco expressiva quanto a iniciativas diretamente atribuíveis ao provedor, sendo marcado até por algumas ausência suas das reuniões da Mesa, que foram por isso presididas pelo escrivão, António Carneiro de Vasconcelos. Estas reuniões foram quase exclusivamente destinadas a resolver os assuntos correntes relativos a finanças, legados, provisão de lugares de capelania, contributos para resgates e pouco mais.

Com caráter excecional, há a assinalar o facto de, a 6 de setembro de 1656, a Mesa ter tomado conhecimento da decisão do cabido da Sé de não permitir que a Misericórdia acolhesse e tutelasse as órfãs que tivessem dotes.

Foi também na ausência do provedor que António Carneiro de Vasconcelos propôs integrar na Casa a festa de Santo António, tendo os mesários concordado que «se festejasse todos os anos no seu dia na igreja desta Casa e se dissesse missa cantada de canto de órgão e pregação, como se fazia em dia de S. João Baptista, por ser nosso natural e padroeiro» (AHSCMP, *Livros de Lembranças das deliberações da Mesa da Misericórdia*, Série D, Banco 8, Livro 5, fl. 269).

Mesa da Santa Casa da Misericórdia do Porto em 2.7.1655

Provedor: D. Álvaro Abranches da Câmara

Escrivão: Miguel de Aiala de Gouveia

Conselheiros: doutor João Velho Barreto, doutor Manuel Osório Cabral, Manuel de Valadares Carneiro, Nuno Álvares Velho, António Carneiro de Vasconcelos e «de menor condição» Francisco Gonçalves, Francisco Pereira, João Lopes, Pantaleão Cardoso, Agostinho Ferreira, Jacinto de Sousa

FONTES E BIBLIOGRAFIA

Fontes arquivísticas

Arquivo Histórico da Santa Casa da Misericórdia do Porto (AHSCMP) – *Eleições da Mesa da Misericórdia*, série D, banco 5, livro 2; *Livro de Lembranças das deliberações da Mesa da Misericórdia*, série D, banco 8, livro 5.

Fontes impressas

COSTA, Agostinho Rebelo da, 1789 – *Descripção topografica, e historica da Cidade do Porto. Que contém a sua origem*.... Porto: na Officina de Antonio Alvarez Ribeiro.

SOUSA, António Caetano de, 1735-1749 – *Historia genealógica da Casa Real Portugueza*... Lisboa: na Officina de Joseph Antonio da Sylva, impressor da Academia Real, 12 tomos em 13 volumes.

Bibliografia

FREITAS, Eugénio de Andrea da Cunha e; MENDES, António Lopes, 1990 – *Provedores e Escrivães da Santa Casa da Misericórdia do Porto*. Porto: Santa Casa da Misericórdia do Porto (datilografado).

GAYO, Manuel José da Costa Felgueiras, 1938-1941 – *Nobiliário de famílias de Portugal, Fac. simile* de impressão diplomática do original manuscrito existente na Santa Casa de Misericórdia de Barcelos. [Braga]: Agostinho de Azevedo Meirelles; Domingos de Araújo Affonso.

FILOMENA MELO

Gaspar de Abreu de Freitas

(Lisboa ou Guimarães, ? | ?)

Provedor da Santa Casa da Misericórdia

2.7.1657 | 2.7.1658

Magistrado judicial.

Doutor em Cânones pela Universidade de Coimbra.

Embaixador em Inglaterra (1668-1671 e 1679). Conselheiro da Fazenda (1675). Enviado à Cúria Romana (c. 1676). Conselheiro do Rei (1684).

Filho de Luís de Abreu de Freitas, secretário da Rainha e/ou desembargador do Paço, cavaleiro da Ordem de Cristo, e de Luísa de Faria da Costa.

Neto paterno de António de Freitas, provedor da Santa Casa da Misericórdia da Vila de Castanheira.

Casou primeira vez com D. Úrsula, sem geração. Casou segunda vez com Joana Maria Pereira de Torres e Aguiar ou de Bragança, de quem teve dois filhos: Luís de Abreu de Freitas e Josefa Maria Madalena Pereira.

Moço fidalgo da Casa Real. Hábito de Cristo (1667).

Gaspar de Abreu de Freitas é tido por António Carvalho da Costa, na sua *Corografia Portuguesa* (I, 90), entre os «sujeitos naturais desta vila de Guimarães que ilustraram o reino e outras partes do mundo». Indubitavelmente é a ele que se refere, tendo em conta o sumário biográfico que apresenta: «Doutor Gaspar de Abreu de Freitas, desembargador e conselheiro da Fazenda, moço fidalgo da Casa do Rei e seu enviado a Holanda, Inglaterra e Roma e comendador da Ordem de Crist» Outros autores, porém, dão-no como natural de Lisboa.

Com berço em Guimarães ou em Lisboa, o certo é que Gaspar de Abreu de Freitas foi muito além da sua terra natal, tendo ocupado cargos de relevo nas três principais cidades do reino, Lisboa, Porto e Évora. Viveu também em várias Cortes, desde muito jovem, tendo começado por ser pajem do Infante Cardeal D. Fernando da Áustria. Residiu na Cúria Romana, de onde trouxe várias relíquias, entre as quais o corpo de S. Celestino, mártir, que o Papa Clemente X lhe deu, em 1676, e ele colocou na ermida de São Pedro de Alcântara, em Santa Apolónia, Lisboa (SUBTIL, 2010, 222). Foi ainda em missão a Inglaterra, como embaixador, em 1668, onde permaneceu até 1671, e regressou em 1679. Também neste ponto as informações não são todas convergentes, pois algumas fontes indicam que foi apenas uma vez a Inglaterra como embaixador extraordinário, mas o Instituto Diplomático do Ministério dos Negócios Estrangeiros apresenta-o como embaixador ordinário na legação de Londres, nestes dois tempos.

Não só é impressionante a quantidade de cargos que ocupou ao longo da sua vida, como também as recompensas que foi alcançando por demonstrar merecer a confiança que nele depositaram os monarcas a quem serviu.

Casou duas vezes, sendo a primeira com D. Úrsula, filha de Simão Gonçalves Leitão, almoxarife de Torres Vedras e de Filipa de Abreu de Freitas, irmã de Luís de Abreu. O parentesco com a mulher era muito próximo, pois Gaspar de Abreu de Freitas e sua mulher eram ambos bisnetos de um outro Gaspar de Abreu de Freitas. Casou segunda vez com Joana Maria Pereira de Torres e Aguiar, filha do desembargador Luís Gomes de Basto e de Bernardina de Torres.

À cidade do Porto terá chegado em 1649, como desembargador da Casa da Relação. Antes de ocupar este cargo, já havia sido almoxarife de Torres Vedras e juiz de fora de Évora. Na cidade do Porto viria ainda a ser designado corregedor e provedor das obras, órfãos, capelas, hospitais, Confrarias e albergarias e contador de tenças e resíduos da Comarca, esta última função após ter sido nomeado em 30 de dezembro de 1652. Seria ainda designado para desembargador extravagante da Casa da Suplicação em 3 de fevereiro de 1659.

Na década de 1650, estando no Porto, ingressara na Misericórdia da cidade, sendo eleito deputado da Mesa nas eleições de 2 de julho de 1656 e provedor, no ano seguinte.

O período em que Gaspar de Abreu de Freitas governou a Casa terá sido tranquilo e o modo como o fez parece ter sido bastante linear, assegurando apenas o cumprimento das obrigações, sem imprimir mudanças ou propor quaisquer inovações.

Nas atas das reuniões da Mesa da Misericórdia, cujos registos atestam a ação do provedor, dominam os assuntos correntes, relativos a atribuições das capelanias, dos lugares do coro, do serviço de sacristia, e outras resoluções de caráter burocrático suscitadas pela gestão das finanças e administração da Casa e Institutos dela dependentes. Destaca-se um documento acerca do pedido feito pela Confraria de Santo António da cidade do Porto que pretendia comprar um terreno administrado pela Misericórdia, fora da Porta dos Carros, para ali edificar um tempo a Santo António.

A 16 de janeiro de 1658 foi riscado da lista de Irmãos António Dias Santiago, por se ausentar sem licença e faltar às suas obrigações para com a Irmandade. Por outro lado, reingressa Manuel Leite Correia que abandonara a Irmandade em 1648, no contexto das convulsões então vividas na Casa.

Mesa da Santa Casa da Misericórdia do Porto em 2.7.1657

Provedor: Gaspar de Abreu de Freitas

Escrivão: Pantaleão Rebelo

Conselheiros: Mateus Mouzinho, Manuel Pereira Ferreira, Miguel Aiala de Gouveia, Jerónimo de Castro Pinto, Gonçalo Borges Pinto e, «de menor condição» Amador de Matos, mercador, Pêro Vieira, mercador, Pantaleão Mendes, António Vaz, tanoeiro, António Ribeiro, cuteleiro, Mateus da Fonseca, cirieiro

FONTES E BIBLIOGRAFIA

Fontes arquivísticas

Arquivo Histórico da Santa Casa da Misericórdia do Porto (AHSCMP) – *Eleições da Mesa da Misericórdia*, série D, banco 5, livro 2; *Livro de Lembranças das deliberações da Mesa da Misericórdia*, série D, banco 8, livro 5.

Ministério dos Negócios Estrangeiros/Instituto Diplomático (MNE/ID) – *Reino Unido. Titulares de Cargos Diplomáticos.*

Fontes impressas

COSTA, António Carvalho da, 1706 – *Corografia portugueza e descripçam topografica do famoso Reyno de Portugal, com as noticias das fundações das cidades, villas, & lugares, que contem...*, vol. I. Lisboa: Na Officina de Valentim da Costa Deslandes.

Bibliografia

FREITAS, Eugénio de Andrea da Cunha e; MENDES, António Lopes, 1990 – *Provedores e Escrivães da Santa Casa da Misericórdia do Porto*. Porto: Santa Casa da Misericórdia do Porto (datilografado).

GAYO, Manuel José da Costa Felgueiras, [1938-1941] – *Nobiliário de famílias de Portugal, Fac. simile* de impressão diplomática do original manuscrito existente na Santa Casa de Misericórdia de Barcelos, IV. [Braga]: Agostinho de Azevedo Meirelles; Domingos de Araújo Affonso.

SUBTIL, José, 2010 – *Dicionário dos Desembargadores (1640-1834)*. Lisboa: EDIUAL.

FILOMENA MELO

Henrique de Sousa Tavares da Silva

(?, 17.1.1626 | ?, 10.4.1706)

Provedor da Santa Casa da Misericórdia
2.7.1658 | 2.7.1659

Militar.

Governador da Casa da Relação. Sétimo governador e alcaide-mor das armas da Cidade do Porto. Conselheiro do Rei. Embaixador extraordinário

Provedor da Santa Casa da Misericórdia do Porto (1658-1659 e 1663-1664).

Filho de Diogo Lopes de Sousa, segundo Conde de Miranda, e de D. Leonor de Mendonça.

Casou com Cristina Gambacorta (segundo alguns biógrafos) e com D. Mariana de Castro de quem teve dez filhos: D. Isabel Maria Antónia de Mendonça, Diogo Lopes de Sousa, quarto Conde de Miranda, provedor da Santa Casa da Misericórdia do Porto, D. Leonor Teresa Rosa de Sousa, D. Leonor Maria António, Brites Francisca de Mendonça, António Rosendo de Sousa, provedor da Santa Casa da Misericórdia do Porto, Vasco de Sousa, Maria Josefa de Mendonça, António de Sousa e outro Diogo Lopes de Sousa (falecido em criança).

Terceiro Conde de Miranda. Primeiro Marquês de Arronches. Vigésimo oitavo Senhor da Casa de Sousa.

As circunstâncias familiares, o momento político bem como o seu posicionamento e vontade, neste contexto, fizeram de Henrique de Sousa Tavares uma personalidade do seu tempo. Agostinho Rebelo da Costa sintetiza a biografia de Henrique de Sousa Tavares do seguinte modo:

> Aos 12 anos de idade assentou praça de soldado e aos 16 acompanhou Filipe IV na jornada de Aragão. Foi gentil-homem da câmara do príncipe D. Teodósio; duas vezes embaixador extraordinário a Holanda e às cortes de Madrid e Londres; conselheiro de Estado d'el Rei D. Pedro II. Combateu em duas armadas no mar oceano, em duas campanhas na província do Alentejo em quatro na de Entre Douro e Minho e para dizer tudo de uma vez e ele teve todas as qualidades de um impávido guerreiro de um discreto cortesão de um sábio político e de um perfeito herói, igualando em tudo (se é que não excedeu) as exemplares virtudes de seu irmão o cardeal D. Luís de Sousa (COSTA, 1789: 331-332).

Descendo ao pormenor, António Caetano de Sousa diz dele que «morreu cheio de anos e merecimentos» narra todos os feitos das batalhas em que participou e os episódios mais arrojados da sua vida militar, destacando-se aquele em que, regressando de Paris, o barco em que vinha foi atacado pela artilharia de corsários turcos, junto ao cabo S. Vicente, a que se seguiu uma tempestade que o levou a naufragar. Dos que estavam nesse barco, apenas três pessoas se salvaram, entre elas Henrique de Sousa Tavares que se debateu durante seis horas. Ferido na contenda com os turcos e depois náufrago, deu à costa em Vila do Conde, agarrado a uma tábua e com mais de vinte feridas (SOUSA, XIV, II: 547).

A sua vida longa e recheada de sucessos na política e nas armas, não terá sido tão feliz no plano pessoal. Como pai de dez filhos, só lhe sobreviveram três filhas, tendo visto morrer todos os cinco varões e duas meninas, alguns ainda recém-nascidos ou crianças pequenas, mas dois deles já jovens adultos: Diogo Lopes de Sousa e António

Rosendo de Sousa. Estes últimos chegaram a ser provedores da Misericórdia do Porto, seguindo a tradição familiar. Henrique de Sousa Tavares seria eleito por duas vezes para o lugar de provedor da Santa Casa da Misericórdia do Porto.

No ano em que foi provedor pela primeira vez, em julho de 1658, Henrique de Sousa Tavares ocupou-se dos assuntos correntes da Casa, de que se destacam as habituais atribuições de capelanias, e deu particular relevo à questão do patrocínio dos casamentos das órfãs e concretamente a das verbas que seriam aplicadas para os dotes, questão essa que fora suscitada anteriormente pelo cabido da Sé da cidade.

Contudo, o assunto que mais se evidencia neste mandato é a ajuda financeira que a Misericórdia prestou à coroa, em resposta a um pedido régio de financiamento do esforço de guerra. Um dos raros momentos em que os registos da Mesa referem objetivamente a situação política do reino é aquele que decorre de uma reunião do início de outubro de 1658, na qual o provedor se reporta a uma carta régia que recebera sobre a situação que então se vivia: «o inimigo ter entrado nesta província de Entre-Douro-e-Minho». Tornava-se urgente intervir para que «não tomasse alguma praça», sendo necessário «gente e dinheiro». Para o efeito, o monarca pretendia vender 200 000 reais de juro na alfândega da cidade do Porto. O provedor propôs que a Casa comprasse este juro aplicando dinheiro que tinha recebido de «alguns defuntos» (*Livros de Lembranças das deliberações da Mesa da Misericórdia*, Livro 5, fls. 291-292v).

Volvido apenas um mês, nova carta régia é recebida pela Mesa e pelos mesmos motivos. Propunha, desta feita, a venda de juro nos almoxarifados das cidades vizinhas. A Misericórdia do Porto aceitou comprar os juros de Lamego, Vila Real e Viana, com determinadas condições, aplicando do mesmo modo, dinheiro que tinha de legados recebidos. Posteriormente virá a adquirir os juros do próprio almoxarifado do Porto (*Livros de Lembranças das deliberações da Mesa da Misericórdia*, Livro 5, fls. 294-305).

Mesa da Santa Casa da Misericórdia do Porto em 2.7.1658

Provedor: Henrique de Sousa Tavares da Silva

Escrivão: Luís de Valadares Carneiro

Conselheiros: doutor João Carneiro de Morais, chanceler da Relação, António Carneiro de Vasconcelos, Rui Vaz Ferraz de Melo, Bernardo Pereira Camelo e «de menor condição» Francisco Pereira, tanoeiro, Francisco Gonçalves, tapeceiro(?), José Álvares, sombreireiro, João Lopes, bainheiro, Pantaleão Pereira, cordoeiro, Manuel Dias dos Santos

FONTES E BIBLIOGRAFIA

Fontes arquivísticas

Arquivo Histórico da Santa Casa da Misericórdia do Porto (AHSCMP) – *Eleições da Mesa da Misericórdia*, série D, banco 5, livro 2; *Livro de Lembranças das deliberações da Mesa da Misericórdia*, série D, banco 8, livro 5.

Fontes impressas

COSTA, Agostinho Rebelo da, 1789 – *Descripção topografica, e historica da Cidade do Porto. Que contém a sua origem*.... Porto: na Officina de Antonio Alvarez Ribeiro.

SOUSA, António Caetano de, 1735-1749 – *Historia genealógica da Casa Real Portugueza*...Lisboa Occidental: na Officina de Joseph Antonio da Sylva, impressor da Academia Real, 12 tomos em 13 volumes.

Bibliografia

FREITAS, Eugénio de Andrea da Cunha e; MENDES, António Lopes, 1990 – *Provedores e Escrivães da Santa Casa da Misericórdia do Porto*. Porto: Santa Casa da Misericórdia do Porto (datilografado).

GAYO, Manuel José da Costa Felgueiras, 1938-1941 – *Nobiliário de famílias de Portugal, Fac. simile* de impressão diplomática do original manuscrito existente na Santa Casa de Misericórdia de Barcelos. [Braga]: Agostinho de Azevedo Meirelles; Domingos de Araújo Affonso.

MORAIS, Cristóvão Alão de, [1667] 1943-1948 – *Pedatura Lusitana: nobiliário de famílias de Portugal*, publicado por Alexandre António Pereira de Miranda Vasconcellos, António Augusto Ferreira da Cruz, Eugénio Eduardo Andrea da Cunha e Freitas. Porto: Livraria Fernando Machado, 12 volumes.

FILOMENA MELO

Diogo de Melo Pereira

(Ponte de Lima, c. 1608/1609 | 26.10.1666 | ?, 26.10.1666)

Provedor da Santa Casa da Misericórdia
2.7.1659 | 2.7.1660

Militar.

Governador das armas de Entre-Douro-e-Minho. Do Conselho do Rei.

Conselheiro da Mesa da Santa Casa da Misericórdia do Porto (1665-1666).

Filho de Fernando da Silva Pereira e de D. Leonor de Melo.

Irmão de Lopo Pereira de Lima, provedor da Santa Casa da Misericórdia do Porto (1673-1674), Balio de Leça e Prior do Crato.

Balio de Leça (1664). Cavaleiro de São João de Malta. Comendador de Poiares, Moura Morta, Veade, Sernancelhe, Torres Vedras e Torres Novas.

Diogo de Melo Pereira terá nascido em 1608 ou 1609, em Bertiandos, Ponte de Lima, que era morgado de seu pai. Recebeu o foro de Moço Fidalgo da Casa Real (alvará de 20 de março de 1621) juntamente com seus irmãos Francisco, Lopo, António, Manuel, Fernão e Bernardo. Em 10 de setembro de 1625, ainda muito jovem, ingressou na Ordem de Malta. Mais tarde, será comendador nesta Ordem das Comendas de Poiares, Moura Morta, Veade, Sernancelhe, Torres Vedras e Torres Novas. Na altura, foi para ilha de Malta, participando em armadas contra os turcos e os berberes. Conhecem-se até as batalhas em que participou e as feridas que trouxe da guerra: um tiro de mosquete na mão direita, na tomada aos turcos da cidade de Santa Maura; uma setada na perna, na escalada da muralha do castelo de Miripótamo.

Mais tarde, de regresso a Portugal, virá a destacar-se como um dos heróis da Restauração, tendo sido chamado para prestar serviço como capitão-mor de Barcelos, por carta de 29 de maio de 1641, governando as armas da Província, em conjunto com Manuel Teles de Menezes e o coronel Viole de Athis. Nesse ano governava a praça de Lamas de Mouro na fronteira de Castro Laboreiro e, quatro anos depois, tomaria Salvaterra da Galiza, que se manteve na mão dos portugueses até ao final da guerra. De acordo com João Gomes de Abreu,

> entre os diversos folhetos patrióticos que corriam impressos, enaltecendo as vitórias alcançadas e relatando as incursões sobre território inimigo, foram publicadas, a propósito da tomada de Salvaterra, a «Relaçam da entrada que fizeram em Galliza os Governadores das armas da Provincia de entre Douro, & Minho o Mestre de Campo Violi de Athis, que por carta de sua Magestade exercita o cargo de Mestre de Campo General, & Manoel Telles de Menezes Governador do Castello de Vianna, & Frey Diogo de Mello Pereira Comendador de Moura Morta, & Veade da Religiaõ de sam Ioam de Malta, Capitam mor de Barcellos», e a «Relaçam do felice sucesso, que tiveram Fr. Dioguo de Mello Pereira de Britiandos, Commendador de Moura Morta & Fr. Lopo Pereira de Lima, seu irmão

Commendador de Barró da Ordem de Malta, a quem o General Dom Gastão Coutinho encarregou do governo das armas, na entrada, que se fez em Galiza...», uma e outra impressas em Lisboa, em 1641 e 1642 (ABREU, 2008).

A 7 de julho de 1645, Diogo de Melo Pereira pediu ao Rei que o libertasse da responsabilidade no Governo das armas do Minho, para que pudesse regressar a Malta. A resposta não tardou, sendo-lhe dada a permissão e confirmado o soldo no posto de Mestre de Campo. De novo em Malta, voltou às armadas. Nesse mesmo ano comandaria a galera Santa Maria della Vittoria e no ano seguinte a San Giovanni. Foi balio de Negro Ponto, conservador conventual, seniscal e governador da Justiça, servindo ainda como mordomo-mor e lugar-tenente do Grão-Mestre Frei Jean de Lascaris de Castelar.

Quando voltou definitivamente a Portugal, foi nomeado Mestre de Campo General, por carta de 9 de janeiro de 1659, e viria a integrar o Conselho de Sua Majestade. Recebeu o Baliado de Leça por carta de 24 de abril de 1664 e morreria dois anos mais tarde, em Guimarães, a 26 de agosto de 1666, tendo instituído um vínculo que anexou ao 1.º morgadio de Bertiandos. Está sepultado no costão do lado da Epístola, na capela-mor da igreja do Mosteiro de Leça, onde era balio, num túmulo ao lado do de seu irmão Lopo, com o letreiro:

> «Irmãos unidos em vida e morte» e a inscrição: «Aqui jaz Fr. Diogo de Melo Pereira Balio de Leça do Concelho de Sua Magestade Comendador das Comendas de Poiares Moura Morta Veade Torres Vedras e Torres Novas Lugar Tenente que foi da sua Religião em Malta Faleceo aos 26 de agosto de 1666» (ABREU, 2008).

É discutível a data que o autor deste excerto atribui à morte de Diogo de Melo Pereira, baseado na inscrição que consta no túmulo, já que num seu retrato foi escrito que faleceu a 26 de outubro de 1666, não em agosto, com 57 anos. Não é possível afirmar qual destas fontes é mais fiável, se o túmulo, se o retrato. Seu irmão, Lopo Pereira de Lima, que virá a ser também provedor da Santa Casa da Misericórdia do Porto, em 1673, sucedeu-lhe no Balio de Leça e fez os túmulos para ambos na igreja de Leça. Diogo de Melo Pereira fora também eleito provedor da Santa Casa da Misericórdia do Porto em 2 de julho de 1659 para um mandato anual.

⁂

Não há muita informação sobre a passagem de Diogo de Melo Pereira na Santa Casa da Misericórdia do Porto, o que, de certo modo, poderá dever-se a todo o restante historial da sua vida que não lhe permitiu estar muito tempo no mesmo lugar. Embora não se saiba ao certo quando ingressou na Confraria, aí permaneceu até ao fim da vida, tendo mesmo sido eleito deputado da Mesa nas eleições de 2 de julho de 1665, o ano anterior ao da sua morte.

Por motivos que não estão expressos na documentação, o provedor esteve ausente das reuniões da Mesa nos primeiros tempos do seu mandato. Compareceu, pela primeira vez, a 25 de setembro, para eleger os conselheiros da Casa daquele ano que, estatutariamente, deveriam ter sido eleitos dois meses antes. Do mesmo modo, depois de 21 de abril, não se registam reuniões da mesa, nem sequer presididas por outrem que não o provedor (*Livros de Lembranças das deliberações da Mesa da Misericórdia*, Livro 5, fls. 321v-324v).

Os assuntos tratados pela Mesa, quer nos meses iniciais, em que foi presidida pelo escrivão Manuel Osório Cabral, quer no restante período do mandato, foram muito restritos, limitando-se à gestão de legados e encargos inerentes, à substituição de Irmãos da Mesa falecidos ou ausentes e pouco mais.

O momento que se destaca foi aquele em que o provedor deu conta à Mesa da conclusão da obra da enfermaria nova no Hospital de D. Lopo na qual o mestre de pedraria fizera mais dois arcos com vãos para guarda-roupas e um armário, que não estavam contratados «na sua escritura por mandado e ordem da mesa passada», exigindo então o pagamento de 56 193 reais pelos vãos mais 10 000 reais. O provedor propôs a resolução do caso pagando ao mestre um extra, depois de ter sido avaliado o trabalho realizado a mais.

Mesa da Santa Casa da Misericórdia do Porto em 2.7.1659

Provedor: Diogo de Melo Pereira

Escrivão: Manuel Osório Cabral, arcediago do Porto

Conselheiros: António de Sousa Cirne, Doutor João de Azevedo da Silveira, Gonçalo Borges Pinto, Abade Pantaleão Rebelo, Miguel de Madureira Cerveira e «de menor condição» Agostinho Francisco, sapateiro, Sebastião Vaz, mercador de vinhos, Jácome Álvares, das Aldas, Miguel de Figueiredo, cordoeiro, Miguel Cabral, barbeiro, Manuel de Sousa, cirieiro

FONTES E BIBLIOGRAFIA

Fontes arquivísticas

Arquivo Histórico da Santa Casa da Misericórdia do Porto (AHSCMP) – *Eleições da Mesa da Misericórdia*, série D, banco 5, livro 2; *Livro de Lembranças das deliberações da Mesa da Misericórdia*, série D, banco 8, livro 5.

Fontes impressas

COSTA, António Carvalho da, 1706-1712 – *Corografia portugueza e descripçam topografica do famoso Reyno de Portugal, com as noticias das fundações das cidades, villas, & lugares, que contem....* Lisboa: Na Officina de Valentim da Costa Deslandes.

Bibliografia

ABREU, João Gomes de, 2008 – *Figuras Limianas*. Ponte de Lima: Município de Ponte de Lima.

BRANDÃO, Francisco de Azevedo, 2009 – "Dicionário Biográfico de Personalidades Feirenses", in *Vila da Feira – Terra de Santa Maria*, n.º 23. Santa Maria da Feira: Liga dos Amigos da Feira, pp. 75-99.

FREITAS, Eugénio de Andrea da Cunha e; MENDES, António Lopes, 1990 – *Provedores e Escrivães da Santa Casa da Misericórdia do Porto*. Porto: Santa Casa da Misericórdia do Porto (datilografado).

GAYO, Manuel José da Costa Felgueiras, 1938-1941 – *Nobiliário de famílias de Portugal, Fac. simile* de impressão diplomática do original manuscrito existente na Santa Casa de Misericórdia de Barcelos. [Braga]: Agostinho de Azevedo Meirelles; Domingos de Araújo Affonso.

MORAIS, Cristóvão Alão de, [1667] 1943-1948 – *Pedatura Lusitana: nobiliário de famílias de Portugal*, publicado por Alexandre António Pereira de Miranda Vasconcellos, António Augusto Ferreira da Cruz, Eugénio Eduardo Andrea da Cunha e Freitas. Porto: Livraria Fernando Machado, 12 volumes.

FILOMENA MELO

Luís de Valadares Carneiro

(Porto, 1610 | Porto, 20.9.1681)

Provedor da Santa Casa da Misericórdia do Porto

2.7.1660 | 2.7.1661

Proprietário.

Assinante da Ata de Aclamação de D. João IV, no Porto. Responsável pela defesa das Fortalezas da Barra do Douro aquando da Guerra da Restauração. Procurador do Povo pela cidade do Porto nas Cortes de 1653. Vereador da Câmara do Porto.

Escrivão da Mesa da Santa Casa da Misericórdia do Porto (1658-1659). Provedor da Santa Casa da Misericórdia do Porto (1660-1661 e 1675-1676).

Natural do Porto.

Filho de João de Valadares Carneiro, provedor da Santa Casa da Misericórdia do Porto (1614-1615), e de Catarina Pereira.

Neto paterno de Álvaro de Valadares, provedor da Santa Casa da Misericórdia do Porto (1585-1586).

Casado com D. Ana do Amaral de quem teve quatro filhos, João, provedor da Santa Casa da Misericórdia do Porto (1680-1681), Maria, Sebastiana e António.

Fidalgo Cavaleiro da Casa Real (1661). Cavaleiro professo da Ordem de Cristo (1669). Morgado da Quinta de Oliveira.

Luís de Valadares Carneiro nasceu no Porto por volta de 1610. Era filho de João de Valadares Carneiro, que tomara os apelidos do pai e da mãe, Valadares e Carneiro e de sua segunda mulher, Catarina Pereira (falecida em 3 de março de 1653), moradores no Porto. Era neto paterno de Álvaro Valadares (falecido em 9 de setembro de 1592) cidadão do Porto, cavaleiro da Ordem de Cristo com tença, que viveu na Rua das Flores, casado com D. Antónia ou Vitória Carneira, e dono da Quinta de Oliveira e neto materno de Pantaleão Carneiro e de Filipa Moreira (MORAIS, 1943-1948, t. I, vol. II: 398-400).

Luís de Valadares Carneiro era cidadão da cidade do Porto, tinha foro de fidalgo, morou na Rua das Flores (*Cartório Notarial do Porto*, fl. 34v) e herdou de seus pais o morgado de Oliveira. Casou em 1639 com D. Ana do Amaral (1615-1680), filha de João Soares de Amaral, natural de Coimbra, e de Sebastiana Vieira, natural da Lousã, herdeira de bens de família em Coimbra (*Registo Geral*, fl. 242; SILVA, 2008: 88). Teve quatro filhos: João de Valadares Carneiro (nascido em 11 de janeiro de 1640); António Soares de Valadares, que morreu jovem; Maria Antónia de Valadares, e Sebastiana de Valadares (MORAIS, 1943-1948, t. I, vol. II: 400-401).

Luís de Valadares Carneiro era filho e neto de cidadãos honrados com o Hábito de Cristo. O pai foi capitão-mor da cidade do Porto e Irmão da Misericórdia do Porto, inscrito na Lista de Irmãos Nobres da Misericórdia do ano de 1612, provedor do ano de 1614-1615 e escrivão nos anos de 1616-1617, 1623-1624 e 1630-1631 (*Dos Irmãos da Caza*, 1611-1787, fl. 4; FREITAS, 1995: 115-116, 130-132, 136, 141 e 143). O seu avô paterno servira cargos da governança e fora Irmão da Misericórdia do Porto, tendo desempenhado vários cargos na Irmandade inclusive o de conselheiro da Mesa no ano de 1575-1576 e o de provedor no ano de 1585-1586 (*Livro de Lembranças*, n.º 1, fl. 132, 137-139; BASTO, 1997: 415-416, 431 e 480).

Dos filhos merece especial destaque João de Valadares Carneiro, que foi também um homem muito interventivo, tendo ocupado vários cargos na governança (Gabinete,

1949) e na Misericórdia do Porto, vindo a ocupar os cargos de provedor (1680-1681) e de conselheiro (1676-1677 e 1679-1680).

Desconhecemos a atividade profissional de Luís de Valadares Carneiro durante o período filipino. Sabemos que apoiou desde o primeiro momento D. João IV e, juntamente com outros destacados cidadãos, assinou a Ata de Aclamação de D. João IV no Porto (SILVA, 2008: 85; GUIMARÃES, 1941: 7-8).

Durante o reinado de D. João IV participou ativamente na Guerra da Restauração, nomeadamente como capitão na rendição do Castelo de São João da Foz e do de Viana do Castelo e nos encontros de Valença, Coimbra, Gaia e Porto. Para proteger a cidade de possíveis ataques espanhóis, Luís de Valadares Carneiro foi ainda incumbido de proteger as Fortalezas da Barra do Douro (MORAIS, 1943-1948, t. I, vol. II: 400; SILVA, 2008: 85), importante baluarte na defesa da cidade do Porto (LOUREIRO, 1979: 330-332). Como forma de agradecimento pelos serviços prestados ao Reino, em 23 de setembro de 1661 o Rei concedeu-lhe alvará de fidalgo cavaleiro com 1600 réis de moradia por mês e um alqueire de cevada por dia (*Matrículas de Moradias da Casa Real*, livro 4, fl. 225).

Luís de Valadares Carneiro devia ter ótimas relações com o alcaide-mor de Caminha, Rodrigo Pereira de Sotomaior (que tal como ele participara ativamente na Guerra da Restauração), pois casou dois filhos com filhos deste – João de Valadares Carneiro casou com Margarida Machado Silva Menezes; Sebastiana Valadares casou com Gonçalo António Pereira e Sotomaior, também ele depois alcaide-mor de Caminha – e casou uma filha com o neto deste – Maria Antónia Valadares com Vicente Carneiro Carvalho Menezes (MORAIS, 1943-1948, t. II, vol. I, 196).

Luís de Valadares Carneiro ocupou cargos de relevância no Senado Municipal tendo desempenhado funções como Procurador e tendo sido Vereador por quatro vezes (SILVA, 2008: 84).

Em 1653 Luís de Valadares Carneiro foi eleito Procurador do Povo às Cortes de 1653 (SILVA, 2008: 83-84). Nos anos que se seguiram o esforço de guerra por todo o Império e os continuados ataques às fronteiras de Entre-Douro-e-Minho e do Alentejo, e o cerco das praças de Elvas, Monção e Salvaterra, obrigaram a enormes despesas (MAGALHÃES, 2004: 155-182).

Nesse sentido o apoio monetário dos mais endinheirados era bem-recebido. No ano de 1658-1659 a Misericórdia do Porto, respondendo a um pedido de D. Luísa de Gusmão (*Livro de Lembranças*, n.º 5, fls. 293-296; FREITAS, 1995: 586-587), contribuiu para as avultadas despesas com a guerra na fronteira de Entre-Douro-Minho disponibilizando 16 contos para a compra de 800 000 réis de juro. Recordemos que nesse ano era provedor da Mesa Henrique de Sousa Tavares da Silva, conde de Miranda, sendo escrivão Luís de Valadares Carneiro (*Livro de Lembranças*, n.º 5, fl. 340). O próprio Luís de Valadares Carneiro emprestou dinheiro para o financiamento da guerra na fronteira de Entre-Douro-e-Minho (SILVA, 2008: 85).

A aplicação do Regimento do Papel Selado, publicado em 24 de dezembro de 1640, tributando o uso deste papel, levou a uma onda de protestos e motins pelo reino. Foi o que aconteceu na cidade do Porto, onde o papel selado foi queimado ou rasgado e muitos se recusaram a aceitar o novo imposto. O Motim do Papel Selado (1661), levou à prisão dos amotinados e à extinção da Casa dos Vinte e Quatro do Porto. Em relação a este motim Luís de Valadares Carneiro teve um papel ativo sendo um dos principais apaziguadores dos amotinados (MORAIS, 1943-48, t. I, vol. II: 400) (SILVA, 2008: 85).

No seguimento do seu contributo para a causa independentista foi recebido como cavaleiro da Ordem de Cristo em 1669 (*Ordem de Cristo*, n.º 140), já com quase 60 anos de idade (SILVA, 2008: 85-87).

Como homem abastado que era encontramo-lo em documentação do Cartório Notarial descrito como fidalgo, cidadão da cidade do Porto, morador na Rua das Flores, marido de D. Ana do Amaral, filho de João de Valadares Carneiro, noutro documento referem-se a Luís de Valadares Carneiro, como cavaleiro professo da Ordem de Cristo, e a sua mulher D. Ana do Amaral, este último documento é uma escritura realizada em 30 de janeiro de 1674, pela qual tomam de empréstimo um conto de Reis ao licenciado Roque da Fonseca de Faria, para dotar as filhas que vão casar (*Cartório Notarial do Porto*, livro 149, fl. 34v).

Luís de Valadares Carneiro morreu em 20 de setembro de 1681, com cerca de 71 anos.

Neste mandato de 1660, o provedor Luís de Valadares Carneiro presidiu assiduamente às reuniões da Mesa e ocupou-se dos assuntos correntes, como a provisão de vários lugares, de capelanias, do coro, da botica do hospital, da sacristia e de serventia da Casa. Chegaram também, nesta ocasião, alguns novos legados, cujos encargos de missas e outros compromissos pios foram objeto de apreciação pela Mesa.

Menos comum, mas não inédito, foi o facto de a Misericórdia aprovar o empréstimo a juro solicitado pelo mosteiro «dos padres da Serra», como são designados no texto da ata, a fim de fazerem obras no dormitório e melhoramentos no respetivo convento.

No final deste mandato, o provedor, juntamente com o escrivão, fez uma revisão de contas da administração, após o que foi dada quitação ao Tesoureiro.

Enquanto a vida da Misericórdia decorria com a normalidade que transparece das atas, em que nada do exterior interferia nas suas rotinas, a cidade viveu tempos de grande efervescência, sobretudo a partir de maio de 1661. Nessa altura eclodiu localmente o chamado motim do papel selado, violenta manifestação de descontentamento com as taxas que incidiam sobre este artigo. O motim teve como consequência imediata o encerramento da Casa dos Vinte e Quatro, apontada como mentora das altercações populares (PINHEIRO, 2010: 286). O impacto desta revolta foi tão significativo que, cerca de um século depois, Agostinho da Costa, na sua leitura da história do Porto, considerou este momento como «o segundo tumulto» até então ocorrido na cidade (COSTA, 1789: 307). O provedor Luís de Valadares Carneiro não foi insensível à gravidade do caso e às proporções que a situação ameaçava tomar, tendo tido uma «intervenção decisiva no apaziguamento dos ânimos dos amotinados» (SILVA, 1993: 28).

Mesa da Santa Casa da Misericórdia do Porto em 2.7.1660

Provedor: Luís de Valadares Carneiro

Escrivão: Jerónimo de Castro Pinto

Conselheiros: Gaspar Rebelo, António Carneiro de Vasconcelos, Paulo Correia da Fonseca, doutor Lourenço Correia de Lacerda, Rui Vaz Ferraz [de Melo] e «de menor condição» Baltazar Barbosa, Jacinto de Sousa, Amaro Gonçalves, Pantaleão Cardoso, Pedro Martins, das Congostas, António Ribeiro, tanoeiro

FONTES E BIBLIOGRAFIA

Fontes arquivísticas

Arquivo Distrital do Porto (ADP) – *Cartório Notarial do Porto*, 4.ª série, livro n.º 149.

Arquivo Histórico da Santa Casa da Misericórdia do Porto (AHSCMP) – *Eleições da Mesa da Misericórdia*, série D, banco 5, n.os 1-2; *Livro de Juros*, série H. banco 1, n.º 7; *Dos Irmãos da Caza, 1611 a 1787*, série D, banco 5, n.º 8; *Testamento de Dom Lopo de Almeida*, série H, banco 1, n.º 8; *Livro de Lembranças*, série D, banco 5, livros 1 e 5-6; *Compromisso, 1498*.

Arquivo Municipal do Porto (AMP) – *Registo Geral*, livro n.º 3.

Arquivo Nacional da Torre do Tombo (ANTT) – *Habilitações Ordem de Cristo*, letra L, maço 18, n.º 140; *Matrículas de Moradores da Casa Real*, livro 4, fl. 225.

Fontes Impressas

COSTA, Agostinho Rebelo da, 1789 – *Descripção topografica, e historica da Cidade do Porto. Que contém a sua origem*.... Porto: na Officina de Antonio Alvarez Ribeiro.

SILVA, José Justino de Andrade e, 1856 – *Colleção chronologica da legislação portugueza, 1648-1656*. Lisboa: Imprensa de F. X. de Souza.

Bibliografia

BASTO, Artur de Magalhães, 1997 – *História da Santa Casa da Misericórdia do Porto*, 2.ª edição, vol. 1. Porto: Santa Casa da Misericórdia do Porto.

BASTO, Artur de Magalhães, 1999 – *História da Santa Casa da Misericórdia do Porto*, 2.ª edição, vol. 2. Porto: Santa Casa da Misericórdia do Porto.

BRITO, Maria Fernanda de, 1981 – "Os Padrões de D. Lopo". *Revista de História*, 4. Porto: Centro de História da Universidade do Porto, pp. 23-34.

BRITO, Pedro de, 1997 – *Patriciado urbano quinhentista: as famílias dominantes do Porto (1500-1580)*. Porto: Arquivo Histórico da Câmara Municipal do Porto.

CARDOSO, Maria Teresa Costa Ferreira, 2014 – *Os Presos da Relação do Porto. Entre a Cadeia e a Misericórdia (1735 a 1740)*. Porto: Santa Casa da Misericórdia do Porto.

FREITAS, Eugénio de Andrea da Cunha e; MENDES, António Lopes, 1990 – *Provedores e Escrivães da Santa Casa da Misericórdia do Porto*. Porto: Santa Casa da Misericórdia do Porto (datilografado).

FREITAS, Eugénio de Andrea da Cunha e, 1995 – *História da Santa Casa da Misericórdia do Porto*, vol. III. Porto: Santa Casa da Misericórdia do Porto.

GABINETE de História do Porto, 1949 – "Os «Homens da Governança» do município do Porto desde 1428 até 1949", in *Boletim Cultural da Câmara Municipal do Porto*, vol. XII, fasc. 3-4 (set./dez. 1949). Porto: Câmara Municipal do Porto, pp. 278-340.

GABINETE de História do Porto, 1950 – "«Os Homens da Governança»" do Município do Porto desde 1428 até 1949", in *Boletim Cultural da Câmara Municipal do Porto*, vol. XIII, fasc. 1-2 (mar./jun. 1950). Porto: Câmara Municipal do Porto, pp. 200-209.

GAYO, Manuel José da Costa Felgueiras, 1938-1941 – *Nobiliário de famílias de Portugal, Fac. simile* de impressão diplomática do original manuscrito existente na Santa Casa de Misericórdia de Barcelos. [Braga]: Agostinho de Azevedo Meirelles; Domingos de Araújo Affonso.

GUIMARAES, Fernando, 1941 – *O Porto na Restauração: subsídios para a sua história*, Coleção *Documentos e memórias para a história do Porto*, tomo I. Porto: Câmara Municipal do Porto.

LOUREIRO, Francisco de Sales, 1979 – "O Porto e Alcácer-Quibir". *Revista de História*, vol. 2. Porto: Centro de História da Universidade do Porto.

MAGALHÃES, Joaquim Romero, 2004 – "Dinheiro para a guerra: As décimas da Restauração". *Hispania – Revista Espanhola de História*, vol.64, n.º 1. Madrid: Instituto de Historia – Centro de Ciencias Humanas y Sociales, pp. 155-182.

MORAIS, Cristóvão Alão de, [1667] 1943-1948 – *Pedatura Lusitana: nobiliário de famílias de Portugal*, tomo II, vol. I, publicado por Alexandre António Pereira de Miranda Vasconcellos, António Augusto Ferreira da Cruz, Eugénio Eduardo Andrea da Cunha e Freitas. Porto: Livraria Fernando Machado.

PINHEIRO, Bruno; MAGALHÃES, Marcelo; REIGADA, Tiago, 2010 – "Uma época histórica, uma cidade, três motins: análise comparativa dos motins do Porto em 1592, 1671 e 1757". *CEM: Cultura, Espaços e Memória*, n.º 1. Porto: CITCEM/Edições Afrontamento, pp. 281-297.

SILVA, Francisco Ribeiro da, 1988 – *O Porto e o seu termo (1580-1640): os homens, as instituições e o poder*, 2 volumes. Porto: Arquivo Histórico da Câmara Municipal do Porto.

SILVA, Francisco Ribeiro da, 1993 – "O Porto e as Cortes no século XVII ou os concelhos e o poder central em tempos do absolutismo". *História – Revista da Faculdade de* Letras, II série, vol. X. Porto: Faculdade de Letras da Universidade do Porto, pp. 9-68.

SILVA, Francisco Ribeiro da, 2008 – *Quinhentos/Oitocentos (Ensaios de História)*. Porto: Faculdade de Letras da Universidade do Porto.

VALENTE, Vasco, 1950 – "Os «Homens da Governança» do município do Porto desde 1428 até 1949. Subsídios biográficos, genealógicos e iconográficos para organização dum ficheiro", in *Boletim Cultural da Câmara Municipal do Porto*, vol. XIII, fasc. 1-2, março-junho de 1950. Porto: Câmara Municipal do Porto.

FILOMENA MELO
MARIA TERESA CARDOSO

João Carneiro de Morais

(n. c. 1610 | ?)

Provedor da Santa Casa da Misericórdia

2.7.1661 | 2.7.1662

Magistrado judicial. Professor universitário.

Doutor em Leis pela Universidade de Coimbra.

Do Conselho do Rei.

Conselheiro da Mesa da Santa Casa da Misericórdia do Porto (1658-1659).

Filho de João Vicente Carneiro, procurador do Porto em Cortes (1618), e de Estácia Cerveira de Morais.

Casou com Helena de Araújo de quem teve sete filhos: Paulo Carneiro Araújo de Morais, João Carneiro de Morais, António Carneiro, Mariana Carneiro, Bárbara, Ana e Luísa.

Os primeiros anos da vida adulta de João Carneiro de Morais foram passados em Coimbra, inicialmente como estudante de Leis no Colégio de São Paulo e, depois de licenciado, como docente. É neste contexto que, devido aos seus interesses como estudioso e literato, toma a decisão de comprar a biblioteca de um outro canonista de Coimbra, Francisco Gomes, que arremata à Misericórdia daquela cidade, por 200 mil réis, em 1634 (OLIVEIRA, 1967: 14).

Na Universidade foi lente da cadeira de *Instituta* (29 de maio de 1637), de Catedrilha de Código (7 de outubro de 1641) e de Código (outubro de 1641). Parecia ter abraçado a carreira académica e gozava já de uma boa posição na Universidade de Coimbra, mas algum tempo após a Restauração teve oportunidade de ocupar o cargo de desembargador da Casa da Relação do Porto (finais de junho de 1643) e foi para esta cidade, onde posteriormente exerceu outros cargos como jurista.

Chamado à Corte, ali ocuparia também funções de grande responsabilidade e muito prestigiantes, tornando-se uma figura de confiança dos monarcas brigantinos. Pelos cargos que ocupou, méritos e serviços prestados à coroa foram-lhe atribuídas várias tenças de valores consideráveis.

Foi designado para desembargador extravagante da Casa da Suplicação em 29 de janeiro de 1648; desembargador agravista da Casa da Suplicação em 20 de outubro de 1650 e procurador da Fazenda Real em Lisboa em 15 de março de 1656. Em 5 de julho de 1657 seria nomeado para chanceler da Casa da Relação do Porto.

Em seguida, sabe-se que foi novamente ocupar cargos na Corte. Em 23 de setembro de 1665, foi nomeado para desembergador do Desembargo do Paço e, depois, para chanceler-mor do reino. Há notícias de 1665 que indicam ter sido proprietário de uma quinta no Porto, então já designada da Boa Vista, onde instituíra o morgado de Santo Ovídio e bem assim uma ermida que «dotara de paramentos e alfaias» com a invocação do mesmo santo. O seu ingresso na Misericórdia terá ocorrido pouco depois de se instalar no Porto, vindo de Coimbra. A primeira função de maior responsabilidade que assumiu na Casa foi a de eleitor, nas eleições de 2 de julho de 1646.

Antes de ser eleito provedor da Santa Casa da Misericórdia do Porto em 2 de julho de 1661, já fora deputado da Mesa saída das eleições de 2 de julho de 1658. Procurando balizar o período em que foi Irmão desta Confraria, encontra-se uma última notícia mais relevante da sua participação na vida da Casa com data de julho de 1663, altura em que, uma vez mais, foi eleitor, mas não consta que tenha voltado à Misericórdia do Porto, pelo menos exercendo funções de destaque, após o período em que foi viver para a Corte.

Como provedor desta Misericórdia, João Carneiro de Morais teve uma ação interventiva em vários domínios, para além de assegurar o cumprimento das obrigações rotineiras da Misericórdia e da sua administração, execução das disposições dos legados, da gestão financeira e patrimonial, provisão de lugares das cada vez mais numerosas capelanias a cargo da Casa, etc. É visível que se trata de um homem de leis, preocupado em harmonizar procedimentos e conferir um enquadramento formal a várias práticas correntes daquele instituto, que não se encontravam devidamente regulamentadas.

Uma das primeiras medidas tomadas por este provedor, logo a 24 de julho de 1661, foi no sentido de intervir no Hospital de D. Lopo, em função de uma auscultação dos mordomos e das preocupações por eles manifestadas. Evidenciou-se a necessidade de criar um inventário, sem o qual «não se sabia ao certo a roupa que havia nem a que era na enfermaria». Com vista a uma seleção mais restritiva dos doentes, de modo a que fosse prestada assistência exclusivamente a quem tinha necessidade efetiva de recorrer à Misericórdia, estabeleceu-se que não fossem admitidos aqueles que de algum modo tiverem possibilidade «para serem curados em suas casas, ou por seus pais ou por seus amos e senhores ou por sua fazenda» a fim de não ocuparem as vagas dos pobres a cuja assistência estavam aplicadas as rendas do Hospital. (*Livros de Lembranças*, Livro 5, fls. 346-347v).

Na verdade, em mandatos anteriores já se pusera a questão de verificar a efetiva condição de pobreza dos doentes albergados no hospital e portanto tal medida não foi inédita. O provedor propõe que se aplique o mesmo tipo de controlo aos presos sentenciados pelo tribunal da Relação com pena capital. Antes de executada a sentença ou se por algum motivo ficassem vivos, estes réus pretendiam «aproveitar-se de privilégios da Casa como presos do rol». Mas para tal, o provedor determina que seria necessário que «justificassem a pobreza e qualidades do Compromisso na forma dele» para fundamentarem a sua elegibilidade de forma a serem então assistidos pela Misericórdia (*Livro de Lembranças*, Livro 5, fls. 367v-368).

Outra medida relevante, num plano distinto, foi a reforma do tombo da casa. O provedor manifestara à Mesa a sua preocupação porque «muito grande parte dela [a fazenda da Casa] estava por tombar». O doutor Pantaleão de Sousa terá então informado que cerca de 25 anos antes o tombo fora refeito, mas que entretanto a composição patrimonial se alterara e muitas coisas ficaram de fora daquele registo. Estabeleceu-se que a Casa daria uma ajuda de custo ao referido Pantaleão de Sousa, considerando que, sendo ele um Irmão, faria de bom grado a necessária atualização das propriedades da Misericórdia, na cidade e arrabaldes.

Entretanto, também no plano da gestão patrimonial, o provedor estipulou as condições de utilização das casas do pátio da Misericórdia. Estas tinham sido renovadas e estavam prontas para serem ocupadas pelo padre sacristão e pelos moços da sacristia.

Notável também a sua iniciativa para incrementar e melhorar o edificado pertencente à Casa através de várias intervenções, mas também para resolver problemas suscitados por empreitadas anteriores ao seu mandato. A 28 de novembro de 1661 faz um ponto da situação das obras do hospital. Estas tinham ficado a cargo do mestre de pedraria Domingos Luís, o qual fizera também obras na parte da botica do mesmo hospital, pelas quais lhe fora dado algum dinheiro, tendo o empreiteiro saído da cidade sem concluir o trabalho. O provedor pede uma reavaliação dos trabalhos de pedraria, carpintaria e alvenaria em falta, trata do acerto de contas com esse mestre e promove a conclusão das obras por outros pedreiros, de modo a obstar rapidamente ao «perigo que correm as paredes e abóbadas em não se cobrirem» (*Livro de Lembranças*, Livro 5, fls. 362-362v). A estas obras juntou-se ainda a proposta de fazer um celeiro«levantado do chão» para evitar situações que já se tinham verificado em que «nos anos passados se perdera por vezes muito pão» por falta de condições de acondicionamento (*Livro de Lembranças*, Livro 5, fl. 364v).

Numa das últimas reuniões a que presidiu neste mandato, a 14 de junho de 1662, foi registado em ata que o provedor, depois de ter apresentado a proposta para a aceitação de um legado, apresentou também a intenção de fazer elaborar um regimento para os vários ofícios da Casa, a serem afixados nos lugares próprios e de modo acessível a todos, para que tivessem «conhecimento do que tocava as suas obrigações» (*Livro de Lembranças*, Livro 5, fls. 371-372).

Finalmente, merece ser assinalado o facto raro, mas não inaudito, da Misericórdia do Porto ter recebido, nesta altura, um pedido das religiosas do convento de Corpus Christi da mesma cidade para um empréstimo a juro que lhes foi concedido.

Mesa da Santa Casa da Misericórdia do Porto em 2.7.1661

Provedor: João Carneiro de Morais

Escrivão: Luís Pereira Banhos

Conselheiros: João de Seabra de Sousa, abade Pantaleão Rebelo, doutor Dionísio Soares de Albergaria, chantre da Sé, Fernão de Freitas de Faria, Francisco Pinto de Azevedo e, «de menor condição» Pedro Vieira, mercador, Manuel Martins, das Congostas, Manuel Moreira, tecelão, Lourenço Vaz, tanoeira, Manuel Ramos, cordoeiro, João da Costa, ferreiro (?)

FONTES E BIBLIOGRAFIA

Fontes arquivísticas

Arquivo Histórico da Santa Casa da Misericórdia do Porto (AHSCMP) – *Eleições da Mesa da Misericórdia*, serie D, banco 5, livro 2; *Livro de Lembranças das deliberações da Mesa da Misericórdia*, série D, banco 8, livro 5.

Bibliografia

GAYO, Manuel José da Costa Felgueiras, 1938-1941 – *Nobiliário de famílias de Portugal, Fac. simile* de impressão diplomática do original manuscrito existente na Santa Casa de Misericórdia de Barcelos. [Braga]: Agostinho de Azevedo Meirelles; Domingos de Araújo Affonso.

FREITAS, Eugénio de Andrea da Cunha e, 1979 – "Familiares do Santo Ofício no Porto". Separata da *Revista de* História, vol. II. Porto: Centro de História da Universidade do Porto, pp. 229-236.

FREITAS, Eugénio de Andrea da Cunha e; MENDES, António Lopes, 1990 – *Provedores e Escrivães da Santa Casa da Misericórdia do Porto*. Porto: Santa Casa da Misericórdia do Porto (datilografado).

OLIVEIRA, António de, 1967 – "A livraria de um canonista do século XVII", in *Boletim da Biblioteca da Universidade de Coimbra*, vol. XXVIII. Coimbra: Coimbra Editora, Lda., pp. 5-45.

SUBTIL, José, 2010 – *Dicionário dos Desembargadores (1640-1834)*. Lisboa: EDIUAL.

FILOMENA MELO

Paulo Correia da Fonseca

(? | ?)

Provedor da Santa Casa da Misericórdia

2.7.1662 | 2.7.1663

Conselheiro da Mesa da Santa Casa da Misericórdia do Porto (1660-1661 e 1668-1669).

Filho de Pedro Correia Vieira e de D. Guiomar da Fonseca.

Casou com D. Isabel de Barros de quem teve nove filhos: Pedro Correia de Azevedo, João Correia Montenegro, Manuel Correia, Vicente Correia, D. Guiomar, D. Micaela, D. Clara, D. Maria e D. Teresa.

Apesar de ter sido possível definir, com alguma segurança, o enquadramento biográfico e familiar do provedor Paulo Correia de Fonseca, não se sabe muito mais sobre o seu percurso, além do facto de que, como primogénito, sucedeu no morgado de seu avô. Nesta altura, talvez mais do que em qualquer outro tempo, os provedores da Misericórdia eram, sem excepção, distintas figuras não só da cidade, como do reino, com prestígio e valor demonstrado na política, na diplomacia, nas armas ou no domínio das leis. Em algum destes domínios Paulo Correia da Fonseca ter-se-á destacado também dos seus outros ilustres contemporâneos, mas não é certo como e de que forma.

Na Misericórdia da cidade do Porto apenas há notícias suas muito próximas da data do seu mandato enquanto provedor. Foi deputado da Mesa saída das eleições de 2 de julho de 1660 e, algum tempo após ter sido provedor, foi eleito uma vez mais para a Mesa, em 1668.

Durante o seu mandato, após ter sido eleito em 2 de julho de 1662, apesar de comparecer às reuniões de que há registo, o provedor Paulo Correia da Fonseca geriu apenas a Casa nos seus aspetos mais comuns, deliberando a aceitação ou não aceitação de legados, provendo os lugares vacantes e pouco mais. Os dois momentos mais marcantes deste conjunto de reuniões foram meramente circunstanciais, tratando-se do caso do funeral de um Irmão falecido «fora dos muros» e, portanto, já não abrangido pela área de circunscrição da Misericórdia do Porto e do processo de expulsão de um Irmão, na sequência de umas questiúnculas menores, em torno de abrir ou não o cano da água da sacristia, caso que terminou em conflito aberto com o provedor. Tendo os factos ocorrido nos últimos dias do seu mandato, a resolução do assunto irá até transitar para o provedor seguinte.

Mesa da Santa Casa da Misericórdia do Porto em 2.7.1662
Provedor: Paulo Correia da Fonseca
Escrivão: João de Figueiroa Pinto
Conselheiros: Luís de Valadares Carneiro, D. Fernando Henriques, António Carneiro de Vasconcelos, doutor Francisco Pereira de Sousa, Francisco Carneiro de Castro e, «de menor condição» Francisco Machado, João da Costa, Pantaleão Cardoso, sangrador, Pêro Gonçalves, correeiro, Francisco Lopes, bainheiro, Sebastião Vaz Guimarães, mercador

FONTES E BIBLIOGRAFIA

Fontes arquivísticas

Arquivo Histórico da Santa Casa da Misericórdia do Porto (AHSCMP) – *Eleições da Mesa da Misericórdia*, série D, banco 5, livro 2; *Livro de Lembranças das deliberações da Mesa da Misericórdia*, série D, banco 8, livro 5.

Bibliografia

FREITAS, Eugénio de Andrea da Cunha e; MENDES, António Lopes, 1990 – *Provedores e Escrivães da Santa Casa da Misericórdia do Porto*. Porto: Santa Casa da Misericórdia do Porto (datilografado).

MORAIS, Cristóvão Alão de, [1667] 1943-1948 – *Pedatura Lusitana: nobiliário de famílias de Portugal*, publicado por Alexandre António Pereira de Miranda Vasconcellos, António Augusto Ferreira da Cruz, Eugénio Eduardo Andrea da Cunha e Freitas. Porto: Livr. Fernando Machado, 12 volumes.

FILOMENA MELO

Henrique de Sousa Tavares da Silva

(?, 17.1.1626 | ?, 10.4.1706)

Provedor da Santa Casa da Misericórdia
2.7.1663 | 2.7.1664

Militar.

Governador da Casa da Relação. Sétimo governador e alcaide-mor das armas da Cidade do Porto. Conselheiro do Rei. Embaixador extraordinário.

Provedor da Santa Casa da Misericórdia do Porto (1658-1659 e 1663-1664).

Filho de Diogo Lopes de Sousa, segundo Conde de Miranda, e de D. Leonor de Mendonça.

Casou com Cristina Gambacorta (segundo alguns biógrafos) e com D. Mariana de Castro de quem teve dez filhos: D. Isabel Maria Antónia de Mendonça, Diogo Lopes de Sousa, quarto Conde de Miranda, provedor da Santa Casa da Misericórdia do Porto, D. Leonor Teresa Rosa de Sousa, D. Leonor Maria António, Brites Francisca de Mendonça, António Rosendo de Sousa, provedor da Santa Casa da Misericórdia do Porto, Vasco de Sousa, Maria Josefa de Mendonça, António de Sousa e outro Diogo Lopes de Sousa (falecido em criança).

Terceiro Conde de Miranda. Primeiro Marquês de Arronches. Vigésimo oitavo Senhor da Casa de Sousa.

Como se vinha a verificar havia já alguns anos, a Misericórdia do Porto continuava a ser procurada como depositária de um número cada vez maior de legados. Assim, durante este segundo mandato do provedor Henrique de Sousa Tavares da Silva, o assunto dominante das reuniões da Mesa gira em torno das questões que isto suscitava, deliberando-se sobre a aceitação ou não das heranças, avaliando-se cada caso em função das condições impostas pelos testadores. Em consequência, também a provisão de capelanias é outro tópico dominante, atendendo à necessidade de executar as disposições testamentárias a respeito do culto dos defuntos. Outros assuntos afins, relativos ao cumprimento das obrigações devocionais da Casa, passam pela resolução de certas questões práticas como a escolha dos moços de sacristia, do capelão do coro da igreja da Misericórdia, entre outros.

A outra vertente habitual, respeitante à administração da Casa, aos seus bens móveis e propriedades de raiz, constitui também uma parte significativa dos temas abordados em reunião pelo provedor e mesários.

Fora deste âmbito, um dos primeiros assuntos que Henrique de Sousa Tavares teve que enfrentar decorrera do conflito sobre a água da sacristia, conflito esse desencadeado no mandato anterior e resolvido com a expulsão do Irmão que suscitara o problema. A 19 de setembro de 1663 o provedor e a Mesa recebem um pedido do rei que pretendia ser esclarecido sobre se tinha ou não sido apresentada alguma queixa da parte da Casa a este respeito. O provedor, depois de apurar o que se passara no mandato precedente, informou o monarca de que, por deliberação da Mesa, não houvera nem ia haver queixa.

Já no final do mandado, a 24 de junho de 1664, e numa das poucas reuniões em que se registou a ausência do provedor, foi deliberado unanimemente pelos mesários presentes transferir uma verba de um legado que se destinava a obras do hospital para, em vez disso, servir diretamente para a assistência aos doentes. Um dos argumentos ponderados para se tomar esta decisão foi o elevado número de doentes, sendo que naquele mandato já tinham sido assistidas 766 pessoas e ainda que do mesmo hospital tinham sido dadas 1 175 rações para presos que adoeceram na cadeia e outros «pobres do rol». A juntar isto, havia que considerar o facto significativo de o hospital viver ainda de rendas deixadas por D. Lopo de Almeida, cerca de 80 anos antes. Contudo, diziam os mesários neste depoimento, boa parte destas rendas ficara na Galiza, com a qual não era ainda possível estabelecer contactos nesta altura. Daí que os ingressos de dinheiro no hospital fossem por isso muito baixos, sendo necessário suprir os gastos com empréstimos e outros meios de financiamento.

Mesa da Santa Casa da Misericórdia do Porto em 2.7.1663

Provedor: Henrique de Sousa Tavares da Silva

Escrivão: António Carneiro de Vasconcelos

Conselheiros: abade Pantaleão Rebelo, André Brandão Vieira, doutor João de Azevedo da Silveira, Jerónimo de Castro Pinto, doutor Duarte Ribeiro de Macedo e «de menor condição» Manuel Moreira, José Álvares, sombreireiro, António Ribeiro, cuteleiro, João Ferreira, espingardeiro, Gaspar Dias, alfaiate, Pedro Álvares, das Congostas

FONTES E BIBLIOGRAFIA

Ver página 706.

FILOMENA MELO

Nicolau Monteiro

(Porto, 6.12.1581 | Porto, 20.12.1672)

Provedor da Santa Casa da Misericórdia
2.7.1664 | 2.7.1665

Clérigo.

Prior da Colegiada de Cedofeita (1630). Mestre-Escola da colegiada de Barcelos. Bispo eleito de Portalegre (1645). Bispo eleito da Guarda (1655). Bispo do Porto (1671-1672).

Doutor em Cânones pela Universidade de Coimbra.

Provedor da Santa Casa da Misericórdia do Porto (1636-1637, 1643-1644 e 1664-1665).

Filho de Nicolau Velho e de D. Maria Monteiro.

No decurso deste mandado, o provedor D. Nicolau Monteiro e os mesários eleitos ocuparam-se quase exclusivamente das questões devocionais, legados, administração das capelas, sua provisão, permuta e ainda de um caso mais complexo decorrente do incumprimento das obrigações de um capelão do coro. No mais, terá sido um período tranquilo da vida da Casa, não se conhecendo momentos de particular relevo ou quaisquer outras notícias a destacar.

Mesa da Santa Casa da Misericórdia do Porto em 2.7.1664

Provedor: Dom Nicolau Monteiro

Escrivão: Gaspar Rebelo Moutinho

Conselheiros: Lançarote Leitão, Manuel Pereira Ferreira, Simão Alvo Godinho, João de Seabra de Sousa, doutor Manuel Osório Cabral e «de menor condição» Manuel da Costa, ferreiro, Pantaleão Álvares, agulheiro, João Barbosa, sapateiro, João Fernandes, pasteleiro, Martinho Nunes, sapateiro, Manuel de Figueiredo, cordoeiro

FONTES E BIBLIOGRAFIA

Ver página 624.

FILOMENA MELO

Francisco de Sá de Menezes

(n. c. 1640 | m. ?.3.1677)

Provedor da Santa Casa da Misericórdia
2.7.1665 | 2.7.1666

Proprietário.

Do Conselho do Rei. Deputado da Junta dos Três Estados. Camareiro-mor.

Filho de João Rodrigues de Sá e Menezes e de D. Luísa Maria de Faro.

Casou com D. Joana Luísa de Lencastre de quem teve dois filhos, João Rodrigues de Sá e Menezes e Rodrigo Eanes de Sá Almeida e Menezes.

Primeiro marquês de Fontes (1658). Quarto conde de Penaguião. Alcaide-mor do Porto. Senhor de Matosinhos. Comendador de S. Pedro de Faro e de Santiago do Cacém (1655).

Durante muitos séculos a família Sá teve vários homónimos do provedor deste ano, Francisco de Sá de Menezes, alguns deles seus contemporâneos. Isto explica, sem dúvida, a dificuldade em desambiguar o perfil de cada um e os equívocos gerados nalguma bibliografia a seu respeito, confundindo-o com o seu parente, governador do Maranhão, numa data até posterior ao falecimento deste provedor (SUBTIL, 2010: 211-212).

Ainda muito jovem, herdou, como primogénito da linhagem do chefe da casa dos Sá de Menezes os cargos, títulos e regalias que a família tinha adquirido várias gerações atrás, como a alcaidaria-mor da cidade do Porto, os títulos de condes de Penaguião e senhores de Matosinhos. Morto seu pai nas Guerras da Restauração sem que o monarca o pudesse ter recompensado pela sua dedicação à causa, manifestou a sua gratidão na pessoa do filho, fazendo do jovem Francisco o 1.º marquês de Fontes. Concedeu-lhe ainda, pelo mesmo motivo, uma série de outros privilégios, tenças e comendas, granjeados pelos serviços do pai. Assim, Francisco de Sá de Menezes sucedeu também na comenda de Santiago de Cacém, no ofício de camareiro-mor e viu confirmadas jurisdições territoriais e várias outras doações.

Como era também tradição familiar, Francisco de Sá de Menezes iria ocupar um lugar na Irmandade da Misericórdia do Porto. Contudo, não se conhece outro momento em que tenha colaborado na Casa a não ser durante o ano em que foi eleito provedor, em 2 de julho de 1665.

⁂

O exercício de Francisco de Sá de Menezes como provedor da Casa da Misericórdia do Porto teria sido tranquilo, limitado a resolver as questões mais correntes da administração dos legados, provisão de lugares de capelães, do enfermeiro e juiz da cadeia, do solicitador e pouco mais, não fossem os comportamentos de alguns elementos que perturbaram a paz e o bom nome da Casa.

Um dos primeiros assuntos que coube a este provedor resolver, a 2 de agosto de 1665, foi a situação de escândalo patenteada numa petição de queixa das entrevadas do Hospital do Espírito Santo de Cimo de Vila. A averiguação dos factos em causa levou à expulsão do mordomo do hospital, Manuel Moreira, pela ausência de ética e comportamentos desordenados, tendo-se apurado que «se fechava à chave comendo e bebendo com a hospitaleira», maltratava as entrevadas, consentia a «amizade escandalosa» de uma delas com um vizinho do hospital, levava para casa e aproveitava «o fato dos que morriam». No âmbito deste processo, foi também despedido de capelão do Hospital, o filho deste mordomo, o padre Moreira.

Outro escândalo grado afetou a Casa durante este mandato. Embora na ausência do provedor, a Mesa, presidida pelo escrivão António Carneiro de Vasconcelos, deliberou expulsar o Pe. António da Fonseca, capelão de uma das capelas da Misericórdia, por cultivar uma «amizade ilícita».

De destacar ainda, num outro plano, que a Casa recebeu, durante este mandato, os bens testados por um antigo provedor entretanto falecido, o abade D. Miguel de Aiala de Gouveia.

Mesa da Santa Casa da Misericórdia do Porto em 2.7.1665

Provedor: Francisco de Sá de Menezes

Escrivão: António Carneiro de Vasconcelos

Conselheiros: frei Diogo de Melo Pereira, balio de Leça, António de Sousa Cirne, Dom Manuel de Noronha, reverendo abade Matias da Silva de Abreu, Nuno Barreto Fuseiro e, «de menor condição» Miguel Cabral, Pantaleão Pereira Lemeda, Domingos Ribeiro Cascais, João Rebelo, tanoeiro, Sebastião Vaz Gonçalves, António Tavares

FONTES E BIBLIOGRAFIA

Fontes arquivísticas

Arquivo Histórico da Santa Casa da Misericórdia do Porto (AHSCMP) – *Eleições da Mesa da Misericórdia*, série D, banco 5, livros 1-2; *Livro de Lembranças das deliberações da Mesa da Misericórdia*, série D, banco 8, livro 5.

Fontes impressas

SOUSA, António Caetano de, 1735-1749 – *Historia genealógica da Casa Real Portugueza*...Lisboa: na Officina de Joseph Antonio da Sylva, impressor da Academia Real, 12 tomos em 13 volumes.

Bibliografia

FREITAS, Eugénio de Andrea da Cunha e; MENDES, António Lopes, 1990 – *Provedores e Escrivães da Santa Casa da Misericórdia do Porto*. Porto: Santa Casa da Misericórdia do Porto (datilografado).

SUBTIL, José, 2010 – *Dicionário dos Desembargadores (1640-1834)*. Lisboa: EDIUAL.

FILOMENA MELO

Nuno Barreto Fuseiro

(Porto, 12.1.1630 | Lisboa, 27.2.1702)

Provedor da Santa Casa da Misericórdia

2.7.1666 | 28.3.1668

Filho de João Nunes Barreto e de D. Mariana ou Ana de Sande Fuseiro.

Casou em 1674 com D. Maria Pimenta da Silva, de quem teve dois filhos, José Barreto e D. Teresa (morreram em criança).

Bisneto de Gaspar Nunes Barreto, provedor da Santa Casa da Misericórdia do Porto (1560-1561 e 1573-1574).

Neto do provedor da Misericórdia do Porto, Fernão Nunes Barreto (1578-1579 e 1586-1587).

Irmão do provedor da Misericórdia do Porto, Fernão Nunes Barreto (1668-1669).

Fidalgo da Casa Real.

Nascido no Porto, na freguesia da Sé, Nuno Barreto Fuseiro permaneceu muitos anos nesta cidade, mas veio a falecer em Lisboa, onde viveu os seus últimos anos. É muito provável que tenha feito estudos em Coimbra, tal como seu irmão. Filia-se numa linhagem ilustre de fidalgos e no seu testamento declara até ser tetraneto de Duarte de Almeida, o Decepado (FREITAS, 1999: 28). Os seus parentes mais chegados, como muitos outros portuenses de alta estirpe, dedicavam-se ao governo da cidade e não desdenhavam ser grandes produtores de vinho.

Nuno Barreto Fuseiro é uma das personalidades mais interessantes de toda a História da Santa Casa da Misericórdia. Alão de Morais diz dele que «foi herdeiro de toda a casa de seus pais por morrer seu irmão mais velho sem geração e sucedeu nos morgados dos Fuseiros e de Mem da Motta que havia sido de seu primo, Manuel Peixoto adail-mor do reino que morreu sem geração legítima. É fidalgo de grande juízo e de muitas e boas qualidades, teólogo de profissão, gentil, humanista e singular poeta» (MORAIS, III, 2: 434).

Além da boa opinião que transmite acerca de Nuno Barreto Fuseiro, faz dele «teólogo de profissão», deixando supor que teria feito estudos neste ramo o que teria sentido, já que Nuno Barreto Fuseiro era filho segundo e só veio a ser herdeiro por falecer o primogénito. Isso explica também o grande interesse pelas temáticas piedosas que elege para as suas composições literárias, área em que desenvolveu uma obra considerável. Ocupa lugar de destaque na Biblioteca Lusitana e a ele se refere Diogo Barbosa Machado nestes termos: «Desde os primeiros anos até aos últimos cultivou as ciências amenas e severas com tanta aplicação que chegou a praticar com felicidade os preceitos da poética e história» (MACHADO, III: 500). Cultivou diferentes estilos, tendo publicado hagiografias e poesia (*Vida de São João Evangelista, Vida de Santa Teresa de Jesus, Vida da Madre Leocádia da Conceição*) e oratória (*Prática entre Heraclito e Demócrito*).

Não tendo seguido a carreira eclesiástica para a qual se terá preparado, Nuno Barreto Fuseiro manifestou-se sempre particularmente místico e religioso, sendo fundador de um mosteiro de religiosas, em Lisboa, o mosteiro da Imaculada Conceição de Carnide, onde veio a ser sepultado (COSTA, 1789: 345).

Dedicou-se à Misericórdia da cidade do Porto, com um empenho invulgar e vivia a experiência de governar a Casa como se de uma propriedade sua se tratasse. A sua família já tinha dado outros provedores à Irmandade, nomeadamente o seu avô, Fernão Nunes Barreto, que saiu da Casa em conflito ou, pelo menos, em circunstâncias menos felizes. Esse episódio terá permanecido na memória da família e muito particularmente na mente deste neto, passados embora quase setenta anos. Uma vez provedor, decidiu a seu modo fazer justiça à memória do avô, escrevendo a sua versão dos factos então ocorridos, citando as fontes da Misericórdia que para o efeito consultou: «meu avô Fernão Nunes Barreto se riscou de irmão na tábua da irmandade. Duvidou-se quando morreu se o deviam enterrar como irmão e venceu-se que sim porque fora ele mesmo o que se riscara e não o riscaram, nem estava riscado no *Livro da irmandade* L.1, fl. 123 em 22 de maio de 1597» (*Livro do Governo da Misericórdia* feito por Nuno Barreto Fuseiro, Livro 2, fl. 46).

provedor marcante na História da Santa Casa, foi um dos homens cujo caráter mais se revelou na documentação, inclusive naquela estritamente administrativa. Se todos os provedores são personalidades que se destacam, de algum modo, pelas suas ações notáveis e grande leque de atividade em vários campos, Nuno Barreto Fuseiro teve a particularidade de se evidenciar pelas qualidades exemplares de administrador e por uma inestimável dedicação ao instituto da Misericórdia que dirigiu.

Viria a falecer em Lisboa em 27 de fevereiro de 1702.

Em tudo o que fez na Santa Casa, deixou a sua marca como reformador e traçou de si a imagem de uma pessoa extremamente meticulosa, rigorosa, preciosista até. Em 1666, ao começar a sua missão como provedor, criticou abertamente o estado de desorganização em que tudo se encontrava, sobretudo do ponto de vista administrativo e apresentou o seu próprio método organizacional. Para tanto, inicia os registos do seu mandato num livro exclusivo, que criou para o efeito o chamado «Livro do governo» de Nuno Fuseiro, posteriormente conhecido também como o «Livro das chapas», devido ao tipo de ferragens utilizadas na encadernação. Nele estabelece uma espécie de protocolo de procedimentos e vai tecendo os seus comentários ao *modus faciendi*, fundamentando as suas deliberações e explicando as suas ações, à medida que implementa uma reforma nas práticas administrativas e de acesso aos documentos, algo sem precedentes na Casa. O *Livro de Lembranças* continuava a ser feito pelo escrivão e reconhece-se, pela sua grafia inequívoca, que ele próprio verificava os registos desse livro, acrescentando uma informação, um apontamento, um título, ou algo que considerava relevante para corrigir ou completar o assento feito.

Pelo que já vem sendo exposto, adivinha-se que Nuno Barreto Fuseiro também não faltava às reuniões da Mesa. De facto, a documentação prova que era sempre assíduo e acompanhava todos os casos, dos mais simples e comuns até aos mais complexos, apresentando sempre as suas propostas de intervenção em várias áreas.

Além dos assuntos correntes, destaca-se ter havido neste período a expulsão de Domingos Varela Barca, mercador, por incumprimento das obrigações de Irmão e do Doutor João Carneiro da Silva, que será mais tarde reintegrado.

Foi aprovada a decisão de levar a cabo uma obra para aumentar a capacidade do celeiro, para o que foi chamado o mestre carpinteiro.

Coube-lhe também enfrentar um *quid pro quo* institucional desencadeado por alguns Irmãos que, à revelia da Mesa e do provedor, tinham apresentado uma petição para que fossem excluídos das listas de Irmãos da Casa os que excedessem o número. O corregedor do crime enviou ao provedor uma carta precatória pedindo-lhe que remetesse os livros das eleições da Irmandade para serem apreciados naquela instância. Este caso foi transmitido à Mesa pelo provedor, a 15 de maio de 1667, no que terá sido uma das mais longas reuniões havidas na Irmandade, tendo sido, na mesma sessão, lida a carta precatória, explanada a situação pelo provedor, ouvidos os pareceres dos mesários e redigida uma longa resposta destinada ao corregedor.

Quase no término deste primeiro mandado, a 24 de junho de 1667, Nuno Barreto Fuseiro propõe a criação de um cartório, até aí inexistente, segundo atesta o assento, de forma que se organizassem os muitos papéis dispersos que a Casa tinha, sendo eleito o Pe. Sebastião de Carvalho para se ocupar desta função. Do mesmo modo, deliberou separar as várias áreas da Tesouraria, atribuindo as contas dos dotes de órfãs e resgates de cativos a um Tesoureiro específico, para cuja função foi eleito o Irmão Bento Ribeiro.

A 2 de julho de 1667, Nuno Barreto Fuseiro é reeleito para um segundo mandato consecutivo, mas como o Compromisso não permitia a reeleição do provedor em exercício, aceita o cargo condicionalmente, até à obtenção da dispensa superior. Porém, a 3 de outubro desse mesmo ano, a Mesa reúne para tomar conhecimento do conteúdo da carta régia na qual consta ter sido recusada a dispensa requerida. Os Irmãos eleitores escolhem, então, um novo provedor, na pessoa de Fernão Nunes Barreto, irmão de Nuno. O novo provedor aceita o cargo, mas invocando «legítimo impedimento» não comparece sequer para prestar juramento, sendo este feito pelo seu irmão Nuno. No momento de jurar em nome do irmão, transmite o pedido daquele para que seja ele, o próprio Nuno Barreto, a «continuar no despacho». Uma vez que havia «impedimento» do provedor eleito os estatutos determinavam, de facto, que o provedor precedente permanecesse em exercício. Assim, deste modo assaz rocambolesco, Nuno

Barreto Fuseiro volta de imediato a estar na posse do cargo e mantém-se em exercício até 28 de março de 1668, embora desde 3 de outubro tivesse sido proibido aceitar este mandato para o qual fora anteriormente reeleito. Em suma, acabou por se manter em funções a maior parte do tempo, ou seja, mais de 8 dos 12 meses do segundo mandato.

Os registos do *Livro de Lembranças* relativos ao segundo mandato são menos pródigos em informações, restringindo-se à rotina de gestão dos legados da casa e provisão das capelanias, o que é talvez explicável pelo facto de ter o seu próprio livro, mas também porque este mandato durou três meses apenas, sendo abruptamente interrompido em outubro, quando foi recebida a carta régia que o proibia de continuar em exercício pelo segundo ano consecutivo.

A suspensão das suas funções e a ambiguidade hierárquica estabelecida com seu irmão, Fernão Nunes Barreto, poderá ser a explicação para o equívoco suscitado no último registo de uma reunião a que presidiu. O teor do texto, datado de 22 de fevereiro, indica ter sido feito «estando em Mesa o provedor Nuno Barreto Fuseiro». Este documento denuncia de certo modo o estado de coisas, pois efetivamente Nuno Barreto ainda era tido como o provedor, à data da reunião a que a ata se reporta. Porém, o registo já será assinado por Fernão Nunes Barreto, na qualidade de provedor que formalmente devia ser.

Mesa da Santa Casa da Misericórdia do Porto em 2.7.1666

Provedor: Nuno Barreto Fuseiro

Escrivão: Álvaro Vaz Mogueimas

Conselheiros: D. Fernando Henrique Henriques, Luís de Valadares Carneiro, doutor Dionísio Soares de Albergaria, Fernão Nunes Barreto, João Mendes de Sampaio e «de menor condição» Manuel Francisco(?) Nunes, Manuel de Figueiredo, António da Rocha, barbeiro, Tomé da Rocha, Sebastião Nunes, Domingos Correia Rangel

Trecho do sumário ou «tabuada» do *Livro do Governo* de Nuno Barreto Fuseiro

Tabuada do que se contem neste Livro

- Direção deste Livro fl. 3
- Computo das rendas da casa, fl. 5
- Despesa fl. 7
- Disposição do cartório, fl. 13
- As bulas mais importantes, fl. 17
- O modo em que parece que deve o provedor dar contas do ano que serviu, fl.21
- Dotes das Orfãs e cativos fl. 23
- Dívidas fl. 29
- Dívidas dos que serviram a casa fl. 33
- Décima que a casa paga por algumas pessoas, fl. 35
- Memórias de alguns assentos e cousas antigas fl. 45
- Privilégios e bulas da casa fl. 53
- Primeiro masso de Testamentos, fl. 61
- Segundo masso de Testamentos, fl. 81
- Terceiro masso de Testamentos, fl. 321
- Juros, padrões e papéis que eram na gaveta de seu título, fl. 337
- Livro de penções, fl. 345
- Livro do celeiro, fl. 405

(Fonte: SAMAGAIO, Estêvão Zulmiro Braga (coord.), 1999, *Manuscritos, Pintura e Escultura da Santa Casa da Misericórdia do Porto.* Porto: SCMP, pp. 27-28)

Excerto de Vida da Gloriosa Madre Santa Teresa...

Sendo noviça, enveja o achaque de uma freira, de que todas fugiam.

Receberam com tanto gosto, e tão universal beneplácito as religiosas do Convento da Encarnação de Ávila a Dona Teresa de Ahumada, que a interior satisfação, que tiveram de a verem com o hábito da Virgem, pudera em certo modo ser anúncio todas, e a qualquer delas do grande espiritual interesse particular, e genérico, que a elas, e aquela casa se seguia com a sua entrada. Em lançado à noviça o hábito, a visitou o Senhor com um tão grande contentamento de se achar Religiosa, que lhe durou por toda a vida. Nem será grande impropriedade pelo que sucede no mundo, dizer que se inferisse nele pela duração, o excesso, pois em nenhum afeto, que por conta dele se tenha, se acha, ou sempre tanta igualdade, ou tanta persistência sempre. Mas assi paga, e assim socorre Deus com tanta vantagem a quem o invoca, e a quem por ele padece; principalmente quando com verdadeiro afeto se dispõem de todo a servi-lo. Muitas vezes lhe sucedia andando varrendo, lembrar-se de que estando no seculo se ocupava àquelas mesmas horas em o exercício, e cuidado de ficar bem prendida, e subitamente respirava um tão grande gosto de haver trocado o enfeite pela vassoura, e o trabalho pelo alinho, que se confundia a si própria, e se admirava confusa do muito que a diferença dos lugares variava a estimação das cousas. Mas recorria àquele incriado ser, que o dera a todas, e conhecia que por conta sua se podiam melhorar de forte, que quase se desconhecessem, e também se trocassem: pois que vinha a ser para ela a fadiga descanso; passando de experimentar o trabalho, alívio, a estimar a aflição, inveja. Estava uma religiosa, daquele convento enferma, e degenerou a doença a tão notável achaque, que se lhe abriram chagas em o ventre de sorte que as mesmas, que eram fístulas à expulsão das matérias, vieram a servir de bocas a vômito do alimento: temiam todas aquele mal com extremo, e Teresa com ânsia o invejava: elas com temor fugiram da enferma, e a Santa a assistia com cuidado: pedia a Deus que dando lhe uma paciência igual à que tinha aquela doente, lhe desse todas as enfermidades, que fosse servido. Tal era já o desejo de padecer, e tal era já o desprezo em que tinha tudo o que o mundo estima, ou de vida, ou de gosto, ou de saúde, que, que com o pensamento nos bens eternos, estes somente desejava, a troco de perder todos os outros. Ouviu o Omnipotente seus rogos, e ainda que a concessão não fosse logo com efeito tão liberal, como depois de pouco tempo experimentou a afetuosa requerente, logo lhe deu bastantes evidências de que não eram as suas petições baldadas: porque começou desde então a sentir notáveis faltas de saúde, com que passou quase sempre achacada todo o ano do noviciado; que o gosto de se achar admitida a trazer o hábito da Virgem sempre imaculada, e pura, não tirou o natural efeito, que a mudança de vida, e de alimento, com o cuidado de satisfazer as suas obrigações, nela causara. Porém não desmaiou o espírito, que como se esforça sempre mais livre, quando anda a humanidade mais sujeita, de mais da continuação do coro, e das instituições da Ordem, se impunha com nova devoção mui novas obrigações de piedade.

II

Cresce nas virtudes, e vence a tentação de que não professasse.

Não eram os exercícios, que acrescentava Santa Teresa, somente de orações vocais, de mais dias de jejum, e de mais ásperas disciplinas, com que sentia que as horas de cada dia lhe fugiam apressadas, para satisfazer nas de um somente o que tinha a cada um destinado, senão que muitos espaços se ocupava em horas de oração, e recolhimento. Deu-lhe o Senhor dom de lágrimas e se apartava muitas vezes a chorar seus pecados, e a interessar o alívio daquelas lágrimas, que o fogo do amor Divino empreendendo, como em tronco verde, no coração, que se consagra a Deus de novo, lhe faz liquidar pelos olhos; com que se habilita aos incêndios de chama mais ativa, e pura, se desafoga dos fuliginosos espíritos, que evaporam os cuidados do mundo; e se purifica, e se lava para ficar na cândida pureza, que requer a remissão das culpas, e das penas. Notavam-lhe as demais religiosas o notável retiro que lhe viam; e como é quase natural em nós todos ocuparmos o desvelo ocioso em esquadrinhar os motivos, que tenham as ações dos outros, interpretavam aquele efeito a tristeza, e a se achar na Religião descontente; sem bastar haverem sabido que por sua eleição a buscara; porque cuidavam que se arrependera depois, achando aquela vida de Religiosa muito diferente na experiencia, do que na imaginação a supusera: e avaliando na falta em mais o que na posse estimara em menos; por isso poderia sentir não ter o que havia deixado ainda que o dissimulasse, e ainda que se arrependesse; porque empenhado uma vez o brio em a eleição, que fizera, já lhe ficava a emenda quase impossível e quase todas as Religiosas a culpavam de singular, de intratável e retirada. Sentia muito a noviça esta opinião nos princípios: que as poucas experiências, que tinha do mundo, ajudavam a estranhar muito o verse dele mal julgada: padecia a geral tentação dos principiantes em temer que até as boas obras lhes censurem; como se os pareceres alheios, e muitas vezes mal-intencionados, valessem mais para acobardar as ações virtuosas, do que importam para exercita-las os interesses infinitos de agradar àquele Senhor, por cujo respeito se obram. Em fim Teresa dissimulava como prudente, e como virtuosa prosseguia, melhorando-se cada hora, e subindo de merecimentos enriquecida cm virtudes, e esmaltando-se com a paciência que os coronéis, que alcançava contra os achaques, que continuavam, e contra as murmurações, que à sua conta se faziam. Foi-se chegando o tempo, em que professasse, e tratou o mortal inimigo de inquieta-la com muito maiores diligências, quanto iam faltando menos dias para chegar aquele do desposório, que a penitente Virgem intentava fazer com o Rei da glória. De tudo a infernal astucia tirava arbítrios para tentá-la; e dos achaques, que ela sofria, tirava argumentos maiores, representando-lhe que era temeridade empreender com tão pouca saúde tolerar os rigores do convento: mas estava muito animado o propósito da Santa Virgem com as meditações quotidianas, e muito prendada a vontade com os favores Divinos: resistiu às aparências de compaixão, com que o traidor antigo queria perturbá-la. Resolveu-se em que para morrer, como interessasse mais vida, era o estado da Religião mais conveniente; e que no seculo nem se dilatava a morte, nem se assegurava a saúde: também no mundo faltava esta, e muitas vezes tinham menos esses, que mais regalos tinham. Nem ela ia a buscar no convento a delicia, senão a mortificação; nem a viver mais sadia, senão morrer menos culpada. Era a morte o maior dos achaques; mas tal vez aonde achava outros, levava em conta o que se padecia para chegar mais retardada. Quanto mais quem podia saber se podia ser melhor o fim, que se segue a ela, é melhor quando chega mais depressa? pois pode suceder às vezes, serem poucos mais instantes de vida a ocasião de um pecado, a que se sigam eternidades de morte. E assim passado o tempo do noviciado, se dispôs a professar com alvoroço em o terceiro de Novembro de 1537. Oferecendo-se de todo o coração a seu Divino Esposo, como vítima, sacrifício, e holocausto, para padecer muitas vezes, sujeitar-se sempre, e abrasar-se toda em seu amor, em seus preceitos, e em suas mortificações.

(Fonte: FUSEIRO, Nuno Barreto, 1691, *Vida da gloriosa virgem a madre Santa Thereza de Jesus fundadora, e reformadora de Carmelitas Descalças, e Descalços: dedica a Virgem Nossa Senhora da Encarnaçam*)

FONTES E BIBLIOGRAFIA

Fontes arquivísticas

Arquivo Histórico da Santa Casa da Misericórdia do Porto (AHSCMP) – *Eleições da Mesa da Misericórdia*, série D, banco 5, livro 2; *Livro de Lembranças das deliberações da Mesa da Misericórdia*, série D, banco 8, livro 5; *Livro do Governo da Misericórdia feito por Nuno Barreto Fuseiro*, série H, banco 6, livro 2.

Fontes Impressas

COSTA, Agostinho Rebelo da, 1789 – *Descripção topografica, e historica da Cidade do Porto. Que contém a sua origem....* Porto: na Officina de Antonio Alvarez Ribeiro.

FUSEIRO, Nuno Barreto, 1691 – *Vida da gloriosa virgem a madre Santa Thereza de Jesus, fundadora, e reformadora de Carmelitas Descalças, e Descalços: dedica a Virgem Nossa Senhora da Encarnaçam.* Lisboa: Officina de Francisco Villella.

MACHADO, Diogo Barbosa, 1741 – *Bibliotheca Lusitana historica, critica e cronologica na qual se comprehende a noticia dos Authores Portuguezes, e das Obras, que compuserão desde o tempo da promulgação da Ley da Graça até o tempo prezente*, tomo I. Lisboa: Oficina de António Isidoro da Fonseca.

Bibliografia

FREITAS, Eugénio de Andrea da Cunha e; MENDES, António Lopes, 1990 – *Provedores e Escrivães da Santa Casa da Misericórdia do Porto.* Porto: Santa Casa da Misericórdia do Porto (datilografado).

MORAIS, Cristóvão Alão de, [1667] 1943-1948 – *Pedatura Lusitana: nobiliário de famílias de Portugal*, tomo III, vol. 2, publicado por Alexandre António Pereira de Miranda Vasconcellos, António Augusto Ferreira da Cruz, Eugénio Eduardo Andrea da Cunha e Freitas. Porto: Livraria Fernando Machado.

SAMAGAIO, Estêvão Zulmiro Braga (coord.), 1999 – *Manuscritos, Pintura e Escultura da Santa Casa da Misericórdia do Porto.* Porto: Santa Casa da Misericórdia do Porto.

FILOMENA MELO

Fernão Nunes Barreto

(? | ?, 1681)

Provedor da Santa Casa da Misericórdia

28.3.1668 | 2.7.1668

Bacharel em Leis pela Universidade de Coimbra.

Conselheiro da Mesa da Santa Casa da Misericórdia do Porto (1666-1667).

Filho de João Nunes Barreto e de D. Mariana ou Ana de Sande Fuseiro.

Casou com D. Maria da Silva, de quem teve um filho, Manuel Barreto, e uma filha.

Bisneto de Gaspar Nunes Barreto, provedor da Santa Casa da Misericórdia do Porto (1560-1561 e 1573-1574).

Neto do provedor da Misericórdia do Porto, Fernão Nunes Barreto (1578-1579 e 1586-1587).

Irmão do provedor da Misericórdia do Porto, Nuno Barreto Fuseiro (1666-1668).

Fidalgo da Casa Real.

Fernão Nunes Barreto nasceu numa família portuense de fidalgos, produtores de vinho e homens da governança da cidade. Estudou Leis em Coimbra, onde se formou, casou com uma parente e fixou-se no Porto.

Vários antepassados seus, inclusive o avô, seu homónimo, já haviam sido confrades e provedores da Misericórdia. Fernão Nunes Barreto encontra-se na Casa pelo menos no ano de 1666, ano em que o irmão Nuno Barreto Fuseiro foi eleito provedor e ele próprio deputado da Mesa. A história de ambos, na Misericórdia, é indissociável. Tudo leva a crer que o irmão tinha um grande empenho em ser provedor, enquanto Fernão foi-o, quase se pode dizer, acidentalmente.

É após a reeleição do irmão para um segundo mandato consecutivo, no ano de 1667, que se inicia o episódio que conduzirá Fernão ao lugar de provedor. A regulamentação da Misericórdia não permitia a reeleição em anos seguidos, como havia sido o caso de Nuno Barreto Fuseiro, sendo para tal necessária uma dispensa régia. Nuno Barreto permanece no governo da Casa até que em outubro é comunicada a recusa da dispensa requerida. Os eleitores votam então para um novo provedor e a escolha recai na pessoa de Fernão Nunes Barreto. Invocando «legítimo impedimento», este aceita o cargo, mas não comparece sequer para juramento, que delega no irmão, o que é peculiar, pois sendo o provedor cessante, Nuno Barreto Fuseiro deveria receber o juramento do novo provedor e não representá-lo nesse ato. Mais ainda, no momento de jurar, este comunica o pedido do irmão para ser ele, Nuno Barreto Fuseiro, a «continuar no despacho». Como era costume convocar o provedor precedente em caso de impedimento do eleito, foi o que se verificou e isso permitiu a Nuno Barreto Fuseiro permanecer como provedor titular, dada a impossibilidade do irmão, até 28 de março de 1668, ou seja, praticamente até ao final do mandato que lhe fora formalmente interdito por ordem régia.

⁂

Por estes motivos, e eventualmente outros, a dada altura confundem-se os dois mandatos e não é claro quando começa a ação de um e termina a interferência de outro.

O primeiro registo que Fernão Nunes Barreto assina como provedor data de fevereiro, ainda durante o período em que o provedor precedente continuava em exercício.

Na realidade, a primeira proposta efetiva que Fernão Nunes Barreto apresentou à Mesa, consta de uma ata de 27 de março, mas veio a estar registado como sendo de maio, depois ter sido rasurado e corrigido o mês aposto no lugar da data, no final do documento. A proposta visava adotar um procedimento formal, de acordo com o que já se fazia na Misericórdia de Lisboa, relativamente aos lugares de assento a tomar pelo provedor e Irmãos da Mesa, quer nas cerimónias que tivessem lugar na igreja, quer nas reuniões para despacho. Aprovou-se então que se dispusessem os Irmãos ao sentar-se intercalando um de maior e um de menor condição e assim sucessivamente «entressachados», conforme o termo expressivo utilizado pelo autor do documento. O escrivão tomaria assento ao lado do provedor e depois os restantes alternadamente, do referido modo.

A segunda ata do governo de Fernão Nunes Barreto, datada já de 23 de maio, apresenta uma ideia na mesma linha da anterior, pois trata-se também de adotar formalidades que já tinham sido implementadas na Santa Casa da Misericórdia de Lisboa. Desta vez, a questão era aplicar nos hábitos cruzes azuis para identificar os mesários em exercício. Certamente conhecedor desta intenção do provedor e de que a proposta seria bem recebida, logo ali na reunião o doutor João de Melo de Carvalho distribuiu de imediato pelos Irmãos presentes as 13 cruzes de veludo que mandara fazer «por sua devoção». Os presentes comprometeram-se a entregar as cruzes aos seus sucessores, quando finalizasse o seu ano de mandato.

Durante os últimos dias do governo de Fernão Nunes Barreto, foram ainda eleitos três capelães para o coro, escolheu-se o novo moço de sacristia, foi provida uma capela e foram tomadas medidas sobre uma demanda em torno de umas casas deixadas num legado. Deste modo se concluiu este breve e peculiar mandato.

Mesa da Santa Casa da Misericórdia do Porto em 28.3.1668

Provedor: Fernão Nunes Barreto

Escrivão: Francisco de Almeida Ribeiro, prior de Cedofeita

Conselheiros: doutor João de Melo Carvalho, desembargador da Relação, doutor João de Carvalho, corregedor do crime, doutor Manuel Osório Cabral, arcediago do Porto, António Carneiro de Vasconcelos, Francisco Carneiro de Castro e «de menor condição» Manuel da Fonseca, antigo fiel da moeda, António Ribeiro de Avidos, Baltazar Barbosa, cirieiro, Miguel de Figueiredo, Bartolomeu Nunes, Miguel Correia, mercador

FONTES E BIBLIOGRAFIA

Fontes arquivísticas

Arquivo Histórico da Santa Casa da Misericórdia do Porto (AHSCMP) – *Eleições da Mesa da Misericórdia*, série D, banco 5, livro 2; *Livro de Lembranças das deliberações da Mesa da Misericórdia*, série D, banco 8, livro 5.

Bibliografia

GAYO, Manuel José da Costa Felgueiras, [1938-1941] – *Nobiliário de famílias de Portugal, Fac. simile* de impressão diplomática do original manuscrito existente na Santa Casa de Misericórdia de Barcelos, IV. [Braga]: Agostinho de Azevedo Meirelles; Domingos de Araújo Affonso.

MORAIS, Cristóvão Alão de, [1667] 1943-1948 – *Pedatura Lusitana: nobiliário de famílias de Portugal*, publicado por Alexandre António Pereira de Miranda Vasconcellos, António Augusto Ferreira da Cruz, Eugénio Eduardo Andrea da Cunha e Freitas. Porto: Livr. Fernando Machado.

FILOMENA MELO

Sebastião César de Menezes

(Lisboa, ? | Porto, 29.1.1672)

Provedor da Santa Casa da Misericórdia

2.7.1668 | 2.7.1669

Magistrado judicial. Clérigo.

Bacharel e Doutor em Cânones pela Universidade de Coimbra (1628).

Deputado do Conselho Geral do Santo Ofício (1637). Do Conselho do Rei. Conselheiro do Conselho de Estado (1643). Deputado da Junta dos Três Estados (1643). Embaixador em França. Sumilher da Cortina. Inquisidor-mor. Deputado de Lisboa e do Geral do Santo Ofício. Deputado da Inquisição de Coimbra.

Arcebispo eleito de Fez, inquisidor geral (1668-1869). Arcebispo de Braga e de Lisboa. Bispo eleito do Porto (1642). Bispo de Coimbra (1649). Arcebispo de Braga.

Filho de Vasco Fernandes César e D. Ana de Menezes.

Sebastião César de Menezes foi uma grande figura. A sua história pessoal é uma espécie de história paralela do período em que viveu. Começando no início, remontamos ao seu nascimento, auspicioso, no seio de uma família fidalga e prestigiada, que se filia na Casa da Feira, sendo neto materno de D. Manuel Pereira.

Primeiro como porcionista do Colégio de São Paulo em Coimbra, em novembro de 1618, e depois como bacharel e doutor em Leis pela Universidade de Coimbra em 1628, Sebastião César de Menezes cedo se imiscuiu nos meios áulicos, conquistando a confiança de Filipe III, que o colocou no seu Conselho, no Desembargo do Paço e no Santo Ofício.

Mudados os tempos, Sebastião César soube moldar-se às circunstâncias e esteve no auto de levantamento e juramento de D. João IV, a 15 de dezembro de 1640, como aliás muitos dos seus pares que, tal como ele, haviam servido os monarcas castelhanos. A sua carreira não sofre abalos nesta ocasião. Pelo contrário, conquista o seu novo lugar na Corte e prospera, quer na vertente política, quer nos cargos especificamente eclesiásticos que lhe são atribuídos. É secretário da nobreza logo nas primeiras Cortes de 1641, depois é feito conselheiro de Estado, deputado da Junta dos Três Estados, em 1643, e representante em Cortes, em 1646. Foi eleito bispo de várias dioceses e até arcebispo de Braga, embora alguns biógrafos declarem que nunca foi confirmado em nenhuma delas.

Entretanto, caiu em desgraça, pois foi suspeito e acusado de alta traição. Começou então uma fase de altos e baixos em que o seu comportamento é ambíguo, parecendo-se com o de um agente duplo, servindo ora os interesses de Castela, ora os de Portugal e, dentro do reino, ora um partido ora outro, surgindo como braço direito do Rei de Portugal, para no momento seguinte ser preso por crime grave de «inconfidência». Ou então, os muitos privilégios que alcançou suscitaram outras muitas invejas e intrigas maquinadas contra ele. O certo é que é mandado prender ainda por D. João IV e que após a morte do Rei obtém o perdão da Rainha. Uma vez em liberdade integra o triunvirato que afastou a Rainha da regência. Em seguida é acusado de estar ao serviço dos espanhóis, pelo que se recolhe a um convento, para logo depois recair sobre ele a acusação de trabalhar para o partido de D. Luísa de Gusmão de modo a que voltasse a assumir a regência. No mínimo, contraditório, já que não é plausível uma tal falta de tato ou tão fraco sentido de orientação nos meandros pantanosos da política, para mais num cenário ainda tão periclitante, e com a pressão das Guerras da Restauração em pano de fundo.

Pendendo sobre ele todas estas suspeitas, não é condenado senão a exiliar-se no Mosteiro da Batalha, indo posteriormente para o Castelo da Feira que era da sua família, como já foi dito.

Teve ainda ocasião de escrever algumas reflexões sobre política, a *Summa Politica* que na verdade pouco tem de original. D. Francisco Manuel de Melo desmascarou-a como sendo um plágio de Ramírez de Prado, o que facilmente se verifica cotejando aleatoriamente qualquer trecho (ALBUQUERQUE, 2000).

Certamente reabilitado por D. Afonso VI que ainda o nomeia bispo *in partibus*, encontra-se a viver na cidade do Porto nos últimos anos da sua vida e é nessa ocasião que se encontra na Irmandade da Misericórdia, vindo a ser eleito para seu provedor em 2 de julho de 1668. Veio a falecer nesta cidade, onde está sepultado nos Carmelitas Descalços.

Não há conhecimento de outro momento em que tenha estado na Santa Casa da Misericórdia, antes ou depois do seu mandato para provedor, no ano de 1668.

Durante este período, foram tratados os assuntos correntes da administração da Casa, assegurada a necessária provisão de capelanias, a atribuição de dotes a órfãs e outras tarefas decorrentes das obrigações da Instituição. Mas além disso, há uma diversidade de outros assuntos que sobem à Mesa. Pode afirmar-se, pela análise das atas, que o provedor tinha um programa de reformas e uma perspetiva sobre a Misericórdia. Sendo uma pessoa muito dinâmica, como atesta o seu currículo, não se limitou a ocupar o lugar de provedor como se de um mero cargo honorífico se tratasse, em jeito de prémio de fim de carreira. Planeou e empreendeu uma série de iniciativas, reformas e alterações de procedimentos em diversas áreas.

Prova disso é que de imediato, após a sua eleição, começou a tomar providências em vários domínios que não tinham sequer caráter de urgência. Logo, no dia 3 de julho de 1668, reúne a Mesa e propõe que os médicos e cirurgiões assalariados da Casa «assistam aos mordomos das informações sendo necessário» a fim de ser prestada uma «melhor informação da necessidade dos enfermos, cada um no que lhe tocar».

No dia seguinte, dia 4, o provedor apresentou uma questão relevante para tentar resolver o problema dos ingressos financeiros da Casa. As condições políticas já terão permitido voltar a cobrar na Galiza uma renda legada por D. Lopo de Almeida, a qual, durante todo o período das Guerras da Restauração, não fora possível fazer chegar ao Porto. Tratava-se então de enviar à Galiza um procurador, tendo a escolha recaído na pessoa do capelão do hospital de D. Lopo, para saber «o estado presente em que se achavam os juros do dinheiro de D. Lopo».

Nesse mesmo dia ainda se tratou de algumas formalidades sobre o toque dos sinos nos funerais de irmãos. Sebastião César de Menezes, dando continuidade ao que iniciara o seu predecessor, também considerou importante equiparar alguns procedimentos estritamente formais ao que era praticado na Misericórdia de Lisboa e noutras Casas congéneres. O texto da ata diz literalmente: «Era costume fazer esta função um dos serventes de azul em Lisboa, Évora e nas principais cidades do reino e não haver no Compromisso disposição em contrário», pelo que esta medida foi aprovada pela Mesa para ser implementada também no Porto.

Ainda no mesmo mês de julho, no dia 22, o provedor decide pôr ordem nas contas da casa, considerando «serem algumas pessoas devedoras de quantias consideráveis» e vários provedores que o precederam não terem fechado as contas dos seus mandatos, como o compromisso determinava. A Mesa aprova as medidas propostas que iam no sentido de que «as dividas se cobrassem logo com toda a prontidão e se buscassem os papéis de que elas constam e se entregassem aos provedores da casa e se carregassem no livro das causas cíveis» para organizar devidamente toda a contabilidade e proceder à prestação de contas dos provedores que não o tivessem feito.

Em seguida, a 25 de julho de 1668, é registada pela primeira vez no *Livro de Lembranças* a eleição de quatro visitadores cuja missão era «visitar as pessoas» de forma a avaliar as suas reais necessidades, sendo atribuído a cada um dos visitadores um sector da cidade. Esta eleição foi feita em cumprimento das disposições do capítulo 12.º do Compromisso, como refere também a ata e no mesmo dia em que se elegeram os conselheiros, como todos os anos já acontecia.

Após este conjunto de providências e inovações do início do seu mandato, há um hiato de quase dois meses, durante os quais não se encontra no *Livro* qualquer registo de atas da Mesa, sendo este silêncio informativo interrompido a 5 de setembro. Nessa data, os Irmãos mesários reuniram sob a presidência de Sebastião César de Menezes para deliberar acerca da aceitação do legado de Luís Delgado de Abreu, antigo provedor da Casa que, à semelhança de muitos outros, elegera a Misericórdia do Porto como beneficiária do seu testamento.

Por motivos diversos, durante este mandato também houve um movimento de propostas para «riscar» uns Irmãos e readmitir outros, ou até os mesmos, passado pouco tempo após terem sido expulsos. A 30 de setembro, Mateus da Fonseca, cirieiro, que já pertencera à Mesa em períodos anteriores, foi expulso ou, na verdade, suspenso, posto que o mesmo provedor, volvidos poucos meses, em abril do ano seguinte, propõe o seu reingresso. O mesmo se passou com Manuel de Amorim, que fora expulso em novembro. É algo inédito, já que muitas vezes se verificava que os Irmãos «riscados» podiam reingressar posteriormente, mas nunca durante o mandato do provedor que assinara a sua exclusão. Sebastião César de Menezes considerou que «lhes bastava para castigo o tempo em que estiveram fora da irmandade» e readmitiu-os. A 24 de outubro de 1668 o provedor apresentou à mesa o pedido de reingresso também do licenciado João Carneiro da Silva, o que a Mesa aprovou, por maioria.

A 17 de abril de 1669 foi expulso o capelão Diogo Gomes da Costa, a quem fora atribuída uma capela no final do mandato anterior, concretamente em junho de 1668. Mas neste caso, o desrespeito que este capelão terá manifestado pelas normas da Irmandade e pelas obrigações que o seu cargo implicava levaram a que na ata constasse que jamais deveria ser reintegrado, sendo «riscado para sempre de capelão» e que nem sequer se «admitisse a dizer missa na dita Casa».

A 5 de fevereiro de 1669 foi aprovado um requerimento dos assalariados da Casa que pretendiam assegurar o «auto da Misericórdia para o seu enterro» e duas missas de sufrágio por alma de cada um deles «ainda que tivessem com que pagar».

Outras áreas que não exclusivamente as de obrigação da Casa fizeram parte do horizonte de interesses deste provedor. Destaca-se, inclusivamente, a atenção dada à área cultural. Um assento de 28 de outubro de 1669 comprova que se realizavam eventos com este cariz no lugar onde séculos depois viria a ser a «Galeria de Retratos dos Benfeitores, [estando] aquele espaço, ainda a céu aberto» (SAMAGAIO, 1999: 12).

Mesa da Santa Casa da Misericórdia do Porto em 2.7.1668

Provedor: Sebastião César de Menezes

Escrivão: Cristóvão Alão de Morais, juiz dos órfãos do Porto

Conselheiros: José de Matos da Veiga, chanceler da Relação, Paulo Correia da Fonseca, António Salema de Carvalho, António Bandeira, Álvaro de Sousa de Noronha e, «de menor condição», Manuel Fernandes Neves, Pantaleão Pereira Lameda, Manuel Ribeiro, ourives, Tomé da Rocha, Domingo Ribeiro Cascais, Manuel Pinheiro, sapateiro

Excerto da *Suma Política* de Sebastião César de Menezes

[...] 4. «Os Setentrionais menos remotos, são animosos, sinceros; acordam maduramente, constantes em suas deliberações. 5. Os Meridionais, astutos, acautelados e maliciosos, mais prontos ao artifício que à resistência, sujeitos ao agravo da tirania, poderosa com os fracos, e débil com os poderosos. Por serem mui especulativos, se entregam à religião, e superstição, inventores da Astrologia, e Magia. 6. Os intermédios, participam dos extremos, são compostos, temperados, e prudentes; aborrecem a astúcia e ferocidade; governam por justiça, e razão; e como Mestres artes e polícia, estenderam em paz, e em guerra, seus limites. 7. Os últimos, e mais próximos ao clima Setentrional, e meio-dia, pouco discursivos: uns com o frio abundam de Fleuma, que os embaraça, outros afogados do calor, os detém a melancolia».

(Fonte: ALBUQUERQUE, Martim de, 2000, "Para uma Teoria Política do Barroco em Portugal. A *Summa Politica* de Sebastião César de Menezes (1649-1650)", in *Estudos de Cultura Portuguesa*, 2.º vol. Lisboa: Imprensa Nacional Casa da Moeda, pp. 355-442)

FONTES E BIBLIOGRAFIA

Fontes arquivísticas

Arquivo Histórico da Santa Casa da Misericórdia do Porto (AHSCMP) – *Eleições da Mesa da Misericórdia*, série D, banco 5, livro 2; *Livro de Lembranças das deliberações da Mesa da Misericórdia*, série D, banco 8, livro 5.

Bibliografia

ALBUQUERQUE, Martim de, 2000 – "Para uma Teoria Política do Barroco em Portugal. A Summa Politica de Sebastião César de Menezes (1649-1650)", in *Estudos de Cultura Portuguesa*, 2.º vol. Lisboa: Imprensa Nacional Casa da Moeda, pp. 355-442.

ALMEIDA, Fortunato de, 1967-1971 – *A História da Igreja em Portugal*, nova edição preparada e dirigida por Damião Peres, 4 volumes. Porto: Portucalense Editora/Livraria Civilização Editora.

ALVES, Joaquim Jaime Barros Ferreira, 2010 – "A Sé do Porto na Sede Vacante de 1639 a 1671: obras e artistas", in FERREIRA-ALVES, Natália Marinho (coord.), *A Encomenda. O Artista. A Obra*. Porto: CEPESE, pp. 195-212.

FREITAS, Eugénio de Andrea da Cunha e; MENDES, António Lopes, 1990 – *Provedores e Escrivães da Santa Casa da Misericórdia do Porto*. Porto: Santa Casa da Misericórdia do Porto (datilografado).

PINTO, Cónego António Ferreira, 1940 – *O Cabido da Sé do Porto. Subsídios para a sua História*, VI. Porto: Publicações da Câmara Municipal do Porto.

SAMAGAIO, Estêvão Zulmiro Braga (coord.), 1999 – *Manuscritos, Pintura e Escultura da Santa Casa da Misericórdia do Porto*. Porto: Santa Casa da Misericórdia do Porto.

SOUSA, D. António Caetano de, 1948 – *História Genealógica da Casa Real Portuguesa*, tomo V. Coimbra: Atlântida Livraria Editora.

SUBTIL, José, 2010 – *Dicionário dos Desembargadores (1640-1834)*. Lisboa: EDIUAL.

FILOMENA MELO

José de Matos da Veiga

(Lisboa, ? | ?)

Provedor da Santa Casa da Misericórdia

2.7.1669 | 2.7.1670

Magistrado judicial.

Doutor em Leis pela Universidade de Coimbra.

Conselheiro de Estado (1668).

Conselheiro da Mesa da Santa Casa da Misericórdia do Porto (1668-1669).

Filho de Fernão ou Fernando de Matos de Carvalhosa, doutor e desembargador do Paço, fidalgo da Casa Real do Conselho do Rei e cavaleiro da ordem de Cristo, e de D. Isabel da Veiga.

Casou com D. Inês Maria da Silva, de quem teve um filho, Fernão Leite de Matos.

Natural de Lisboa, José de Matos da Veiga era filho de Fernão ou Fernando de Matos de Carvalhosa, doutor e desembargador do Paço, fidalgo da Casa Real do Conselho do Rei e cavaleiro da Ordem de Cristo, e de D. Isabel da Veiga. Estudando em Coimbra no Colégio de São Paulo e depois na Universidade, José de Matos da Veiga ingressaria na carreira da magistratura.

Começou por ser nomeado para desembargador extravagante da Casa da Relação do Porto em 4 de julho de 1655, a que se seguiu o lugar de desembargador agravista da Casa da Suplicação em 10 de outubro de 1661. No início de fevereiro de 1668, seria nomeado para chanceler da Casa da Relação do Porto. Passando aí a residir, seria eleito conselheiro da Mesa da Misericórdia e no ano seguinte, em 1669, seria eleito provedor daquela Irmandade. Anteriormente, não era conhecida outra ligação à Casa, provavelmente por não se encontrar nesta cidade. José de Matos da Veiga chegaria ainda à Corte, vindo a ser nomeado para conselheiro de Estado em 2 de outubro de 1668 e depois para desembargador do Desembargo do Paço em 18 de março de 1677.

As primeiras medidas deste provedor, registadas em atas de julho de 1669, visavam dar resposta a queixas suscitadas relativamente ao desempenho do mordomo do hospital das entrevadas de Cimo de Vila, concretamente o mordomo que substituía o titular durante a ausência deste. Também um novo «mordomo dos aniversários» é nomeado nesta ocasião, mas por falecimento do precedente. Este mordomo, tal como o seu predecessor, acumulava ainda a função de «alfaiate para correr com os vestidos que esta Casa manda dar a pobres de vários legados» (*Livros de Lembranças*, Livro 5, fl. 523).

No mandato do provedor precedente fora reaberta a questão da cobrança dos juros da Galiza deixados por D. Lopo de Almeida. A Mesa pondera agora a decisão de mandar a Madrid um emissário negociar este assunto.

Dando sequência ao que fora iniciado precedentemente, este provedor cria a figura do cartulário para secundar o escrivão que «pelas muitas ocupações que tem não pode acudir a tudo». Teria como função registar «notícia dos negócios da Casa que em cada um ano administra a mesa a que muitas vezes falta por não haver notícia deles» e ocupar-se dos papéis do cartório da Casa, incluindo os respeitantes aos legados, para evitar que se perdessem informações necessárias à administração da Instituição. Ficou decidido que um dos capelães da Casa que tivesse «virtude» e os «requisitos» acumularia esta função de cartulário, sendo-lhe acrescida a remuneração.

Uma das decisões mais peculiares que algum provedor jamais teve que tomar foi a de promover a utilização do pátio da Misericórdia como pátio de comédias. A reunião em que a Mesa trata deste assunto decorreu a 28 de outubro de 1669 e a questão é suscitada pelo facto de, a 25 desse mês, ter sido dada licença para esse tipo de representações a «João Correia autor de comédias», o que, pelo que depois ficou dito, não constituiria em si novidade. O pedido da companhia teatral devera-se à localização da Casa – «no meio desta cidade» – e também ao facto de não existir um espaço próprio para as representações ou «outro lugar tão conveniente». Os comediantes tinham já obtido «licença da câmara para poderem representar nesta cidade» o que também pesara na decisão da Misericórdia em autorizar o evento, além de o pátio «não ser lugar sagrado», nem de enterramento e já nem sequer se dizer lá missa depois de ter sido feita a sacristia nova, como também foi invocado.

Reitera-se que muitos outros espetáculos já tinham sido feitos no pátio ao longo dos tempos, autorizados, portanto, por outros provedores, referindo-se inclusive representações burlescas «em que entravam mulheres em trajes de homem». Para cabal fundamentação, remata-se lembrando que o bispo da cidade já concedera até muitas vezes «licença para se representarem comédias em igrejas e lugares sagrados e ser estilo representarem-se em palácios de Príncipes». Por tudo isto, votaram unanimemente os mesários aprovando que «a licença estava bem dada». Acordou-se também que a receita proveniente da cedência do espaço reverteria a favor do Hospital. Finalmente, considerando que futuramente mais emolumentos poderiam beneficiar a Casa com a utilização deste espaço para espetáculos, deliberam enviar um requerimento ao Rei para «conceder a esta Casa licença para contratar com os comediantes na forma que o fazem a Misericórdia e o Hospital de Lisboa».

Outra situação especial que o provedor e esta Mesa tiveram em mãos foi o pedido do Rei para um empréstimo, através da compra de juro. Não é inaudito, outros casos ocorreram precedentemente, mas era algo que requeria uma decisão ponderada, tanto mais que as verbas em causa eram relevantes. Todo o processo de correspondência trocada entre a Casa e o Rei e as atas da Mesa sobre o assunto foram transcritas no *Livro de Lembranças* (*Livros de Lembranças*, Livro 5, fls. 527-528 e 529-530) e a sequência dos factos foi a que se segue. A 21 de maio de 1670 a assembleia reuniu-se sob a presidência do provedor que apresentou aos demais uma carta régia solicitando que a «Casa fizesse emprego de todo o dinheiro que tinha», inclusive o que já estivesse «dado a Razão de juro a diversas pessoas» (*Livros de Lembranças*, Livro 5, fl. 527).

Aliás, a carta régia que se transcreve após a ata da Mesa faz menção de empréstimos anteriores, nomeadamente o que a Casa fizera para dotar D. Catarina, por ocasião do seu casamento com o Rei de Inglaterra e de quão necessário se tornara recorrer a estes expedientes, posto que a fazenda real se exaurira no esforço das Guerras da Restauração – «pelos efeitos de minha fazenda que a duração da guerra deixou tão atenuados», diz o documento (*Livros de Lembranças*, Livro 5, fl. 527v). Em face de tudo isto, o provedor com os Irmãos da Mesa deliberam responder à solicitação régia, estabelecendo quais as aplicações financeiras e verbas de que podiam dispor, salvaguardando a reserva financeira necessária à casa para cumprimento dos legados e obras a que estava obrigada, porque se para tal faltasse dinheiro «seria grande o prejuízo dela [da Casa da Misericórdia] dos pobres e das almas dos defuntos que deixaram estas rendas» (*Livros de Lembranças*, Livro 5, fl. 529). Esta questão dos empréstimos à coroa terá novas etapas no mandato seguinte, como é compreensível, sabendo-se que estavam em causa montantes muito altos.

Nos últimos dias do mandato, concretamente a 25 de junho, fazendo as contas do seu exercício, o provedor verificou que ainda havia margem para umas despesas porventura menores e determinou que se poderia «tirar algum dinheiro que se aplicasse para ornamentos da sacristia e para mandar dourar o retábulo que nela se faz», para se comprarem «mantas para quantas camas havia nos dois hospitais dos entrevados de Cimo de Vila» e para liquidação de «algumas dívidas» que tivessem sido contraídas pela Casa naquele ano. A mesa acolheu estas propostas e aprovou-as com algumas retificações, especificando a compra de «ornamentos frontais e roupa de linho» para a sacristia e, quanto ao pagamento de dívidas, considerou prioritário pagar ao boticário pelo «gasto dos medicamentos que da botica se haviam feito na cura dos enfermos do Hospital de D. Lopo de Almeida» e cuja dívida já transitara do mandato precedente (*Livros de Lembranças*, Livro 5, fl. 528v).

Apesar destes momentos em que o provedor foi solicitado a decidir em matérias de maior complexidade, o restante tempo do mandato parece ter decorrido com uma relativa calma e normalidade, tratando-se em mesa dos habituais assuntos respeitantes à gestão e provisão de lugares da Casa e bem assim da administração dos seus legados e encargos de capelas.

Mesa da Santa Casa da Misericórdia do Porto em 2.7.1669
Provedor: José de Matos da Veiga
Escrivão: António Bandeira
Conselheiros: Simão Rodrigues Taborda, desembargador, António Carneiro de Vasconcelos, D. Fernando Henriques, João Mendes de Sampaio, Francisco da Rocha Leão e, «de menor condição», Jacinto de Sousa, da Ferraria, Francisco Machado, volanteiro, Pedro Frutuoso, da Praça, Francisco Ramos, cordoeiro, António de Aguiar, correeiro, João Rebelo, tanoeiro

FONTES E BIBLIOGRAFIA

Fontes arquivísticas

Arquivo Histórico da Santa Casa da Misericórdia do Porto (AHSCMP) – *Eleições da Mesa da Misericórdia*, série D, banco 5, livro 2; *Livro de Lembranças das deliberações da Mesa da Misericórdia*, série D, banco 8, livro 5.

Bibliografia

FREITAS, Eugénio de Andrea da Cunha e; MENDES, António Lopes, 1990 – *Provedores e Escrivães da Santa Casa da Misericórdia do Porto*. Porto: Santa Casa da Misericórdia do Porto (datilografado).

MENDES, António Lopes, 1990 – "Um importante Espaço de Arte e Cultura", in *Santa Casa da Misericórdia do Porto – Boletim Semestral*, n.º 7, ano 111. Porto: Santa Casa da Misericórdia do Porto.

SUBTIL, José, 2010 – *Dicionário dos Desembargadores (1640-1834)*. Lisboa: EDIUAL.

FILOMENA MELO

Sancho Manuel de Vilhena

(n. c. 1610 | Lisboa, 3.2.1677)

Provedor da Santa Casa da Misericórdia
2.7.1670 | 2.7.1671

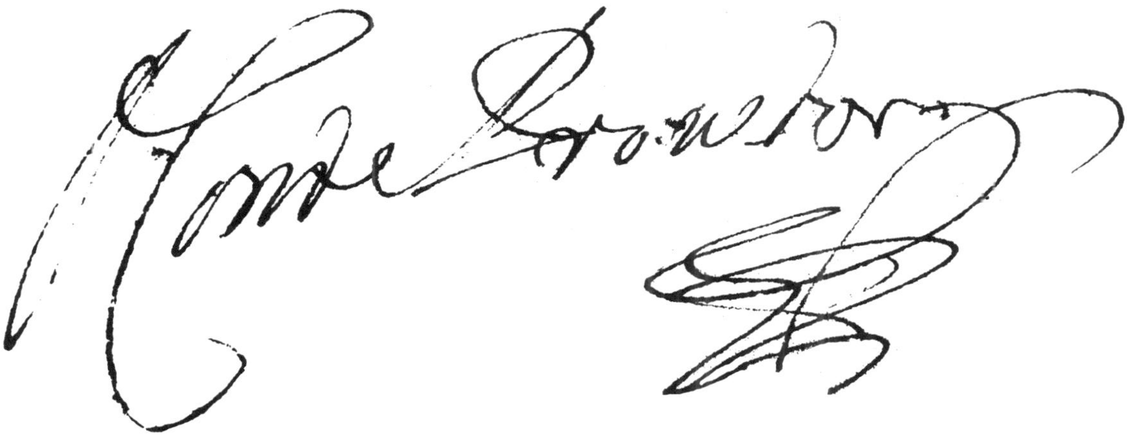

Oficial do Exército.

Conselheiro de Estado e da Guerra. Governador da Torre de Belém. Governador de armas da Província do Alentejo (Elvas). Governador das armas e da Casa da Relação do Porto (1670).

Filho de Cristóvão Manuel de Vilhena e de sua segunda mulher, D. Joana de Faria.

Casou primeira vez com D. Ana de Noronha (m. 1665) de quem teve nove filhos: Cristóvão Manuel, Henrique Severim Manuel de Vilhena, Gaspar Manuel, Francisco Manuel, João Manuel, António Manuel de Vilhena, grão-mestre da Ordem de Malta, Pedro Manuel, Brites de Benezes, Mariana de Noronha. Casou segunda vez com D. Joana de Vilhena de quem teve três filhos: Manuel de Vilhena Manuel, Rodrigo de Vilhena, Isabel.

Primeiro Conde de Vila Flor. Comendador de S. Nicolau de Cabeceiras de Basto, de Santo Adrião de Penafiel e de Santa Maria de Marmeleiros, na Ordem de Cristo.

D. Sancho Manuel de Vilhena tornou-se uma das figuras maiores da História de Portugal pela sua notável façanha militar, a vitória da batalha do Ameixial, a 8 de junho de 1663. Se esta é a imagem mais conhecida da sua vida, a mais desconhecida será certamente o facto de ter sido provedor da Santa Casa da Misericórdia do Porto, durante o ano de 1670-1671 de que adiante se dará maior notícia. Pelo meio, uma vida longa e muito preenchida, quer no plano pessoal e familiar quer nos diferentes momentos da sua carreira pública, descrita por diversos estudiosos. Vejam-se alguns excertos da biografia elaborada para a entrada «1.º Conde de Vila Flor» do *Dicionário Histórico* de Esteves Pereira e Guilherme Rodrigues que descreve com algum pormenor, mas também grande síntese o currículo militar de D. Sancho Manuel, principalmente, e outros episódios da sua vida:

> Entrou na religião de S. João de Jerusalém, vestindo o hábito de noviço da Ordem de Malta, não chegando, porém, a ser cavaleiro da ordem por discórdias que teve no seio dela, e acerca das quais não são explícitos os seus biógrafos. [...] saindo da ordem de Malta, foi como fiel súbdito de Sua Majestade católica servir na Itália debaixo das ordens do duque de Feria. Serviu também em Flandres, e na Alemanha, sempre nos exércitos espanhóis, e sempre com muita distinção. Esteve no cerco de Brissac, e em outras ações notáveis, adquirindo em todas a fama de militar brioso, e ao mesmo tempo a prática de guerra. Em 1637 regressou a Portugal, partindo logo em seguida para o Brasil na armada do conde da Torre e, no Brasil, continuou a combater brilhantemente contra os holandeses.
>
> Regressou ao reino quando já D. João IV estava aclamado, e aderiu com entusiasmo à causa da independência portuguesa. Era D. Sancho Manuel então mestre de campo, e foi com o seu terço servir na Beira, onde esteve em 1641 debaixo das ordens de D. Álvaro de Abranches, e em 1642 debaixo das ordens de D. Fernão Teles de Menezes. Este último tinha nele plena confiança e encarregou-o de varias fações importantes de que D. Sancho Manuel se saiu sempre com o mais completo êxito. Tomou Elches, resistiu

vitoriosamente ao duque de Alba, que tentava retomá-la, impediu os espanhóis de fortificarem Fuentes, destroçou-os em Guinaldo, levantou um forte em Val de la Mula, e bateu de novo as tropas do duque de Alba que tentaram opor-se lhe. Finalmente chamado por Fernão Teles de Menezes para o lugar importante de mestre de campo general, dirigiu superiormente as operações que deram em resultado a tomada do castelo de Guardian. Quando, porém, D. Sancho Manuel esperava decerto, quando todos supunham que as mais altas recompensas galardoariam os serviços relevantes do conquistador de Elches e de Guardian, do vencedor de Val de la Mula e de Guinaldo, do homem, cujo nome estava já sendo o terror dos espanhóis e a esperança dos portugueses, soube-se que D. Sancho Manuel fora efetivamente à corte, mas debaixo de prisão. As eternas desconfianças de D. João IV fizeram com que não hesitasse em prender o homem que acabava de prestar, e que estava prestando ainda os mais valiosos serviços à causa nacional. Vítima da mesma forma que Matias de Albuquerque, dessa desconfiança cega, D. Sancho Manuel viu arrancarem-lhe a espada vitoriosa para o conduzirem preso. Este facto é incompreensível. [...] desde o momento que se reconheceu a inocência do acusado [...] Voltou simplesmente para o lugar que até aí desempenhara, e continuou também, sem um murmúrio nem uma queixa, a combater como soldado fiel nessa guerra inglória e obscura da fronteira da Beira, porque, para este exército estavam reservadas todas as fadigas, e os combates gloriosos esses tinha-os unicamente o exercito do Alentejo.

Em 1643 a guerra da Beira foi insignificante, porque todas as forças portuguesas se encontraram no Alentejo, onde D. João IV tomou por algum tempo, nominalmente o comando do exército. Em 1644, a principal façanha na mesma província foi a entrada de D. Sancho Manuel em Espanha com oitocentos infantes e duzentos cavalos, entrada vitoriosa de que resultou a mais completa ruína para as pobres povoações espanholas da fronteira Em escaramuças insignificantes se consumiram os dois anos de 1645 e 1646, sem que D. Sancho Manuel obtivesse um comando em chefe. Só em 1648 o recebeu, e foi ainda assim insignificante. Só o teve quando a governo se lembrou de dividir a Beira em dois comandos militares, cabendo um deles a D. Rodrigo de Castro, e o outro que abrangia as comarcas de Castelo Branco, Viseu e Coimbra a D. Sancho Manuel. Mas o exército, que este brilhante general comandava, não era superior a 1 100 soldados de infantaria e a duzentos de cavalaria. Com tão pequenas forças pouco poderia fazer, e na verdade, em 1648 tentou tomar Alcântara, e não o conseguiu. Durante os oito anos que se seguiram à morte do D. João IV, continuou D. Sancho Manuel no seu comando sem sucessos notáveis que o ilustrassem.

Em 1657 ainda o papel de D. Sancho Manuel se limitou na Beira a mandar reforços para o exército do Alentejo, mas em 1658, finalmente, recebeu D. Sancho Manuel o governo da praça de Elvas. Não tinha o lugar a importância adequada ao mérito, aos serviços e aos anos de D. Sancho Manuel, mas as circunstâncias de tal forma lhe facilitaram o distinguir-se e ilustrar-se que não houve meio de o continuarem a votar ao ostracismo, a que até aí como que estivera condenado.

[...] Sobre Elvas [...] viria desabar a torrente dos inimigos, e Elvas tinha de ser a primeira barreira que poderia opor-se aos espanhóis, e que teria de lhes suster o ímpeto, enquanto em Portugal se reconstituía um exército, o que não era fácil, nem podia ser rápido. Tinha D. Sancho Manuel é certo, uma praça bem fortificada para esse tempo e uma guarnição numerosa, porque se elevava a 11 000 homens entre tropas de linha e auxiliares. O exército, porém, que sitiava a praça compunha-se de cerca de 20 000 homens e de numerosa artilharia, sendo tudo soldados experimentados nas prolongadas guerras em que a Espanha estivera envolvida. Não se temia D. Sancho Manuel dum assalto, o que o assustava era o bloqueio, porque exatamente o ser a sua guarnição numerosa mais o prejudicava. Felizmente, pouco antes de assentar D. Luiz de Haro os seus arraiais diante da praça, conseguira Jácome de Melo Pereira introduzir em Elvas um grande comboio de trigo e de cevada. Ainda assim os abastecimentos de Elvas ressentiam-se de não estar a praça preparada para o cerco. [...] Com terríveis inimigos interiores tinha de lutar porém D. Sancho Manuel. Eram as enfermidades que lhe dizimavam a guarnição Por isso, mais que pela dificuldade da defesa, ele escrevia à Rainha regente D. Luísa de Gusmão, pedindo-lhe que apressasse quanto antes a reorganização do exército. Com efeito a situação da praça não tardou por isso a ser horrorosa. Um numeroso exército castelhano cerrou completamente o bloqueio, e como se estava no pino do Inverno, os incómodos que resultavam dessas faltas mais acendiam a peste, que se desenvolveu de tal modo que já faltava espaço para as sepulturas. Se alguma coisa podia consolar os defensores de Elvas, era ser a situação do inimigo ainda mais penosa. [...] Entretanto, refazia-se o exército português, compondo-se principalmente de milicianos, e a 11 de janeiro marchava, comandado pelo conde de Cantanhede em auxílio de Elvas, que se encontrava já nos últimos apuros. Combinou-se entre D. Sancho Manuel e o conde de Cantanhede o plano a adotar, e daí resultou a brilhante vitória das Linhas de Elvas de 14 de janeiro de 1659, que salvou perfeitamente a pátria, que nunca se vira em tão apertadas circunstâncias desde a Restauração. Então fez-se justiça aos dois intrépidos generais, recebendo o conde de Cantanhede o título de marquês de Marialva e D. Sancho Manuel o de conde de Vila Flor, despacho de 29 de setembro de 1659.

Não comandou, porém, senão interinamente o exército do Alentejo, e voltou logo ao seu antigo comando da Beira. Dando-se o governo militar do Alentejo ao conde de Atouguia. Foi só nos fins da desastrosa campanha de 1662, quando D. João de Áustria, irrompendo vitorioso pelo Alentejo, tomando uma multidão de praças, chegou quase a bater às portas de Lisboa, que o conde de Vila Flor foi chamado para salvar a situação. [...] A campanha, contudo, começou desastrosamente. Defendida por uma guarnição

> numerosa, mas muito mal comandada, Évora caiu, logo no princípio das hostilidades, no poder de D. João de Áustria, ficando a guarnição toda prisioneira, mas para dar este golpe importante tanto se internara D. João de Áustria no Alentejo, que tinha quase as comunicações cortadas, a se apressou a voltar a Arronches, levando consigo toda a guarnição prisioneira. Os condes de Vila Flor e de Schomberg é que o não deixaram assim retirar em sossego. [...] estes dois ilustres generais resolveram frustrar o plano de D. João de Áustria, atacando-o com todo o vigor. Daqui resultou a famosa batalha do Ameixial ou do Canal, ganha pelos portugueses no dia 8 de junho de 1663, e que teve a singularidade de ser perdida por D. João de Áustria, antes de se ter resolvido a aceitá-la. [...] Logo em seguida o conde de Vila Flor reuniu-se com o marquês de Marialva, que vinha também de Lisboa à frente dum exército rapidamente organizado. Os dois generais reunidos foram cercar Évora, que não tardaram a reconquistar.
>
> Em recompensa de tão insigne façanha, o conde de Vila Flor recebeu mais comendas que reuniu às que já possuía na ordem de Cristo, teve o lugar de governador da Torre de Belém, a alcaidaria-mor de Alegrete, foi nomeado conselheiro de guerra, governador da Relação e Casa do Porto, mas o que não teve, foi novamente o comando dum exército. Durante o resto da guerra, o conde de Vila Flor permaneceu na corte, desempenhando as suas funções de conselheiro de guerra, ou no Porto, exercendo o seu cargo de chefe supremo da Relação. Não parece, que se manifestasse de qualquer forma na luta entre D. Afonso VI e seu irmão D. Pedro.
>
> Em 1678, aproximadamente, o príncipe regente quis nomeá-lo vice-rei do Brasil. O conde de Vila Flor, apesar da sua idade já muito avançada, aceitou, o ia partir a tomar posse desse elevado lugar, quando faleceu (PEREIRA; RODRIGUES, 2000-2016).

Como se pôde ver, no terreno militar D. Sancho Manuel de Vilhena estivera, nos primórdios da sua carreira militar, sob o comando de D. Fernão Teles de Menezes, D. Álvaro Abranches da Câmara, que, pelas coincidências da História, foram ambos também provedores da Santa Casa da Misericórdia do Porto, embora muito antes deste mandato de 1670.

Também de notar é o facto de que D. Sancho Manuel não permaneceu muito tempo na cidade do Porto, como ficou demonstrado. Por isso a sua passagem na Santa Casa também foi breve, não se conhecendo qualquer colaboração anterior nem posterior a este mandato. Como já vinha sendo hábito nesta altura, os Irmãos tendiam a escolher para provedor da Casa a figura maior da cidade. Assim, a 7 de junho de 1670, D. Sancho Manuel assumiu o governo da cidade do Porto e, nem um mês volvido, era eleito provedor da Misericórdia.

Viria a falecer na cidade de Lisboa em 3 de fevereiro de 1677.

Ao iniciar o seu mandato na Santa Casa da Misericórdia do Porto, D. Sancho Manuel teve que assumir de imediato a responsabilidade de resolver a questão do pedido que o monarca fizera à Misericórdia, no tempo do provedor precedente, para a concessão de um empréstimo a juro no montante máximo que a Casa pudesse recolher. Os valores em causa e a complexidade do processo implicaram que algumas etapas se arrastassem no tempo e transitassem assim para a alçada deste novo provedor. Na verdade, este será o tema principal de várias reuniões da Mesa e da maioria dos registos do *Livro de Lembranças* deste período, onde se transcrevem os documentos da correspondência trocada sobre o assunto, a quitação da entrega das verbas em Lisboa, e atestados de outras fases deste extenso processo (*Livros de Lembranças*, Livro 5, fls. 531-545).

Por razões que a documentação não esclarece e não obstante a gravidade das questões referidas, o provedor estará ausente das reuniões realizadas a partir de janeiro de 1671, ou seja, em todo o segundo semestre do seu mandato, sendo a sua ausência suprida uma vez por António Bandeira, posto que não comparecera também do escrivão em exercício, D. Fernando Henriques, e posteriormente sempre por este, que presidirá à mesa nas reuniões de fevereiro a julho desse ano. Assim o atestam todas as atas deste período.

Será já nesta fase, ou seja, na ausência do provedor, que se realizam três processos de expulsão de Irmãos, dois deles por desobediência e incumprimento das suas obrigações para com a Irmandade e um outro por o Irmão em causa ter causado enorme escândalo numa procissão do Senhor dos Passos em que compareceu «vestido na vestia desta Santa irmandade tangendo uma trombeta» (*Livros de Lembranças*, Livro 5, fl. 541).

Os demais assuntos tratados durante este mandato decorrem da gestão corrente da Casa e do seu património, avaliação de novos legados e bem assim do cumprimento das obrigações dos que já estavam a seu cargo: provisão de lugares de serviço da casa, hospitais e capelas, emprazamentos e vendas, dotação de órfãs, e outras questões que habitualmente eram resolvidas pela Mesa.

Mesa da Santa Casa da Misericórdia do Porto em 2.7.1670

Provedor: D. Sancho Manuel de Vilhena

Escrivão: D. Fernando Henriques

Conselheiros: Luís de Valadares Carneiro, frei Jerónimo Barreto, reverendo João de Araújo Costa, arcediago de Oliveira, doutor António Freire da Fonseca, desembargador dos agraves da Relação do Porto, doutor Gonçalo Bandeira Maldonado, desembargador da Relação e «de menor condição», António Ribeiro, André Soares Robles, Manuel Álvares de Araújo, Agostinho Moutinho, Matias Camelo, Baltazar Barbosa

FONTES E BIBLIOGRAFIA

Fontes arquivísticas

Arquivo Histórico da Santa Casa da Misericórdia do Porto (AHSCMP) – *Eleições da Mesa da Misericórdia*, série D, banco 5, livro 2; *Livro de Lembranças das deliberações da Mesa da Misericórdia*, série D, banco 8, livro 5.

Fontes impressas

COSTA, Agostinho Rebelo da, 1789 – *Descripção topografica, e historica da Cidade do Porto. Que contém a sua origem...*. Porto: na Officina de Antonio Alvarez Ribeiro.

PEREIRA, Esteves João Manuel; RODRIGUES, Guilherme, 1904-1915 – *Portugal – Diccionario Historico, Chorographico, Heraldico, Biographico, Bibliographico, Numismatico e Artistico*, 7 volumes. Lisboa: João Romano Torres.

Bibliografia

FREITAS, Eugénio de Andrea da Cunha e; MENDES, António Lopes, 1990 – *Provedores e Escrivães da Santa Casa da Misericórdia do Porto*. Porto: Santa Casa da Misericórdia do Porto (datilografado).

GAYO, Manuel José da Costa Felgueiras, [1938-1941] – *Nobiliário de famílias de Portugal, Fac. simile* de impressão diplomática do original manuscrito existente na Santa Casa de Misericórdia de Barcelos. [Braga]: Agostinho de Azevedo Meirelles; Domingos de Araújo Affonso.

FILOMENA MELO

António Rosendo de Sousa

(?, 10.3.1650 | ?, 1680)

Provedor da Santa Casa da Misericórdia

2.7.1671 | 2.7.1672

Clérigo. Deão do cabido da Sé do Porto (1670).

Procurador da cidade do Porto em Cortes (1673).

Filho de Henrique de Sousa Tavares da Silva, Terceiro Conde de Miranda, Primeiro Marquês de Arronches, governador e alcaide-mor das armas da cidade do Porto e provedor da Santa Casa da Misericórdia do Porto (1658-1659 e 1663-1664), e de D. Mariana de Castro.

Irmão de Diogo Lopes de Sousa, provedor da Santa Casa da Misericórdia do Porto (1672-1673).

Durante muitas gerações, a família dos alcaides-mores do Porto foi a mais prestigiada e considerada da cidade. Nascendo neste berço dourado, mas não sendo o primogénito da sua ilustre linhagem, António Rosendo de Sousa parece ter estado destinado à vida religiosa. Pelo menos, para esse efeito, iniciou os estudos em Coimbra, na Faculdade de Cânones, onde granjeou «mais créditos de cavalheiro do que de estudante», como disseram os seus biógrafos, ainda que não haja registo de os ter concluído. Chegou a ser deão da Sé do Porto, lugar que ocupou a 8 de fevereiro de 1670, sucedendo a seu tio, Luís de Sousa, que aceitara outra posição. Naquela altura ainda não tinha ordens sacras, tendo obtido um breve papal que lhe permitia ocupar o cargo, assim mesmo, mas pouco tempo depois acabou por renunciar.

Tal como o pai e o irmão mais velho, foi provedor da Santa Casa da Misericórdia do Porto, em cuja Casa teve uma passagem muito curta, sendo de crer que foi apenas provedor, entre julho de 1671 e julho de 1672, e eleitor nas eleições de 2 de julho de 1673. Antes ou depois deste período, não consta que tenha tido ocasião de colaborar na Confraria em qualquer outra função.

Na verdade, em 1672, quando morreu o seu irmão Diogo Lopes de Sousa, o deão António de Sousa abandonou o diaconato e todas as pretensões eclesiásticas, assumindo o papel de cortesão, para o qual até parecia ser mais talhado. Porém, também ele teve uma vida breve, falecendo em 1680, em Montroulle, França, quando acompanhava o pai que ia como embaixador extraordinário enviado a Londres.

Enquanto provedor da Misericórdia do Porto, o primeiro ato registado no seu mandato, a 28 de julho de 1671, foi a expulsão de um Irmão que, na verdade, não chegara a sê-lo, pois tendo sido escolhido para integrar a Irmandade, ainda «pela Mesa passada» não quis ir prestar juramento na altura em que foi convocado para o fazer, adiando-o sem fundamento válido. Deliberou-se nesta altura que, por não ter dado o devido valor ao facto de ter sido convocado, António Ferreira Pinto, tal era o seu nome, jamais seria novamente chamado a ser Irmão da Misericórdia.

Um benemérito anónimo fez chegar à Casa uma proposta de oferta de uma verba considerável para se comprar o remanescente do juro da alfândega do Porto, aplicando-se o rendimento a assistir «sete mulheres convalescentes» no Hospital de D. Lopo, uma vez que já existia um legado semelhante, para os homens, no mesmo hospital. Apresentada à Mesa pelo provedor, em 9 de agosto de 1671, esta proposta foi obviamente bem acolhida por todos os presentes.

Além destes episódios excecionais, António Rosendo de Sousa ocupou-se das rotinas necessárias para o funcionamento da Casa e cumprimento das suas obrigações de legados. Tal compreende a provisão de capelanias e de outros lugares vagos de menor monta, como o de moço de sacristia, e a gestão financeira e patrimonial propriamente dita, com particular destaque, neste período, para a hipótese de alienação de umas casas novas do Hospital de D. Lopo, cuja manutenção se revelava problemática.

Mesa da Santa Casa da Misericórdia do Porto em 2.7.1671

Provedor: António Rosendo de Sousa

Escrivão: João Mendes de Sampaio

Conselheiros: doutor Francisco Ribeiro de Almeida, doutor Gonçalo Lourenço(?) de Meireles Freire, doutor Nicolau Rodrigues Rabelo, Cristóvão Alvo da Cunha, frei António Rodrigues Marques e oficiais Romão do Couto, Manuel de Sousa Sampaio, António Ribeiro, de Avidos, o Novo, António Ramalho, mercador, António Gomes de Moura, Tomé da Rocha

FONTES E BIBLIOGRAFIA

Fontes arquivísticas

Arquivo Histórico da Santa Casa da Misericórdia do Porto (AHSCMP) – *Eleições da Mesa da Misericórdia*, série D, banco 5, livro 2; *Livro de Lembranças das deliberações da Mesa da Misericórdia*, série D, banco 8, livro 5.

Fontes impressas

SOUSA, António Caetano de, 1735-1749 – *Historia genealógica da Casa Real Portugueza*...Lisboa Occidental: na Officina de Joseph Antonio da Sylva, impressor da Academia Real, 12 tomos em 13 volumes.

Bibliografia

FREITAS, Eugénio de Andrea da Cunha e; MENDES, António Lopes, 1990 – *Provedores e Escrivães da Santa Casa da Misericórdia do Porto*. Porto: Santa Casa da Misericórdia do Porto (datilografado).

GAYO, Manuel José da Costa Felgueiras, [1938-1941] – *Nobiliário de famílias de Portugal, Fac. simile* de impressão diplomática do original manuscrito existente na Santa Casa de Misericórdia de Barcelos. [Braga]: Agostinho de Azevedo Meirelles; Domingos de Araújo Affonso.

MORAIS, Cristóvão Alão de, [1667] 1943-1948 – *Pedatura Lusitana: nobiliário de famílias de Portugal*, publicado por Alexandre António Pereira de Miranda Vasconcellos, António Augusto Ferreira da Cruz, Eugénio Eduardo Andrea da Cunha e Freitas. Porto: Livr. Fernando Machado.

PINTO, Cónego António Ferreira, 1940 – *O Cabido da Sé do Porto. Subsídios para a sua História*, VI. Porto: Publicações da Câmara Municipal do Porto.

SILVA, Francisco Ribeiro da, 1993 – "O Porto e as Cortes no século XVII ou os concelhos e o poder central em tempos do absolutismo". *História – Revista da Faculdade de* Letras, II série, vol. X. Porto: Faculdade de Letras da Universidade do Porto, pp. 9-68.

FILOMENA MELO

Diogo Lopes de Sousa

(?, n. 10 ou 16.12.1645 | ?, 20.1.1674)

Provedor da Santa Casa da Misericórdia

2.7.1672 | 2.7.1673

Procurador da cidade do Porto em Cortes (1672).

Conselheiro da Mesa da Santa Casa da Misericórdia do Porto (1673-1674).

Filho de Henrique de Sousa Tavares da Silva, Terceiro Conde de Miranda, Primeiro Marquês de Arronches, Governador e alcaide-mor das armas da cidade do Porto e provedor da Santa Casa da Misericórdia do Porto (1658-1659 e 1663-1664), e de D. Mariana de Castro.

Irmão de António Rosendo de Sousa, provedor da Santa Casa da Misericórdia do Porto (1671-1672).

Casou (8.4.1666) com D. Margarida de Vilhena, de quem teve D. Mariana Luísa Francisca de Sousa Tavares de Mascarenhas.

Quarto Conde de Miranda. Fidalgo da Casa Real. Cavaleiro da Ordem de Cristo.

Diogo Lopes de Sousa tinha um futuro auspicioso à sua frente, tendo sido o varão primogénito do berço mais dourado da cidade do Porto. Era filho de Henrique de Sousa Tavares da Silva, 3.º conde de Miranda, 1.º marquês de Arronches, Governador e alcaide-mor das armas da cidade do Porto e provedor da Santa Casa da Misericórdia do Porto (1658-1659 e 1663-1664), e de D. Mariana de Castro. Casaria, em 8 de abril de 1666, D. Margarida de Vilhena, de quem teve D. Mariana Luísa Francisca de Sousa Tavares de Mascarenhas.

Diogo Lopes de Sousa faleceria tragicamente, ainda jovem e antes até de seu pai, não tendo chegado a assumir muitos dos cargos e títulos que por prerrogativa familiar lhe estavam destinados.

Pode dizer-se que das etapas que estavam traçadas no rumo da sua vida apenas cumpriu integralmente uma que foi ser provedor da Misericórdia do Porto, seguindo a tradição ou quase se diria, obrigação familiar. Seu bisavô, o governador Henrique de Sousa, fora provedor em 1592. Henrique de Sousa Tavares, seu pai, já assumira o cargo por duas vezes, nas décadas precedentes e seu irmão António Rosendo de Sousa fora o provedor no ano anterior. Isto para falar apenas dos provedores de parentesco mais direto, a cuja linhagem pertencia.

António Caetano de Sousa atribui-lhe, certamente por lapso, o ano da morte em 1672, mas a documentação da Misericórdia desmente esta possibilidade e é conforme com a hipótese de janeiro de 1674. Diz que foi sepultado em São Francisco do Porto (SOUSA, 1735-1749, XIV, II, 554-5).

Eleito provedor a 2 de julho de 1672, Diogo Lopes de Sousa pôde cumprir ainda o mandato na íntegra, o que não sucedeu no ano seguinte em que foi eleito para conselheiro da Casa, tendo sido necessário substituí-lo, a 1 de fevereiro, pouco depois de ter falecido.

No ano em que foi provedor, não se evidencia nenhum momento ou caso que mereça particular destaque relativamente à sua intervenção. Em Mesa, foram tratados os assuntos comuns da administração da Misericórdia e das suas propriedades, com predomínio para a provisão de lugares vagos nas capelas ou no Hospital. À parte isto, regista-se apenas a exclusão de um Irmão da Misericórdia e o aumento de salário de um serviçal da Casa.

Mesa da Santa Casa da Misericórdia do Porto em 2.7.1672

Provedor: Diogo Lopes de Sousa

Escrivão: António Tavares Leitão

Conselheiros: António Pinto Freire, Luís de Valadares Carneiro, doutor Manuel da Silveira Correia, Francisco Ferreira de Andrade, Manuel Pereira Ferreira e, «de segunda condição», Miguel Correia, André Pereira, ourives, Manuel Rodrigues, alfaiate, André Soares Robles, Cosme Veloso, António de Sousa, ensamblador

FONTES E BIBLIOGRAFIA

Fontes arquivísticas

Arquivo Histórico da Santa Casa da Misericórdia do Porto (AHSCMP) – *Eleições da Mesa da Misericórdia*, série D, banco 5, livro 2; *Livro de Lembranças das deliberações da Mesa da Misericórdia*, série D, banco 8, livro 5.

Bibliografia

FREITAS, Eugénio de Andrea da Cunha e; MENDES, António Lopes, 1990 – *Provedores e Escrivães da Santa Casa da Misericórdia do Porto*. Porto: Santa Casa da Misericórdia do Porto (datilografado).

GAYO, Manuel José da Costa Felgueiras, [1938-1941] – *Nobiliário de famílias de Portugal, Fac. simile* de impressão diplomática do original manuscrito existente na Santa Casa de Misericórdia de Barcelos. [Braga]: Agostinho de Azevedo Meirelles; Domingos de Araújo Affonso.

MORAIS, Cristóvão Alão de, [1667] 1943-1948 – *Pedatura Lusitana: nobiliário de famílias de Portugal*, publicado por Alexandre António Pereira de Miranda Vasconcellos, António Augusto Ferreira da Cruz, Eugénio Eduardo Andrea da Cunha e Freitas. Porto: Livr. Fernando Machado.

PINTO, Cónego António Ferreira, 1940 – *O Cabido da Sé do Porto. Subsídios para a sua História*, VI. Porto: Publicações da Câmara Municipal do Porto.

SILVA, Francisco Ribeiro da, 1993 – "O Porto e as Cortes no século XVII ou os concelhos e o poder central em tempos do absolutismo". *História – Revista da Faculdade de* Letras, II série, vol. X. Porto: Faculdade de Letras da Universidade do Porto, pp. 9-68.

SOUSA, António Caetano de, 1747 – *Historia genealógica da Casa Real Portugueza...*, tomo XII, parte I. Lisboa Occidental: na Officina de Joseph Antonio da Sylva, impressor da Academia Real.

FILOMENA MELO

Lopo Pereira de Lima

(? | ?, 31.3.1681)

Provedor da Santa Casa da Misericórdia
2.7.1673 | 2.7.1674

Balio de Leça.

Governador de Salvaterra do Extremo (?).

Grão-prior do Crato. Do Conselho do Rei.

Filho de Fernando da Silva Pereira e de D. Leonor de Melo.

Irmão de Diogo de Melo Pereira, balio de Leça e provedor da Santa Casa da Misericórdia do Porto (1659-1660).

Comendas de Rossas, Frossos, Rio Meão, Távora, Santar e Aboim.

Lopo Pereira de Lima, irmão do balio de Leça Diogo de Melo Pereira, de certo modo trilha o caminho aberto por ele, começando por acompanhá-lo, em vários momentos e acabando por lhe suceder, após o seu falecimento, no Baliado de Leça. Não só o emulou no seu percurso na Ordem de Malta, mas também, como ele, aderiu entusiasticamente ao partido de D. João IV. Por isso, lutou na defesa das fronteiras do Minho, de que Diogo era governador de armas, durante as Guerras da Restauração e com ele participou até numa incursão na Galiza, em 1641. Os seus esforços começaram a ser reconhecidos e recompensados, tendo sido nomeado governador de Salvaterra, persistindo a dúvida se seria Salvaterra do Extremo, e Prior do Crato. Recebeu ainda uma nomeação régia para o comando da guerra do Sertão, em Pernambuco, mas escusou-se desta pouco desejada honra pedindo autorização para ir a Malta onde, disse, deveria substituir o irmão.

Irmãos sempre próximos na vida, Lopo Pereira de Lima pretendeu que assim permanecessem na morte e mandou edificar na igreja de Leça o túmulo para o irmão Diogo, e para si próprio, onde veio a ficar sepultado uns anos depois.

Tal como Diogo de Melo Pereira fora provedor entre 1659-1660, alguns anos após o seu falecimento será a vez de Lopo Pereira de Lima ocupar aquele cargo, para o qual seria eleito a 2 de julho de 1673.

Lopo Pereira de Lima faleceu em 31 de março de 1681.

⁂

Embora designado *Livro de entradas gerais no Hospital Geral* (AHSCMP, *Entradas gerais no Hospital Geral*, Livro 1), este livro fornece outras informações sobre a vida da Misericórdia, para além das que o título deixaria supor. É por aqui que se sabe que o provedor Lopo Pereira de Lima e os Irmãos da Misericórdia estavam empenhados em promover uma empreitada de obras para melhoramento da capela do hospital, onde se dizia missa no pátio, ao ar livre. Alegando a falta de meios, a Misericórdia solicita ao Rei autorização para a obra e isenção do pagamento do selo. Num primeiro despacho, de 25 de setembro de 1673, é determinada uma vistoria ao local. Verificadas as condições em que o espaço se encontrava – «não esta decentemente e que não é lícito estar sem ser coberto e sem resguardo algum» – é aprovada a obra, por despacho de 29 do mesmo mês, por ser um melhoramento tido como «louvável reformação» (O original deste requerimento com os respetivos despachos encontra-se em *Cartas Régias*, Livro 7, fl. 192).

A 20 de março de 1674, a obra estaria já concluída, pois em resposta a novo requerimento da Casa, é finalmente concedida a isenção do selo e dada a autorização para se rezar missa neste espaço restaurado, que se considera ter ficado «muito melhorado e mais decente» (*Entradas gerais no Hospital Geral*, Livro 1).

Há registo de muitas reuniões da Mesa, mas durante os primeiros meses do mandato o provedor esteve frequentes vezes ausente, tendo sido até deliberado por esse motivo protelar uma decisão, em reunião de 12 de agosto de 1673, relativa a umas obras em casas contíguas à Misericórdia, não sendo matéria que pudesse ser tratada sem a presença do provedor, segundo requeria o Compromisso.

Ao longo de todo o mandato, as atas das reuniões revelam terem sido tratadas as matérias que habitualmente subiam à Mesa, como a provisão de cargos das capelas – e foram muitas, durante este período –, dos hospitais, cadeia e dos serviços da Casa, assim como da administração das propriedades e finanças da Misericórdia e dos legados a seu cargo.

Embora as atribuições de capelanias e substituições de capelães fossem comuns, como se disse, destaca-se que, em 1674, reunida a Mesa no dia 7 de março, procedeu-se à escolha de um novo capelão para o Hospital de Todos-os-Santos, por doença e incapacidade do capelão em exercício, padre Bento Pais, ele próprio internado no Hospital de D. Lopo, tendo sido designado o padre António Soares de Pinho, Irmão da Casa, que se ofereceu para essa missão.

Também frequente, apesar de ser um momento mais difícil para todos, era a expulsão de um Irmão, tendo ocorrido dois casos durante este período. A 9 de outubro de 1673 foi apreciado o caso de Mateus da Fonseca, que se «riscou». A 10 de junho do ano seguinte, tratou-se de apresentar os factos que levaram à expulsão do Irmão livreiro, António Gomes de Moura, que acabou por ser «riscado» por desobediência e desacato, ao persistir no intuito de abrir uma janela numa propriedade sua que dava para o Hospital de Santa Clara.

A 25 de março, o provedor propõe o afastamento da enfermeira e todos os serviçais do Hospital de D. Lopo de Almeida, por queixas recebidas contra eles, sendo chamados Gaspar Nunes e sua mulher Maria Fragosa para enfermeiros deste hospital, estabelecendo-se a respetiva remuneração e a contratação de serventes.

No dia 1 de abril daquele mesmo ano, o provedor reuniu com os conselheiros da mesa a fim de afastar o padre Gonçalo Marques da capela e lugar do coro, na sequência de atos de desobediência que a Mesa reprovou.

Todos estes registos do *Livros de Lembranças das deliberações da Mesa da Misericórdia* vinham sendo feitos por António Carneiro de Vasconcelos, conselheiro da Mesa, por ausência do escrivão eleito, Luís Freire de Sá. Como esta sua ausência se dilatava no tempo, a 4 de abril de 1674 é formalizada em mesa a autorização para António Carneiro de Vasconcelos assumir este encargo, de modo a legalmente poder fazer os registos nos livros da Misericórdia.

Logo no dia imediato, a 5 de abril, o provedor volta a reunir com os Irmãos mesários a fim de designar o novo capelão-mor, que recaiu na pessoa do padre João de Brito, por falecimento do licenciado Manuel Golias de Barros.

Outras questões mais comezinhas, mas igualmente complexas, eram apresentadas à Mesa para serem dirimidas pelo provedor, como o caso, apreciado a 17 de junho de 1674, relativo ao acerto de contas a fazer por falecimento de uma mulher, assistida pela Misericórdia, cujo marido se ausentara para Lisboa, por dívidas.

Mesa da Santa Casa da Misericórdia do Porto em 2.7.1673

Provedor: Lopo Pereira de Lima

Escrivão: Luís Freire de Sá

Conselheiros: António Carneiro de Vasconcelos, D. Garcia de Noronha, João de Figueiroa Pinto, Manuel Coelho Pereira, Gregório de Sousa Cirne e «de segunda condição» Baltazar Barbosa, cirieiro, Manuel das Neves, tanoeiro, Manuel Ribeiro, ourives de ouro, Gaspar Cardoso de Oliveira, mercador, Pedro de Freitas, mercador, Pedro Moreira, correeiro

FONTES E BIBLIOGRAFIA

Fontes arquivísticas

Arquivo Histórico da Santa Casa da Misericórdia do Porto (AHSCMP) – *Entradas gerais no Hospital Geral*, série A, banco 1, livro 1; *Eleições da Mesa da Misericórdia*, série D, banco 5, livro 2; *Livro de Lembranças das deliberações da Mesa da Misericórdia*, série D, banco 8, livros 5-6.

Fontes digitais

CELORICO, João – *Salvaterra e eu* (1.ª parte). Disponível em: <http://salvaterraeeu.blogspot.pt/2012/11/frei-lopo-pereira-de-lima-governador-de_13.html> [consultado em maio-julho de 2016].

CELORICO, João – *Salvaterra e eu* (2.ª parte). Disponível em: <http://tinyurl.com/hqqqljx> [consultado em maio-julho de 2016].

VECHINA, Sofia Nunes, 2015 – "A Comenda de Rio Meão, da Ordem de Malta. Elementos para o estudo do Património Artístico das Igrejas do seu Padroado na Época Moderna", in *IV Encontro Internacional de Jovens Investigadores em História Moderna/IV International Meeting of Young Researchers in Early Modern History*. Disponível em: <http://tinyurl.com/gvqb5ex> [consultado em maio-julho de 2016].

Fontes impressas

COSTA, António Carvalho da, 1706-1712 – *Corografia portugueza e descripçam topografica do famoso Reyno de Portugal, com as noticias das fundações das cidades, villas, & lugares, que contem....* Lisboa: Na Officina de Valentim da Costa Deslandes.

Bibliografia

BRANDÃO, Francisco de Azevedo, 2009 – "Dicionário Biográfico de Personalidades Feirenses", in *Vila da Feira – Terra de Santa Maria*, n.º 23. Santa Maria da Feira: Liga dos Amigos da Feira, pp. 75-99.

FREITAS, Eugénio de Andrea da Cunha e; MENDES, António Lopes, 1990 – *Provedores e Escrivães da Santa Casa da Misericórdia do Porto*. Porto: Santa Casa da Misericórdia do Porto (datilografado).

GAYO, Manuel José da Costa Felgueiras, [1938-1941] – *Nobiliário de famílias de Portugal, Fac. símile* de impressão diplomática do original manuscrito existente na Santa Casa de Misericórdia de Barcelos. [Braga]: Agostinho de Azevedo Meirelles; Domingos de Araújo Affonso.

MORAIS, Cristóvão Alão de, [1667] 1943-1948 – *Pedatura Lusitana: nobiliário de famílias de Portugal*, publicado por Alexandre António Pereira de Miranda Vasconcellos, António Augusto Ferreira da Cruz, Eugénio Eduardo Andrea da Cunha e Freitas. Porto: Livr. Fernando Machado.

FILOMENA MELO

Matias da Silva de Abreu

(Porto, ? | ?)

Provedor da Santa Casa da Misericórdia

2.7.1674 | 2.7.1675

Clérigo. Abade de Rossas.

Bacharel e Doutor em Cânones pela Universidade de Coimbra.

Conselheiro da Mesa da Santa Casa da Misericórdia do Porto (1665-1666).

Natural do Porto.

Filho de Belchior Pinto Pereira e de Isabel da Silva.

Sobrinho dos provedores da Santa Casa da Misericórdia do Porto António Pinto Pereira (1605-1606) e Baltazar Pinto Pereira (1627-1628).

Pelos documentos que se conservam nos Arquivos da Universidade de Coimbra sabe-se que Matias da Silva de Abreu, natural do Porto, se matriculou pela primeira vez naquela instituição de ensino a 15 de outubro de 1652, saindo bacharel em Cânones em 1657, e doutor dois anos depois. Terá seguido a carreira eclesiástica para a qual se formara pois, em 1674, torna-se abade de Rossas, no mesmo ano, aliás, em que é eleito provedor da Santa Casa da Misericórdia do Porto.

Como Irmão desta Confraria, vinha já exercendo algumas funções de relevo desde cerca de dez anos antes de ser Provedor: foi eleito deputado da Mesa saída das eleições de 2 de julho de 1665 e mais tarde eleitor em 1666 e 1668, pelo que tinha já algum conhecimento da Casa e do seu funcionamento quando foi eleito provedor em 2 de julho de 1674.

Por motivos que não estão explícitos na documentação, durante o ano do seu mandato esteve frequentemente ausente. Os *Livros de Lembranças das deliberações da Mesa da Misericórdia*, fonte privilegiada para desvendar o quotidiano da Misericórdia, revela o papel de cada provedor, no exercício do seu mandato.

Por essa via, sabe-se que a 9 de outubro de 1674, a Mesa reuniu, estando ausente Matias da Silva de Abreu, por motivos não assinalados. Nessa ocasião, deliberou-se enviar um emissário à Corte de Madrid, a fim de tratar de assuntos relativos a rendas que a Casa deveria auferir, sobretudo a cobrança dos juros que tinha de rendas na Galiza. Há que dizer que o acesso a estes rendimentos esteve longo tempo comprometido, por causa das Guerras da Restauração e enquanto não foi restabelecida a paz com Castela. Na reunião de 16 de dezembro, uma vez mais na ausência do provedor, os Irmãos da Mesa tomaram conhecimento das diligências feitas pelo referido emissário, que nessa altura já regressara de Madrid. Ainda neste mandato, o mesmo assunto é retomado na reunião de 5 de maio de 1675, a que o provedor também não compareceu. Esta questão não ficou encerrada e será objeto da atenção de futuros provedores e de novas diligências nos seus respetivos mandatos.

Há notícia do ingresso de dois legados significativos durante este período. Perante o provedor, na reunião de 7 de novembro, debate-se a questão da cobrança, em Milão, de uma quantia ali deixada em testamento a favor da Misericórdia e destinada ao Hospital. A aceitação de um legado proveniente da Baía, no Brasil, com obrigação de três missas diárias pelos testadores, foi também objeto de apreciação da Mesa, em reunião presidida pelo provedor, a 18 de junho de 1675.

Outros assuntos de menor monta, mas igualmente importantes para o funcionamento da Casa, foram levados à aprovação da Mesa. Por exemplo, a 9 de novembro, desta feita numa reunião presidida pelo provedor, este e os demais Irmãos da Mesa aceitam um candidato que se propusera para moço de sacristia, o qual não durará muito tempo na Casa e será substituído ainda durante este mandato, cerca de seis meses depois, concretamente a 23 de maio.

Ainda em novembro, no dia 25, não obstante a ausência do provedor, a Mesa reuniu-se com o propósito de substituir o solicitador das causas cíveis da Casa que, diziam, servia «com descuido» (*Livros de Lembranças*, Livro 6, fl. 27v). Certamente este assunto não ficou sanado porque voltou à Mesa já perto do término deste mandato, numa ocasião em que os Irmãos puderam contar com a presença do provedor. A 23 de junho de 1675 foi então eleito um novo procurador das causas cíveis, alegando-se a doença do precedente, que servia havia já cerca de dez anos.

No mês de dezembro decorreram duas reuniões. Numa primeira, no dia 20, sob a presidência do provedor – cuja assinatura, contudo, não consta nesta ata –, um pequeno número de mesários, a avaliar pelas escassas sete assinaturas naquele documento, reúne-se a fim de autorizar a concessão de dois empréstimos a juro, que tinham sido pedidos à Misericórdia. Na reunião de 27 de dezembro, uma vez mais na ausência do provedor, a Mesa delibera acerca da provisão de uma capela, um dos assuntos recorrentes na administração da Casa. Há que dizer que outra reunião para a provisão de uma capela do Hospital decorreu a 20 de maio de 1675 e que também o último ato registado deste mandato foi precisamente a provisão de mais quatro capelas, a 27 de junho de 1675.

Entretanto, a 3 de março de 1675, numa reunião sem a presença do provedor, deliberou-se unanimemente suportar os custos das obras na cozinha do Hospital D. Lopo, cuja chaminé ruíra. Também a Sala do Despacho, cujo travejamento estava em risco, foi objeto de obras adjudicadas durante este mandato, conforme se depreende da ata da reunião de 30 de maio de 1675, desta feita presidida pelo provedor.

Não raro, ocorriam casos em que o comportamento de determinados Irmãos era motivo de censura. O provedor reuniu com os Irmãos da Mesa a 7 de abril de 1675 para se pronunciar sobre um desses casos, resultando que foi «riscado» o Irmão Gaspar Fernandes da Silva, por alegada desobediência.

A 20 de junho, procedeu-se à provisão do cargo de juiz e enfermeiro da cadeia, em substituição do precedente que «fora na leva» (*Livros de Lembranças*, Livro 6, fl. 33).

Mesa da Santa Casa da Misericórdia do Porto em 2.7.1674

Provedor: Matias da Silva de Abreu

Escrivão: António Roiz Marques

Conselheiros: Luís de Valadares Carneiro, Nuno Barreto Fuseiro, doutor Vasco Garcia Moniz, cónego Luís Pacheco, Gonçalo Pinto Monteiro e «de menor condição» António Ramalho, mercador, António Ribeiro de Avidos, o velho, Pantaleão Pereira Lameda, Manuel Álvares de Araújo, Manuel da Fonseca, sangrador, António Aranha

FONTES E BIBLIOGRAFIA

Fontes arquivísticas

Arquivo da Universidade de Coimbra (AUC) – Índice de alunos da Universidade de Coimbra – Matias da Silva de Abreu.

Arquivo Histórico da Santa Casa da Misericórdia do Porto (AHSCMP) – *Eleições da Mesa da Misericórdia*, série D, banco 5, livro 2; *Livro de Lembranças das deliberações da Mesa da Misericórdia*, série D, banco 8, livro 6.

Bibliografia

FREITAS, Eugénio de Andrea da Cunha e; MENDES, António Lopes, 1990 – *Provedores e Escrivães da Santa Casa da Misericórdia do Porto*. Porto: Santa Casa da Misericórdia do Porto (datilografado).

MORAIS, Cristóvão Alão de, [1667] 1943-1948 – *Pedatura Lusitana: nobiliário de famílias de Portugal*, publicado por Alexandre António Pereira de Miranda Vasconcellos, António Augusto Ferreira da Cruz, Eugénio Eduardo Andrea da Cunha e Freitas. Porto: Livr. Fernando Machado.

FILOMENA MELO

Luís de Valadares Carneiro

(Porto, 1610 | Porto, 20.9.1681)

Provedor da Santa Casa da Misericórdia do Porto

2.7.1675 | 2.7.1676

Proprietário.

Assinante da Ata de Aclamação de D. João IV, no Porto. Responsável pela defesa das Fortalezas da Barra do Douro aquando da Guerra da Restauração. Procurador do Povo pela cidade do Porto nas Cortes de 1653. Vereador da Câmara do Porto.

Escrivão da Mesa da Santa Casa da Misericórdia do Porto (1658-1659). Provedor da Santa Casa da Misericórdia do Porto (1660-1661 e 1675-1676).

Natural do Porto.

Filho de João de Valadares Carneiro, provedor da Santa Casa da Misericórdia do Porto (1614-1615), e de Catarina Pereira.

Neto paterno de Álvaro de Valadares, provedor da Santa Casa da Misericórdia do Porto (1585-1586).

Casado com D. Ana do Amaral de quem teve quatro filhos, João, provedor da Santa Casa da Misericórdia do Porto (1680-1681), Maria, Sebastiana e António.

Fidalgo Cavaleiro da Casa Real (1661). Cavaleiro professo da Ordem de Cristo (1669). Morgado da Quinta de Oliveira.

No dia 2 de julho 1675 os Irmãos da Misericórdia reunidos em assembleia na igreja da Misericórdia, realizaram a eleição para a Mesa do Despacho do ano de 1675-1676, tendo sido eleito para provedor Luís de Valadares Carneiro e para escrivão Francisco Ferreira de Andrade.

No dia 25 de julho de 1675 foram eleitos para deputados do Definitório cinco Irmãos de maior condição: doutor João de Carvalho Henriques; doutor Francisco de Almeida Ribeiro, prior de Cedofeita; cónego Luís Pacheco; Gonçalo Pinto Monteiro; frei André Brás Marques e cinco de segunda condição: André Aranha, correeiro; Manuel da Fonseca, sangrador; António Ribeiro Laúndos; Pantaleão Pereira Lameda e António Ramalho (*Livro de Lembranças*, n.º 6, fl. 35v).

Luís de Valadares era um homem de prestígio, membro da família Valadares que havia mais de cem anos pertencia à Santa Casa da Misericórdia do Porto, contribuindo ativamente nas tarefas que lhes eram incumbidas, e com um percurso de vida ligado aos destinos da cidade do Porto, desde o período da Restauração, assim como aos destinos da Irmandade, sendo já experiente nestas andanças (até porque já fora provedor no ano de 1660-1661 e também já experimentara as tarefas de escrivão no ano de 1658-1659). Todos estes atributos devem ter pesado para a sua escolha para provedor (*Livro de Eleições da Mesa da Misericórdia*, n.º 2, fls. 24v, 27 e 49).

No entanto, quinze anos separavam os dois mandatos de provedor, e Luís de Valadares tinha agora cerca de 65 anos. Com a vida ativa que levara e a forma aguerrida e intensa com que tinha abraçado as causas políticas e pessoais, seria natural que pudesse sentir-se menos combativo, não foi o que constatámos. O *Livro de Lembranças* revela que a Mesa reuniu normalmente à quarta-feira e domingo, sempre em presença do provedor, e que foram registados 17 assentos relacionados com as suas decisões mais importantes.

Numa das primeiras reuniões desse ano da Irmandade (24 de julho) a Mesa do Despacho debruçou-se sobre uma matéria de grande importância para a Casa: o livramento dos presos. Esta era uma das obrigações definidas desde o primeiro Compromisso da Misericórdia e à qual os Irmãos davam a maior atenção. Desde a sua fundação que a Casa apoiava os presos pobres, fazendo com eles despesa avultada, tanto com a alimentação como com o livramento. A principal função do solicitador era a de correr com os seus processos de livramento. Qualquer descuido com estes processos poderia pôr em causa a defesa destes pobres presos e também poderia acarretar demoras na conclusão, despesas desnecessárias, ou a obtenção de uma pena menos conveniente.

A celeridade do processo judicial era importante porque acarretava também uma diminuição das despesas com a alimentação ou de outra ordem tidas com aquele preso. Em relação a este assunto a Casa estava descontente com o desempenho do solicitador dos Presos, José Gomes Salazar, havendo muitas queixas de omissão nos negócios que corria, e queixando-se os mordomos de que ele não cumpria com a sua obrigação. A Mesa foi de opinião que era da conveniência da Casa ter naquela função uma pessoa que fosse cumpridora e pontual. Assim, com o voto de todos, resolveram despedi-lo, admitindo de imediato outro que o substituísse, até porque os negócios dos presos eram urgentes e não podiam esperar pela seleção de outra pessoa. A escolha recaiu em Miguel Santibanhos que cumpria funções na Casa como solicitador das causas cíveis e que passou a acumular a função das Causas Crime, sendo-lhe paga esta nova ocupação conforme a diligência demonstrada. (CARDOSO, 2014: 111-115).

De todos os assuntos tratados em Mesa do Despacho nesse ano o principal relacionou-se com a cobrança dos Juros Perpétuos da Galiza, tema que trouxe muitas preocupações e despesas à Casa, debatido em três reuniões das quais ficaram os respetivos registos no *Livro de Lembranças* (fls. 36v-37v, 40v e 43v).

Os padrões de juro perpétuo sobre os Alfolins e Salinas de Vigo e Pontevedra e sobre as Alcavalas de Santiago, Lugo e Veiros tinham sido legados por D. Lopo de Almeida para serem aplicados no Hospital, e rendiam anualmente uma soma considerável (BASTO, 1999: 24-27 e 45). No entanto, como se localizavam no reino vizinho, a sua cobrança era dispendiosa e difícil, muito mais depois da Restauração – ou sempre que havia distúrbios na Galiza.

Naquele ano o principal problema com a cobrança dos juros estava relacionada com uma situação muito gravosa: o Rei entregara a outra pessoa os juros dos padrões perpétuos que pertenciam à Misericórdia desde 1584 por testamento de Dom Lopo de Almeida. Estes juros perpétuos estavam incorporados à Misericórdia do Porto, sob a forma de novos padrões passados em seu nome, desde respetivamente 25 de outubro de 1584, para os juros perpétuos situados em Vigo e Pontevedra, e 16 de janeiro de 1585, para os juros perpétuos de Santiago, Lugo e Veires (BASTO, 1999: 24-27). Havia ainda um outro problema: a coroa espanhola tinha lançado um novo imposto sobre todos os juros dos seus reinos, designados por *o quinto*, e que reduziu em muito o montante anual a receber.

Para resolver estes problemas a Mesa passada tinha contratado o padre Frei Marcelino do Sacramento para ir a Madrid fazer a cobrança dos ditos juros referentes ao ano de 1674-1675.

O padre fora a Madrid acompanhado de D. Alonso Correia de Sotomaior, da quinta de Salzedas, munido de uma carta de procuração.

Este assunto foi tratado na Mesa do dia 7 de agosto de 1765, na presença do padre Frei Marcelino do Sacramento, a quem o provedor pedira para estar presente. Nessa reunião dos conselheiros foi exposto que o padre tinha regressado da Galiza, tendo concluído com sucesso a missão que lhe tinha sido encarregue, entregando em Mesa o dito dinheiro do juro cobrado aos administradores, ao qual abatendo-se as taxas da meia anata e quintos, ficavam 90 892 reais. O escrivão Francisco Ferreira de Andrade continuou o assento registando as despesas havidas com a recolha deste dinheiro: a este montante de dinheiro teriam que subtrair as despesas com a compra das letras, assim como com a jornada do dito padre, 33 500 réis, de que já tinha recebido 30.000 réis antes da partida, dinheiro esse que tinha ficado registado no *Livro da Bolsa do ano de 1674-75*, ficando-se-lhe a dever 3 500 réis. Os Irmãos da Mesa concordaram em mandar-lhe pagar o remanescente pelo *Livro da Bolsa* do dito ano, ficando assim saldada a conta da dita jornada.

Neste ponto o padre Frei Marcelino recordou à Mesa que quando o tinham mandado à Corte de Madrid não taxara o salário, de 500 réis ao dia, para si e para o seu companheiro, assim como para um moço que levou para fazer os pagamentos, correr com o dinheiro e outros serviços. Explicou ainda que tanto ele como o seu companheiro tinham ficado doentes e que o salário não chegara para o sustento e para os gastos com as doenças e que por esse motivo se empenhara em mais de 40 000 réis, e que tudo o que relatava era verdade e que portanto estava disposto a jurar. Disse ainda que lhe tinham sido consignados pela Casa uns gastos secretos, que tinham ficado registados em assento aquando da sua ida a Madrid, e que não os estava a incluir na despesa da jornada.

Em relação a estas despesas a Mesa, depois de tomar informação dos Irmãos da Mesa anterior, deliberou uniformemente mandar pagá-las: «parecia justo mandarem-se-lhe pagar os ditos 40 000 réis pelo seu desempenho principalmente estando a cobrança feita e a Casa de posse dos ditos juros que ele dito padre foi cobrar por serviço de Deus, sem salário algum. Assim concordaram todos em lhe pagar os ditos 40 000 réis e porquanto a cobrança dos ditos juros se fez muito diminuta a respeito dos quintos, e meias anatas, com que se vem a cobrar duas partes menos dos ditos juros e convinha acudir se a Madrid com toda a brevidade Requerer a Sua Majestade católica a Reserva dos ditos tributos como concedeu no tempo em que se cobravam antes da aclamação deste Reino, e com essa declaração serem passados os padrões deles, por serem aplicados aos Hospitais». Os Irmãos em Mesa mais uma vez concordaram que tal despacho por parte do Rei de Espanha só poderia ser alcançado por «diligência do dito Religioso e seu incansável zelo e experiência que tem neste negócio pela assistência que fez em Madrid, a brevidade com que conseguiu o negócio». No final do assento ficou registado o convite ao padre Frei Marcelino do Sacramento para que fosse de novo a Madrid tratar do dito despacho real, o que o padre aceitou.

Em reunião da Mesa de 12 de fevereiro de 1676, voltam a tratar o mesmo assunto dos Juros Perpétuos da Galiza. No assento desse dia referem que, tendo ido cobrar os juros da Galiza, estes tinham sido diminuídos para a metade e que este montante tinha sido ainda mais diminuto porque lhe tinha sido deduzida a quinta parte, um novo tributo que o Rei de Espanha impusera a todos os juros dos seus reinos, excluindo apenas desta imposição os juros referentes aos hospitais dos seus reinos. Pelo exposto

> convinha muito aos escravos de Deus e utilidade desta Casa ir se a Madrid requerer que na Reserva deviam entrar estes juros por serem aplicados ao Hospital de Dom Lopo de Almeida, por se curarem nele em todo o tempo todos os Vassalos do dito Rei; quando a necessidade os obrigou a valerem se do dito Hospital, e porque nos padrões dos ditos livros se declarou seriam sempre isentos de tributo por serem aplicados aos pobres do dito Hospital; e porquanto o Padre Frei Marcelino do Sacramento havia já ido a Corte de Madrid após correntes estes juros, e com efeito fez uma notável obra em os tirar das pessoas a quem el Rei da Espanha os havia dado, e os Restituiu a esta santa casa e por falta de tempo não pode tratar do Requerimento da Reserva se pedia ao dito Religioso fosse a dita corte de Madrid tratar do dito Requerimento.

O padre foi chamado, aceitando esta nova tarefa. Os Irmãos forneceram-lhe os documentos necessários para tratar do dito requerimento e que em relação ao «seu trabalho e diligência haveria respeito esta Casa para os satisfazer além das despesas que neste requerimento fizesse, e as do Religioso, dizendo-lhe que a Casa pagaria todas as despesas que fizesse com o dito requerimento» assim como as suas despesas. E entregaram-lhe um crédito de 100 000 réis para o mais que fosse necessário. Para realizar esta viagem o padre frei Marcelino obteve no mês seguinte um breve do Núncio Apostólico do reino, confirmado pelo padre Provincial. Em 17 de junho de 1676 terminou com sucesso o assunto da restituição dos juros da Galiza que tinham sido tributados com os quintos, tendo o padre frei Marcelino do Sacramento recebido de alvíssaras 14 000 réis.

Neste assento o escrivão Francisco Ferreira de Andrade refere-se também a uma viagem realizada pelo dito padre e por Jorge Fernandes de Sousa à Galiza para receber os juros perpétuos da Galiza do ano, o que não o conseguiram na totalidade porque ainda não era o momento de alguns dos padrões estarem a pagamento. Foi um processo recheado de vicissitudes em que participou de novo D. Alonso Correia de Sotomaior morador na Quinta de Salzedas, a quem a Misericórdia passou de novo procuração para fazer a dita cobrança, incluindo outros participantes, como o primo de D. Alonso, Gonçalo Pereira Sotomaior, alcaide-maior de Caminha, e uma outra pessoa que nada pôde fazer porque estava presa em Caminha. Dos 400 000 que a Casa deveria ter recebido dos padrões de juro perpétuo sobre os *Alfolins* e Salinas de Vigo e Pontevedra e sobre as *Alcavalas* de Santiago, Lugo e Veiros, naquele ano de 1676, acabou recebendo líquidos 176 400 depois de abatidas todas as despesas com a sua cobrança.

Os restantes assentos do *Livro de Lembranças* referem-se sobretudo a assuntos habituais e mais frequentes tais como: o provimento de padres em serviço de missas em capelas instituídas na Casa; a nomeação de um Sacristão da Casa e de dois moços para a sacristia; a dádiva, por uma mulher do Barredo, de 19 lençóis para a enfermaria dos homens do Hospital de D. Lopo de Almeida; a compra de umas casas a Simão Jaime de Veiga; a recolha no Hospital dos Entrevados de um negro forro que pertencera a António da Costa, Boticário da Casa; a venda do direito a que a Casa tinha de uma negra que Gregório Baldas deixara à Misericórdia.

O assento de 20 de fevereiro de 1676, registado no *Livro de Lembranças* (fl. 39-39v), é, no entanto, digno de nota porque institui uma nova ocupação, a do capelão dos Moribundos do Hospital de D. Lopo de Almeida, o qual passamos a transcrever:

> Assento que se fez com o Reverendo Domingos Barreto Abade da Lustosa sobre o Padre Manuel Correia assistir aos moribundos do Hospital de Dom Lopo de Almeida. Aos vinte dias de Fevereiro do ano de seiscentos e setenta e seis nesta casa do despacho da misericórdia estando presentes o provedor Luís de Valadares Carneiro com os conselheiros abaixo assinados foi proposto, que o dito Reverendo Domingos Barreto Abade de Lustosa informado do desamparo com que faleciam os enfermos do Hospital de Dom Lopo de Almeida por falta de sacerdote que lhes assistisse e ajudasse a bem morrer, queria ajudar a fazer esta obra de santa caridade e serviço de Deus dando a esta casa mil cruzados com obrigação do provedor e mesa que de presente são e adiante forem darem vinte mil réis em cada um ano a um sacerdote que assista à dita obrigação de bem morrer porque na capela do Reclamador do Hospital estava nomeado o Padre Manuel

> Correia, sujeito em quem concorriam todas as partes de piedade zelo e caridade para fazer esta obra de misericórdia de assistir aos moribundos a ele se devia encarregar esta ocupação parecendo assim ao provedor e Mesa e por voto de todos uniformemente se assentou que o dito padre Manuel Correia assistisse a dita obrigação pelo conhecimento que havia de seu préstimo o exemplar cuidado e que para com mais facilidade exercitar esta obra de misericórdia habitasse continuadamente em o dito hospital aonde se lhe daria casa em que vivesse, e no dito hospital se lhe faria de comer pela cozinha sem lhe descontar lenha nem o salário das serventes, e para seu sustento se lhe dariam os ditos vinte mil réis em cada um ano; e por estar presente o Reverendo Domingos Barreto Abade da Lustosa disse que brevemente esperava entregar na casa os ditos quatrocentos mil réis e no entretanto que os não entregava com correria com os Réditos à razão de cinco por cento ficando a casa obrigada a em todo o tempo do mundo aplicar os ditos vinte mil réis para a dita assistência dos moribundos e a os não usar em outra coisa, e com condição de se aplicarem aos Capelães que sucederem na dita Capelania do Reclamador que sempre será provido em sujeito capaz de assistir a esta obrigação dos moribundos e sempre morarão no dito hospital a quem parecendo pelo tempo adiante que se pode dar outra forma mais conveniente do que neste assento se fará em ordem a melhor cumprimento desta obra de misericórdia poderão os provedores e mesa fazer o que lhes parecer mais serviço de Deus e bem das almas dos ditos enfermos aplicando-se sempre este legado e ocupação e assistência dos moribundos, e sendo chamado à mesa o dito Padre Manuel Correia aceitou esta obrigação na forma relatada de que tudo se fez este assento que assinou; o dito Reverendo Domingos Barreto com o provedor e mesa, e eu Francisco Ferreira de Andrade escrivão da casa o escrevi.

A ocupação de capelão dos Moribundos do Hospital de D. Lopo de Almeida foi muito importante no Hospital de Dom Lopo e nunca mais deixou de ser cumprida pela Misericórdia do Porto, ao longo dos anos os Irmãos tratarão de regulamentar ainda mais esta ocupação e em setecentos encontramos também muitos assentos que lhe fazem referência. Era uma ocupação que obrigava o padre a um apoio constante de tal forma que para não faltar às suas obrigações passou mais tarde a estar escusado de participar nas procissões da Casa e no Cortejo dos Padecentes. (CARDOSO, 2014: 237-238 e 317).

Já perto do fim do ano da Irmandade, no dia 21 de junho de 1676, um domingo, reuniu a Mesa do Despacho, com alguns dos deputados tendo, no entanto, um assunto pouco agradável para tratar: decidir se acusavam uns réus do furto da «vestimenta e sabastras de prata do frontal» da veste que o padre André Coutinho deixara à Casa. Depois de feita a devassa as autoridades tinham trazido à Casa do Despacho os presos culpados do furto, José Gomes Salazar, que fora solicitador da Casa, a sua sogra e o seu filho Manuel, perguntando se a Casa os queria acusar. O provedor colocou o problema aos conselheiros, questionando-os se seria conveniente acusá-los, e estes juntamente com os deputados presentes decidiram por unanimidade que, atendendo aos suplicantes terem servido a Casa e atendendo também a outros motivos, como a sua pobreza, não os acusariam quanto ao crime e que depois «só civilmente poderiam tratar da cobrança e restituição de tão grande perda» (*Livro de Lembranças*, n.º 6, fl. 44 v).

Mesa da Santa Casa da Misericórdia do Porto em 2.7.1675
Provedor: Luís de Valadares Carneiro
Escrivão: Francisco Ferreira de Andrade

FONTES E BIBLIOGRAFIA

Ver páginas 717-719.

FILOMENA MELO
MARIA TERESA CARDOSO

João Freire Antão

(Porto, 12.4.1637 | Porto, 30.12.1714)

Provedor da Santa Casa da Misericórdia do Porto

2.7.1676 | 2.7.1677

Proprietário.

Cónego prebendado da Sé do Porto (1659). Deão do Cabido do Porto (1677-1708). Vigário capitular da diocese do Porto (1708-1714).

Provedor da Santa Casa da Misericórdia do Porto (1676-1677, 1695-1696 e 1700-1701). Conselheiro da Mesa da Santa Casa da Misericórdia do Porto (1687-1688, 1691-1692, 1702-1703, 1706-1707 e 1708-1709).

Natural do Porto.

Filho de Antão Gonçalves e de Catarina Freire.

Neto de Antão Gonçalves mestre de galeões. Sobrinho do capitão Manuel Lopes Nausinha, instituidor do vínculo de Nausinha. Tio-avô de Jerónimo de Távora Leme e Cernache, seu sucessor como deão no Cabido do Porto, e de Vicente Noronha Leme Cernache, cavaleiro da Ordem de Malta, ambos figuras de renome da cidade do Porto no século XVIII – e também eles provedores da Misericórdia.

Senhor da Casa de Vandoma, morgado de Nausinha.

João Freire Antão nasceu em 12 de abril de 1637, na Rua Nova, freguesia de São Nicolau, no Porto (*Registos de Batismos*, fl. 149v). A sua família paterna oriunda de Azurara residia em São Martinho do Ouro e estava há várias gerações ligada à vida marítima – o pai, Antão Gonçalves, o avô, Manuel Lopes Nausinha, e o bisavô, Antão Gonçalves foram mestres de galeão, enquanto os tios Manuel Lopes Nausinha e Sebastião Lopes Flores foram capitães (*Registos de Óbitos*, fl. 64v). Destes últimos, o tio, Manuel Lopes Nausinha (1593-1660) instituiu o morgado de Nausinha e Sebastião Lopes Flores foi o primeiro administrador desse vínculo, tendo falecido em 1663 (CAMPO BELO: 1974: 253-254). A mãe, Catarina Freire, era filha de João Fernandes e de Domingas Jorge (CAMPO BELO, 1974, 253-254).

João Freire Antão foi o quinto de 11 filhos do casal, e nasceu na Rua Nova. Dos irmãos que chegaram à vida adulta, duas irmãs, Serafina do Céu (nascida em 1633) e Paula (nascida em 1643), professaram no convento de Santa Clara de Vila do Conde, Manuel Freire Antão (1626-1668) foi cónego mestre-escola do cabido, Francisco Freire casou com D. Maria dos Reis Matos, sem descendentes, Jacinto Freire casou e morreu muito jovem sem descendentes (1647-1667), Isabel Maria Freire, nascida em 1646, casou com o capitão Roque Pires Picão, senhor da Quinta do Freixo, de que nasceu D. Micaela Antónia Freire, a perpetuadora da família (CAMPO BELO: 1974: 253-256; GAYO, 1938, Costados I, 303-304).

Provavelmente por influência do tio materno Pantaleão Freire, que era licenciado em Cânones e ocupava o cargo de cónego mestre-escola do cabido do Porto (CAMPO BELO: 1974: 253-254), e também do irmão Manuel Freire de Antão, que em 1652 sucedeu ao tio no cargo do cabido (PINTO: 1940: 126), João Freire Antão enveredou pela vida eclesiástica, tendo frequentado a Universidade de Coimbra por algum tempo, ainda que não haja notícia de que tenha concluído grau (PINTO: 1940: 98-99).

Com 22 anos tomou posse de um canonicato que estava vago por resignação do cónego Leonardo Marques da Cruz, tornando-se cónego prebendado da Sé do Porto (PINTO: 1940, 96).

O ano de 1659 foi um ano marcante para João Freire Antão já que, seguindo as pisadas do seu tio materno, iniciou o ambicionado percurso no Cabido do Porto, passando a fazer parte do clero da catedral – autêntica aristocracia do clero secular – e a ter rendimentos próprios. Não foi, contudo, desprovido de infelicidade, já que a 29 de dezembro o seu pai, Antão Gonçalves, falece, deixando ainda uma série de filhos muito jovens.

Em 1675, João Freire Antão candidatou-se ao cargo de comissário do Santo Ofício no Porto, vago por morte de D. Francisco de Almeida Ribeiro, prior da Colegiada de Cedofeita. A carta de habilitação ao cargo foi escrita por Manuel Correia Cardoso, cónego prebendado da Sé do Porto, que intercedeu pelo suplicante.

> D. Manoel Correia Cardoso o cónego prebendado na Sé do Porto natural de São Martinho de Mouros diz que na dita Cidade do Porto está vago o cargo de Comissário do Santo oficio e porque ele suplicante tem as partes Requisitadas para ele e deseja servir este Tribunal, pede a Vossas Senhorias lhe façam muito querer provê-lo no dito cargo [...].

Além de João Freire Antão, e entre outros distintos candidatos, apresentou-se também a este cargo André Pereira Pinto (que viria a ser provedor da Misericórdia do ano de 1677-1678) enquanto cónego magistral do Cabido – portanto com um cargo de maior destaque, uma dignidade. Talvez por esse mesmo motivo a escolha para comissário do Santo Ofício tenha recaído então em André Pereira Pinto (*Tribunal do Santo Oficio*, Conselho Geral...).

Por renúncia de António Rosendo da Cunha, João Freire Antão foi eleito deão a 18 de janeiro de 1677 (PINTO: 1940: 96), ascendendo assim à mais alta dignidade capitular, ao topo da hierarquia do Cabido do Porto e auferindo rendimentos altíssimos. Durante o seu longo deado, de mais de 30 anos (1677-1708), passaram três bispos pela Mitra do Porto: D. Fernando Correia de Lacerda (1673-1683); D. João de Sousa (1683-1696) e frei José de Santa Maria de Saldanha (1697-1708).

Nem sempre o convívio com estes dignitários foi fácil e surgiram alguns conflitos, registados nos livros do cabido. Destaca-se em particular o bispo D. João de Sousa, com quem surgiram alguns momentos de grande tensão. Por causa de uma contenda relacionada com o uso das cadeiras capitulares pelo provisor e pelo vigário geral diocesanos (a que o deão se opôs veementemente) andou o cabido desavindo com a Mitra durante anos, e o problema só foi resolvido mais tarde (1699) no Tribunal da Nunciatura, com a intervenção pelo lado do deão de dois advogados de renome, o célebre Dr. Manuel Álvares Pegas de Lisboa e o Dr. Valério Farinha, lente de Cânones e cónego doutoral do Cabido (PINTO: 1940: 97).

Num outro momento o bispo D. João de Sousa deu ordem para que tocassem o sino Jerónimo aquando da morte de alguém importante, mas que não pertencia ao Cabido. Mais uma vez o problema gerou divergências e troca de ofícios, até porque o toque dos sinos da Catedral estava sujeito a um regulamento muito minucioso e aquele sino específico só era tangido em algumas festas e nas exéquias de bispos ou de cónegos e beneficiados do cabido (COUTO, 1936, IV: 126-130; PINTO: 1940: 97-98).

O deão teve também contenda com a Câmara, relacionada com as cadeiras que lhes estavam destinadas na igreja catedral para ouvir o sermão (COUTO, 1936, IV: 126-130; PINTO: 1940: 98).

O deão João Freire Antão «foi pessoa de grande destaque no ambiente religioso e social do seu tempo. Estrénuo defensor dos privilégios do Cabido, não hesitou em recorrer à Justiça, sempre que os considerava contestados ou diminuídos» (CAMPO BELO: 1974: 256-257).

Enquanto deão participou no Sínodo Diocesano de 1687, cabendo-lhe a honra de cantar a missa numa das solenidades (CAMPO BELO,1974, 257). No exercício das suas funções no Cabido deslocou-se a Roma, de onde trouxe um riquíssimo paramento de missa que, em testamento, legou ao sobrinho-neto – e seu sucessor no cargo de deão – D. Jerónimo de Távora Noronha Leme e Cernache, nos seguintes termos:

> «o meu ornamento bordado de ouro que trouxe de Roma com todos os seus preparamentos» (*Cartório Notarial*, n.º 83, fl. 90).

Com a morte do bispo D. José de Maria Saldanha, em 28 de setembro de 1708, foi eleito vigário capitular, tendo resignado à dignidade de deão no sobrinho neto Jerónimo de Távora Noronha Leme e Cernache em 7 de novembro de 1711.

É importante aqui realçar que a família do deão esteve relacionada com o Cabido portuense pelo menos desde meados do século XVII até meados do século XVIII, detendo vários lugares no Cabido, entre os quais o cargo de mestre-escola (desempenhado pelo tio, Pantaleão Freire, que resignou em Manuel Freire) e o cargo de deão (desempenhado por João Freire desde 1677 e que depois resignou no sobrinho-neto, Jerónimo de Távora Noronha Leme e Cernache) (PINTO, 1940: 39).

De herança dos pais recebeu umas casas na Rua do Redemoinho. Por morte do irmão, Manuel Freire Antão, em 1668, recebeu uma outra casa na mesma rua, para onde foi viver. De 1690 a 1693 comprou na Rua do Redemoinho três casas contíguas às que já aí possuía. Em 12 de outubro de 1690 compra a casa do licenciado Diogo de Castro Pinto (*Administração de Testamentos e Nota Privativa*, fls. 199v-200), em 18 de maio de 1693 a casa do reverendo António do Couto, abade da Sé (*Administração de Testamentos e Nota Privativa*, fls. 51-54) e em 25 de junho de 1693 compra uma casa ao mercador José Leitão de Braga (*Administração de Testamentos e Nota Privativa*, fls. 100-102). Entre 1695 e 1696 João Freire Antão manda demolir todas as casas que aí possuía, seguindo-se a construção na totalidade do espaço de uma sumptuosa casa denominada Casas Nobres de Vandoma ou Casa do Arco de Vandoma para onde foi residir (FERNANDES, 2006, I: 10). Esta casa foi uma das mais importantes casas nobres seiscentista da cidade, estando dotada de interiores ricamente decorados (ALVES, 2001: 64; CAMPO BELO, 1985: 523).

A Rua do Redemoinho, localizada no alto do morro da Sé e desenhando uma longa curva por trás dela, era também chamada Rua dos Cónegos já que a maioria dos seus proprietários ou foreiros eram cónegos da Sé. Era uma rua distinta, onde também viviam ou possuíam casa importantes famílias do Porto como os Alcoforado, que viviam na Casa das Colunas, mesmo em frente ao deão, os Costa Lima, os Freire Andrade, os Madureira Cirne e outros (FERNANDES, 2006, I: 5-6, 26-27 e 32).

Por morte do Irmão, Francisco Freire, segundo administrador do morgado e vínculo do Nausinha, assim como da sua viúva, D. Maria dos Reis Matos, João Freire Antão sucede na posse do morgado e vínculo em 1695 (*Cartório Notarial*, n.º 200, fl. 131v).

João Freire Antão soube administrar os bens herdados e usou os avultados rendimentos provenientes dos seus cargos para acrescentar a sua riqueza. Nos livros dos tabeliães do Porto ficaram registados muitos contratos em que interveio ao longo da sua vida comprovando que não só possuía muitas propriedades como administrava com sagacidade a sua fortuna, fazendo uso, inclusive, do empréstimo a juro. A título exemplificativo percorreremos alguns fólios de um desses livros relacionados com os seus negócios para os anos de 1695 e 1696 (Cartório Notarial, n.º 200, fl. 131v a 170) (CAMPO BELO, 1974: 255-256).

Fólio 131v.- 23.8.1695 – Contrato de empréstimo de 2000 cruzados pelo vínculo de Nausinha, a juro de 5% ao mercador Domingos Álvares da Cunha da Praça da Ribeira;

Fólio 144 – 2.9.1695 – Escritura de empréstimo de 50.000 réis a juro de 5% a António Borges, morador na Rua de Cimo de Vila;

Fólio 162 – 15.9.1695 – Escritura de quitação a Gabriel de Sá, lavrador, da freguesia de S. Martinho de Outeiro, de 21 medidas de milho e 21 de centeio e 8 carros de achas de lenha, impostos no Casal da igreja de S. Martinho do Outeiro;

Fólio 170 – 23-09-1696 – Escritura de empréstimo de 50 000 réis a juro de 5% a Manuel Gomes da Graça, oficial de alfaiate, e a sua, mulher, Luísa da Costa, moradores na Rua dos Banhos.

João Freire Antão manteve fortes laços de amizade com a sua família. Foi ele que celebrou, na igreja de S. Pedro de Miragaia, em 14 de fevereiro de 1662, o casamento da irmã Isabel Maria Freire, com o capitão Roque Picão, fidalgo da Casa Real, cavaleiro professo na Ordem de Cristo, senhor da Quinta do Freixo, filho do capitão António Pires Picão, piloto das naus da Índia, e de Maria Carvalha Carneiro. Deste casamento nasceu D. Micaela Antónia Freire (1667-1753), a única filha do casal e que João Freire Antão acompanhou durante o crescimento, assim como aos seus filhos, seus sobrinhos-netos. Destes são dignos de destaque: Jerónimo de Távora Noronha Leme e Cernache, sucessor do tio-avô como deão do Cabido; Francisco de Távora e Noronha Leme Cernache e Vicente de Távora de Noronha, cavaleiro da Ordem de Malta e embaixador do grão-mestre D. António de Vilhena (CAMPO BELO, 1985: 11-12, 525-531; FERNANDES, 2006, I: 175-176).

Revelou sempre grande preocupação com os órfãos e os necessitados. Praticou também a sua generosidade com várias pessoas que o rodearam ao longo da vida, tendo doado ao seu procurador (1711), o capitão Manuel da Costa Lopes, como forma de agradecimento pela sua lealdade e dedicação ao longo de mais de 40 anos, a sua Quinta da Oliveira, localizada na freguesia da Sardoura, concelho de Paiva (*Cartório Notarial,* n.º 228, fl. 290) e deixando ao seu criado (1714), José de Oliveira Roiz que «lhe tinha assistido em suas casas muitos anos e assiste em seu serviço com todo o amor e fidelidade», umas casas na Rua de Trás (*Cartório Notarial,* n.º 167, fl. 55v; CAMPO BELO, 1974: 259).

Preparando a sua partida deste mundo, contratou com os padres de S. Francisco para que lhe cedessem a capela de Nossa Senhora do Pé da Cruz com a sua ária e sepultura, localizada na portaria do convento, comprometendo-se a fazer obras na dita portaria e a pagar anualmente 45 800 réis para os padres celebrarem por sua alma uma missa rezada quotidiana e uma missa cantada no dia da Ascensão.

No seu testamento, escrito em 12 de maio de 1711 (*Cartório Notarial,* n.º 83, fl. 90), nomeou D. Micaela Antónia Freire sua herdeira universal e impôs um vínculo de todos os seus bens: propriedades, prazos e numerosas peças de prata e ouro (o que foi cumprido em 29 de outubro de 1749). Determinou que ela e os seus dois filhos mais velhos fossem os seus testamenteiros.

Deixou ainda legados às três sobrinhas-netas, freiras no Convento de Santa Clara do Porto, além de legados a outras várias pessoas. Determinou assim que fossem entregues: 100 000 réis ao Cabido para repartir pelos seus membros, por horas mal rezadas e faltas que tivesse tido e 20 000 réis ao pároco da igreja da Sobreira para distribuir pelos pobres. À Santa Casa da Misericórdia, conhecedor dos seus problemas, deixou 100 moedas de ouro (480 000 réis) para serem postos a render e o juro anual ser distribuído pelos pobres do Hospital D. Lopo de Almeida.

Deixou ainda mais legados de 10 000 réis aos padres capuchos de Santo António de Vale de Piedade, aos capuchos de Azurara, aos capuchos de Arrifana de Sousa, às madres Carmelitas do Calvário do Porto, aos padres da Congregação de Santo António da Porta de Carros e aos padres de S. Francisco. No seu longo testamento destinou que fossem feitas 3000 missas pela sua alma na Igreja da Sé e mais 10 missas, uma em cada altar, todas de tostão, tratando ainda das últimas disposições relacionadas com o seu funeral (CAMPO BELO, 1974: 260-263).

João Freire Antão faleceu nas Casas Nobres de Vandoma, sua sumptuosa e senhorial residência, em 30 de dezembro de 1714 e foi a sepultar no arco cruzeiro da Sé, em hábito de sacerdote (*Registos de Óbitos*, fl. 35; CAMPO BELO, 1974: 263).

No dia 2 de julho 1676 os Irmãos reunidos em assembleia na igreja da Misericórdia realizaram a eleição para a Mesa do Despacho do ano de 1676-1677, tendo sido eleitos para provedor o deão João Freire Antão, para escrivão Jerónimo de Magalhães, para conselheiros de primeira condição o doutor Gervásio do Sal de Almeida, o cónego André Pereira Pinto, João de Valadares Carneiro, João Pinto Pereira e António Carneiro de Vasconcelos e para conselheiros de segunda condição Manuel Ribeiro, ourives; Manuel da Fonseca Moreira, sangrador; André da Silva Machado; Francisco Ramos, cordoeiro; Gaspar Fernandes Urbano; Baltasar Barbosa, cerieiro (*Livro de Eleições da Mesa da Misericórdia*, n.º 2, fls. 50-51).

Em 25 de julho foram eleitos os deputados da Junta do Definitório para o ano de 1676-1677 os Irmãos de maior condição, abade Matias da Silva Abreu, doutor Marcos de Andrade, desembargador dos Agravos, Bernardo Ferraz de Melo, D. Fernando Henriques e Bento Ribeiro Torrado, e, de segunda condição, Miguel Correia, mercador, António Ribeiro de Avis,o Novo, Cosme Veloso, André Pereira, ourives e Domingos Ribeiro Cascais.

Passado um mês sobre o início de funções da Mesa do Despacho faleceu o conselheiro António Carneiro de Vasconcelos. Na reunião de 5 de agosto de 1676 o provedor João Freire Antão propôs à Mesa a escolha do Irmão Cristóvão Alvo da Cunha para ocupar o cargo e «todos os irmãos conselheiros viram ser aquele irmão bem eleito, na falta do irmão que faltava», e votaram unanimemente na eleição do novo conselheiro.

Ao longo deste ano foram riscados alguns Irmãos. O primeiro caso ficou registado no assento da reunião da Mesa de 2 de agosto de 1776 e o escrivão registou que «Manuel Teixeira Delgado estava preso por lhe imputarem um crime de furto em razão do qual não podia ser Irmão, antes devia ser riscado, na forma do dito Compromisso, no capítulo segundo que dispõem que sendo preso ou convencido para algum grave crime que mereça pena vil, e porque este era, devia ser riscado».

A razão invocada para a exclusão prendia-se com a transgressão do disposto no capítulo segundo do Compromisso vigente o Compromisso de 1646, onde se dizia que o Irmão devia ser de «boa fama, temente a Deus de modéstia e caridade cristã, de limpo sangue sem infâmia nem crime». A Mesa entendia que o crime de que era acusado este Irmão, crime de furto, seria sancionado com pena vil e mesmo que não fosse dado como culpado ficava manchado pela infâmia, não podendo pertencer à Irmandade.

Nos restantes casos ocorridos ao longo do ano, as razões invocadas para a exclusão foram sempre a recusa de cumprimento de cargos para que tinham sido nomeados, o que naturalmente estava contra o Compromisso, nomeadamente contra o que ficara definido no capítulo 3.º – «Das obrigações dos Irmãos». O mesmo compromisso definia ainda no capítulo 4.º – «Das causas por que hão-de ser despedidos os Irmãos», que os Irmãos podiam ser despedidos se usassem de más palavras, se desobedecessem ao provedor ou à Mesa ou se dessem má conta dos seus cargos.

No dia 13 de dezembro de 1676, o provedor expôs à Mesa que o Irmão Vicente Carneiro de Vasconcelos, mordomo do Hospital de D. Lopo de Almeida para aquele mês, aparecera na Casa muito transtornado dizendo que o padre capelão do dito Hospital «o não tratava com o devido respeito» e que tendo outro capelão lhe pedido para entregar uma alva para dizer a missa como não quisesse fazê-lo lhe perdera o respeito o mandara a ele ir buscá-la para entregar ao outro capelão «e que nisto lhe perdera o respeito a ele mordomo do Hospital, e que por isso trazia as chaves para mais não servir de mordomo». Depois de chamado o padre em causa e apuradas as circunstâncias de tal acontecimento decidiram riscar de Irmão o dito mordomo por este se ter revelado indigno de servir nela.

Na mesma reunião o provedor propôs à Mesa que o Irmão Bento da Costa mercador na Fonte Aurina eleito para mordomo da bolsa daquele mês mandara um criado seu servir por si o dito cargo. Tentando resolver o assunto o provedor «lhe escrevera um escrito pedindo-lhe quisesse servir de mordomo da bolsa por serviço de Nossa Senhora, ele Bento da Costa lhe não respondera, senão de palavra, despedindo-se do ofício sem dar descarga relevante, o que ouvido pelos irmãos da mesa votaram todos» remi-lo como discrepante e que fosse riscado do *Livro da Irmandade*.

No dia 30 do mesmo mês, em reunião da Mesa, foi dito pelo provedor que tinham chamado o Irmão João Mendes Sampaio para o informar de que fora eleito no ofício de mordomo do Hospital do mês seguinte e que ele se mandara desculpar por não comparecer, informando que «[...] não aceitava o dito cargo por se achar incapaz de servir [...]». Perante esta resposta o provedor João Freire Antão propôs que o Irmão fosse riscado. Nem todos os Irmãos estariam a favor da sua exclusão, até porque «[...]

proposto o sobredito se pôs a votos de favas pretas e brancas se se havia de riscar ou não e regulados os votos se achou maior número de favas pretas e convieram por eles que se riscasse por assim se achar vencido e houveram por escuso de ser mais Irmão da Casa».

Em 9 de junho de 1677 ocorreu uma outra situação de recusa de ofício. Na reunião desse dia apresentou-se perante a Mesa o Irmão Gaspar Correia mordomo da Casa desse mês dizendo que o companheiro nomeado, Diogo da Costa, dourador, morador na Rua da Bainharia, ainda não tinha comparecido a cumprir o dito ofício. O provedor e Irmãos da Mesa mandaram chamá-lo e pediram-lhe que explicasse as razões da sua recusa. «Por ele foi dito que não tivera tempo estes dias e nem tinha muita vontade de servir o dito cargo nem de ser Irmão da Casa, e visto pelo provedor e Irmãos a resposta que deu o riscaram de Irmão da Casa e lhe notificaram não usar mais de veste o hábito de Irmão da Casa e que assim houvesse por entendido». E mais ficou registado no assento que se em algum tempo este Irmão «requeira o admitam a ser Irmão os Senhores da Mesa que então forem o não admitam sem esta Mesa ser ouvida».

Durante este ano foram também feitas algumas alterações a nível dos que assistiam à Casa por ordenado. Em relação aos funcionários ligados às causas da Casa e às causas dos presos, sabiamente, decidiram escolher indivíduos já com conhecimento da área, ligados à Casa da Relação e habituados a lá se moverem, dado importante para a rápida resolução desses negócios.

A eleição de um advogado para as causas cíveis e crimes, ocorrida na reunião de 12 de julho de 1676, foi muito rápida e não foram propostos outros candidatos, o que leva a crer que a sua escolha já fora ponderada.

> foi proposto que não havia advogado para correr com as causas cíveis e crimes que esta Casa tem e assim era necessário eleger advogado para esse efeito e foi proposto o Dr. Francisco Pereira do Carvalho advogado nos auditórios desta Relação e por voto de todos os Irmãos da Mesa foi aprovado para o dito cargo e sendo chamado o dito Licenciado aceitou com muito boa vontade por serviço de Nosso Senhor e se lhe consignou o salário que esta casa costuma dar aos advogados dela de que se fez este texto que o dito provedor e mesa e o dito Licenciado como aceitava e eu Jerónimo Magalhães escrivão da Casa que a escrevi.

O facto de o Dr. Francisco Pereira do Carvalho ser advogado do Tribunal da Relação do Porto contribuiu de certeza para a sua escolha. Para o cargo que ia ocupar, era essencial ter experiência no campo da justiça e saber movimentar-se com facilidade na Casa da Relação (CARDOSO, 2015: 104-106 e 112).

Um mês depois, na reunião de 12 de agosto de 1676, o provedor expôs em Mesa que D. Miguel Santibanhos, que servia de solicitador das causas crime dos presos e causas da Casa, estava ferido e que era preciso arranjar alguém para acudir com o livramento dos presos, por ser o mais urgente. Assim o provedor propõe um nome para candidato:

> Manuel Luís Fernandes desta cidade solicitador das causas do Número da Relação era inteligente e sabia como se devia acudir às causas e se lhe fazia grande honra de lhe haver de dar este partido e que queria andar de Azul na Irmandade na forma que os serventes da Casa andam e que era ele provedor de parecer o aceitassem.

Sendo assim proposto pelo provedor, a Mesa votou uniformemente na admissão do dito Manuel Luís Fernandes para servente da Casa e solicitador dos presos, dizendo que «o conheciam e sabiam do seu préstimo por haver anos que era solicitador nesta Relação, que sabia sua obrigação». Logo naquele dia Manuel Luís aceitou o cargo e foi informado do seu salário e das suas obrigações «e se lhe deram de ordenado o que era consignado ao dito solicitador das Causas Crime e o que se lhe dava era 20 000 réis cada um ano e 60 alqueires de pão e um vestido de dois em dois anos, meias e quatro pares de sapatos». (CARDOSO, 2015: 112-115). Para assumir o cargo de solicitador das causas cíveis o provedor entendia que era preciso procurar «pessoa inteligente para correr com elas» e por isso o assunto foi adiado.

Este assunto foi retomado na reunião de 2 de setembro de 1676 em que o provedor recordou que «se havia assentado que se dividissem os negócios crimes dos cíveis da Casa para melhor expedição deles… e nesta forma se tinha tomado só solicitador das causas dos presos e agora se devia fazer a eleição de pessoa que particularmente corresse com as causas cíveis e porque haviam dois opositores de que estavam duas petições e de uma delas se mandara fazer informação» deviam debruçar-se sobre os elementos que tinham sobre cada um dos candidatos para determinar quem deveriam escolher. Cosme da Silva «era mancebo que vivia de uma tenda na entrada de Cangostas e que a despeito do negócio só havia solicitado alguma (causa) de um seu parente» os Irmãos da Mesa não ficaram muito satisfeitos e disseram que queriam pessoa mais apta e passaram a analisar a informação sobre o outro candidato: António de Andrade «era solicitador do Número e diligente nos negócios que se lhe encomendavam» e assim aceitaram o dito António de Andrade para solicitador das causas cíveis da Casa «com partido de 12 000 réis sem outra coisa alguma, mais com condição que será obrigado a correr com todas as causas da Casa cíveis e de vir dar razão do estado em que estão todos os domingos a esta Mesa, e não fazendo a sua obrigação o poderá o provedor e mesa despedir». E sendo chamado à Mesa do Despacho António de Andrade aceitou o cargo com as ditas condições.

No dia 30 de dezembro de 1676 o Irmão Manuel Costa Marques, responsável pela cobrança das pensões no ano de 1674, foi chamado à Mesa para esclarecer um erro nas contas do seu ofício, um erro de 12 374 réis. O Irmão tentou desculpar-se, mas depois admitindo o erro pediu que lhe perdoassem uma parte do dinheiro que logo pagaria o restante «e sendo ouvido por todos os conselheiros se venceu por todos os votos lhe fizessem quita de 6224 réis dando dentro de oito dias o resto que soma ser 6150 réis».

A 2 de setembro de 1676 em reunião da Mesa e na presença de alguns dos deputados do Definitório o provedor informou que a Enfermaria das Mulheres do Hospital de D. Lopo de Almeida precisava de obras para remover o sobrado porque segundo os médicos e cirurgião o ar não circulava. Ainda que alguns Irmãos fossem de opinião que haviam outras obras mais necessárias, como por exemplo no Hospital de Santa Clara, concordaram em fazer a dita obra e havendo dinheiro fazer mais umas obras de renovação e reparação que eram necessárias (FREITAS, 1995: 467).

Em relação aos juros da Galiza em reunião de 23 de maio de 1676 o provedor informou a mesa que D. Alonso Correia mandara o primo D. Afonso Pereira Sotomaior, alcaide-mor de Caminha, vir entregar em mão um dinheiro que estava atrasado e que pertencia ao ano anterior. Por voto de todos esse dinheiro foi entregue ao Hospital D. Lopo de Almeida.

Ao longo do seu mandato, o deão João Freire Antão esteve presente em todas as reuniões da Mesa do Despacho e revelou ser conhecedor dos assuntos da Casa dando grande atenção às matérias mais delicadas como: o livramento dos presos pobres, o bom encaminhamento das causas cíveis da Casa, os assuntos financeiros e a segurança e salubridade das instalações do Hospital de D. Lopo de Almeida. No relacionamento com os restantes elementos da Mesa revelou-se determinado, fazendo normalmente prevalecer a sua vontade. Em relação aos Irmãos que se mostravam pouco dispostos a servir a Casa revelou-se pouco paciente, tendo sido riscados cinco Irmãos.

Mesa da Santa Casa da Misericórdia do Porto em 2.7.1676

Provedor: deão João Freire Antão

Escrivão: Jerónimo de Magalhães

Conselheiros de primeira condição: doutor Gervásio do Sal de Almeida; cónego André Pereira Pinto; João de Valadares Carneiro; João Pinto Pereira; António Carneiro de Vasconcelos

Conselheiros de segunda condição: Manuel Ribeiro, ourives; Manuel da Fonseca Moreira, sangrador; André da Silva Machado; Francisco Ramos, cordoeiro; Gaspar Fernandes Urbano; Baltasar Barbosa, cerieiro

FONTES E BIBLIOGRAFIA

Fontes arquivísticas

Arquivo da Irmandade dos Clérigos do Porto (AICP) – *Estatutos da Irmandade*; *Livro de Eleições da Confraria dos Clérigos de São Pedro ad Vincula*; *Livro de recibo e despeza desta Congregação [de São Filipe Néri]. Anno de 1666. Receita e Despeza*; *São Fillippe Eleiçõis, receita e despeza.*

Arquivo da Universidade de Coimbra (AUC) – *Processo Individual de Pantaleão Freire*; *Processo Individual de João de Araújo Ferraz.*

Arquivo Distrital do Porto (ADP) – *Cabido do Porto*, livros 759, 1581, 1611 e 1690; *Cartório Notarial*, P. 1, 4.ª série, livros 200, 207 e 228; *Cartório Notarial*, P. 9, 3.ª série, n.º 83 e 167; *Registos Paroquiais*, Lordelo do Ouro, Óbitos, 1592-1675, fls. 64 v e 137; *Registos Paroquiais*, Miragaia, Casamentos, 1635-1671, fl. 106; *Registos Paroquiais*, Sé, Óbitos, 1712-1726, fl. 35; *Registos Paroquiais*, São Nicolau, Batismos, 1624-1675, fls. 40, 117, 149v, 168, 179v, 226 e 248v; *Registos Paroquiais*, São Nicolau, Óbitos, 1608-1677, fls. 128 e 153; *Registos Paroquiais*, Vila do Conde, Azurara, Batismos, 1590-1610, fl. 27; *Relação do Porto*, 2.ª secção, processo n.º 957.

Arquivo Histórico da Santa Casa da Misericórdia do Porto (AHSCMP) – *Administração de Testamentos e Nota Privativa*, série H, banco 9, livro 31; *Compromisso da Misericórdia do Porto*, de 1646, série D, banco 4, n.º 4; *Eleições da Mesa da Misericórdia*, série D, banco 5, n.º 2; *Livro de Lembranças*, série D, banco 8, livros 5-6.

Arquivo Nacional da Torre do Tombo (ANTT) – *Tribunal do Santo Ofício, Conselho Geral, Habilitações Incompletas*, maço 60, doc. 2573, *Diligência de Habilitação de João Freire Antão (padre) e outros*, 1675.

Fontes impressas

Constituições Synodaes do Bispado do Porto, novamente feitas e ordenadas pelo illustríssimo e Reverendíssimo Senhor Dom João de Sousa Bispo do dicto Bispado, do Conselho de Sua Magestade e seu sumiller da cortina, propostas e aceitas em o synodo diecesano que o dito Senhor celebrou em 18 de Mayo do anno de 1687. Coimbra: Real Colégio das Artes, 1735.

REIS, Henrique Duarte e Sousa, 1984 – *Apontamentos para a verdadeira história antiga e moderna da Cidade do Porto*, II série, I volume. Porto: Biblioteca Pública Municipal.

Bibliografia

AZEVEDO, Carlos Alberto Moreira, 2013 – *Bibliografia para a História da Igreja em Portugal: 1961-2000*. Lisboa: Universidade Católica Portuguesa, Centro de Estudos de História Religiosa.

BARBOSA, Maria Hermínia Vieira, 2001 – *Crises de Mortalidade em Portugal desde meados do século XVI até ao início do século XX*. Guimarães: Núcleo de Estudos da População e Sociedade do Instituto de Ciências Sociais da Universidade do Minho.

CAMPO BELO, Conde de, 1985 – "A Casa de Campo Belo: Cernaches Senhores de Gaia a-Grande", in *História de Gaia*, n.º 17. Vila Nova de Gaia: Câmara Municipal de Gaia.

CAMPO BELO, Conde de, 1987 – "O Morgadio de Nauzinha", in Separata de *Boletim Cultural da Câmara Municipal de Vila do Conde*, n.º 1. Vila do Conde: Tip. Minerva.

CAMPO BELO, Conde de, 1974 – "O Deão João Freire Antão", in *Colectânea de Estudos em Honra do Professor Doutor Damião Peres*. Lisboa: Academia Portuguesa de História, pp. 251-263.

CARDOSO, Maria Teresa Costa Ferreira, 2014 – *Os Presos da Relação do Porto. Entre a Cadeia e a Misericórdia (1735 a 1740)*. Porto: Santa Casa da Misericórdia do Porto.

COUTO, Padre Luís de Sousa, 1936 – *Origem das Procissões do Porto*, vol. IV: Porto: Publicações da Câmara Municipal do Porto – Documentos Memórias para a História do Porto.

CUNHA, Maria Cristina Almeida e, 2005 – *A Chancelaria Arquiepiscopal de Braga (107-1244)*. Noia: Editorial Toxosoutos.

DIAS, Licenciado Francisco, 1937 – *Memórias Quinhentistas dum Procurador del-Rei no Porto*. Porto: Publicações da Câmara Municipal do Porto.

FERNANDES, António Jorge Inácio, 2006 – *A Rua dos Cónegos: um espaço socio-arquitetónico no Porto setecentista*, 2 volumes. Dissertação de Mestrado em História da Arte em Portugal pela Faculdade de Letras da Universidade do Porto (policopiado).

FERREIRA, Cónego José Augusto, 1923-1924 – *Memorias Archeologico-historicas da Cidade do Porto. Fastos episcopais e políticos*, 2 volumes. Braga: Livraria Cruz & Cia..

FERREIRA-ALVES, Joaquim Jaime B., 2001 – *A Casa Nobre no Porto: na Época Moderna*. Lisboa: INAPA.

FREITAS, Eugénio de Andrea da Cunha e, 1995 – *História da Santa Casa da Misericórdia do Porto*, vol. III. Porto: Santa Casa da Misericórdia do Porto.

PINTO, Cónego António Ferreira, 1940 – *O Cabido da Sé do Porto. Subsídios para a sua História*, VI. Porto: Publicações da Câmara Municipal do Porto.

RAMOS, António Francisco, 1942 – *Lavra. Apontamentos para a sua Monografia*. Porto: Livraria Simões de Domingos Barreira.

RIBEIRO, Margarida, 1962 – "Procissão do Sínodo diocesano de 1687". *O Tripeiro*, 2.ª série. Porto, pp. 339-340.

SECA, Marta de Figueiredo Fernandes, 2004 – *A Música na Santa Casa da Misericórdia do Porto (1655-1823)*. Tese de mestrado em Ciências Musicais, Faculdade de Letras da Universidade de Coimbra.

SILVA, Francisco Ribeiro da, 1988 – *O Porto e o seu termo (1580-1640): os homens, as instituições e o poder*, 2 volumes. Porto: Arquivo Histórico da Câmara Municipal do Porto.

SILVA, Francisco Ribeiro da, 2002 – "O bispado do Porto à luz das Constituições Sinodais da época moderna: valores clericais e normas", in *Tempos e Lugares de Memória – Homenagem a D. Domingos de Pinho Brandão*, Actas do I Congresso sobre a Diocese do Porto, vol. I. Porto/Arouca: Centro de Estudos D. Domingos de Pinho Brandão/Universidade Católica/FLUP-DCTP, pp. 57-81.

SILVA, Francisco Ribeiro da, 2008 – "História dos Concelhos – O Porto nas Cortes do século XVII ou os Concelhos e o Poder Central em tempos de Absolutismo", in *Quinhentos/Oitocentos (Ensaios de História)*. Porto: Faculdade de Letras da Universidade do Porto.

MARIA TERESA CARDOSO

André Pereira Pinto

(Lamego, ? | Lisboa, depois de 1695)

Provedor da Santa Casa da Misericórdia do Porto

2.7.1677 | 2.7.1678

Clérigo.

Cónego magistral da Sé do Porto.

Comissário do Santo Ofício no Porto.

Doutor em Teologia pela Universidade de Coimbra.

Conselheiro da Mesa da Santa Casa da Misericórdia do Porto (1679-1680, 1682-1683, 1687-1688 e 1692-1693).

Filho de Francisco Pereira Pinto.

Sobrinho do doutor Alexandre Pereira Pinto, cónego magistral de Lamego.

André Pereira Pinto, natural de Britiande, termo de Lamego, era filho de Francisco Pereira Pinto e sobrinho do doutor Alexandre Pereira Pinto, cónego magistral de Lamego. Bacharel em Artes pelo Real Colégio das Artes, prosseguiu estudos na Universidade de Coimbra onde se doutorou em Teologia em 17 de abril de 1672.

André Pereira Pinto, também designado por André Pereira da Silva, morou na Rua dos Cónegos, bem próximo da Sé Catedral onde exerceu a sua atividade primeiro como mestre-escola e depois como cónego magistral, cargo para que foi nomeado em 1 de março de 1673 (FREITAS, 1995: 214). Em 1676 foi eleito examinador sinodal e em 1687 passou a ocupar o cargo de procurador da comarca. Participou como pregador no Sínodo Diocesano de 1687 (PINTO, 1940: 80).

Em 1675 habilitou-se ao cargo de Comissário do Santo Ofício no Porto, vago por falecimento do doutor Francisco de Almeida Ribeiro, prior da Colegiada de Cedofeita. Entre vários candidatos foi selecionado por ser considerado como o mais apto.

Vejamos de que forma o inquisidor Sebastião Dinis Velho e a restante Mesa do Santo Ofício em Coimbra (4 de outubro de 1679) classificaram os candidatos ao cargo:

- João de Sousa de Lima «fidalgo achacado e pouco ativo»;
- Luís Pacheco «boa pessoa mas que também tem achaques e que não poderá ir prontamente fora da cidade»;
- Manuel Correia Cardoso, «homem nobre foi a Roma e ainda tem negócio naquela Cúria e que poderá ser maior autoridade... é homem fidalgo da Beira com autoridade mas sem talento»;
- João Freire Antão «...tem quase a mesma capacidade que os propostos»;
- Em relação a André Pereira Pinto «o mestre-escola André Pereira Pinto cónego magistral se podia também por os olhos porque este ainda que alguma coisa orgulhoso e não ter muitos anos...Pelo que nos parece ser este entre os mais o

em que pode assentar melhor o dito cargo (*Tribunal do Santo Ofício, Conselho Geral...*, mç. 60, doc. 2573).

Em 1693 vendeu a casa da Rua dos Cónegos a Miguel da Costa Lima, tesoureiro-mor da Sé (FERNANDES, 2006: 41 e 221) e em 1695 ocupava já o cargo de cónego magistral na Sé de Lisboa (PINTO, 1940: 80).

⁂

No dia 2 de julho 1677 os Irmãos da Misericórdia reunidos em assembleia na igreja da Misericórdia realizaram a eleição para a Mesa do Despacho tendo sido eleito para provedor o reverendo doutor André Pereira Pinto cónego doutoral da Sé do Porto e para escrivão Bento Ribeiro Torrado. A composição dos restantes elementos da Mesa do Despacho do ano de 1675-1676 foi a seguinte: conselheiros de 1.ª – Doutor Bento Casado Jácome, Miguel de Tavares Leitão, Gaspar Pacheco, Arcediago do Porto, Reverendo Matias da Silva de Abreu e André Brandão Viana, conselheiros de 2.ª – Manuel Fernandes das Neves, Pedro Moreira, correeiro, Amaro da Costa, Bento da Rocha, ensamblador, Agostinho Moutinho, Bento da Rocha, tintureiro.

Em finais de julho foram eleitos para o Definitório os Irmãos de maior condição: Luís de Valadares Carneiro, Francisco Ferreira de Andrade, João de Figueiroa Pinto, Gaspar Rebelo Moutinho, António Rodrigues Marques e os Irmãos de segunda condição, Tomé da Rocha, António Ribeiro ... o Velho, Pantaleão Pereira, Manuel de Fonseca e André Soares Robles (*Livro de Lembranças*, n.º 6, fl. 53v).

Assim que o ano começou André Pereira Pinto deparou-se com um sério problema financeiro, a Misericórdia do Porto não dispunha de rendimentos para o cumprimento de muitos legados perpétuos. Esta situação já se arrastava há uns anos ainda que esses legados «falidos» continuassem a ser cumpridos sendo suportados com rendimentos de outras obras, que assim também não se cumpriam convenientemente.

Por motivos vários alguns dos rendimentos desses legados tinham desaparecido: o capital tinha sido emprestado a juros e com o tempo os devedores e seus fiadores tinham falido, tendo-se perdido a totalidade do capital; noutros casos o capital emprestado a juros simplesmente não estava a render juros por falta de pagamento dos devedores, obrigando a Casa a grande despesa na tentativa de cobrança dos juros.

Como aquela situação era insustentável para a Casa, André Pereira Pinto e os conselheiros da Mesa do Despacho entenderam que deviam tomar decisão sobre este problema. No assento referem ainda um outro problema: a dificuldade que a Casa encontraria por vezes em aplicar os rendimentos de que dispunha, ficando o dinheiro por aplicar.

foi proposto que em esta casa havia alguns legados perpétuos de missas e outras obrigações para as quais estavam aplicados rendimentos que ao presente se não poderiam cobrar, e também haviam outros para cujo rendimento a casa aceitou dinheiro que deu à razão de juro em quanto se não achava fazenda livre para poder empregar-se, o qual dinheiro ainda que se deu com as fianças e seguranças necessárias, depois por a variedade do tempo faliram alguns devedores e fiadores com que hoje se acha o dinheiro de alguns desses legados falido sem ter rendimento algum, e que esta casa está dando satisfação aos ditos legados fazendo nisso muita despesa, que se paga do rendimento de outras administrações, como é dos dotes dos órfãos, que por este respeito se não paga por inteiro e se deixam de fazer outras obras pias do instituto da casa para as quais está aplicada cada renda que ela tem, como são as obras dos hospitais, e dos presos e pobres envergonhados a que se não pode acudir com tanta quantia como se daria se não houvesse estes empenhos em que a casa se meteu, divergindo os ditos rendimentos da aplicação que tem por satisfação dos ditos legados, cujos rendimentos estão falidos, ou estão dilatados por não se poderem cobrar de mãos de maus pagadores, com os quais a casa traz demandas, e fazendo-se todas as diligências se não pode chegar-se dar cumprimento aos ditos legados que vão correndo com dinheiro que não é da sua aplicação (*Livro de Lembranças*, n.º 6, fls. 55-56).

Em relação a este grave assunto a Mesa do Despacho era de opinião que a Casa não devia continuar a satisfazer os ditos legados, e entendia que não se deviam aplicar a esses legados os rendimentos de outras aplicações. Como este assunto era de grande importância para a Misericórdia foram convocados os Irmãos desembargadores, os procuradores da Casa, os Irmãos advogados e outras pessoas de letras para tomarem decisão como melhor parecesse. Assim, foram chamados não só todos os deputados e conselheiros da mesa, como também o doutor Domingos Vieira Macedo, o doutor Domingos Borges Pinto, o doutor Inácio de Magalhães, os desembargadores da Relação do Porto e os advogados Roque Fonseca de Faria, António Gomes da Costa e Manuel da Silva Coimbra. Como este assunto acarretava também sérias implicações morais, decidiram pedir a presença do Reverendo Padre Reitor do Colégio da Companhia de Jesus, Manuel Soares e do Reverendo Padre Manuel Garcia, lente de Teologia Moral no referido colégio.

Todos juntos, conferindo entre si as ditas propostas com a disposição de direito, e regras de consciência, e opiniões dos doutores que sobre esta matéria têm escrito, assentaram que a Casa não estava nem era obrigada a satisfazer os legados cujos rendimentos não existem mas que é obrigada a continuar as demandas e execuções com todo o cuidado e

> diligência, e nisso somente esta encarregada, e cobrando-se as dívidas então se satisfarão os legados que por ora devem parar enquanto não houver reditos cobrados e até lá o dinheiro que se despendia nestes legados fique logo aplicado à satisfação das dívidas que por sua causa estão contraídas, e quando se fizer que se devem tirar dos rendimentos os gastos que em isso se houverem feito (*Livro de Lembranças*, n.º 6, fls. 55-56).

Ficou assim decidido no dia 31 de dezembro de 1677 que a Misericórdia do Porto deixava de satisfazer os legados perpétuos para os quais já não tinha rendimentos. Decidiram também que o dinheiro que até aí estava aplicado com estes legados fosse canalizado para o pagamento das dívidas que a Casa fora obrigada a contrair.

Na reunião de 5 de janeiro de 1678 a Mesa foi de opinião que a Casa não aceitasse novos legados de dinheiro com encargos perpétuos, já que esta situação causava grande prejuízo à Casa (*Livro de Lembranças*, n.º 6, fl. 58v). Decidiram também informar o Rei sobre esta decisão, pedindo-lhe a sua confirmação para que ninguém tivesse dúvidas de que esta deliberação era para cumprir e guardar inviolavelmente.

Nessa reunião pronunciaram-se também sobre os problemas que a Casa tinha com o dinheiro que estava aplicado a juros – e muito especialmente com os juros da Galiza – do legado de D. Lopo de Almeida. Sobre este assunto entenderam que deviam pedir uma autorização ao monarca para vender os juros da Galiza.

Sobre o primeiro assunto o monarca pronunciou-se afirmativamente, enviando um alvará em 20 de abril de 1678, que foi registado no *Livro de Lembranças* no dia 2 de julho de 1678.

> Treslado de um Alvará de Sua Alteza o qual foi servido confirmar o assento que se lhe fez em este Livro a fólio 56 verso para que nesta casa se não aceitem a dinheiro Legados dos quais hajam que ficar encargos perpétuos.
>
> Eu o Príncipe como regente e governador dos Reinos de Portugal, e Algarves. Faço saber que havendo respeito ao que por sua petição, atrás escrita, me representaram o provedor e irmãos da santa casa da Misericórdia da Cidade do Porto, para efeito de lhes confirmar o assento que fizeram em cinco de janeiro deste ano, referindo-se a outro de trinta e um de dezembro antecedente, em que se assentou que aquela casa não estava obrigada a satisfazer as obrigações das missas daqueles legados que o dinheiro para eles se deu (faltou), e não tinha rendimentos. E para se evitar o dano daqui em diante, não se admitisse aceitação de Legados a dinheiro, salvo o que se houvesse de despender logo, sem haver de ficar encargo perpétuo, somente se aceitassem os Legados que se oferecerem com juro ou renda certa de boa natureza para assim evitar o prejuízo que resultava à casa de se tomarem os Legados em dinheiro. E se procurasse fazer emprego de quinze

mil cruzados pouco mais ou menos, que estava dado à razão de juro a algumas pessoas. E visto o que alegam, resposta do procurador da coroa, e o treslado do dito assento que ofereceram. Tenho por bem e me praz de lho confirmar, como por este confirmo, e tenho por confirmado, e mando se cumpra e guarde inviolavelmente, E os provedores e irmãos que aceitarem semelhante dinheiro para encargos perpétuos contra a forma da proibição do assento referido incorram em pena de pagarem outra tanta quantia, a metade para a dita casa da misericórdia, e a outra para a Câmara Real, e serão riscados dos Livros da Irmandade, e nunca mais serão admitidos a ela, e para que lhe venha a notícia, o escrivão da mesa tanto que o provedor e irmãos da mesa forem providos lhe lerá este alvará, que se registará no Livro, onde se costumam Lançar semelhantes ordens, e valera posto que seu efeito haja de durar mais de um ano, sem embargo da ordenação do Livro 2.º título 40 em contrário. António Marques o fez em Lisboa a vinte e seis de maio de mil seiscentos e setenta e oito, pagou duzentos reais. Francisco Galvão o fez escrever – Príncipe – o Marquês mordomo-mor Presidente – Alvará do provedor e irmãos da Misericórdia da Cidade do Porto porque Vossa Alteza lhes confirma o assento que fizeram de forma que hão de ter em aceitar os Legados que se lhe deixarem, na maneira que acima se contem. Para Vossa Alteza ver – Por resolução de Sua Alteza de 2.º de abril de 1678 em consulta de 19 do dito mês – Francisco de Miranda Henriques – Pagou trinta reais e aos oficiais duzentos e dez reais. Lisboa 21 de junho de 1678. Dom Sebastião Maldonado – Registado na chancelaria-mor do Reino no Livro dos Ofícios e Mercês a fólio 121 Manuel da Rosa Rego – A fólio 27 verso do Livro 2.º da receita dos novos direitos ficam carregados ao Tesoureiro Pedro Soares trinta reais. Lisboa 21 de junho de 1678. Pedro Soares, Luís Correia da Silva – Foi tresladado este alvará do próprio em o Livro das provisões e alvarás que a esta casa são concedidos, a que me reporto. Bento Ribeiro Torrado escrivão da casa o escrevi, e assinei, aos dois de julho de mil seiscentos setenta e oito anos (*Livro de Lembranças*, n.º 6, fls. 62v-63).

A preocupação com estes assuntos percorreu todo o mandato de André Pereira Pinto. Antes do seu mandato terminar, em 5 de junho de 1678, André Pereira Pinto decidiu deixar ficar registada em assento a relação de todos os legados que a Misericórdia deixara de satisfazer por falta de rendimentos (*Livro de Lembranças*, n.º 6, fls. 59-61v). Nesse assento André Pereira Pinto deixou também uma recomendação às Mesas vindouras:

E se recomenda muito aos provedores e irmãos da mesa dos anos seguintes, que por amor de Deus, e por conservação do crédito desta casa, o descargo das consciências queiram continuar com esta diligência para se poderem pagar as grandes quantias de dotes em que esta casa inadvertidamente se foi empenhando divergindo deles para outras administrações o dinheiro de que procedem as dívidas atrasadas de que acima se faz menção, e outras que mais se podem achar em outras administrações a que se não pode chegar neste ano para se examinarem todas – E para ficar lembrança do sobredito se fez este assento (*Livro de Lembranças*, n.º 6, fl. 61v).

Mesa da Santa Casa da Misericórdia do Porto eleita em 2.7.1677
Provedor: Reverendo Doutor André Pereira Pinto
Escrivão: Bento Ribeiro Torrado
Conselheiros de primeira condição: doutor Bento Casado Jácome; Miguel de Tavares Leitão; Gaspar Pacheco, arcediago do Porto; reverendo Matias da Silva de Abreu; André Brandão Viana
Conselheiros de segunda condição: Manuel Fernandes das Neves; Pedro Moreira, correeiro; Amaro da Costa; Bento da Rocha, ensamblador; Agostinho Moutinho; Bento da Rocha, tintureiro

FONTES E BIBLIOGRAFIA

Fontes arquivísticas

Arquivo da Universidade de Coimbra (AUC) – *Processo Individual de André Pereira Pinto.*

Arquivo Distrital do Porto (ADP) – *Cartório do Cabido*, «*Livro intitulado Tombo* da Cazas, que o Reverendíssimo Cabido tem nesta cidade e os foros e censos que se lhe pagão», livro 458; *Cartório do Cabido – Livro da Fazenda*, n.º 869 e 872; *Cartório do Cabido – Roteiro de prazos do Cabido*, n.º 5272; *Cartório Notarial*, P. 1, 4.ª série, livro 200.

Arquivo Histórico da Santa Casa da Misericórdia do Porto (AHSCMP) – *Eleições da Mesa da Misericórdia*, série D, banco 5, n.º 2; *Livro de Lembranças*, série D, banco 8, n.º 6.

Arquivo Nacional da Torre do Tombo (ANTT) – *Tribunal do Santo Ofício, Conselho Geral, Habilitações Incompletas*, maço 60, doc. 2573, *Diligência de Habilitação de João Freire Antão (padre) e outros*, 1675.

Fontes Impressas

Constituições Synodaes do Bispado do Porto, novamente feitas e ordenadas pelo illustríssimo e Reverendíssimo Senhor Dom João de Sousa Bispo do dicto Bispado, do Conselho de Sua Magestade e seu sumiller da cortina, propostas e aceitas em o synodo diocesano que o dito Senhor celebrou em 18 de Mayo do anno de 1687. Coimbra: Real Colégio das Artes, 1735.

Bibliografia

FERNANDES, António Jorge Inácio, 2006 – *A Rua dos Cónegos: um espaço socio-arquitetónico no Porto setecentista*, 2 volumes. Dissertação de Mestrado em História da Arte em Portugal pela Faculdade de Letras da Universidade do Porto (policopiado).

FREITAS, Eugénio de Andrea da Cunha e, 1995 – *História da Santa Casa da Misericórdia do Porto*, vol. III. Porto: Santa Casa da Misericórdia do Porto.

PINTO, Cónego António Ferreira, 1940 – *O Cabido da Sé do Porto. Subsídios para a sua História*, VI. Porto: Publicações da Câmara Municipal do Porto.

MARIA TERESA CARDOSO

António de Sousa Cirne

(Porto, 1620 | Porto, 1683)

Provedor da Santa Casa da Misericórdia do Porto

2.7.1678 | 2.7.1679

Proprietário.

Vereador da cidade do Porto (1654, 1659 e 1665).

Natural do Porto.

Filho de Pedro Vaz Cirne de Sousa, capitão-mor de Guimarães, governador de Guimarães, provedor da Misericórdia do Porto (1639-1640) e procurador do Porto às Cortes de 1645-1646, e de Antónia Madureira.

Casou com Mariana de Azevedo Menezes de quem teve dez filhos, dos quais Francisco de Madureira Cirne de Sousa e Azevedo foi o seu herdeiro, vindo também a ser provedor da Santa Casa da Misericórdia do Porto (1709-1710).

Trisavô de Francisco de Sousa Cirne de Madureira, provedor da Santa Casa da Misericórdia do Porto (1819-1821 e 1828-1829).

Senhor do morgado e Honra de Gominhães e do morgado de Reimão. Senhor da Torre de Alcoforado e da Torre de Atães. Fidalgo cavaleiro da Casa Real. Cavaleiro da Ordem de Cristo.

António de Sousa Cirne nasceu em 1620, na Rua Nova. O seu pai, Pedro Vaz de Sousa Cirne, filho de Manuel Cirne Pereira, era senhor do morgado de Gominhães, senhor do Concelho de Refojos de Riba d'Ave, foi capitão-mor de Guimarães, participou ativamente na Guerra da Restauração, participou nas Cortes de 1645 como procurador do Povo pela cidade do Porto, foi vereador da Câmara do Porto e, depois de viúvo, professou a ordem militar de S. João de Malta (SILVA, 2008: 83-89). A mãe, Maria Madureira, era filha de Diogo de Madureira tendo herdado a Torre de Atães e o morgado de Reimão (MORAIS, 1943-1948, t. I, vol. II: 636-639). Do morgado de Reimão fazia parte uma enorme quinta nos arredores da cidade, junto ao Poço das Patas e ao ribeiro de Mijavelhas. Esta quinta passou depois a ser designada por quinta dos Cirne, onde, muito mais tarde (1812) foi construído por um seu descendente o palácio dos Cirne.

Um seu antepassado, seu trisavô Manuel Cirne, foi feitor da Flandres (1537-1540), tendo ficado conhecido pela sua opulência. Da sua estadia na Flandres, o episódio mais marcante ocorreu aquando de um banquete oferecido por Carlos V ao embaixador português Pedro de Mascarenhas, em que Manuel Cirne «fez que pelas ruas da Cidade ardessem fogueiras de canela e deu muita com que se guisaram as iguarias daquele famoso convite servindo-lhe de lenha, magnificência que deixou admirados a todos os que a viram» (MORAIS, 1943-1948, t. I, vol. II: 632-633).

António de Sousa Cirne, fidalgo da Casa Real e cavaleiro da Ordem de Cristo (hábito em 25 de agosto de 1668), herdou a Honra de Gominhães, o morgado de Reimão e restantes bens dos pais. Casou com D. Maria Ana de Azevedo, filha de Martim Lopes de Azevedo e de D. Luísa da Silva, e teve dez filhos: Pêro Vaz Cirne (1667); António Pereira de Sousa Cirne (frade Lóio); João de Sousa Cirne; Francisco de Madureira Cirne de Sousa e Azevedo; D. Maria de Menezes, D. Violante de Menezes; D. Luiza da Silva; D. Serafina de Mendonça, D. Josefa, D. Isabel de Sousa (todas freiras no Mosteiro de Vila do Conde) (MORAIS, 1943-1948, t. I, vol. II: 639). Dos seus filhos merece especial destaque Francisco de Madureira Cirne de Sousa e Azevedo que, seguindo as pisadas do pai e do avô paterno, foi Irmão da Misericórdia do Porto, tendo também ocupado o cargo de provedor da Misericórdia.

António de Sousa Cirne foi vereador da cidade do Porto nos anos de 1654, 1659 e 1665. Relativamente à sua atividade como Irmão da Misericórdia o ano de 1678-1679 foi o único ano em que participou na administração da Misericórdia, e logo enquanto provedor.

No dia 2 de julho 1678 os Irmãos reunidos em assembleia na igreja da Misericórdia realizaram a eleição para a Mesa do Despacho do ano de 1678-1679, tendo sido eleito para provedor António de Sousa Cirne, para escrivão Bento Ribeiro Torrado, para conselheiros de 1.ª Dom Fernando Henriques, doutor Inácio de Magalhães, corregedor do cível, o padre Francisco Ferreira de Andrade, Manuel Pacheco Pereira, juiz da Alfândega, Gonçalo Pinto Monteiro e para conselheiros de 2.ª André Pereira Rodrigues (Roriz), tanoeiro, António Carvalho, António da Costa, ourives, Pedro de Freitas, mercador, Manuel da Silva Lage, alfaiate e André Soares Robles (*Livro de Eleições da Mesa da Misericórdia*, n.º 2, fls. 52v-53).

No próprio dia houve necessidade de repetir a eleição para escrivão já que o Irmão eleito, Bento Ribeiro Torrado, ocupara o mesmo cargo no ano anterior. Repetida a eleição o Irmão Bento Ribeiro Torrado foi de novo eleito. Como esta decisão era contrária ao que estava previsto no Compromisso de 1646, a Mesa cessante convocou os Irmãos da Junta do Definitório, sendo todos de opinião que em virtude dos grandes serviços daquele Irmão dispensavam o cumprimento do compromisso (FREITAS, 1995: 214).

No dia seguinte o Irmão António Carvalho foi chamado à Casa do Despacho para tomar juramento e receber as chaves para servir o cargo de conselheiro para que fora eleito. Perante a Mesa eleita o Irmão recusou-se a servir o cargo sendo mandado riscar do *Livro da Irmandade*, tal como ficou registado no *Livro de Lembranças*

> E por constar notoriamente a todos que o dito irmão rejeitava e não aceitava servir o dito cargo para que foi eleito sem dar escusa alguma que legitimamente lhe devesse ser admitida, em o que dava grande escândalo, e muito mau exemplo a toda a Irmandade, por voto de todos uniformemente foi assentado que se devia riscar e o houveram por riscado da Irmandade (*Livro de Lembranças*, n.º 6, fls. 63-63v).

Como as pautas de eleição do dia da Visitação já tinham sido queimadas, concordaram em escolher outro Irmão por votos da Mesa. A eleição realizou-se no dia 25 de julho de 1678, tendo sido admitido Cosme Veloso, «volantareiro» de profissão. Nesse mesmo dia foram eleitos os deputados da Junta do Definitório para o ano de 1678-1679 – Irmãos de 1.ª condição: doutor André Pereira Pinto, cónego magistral na Sé do

Porto; Reverendo Gaspar Pacheco, arcediago do Porto; doutor Bento Casado Jácome, desembargador da Relação; Reverendo Abade Matias da Silva de Abreu. Irmãos de 2.ª condição: Bento da Rocha, ensamblador; Agostinho Moutinho, cordoeiro; Amaro da Costa, mercador; Manuel Neves, tanoeiro; Pedro Moreira, correeiro.

A Misericórdia do Porto estava a passar por algumas dificuldades económicas. Já no mandato anterior o provedor André Pereira Pinto e os restantes Irmãos da Mesa do Despacho tinham tomado decisão sobre alguns legados falidos, deixando de os cumprir, ficando também registado que a Misericórdia não deveria aceitar mais legados perpétuos com rendimento de dinheiro. A este propósito o provedor e mais Irmãos da Mesa do ano anterior tinham feito petição ao regente D. Afonso para que tratasse estes assuntos em alvará. Em relação a este assunto a Casa recebeu resposta do regente D. Afonso em 29 de julho de 1678. Este alvará foi guardado no *Livro Primeiro das Provisões* e tresladado no *Livro de Lembranças* no dia 2 de setembro de 1678.

Treslado de um alvará de Sua Alteza por o qual concede a esta casa Licença para poder vender os juros que tem em o Reino de Galiza.

Eu o Príncipe como regente e governador dos Reinos de Portugal e Algarves, faço saber que havendo respeito ao que por sua petição mo representaram o provedor e Irmãos da casa da Misericórdia da Cidade do Porto em razão do assento que fizeram pedindo-me Licença que pudessem vender os juros que têm no Reino de Galiza que são da pretensão do hospital de Dom Lopo de Almeida, de que a casa tem administração, por estarem em Reino estranho, e ser dificultosa e dilatada a cobrança, e se fazer grande despesa, assim na que se vai fazer ao dito Reino, como na diminuição do troco da moeda em que se faz o pagamento. E visto o que alegam e resposta que deu sobre este particular o procurador da coroa. Tenho por bem de dar Licença aos suplicantes para poderem vender os juros de que fazem menção, conteúdos na memória escrita na outra meia desta folha, a qual venda se fará com assistência do provedor da comarca da dita Cidade do Porto, que mandará depositar o procedido da venda dos ditos juros até se achar neste Reino novo juro que se sub-rogue, e o que se comprar ficará sub-rogado, e vinculado ao dito hospital, e seguindo a natureza de bens dele, tudo na conformidade e com aqueles encargos que tinham os juros que se hão de vender, que ficarão livres deles as pessoas que os comprarem, e nas escrituras que disto se fizerem se tresladará este alvará que mando se cumpra e guarde como nele se contem, e valerá posto que seu efeito haja de durar mais de um ano, sem embargo da ordenação Livro 2.º título 40 em contrário, e pagará o novo direito se o dever na forma das minhas ordens. António Marques o fez em Lisboa a vinte e seis de Maio de mil seiscentos e setenta e oito. Pagou duzentos Reis. Francisco Galvão [...] – Príncipe – O Marquês mordomo mor presidente

– Alvará do provedor e irmãos da Misericórdia da Cidade do Porto, por qual Sua Alteza lhe dá Licença que possa vender os juros que tem no Reino de Galiza pertencentes ao hospital de Dom Lopo de Almeida, e que a venda se faça com assistência do provedor da Comarca, que mandará depositar o procedido da venda até se achar neste Reino novo juro que se sub-rogue, na maneira que acima se contém. Para Sua Alteza ver – por resolução de Sua Alteza de 20 de abril de 1678 em consulta de 19 do dito mês – Francisco de Miranda Henriques – Pagou 100 reais e aos oficiais 314 reais. Lisboa, 21 de junho de 1678 – Dom Sebastião Maldonado – Registado na chancelaria mor do Reino no Livro dos ofícios e Mercês a fl. 135 Manuel da Rosa Rego – A fl. 305 verso do Livro da receita dos novos direitos ficam carregados ao Tesoureiro Pedro Soares quatro mil oitocentos e oitenta e dois reais desta faculdade que é à razão de um por cento. Lisboa 29 de julho de 1678 – Pedro Soares – Luís Correia da Silva.

Os juros que a casa da Misericórdia da Cidade do Porto têm em o Reino de Galiza, e de que pede licença para os poder vender oferecendo-se ocasião de comprador, são os seguintes:

- Um padrão de cento e setenta mil maravedis imposto nas alcavalas da Cidade de Santiago e seu partido, os quais é obrigado pagar o Tesoureiro, recetor, ou o administrador desta imposição.
- Outro padrão de oitenta e oito mil maravedis imposto no mesmo modo nas alcavalas da Cidade de Lugo.
- Outro padrão de quarenta mil setecentos e trinta e seis maravedis imposto pelo mesmo modo nas alcavalas da vila de Viveiro.
- Outro padrão de trezentos e setenta e cinco mil maravedis imposto nas salinas do Reino de Galiza, que é obrigado a pagar o Tesoureiro, recetor, ou administrador das ditas salinas.
- Outro padrão de vinte e seis mil duzentos e cinquenta maravedis imposto na renda dos portos secos entre Portugal e Castela que deve pagar o recebedor maior da dita renda que reside na Corte de Madrid.

Este treslado foi conferido por mim Bento Ribeiro Torrado escrivão da casa com o próprio que fica junto no Livro primeiro das provisões dela, a que me reporto. Em dois de setembro de mil seiscentos e setenta e oito anos.
[Assinatura] Bento Ribeiro Torrado

Este alvará régio foi importante porque autorizava a Misericórdia do Porto a vender os padrões de juro do legado de D. Lopo de Almeida, assim que encontrasse comprador.

Para garantir a transparência deste negócio o provedor da Comarca devia assistir ao negócio de venda dos juros, competindo-lhe também mandar depositar esse dinheiro enquanto não fosse aplicado. Por este alvará ficava definido que este dinheiro deveria ser aplicado da mesma forma (ainda que no Reino de Portugal) e que, conforme disposto no testamento de D. Lopo de Almeida, devia continuar vinculado ao Hospital de D. Lopo de Almeida.

O saneamento económico prosseguiu neste ano. Logo no início do mandato, o provedor António de Sousa Cirne inteirou-se dos problemas económicos da Casa e da dificuldade de cumprimento de algumas das obras de assistência. A Misericórdia despendia demasiado dinheiro com as obras de assistência aos pobres e envergonhados, e nos últimos cinco anos essa despesa tinha aumentado mais de 300 000 réis, obrigando a casa a endividar-se. Na reunião da Mesa do Despacho de 25 de julho de 1678 «foi proposto que os cadernos das esmolas que desta casa se dão por semana estão muito carregados e que esta casa não pode despender neles tanta quantia, porque importam no estado em que estão um conto duzentos e setenta e cinco mil e quarenta réis por ano, entre cadernos de envergonhadas, hospitais de cimo de vila e de santa clara, e catrapázios das quartas-feiras, e em muitos anos atrasados se não despendia tão grande soma, e nem por isso se achavam sobejos no fim do ano, e crescendo a dita despesa de 5 anos a esta parte quase trezentos mil réis, e não crescendo à casa renda alguma, se verificava que se ia empenhando cada ano mais do que estava».

E se nos últimos anos a Casa se tinha vindo a endividar porque não tinha rendimentos suficientes para aquele valor de despesas, naquele ano a situação era ainda mais grave porque a Misericórdia não devia conseguir cobrar os juros do dinheiro que estava aplicado na Alfândega do Porto – a falta de rendimentos impedia a alfândega de cumprir com essa obrigação. Para agravar ainda mais a situação, os Irmãos da Misericórdia pressentiam que esta situação se poderia manter nos anos seguintes, dificultando a cobrança dos juros noutros anos.

Sem esse dinheiro a Misericórdia não poderia pagar aos mordomos da Bolsa o dinheiro que estes já tinham adiantado e, se tal acontecesse, os Irmãos deixariam de estar disponíveis para de futuro adiantar dinheiro à Casa.

Perante tal situação o provedor António de Sousa Cirne convocou os Irmãos da Mesa anterior e os conselheiros da Junta do Definitório para que todos juntos pudessem resolver com mais acerto. Os Irmãos reunidos foram de opinião que se deviam extinguir as esmolas que se davam pelos «catrapázios das quartas-feiras» por serem dadas a pessoas necessitadas que não pertenciam ao rol, nem tinham as qualidades necessárias e previstas no Compromisso, para serem incluídas nos «cadernos das envergonhadas». Decidiram também que o apoio que forneciam às pessoas envergonhadas deveria ser reduzido para metade. Entenderam, no entanto, que não deviam «bolir nos cadernos», e, em vez de retirar pessoas do rol do caderno, deviam distribuir a todas as envergonhadas a mesma quantia de esmola quinzenalmente e não semanalmente como era costume. A todo o tempo o provedor e demais Irmãos da Mesa ficavam livres de voltar a dar estas esmolas por inteiro. Em relação às esmolas que davam nos hospitais decidiram continuar a fornecê-las porque se destinavam a pobres entrevados que não tinham outros meios para sobreviver.

A redução das esmolas às pessoas envergonhadas e a extinção das esmolas às pessoas necessitadas do «catrapázio das quartas-feiras» contribuiu para uma melhoria da situação económica da Misericórdia, ainda que durante este mandato, a propósito de outras coisas, este assunto tenha sido abordado por várias vezes.

Nesse ano a Mesa precisou de eleger um preso para juiz e enfermeiro da cadeia. Desde finais do século XVI que a Casa elegia um preso para cumprir esse cargo. Normalmente era escolhido entre os presos do rol, obedecendo a um certo perfil – em alguns assentos de eleição os Irmãos referem que o preso a escolher não só devia ser caridoso, como também deveria ajudar à «quietação na cadeia», tentando resolver as desavenças entre os presos – e deveria ajudar os mordomos dos presos nas suas tarefas de assistência. Este preso devia informar os mordomos sobre os presos mais necessitados, repartia as esmolas pelos mais necessitados e auxiliava na prestação de cuidados de saúde aos presos pobres doentes. Esta ocupação instituída em 1563, por alvará de D. Catarina, não era remunerada (CARDOSO, 2014: 34).

Em 28 de agosto de 1678 o assento do *Livro de Lembranças* refere que

> na cadeia não havia juiz e enfermeiro da cadeia por ser morto Estevão Rodrigues de Barcelos que tinha este cargo, e por ser necessário eleger-se para ele outra pessoa, se tomou informação dos mordomos da cadeia, dos presos que nela estavam, e eram capazes de se lhe entregar esta ocupação, e por se achar que Domingos Alvares da Cumieira podia bem dar satisfação a esta obrigação, por voto de todos foi eleito em juiz e enfermeiro desta casa na forma da provisão de Sua Alteza que para isso lhes foi concedida... o qual cargo servirá enquanto nele satisfizer a sua obrigação, e desta mesa se não ordenar o contrário.

A Casa tinha cartorário desde 1669. O cargo de cartorário fora criado porque o trabalho do escrivão era muito e, para melhor governo da Casa, era preciso que houvesse uma pessoa que o auxiliasse com os papéis e arquivasse os documentos para que não se perdessem e para que estivessem sempre prontos para serem consultados quando os Irmãos precisassem. O cargo devia ser ocupado por uma pessoa cuidadosa e de confiança porque se alguns documentos relacionados com rendas ou com legados desaparecessem – como já acontecera tantas vezes – o prejuízo para a Casa era enorme. Desde a sua criação o cargo era ocupado pelo padre Pedro de Sousa Pinto, capelão da Casa que, além deste serviço, também dava as missas da sua capelania (FREITAS, 1995: 366-367).

Em 16 de outubro de 1678 o provedor António Sousa Cirne e os restantes Irmãos da Mesa entenderam que este padre devia ser despedido porque «por experiência se tinha visto que não resultava utilidade alguma de haver o dito cartorário, porque em os anos que tem servido, em nada melhorou o Cartório, e se acha no mesmo estado que de antes». Apontavam ainda outras razões para esta decisão: o escrivão era a única pessoa autorizada a proceder aos registos nos livros da Casa; para escrever os papéis que fossem necessários fora dos livros era inútil manter um cartorário tão bem remunerado, «se podia buscar outra pessoa, e escrevente a muito menos custo». O provedor e demais Irmãos da Mesa apontavam ainda razões de ordem económica para tomar esta decisão: «E no tempo presente em que esta casa se considera tão empenhada, que foi preciso tirar a metade das esmolas dos cadernos das envergonhadas... era necessário evitar todas as despesas que se pudessem escusar como era esta».

No primeiro dia do ano de 1679 em reunião da Mesa do Despacho o provedor António de Sousa Cirne propôs à Mesa uma petição que o servente da Casa João de Sousa lhe apresentara em a qual «dizia que ele servia há mais de oito anos o cargo de servente da Mesa na forma que o serviram seus antepassados, e de mais da assistência que eles costumavam ter, fazia outro serviço maior e de mais trabalho e consideração que era assistir no cartório da casa para dar notícia dos Livros e papéis dele, sem por isso se lhe dar salário algum, pedindo que em respeito do dito trabalho e assistência se lhe desse o que parecia justo, por ser pobre, e com a dita assistência não podia fazer outra coisa, porque o tempo que lhe vagava dos outros negócios da casa ocupava todo com os escrivães da casa em entender nos Livros e papéis do cartório». Ouvida a petição todos concordaram com o que alegava, confirmando que aquela era a sua ocupação na Casa e que «suposto que havia um clérigo que servia com nome de cartorário, esse somente escrevia os papéis que eram necessários, mas do cartório não tinha notícia alguma, e por esse respeito fora despedido, por se achar que não convinha fazer-se a despesa de vinte e quatro mil réis que se lhe davam». Decidiram então aceitar o servente João de Sousa para cartorário da Casa continuando este a receber o salário ordinário de servente e um acrescento de 12 mil réis.

Em 15 de fevereiro de 1679 a Mesa decidiu riscar de Irmão António Gouveia de Figueiredo porque por duas vezes consecutivas recusara servir de mordomo da bolsa, dando a desculpa de que ia fazer uma jornada. Da segunda vez que recusou, os Irmãos da Mesa mandaram-lhe um recado pedindo-lhe «que por serviço de Nossa Senhora quisesse aceitar o dito cargo, para o qual lhe davam dinheiro, para que não fizesse despesa de sua casa por empréstimo», a cujo recado não deu resposta.

Em 9 de junho de 1679, um incidente em tudo idêntico ao descrito anteriormente, levou a Mesa do Despacho a votar por favas a exclusão do Irmão Gaspar da Silva Guimarães. O motivo da exclusão foi porque, apesar de lhe terem mandado o Livro da Bolsa e o dinheiro para as despesas do mês, este Irmão se recusara a cumprir o cargo mensal de mordomo da bolsa.

Sabendo das dificuldades por que a Misericórdia passava, alguns Irmãos deviam ter receio de arcar com as despesas da Casa.

Mesa da Santa Casa da Misericórdia do Porto eleita em 2.7.1678

Provedor: António de Sousa Cirne

Escrivão: Bento Ribeiro Torrado

Conselheiros de 1.ª: D. Fernando Henriques; Inácio de Magalhães, doutor, corregedor do cível; padre Francisco Ferreira de Andrade; Manuel Pacheco Pereira, juiz da Alfândega; Gonçalo Pinto Monteiro

Conselheiros de 2.ª: André Pereira Rodrigues, tanoeiro; António Carvalho; António da Costa, ourives; Pedro de Freitas, mercador; Manuel da Silva Lage, alfaiate; André Soares Robles

FONTES E BIBLIOGRAFIA

Fontes arquivísticas

Arquivo Histórico da Santa Casa da Misericórdia do Porto (AHSCMP) – *Compromisso da Misericórdia do Porto de 1646*, série D, banco 4, livro 4; *Livro 1.º de Privilégios e outras cartas régias*, série D, banco 4, livro 7; *Livro de Eleições da Mesa*, série D, banco 5, livro 2; *Livro de Lembranças*, série D, banco 8, livros 5-6.

Arquivo Municipal do Porto (AMP) – *Registo Geral*, livro 3, fl. 242.

Arquivo Nacional da Torre do Tombo (ANTT) – *Chancelaria de D. Afonso VI, Doações*, liv. 47, fls. 121 e 134v-135.

Bibliografia

BRITO, Maria Fernanda de, 1981 – "Os Padrões de D. Lopo". *Revista de História*, 4. Porto: Centro de História da Universidade do Porto, pp. 23-34.

CARDOSO, Maria Teresa Costa Ferreira, 2014 – *Os Presos da Relação do Porto. Entre a Cadeia e a Misericórdia (1735 a 1740)*. Porto: Santa Casa da Misericórdia do Porto.

FREITAS, Eugénio de Andrea da Cunha e, 1995 – *História da Santa Casa da Misericórdia do Porto*, vol. III. Porto: Santa Casa da Misericórdia do Porto

MORAIS, Cristóvão Alão de, [1667] 1943-1948 – *Pedatura Lusitana: nobiliário de famílias de Portugal*, tomo I, vol. II, publicado por Alexandre António Pereira de Miranda Vasconcellos, António Augusto Ferreira da Cruz, Eugénio Eduardo Andrea da Cunha e Freitas. Porto: Livraria Fernando Machado.

SILVA, Francisco Ribeiro da, 2008 – *Quinhentos/Oitocentos (Ensaios de História)*. Porto: Faculdade de Letras da Universidade do Porto.

MARIA TERESA CARDOSO

Bernardo Ferraz de Melo

(Porto, ? | ?)

Provedor da Santa Casa da Misericórdia do Porto

2.7.1679 | 2.7.1680

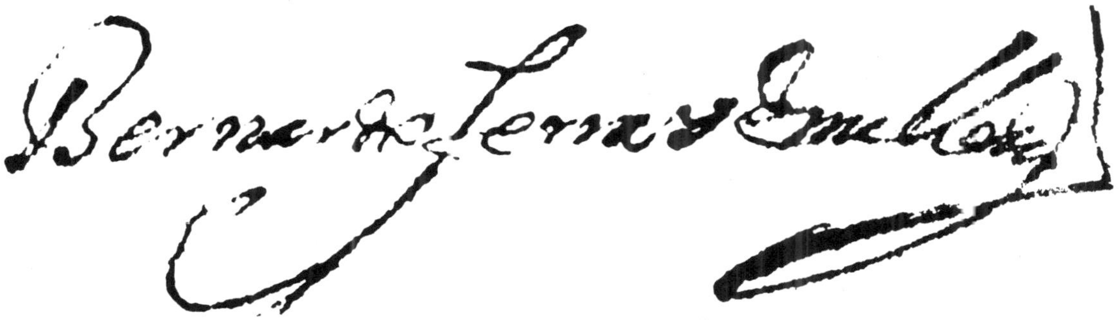

Proprietário.

Vereador da Câmara do Porto (1687, 1707 e 1717). Almotacé do Porto (1708, 1710 e 1718).

Provedor da Santa Casa da Misericórdia do Porto (1679-1680). Conselheiro da Mesa da Santa Casa da Misericórdia do Porto (1685-1686, 1688-1689, 1690-1691, 1693-1694, 1697-1698, 1701-1702, 1704-1705, 1713-1714 e 1715-1716).

Natural da freguesia da Sé, na cidade do Porto.

Filho de Rui Vaz Ferraz de Melo e de Luísa Figueiroa Pacheco.

Casado com Mariana Francisca Pacheco, de quem teve, pelo menos, cinco filhos, Gaspar, Franciscc, Simão, Josefa e Bernarda.

Filho de Rui Vaz Ferraz de Melo e de Luísa Figueiroa Pacheco, Bernardo Ferraz de Melo terá nascido, muito provavelmente, na década de 1640 ou na de 1650, na cidade do Porto. Chegamos a essa conclusão por haver fontes documentais que nos dizem que contraíra matrimónio com Mariana Francisca Pacheco em 30 de agosto de 1674, partindo do pressuposto que se casara entre os 18 e os 34 anos de idade (*Registos de Casamentos*, fl. 274). A sua mulher era filha de Simão Pacheco, «mercador muito rico, familiar do Santo Ofício, Cidadão do Porto», que tinha loja de panos em São Domingos e era morador na Rua das Flores, e de Maria de São Paulo Pacheco, sendo ainda irmã do padre Luís Pacheco (MORAIS, s/d, II: 495).

Deste casamento nasceriam, que tenhamos conhecimento, cinco filhos: Gaspar Pereira Pacheco de Melo Ferraz, que viria a ser vereador da Câmara do Porto e provedor da Santa Casa da Misericórdia do Porto entre 1737 e 1738; Simão Pacheco de Melo, cónego na Sé do Porto; Francisco Pacheco de Melo; Josefa Pacheco e Bernarda Pacheco, ambas freiras em Monchique (GAYO, s/d, XXII: 30).

Eugénio de Andrea da Cunha e Freitas diz-nos que «estes Ferrazes eram conhecidos pelos "de Santo Eloi" porque suas casas [na Rua das Flores] pegavam com o Convento dos Cónegos do Evangelista» (FREITAS, 1959: 137).

Pouco tempo depois do seu casamento, Bernardo Ferraz de Melo seria admitido como Irmão da Santa Casa da Misericórdia do Porto. Em 26 de junho de 1675, num momento em que o provedor daquela Irmandade, o abade Matias da Silva de Abreu, e demais conselheiros entenderam que era necessário acolher novos Irmãos por haver falta deles «por terem falecido e [estarem] ausentes muitos e por ser necessários Irmãos para se acudir ao serviço da Casa», Bernardo Ferraz de Melo seria um dos contemplados como Irmão de 1.ª condição (*Dos Irmãos da Caza*, 1611 a 1787, fl. 121v). Ficamos também a saber que na altura da sua admissão na Irmandade residia na Rua das Flores.

Passados quatro anos da sua entrada na Misericórdia, Bernardo Ferraz de Melo seria eleito para o lugar de provedor em 2 de julho de 1679, mantendo-se no exercício de tais funções durante um ano. Contudo, a sua ação na Misericórdia não se ficaria por aí, já que ele viria a ser eleito por diversas vezes para conselheiro da Mesa. De Francisco de Sousa da Silva e João Pinto Pereira em finais do século XVII passando por Luís Freire de Sá, António de Sousa da Silva e Estêvão Ferraz de Campos já no século XVIII, foram vários os provedores que tiveram oportunidade de privar com Bernardo Ferraz de Melo na gestão da Mesa da Santa Casa da Misericórdia durante cerca de quatro décadas.

Depois de uma primeira experiência como vereador da cidade do Porto em 1687, Bernardo Ferraz de Melo voltaria a ser eleito para aquele cargo nas duas primeiras décadas do século XVIII. Em 1707, iniciando funções em finais de fevereiro, fez parte do grupo de oficiais que eram liderados pelo juiz de fora Fernando da Silva Coimbra, voltando a exercer tais funções em 1717, desta vez com Gaspar Nunes Freire da Cunha como juiz de fora. No que respeita ainda ao exercício de serviços públicos, Bernardo Ferraz de Melo foi eleito almotacé por três vezes, em finais de 1708 e 1718 e em inícios de 1710. Foi ainda superintendente das Caudelarias da Comarca do Porto, tal como haveria de ser seu filho, Gaspar Pereira Pacheco de Melo Ferraz.

Enquanto proprietário de foros urbanos, sabe-se que Bernardo Ferraz de Melo, em 1725, possuía cinco casas que lhe rendiam 25$680 réis, sendo que uma delas era na Viela do Ferraz e outra na Rua das Flores (NUNES, 1999: 270 e 272).

Desconhecemos a data e o local da sua morte.

⁂

Enquanto provedor da Santa Casa da Misericórdia do Porto eleito em 2 de julho de 1679, Bernardo Ferraz de Melo e os mesários que compunham a Mesa tiveram que reunir algumas vezes para resolver questões do âmbito da disciplina, entenda-se, do comportamento que se exigia a um Irmão da Santa Casa. Os ditos processos de «risco» de Irmão eram frequentes e a provedoria de Bernardo Ferraz de Melo não constituiu exceção, pois nos acórdãos da Mesa referentes a este período encontramos alguns desses acontecimentos. São os casos de Bento da Rocha Ferreira, por se recusar a servir como mordomo do hospital, e Manuel Monteiro Cardoso, por recusa idêntica, mas, para mordomo da Bolsa.

A par destas resoluções, outras que frequentemente tinham de ser tomadas referiam-se ao despedimento de empregados. Não foi raro a Mesa ter de se reunir para aferir acerca do comportamento menos próprio de capelães que serviam a Misericórdia. Uns por falta de cumprimento das suas responsabilidades, outros, por revelarem comportamentos menos «dignos». É frequente não surgir grande descrição ou pormenores sobre esses comportamentos. No caso do capelão, padre Pantaleão de Freitas da Silva, despedido a 3 de março de 1680, o acórdão diz que ele era «escandaloso» (*Livro 4.º de Lembranças...*, fl. 76).

Claro que, decorrente destes casos, e das inúmeras exigências que os legados impunham, era necessário que a Casa estivesse sempre provida de capelães para os vários ofícios litúrgicos. Por isso, encontramos frequentemente a admissão de capelães. Casos disso são os acórdãos da Mesa pelos quais foram providos para capelães os padres Sebastião Freire de Araújo, para a capela de Francisco Gomes de Matosinhos; e o padre Bartolomeu Rodrigues, para a capela de João Rodrigues Chaves e Maria Alvares (*Livro 4.º de Lembranças...*, fls. 71v-72).

Bernardo Ferraz de Melo e os seus mesários tomaram deliberações acerca do importante assunto dos legados. Estas doações eram vitais para a sobrevivência económica da Misericórdia e, nesse sentido, era por vezes necessário recorrer a pessoas habilitadas para representar a Santa Casa em outras terras onde corriam os processos de heranças ou litígios que por vezes surgiam. A contratação de Manuel António da Silva, mercador, morador na Rua dos Ferradores, inscreve-se neste quadro. Homem de negócios e viajante, pois era mercador, foi aceite para servir de solicitador das causas cíveis da Santa Casa (*Livro 4.º de Lembranças...*, fl. 75). Também aqui se pode enquadrar a ordem tomada pela Mesa no dia 13 de setembro de 1679, para a continuação do processo do legado, ou herança, deixada à Misericórdia por Isabel da Costa, viúva de João Afonso, que se encontrava parado.

A par destes assuntos que fomos enumerando, os quais eram habituais para quem dirigia os destinos da Santa Casa, existiam por vezes assuntos de natureza mais extraordinária. Naturalmente, a sua ocorrência acabava por marcar o exercício da Mesa que fora chamada a decidir tal ocorrência ou, por sua ação, acabara por ficar com o feito de o ter realizado.

Por esta razão, podemos dizer que a provedoria de Bernardo Ferraz de Melo ficou marcada pela reforma do Regimento do Hospital de D. Lopo de Almeida, realizada numa sessão que juntou Mesa e Definitório no dia 10 de janeiro de 1680 (*Livro 4.º de Lembranças...*, fls. 73v-74v). Invocando as insuficiências e lacunas existentes que afetavam o bom funcionamento do hospital, foram compostos cerca de vinte artigos pelos quais se pretendia corrigir esses problemas. Feita a proposta de revisão, ela veio a ser submetida à autorização régia, a qual veio a ser confirmada pelo alvará régio de 20 de julho de 1680.

Mesa da Santa Casa da Misericórdia do Porto em 2.7.1679
Provedor: Bernardo Ferraz de Melo
Escrivão: Alexandre da Costa Pinheiro
Conselheiros Nobres: Cónego André Pereira Pinto, João de Valadares Carneiro, Cristóvão Alves da Cunha, António de Lemos da Rosa (desembargador) e João Pinto Homem

FONTES E BIBLIOGRAFIA

Fontes arquivísticas

Arquivo Distrital do Porto (ADP) – *Registos de Casamentos*, paróquia da Sé, 1673-1689, fl. 274.

Arquivo Histórico da Santa Casa da Misericórdia do Porto (AHSCMP) – *Livro de Eleição da Mesa. 1643 a 1772*, série D, banco 5, n.º 2; *Livro 4.º de Lembranças*, 1674-1738, série D, banco 8, n.º 6; *Dos Irmãos da Caza, 1611 a 1787*, série D, banco 5, n.º 8.

Bibliografia

FREITAS, Eugénio de Andrea da Cunha e, 1959 – "A Rua das Flores no século XVII". *O Tripeiro*, V série, ano XV, n.º 5. Porto: António Sardinha.

GABINETE de História do Porto, 1949 – "Os «Homens da Governança» do município do Porto desde 1428 até 1949", in *Boletim Cultural da Câmara Municipal do Porto*, vol. XII, fasc. 3-4 (set./dez. 1949). Porto: Câmara Municipal do Porto, pp. 278-340.

GAYO, Manuel José da Costa Felgueiras, 1940 – *Nobiliário de famílias de Portugal*, *Fac. simile* de impressão diplomática do original manuscrito existente na Santa Casa de Misericórdia de Barcelos, IV. [Braga]: Agostinho de Azevedo Meirelles; Domingos de Araújo Affonso.

MORAIS, Cristóvão Alão de, [1667] 1944 – *Pedatura Lusitana (Nobiliário de Famílias de Portugal)*, publicado por Alexandre António Pereira de Miranda Vasconcellos, António Augusto Ferreira da Cruz, Eugénio Eduardo Andrea da Cunha e Freitas, tomo II, volume I. Porto: Livraria Fernando Machado.

NUNES, Ana Sílvia Albuquerque, 1999 – *História Social da Administração do Porto (1700-1750)*. Porto: Universidade Portucalense.

DIOGO FERREIRA
MANUEL COUTO
MARIA TERESA CARDOSO

João de Valadares Carneiro

(Porto, 11.1.1640 | Porto, 17.11.1684)

Provedores da Santa Casa da Misericórdia do Porto

2.7.1680 | 2.7.1681

Proprietário.

Vereador da Câmara do Porto.

Conselheiro da Mesa da Santa Casa da Misericórdia do Porto (1676-1677 e 1679-1680).

Natural do Porto.

Filho de Luís de Valadares Carneiro, provedor da Santa Casa da Misericórdia do Porto (1660-1661 e 1675--1676), e de Ana do Amaral.

Neto de João de Valadares Carneiro, provedor da Santa Casa da Misericórdia do Porto (1614-1615).

Bisneto de Álvaro de Valadares, provedor da Santa Casa da Misericórdia do Porto (1585-1586).

Casado com D. Margarida Machado da Silva e Menezes e Sotomaior.

Genro de Rodrigo Pereira Sottomayor, alcaide-mor de Caminha (1643).

Fidalgo da Casa Real. Cavaleiro professo da Ordem de Cristo (1669). Familiar do Santo Ofício (1669).

Morgado da Quinta de Oliveira. Senhor da Casa de Valadares no Porto.

João de Valadares Carneiro, também designado por João do Amaral de Valadares Carneiro, nasceu na Rua das Flores em 11 de janeiro de 1640. Era filho de Luís de Valadares Carneiro, cidadão do Porto com foro de fidalgo cavaleiro da Casa Real e provedor da Santa Casa da Misercórdia do Porto nos anos de 1660-1661 e 1675-1676, e de Ana do Amaral, neto paterno de João de Valadares Carneiro, cidadão do Porto, e de Catarina Pereira, e neto materno de João Soares de Amaral, natural de Coimbra, e de Sebastiana Vieira, natural da Lousã (SILVA. 2008. 88).

João de Valadares Carneiro casou em 1675 com D. Margarida Machado da Silva e Menezes e Sotomaior, filha de Rodrigo Pereira Sotomaior, primeiro alcaide-mor de Caminha, senhor da casa e morgado de Barbeita. Também uma sua irmã, Sebastiana de Valadares, casou com outro filho de Rodrigo Pereira de Sotomaior, Gonçalo António Pereira de Sotomaior, que sucedeu ao pai no cargo de alcaide-mor de Caminha (MORAIS, 1943-48, t. I, vol. II: 397-400). Entre o pai do biografado e o seu sogro deviam existir laços de amizade que levaram à união familiar pelos casamentos dos seus filhos. Tanto Luís de Valadares Carneiro, como Rodrigo Pereira Sotomaior lutaram na Guerra da Restauração, tendo-se nobilitado pelo seu desempenho e tendo recebido mercês régias. Rodrigo Pereira Sotomaior recebeu o cargo de alcaide-mor de Caminha em 7 de março de 1643, Luís de Valadares Carneiro recebeu o título de fidalgo-cavaleiro em 23 de setembro de 1661, pelos serviços prestados como capitão na rendição do castelo de S. João da Foz e no de Viana do Castelo, e nos encontros de armas com as tropas espanholas em Valença, Coimbra, Gaia e Porto.

João de Valadares Carneiro foi admitido como familiar do Santo Ofício em 1 de julho de 1669, sendo que recebera, em 23 de maio do mesmo ano, a mercê de Cavaleiro da Ordem de Cristo com 60$000 réis de pensão. Ocupou cargos da governança, tendo sido vereador da Câmara do Porto, e foi Irmão da Misericórdia, tendo participado na administração da Misericórdia do Porto como conselheiro nos anos de 1676-1677 e de 1679-1680, e também como provedor no ano de 1680-1681. O desempenho dos cargos da cidade e a pertença à Misericórdia do Porto foram uma constante ao longo de várias gerações na família Valadares do Porto: o bisavô Álvaro de Valadares fora vereador da Câmara e provedor da Misericórdia, e, na qualidade de representante da Câmara do Porto, deslocou-se a Elvas para receber o Rei Filipe II de Espanha (1581); o avô João de Valadares Carneiro fora capitão-mor da cidade do Porto, dera o seu contributo como vereador da Câmara e fora provedor da Misericórdia do Porto; Luís de Valadares, seu pai, fora também um homem da governança, vereador, procurador do povo eleito pela cidade do Porto às Cortes de 1653, tendo sido provedor da Misericórdia do Porto por duas vezes (1660-1661. 1675-76). Tal como o pai, o avô e o bisavô, João de Valadares Carneiro foi também um homem muito interventivo – digno representante da família dos Valadares do Porto, que ao longo de quatro gerações esteve ligada aos cargos da cidade e da Santa Casa de Misericórdia (SILVA, 2008: 83-85; FREITAS, 1995: 115-116, 130-132, 136, 141 e 143).

João de Valadares Carneiro morreu em 15 de novembro de 1684, com 44 anos de idade, deixando como herdeira sua filha D. Mariana Luísa de Valadares (1678-1739), na altura com seis anos de idade. D. Mariana Luísa de Valadares casaria com D. Francisco Furtado de Mendonça e Menezes, moço fidalgo, da vila de Ponte de Lima, tendo tido onze filhos (GAYO, 1938, vol. 17: 28; *Gazeta de Lisboa Occidental*, 1739: 432).

※

No dia 2 de julho 1680 os Irmãos reunidos em assembleia na igreja da Misericórdia realizaram a eleição para a Mesa do Despacho do ano de 1680-1681, tendo sido eleitos para provedor João de Valadares Carneiro, para escrivão Jerónimo de Magalhães, para conselheiros de 1.ª Miguel de Tavares Leitão, Gaspar Mouzinho de Albuquerque, desembargador, Manuel Pereira de Berredo, arcediago do Porto, Gaspar Pacheco, João de Figueiroa Pinto e para conselheiros de 2.ª André Pereira Rodrigues (Roriz), tanoeiro, António Carvalho, António da Costa, ourives, Pedro de Freitas, mercador, Manuel da Silva Lage, alfaiate e André Soares Robles (*Livro de Eleições da Mesa da Misericórdia*, n.º 2, fls. 55v-56).

No dia 25 de julho seriam eleitos para a Junta do Definitório «os conselheiros que hão de servir este ano que começou em o dia de Santa Isabel ano de 1680 e há de acabar em outro tal dia do Ano de 1681» – para irmãos de 1.ª condição: Doutor António Lemos da Rosa, André Pereira Pinto, cónego magistral na Sé do Porto; Cristóvão Alvo da Cunha, Bernardo Ferraz de Melo; Alexandre da Costa Pinheiro, para irmãos de 2.ª condição: Manuel Alvares, cirieiro; Pedro Moreira, correeiro; Manuel Francisco, dourador; Gaspar do Couto; Manuel da Fonseca Moreira.

Um dos primeiros assentos desse ano está relacionado com a música na igreja da Misericórdia e a celebração do culto divino. A igreja da Misericórdia do Porto tinha um órgão desde finais do século XVI – a «canaria» tinha sido ofertada pelo mestre-escola Manuel da Costa (1597) e a Misericórdia mandou fazer a caixa do órgão, muito ornada e trabalhada em 1599 (BASTO, 1999: 156-157). Mas em 1679, depois de muitos arranjos, o órgão velho já não tocava e foi preciso mandar fazer um novo. A obra foi encomendada a Miguel de Magalhães, organeiro de Braga, por 10 000 réis. Em 14 de agosto de 1680 a Mesa do Despacho pagou ao mestre organeiro mais 4000 réis por montar o órgão e em 5 de setembro pagou 2500 réis a Francisco da Rocha por pintar o novo órgão (FREITAS, 1995: 383).

Em 21 de agosto de 1680 o provedor João de Valadares Carneiro informou a Mesa do Despacho «que fora mandado fazer um órgão novo pelo antigo estar danificado e não servir na forma que estava», e que era preciso contratar um organista. Na reunião desse dia ficou registado o contrato que fizeram com o organista Francisco de Matos. O dito organista ficou obrigado a tanger o órgão todos os domingos e dias santos, vésperas, matinas e clássicas de noite de Natal pelo salário de 8000 réis anuais (*Livro de Lembranças*, n.º 6, fl. 85v; SECA, 2004: 59-63).

Em 15 de dezembro de 1680 o provedor João de Valadares Carneiro revelou preocupação com a excessiva despesa que a Misericórdia fazia com os presos pobres. Em reunião, o provedor expôs aos demais conselheiros que naquela altura a Casa estava a ter mais despesa com os presos que alimentava por «piedade» do que com o sustento dos presos pobres do rol – a que estava obrigada por Compromisso.

A obra de misericórdia aos presos pobres era uma obra da especial vocação das misericórdias e que a Irmandade do Porto cumpria desde os primeiros tempos. Os presos pobres tinham direito ao apoio da Misericórdia, sendo admitidos a um rol. O apoio de alimento era muito importante, já que o sistema judicial não previa qualquer apoio em alimentos aos encarcerados. Contudo, nem todos os presos necessitados tinham direito a este apoio, já que a Misericórdia não podia admitir ao rol presos por dívidas, por falta de pagamento de penas pecuniárias, ou por penas de degredo não cumpridas. Assim, para que não ficassem ao total abandono nas cadeias, o Compromisso de 1646 entregava ao provedor e aos conselheiros da Mesa a responsabilidade de apoiar os presos fora do rol que se encontrassem em situação económica mais difícil, admitindo-os a um apoio extraordinário em alimentos, vestuário e dinheiro, designado por «piedades», e, muitas vezes, fazendo também despesa com o livramento destes presos (CARDOSO, 2014: 139-140).

Entendia o provedor que a despesa com pão e carne era demasiada. Como tal, propôs «aos ditos deputados que na Cadeia se despendia com demasia muito pão e carne com os presos a quem dava esta Casa Piedade sendo que com eles se gastava mais que com os presos do Rol [...] e por isso a Casa estava empenhada e vão-se os dinheiros das esmolas das envergonhadas e não parecia justo se fizesse tanta despesa pela Casa não poder acudir a tanto que lhe parecia devia haver nisto forma». Era preciso impedir que a Casa continuasse a fazer mais despesa do que podia. Assim, ficou decidido que «se não desse por piedades mais que dois Alqueires desse grão para se repartirem em piedades aos domingos e quartas-feiras... e se não desse mais carne que aos do Rol e se advertisse aos mordomos da Cadeia que estas piedades se distribuíssem» pelos presos das «piedades» de maneira que os que a recebessem à quarta-feira não a receberiam ao domingo.

Mesa da Santa Casa da Misericórdia do Porto eleita em 2.7.1680

Provedor: João de Valadares Carneiro

Escrivão: Jerónimo de Magalhães

Conselheiros de 1.ª: Miguel de Tavares Leitão; Gaspar Mouzinho de Albuquerque, desembargador; Manuel Pereira de Berredo, arcediago do Porto; Gaspar Pacheco; João de Figueiroa Pinto.

Conselheiros de 2.ª: Manuel Ribeiro, ourives; Manuel de Magalhães, mercador; Francisco Machado, volantareiro; Manuel do Couto, dourador; Gaspar Cardoso, mercador; Manuel da Rocha, ensamblador

FONTES E BIBLIOGRAFIA

Fontes arquivísticas

Arquivo Distrital do Porto (ADP) – *Cartório Notarial do Porto*, 4.ª série, livro 149, fl. 34v.

Arquivo Histórico da Santa Casa da Misericórdia do Porto (AHSCMP) – *Livro de Lembranças*, série D, banco 8, n.os 1, 5 e 6; *Dos Irmãos da Caza, 1611 a 1787*, série D, banco 5, n.º 8; *Livros de Eleição da Mesa*, série D, banco 5, n.os 1-2; *Livros de Despesa Geral (da Bolsa)*, série L, banco 2, livros 32 e 40.

Arquivo Municipal do Porto (AMP) – *Registo Geral*, livro 3, fl. 242.

Arquivo Nacional da Torre do Tombo (ANTT) – *Habilitações Ordem de Cristo*, letra L, maço 18, n.º 140; *Registo Geral de Mercês, Ordens Militares*, liv.7, fl. 311; *Tribunal do Santo Ofício, Conselho Geral, Habilitações*, João, mç. 10, doc. 332; *Matrículas de Moradores da Casa Real*, liv. 4, fl. 225.

Fontes hemerográficas

Gazeta de Lisboa Occidental. Lisboa: officina da Pascoal da Sylva, 1739.

Bibliografia

BASTO, Artur de Magalhães, 1997 – *História da Santa Casa da Misericórdia do Porto*, 2.ª edição, vol. 1. Porto: Santa Casa da Misericórdia do Porto.

BASTO, Artur de Magalhães, 1999 – *História da Santa Casa da Misericórdia do Porto*, 2.ª edição, vol. 2. Porto: Santa Casa da Misericórdia do Porto.

CARDOSO, Maria Teresa Costa Ferreira, 2014 – *Os Presos da Relação do Porto. Entre a Cadeia e a Misericórdia (1735 a 1740)*. Porto: Santa Casa da Misericórdia do Porto.

FREITAS, Eugénio de Andrea da Cunha e, 1995 – *História da Santa Casa da Misericórdia do Porto*, vol. III. Porto: Santa Casa da Misericórdia do Porto.

GABINETE de História do Porto, 1949 – "Os «Homens da Governança» do município do Porto desde 1428 até 1949", in *Boletim Cultural da Câmara Municipal do Porto*, vol. XII, fasc. 3-4 (set./dez. 1949). Porto: Câmara Municipal do Porto, pp. 278-340.

GABINETE de História do Porto, 1950 – "«Os Homens da Governança»" do Município do Porto desde 1428 até 1949", in *Boletim Cultural da Câmara Municipal do Porto*, vol. XIII, fasc. 1-2 (mar./jun. 1950). Porto: Câmara Municipal do Porto, pp. 200-209.

GAYO, Manuel José da Costa Felgueiras, 1938-1941 – *Nobiliário de famílias de Portugal, Fac. simile* de impressão diplomática do original manuscrito existente na Santa Casa de Misericórdia de Barcelos. [Braga]: Agostinho de Azevedo Meirelles; Domingos de Araújo Affonso.

GUIMARAES, Fernando, 1941 – *O Porto na Restauração: subsídios para a sua história*, Coleção *Documentos e memórias para a história do Porto*, tomo I. Porto: Câmara Municipal do Porto.

MORAIS, Cristóvão Alão de, [1667] 1944 – *Pedatura Lusitana: nobiliário de famílias de Portugal*, tomo I, vol. II, publicado por Alexandre António Pereira de Miranda Vasconcellos, António Augusto Ferreira da Cruz, Eugénio Eduardo Andrea da Cunha e Freitas. Porto: Livraria Fernando Machado.

SECA, Marta de Figueiredo Fernandes, 2004 – *A música na Santa Casa da Misericórdia do Porto: 1655-1823*. Dissertação de mestrado em Ciências Musicais apresentada à Faculdade de Letras da Universidade de Coimbra (policopiado).

SILVA, Francisco Ribeiro da, 2008 – *Quinhentos/Oitocentos (Ensaios de História)*. Porto: Faculdade de Letras da Universidade do Porto.

MARIA TERESA CARDOSO

João de Figueiroa Pinto

(Paredes, c. de 1615 | Porto, depois de 1701)

Provedor da Santa Casa da Misericórdia do Porto

2.7.1681 | 2.7.1682

Proprietário. Licenciado em Leis pela Universidade de Coimbra.

Contador da Fazenda Real no Porto e sua Comarca. Vereador da Câmara (1664, 1669 e 1682).

Escrivão da Santa Casa da Misericórdia do Porto (1662-1663). Conselheiro da Mesa da Santa Casa da Misericórdia do Porto (1680-1681, 1689-1690, 1696-1697 e 1700-1701). Provedor da Santa Casa da Misericórdia do Porto (1681-1682 e 1686-1687).

Natural da freguesia de Baltar, concelho de Paredes.

Filho de João de Figueiroa Pinto, vereador da cidade do Porto e provedor da Santa Casa da Misericórdia do Porto, e de Catarina Pereira.

Neto de Francisco Neto de Figueiroa, procurador da Cidade do Porto (1580, 1590 e 1601).

Avô de João de Figueiroa Pinto, contador da Fazenda Real e vereador da Câmara do Porto (1734-1738).

Bisavô de Manuel de Figueiroa Pinto, também contador da Fazenda Real, vereador da Cidade do Porto (1751, 1757, 1783-1785 e 1795), provedor, vice-provedor e conselheiro da Companhia do Alto Douro entre 1757 e 1775 e dono da Quinta de Santo Ovídio.

Casou com D. Maria Carneiro de Barros, de quem teve cinco filhos: Rafael de Figueiroa Pinto; Francisco Carneiro de Figueiroa, deputado no Conselho de D. João V, reitor e reformador da Universidade de Coimbra; Teresa Maria Carneiro Figueiroa; Mariana; Joana.

Em meados do século XV o apelido Figueiroa já era usado no Porto, onde vivia em Miragaia um Martim de Figueiroa, mestre de barinel. Os primeiros Figueiroa do Porto estiveram ligados à vida marítima e ao comércio de longo curso com a Flandres, França e Cabo Verde, como consta do testamento de um Francisco de Figueiroa (1574) a favor de seu Irmão João de Figueiroa e de seu primo Cosme Aranha (MORAIS, 1943-1948, t. III, vol. 1: 56-58). No século XVI alguns dos elementos desta família gozavam já de grande prestígio, ocupavam cargos do funcionalismo régio e passaram a fazer parte da elite dos cidadãos do Porto e da nobreza de sangue, unindo-se pelo casamento a membros de importantes famílias da cidade – os Figueiroa eram o exemplo do típico fidalgo burguês (AFONSO, COELHO, 2002: 264).

Segundo Gonzalo Argote de Molina, um genealogista do tempo de Filipe II de Espanha, o nome Figueiroa tem origem espanhola, onde é um apelido muito antigo, do tempo da reconquista cristã, ligado à história de dois irmãos que iniciaram esta

> linaje de grandes Cavalleros de Galiza, cujas armas son cinco Hojas de Higuera verdes en campo de oro. Las quales ganaron por una ilustre hazaña, que se escrive en la descripcion de aquel Reyno, que como Abderramen Principe de los Moros imbiasse por las cien Dõnzellas, que el Rey Mauregato se avia obligado de le dar en Parias cada año, y fuessen los Moros a Galizia por las Dozellas que aquel Reyno contribuya. Aviéndoles entregado dos muy hermosas (aquien dos Cavalleros hermanos deste linage servian) determinaron, de salir a los Moros al caminho, y cobrarlas, y alcançaron los, en un lugar, onde avia una Higuera. Y alli mataron los Moros librando a sus Damas, y por memoria desto hecho tomaron el apelido de Figueroa...Desta hazaña dieron nõbre a su Solar, y apelido a su linage, y es esta una de las mas ilustres memorias. Y mas antíguas destos Reynos, por aver ochocientos años (ARGOTE de MOLINA, 1588, lv. 2: 346).

O nome João foi usado repetidas vezes, ao longo de várias gerações, por membros da família Figueiroa do Porto.

João de Figueiroa Pinto, nasceu na freguesia de Baltar, concelho de Paredes, por volta do ano de 1615, e era filho natural de João de Figueiroa Pinto e de Catarina Pereira. O avô paterno, Francisco Neto de Figueiroa, cavaleiro professo da Ordem de Cristo e cavaleiro fidalgo da Casa Real, era casado com Guiomar Pinta da Fonseca, tendo sido procurador da cidade (MORAIS, 1943-1948, t. III, vol. 1: 66). Da primeira vez que ocupou o cargo de procurador tinha 38 anos, tendo ocupado o cargo sucessivamente de 1580 a 1584 e sendo eleito de novo em 1590 e em 1601 (SILVA, 1988: 462-465 e 479). Em 31 de agosto de 1580, juntamente com a maioria dos vereadores da cidade, jurou obediência a Filipe II (BASTO, 1997, 498, 504). João de Figueiroa Pinto, filho de Francisco Neto de Figueiroa e pai do biografado, foi vereador nos anos de 1619, 1623, 1628 e 1642, (VALENTE, 1950, vol. 13: 62), era um homem erudito que, segundo Cristóvão Alão de Morais, ajudou D. Rodrigo da Cunha na redação do *Catálogo dos Bispos do Porto.*

No desempenho das suas funções como vereador deslocou-se por mais de uma vez a Madrid para tratar de negócios da cidade (MORAIS, 1943-1948: 66). Foi um destacado cidadão, grande benemérito e também Irmão da Misericórdia do Porto, tendo participado na administração da Irmandade como provedor (1622-1623, 1629-1630, 1634-1635 e 1639) e como escrivão (1632-33 e 1636-1637) (FREITAS, 1995: 124-125). Viveu na Rua das Flores, nunca casou mas manteve uma relação com Catarina Pereira de Baltar, de quem teve dois filhos que legitimou (1641), João de Figueiroa Pinto e D. Susana que foi freira do Convento de S. Bento (MORAIS, 1943-1948: 66-67).

João de Figueiroa Pinto foi herdeiro de seu pai homónimo. Frequentou a Universidade de Coimbra, tendo-se formado bacharel em 14 de maio de 1653 e obtido o grau de licenciado em Leis a 12 de julho de 1656. Casou com D. Maria Carneiro de Barros, filha de Rafael Carneiro Faria, contador da Fazenda Real do Porto, e de Justa Barros Carneiro. Recebeu por dote da sua mulher o ofício de contador da Fazenda Real no Porto e sua comarca. Viveu na Rua das Flores, na casa que herdou do seu pai. Teve cinco filhos: Rafael de Figueiroa Pinto (1640-1703), Francisco Carneiro de Figueiroa Pires (1662-1744), Teresa Maria de Figueiroa, Mariana e Joana (MORAIS, 1943-1948: 67).

João de Figueiroa Pinto foi vereador da Câmara portuense nos anos 1664, 1669 e 1682 (Gabinete, 1949, XII: 297-299). Tal como o pai, foi também Irmão da Misericórdia do Porto, tendo participado na administração da Irmandade por mais que uma vez como provedor (1681-1682 e 1686-1687) e como conselheiro (1680-1681, 1689-1690, 1696-1697 e 1700-1701).

Na década de sessenta (ou antes) do século XVII João de Figueiroa Pinto conheceu Cristóvão Alão de Morais (1632-1693), formado em Direito Canónico e Civil pela

Universidade de Coimbra, e que vivia no Porto. Cristóvão Alão de Morais, que na altura exercia o cargo de Juiz dos Órfãos, era já um prestigiado genealogista interessado em recolher elementos sobre as principais famílias do Porto. Assim, João de Figueiroa Pinto (que também tinha interesse em dar a conhecer a história da sua família) informou o amigo de que guardava em sua casa papéis importantes sobre a sua ascendência, sendo com a sua ajuda que Cristóvão Alão Morais esclareceu dúvidas sobre o ramo familiar dos Figueiroa Pinto, que conseguiu assim reconstituir tendo registado no seu nobiliário que as informações aí constantes se deviam à ajuda do amigo– «o que seguimos nos constou por papéis que tem em seu poder João de Figueiroa Pinto, Contador do Porto», incluindo os Figueiroa num tomo dedicado às famílias com tradições Lusitano-Hispânicas (1670) (MORAIS, 1943-1948, t. III, vol. 1: 57).

O seu filho mais velho, Rafael de Figueiroa Pinto (1640-1703), foi cavaleiro da Ordem de Cristo, familiar do Santo Ofício, e serviu a mesma carreira do pai, sendo contador-mor da Fazenda do Porto. Entre 1680 e 1687 serviu como capitão de Infantaria no Estado da Índia. Rafael de Figueiroa Pinto casou com Dona Mariana Francisca Machado e em 1703 encontrava-se muito doente tendo feito testamento a favor de seu filho João de Figueiroa Pinto (NUNES, 1999: 105). Rafael de Figueiroa Pinto foi Irmão da Misericórdia do Porto e desempenhou cargos de administração da Irmandade, sendo conselheiro da Mesa do Despacho nos anos 1692-1693 e 1697-1698.

A filha Teresa Maria Figueiroa (nasceu por volta de 1645) casou com o seu tio, o doutor Manuel Carneiro de Sá, que foi desembargador na Relação do Porto e na Suplicação, chanceler no Brasil, deputado da Mesa da Consciência e desembargador do Paço (GAIO, t. 9: 30-31). Foi nesta filha e nos seus descendentes «que veio a recair a representação da família que ainda hoje subsiste nos seus descendentes, os Castros, Condes de Resende» (VALENTE, 1949: 63).

O seu filho mais novo, Francisco Carneiro de Figueiroa (1662-1744), foi o familiar mais destacado de toda a família Figueiroa. Estudou no Colégio da Companhia de Jesus no Porto com imensos louvores e doutorou-se em Leis na Universidade de Coimbra, tendo abraçado o sacerdócio. Foi cónego doutoral nas sés de Viseu, Guarda, Porto e Lisboa, inquisidor, deputado do Conselho Geral e reitor da Universidade de Coimbra (COSTA, 1789: 326). Francisco Carneiro de Figueiroa foi também lente de Código na Universidade de Coimbra, desembargador da Casa da Suplicação. Enquanto reitor e reformador da Universidade de Coimbra (1722 a 1744) foi o responsável pela conclusão da majestosa Biblioteca joanina. Produziu várias obras relacionadas com a história da Universidade «Memórias da Universidade de Coimbra», «Catálogos de Reitores», «Cónegos, Doutoraes e Magistraes» e «Alphabeto dos Lentes».

João de Figueiroa Pinto e a sua mulher, D. Maria Carneiro de Barros, fizeram testamento em 17 de dezembro de 1697. Em 13 de outubro de 1700 João de Figueiroa Pinto continuava a exercer o seu cargo de contador da Fazenda Real da Cidade do Porto, obtendo de D. Pedro II um alvará de acrescentamento de ordenado. Também, como já foi referido, no ano de 1700-1701 João de Figueiroa Pinto foi conselheiro da Mesa do Despacho uma última vez. Quando faleceu, já depois de 1701, João de Figueiroa deixou um grande património ao seu filho herdeiro Rafael de Figueiroa Pinto composto por muitas propriedades rurais e casas urbanas, que aparecem registadas no *Livro de Maneio – Décima do ano de 1701*, incluindo a casa de habitação da Rua das Flores que entretanto tinha começado a ser totalmente remodelada (1697-1747), além de outras propriedades e de um legado da capela de Nossa Senhora da Esperança do convento de São Francisco. (NUNES, 1999: 225, 269-278). Pouco tempo depois, em 1703, Rafael de Figueiroa Pinto deve ter falecido, passando os bens de família para o seu filho João de Figueiroa Pinto, neto do biografado, ainda criança (NUNES, 1999: 174-176). Tal como os bens, também o cargo de contador-mor da Fazenda Real do Porto passou para João de Figueiroa Pinto e deste, mais tarde, para o filho Manuel de Figueiroa Pinto – homens nobres de imenso poder e riqueza no século XVIII (NUNES, 2004: 148-149).

⁂

No dia 2 de julho de 1681 os Irmãos reunidos em assembleia na igreja da Misericórdia realizaram a eleição para a Mesa do Despacho do ano de 1681-1682, tendo sido eleitos para provedor João de Figueiroa Pinto, para escrivão Pedro Correia de Azevedo, para conselheiros de 1.ª João Pinto Pereira, Francisco Ferreira de Andrade, deão João Freire Antão, doutor André de Morais Sarmento, Bento Ribeiro Torrado e para conselheiros de 2.ª, Romão do Couto, António Ramalho, Domingos Correia Rangel, Manuel Fernandes Neves, António André, João de Aguiar, correeiro.

No dia 25 de julho seriam eleitos para a Junta do Definitório os Irmãos de 1.ª condição: João de Valadares Carneiro; Jerónimo de Magalhães; Miguel de Tavares Leitão; Gaspar Pacheco, arcediago do Porto; Manuel Pereira de Berredo, e os Irmãos de 2.ª condição: Francisco Machado, volantareiro; Manuel do Couto, dourador; Manuel Ribeiro, ourives; Gaspar Cardoso de Oliveira; Manuel de Magalhães.

Em 3 de dezembro de 1680 houve necessidade de proceder à eleição de um conselheiro da Mesa do Despacho devido à ausência prolongada de João Freire Antão, deão do Cabido do Porto, sendo nomeado por voto de todos o Irmão Bernardo Ferraz de Melo.

Ao longo deste mandato o provedor João de Figueiroa Pinto e restantes membros da Mesa do Despacho deram uma atenção muito especial aos assuntos relacionados com a assistência aos doentes dos hospitais e ao seu acompanhamento espiritual.

Em 1 de dezembro de 1680, em reunião da Mesa do Despacho realizada com a presença de alguns dos Definidores da Junta, o provedor informou de que no Hospital de Nossa Senhora do Amparo, de homens entrevados, e no Hospital do Espírito Santo, de mulheres entrevadas, havia faltas na administração dos sacramentos, e tinha sucedido morrerem algumas pessoas sem confissão por não haver sacerdote. O provedor entendia que era importante que a Irmandade acudisse a esta obra de tanta piedade e importância para as almas, elegendo um sacerdote para dar assistência aos dois hospitais. Para satisfazer esta obra de misericórdia escolheram o padre Manuel Leitão, por entenderem que reunia os requisitos, ficando decidido que lhe pagariam de pitança 10 000 réis por ano. O dito padre ficava obrigado a «administrar os sacramentos, em um e outro hospital, a dar confissão, comunhão e extrema-unção e assistir e ajudar a bem morrer os ditos entrevados e entrevadas, além de ficar provido na capela do Hospital de Nossa Senhora do Amparo, onde deveria dizer a missa quotidiana a que a Casa estava obrigada. O padre Luís Coelho, que até aí dizia a missa na dita capela, foi provido noutra que se encontrava vaga.

A assistência espiritual aos doentes dos hospitais era uma das obras de misericórdia cumprida pela Misericórdia do Porto, e que aparece registada nos compromissos da Casa (nomeadamente no Compromisso de 1646) no capítulo 34, onde é tratado o apoio espiritual a prestar aos enfermos na hora da morte. Em relação a esta obra, em 1676, a Misericórdia aceitara um legado de mil cruzados do Reverendo Domingos Barreto Abade da Lustosa para instituir o cargo de capelão dos moribundos no Hospital de D. Lopo de Almeida, possuindo assim um capelão que cumpria estas obrigações naquele hospital desde essa altura (CARDOSO, 2014: 238 e 317). A novidade da decisão de João de Figueiroa Pinto prende-se com o facto de os hospitais de Nossa Senhora do Amparo e do Espírito Santo não serem da responsabilidade da Casa.

Em relação ainda ao Hospital de D. Lopo de Almeida, em 1 de fevereiro de 1681 houve necessidade de prover um outro sacerdote nas funções de capelão dos moribundos porque o anterior se despedira. No assento de provimento do novo capelão observamos mais uma vez a preocupação da Mesa com os assuntos de ordem espiritual, fazendo questão de registar que o padre eleito, Manuel de Basto, cumpria todos os requisitos para o cargo, tendo servido muitos anos com boa satisfação e caridade o cargo de coadjutor na Sé, e que ficava obrigado a «dizer missa quotidiana e ajudar a bem morrer os enfermos do mesmo hospital e lhes rezará o ofício da agonia e os absolverá pela bula da Santa Cruzada que do dito hospital se lhe mandará dar, e falecendo algum enfermo o acompanhará até à sepultura». Este capelão ficava a viver «nas casas contiguas ao mesmo Hospital para morar nelas» para que nunca faltasse com o apoio que devia dar aos doentes e moribundos. Como o padre Manuel de Basto era pobre e tinha limitado património para sustentar a mãe e a sua família e visto «o contínuo trabalho e assistência que tem no dito hospital se assentou se lhe dessem mais trinta alqueires de pão em cada ano do celeiro da Casa».

No dia do aniversário da morte de D. Lopo de Almeida (29 de janeiro de 1583) a Misericórdia estava obrigada a dizer uma missa por sua alma. No seu testamento D. Lopo instituíra que deveriam assistir à missa anual cinco pobres, a quem a Misericórdia devia vestir e dar de jantar nesse dia. Tradicionalmente, a Misericórdia cumpria com imenso zelo esta missa (até porque era dedicada ao seu mais importante benemérito que deixara a sua imensa fortuna à administração da Misericórdia do Porto). Porém em alguns anos este jantar aos cinco pobres era servido com tanto empenho e gastos pessoais que o provedor João de Figueiroa Pinto entendeu por bem intervir.

Assim, no dia 20 de janeiro de 1581, em reunião da Mesa do Despacho, começou por recordar que

> Dom Lopo de Almeida deixara em seu testamento, entre outras obrigações que encarregou a esta Casa, que aos vinte e nove do mês de Janeiro se lhe fizesse um ofício a que assistiriam cinco pobres aos quais se daria um vestido a cada um e de jantar no dito dia, ao que esta Casa satisfaz na forma do testamento do dito D. Lopo de Almeida, e o jantar se lhes administra pelo provedor e Irmãos da Mesa, que do Hospital lhes mandam vir por conta da Casa o que parece necessário.

De seguida, o provedor expôs que nos últimos anos a forma de servir este jantar tinha mudado, e que os mordomos da Casa «concorrem por sua conta com algumas pratas e iguarias de sobra, que mais parece banquete que jantar de pobres, e porque a tenção do instituidor foi que o dito jantar fosse moderado, e servisse de sustento e não de excesso, e demasia que é indigna da Casa da Misericórdia», entendendo que este costume prejudicava os mordomos da Casa porque, além do muito trabalho que tinham com o seu cargo, ainda se viam na obrigação de pagar aquela despesa tão escusada e supérflua. Perante o exposto, os Irmãos da Mesa concordaram com o provedor, e decidiram moderar o jantar que a Casa dava de esmola aos cinco pobres, fixando a sua ementa:

> E se declarou que o jantar constasse somente do seguinte: a cada um dos cinco pobres se dará uma franga assada; um pastel de vintém; um arrátel de carneiro e outro de vaca, com suas sopas; um prato de arroz; um pão de vintém; meia canada de vinho; e algumas maçãs e sucedendo ser o dito dia de peixe se dará o jantar a este respeito».

> O problema parecia resolvido, ainda que provavelmente nem todos tenham concordado, ou, pelo menos, o mordomo da Casa devesse ter outra ideia. Assim, o provedor, mostrando o quanto estava determinado a alterar este hábito, mandou fazer um acrescento a este assento onde ficou registado que o jantar passaria a ser fornecido no Hospital de D. Lopo e que contaria apenas com a sua presença e a dos restantes irmãos da Mesa «sem intervenção alguma do mordomo da Casa para que não possa haver ocasião alguma de se alterar o sobredito assento, e se evitarem os inconvenientes atrás considerados de que se fez esta declaração que o provedor assinou com os deputados da Mesa e eu Pedro Correia de Azevedo escrivão da Casa que o escrevi.

Por uns tempos o assunto ficou resolvido, mas a tendência para o engrandecimento deste jantar aconteceu outras vezes (CARDOSO, 2014: 48-51).

No dia 22 de fevereiro de 1681 o provedor apresentou à Mesa do Despacho um outro assunto relacionado com o Hospital de D. Lopo e a excessiva despesa que a Casa fazia com os convalescentes. Na enfermaria dos convalescentes do Hospital de D. Lopo de Almeida a Casa gastava um tostão por dia com cada um dos convalescentes do legado de D. Nicolau. Parecia, no entanto, que este valor era excessivo, e que a quantia excedia a despesa que se fazia, ainda que o preço dos mantimentos nunca fosse certo. Assim, decidiram que todas as despesas com os convalescentes fossem assentadas num livro próprio

> todos os dias se escreva separadamente a despesa que se fizer nesta enfermaria, como se costumava fazer ao tempo em que o dito legado entrou nesta Casa e Hospital. E se declara que a despesa que se há de escrever é a de pão, vinho, carneiro, os adubos, azeite e lavagem de roupas e o concerto e reformação das mesmas roupas e o doce que se costuma dar aos almoços e louça que na mesma enfermaria se gastar e também os meios tostões que se dão aos convalescidos quando são despedidos. E que por conta deste legado não entre despesa de [...] nem de médico, cirurgião e sangrador e mais serventes por se entender que nas sobreditas coisas se não gasta mais dinheiro que o que se gastava antes de haver este legado.

Também pelo dito legado a Casa estava obrigada a ter treze camas de convalescentes nessa enfermaria, sete camas para homens e seis camas para mulheres. O provedor recordou que no assento de aceitação deste legado de 8 de agosto de 1671 por lapso ficara registado que a Casa devia ter catorze camas de convalescentes, sendo sete para mulheres, mas que tal não era correto, e que se devia fazer uma anotação à margem no dito assento. Assim, ficava corrigido o dito lapso, até porque essa era a vontade do instituidor do legado. Em relação a este assunto surgira também uma dúvida: se houvesse mais mulheres convalescentes que as seis, e não houvesse sete homens a convalescer, será que podiam usar essa cama para as mulheres? E o inverso? O provedor esclareceu que quanto a este assunto a Casa tinha consultado homens de leis que tinham sido de opinião que esta situação era possível porque era uma situação racional, desde que não se excedesse o número de camas estipulado pelo instituidor.

No dia 8 de março de 1681 os Irmãos da Mesa registaram em assento a aceitação de uma esmola de 70 000 réis do bispo da cidade, D. Fernando Correia de Lacerda, para ser aplicada com os enfermos do Hospital de São Lázaro. Visto que o Hspital de São Lázaro não era da administração da Irmandade, o provedor entendeu que este dinheiro não poderia ser aplicado em juros juntamente com outro dinheiro da Casa. Decidiu assim que, para que houvesse clareza na aplicação desse dinheiro, um Irmão deveria ficar seu depositário (Manuel Soares de Carvalho), criando-se um livro para servir essa conta da qual ficava encarregue outro Irmão (José Monteiro da Silva).

Para principiar o provimento do dito legado, o provedor João de Figueiroa Pinto deslocou-se ao Hospital de São Lázaro juntamente com alguns Irmãos da Mesa

> e se achou nele somente um enfermo. Manuel Correia, e também uma filha do sobredito por nome Jerónima a qual não parecia ser doente de mal incurável e como tal foi admitida para estar no dito hospital em companhia do dito seu pai. E tomando-se informação das coisas de que por ora necessitavam se achou que havia de mister uma cama para o dito Manuel Correia, a saber: um enxergão, dois lençóis, um chumaço e uma manta e se ordenou se fizesse provimento da dita cama e que para o sustento do dito Manuel Correia se desse em dinheiro mil réis em cada mês, a saber quinhentos réis no princípio e outros quinhentos réis no meio de cada mês e à dita Jerónima se dessem somente quinhentos réis na mesma forma, começando este provimento do princípio do mês de fevereiro por assim ordenar o Senhor Bispo.

Ficou decidido também que, entrando mais enfermos no dito hospital, seriam também socorridos com a mesma esmola de mil réis cada mês, e assim que acabassem de gastar os 70 000 réis se extinguiria esta administração sem mais qualquer obrigação «porquanto a dita administração só aceitou somente por amor de Deus e por respeito do Senhor Bispo».

Aos 7 de junho de 1681 a Mesa do Despacho tratou de novo assuntos relacionados com o Hospital de D. Lopo de Almeida. O provedor expôs à Mesa que as rendas do hospital andavam muito limitadas porque a maior parte do dinheiro estava aplicado no reino da Galiza e se não conseguia cobrar. Por esse motivo a maior parte das despesas dos enfermos era paga com o dinheiro da Casa, e que esta despesa era tão avultada que se não podia satisfazer sem se faltar às obrigações e legados da Casa. Assim, o provedor entendia que convinha pensar em soluções para diminuir e moderar as despesas com o hospital. Nesse sentido foram feitas várias propostas: de seguida o provedor João de Figueiroa Pinto propôs que, atendendo ao

> grande número de doentes que concorrem ao dito hospital não podiam os dois mordomos acudir a tudo o que era necessário de que resultava não serem assistidos com o cuidado que convinha e dilatarem-se os remédios e mezinhas que se mandavam aplicar pelo médico em razão do que parecia se deviam introduzir de novo mais dois irmãos para que repartido o trabalho ficasse mais suave e os doentes melhor assistidos.

Os Irmãos da Mesa entenderam também que devia haver mais dois Irmãos enfermeiros para servirem aos meses, num mês um Irmão de primeira condição e noutro mês um de segunda condição, um para a enfermaria dos homens e outro para a enfermaria das mulheres e «que cada um tivesse o cuidado dos enfermos e das mezinhas se lhes aplicarem com prontidão e brevidade e de se lhes administrar o sustento que dispuser o médico e cirurgião e tudo o mais que se declara na tábua e regimento que se fez para os ditos irmãos enfermeiros que está no hospital. E pela sua parte quanto lhes for possível assistirão aos enfermos, ficando sobre estes todo o cuidado da cozinha e de tudo o mais que pertencente ao dito hospital e ao bom governo dele».

Os Irmãos foram também unânimes em decidir que o hospital não devia admitir «enfermos de achaques velhos, ou incuráveis, em particular o de Alporcas e de chagas velhas, por com estes se fazer uma extraordinária despesa pela dilação da cura sem lograrem os doentes a melhoria que pretendiam, antes muitas vezes saírem em pior estado do que entraram». Em relação aos meios tostões que a Casa dava aos convalescidos quando saíam do hospital entenderam os Irmãos da Mesa que esta esmola se desse apenas aos que fossem de fora da cidade e que os mordomos entendessem que não tinham possibilidades económicas para voltar às suas terras, e aos da cidade se não desse a esmola, exceto quando os mordomos entendessem que era mesmo necessária. Esta decisão aplicava-se tanto aos convalescidos do Hospital como aos da administração do legado do bispo D. Nicolau Monteiro.

Mesa da Santa Casa da Misericórdia do Porto eleita em 2.7.1681
Provedor: João de Figueiroa Pinto
Escrivão: Pedro Correia de Azevedo
Conselheiros de 1.ª: João Pinto Pereira, Francisco Ferreira de Andrade, deão João Freire Antão, doutor André de Morais Sarmento, Bento Ribeiro Torrado
Conselheiros de 2.ª: Romão do Couto, António Ramalho, Domingos Correia Rangel, Manuel Fernandes Neves, António André, João de Aguiar, correeiro

FONTES E BIBLIOGRAFIA

Fontes arquivísticas

Arquivo Histórico da Santa Casa da Misericórdia do Porto (AHSCMP) – *Livro de Lembranças*, série D, banco 8, n.os 5-6; *Compromisso da Misericórdia do Porto de 1646*, série D, banco 4, livro 4; *Livro de Eleição da Mesa. 1643 a 1772*, série D, banco 5, n.º 2.

Arquivo da Universidade de Coimbra (AUC) – *Processo Individual de João de Figueiroa Pinto.*

Arquivo Distrital do Porto (ADP) – *Convento de São Francisco, Instituição de legados e capelas, tomo 7.º dos Títulos das Capelas e Legados*, doc. 53288 e 53292; *Família Eça de Queirós (condes de Resende)*, secção D, subsecção F, série 061; *Autos de Legitimação*, série 064; *Testamento de Rafael de Figueiroa Pinto (1703)*, 4.º série, lv. 212, fl. 218v.

Arquivo Municipal do Porto (AMP) – *Livros de Registo*, livros 8-9; *Maneio-Décima*, livro 1415; *Vereações*, livro 29.

Arquivo Nacional da Torre do Tombo (ANTT) – *Registo Geral de Mercês, Mercês de D. Pedro II*, lv. 13, f. 382; *Registo Geral de Mercês, Mercês de D. João V*, lv. 31, fl. 174 e fls. 363 e 370; *Registo Geral de Mercês, Mercês de D. Pedro II*, lv. 3, fl. 325; *Registo Geral de Mercês, Mercês de D. João V*, lv. 5, f. 334; *Registo Geral de Mercês, Mercês de D. João V*, lv. 9, f. 193v; *Tribunal do Santo Oficio, Conselho Geral, Habilitações*, mç. 1 e 92, doc. 14 e 1589.

Fontes digitais

ARGOTE DE MOLINA, Gonzalo, 1588 – *Nobleza de Andalucia/que dedicó al Rey Don Felipe II Gonzalo Argote de Molina.* Disponível em: <http://www.cervantesvirtual.com/obra/nobleza-de-andalucia> [consultado em maio de 2016].

Fontes impressas

Corpus Codicum Latinorum et Portugalensium Eorum Qui un Archivo Municipal Portucalensi Asservantur Antiquissimorum jussu. Curiae Municipalis Editum. Pôrto, volume III. Porto, p. 415, 419 e 420.

COSTA, Agostinho Rebelo da, 1789 – *Descripção topografica, e historica da Cidade do Porto. Que contém a sua origem....* Porto: na Officina de Antonio Alvarez Ribeiro.

Bibliografia

AFONSO, José Ferrão; COELHO, Sofia Thenaisie, 2004 – "As Torres da Reboleira", in *Actas del I Congresso Ibérico de Casa, Vigo y Ponte de Lima.* Vigo: Asociacion Amigos de los Pazos, pp. 261-272.

ARAGÂO, Augusto Carlos Teixeira de, 1877 – *Descrição geral e histórica das moedas cunhadas em nome dos Reis, regentes e governadores de Portugal.* Lisboa: Imprensa Nacional, tomo II.

BARREIRA, Aníbal José de Barros, 2002 – *A assistência hospitalar no Porto: 1750-1850.* Tese de doutoramento em História. Porto: Faculdade de Letras da Universidade do Porto (policopiado).

BASTO, Artur de Magalhães, 1997 – *História da Santa Casa da Misericórdia do Porto,* 2.ª edição, vol. 1. Porto: Santa Casa da Misericórdia do Porto.

CARDOSO, Maria Teresa Costa Ferreira, 2014 – *Os Presos da Relação do Porto. Entre a Cadeia e a Misericórdia (1735 a 1740).* Porto: Santa Casa da Misericórdia do Porto.

FERREIRA-ALVES, Joaquim Jaime B., 2001 – *A Casa Nobre no Porto: na Época Moderna.* Lisboa: Inapa.

FREITAS, Eugénio de Andrea da Cunha e, 1995 – *História da Santa Casa da Misericórdia do Porto,* vol. III. Porto: Santa Casa da Misericórdia do Porto.

GABINETE de História do Porto, 1949 – "Os «Homens da Governança» do município do Porto desde 1428 até 1949", in *Boletim Cultural da Câmara Municipal do Porto,* vol. XII, fasc. 3-4 (set./dez. 1949). Porto: Câmara Municipal do Porto, pp. 278-340.

GAYO, Manuel José da Costa Felgueiras, 1938-1941 – *Nobiliário de famílias de Portugal, Fac. simile* de impressão diplomática do original manuscrito existente na Santa Casa de Misericórdia de Barcelos. [Braga]: Agostinho de Azevedo Meirelles; Domingos de Araújo Affonso.

MORAIS, Cristóvão Alão de, [1667] 1943-1948 – *Pedatura Lusitana: nobiliário de famílias de Portugal,* tomo III, vol. I, publicado por Alexandre António Pereira de Miranda Vasconcellos, António Augusto Ferreira da Cruz, Eugénio Eduardo Andrea da Cunha e Freitas. Porto: Livraria Fernando Machado.

MOREIRA, Ana Dorinda Soares Martins; ALVES, Patrícia Alexandra Lopes, 2009 – "Zelar, Vigiar, Governar: os mecanismos de controlo e fiscalização na Casa da Roda do Porto, no século XVIII", in *A Solidariedade nos Séculos: A Confraternidade e as Obras,* Actas do I Congresso de História da Santa Casa da Misericórdia do Porto. Porto/Lisboa: Santa Casa da Misericórdia do Porto/Alêtheia Editores.

NUNES, Ana Sílvia Albuquerque, 1999 – *História Social da Administração do Porto (1700-1750).* Porto: Universidade Portucalense.

NUNES, Ana Sílvia Albuquerque, 2004 – "Real Companhia Velha e Câmara Municipal do Porto: Um século de direção comum (1756-1855)". *Douro: Estudos e Documentos.* Porto: GEHVID, pp. 135-159.

SÁ, Isabel dos Guimarães, 1985 – "A Casa da Roda do Porto e o seu funcionamento (1710-1780)". *Revista da Faculdade de Letras – Série de História,* 2. Porto: Faculdade de Letras da Universidade do Porto, pp. 161-199.

SILVA, Francisco Ribeiro da, 1988 – *O Porto e o seu termo (1580-1640): os homens, as instituições e o poder*, 2 volumes. Porto: Arquivo Histórico da Câmara Municipal do Porto.

VALENTE, Vasco, 1949 – "Casa e Quinta de Santo Ovídio". *O Tripeiro*, ano V, série V, n.º 4. Porto: António Sardinha.

VALENTE, Vasco, 1950 – "Os «Homens da Governança» do município do Porto desde 1428 até 1949. Subsídios biográficos, genealógicos e iconográficos para organização dum ficheiro", in *Boletim Cultural da Câmara Municipal do Porto*, vol. XIII, fasc. 1-2, março-junho de 1950. Porto: Câmara Municipal do Porto.

MARIA TERESA CARDOSO

João de Gouveia da Rocha

(Guimarães, ? | ?)

Provedor da Santa Casa da Misericórdia do Porto

2.7.1682 | 2.7.1684

Magistrado judicial. Professor universitário.

Doutor em Leis pela Universidade de Coimbra.

Natural da freguesia de Santo Adrião de Vizela, termo de Guimarães.

Filho de Pedro Vaz de Gouveia e de Isabel da Rocha.

Moço-fidalgo da Casa Real. Cavaleiro da Ordem de Cristo.

Estimando-se que tenha nascido nas décadas de 1630 ou de 1640, João de Gouveia da Rocha era natural da freguesia de Santo Adrião de Vizela, que no século XVII pertencia ao termo de Guimarães. Filho de Pedro Vaz de Gouveia e de Isabel da Rocha, João de Gouveia da Rocha era irmão de Pedro da Rocha de Gouveia, desembargador do Brasil e da Suplicação e cavaleiro da Ordem de Cristo, e do padre Paulo da Rocha de Gouveia.

Deslocando-se para a cidade de Coimbra, aí frequentaria a universidade e tornar-se-ia doutor em Leis. Eleito para colegial em 5 de junho de 1660, «sendo já lente de Instituta», tomaria posse quatro dias depois, servindo de reitor D. Luís de Sousa. Tendo sido «igualado à Cadeira de Código», foi despachado para desembargador da Relação do Porto (SYLVA, 1727: 207).

Assim, por carta de beca de 10 de maio de 1666, seria empossado desembargador da Relação do Porto mas sem exercício. Passado sensivelmente um mês, por carta régia de 22 de junho, seria designado desembargador extravagante daquela Relação. Ao longo da sua carreira viria também a assumir as funções de juiz da Inconfidência, ficando responsável pelo julgamento de crimes de alta traição.

No início da década de 1670, assistiu-se à sua progressão na carreira de magistrado. Por carta de D. Afonso VI, de 22 de novembro de 1672, passou a ser desembargador dos Agravos da Casa da Suplicação, funcionário do tribunal de segunda instância, a Casa da Suplicação, tendo como uma das principais funções decidir sobre os recursos colocados às decisões dos juízes de fora e corregedores, aquilo a que hoje equivalem os juízes do Tribunal da Relação.

Sabe-se ainda que «recebeu carta de padrão de 18$000 réis efetivos cada ano (30 de outubro de 1674), e padrão de 18$000 réis de tença» (SUBTIL, 2010: 273).

Em 26 de outubro de 1677 seria nomeado chanceler da Relação do Porto, ficando responsável pela guarda do selo real e encarregado de verificar as provisões expedidas pelo Desembargo do Paço. Somente receberia provisão para poder servir o cargo em inícios de outubro de 1680, funções que exerceria até finais de 1685, sendo substituído por Cristóvão Alves Coelho. Pelo meio, em 17 de setembro de 1678, havia sido nomeado conselheiro do Rei D. Afonso VI, com o propósito de o assistir em várias matérias, principalmente nas que diziam respeito à justiça.

Viria ainda a ser escolhido para desembargador do Desembargo do Paço, o tribunal superior do Reino que exercia «uma constante e sistemática vigilância – e controlo – sobre a atuação dos magistrados territoriais que estavam sob a sua alçada, sobretudo através dos "autos de residência" e das "certidões de estilo"». Aí, João de Gouveia da Rocha foi seguramente um dos magistrados que «vigiou, com todo o zelo, o seu território jurisdicional, reagindo sempre violentamente contra toda e qualquer intromissão vinda do exterior» (SUBTIL, 1996: 298-340).

O prestígio adquirido por João de Gouveia da Rocha trazer-lhe-ia ainda mais uma consequência. Em 21 de janeiro de 1682, seria admitido como Irmão de 1.ª condição da Santa Casa da Misericórdia do Porto. A razão para tal deveu-se à falta de desembargadores Irmãos da Casa. O provedor João de Figueiroa Pinto e os restantes conselheiros propuseram o seguinte:

> de presente não havia mais que três Desembargadores irmãos da casa assistentes nesta cidade que são os Doutores António de Lemos Rosa, Diogo Mexia Galvão e André de Moraes Sarmento em razão dos mais serem falecidos ou passados a Casa da Suplicação e porque na forma do Compromisso devia haver o número de seis e faltavam três lugares para prover, se considerasse os sujeitos que se haviam de eleger, e vistas algumas petições dos que tinham devoção de servir a Nossa Senhora nesta irmandade por voto de todos uniformemente foram aceitos o Doutor João de Gouveia da Rocha, Chanceler da Relação, e os Doutores António de Bastos Pereira e Manuel Carneiro de Sá, Desembargadores da mesma Relação [...] (*Dos Irmãos da Caza*, 1611 a 1787, fl. 127v).

Meio ano depois de ter sido admitido na Irmandade, João de Gouveia da Rocha viria a ser eleito provedor da Misericórdia aos dois dias do mês de julho, na capela-mor da igreja da Santa Casa. Em 2 de julho de 1683 seria reeleito, cessando funções enquanto provedor um ano depois.

Desconhecemos a data e o local do seu falecimento.

⁂

Na presença do provedor cessante, João de Figueiroa Pinto, do capelão-mor, João de Brito, e Pedro Correia de Azevedo, escrivão da Santa Casa, procedeu-se à votação na «forma costumada», da qual veio a sair eleito para provedor João de Gouveia da Rocha (*Livro de Eleição da Mesa*, 1643 a 1772, n.º 2, fls. 57v-58).

A ação de João de Gouveia da Rocha como provedor da Santa Casa da Misericórdia do Porto, durante os seus dois mandatos seguidos, foi marcada por algumas decisões de relevo.

A primeira informação documental relativamente à sua ação data de 16 de agosto de 1682. A reunião da Mesa realizada nesse dia destinou-se a tratar da expulsão de um Irmão. Era usual por estes tempos a ocorrência de situações que configuravam mau comportamento, quebra de obrigações, transgressões, entre outros, por parte de Irmãos. Ocorrências desta natureza surgem descritas com alguma frequência nos *Livros de Lembranças* da Santa Casa, concretamente, os autos que memoriam votações para decidir se o transgressor seria riscado de Irmão. Na maior parte das vezes são casos de falha ou desistência no cumprimento de alguma tarefa designada pela Mesa, mas, por vezes descrevem atitudes mais extremas.

Nessa reunião de 16 de agosto, provedor e mesário reuniram para deliberar sobre factos ocorridos no dia anterior, durante o funeral de um Irmão chamado Gregório da Rocha Cirne, sargento-mor da cidade do Porto. Conta a ata que quando chegaram à Porta de Carros, da parte de fora (ou seja, extramuros), o escrivão – que liderava o préstimo por ausência do provedor – ordenara que fossem «buscar o defunto a sua casa». Nesse momento, o Irmão Manuel Coelho Pereira, indo com as vestes da Casa e uma vela, reclamou exaltadamente sobre o facto de se ir buscar o defunto sem a bandeira da Irmandade. Apesar de lhe ter sido dito por alguns Irmãos que tal procedimento não ia contra o estipulado no Compromisso, no capítulo trigésimo (*Do modo como se hão-de fazer os enterramentos*), o qual determinava que no caso do enterro dos Irmãos que falecessem fora de portas da cidade, o préstito da Irmandade estava impedido de sair fora dos muros da cidade (eram exceções os casos das igrejas de Santo Ildefonso, S. Miguel, Nossa Senhora da Graça, Carmelitas Descalços e S. Pedro de Miragaia). Além disso, lembraram um caso ocorrido em abril de 1663 que igualmente levantara dúvidas e do qual veio a resultar uma reunião da Mesa onde foi relembrado o estipulado no Compromisso e esclarecido que o préstito com o provedor e Irmandade deveriam ficar na Porta de Carros (reunião da Mesa de 19 de abril de 1663).

Manuel Coelho Pereira não concordou e protestou ruidosamente, causando grande indignação entre os outros Irmãos e o povo presente. Conta-se que a seguir se dirigiu a casa do falecido e «amotinou as pessoas que ali estavam» dizendo que não deixassem levar o defunto sem a bandeira presente, o que de facto ocorreu, para «grande escândalo público». Terminada a descrição dos factos, o provedor propôs que se fosse a votos para determinar se deveria ser riscado de Irmão da Santa Casa da Misericórdia o dito Manuel Coelho Pereira, o que efetivamente veio a suceder.

Outro caso, envolvendo agora o modo como deviam proceder no «acompanhamento dos padecentes», veio a ocorrer no ano seguinte, a 28 de abril de 1683. Dele veio a resultar uma importante alteração no Compromisso. Entre as Obras Espirituais de Misericórdia estava «consolar os tristes», ou seja, consolar os Irmãos que sofressem de alguma dificuldade ou que estivessem a passar por um momento difícil. Por isso, era prática da Santa Casa acompanhar os condenados, ou «padecentes», até ao local da execução. Ora, ocorreu que no oratório da Relação estava um homem que viria no dia seguinte a «padecer na forca de Mijavelhas», por ter roubado uma coroa de prata da imagem de Nossa Senhora do Rosário, da Sé de Viseu.

Face ao sucedido, o provedor convocou os mesários e letrados da Casa para debaterem acerca da forma como se devia proceder no acompanhamento do condenado porque a «cidade estava de interdito», decretado pelo bispo D. Fernando Correia de Lacerda. A situação extraordinária tinha origem num episódio de «violação da imunidade eclesiástica»: o juiz de fora da cidade prendera um filho de António de Sousa Cirne (antigo provedor da Santa Casa), o qual era protegido do Bispo.

Após discutirem a questão, decidiram-se por uma consulta ao bispo, para que este esclarecesse como deveriam proceder nestas circunstâncias sem deixarem de cumprir com o acompanhamento ao padecente. O bispo instruiu a Mesa da seguinte maneira:

> Pela manhã se não corresse campa como é costume pela cidade e que o Servente do Azul não levasse campainha diante da bandeira de que esta havia de ir abatida nas mãos, na forma e que vai aos enterramentos e com duas tochas, e que o Santo Cristo levaria um capelão com sobrepeliz sem estola e que iria mais baixo do que costumava ir, com quatro tochas levadas pelos irmãos e que não iria mais capelão e que os irmãos que fossem a acompanhar não levariam velas acesas (*Livro 4.º de Lembranças*, fl. 108).

A leitura do capítulo 31.º do Compromisso (*Do modo porque se hão-de acompanhar os padecentes*), permite-nos perceber quais foram as alterações ordenadas pelo bispo:

> [...] E ao terceiro dia, o mordomo da igreja mandará correr a insígnia que se corre pelos padecentes para que as pessoas que por sua devoção o quiserem acompanhar, tenham disso notícia e o possam fazer. [...] Sairão da igreja ao acompanhar [o Santíssimo Sacramento] com o cruxifixo os dois mordomos dos presos e os dois mordomos das varas que de presente servirem, com os capelães e mais pessoas necessárias por esta maneira. Saíra a Bandeira levada por um Irmão nobre, com sua veste, entre dois tocheiros, que levarão dois Irmãos, um nobre, outro oficial, e levará consigo o servente do azul tangendo

> a campainha; detrás da bandeira irão os Irmãos que o provedor nomear. Com suas vestes e velas [...] Irão quatro Irmãos com quatro tochas acesas, e entre eles o capelão da Casa, a quem couber, levará o Crucifixo nas mãos (*Compromisso da Misericórdia do Porto*, 1800: 62).

Se a questão fora esclarecida e ficara prevenido um eventual agravo ao bispo, a Mesa, no entanto, não ficou por aqui. Aproveitando a circunstância, o provedor e os demais mesários entenderam que a ocasião se apresentava propícia para ser introduzida uma alteração ao que o Compromisso estipulava sobre o assunto. A proposta foi no sentido de que os Irmãos que fossem a acompanhar o padecente levassem uma varinha na mão em lugar das velas. Essa teria o comprimento das do governo da Irmandade mas muito mais finas. Era assim que se fazia na Misericórdia de Lisboa, disseram. Entendiam que era desnecessário o acompanhamento com «luzes» a um homem vivo. Estas não iam por veneração ao Cristo exposto, porque, se assim fosse, teriam de acender-se logo que a imagem saía da Misericórdia em direção à cadeia, o que não ocorria, pois iam apagadas. O mesmo acontecia quando o Senhor regressava do lugar do suplício. Portanto, o costume era acenderem-se as velas quando o padecente saía da cadeia e assim permaneciam ao longo do acompanhamento até ao lugar da execução.

Considerando o que se fazia na Misericórdia de Lisboa, que, além disso, era lugar da Corte e tendo em conta o dispêndio de cera que em semelhantes atos se fazia, entenderam que era chegado o momento de acabar com este:

> [...] antigo abuso desta Irmandade e que daqui por diante fosse somente quatro tochas ao dito cristo e duas à Bandeira e que estas fossem acesas desde que este senhor saísse da Casa até se tornar a recolher e que os mais Irmãos que fossem acompanhar levassem as ditas varinhas na mão que serão pretas com suas cruzinhas pintadas em cima e que nesta forma parecia se devia acompanhar daqui por diante semelhantes atos, para o que se assentou se mandassem fazer logo as ditas varinhas e se mandou fazer este assento [...] (*Livro 4.º de Lembranças*, fl. 108).

Esta mudança no ritual do acompanhamento dos padecentes terá, certamente, sido a ação mais relevante levada a cabo pela Mesa liderada por João de Gouveia da Rocha, que era precisamente um homem do Direito, logo, conhecedor das leis e de protocolos.

Os restantes autos que memoriam o seu período de governação da Casa mostram outras decisões importantes, entre as habituais da parte de quem exercia a provedoria da Misericórdia do Porto. Como as frequentes nomeações de capelães, para o preenchimento das capelas deixadas vagas por falecimento ou por ausência (*Livro 4.º de Lembranças*, fls. 102-103; 106, 111v, 114v-116v), ou o despedimento de um empregado da Casa. Neste caso, um cirurgião, porque tinham feito queixas sobre a «pouca ciência com que fazia as curas», o que provocava a morte de muita gente que se entregava ao seu cuidado (*Livro 4.º de Lembranças*, fl. 112). Destaque ainda para questões associadas à gestão «financeira» da Misericórdia, nomeadamente um legado da quinta de Fradelos (*Livro 4.º de Lembranças*, fls. 105-105v), e um distrate com um foreiro (*Livro 4.º de Lembranças*, fls. 106v-107).

Assim como as necessárias obras que, de vez em quando, era necessário fazer. Foi nesse domínio que, a 15 de dezembro de 1682, se colocou a questão do estado ruinoso das «duas casas das tumbas e dos mordomos», pelo que urgia proceder-se à sua reparação. A Mesa decidiu favoravelmente nesse sentido e foi ordenado que se pusesse a concurso a obra. Também se deliberou no sentido de serem arranjadas as cinco janelas da Casa do Despacho e das «Tumbas que davam para o exterior», as quais também se achavam já «podres» (*Livro 4.º de Lembranças*, fl. 103v).

Outra decisão importante foi tomada a 22 agosto de 1683. Em maio daquele ano tinha ficado decido que o cofre (a «arca») de depósito do dinheiro dos dotes ficaria num dos conventos da cidade. As três chaves do mesmo foram distribuídas pelo provedor, escrivão e um mesário, respetivamente. Porém, cerca de três meses volvidos, chegaram à conclusão de que a situação gerava muitos inconvenientes e insegurança nos momentos em que se transportava o dinheiro para depósito, ou na ocasião de levantamentos. Assim, em 22 de agosto, decidiram instalar o cofre na Casa do Cartório. Uma vez que o mesmo era «todo de ferro» e como a Casa do Cartório ficava «recolhida para dentro da Casa do Despacho», entenderam que este lugar oferecia as melhores condições de segurança, pelo que ficou decidido que aí ficasse (*Livro 4.º de Lembranças*, fls. 109-110, 113v).

Mesa da Santa Casa da Misericórdia do Porto em 2.7.1682

Provedor: João de Gouveia da Rocha

Escrivão: Simão Freire de Sousa

Conselheiros Nobres: João de Calvos de Menezes, André Pereira Pinto, António de Basto Pereira, Jerónimo de Magalhães, Manuel Correia de Lacerda

FONTES E BIBLIOGRAFIA

Fontes arquivísticas

Arquivo Histórico da Santa Casa da Misericórdia do Porto (AHSCMP) – *Alfabeto dos Irmãos, 1696-1726 e 1740-1746*, série D, banco 5, n.º 9; *Dos Irmãos da Caza, 1611 a 1787*, série D, banco 5, n.º 8; *Livro de Eleição da Mesa. 1643 a 1772*, série D, banco 5, n.º 2; *Livro 3.º de Lembranças*, série D, banco 8, n.º 5; *Livro 4.º de Lembranças*, série D, banco 8, n.º 6.

Fontes impressas

AZEVEDO, P. Torquato Peixoto d', 1692 – *Memorias Resuscitadas da Antiga Guimarães pelo P. Torquato Peixoto d'Azevedo em 1692*. Porto: Typographia da Revista, 1845.

Compromisso da Misericórdia do Porto. Porto: Na Typog. de Antonio Alvarez Ribeiro, 1800.

COSTA, António Carvalho da, 1706 – *Corografia portugueza e descripçam topografica do famoso Reyno de Portugal, com as noticias das fundações das cidades, villas, & lugares, que contem...*, vol. I. Lisboa: Na Officina de Valentim da Costa Deslandes.

REIS, Henrique Duarte e Sousa, 1991 – *Apontamentos para a verdadeira história antiga e moderna da Cidade do Porto*, II série, II volume. Porto Biblioteca Pública Municipal do Porto.

SYLVA, Manoel Telles, 1727 – *Collecçam dos Documentos, e Memorias da Academia Real da Historia Portugueza...*. Lisboa Occidental: Na Officina de Joseph Antonio da Sylva.

Bibliografia

SUBTIL, José, 1996 – *O Desembargo do Paço (1750-1833)*. Lisboa: EDIUAL.

SUBTIL, José, 2010 – *Dicionário dos Desembargadores (1640-1834)*. Lisboa: EDIUAL.

DIOGO FERREIRA
MANUEL COUTO
MARIA TERESA CARDOSO

João de Seabra e Sousa

(Porto, ? | ?)

Provedor da Santa Casa da Misericórdia do Porto

2.7.1684 | 2.7.1685

Vereador da Câmara do Porto (1661 e 1669).

Conselheiro da Mesa da Santa Casa da Misericórdia do Porto (1686-1687, 1697-1698).

Natural do concelho do Porto.

Filho de Bento de Aguiar Caldeira e de Auta de Seabra.

Neto materno de Pantaleão de Seabra e Sousa, antigo provedor da Santa Casa da Misericórdia do Porto (1615-1616 e 1626).

Casado com Helena Teresa de Sotomaior de quem teve três filhos, Pantaleão, Joana e Manuel.

Fidalgo da Casa Real. Familiar do Santo Ofício.

Natural da cidade do Porto e não se sabendo a data do seu nascimento, João de Seabra de Sousa era filho de Bento de Aguiar Caldeira e de Auta de Seabra e ainda neto de Pantaleão de Seabra e Sousa, fidalgo da Casa Real com foro de fidalgo cavaleiro e cavaleiro da Ordem de Cristo, que já havia ocupado o cargo de provedor da Misericórdia do Porto entre 1615 e 1616 e em 1626.

Casou na Galiza com Helena Teresa de Sotomaior, filha de D. Rodrigo Trancoso de Sotomaior, Senhor de Lira e cavaleiro da Ordem de São Tiago, e de Helena Pereira de Mesquita. Deste casamento nasceram Pantaleão de Seabra e Sousa, Joana de Seabra Sotomaior e Manuel de Seabra. O primeiro, depois de lhe ter sido concedido o foro de fidalgo-cavaleiro, passaria a moço-fidalgo com os proventos inerentes ao foro concedido por alvará de 2 de janeiro de 1697.

Tal como o seu avô (1604, 1608, 1617, 1621 e 1628) e o seu pai (1626, 1643, 1650 e 1658), João de Seabra de Sousa também ocuparia o lugar de vereador da Câmara do Porto em 1661 e 1669.

Em 23 de novembro de 1661 foi-lhe concedido o alvará de fidalgo-cavaleiro com 1$600 réis de moradia por mês e um alqueire de cevada por dia, em atenção aos serviços de seu avô.

Sabendo-se que em determinado período da sua vida residia na Rua de São Sebastião, na cidade do Porto, João de Seabra de Sousa foi admitido como Irmão da Santa Casa da Misericórdia local a 27 de junho de 1683. Fazia parte de uma lista de novos elementos que entraram para a Irmandade, após proposta do provedor, que a seguir se transcreve.

> Aos vinte e sete dias do mês de junho de mil e seiscentos e oitenta e três anos, nesta casa do despacho da mesa da misericórdia em presença do provedor o Doutor João de Gouveia da Rocha do Conselho de Sua Alteza, e seu desembargador do Paço, e Chanceler na Relação desta cidade com os mais deputados da mesa abaixo assinados, foi proposto

pelo dito provedor a grande falta de Irmãos que havia nesta Irmandade para acudirem ao serviço da Casa, como as obras de misericórdia que exercita, e suposto que o número dos Irmãos que existem exceda ainda muito ao número que dispõem o Comprimisso, contudo como muitos estão ausentes por não tornarem, e outros impedidos de poderem servir a Irmandade, por causa de velhice e achaques, e muitos não tenham o préstimo que se requer para servirem as ocupações em que deviam ser ocupados, pela pouca advertência que ouve de se examinarem os sujeitos, e préstimo de cada um quando foram aceites por Irmãos, se lhe parecia se aseitassem algumas pessoas para Irmãos que tivessem préstimo, assim para cadeias, hospital, escrivães e provedores, como para as mais ocupações da casa pela falta notória que há de sujeitos para este ministério, e por votos de todos foram aceites para Irmãos as pessoas seguintes [...]. (AHSCMP – *Dos Irmãos da Caza 1611 a 1787*, fl. 128v.) (AHSCMP, série D, Banco 5, n.º 8).

Um ano depois de ter sido admitido como Irmão da Misericórdia do Porto, João de Seabra e Sousa seria eleito provedor da Instituição, cargo que ocuparia durante um ano, a que se seguiria o lugar de conselheiro de 1.ª condição nos exercícios de 1686-1687 e de 1697-1698.

Desconhece-se a data do seu falecimento.

A eleição da Mesa para o exercício de 1684 a 1685 ocorreu, como era norma, no dia 2 de julho na capela-mor da igreja da Santa Casa da Misericórdia. O provedor cessante, João de Gouveia da Rocha, chanceler da Relação do Porto, encontrava-se doente, pelo que compareceu o provedor precedente, João de Figueiroa Pinto, que presidiu à eleição. Na presença do capelão-mor, João de Brito e Simão Freire de Sousa, escrivão da Santa Casa, procedeu-se à votação na «forma costumada». A distribuição dos cargos entre os mesários nobres e os de segunda condição ocorreu no dia 25 de julho (*Livro 4.º de Lembranças*, n.º 6, fl. 121).

São escassos os assentos no *Livro de Lembranças* acerca dos atos de João de Seabra e Sousa enquanto provedor da Santa Casa da Misericórdia do Porto. Resumem-se a meia dúzia de deliberações, na sua maioria relacionadas com a gestão de assuntos cultuais ou com eles relacionados.

A primeira reunião da Mesa da qual temos um assento escrito data de 21 de agosto. Nele ficou registada a apresentação de uma petição de doze capelães, nove do coro e três que assistiam nas procissões, enterramento dos mortos e padecentes. Aqueles clérigos recordaram que eram eles que asseguravam o trabalho das ditas assistências e de cantarem nos ofícios, como na Quaresma e os de alma por Irmãos defuntos, por essa razão, solicitaram que fosse vedada a outros capelães a entrada nos ofícios por Irmãos defuntos, deixando-se reservados para os capelães que acompanhavam a Irmandade aquando dos atos realizados externamente.

O próximo assento data de 4 de dezembro desse ano. É, aliás, a última referência escrita a uma reunião de Mesa realizada em 1684. Trata-se da deliberação para o fornecimento de hóstias para a sacristia.

O fabricante escolhido, de nome João, era residente na Rua do Souto e comprometeu-se a fazer as hóstias para a sacristia durante um ano. Para o efeito, ser-lhe-iam entregues vinte alqueires de trigo, duzentos réis mensalmente e um cruzado pelo Natal. Este teria de entregar diariamente cinco tabuleiros («entabulos») de hóstias, e, em vésperas de Natal cento e cinquenta.

Data do dia 21 de janeiro de 1685 a seguinte sessão da Mesa da Santa Casa. Na reunião, realizada na Casa do Despacho, estiveram presentes o provedor, os mesários e os conselheiros da Junta, para deliberar acerca de uma petição apresentada pelos Irmãos do Convento de S. Domingos onde pediam que lhes fosse concedido o mesmo privilégio dos Irmãos da Ordem Terceira de S. Francisco relativamente ao enterro dos Irmãos (*Livro 4.º de Lembranças*, fl. 123v).

Seguem-se cinco meses de vazio em informações acerca da administração da Santa Casa. A última referência a reuniões da Mesa data do dia 1 de julho de 1685, véspera da eleição da nova Mesa. Com esta data existem dois assentos. Um deles refere-se a um tema habitual a que a Mesa era chamada a resolver: a nomeação de um médico para o hospital por vagar o lugar. O outro, porém, relata a discussão em torno de uma proposta apresentada pelo provedor que, a ser aprovada, teria repercussão na constituição da Mesa. O momento para discutir o tema foi pertinente, uma vez que se estava em vésperas de eleger novo provedor e mesários.

Propôs o provedor que o escrivão transitasse para a nova Mesa na condição de conselheiro. Defendia que seria proveitoso para a Mesa seguinte, pois imediatamente seriam informados por alguém que tinha participado nos assuntos, enquanto membro da Mesa anterior. Discutida a proposta, decidiram que se alterasse o Compromisso «nesta parte pela utilidade de que podia haver para a Casa em dar notícia dos negócios ao provedor e irmãos que se seguissem e porque se entendia que poderia isto ser útil o resolveram nesta forma ficando o escrivão no número destes deputados da mesa» (*Livro 4.º de Lembranças*, fl. 124).

Mesa da Santa Casa da Misericórdia do Porto em 2.7.1684

Provedor: João de Seabra de Sousa

Escrivão: Pedro da Fonseca de Castro e Sousa

Conselheiros Nobres: Gaspar Pacheco (arcediago do Porto), João Lopes Tinoco (desembargador), Domingos de Matos (desembargador), Domingos de Matos Corveira (desembargador), Domingos Barreto (abade), Francisco Pereira de Vasconcelos

FONTES E BIBLIOGRAFIA

Fontes arquivísticas

Arquivo Histórico da Santa Casa da Misericórdia do Porto (AHSCMP) – *Alfabeto dos Irmãos, 1696-1726 e 1740-1746*, série D, banco 5, n.º 9; *Livro de Eleição da Mesa. 1643 a 1772*, série D, banco 5, n.º 2; *Livro 4.º de Lembranças*, 1674-1738, série D, banco 8, n.º 6; *Dos Irmãos da Caza, 1611 a 1787*, série D, banco 5, n.º 8.

Fontes impressas

Inventário dos Livros de Matrícula dos Moradores da Casa Real, 1640-1744, volume II. Lisboa: Imprensa Nacional, 1917.

Bibliografia

FREITAS, Eugénio de Andrea da Cunha e, 1995 – *História da Santa Casa da Misericórdia do Porto*, vol. III. Porto: Santa Casa da Misericórdia do Porto.

GABINETE de História do Porto, 1949 – "Os «Homens da Governança» do município do Porto desde 1428 até 1949", in *Boletim Cultural da Câmara Municipal do Porto*, vol. XII, fasc. 3-4 (set./dez. 1949). Porto: Câmara Municipal do Porto, pp. 278-340.

GAYO, Manuel José da Costa Felgueiras, 1938-1941 – *Nobiliário de famílias de Portugal, Fac. simile* de impressão diplomática do original manuscrito existente na Santa Casa de Misericórdia de Barcelos. [Braga]: Agostinho de Azevedo Meirelles; Domingos de Araújo Affonso.

DIOGO FERREIRA
MANUEL COUTO
MARIA TERESA CARDOSO

Francisco de Sousa da Silva

(Porto, ? | ?)

Provedor da Santa Casa da Misericórdia do Porto

2.7.1685 | 3.7.1686

Conselheiro da Mesa da Santa Casa da Misericórdia do Porto (1683-1684).

Natural do Porto.

Filho de Francisco de Sousa da Silva e de Ana de Menezes Sotomaior.

Avô de Francisco de Sousa da Silva Alcoforado, provedor da Santa Casa da Misericórdia do Porto (1736-1737, 1738-1739 e 1746-1747).

Casado com Madalena Maria de Melo, de quem teve um filho, António.

Fidalgo da Casa Real. Cavaleiro da Ordem de Cristo. Senhor da Quinta da Silva.

Estimando-se que tenha nascido nas décadas de 1630 ou de 1640, sabemos que era filho de Francisco de Sousa da Silva e de Ana de Menezes Sotomaior. Natural da cidade do Porto, Francisco de Sousa da Silva casou com Madalena Maria de Melo em 1676. Deste matrimónio nasceria um filho, António de Sousa da Silva Alcoforado, em junho de 1677, que viria a casar com Antónia Bernarda de Andrade Lemos Sotomaior.

Fidalgo da Casa Real, cavaleiro da Ordem de Cristo e Senhor da Quinta da Silva, Francisco de Sousa da Silva viria a ser admitido como Irmão da Santa Casa da Misericórdia do Porto em 27 de junho de 1683. O provedor de então, João de Gouveia da Rocha, propôs o seguinte:

> a grande falta de Irmãos que havia nesta Irmandade para acudirem ao serviço da Casa, como as obras de misericórdia que exercita, e suposto que o número dos Irmãos que existem exceda ainda muito ao número que dispõem o Compromisso, contudo como muitos estão ausentes por não tornarem, e outros impedidos de poderem servir a Irmandade, por causa de velhice e achaques, e muitos não tenham o préstimo que se requer para servirem as ocupações em que deviam ser ocupados, pela pouca advertência que ouve de se examinarem os sujeitos, e préstimo de cada um quando foram aceites por Irmãos, se lhe parecia se aceitassem algumas pessoas para Irmãos que tivessem préstimo, assim para cadeias, hospital, escrivães e provedores, como para as mais ocupações da Casa pela falta notória que há de sujeitos para este ministério (*Dos Irmãos da Caza*, 1611 a 1787, fl. 128v).

Por ocasião da sua admissão na Misericórdia, ficou a saber-se que Francisco de Sousa da Silva residia na Rua das Flores. Poucos dias depois de ter entrado para a Irmandade, viria a ser logo designado como conselheiro da Mesa durante a provedoria de João de Gouveia da Rocha, lugar que ocuparia até julho de 1684. Um ano depois seria eleito provedor da Instituição na capela-mor da igreja da Santa Casa da Misericórdia, funções que exerceria até ao segundo dia de julho de 1686. Assinale-se ainda que o seu neto, Francisco de Sousa da Silva Alcoforado, viria a ser igualmente provedor da Misericórdia do Porto em três ocasiões distintas, duas vezes na década de 1730 e uma na de 1740.

Desconhecemos a data e o local do seu falecimento.

*

Na presença do provedor cessante, João de Seabra e Sousa, do capelão-mor, João de Brito, e Pedro da Fonseca de Castro e Sousa, escrivão da Santa Casa, procedeu-se à votação na «forma costumada», da qual veio a sair eleito para provedor Francisco de Sousa da Silva (*Livro de Eleição da Mesa*, 1643 a 1772, fls. 62v-63).

A sua provedoria ficaria marcada por um acontecimento de relevo: a formalização da administração da Roda dos Expostos pela Misericórdia. É certo que a Misericórdia sempre deu esmolas para as crianças enjeitadas, especialmente, crianças de tenra idade que ficavam desamparadas na sequência da morte da progenitora nos seus hospitais. Contudo, a Misericórdia não tinha este serviço a seu cargo, a «criação dos enjeitados» era obrigação do município.

Viviam-se tempos de elevadíssima indigência infantil, fruto da alta taxa de mortalidade, da fuga dos progenitores para a vida ultramarina (e consequente desamparo e miséria) e do simples abandono. Por isso, as câmaras viam-se a braços com este grave problema social e por inúmeras vezes enfrentavam sérias dificuldades para acudir a tantas crianças.

A gravidade da situação e a ponderação sobre a melhor solução para a enfrentar terá estimulado a Câmara do Porto a estabelecer um acordo com a Santa Casa da Misericórdia da cidade para que a Irmandade passasse a assumir a administração dos enjeitados. O contrato foi assinado no dia 1 de outubro de 1685, no Convento de Santo Elói. Estiveram presentes: Simão Botelho, desembargador dos agravos e corregedor do crime da Relação da cidade do Porto e governador da mesma, os vereadores da Câmara do Porto António Rodrigues Marques e D. Garcia de Noronha, e, pela Misericórdia, o escrivão Manuel Pereira de Barredo e o Irmão André Pereira. Ajustaram a forma e as condições financeiras do exercício do cargo, ficando previsto que na falta do financiamento pela Câmara, a Misericórdia não seria a dispor de verbas suas para prover as necessidades (*Livro 4.º de Lembranças*, fls. 148v-149v; SÁ, 1985: 198).

No início de março de 1686, os vereadores da Câmara do Porto solicitaram ao Rei a atribuição de verbas (das destinadas a fortificações) para a construção de uma casa própria para a Roda na cidade e assim albergar as muitas crianças abandonadas e remediar a grande mortandade infantil, porque eram encontradas muitas crianças mortas «assim pela praia como pelos lugares esquisitos». A Roda ficava sob a administração da Misericórdia, como se fazia em outras cidades do reino, e seria instalada no hospital da Rua das Flores (Hospital de D. Lopo de Almeida) na «Viela do Ferraz» (atual Travessa do Ferraz). Pelo alvará de 4 de março, «por que Sua Majestade foi servido que se fizesse Roda dos enjeitados e que a administração dela corresse por conta da Santa Casa», ficou estipulado o seguinte:

> [...] que fica por detrás do mesmo hospital e edificando-se duas casas para a assistência das amas, com uns bocados de quintais de pessoas particulares que se lhes podiam comprar, se ficava comunicando por dentro com o dito hospital (*Livro 4.º de Lembranças*, fls. 150-151).

Para além deste relevante ato que viria a marcar a atividade assistencial da Misericórdia portuense ao longo de séculos, a atividade da Mesa presidida por Francisco de Sousa da Silva desenrolou-se com as costumeiras decisões de gestão.

Encontramos algumas, poucas, das costumadas nomeações de capelães para capelas deixadas vagas por falecimento ou por ausência do anterior capelão (*Livro 4.º de Lembranças*, fl. 125), assim como um pedido de readmissão de um Irmão, que assim se mostrara «humildemente» arrependido de ter pedido que o riscassem (*Livro 4.º de Lembranças*, fl. 126v).

Assinale-se ainda que em sessão da Mesa de 26 de agosto de 1685 se lavrou um importante assento «sobre a música desta Casa dos Hospitais». Estando o provedor ausente, pelo escrivão Manuel Pereira de Berredo foi proposto o seguinte:

> que as missas e vésperas que se cantam nos Hospitais de cantochão pelos capelães da Casa se cantavam com menos decência do que convinha ao serviço de Deus, sendo o que cada um deles fazia de despesas à Casa 1 400 réis e isto se podia evitar com as porem de canto de órgão, ajustando com o Mestre que tomava as mais capelas para se obrigar a fazer também as dos Hospitais, e para que melhor se pudesse contratar com o Mestre era necessário tirar-lhe a dependência que tinha do Pe. Filipe Pinto, subchantre do Coro desta Casa, pois os seus anos o tinham incapaz de se lhe poder encarregar a música, mas porque tenha servido muitos anos esta Casa com satisfação se obrigasse o Mestre a dar uma porção que parecesse justa (*Livro 4.º de Lembranças*, fl. 127).

Após a apresentação da proposta, ficou decidido que as festas dos hospitais se fizessem de canto de órgão, dando-se ao padre Filipe 1500 réis de pensão. Propôs-se igualmente uma petição do mestre da música, Joaquim da Rocha, que apresentaria um extenso rol das festas, acabando a Mesa por aceitar tais condições, lavrando-se contrato com «princípio em 7 de setembro e acabando em outro tal dia de 1686» (*Livro 4.º de Lembranças*, fl. 127).

Os dois assuntos que nos apareceram como dignos de algum destaque foram as determinações em torno de legados, alguns deles importantes, como o do Reitor de Matosinhos, o Padre Francisco Rodrigues, ou de Sebastião Pereira (*Livro 4.º de Lembranças*, fls. 133, 135-136v). Também o legado do Padre Domingos Barreto, que deixou como testamenteiros o provedor e Mesa para aplicarem a herança em obras pias. Assim, além de mandarem rezar missas por alma do benfeitor, destinaram dotes para órfãs nas freguesias de Lustosa e Freiris, onde o benfeitor tinha sido pároco (*Livro 4.º de Lembranças*, fl. 130).

Outro assunto de interesse no que ao funcionamento da Casa diz respeito envolveu os médicos do hospital de D. Lopo de Almeida, mais concretamente, as regras a seguir para quando estes faltassem. Na sessão de 15 de julho de 1685, a Mesa determinou que o médico que faltasse teria o dever de informar o colega, em vez de simplesmente nomear um substituto. Fixaram-se então as formas de como se deveria proceder à substituição e as condições no caso de ausência mais prolongada, ou, quando esta decorresse de doença (*Livro 4.º de Lembranças*, fl. 126).

Pelas informações registadas nos autos, Francisco de Sousa da Silva esteve ausente da cidade diversas vezes entre o final de 1685 e o término do seu mandato. A 30 de dezembro de 1685, quando a Mesa averiguou acerca do mau desempenho do boticário, o escrivão presidiu às sessões porque o provedor estava ausente da cidade. Estava já na cidade a 2 de janeiro de 1686. Nova ausência foi assinalada entre as sessões de 20 de março a 9 junho, quando se realizou o auto de contratação de um sangrador, naquela que foi a última decisão de que temos notícia relativamente ao seu exercício.

Mesa da Santa Casa da Misericórdia do Porto em 2.7.1685

Provedor: Francisco de Sousa da Silva

Escrivão: Manuel Pereira de Barredo

Conselheiros Nobres: Diogo Mexia Galvão, Bernardo Ferraz de Melo, Bento Ribeiro Torrado, Luís Pacheco (cónego) e Pedro da Fonseca de Castro e Sousa

FONTES E BIBLIOGRAFIA

Fontes arquivísticas

Arquivo Histórico da Santa Casa da Misericórdia do Porto (AHSCMP) – *Alfabeto dos Irmãos, 1696-1726 e 1740-1746*, série D, banco 5, n.º 9; *Dos Irmãos da Caza, 1611 a 1787*, série D, banco 5, n.º 8; *Livro de Eleição da Mesa. 1643 a 1772*, série D, banco 5, n.º 2; *Livro 4.º de Lembranças*, 1674-1738, série D, banco 8, n.º 6.

Bibliografia

CASTELLO BRANCO, José Barbosa Canaes de Figueiredo, 1990 – Árvores de Costados de Famílias Ilustres de Portugal, tomo II. Braga: Edições Carvalhos de Basto, Lda.

FREITAS, Eugénio de Andrea da Cunha e, 1995 – *História da Santa Casa da Misericórdia do Porto*, vol. III. Porto: Santa Casa da Misericórdia do Porto.

GAYO, Manuel José da Costa Felgueiras, 1938 – *Nobiliário de famílias de Portugal*, *Fac. simile* de impressão diplomática do original manuscrito existente na Santa Casa de Misericórdia de Barcelos, tomo II. [Braga]: Agostinho de Azevedo Meirelles; Domingos de Araújo Affonso.

SÁ, Isabel dos Guimarães, 1985 – "A Casa da Roda do Porto e o seu funcionamento (1710-1780)". *Revista da Faculdade de Letras – Série de História*, 2. Porto: Faculdade de Letras da Universidade do Porto, pp. 161-199.

DIOGO FERREIRA
MANUEL COUTO
MARIA TERESA CARDOSO

João de Figueiroa Pinto

(Paredes, c. de 1615 | Porto, depois de 1701)

Provedor da Santa Casa da Misericórdia do Porto
3.7.1686 | 2.7.1687

Proprietário. Licenciado em Leis pela Universidade de Coimbra.

Contador da Fazenda Real no Porto e sua Comarca. Vereador da Câmara (1664, 1669 e 1682).

Escrivão da Santa Casa da Misericórdia do Porto (1662-1663). Conselheiro da Mesa da Santa Casa da Misericórdia do Porto (1680-1681, 1689-1690, 1696-1697 e 1700-1701). Provedor da Santa Casa da Misericórdia do Porto (1681-1682 e 1686-1687).

Natural da freguesia de Baltar, concelho de Paredes.

Filho de João de Figueiroa Pinto, vereador da cidade do Porto e provedor da Santa Casa da Misericórdia do Porto, e de Catarina Pereira.

Neto de Francisco Neto de Figueiroa, procurador da Cidade do Porto (1580, 1590 e 1601).

Avô de João de Figueiroa Pinto, contador da Fazenda Real e vereador da Câmara do Porto (1734-1738).

Bisavô de Manuel de Figueiroa Pinto, também contador da Fazenda Real, vereador da Cidade do Porto (1751, 1757, 1783-1785 e 1795), provedor, vice-provedor e conselheiro da Companhia do Alto Douro entre 1757 e 1775 e dono da Quinta de Santo Ovídio.

Casou com D. Maria Carneiro de Barros, de quem teve cinco filhos: Rafael de Figueiroa Pinto; Francisco Carneiro de Figueiroa, deputado no Conselho de D. João V, reitor e reformador da Universidade de Coimbra; Teresa Maria Carneiro Figueiroa; Mariana; Joana.

No dia 2 de julho de 1686, os Irmãos reunidos em assembleia na igreja da Misericórdia realizaram a eleição para a Mesa do Despacho do ano de 1686-1687. Depois de contadas as pautas saiu eleito para provedor Manuel Pereira Berredo, que tinha sido escrivão no mandato anterior. Como esta situação era contra as disposições do Compromisso os Irmãos decidiram proceder a uma segunda eleição. Da segunda vez que se fizeram as pautas foi eleito «por mais votos o Irmão Francisco Ferreira de Andrade que sendo chamado não aceitou». Perante esta situação, os Irmãos decidiram reunir no dia seguinte para continuar a eleição para provedor e demais elementos da Mesa do Despacho para esse ano.

No dia seguinte os Irmãos eleitores fizeram novas pautas e «saiu uniformemente por todos os votos o Irmão João de Figueiroa Pinto [...] e sendo chamado aceitou representando-se-lhe que em aceitar na ocasião presente faria grande serviço a Deus Nosso Senhor em grande utilidade da Irmandade por se haver assim já experimentado por outro ano em que havia sido provedor e a ocasião presente o ficava fazendo maior por se avistarem algumas dúvidas que de se eleger outra pessoa podia suceder [...]». De seguida foram eleitos os restantes elementos da Mesa: para escrivão, Luís da Silva, para conselheiros de primeira, João de Seabra de Sousa, cónego André Pereira Pinto, António de Távora e Noronha Leme, doutor Luís Matoso Soares e Manuel Pereira de Berredo e para conselheiros de segunda, Domingos Dias, sapateiro na Rua das Cangostas, Paulo da Silva, da Rua das Cangostas, Manuel Vieira, sapateiro, morador no Souto, Joaquim Pereira, alfaiate, morador em S. Brás das Freiras, Manuel Fonseca Branco, ferreiro, morador na Ferraria de Baixo, e Manuel Cardoso Barbosa, morador na Ferraria de Cima.

Apesar de Manuel Pereira Berredo não ter conseguido ser eleito, acabou por ser escolhido para conselheiro da Mesa, podendo continuar a participar na administração da Casa. Parecia que o desentendimento do dia da eleição da Mesa ficara sanado mas, na verdade, viria a trazer muitos dissabores ao longo do ano.

No dia 25 de julho de 1686 a eleição dos conselheiros para a Junta do Definitório decorreu normalmente, sendo eleitos os Irmãos de 1.ª condição, Pedro da Fonseca de Castro e Sousa, Bento Ribeiro Torrado, cónego Luís Pacheco, doutor Diogo Mexia Galvão, Bernardo Ferraz de Melo, e os Irmãos de 2.ª condição, Dionísio Barbosa da Silva, António Coelho, ensamblador, Bento Dias Rebelo, António de Aguiar, correeiro, e António Ramalho.

Nas primeiras reuniões da Mesa do Despacho, o Irmão Manuel Pereira de Berredo colocou-se sempre em desacordo com os demais eleitos, e recusou-se a entregar os livros das contas da Irmandade do ano anterior. Por sua vez, o provedor João de Figueiroa Pinto e restantes Irmãos conselheiros acusavam Manuel Pereira Berredo de ter manipulado a eleição de 2 de julho. Pelo provedor

> foi proposto que intentando o irmão Manuel Pereira de Berredo, escrivão que foi o ano passado, ser eleito provedor para o ano presente usou de tal cautela e sagacidade que subornou e seduziu os eleitores para votarem nele o número que bastava para se vencer a eleição e com efeito procedendo-se a ela saiu eleito a mais votos e por a dita eleição ser notoriamente nula contra direito e forma do Compromisso que dispõe que o escrivão que toma os votos não possa ser eleito em cargo algum nem haver exemplo semelhante desde a criação da Irmandade até o presente se não deu juramento.

Acusavam-no ainda de provocar a desordem entre os Irmãos e de requerer junto do Rei e do Desembargo do Paço a anulação do ato eleitoral desse ano. Foi dito ainda o seguinte:

> E pelo exposto se tem havido nesta matéria sem fim algum que de um desordenado apetite de querer que a eleição da Mesa presente seja nula como foi que nele se fez que se proceda a nova eleição e chegou a tanto esta sua paixão que tem em seu poder os livros da conta do seu ano e os não entrega sendo-lhe pedidos... sabendo muito bem que não podia reter os ditos livros nem tirá-los do cartório dela de que tem resultado notável prejuízo à Irmandade que sem fundamento quer inquietar e perturbar não obedecendo até agora às ordens da Mesa e chamados e notificações que por parte dela se lhe fizeram, mostrando-se desobediente.

Em 5 de janeiro de 1687, entendeu o provedor João de Figueiroa que, tal como previsto no Compromisso, o referido Irmão devia ser riscado. Assim foi proposto «que votassem nesta matéria, o que visto e considerado pelos deputados da Mesa por votos de todos uniformemente se aceitou que o dito Irmão fosse riscado e com efeito assim se venceu por votos de favas negras e brancas na forma do Compromisso». No dia 26 de janeiro de 1687 a Mesa procedeu ao provimento de Alexandre da Costa Pinheiro como conselheiro da Mesa do Despacho, em lugar de Manuel Pereira Berredo (*Livro de Lembranças*, n.º 6, fl. 144-144v).

Poucos dias depois os Irmãos da Mesa foram avisados pelo corregedor da comarca do Porto para estarem presentes na Casa do Despacho no dia 16 de fevereiro de 1687.

No dia convocado o corregedor desembargador António Martins Machado apresentou à Mesa uma provisão de Sua Majestade para que se fizesse nova eleição.

> Aos 16 dias do mês de fevereiro do ano de 1687 anos, nesta Casa do Despacho de Nossa Senhora da Misericórdia, aonde veio o doutor António Martinho Machado, corregedor da comarca desta cidade, e por ele foi mostrada nesta mesa uma procuração de Sua Majestade pelo seu Desembargo do Paço pela qual se ordena que com sua assistência se proceda a nova eleição de provedor e deputados da Mesa por se considerar não estar feita na forma do Compromisso e que em tudo se guardasse a disposição do mesmo Compromisso, em virtude da qual ordem mandou recado aos eleitores da Mesa passada que se achassem presentes neste dia e por se achar ausente e doente Francisco de Sousa da Silva, provedor do ano passado, e se achar que o imediato desimpedido era deão da Sé desta cidade João Freire Antão se lhe mandou recado e mais a mim Simão Freire de Sousa para escrever esta eleição, por o escrivão da Mesa passada Manuel Pereira Berredo ser ausente a cujo Requerimento se passou a dita provisão e ser o imediato desimpedido para esta ocupação na forma do compromisso e estilo observado nesta Mesa. E estando presentes os eleitores da primeira condição: Pedro da Fonseca de Castro e Sousa, Bernardo Ferraz de Melo, o cónego Luís Pacheco, o desembargador Diogo Mexia Galvão, Bento Ribeiro Torrado e os de segunda condição: António Ramalho, Mateus Francisco, Bento Dias Rebelo e Dionísio Barbosa. E logo pelo dito deão provedor lhes foi dado juramento dos ditos evangelhos e debaixo do que tomado deviam para que fizessem eleição de provedor e deputados da Mesa, guardando a disposição do Compromisso. E portando-se na forma dele e... por pautas, estando numeradas e vistas em Mesa, saiu por provedor com todos os votos o irmão João de Figueiroa Pinto e sendo chamado se lhe pediu que por serviço de Nosso Senhor aceitasse por crédito e quietação da Irmandade como o fez na eleição precedente e para escrivão o Irmão Luís da Silva e para deputados da Mesa da primeira condição o desembargador Luís Matoso Soares, o cónego André Pereira Pinto, João de Seabra de Sousa, Alexandre da Costa Pinheiro, António de Távora e Noronha, e de segunda condição Manuel Pereira o Velho, José Moreira, Manuel Francisco Branco, Domingos Dias, Paulo da Silva, Manuel Cardoso. E sendo chamados... aceitaram todos

os cargos para que foram eleitos, debaixo de juramento que tomaram, de que tudo se fez este termo que assinaram com o provedor e com o dito corregedor da comarca e o capelão-mor da Casa que assistiu à eleição e comigo Simão Freire de Sousa, escrivão chamado para esta eleição, que o escrevi (*Livro de Eleições da Mesa*, fls. 67-67v).

Nesta segunda eleição, apenas o provedor, João de Figueiroa Pinto, o escrivão, Luís de Melo, o desembargador Luís Matoso Soares, o cónego André Pereira Pinto e Alexandre da Costa Pinheiro se mantiveram nos seus cargos, todos os outros membros da Mesa foram substituídos por outros Irmãos.

Os conselheiros que não foram eleitos nesta segunda eleição fizeram questão de deixar escrito no *Livro de Eleições* que a primeira eleição fora válida e que cada um deles tinha servido o cargo para que fora eleito, entendendo todos que este tipo de situações arruinava o prestígio da Casa. Também fizeram questão de vincar que nem o Tribunal do Desembargo do Paço nem outro qualquer tribunal tinha jurisdição para se intrometer no governo da Misericórdia «por esta ser da imediata proteção Real» e que «consentiam em que se fizesse a presente eleição com protesto de não prejudicar ao direito e isenção desta Casa, nem ficar por exemplo este sucesso nunca visto para esta Casa da Misericórdia e para as demais deste reino» recorrendo assim a Sua Majestade como imediato protetor para que ele mandasse conservar os privilégios que a Casa tinha desde a criação da Irmandade (FREITAS, 1995: 214-216).

O provedor João de Figueiroa Pinto entendeu que, para que não surgissem dúvidas quanto ao bom trabalho da Mesa do Despacho eleita em julho, devia apresentar à nova Mesa do Despacho todos «os contratos, assentos e mais disposições ordenadas pelo mesmo provedor e Mesa desde o dito mês de julho a esta parte» para que estes os analisassem e vissem se concordavam com as decisões tomadas «o que visto pelos Irmãos foi vencido por todos os votos que aprovavam tudo o que tinha proposto o dito provedor». Este ato de validação da ação da anterior Mesa do Despacho ficou registado em assento datado de 19 de fevereiro de 1687. Neste assento o provedor aproveitou para deixar registado que recorrera ao Rei da eleição realizada por ordem do Desembargador do Paço, através de um assento «que se fez de uma segunda eleição de provedor e Irmãos da Mesa sem embargo de ser válida a eleição de julho do ano passado que se fez em sua pessoa e mais Irmãos da Mesa presente e se fazer novamente a eleição por ordem do Desembargador do Paço a que a dita Mesa tem recorrido a Sua Majestade em sua mão real como o imediato protector das Misericórdias».

Em 11 de setembro de 1686 ficou registado em assento que, por ordem do Rei D. Pedro II, a Misericórdia devia reunir todas as moedas de ouro que tivesse para que fossem enviadas para Lisboa para marcar. A ordem régia a que os Irmãos se referiam neste assento estava relacionada com o decreto de 26 de maio de 1686 que obrigava à entrega das moedas de ouro de cunhagem antiga para que o seu peso fosse retificado e para que fossem serrilhadas e marcadas.

Com esta medida o Rei D. Pedro II tentava acabar com o desgaste fraudulento das moedas de ouro e prata. O cerceamento de moeda «tornara-se uma calamidade; todas as medidas para o impedir tinham sido infrutíferas; a própria moeda nova não escapava à cobiça». Já em 17 de maio de 1685 tinha sido publicada um alvará que proibia o uso de moedas de ouro e prata que não tivessem o peso legal, ficando previsto que quem usasse indevidamente as moedas de ouro ou prata ou tivesse em seu poder moedas cerceadas incorreria nas penas dos moedeiros falsos, podendo perder os seus bens e ser mandado para o degredo (ARAGÃO, 1877: 53-59).

Para cumprir a determinação régia e reunir as ditas moedas de ouro «se abriu o cofre dos depósitos dos dotes em o qual se acharam cinquenta e três moedas e meia da fábrica velha de quatro mil e quatrocentos réis; se acharam na mão do Irmão Bento Ribeiro Torrado da administração dos convalescentes do Bispo D. Nicolau Monteiro, quarenta e sete moedas da mesma fábrica e três quartos; em mão do Irmão António Carvalho, Tesoureiro da Casa, vinte e três moedas, que ao todo fazem soma de cento e vinte e quatro moedas e um quarto, que a dinheiro valem quinhentos e quarenta e seis mil e setecentos réis». As moedas assim reunidas foram entregues ao Tesoureiro da Casa com a responsabilidade de este as entregar ao corregedor da Comarca, conforme se dispunha na ordem régia – assim que estas moedas fossem retificadas nas oficinas monetárias de Lisboa, serreadas com cordão e marcadas no disco com a esfera armilar coroada, voltariam a ser entregues à Casa.

Sobre este assunto ficou registado num assento datado de 9 de março de 1687 que as 124 moedas de ouro e um quarto «que se remeteram à Casa da Moeda da Cidade de Lisboa para se pôr o círculo na forma da ordem de Sua Majestade» já chegaram à Casa e logo se guardaram nos cofres das respetivas administrações.

Em 6 de outubro de 1686 o provedor propôs à Mesa que fossem feitas obras no Hospital de D. Lopo de Almeida. João de Figueiroa explicou que havia já muitos anos que as obras tinham parado e que eram muito necessárias, já que tanto as enfermarias dos homens como as das mulheres não tinham nem condições nem capacidade suficiente para acomodar todos os doentes «de que resultavam fazerem-se camas nos pavimentos com grande descomodidade, e de cada vez crescem em maior número os enfermos, com que parecia conveniente mandassem continuar as ditas obras» fossem retomadas.

A Mesa concordou, sendo também de opinião que as obras deviam ser retomadas. Ficaria assente que a casa da enfermaria dos boubos em que se curam as mulheres se desfizessem e pusessem por terra, e se desse princípio para se continuarem os arcos que para aquela parte estão principiados da enfermaria dos homens, e que se fizesse serventia para a rua que vai para a Ferraria por onde pudessem entrar carros com pedra e sair o entulho que fosse necessário tirar-se para que houvesse lugar de os oficiais trabalharem livremente, e se continuarem as obras na forma da traça. E outrossim se assentou que das rendas da Casa se acudisse com a quantia a que abranger a sua possibilidade; atendendo a que não ficasse empenhada e se não faltasse às obrigações e encargos dos instituidores e que a despesa com as esmolas fosse feita com a moderação possível, por ser mais pia e de mais serviço de Deus a obra de misericórdia de curar os enfermos».

Já no anterior mandato, o provedor João de Figueiroa Pinto dera uma atenção muito especial aos assuntos relacionados com os hospitais e as necessidades dos doentes. Quanto ao financiamento da obra foi sugerido que, assim que a obra começasse, fosse pedida uma ajuda ao Rei – contando também os irmãos que nessa altura «não faltariam devotos que se inclinassem a concorrer com as suas esmolas.»

Por provisão régia de 4 de março de 1685, o Rei havia proposto à Misericórdia do Porto que esta tomasse conta da administração da Roda dos Expostos. Neste mandato de 1686-1687 foi preparada a aceitação da administração da Roda dos Enjeitados. Vários documentos foram aprovados e tratou-se de preparar edifício para acolher a obra. A obra só começou a funcionar em 1688.

Aos vinte e um dias do mês de fevereiro de mil seiscentos e oitenta e sete, na Casa do Despacho da Mesa da Misericórdia, em presença do provedor João de Figueiroa Pinto estando juntos os deputados da Mesa e conselheiros e definidores dela todos no fim deste assento assinados que pelo provedor foram chamados para tomarem resolução sobre o negócio que lhes queria propor. E logo por ele foi lida uma provisão assinada pela mão Real de Sua Majestade em 4 de março do ano próximo passado por que foi servido ordenar que nesta cidade houvesse Roda dos Enjeitados pelo grande serviço de Deus que resultava de nela se introduzir esta obra de tanta piedade a requerimento da câmara da mesma cidade e para esse efeito se comprassem casas e se fabricassem todas as oficinas necessárias por ordem do Chanceler da dita Relação e que feita a dita obra correria a administração dos enjeitados pelos Irmãos desta casa da Misericórdia como se observava nas mais cidades do reino donde há semelhantes rodas aplicando-se em cada um ano quinhentos mil réis de consignação a saber: cento e cinquenta mil réis nos bens do Concelho, e cento e cinquenta nas alças e os duzentos no Cofre sobejando se carregará em receita crescimento sobre o ano seguinte, e faltando se tirará do cofre dos crescimentos das sisas da mesma Cidade à consignação nos ditos efeitos precederia a qualquer que nele estivessem impostas tomando-se conta todos os anos da despesa que se fizesse; que vissem se se devia aceitar a administração dos ditos enjeitados, por que suposto por ordem da mesa passada se fizesse conferência com a Câmara desta aceitação em presença do Procurador Simão Botelho advogado que servia de Chanceler de que estendem termo Sebastião Roiz escrivão da Correição do Crime, contudo na forma do Compromisso da Casa se não podia tomar decisão nesta matéria e outras semelhantes sem parecer dos definidores, e votando-se sobre o referido se assentou uniformemente que pelo grande serviço que se fazia a Deus em haver Roda de Enjeitados e ser a vontade de Sua Majestade que a Misericórdia tomasse sobre si a administração, e consentir a câmara da mesma Cidade, se assentou que feita a dita obra e oficinas convenientes correria a administração pelos irmãos desta casa na forma que Sua Majestade ordena, mas porque no dito termo a que se refere a dita provisão se declara que o provedor e escrivão da casa tomarão todos os anos conta da despesa que se fizer, aos irmãos eleitos pela Mesa que hão de assistir à dita administração; e se passará certidão pelo escrivão da Casa à Câmara do resumo das ditas contas, para que sendo maior a despesa que a receita dos ditos quinhentos mil réis a Câmara lhe mande pagar o que faltar pelo Cofre, e poderá haver alguma duvida pelo dito Alvará não fazer a declaração na forma do dito termo feito na forma acima referida, Convinha que Sua Majestade fosse servido mandar fazer a dita declaração porquanto esta Casa não costumava, digo que doutra sorte se não deva aceitar a dita administração... que quando entrasse a dita administração na Casa se daria logo um quartel adiantado para se poder satisfazer prontamente ao pagamento da criação dos enjeitados e dai por diante se observaria o mesmo porque sempre os quartéis se pagariam adiantados, e que deste assento se desse treslado ao chanceler da Relação para o remeter ao dito senhor para que haja por bem por ser serviço de Deus e seu mandar passar provisão para que se dê a dita resolução o que nele se relata de que tudo se fez este assento que o provedor assinou e os deputados da Mesa e definidores comigo Luís da Silva escrivão da Casa que o escrevi (*Livro de Lembranças*, fls. 147-148).

O treslado do termo que se fez com a Câmara sobre a Roda dos Enjeitados para a administração correr por conta da Casa tinha sido feito no primeiro de outubro de 1605.

Ano de Nosso Senhor Jesus Cristo de mil e seiscentos e cinco anos, ao primeiro dia de Outubro do dito ano nesta cidade do Porto em o Convento de Santo Elói onde foram juntos o corregedor Simão Botelho Vogal desembargador dos desagravos e corregedor do crime nesta Relação e Casa do Porto que de presente serve de chanceler governador da Justiça dela com os vereadores António Roiz Marques e Dom Garcia de Noronha e

Manuel Pereira de Berredo escrivão da Casa da Misericórdia desta Cidade e o cónego André Pereira Pinto da Mesa para efeito de se ajustarem sobre a criação dos enjeitados e se haver de largar a administração para esta Casa da Misericórdia e aonde por ser obra pia fica mais propriamente posta; sobre o cômputo do dinheiro que se deve consignar em cada um ano para a dita criação tendo respeito e constar pelos livros a despesa que com eles se fazia na Câmara até agora gastar-se um ano por perto de mil cruzados, E que havendo Roda nesta Cidade há de crescer o número dos enjeitados e ser a despesa maior. Se ajusta que o cômputo que Sua Majestade devia mandar consignar para esta Criação devia ser o de quinhentos mil réis os quais se podiam fazer [...] nos trezentos réis já consignados pelo dito senhor por suas provisões, cento e cinquenta mil réis nas Alças e cento e cinquenta no Cofre e a duzentos mil réis que faltam os pode Sua Majestade consignar no cofre e assim o pedem ao dito senhor para que esta obra se consiga porquanto os trezentos mil réis com que a Câmara administra até ao presente na Criação não chegavam a esta Criação só mais que tiravam ao Cofre por esmola

[...]

Eu El-Rei faço saber e havendo respeito aos oficiais da Câmara da Cidade do Porto me representaram de que por falta de não haver naquela cidade, sendo muito grande, Roda de Enjeitados, na forma que há uma nesta [...] muitos meninos mortos, assim pedia pela [...] como pelos lugares esquisitos, o que se devia obviar fazendo-se, e porque se achavam em depósitos na mão de Francisco da Cunha [...] um conto seiscentos e trinta e dois mil réis [...] das contas [...] por ordem minha se tomarão no ano de mil seiscentos e oitenta [...] pertencente às fortificações, me pediam que deste dinheiro mandasse acudir [...] a esta obra tão pia [...] o que alegaram, se informa que se houve pelo desembargador Simão Botelho Vogal servindo de chanceler da Relação da dita cidade porque constou ser esta obra não somente necessária para se quitarem se me [...] tao escandalosos mas muito pios [...] do serviço de Deus Nosso Senhor e meu e assim convinha fazer-se. Correndo a administração e criação dos enjeitados pelos irmãos da Misericórdia como nas mais cidades, e povos aonde há Roda e que esta se devia pôr no Hospital da Rua das Flores que é administrado pelos Irmãos da mesma Misericórdia no sítio que chamam da Viela do Ferraz que fica por detrás do mesmo Hospital [...] edificando-se duas casas para a assistência das amas e com uns bocados de quintais de pessoas particulares que se lhes podiam comprar, se ficava comunicando por dentro com o dito hospital e que para efeito de se ajustar o referido fizera ajuntar dois vereadores nomeados pela Câmara da dita cidade e dois Irmãos da Misericórdia nomeados por ela, e que sendo uns e outros ouvidos assentaram que a Casa da Misericórdia aceitava esta administração consignando-lhe o dinheiro necessário para a criação dos enjeitados; para a qual eram necessários quinhentos mil réis cada ano e se podiam fazer efetivos nos trezentos mil réis que a Câmara tinha consignados por provisões minhas para a criação dos mesmos enjeitados a saber cento e cinquenta mil réis das Alças, e cento e cinquenta mil réis do Cofre, e que os duzentos que faltavam, os devia eu mandar consignar no Cofre dos sobejos das sisas, com declaração que esses quinhentos mil réis [...] de qualquer e a cidade que [...] tomando-se todos os anos contas da despesa que se fizesse, e não bastando os ditos quinhentos mil réis, a Câmara pelo mesmo Cofre satisfaria o que faltava, e sobejando se [...] em receita para o ano seguinte, e que não havendo sobejos ajustariam a dita quantia dos quinhentos mil réis pelo Cabeção das sisas, de sorte que nunca a dita Casa da Misericórdia ficaria obrigada [...] com a dita administração, e a poderia largar, e que a quantia que se houvesse de gastar com as casas que se haviam de edificar e mais despesas que precisamente se deviam fazer, se tiraria do dito depósito, que estava na mão do dito Francisco da Cunha Castro (?), como tudo constava do termo que se fizera em o primeiro dia do mês de outubro do ano passado, em que todos assinaram e que vendo-se o sítio, era necessário comprarem-se duas casas térreas e uns pedaços de quintais, e se [...] a importância a dita despesa, assim da compra, como da obra, que se havia de fazer, dois mil cruzados e que uma e outra coisa para se fazer com acerto, devia assistir assim à dita compra como à arrematação da obra o Chanceler daquela Relação, e que para este ser bem informado lhe assistiria em tudo Manuel Pereira de Berredo e Bento Ribeiro Torrado homens nobres da dita Cidade, e de Zelo, Experiência, e verdade conhecida, e querendo eu acudir a uma obra tão pia, útil, necessária, hei por bem, que do dito dinheiro pertencente às fortificações, que se acha em poder do sobredito Francisco Ribeiro da Cunha, se cumprem as casas e pedaços de quintais de que se trata, e se faria a obra da Roda para os enjeitados, e para esse efeito serão os donos das ditas casas e quintais obrigados a os vender pelo seu justo preço, em que forem avaliadas por pessoas que bem o entendam, e a dita compra e arrematação da obra se fará com intervenção do Chanceler da Relação do Porto e assistência de Manuel Pereira de Berredo, e Bento Ribeiro Torrado, e feita a dita obra da Roda, correrá a administração dela pelos irmãos da Misericórdia na forma que a aceitam, consignando os ditos quinhentos mil réis de renda, [...] cento e cinquenta mil réis nas Alças e cento e cinquenta no Cofre, e duzentos mil réis nos sobejos das sisas, precedendo estas quantias a quaisquer despesas que nos ditos efeitos estejam consignadas e com as mais declarações referidas na informação do Chanceler e contidas no termo de que acima se faz menção, Cumprindo-se em tudo este alvará como nele se contém, que valerá posto que seu efeito haja de durar mais de um ano sem embargo da ordenação em contrário, e pagará novo direito se o dever, Manuel de Águas a fez em Lisboa a quatro de maio de mil seiscentos e oitenta e seis anos, Francisco da Costa Pinto a fez escrever. Rei (*Livro de Lembranças*, fls. 148v-151).

O assunto mais importante deste mandato foi a aceitação da administração da Roda dos enjeitados. O provedor revelou grande preocupação em defender os interesses da Misericórdia, nomeadamente nos assuntos relacionados com a aceitação da administração da Roda dos Enjeitados que passava para a responsabilidade da Casa, e também nos relacionados com o financiamento e sustentação da obra que continuaria da responsabilidade da Câmara.

Ao longo dos dois mandatos (1681-1682 e 1686-1687) o provedor deu uma atenção muito especial aos assuntos relacionados com os hospitais e a assistência aos doentes, tentando proporcionar aos doentes pobres uma melhor assistência médica e condições hospitalares mais dignas e assegurando-se por mais que uma vez de que dispunham de acompanhamento espiritual nos últimos momentos de vida.

Mesa da Santa Casa da Misericórdia do Porto eleita em 3.7.1686

Provedor: João de Figueiroa Pinto

Escrivão: Luís da Silva

Conselheiros de 1.ª: João de Seabra de Sousa; cónego André Pereira Pinto; António de Távora e Noronha Leme; doutor desembargador Luís Matoso Soares, Manuel Pereira de Berredo

Conselheiros de 2.ª: Domingos Dias, sapateiro; Paulo da Silva; Manuel Vieira, sapateiro; Joaquim Pereira, alfaiate; Manuel Fonseca Branco, ferreiro; Manuel Cardoso Barbosa

FONTES E BIBLIOGRAFIA

Ver páginas 857-859.

MARIA TERESA CARDOSO

Pedro da Fonseca de Castro e Sousa

(? | ?)

Provedor da Santa Casa da Misericórdia do Porto

2.7.1687 | 2.7.1688

Vereador da Câmara do Porto (1691).

Escrivão da Santa Casa da Misericórdia do Porto (1684-1685). Conselheiro da Mesa da Santa Casa da Misericórdia do Porto (1685-1686 e 1689-1690).

Filho de Gonçalo da Fonseca e Castro e de Maria de Sousa Alcoforado.

Casado com Helena Luísa de Seabra e Sousa, de quem teve, pelo menos, quatro filhos, Francisco, António, Bernardo e Pantaleão.

Fidalgo da Casa Real. Cavaleiro da Ordem de Cristo.

Desde logo importa reportar que não nos foi possível apurar a data nem o local de nascimento de Pedro da Fonseca de Castro e Sousa. Sabemos sim que o seu pai, Gonçalo da Fonseca e Castro, fidalgo da Casa Real e senhor da Casa das Brolhas, era natural de Lamego e viria a casar na paróquia de Sobretâmega, no concelho de Marco de Canaveses, em 26 de junho de 1645, com Maria de Sousa Alcoforado, também conhecida por Maria de Vasconcelos de Sousa. Assim, é muito provável que Pedro da Fonseca de Castro e Sousa tenha nascido ainda na década de 1640 ou na de 1650. Quanto à sua naturalidade, não sabemos se os seus progenitores passaram a residir naquela freguesia ou se se deslocaram para Lamego ou para o Porto.

Não havendo também certezas quanto ao local do seu casamento – Felgueiras Gayo diz-nos que terá acontecido em Lamego (GAYO, 1938, IV: 184) –, sabemos que Pedro da Fonseca de Castro e Sousa casou com Helena Luísa de Seabra e Sousa, também conhecida por Joana Luísa de Seabra Sotomaior, filha de João de Seabra e Sousa, do Porto, e de Helena Soares Pereira. Deste casamento nasceriam, pelo menos, quatro filhos: Francisco Caetano de Castro e Sousa, capitão de infantaria que casaria com Maria Teresa Ferreira Santarém; António de Sousa da Fonseca; Bernardo António de Melo Osório, que viria a ser nomeado bispo da Guarda nos inícios da década de 1740; e Pantaleão de Seabra de Sousa, futuro cónego na Sé de Braga.

Residindo na Rua de São Sebastião, na freguesia da Sé, cidade do Porto, Pedro da Fonseca de Castro e Sousa viria a ser admitido como Irmão de 1.ª condição na Santa Casa da Misericórdia do Porto em 27 de junho de 1683. Na reunião da Mesa desse dia, o provedor João de Gouveia da Rocha justificava a sua proposta de admissão de Irmãos da seguinte forma:

> grande falta de Irmãos que havia nesta irmandade para acudirem ao serviço da Casa, como as obras de misericórdia que exercita, e suposto que o número dos Irmãos que existem exceda ainda muito ao número que dispõem o Compromisso, contudo como muitos

> estão ausentes por não tornarem, e outros impedidos de poderem servir a Irmandade, por causa de velhice e achaques, e muitos não tenham o préstimo que se requer para servirem as ocupações em que deviam ser ocupados, pela pouca advertência que ouve de se examinarem os sujeitos, e préstimo de cada um quando foram aceites por Irmãos, se lhe parecia se aceitassem algumas pessoas para Irmãos que tivessem préstimo, assim para cadeias, hospital, escrivães e provedores, como para as mais ocupações da Casa pela falta notória que há de sujeitos para este ministério (*Dos Irmãos da Caza*, 1611 a 1787, fls. 128v-129).

Um ano depois da sua entrada naquela Irmandade, viria a ser eleito escrivão da Mesa em 2 de julho de 1684, acompanhando o provedor João de Seabra de Sousa nas suas funções até 2 de julho de 1685. Nesse mesmo dia seria eleito conselheiro da Mesa para a provedoria de Francisco de Sousa da Silva, a que se seguiria a eleição para provedor da Instituição em 2 de julho de 1687, lugar em que se manteria durante um ano. Voltaria a ser designado conselheiro da Mesa em inícios de julho de 1689, na provedoria de Sebastião Cardoso de Sampaio.

Depois dos cargos diretivos na Santa Casa da Misericórdia do Porto, seguir-se-ia a eleição para vereador da Câmara portuense em 1691.

Desconhecemos a data e o local da sua morte.

A eleição da Mesa para o exercício de 1687 a 1688 ocorreu no dia 2 de julho na capela-mor da igreja da Santa Casa da Misericórdia, vindo a ser eleito para provedor Pedro da Fonseca de Castro e Sousa.

A primeira informação documental relativamente à ação de Pedro da Fonseca de Castro e Sousa à frente dos destinos da Santa Casa da Misericórdia do Porto data de 20 de agosto e refere-se à substituição do capelão e chantre do coro, e das músicas, para a igreja e hospitais. Da mesma forma, encontramos outras, poucas, dessas costumadas nomeações de capelães para capelas deixadas vagas por falecimento ou por ausência do anterior. Outra decisão, esta dirigida ao cumprimento de uma das obras de Misericórdia, ocorreu no mesmo mês de agosto de 1687. Tratou-se de fixar as disposições necessárias para que não ocorressem faltas de capelães no acompanhamento dos padecentes.

No âmbito do que poderíamos enquadrar como operações financeiras, existe a notícia da compra de um Padrão de Juro no almoxarifado da cidade do Porto (*Livro 4.º de Lembranças*, fls. 159-159v). Em março de 1684, a Misericórdia volta a fazer uma operação financeira, ao reduzir o juro que obtinha de uma verba do almoxarifado de Barcelos, a qual já havia dois anos que estava por receber. Tendo em conta tratarem-se de decisões que envolviam a vida financeira da Casa, estas seriam tomadas em conjunto e de acordo com o Definitório, tal como era de obrigação (*Livro 4.º de Lembranças*, fl. 160v).

Os legados por herança faziam parte dos habituais benefícios que a Misericórdia obtinha em prol da sua ação. Em março de 1688 a Mesa e o provedor reuniram para tratar de mais um legado à Santa Casa da Misericórdia do Porto, desta vez, uma herança de uma mulher que falecera no hospital de D. Lopo de Almeida. O destaque desta informação é o facto de esta mulher ser uma galega, uma comunidade que secularmente esteve presente na cidade do Porto e que tradicionalmente era conotada com a pobreza (*Livro 4.º de Lembranças*, fl. 161).

Temos ainda informação de outros legados, de entre os quais se destaca a herança de João F. da Costa e mulher, moradores à Porta de Carros, descrito num extenso auto. No dia 11 de abril de 1688, estando a Mesa e membros do Definitório reunidos, foi apresentado e lido pelo provedor um documento de Ana Ferreira, viúva de João F. da Costa. De acordo com o relato nele contido, os dois haviam determinado que, em caso de morte de um deles, seria herdeiro e testamenteiro o cônjuge, e, sobrevindo a morte do segundo, seriam legados os foros de casas que possuíam. Porém, a dita Ana Ferreira vinha agora revogar o testamento pela sua parte, justificando-se com o facto de ter voltado a casar e ter «muitos parentes pobres». Contudo, era sua vontade cumprir com a parte do falecido marido e, nesse sentido, apresentou a sua proposta de entregar a parte que correspondia à metade dos bens, a saber, dois foros que obtinham do arrendamento de duas casas e expunha a sua proposta relativamente aos seus próprios bens, no caso de ela morrer, propôs a forma e condições do seu legado, a cumprir pelo atual marido. Lido o documento pelo provedor, deliberaram que aceitavam o legado, fixando os termos e as condições do mesmo (*Livro 4.º de Lembranças*, fls. 162-163).

A atenção e o cuidado que assuntos como este exigiam, isto é, os testamentos e respetivo legado, motivou a que se empreendesse o trabalho de fazer o registo dos legados que a Santa Casa tinha. Isto surge referido no auto da reunião da Mesa e Definitório realizada no dia 17 de junho de 1688. No documento é dito que era o irmão Alexandre Costa Pinheiro (que viria a ser mesário em 1693) quem estava a fazer essa tarefa e se tinha disponibilizado a continuá-la (*Livro 4.º de Lembranças*, fl. 165v).

Aparentemente, o volume e a complexidade que muitos legados exigiam, mostrou que tal tarefa se iria tornar demasiado morosa e, desta forma, acabaram por decidir a constituição de Junta, formada por «pessoas habilitadas» para avaliar os casos mais complexos. A dita Junta ficou com a missão de registar os casos mais complexos em livro próprio, bem assim como as respetivas resoluções tomadas a seu respeito (*Livro 4.º de Lembranças*, fls. 165v-166).

Menos de dois meses antes de terminar a sua provedoria, Pedro da Fonseca de Castro e Sousa e os mesários da Santa Casa da Misericórdia foram chamados a intervir num acontecimento que veio a estar na origem da criação da Irmandade dos Clérigos. A 26 de maio de 1688, a Mesa recebeu uma petição da Confraria dos Padres de S. Filipe Neri e respetivo presidente, o padre Manuel da Costa Teixeira, para que lhes fosse autorizado estabelecerem-se na igreja da Misericórdia.

A Confraria, ou Irmandade de S. Filipe Néri, fora instituída em 20 de setembro de 1665 e estava estabelecida na igreja de Santo António, «à Porta de Carros» (atual igreja dos Congregados). Porém, como referem na petição enviada à Misericórdia, estavam «gravemente oprimidos» nesta igreja para poderem satisfazer de forma conveniente as obrigações que os seus estatutos impunham. Devido a essas circunstâncias e por outras razões que não surgem esclarecidas no auto, haviam decidido sair da igreja de Santo António. Como a Misericórdia acolhia e «amparava» a Irmandade dos Sacerdotes pobres de Nossa Senhora da Misericórdia (desde 1630), entenderam dirigir o pedido para que a Santa Casa lhes concedesse igual privilégio, autorizando-os a instalar-se na igreja da Misericórdia, «deixando-lhe pôr a imagem do Santo no altar do *Ecce Homo* aos pés do dito Senhor» sob a promessa de se sujeitarem a qualquer obrigação que lhes fosse imposta (FREITAS, 1995: 277-279).

A Mesa presidida por Pedro da Fonseca de Castro e Sousa anuiu ao pedido da Irmandade, ficando então decidido que se admitisse com as condições de que o Presidente e os confrades, assim como os futuros, se obrigavam a sustentar todas as despesas que fizessem nas suas funções, ou culto, e que sairiam quando o provedor e Mesa da Santa Casa assim o decidissem (*Livro 4.º de Lembranças*, fl. 164).

Anos depois, em 1701, a Confraria dos Clérigos de S. Pedro ad Vincula, estabelecida na igreja dos Meninos Órfãos, faria igual pedido, o qual seria aprovado. As três irmandades, dos Clérigos pobres de Nossa Senhora da Misericórdia, a de S. Filipe Néri e a de S. Pedro ad Vincula, viriam a juntar-se depois, sob a presidência do deão Jerónimo de Távora de Noronha, em 31 de maio de 1731, constituindo a Irmandade dos Clérigos (FREITAS, 1995: 279). Aprovaram o plano de edificação da sua casa própria e nova igreja, a igreja dos Clérigos, que começou a ser erigida no Adro dos Enforcados, ou Cruz da Cassoa, a partir de 1732.

O último registo de um assunto a envolver o provedor Pedro da Fonseca de Castro e Sousa data de 30 de junho de 1688. Dois dias antes da eleição do novo provedor e Mesa, os mesários aconselharam Pedro da Fonseca de Castro e Sousa sobre a inconveniência de o «ornamento rico de tela, novo» fosse usado nas diversas festividades sacras ao longo do ano, para evitar que se danificasse. Recomendaram que fosse utilizado apenas nas maiores quatro festas do ano e no dia de Santa Isabel, ou da Visitação da

Virgem, dia do orago da Casa, 2 de julho. Nas restantes festas litúrgicas seria apenas usado o frontal do altar e vestimentas de dalmáticas para a missa cantada. Da mesma forma, entenderam que não se deveria emprestar a peça, nem outras da sacristia «pelo mau trato que a tudo se dá». Vemos, pois, que era hábito outras instituições pedirem emprestado à Misericórdia peças, paramentos, etc. Por fim, resolveram que assim se fizesse e fosse comunicado ao sacristão (*Livro 4.º de Lembranças*, fl. 167).

Mesa da Santa Casa da Misericórdia do Porto em 2.7.1687

Provedor: Pedro da Fonseca de Castro e Sousa

Escrivão: Pedro da Costa Lima

Conselheiros Nobres: João Freire Antão, Manuel Dourado Soares, Pedro Correia de Azevedo, Simão Freire de Sousa e Manuel Pacheco Pereira

FONTES E BIBLIOGRAFIA

Fontes arquivísticas

Arquivo Distrital do Porto (ADP) – *Registos de Casamentos*, paróquia de Sobretâmega, 1587-1708, fl. 150v.

Arquivo Histórico da Santa Casa da Misericórdia do Porto (AHSCMP) – *Alfabeto dos Irmãos, 1696-1726 e 1740-1746*, série D, banco 5, n.º 9; *Dos Irmãos da Caza, 1611 a 1787*, série D, banco 5, n.º 8; *Livro de Eleição da Mesa. 1643 a 1772*, série D, banco 5, n.º 2; *Livro 4.º de Lembranças*, 1674-1738, série D, banco 8, n.º 6.

Fontes impressas

SOUSA, António Caetano de, 1748 – *Historia genealogica da Casa Real Portugueza: desde a sua origem até o presente, com as Familias illustres, que procedem dos Reys, e dos Serenissimos Duques de Bragança: justificada com instrumentos, e escritores de inviolavel fé: e offerecida a El Rey D. João V nosso Senhor por Antonio Caetano de Sousa*, tomo II, parte II. Lisboa: Na Régia Officina Sylviana, e da Academia Real.

Bibliografia

ALMEIDA, Fortunato de, 1968 – *História da Igreja em Portugal*, vol. II. Porto/Lisboa: Livraria Civilização--Editora.

BORREGO, Nuno Gonçalo Pereira, 2007 – *Mordomia-Mor da Casa Real. Foros e Ofícios - 1755-1910*, tomo I. Lisboa: Tribuna da História.

FREITAS, Eugénio de Andrea da Cunha e, 1995 – *História da Santa Casa da Misericórdia do Porto*, vol. III. Porto: Santa Casa da Misericórdia do Porto.

GABINETE de História do Porto, 1949 – "Os «Homens da Governança» do município do Porto desde 1428 até 1949", in *Boletim Cultural da Câmara Municipal do Porto*, vol. XII, fasc. 3-4 (set./dez. 1949). Porto: Câmara Municipal do Porto, pp. 278-340.

GAYO, Manuel José da Costa Felgueiras, 1938-1941 – *Nobiliário de famílias de Portugal, Fac. simile* de impressão diplomática do original manuscrito existente na Santa Casa de Misericórdia de Barcelos, tomos IV e XXVIII. [Braga]: Agostinho de Azevedo Meirelles; Domingos de Araújo Affonso.

DIOGO FERREIRA
MANUEL COUTO
MARIA TERESA CARDOSO

João Pinto Pereira

(Porto, ? | ?)

Provedor da Santa Casa da Misericórdia do Porto

2.7.1688 | 2.7.1689

Vereador da Câmara do Porto (1682, 1691 e 1698).

Conselheiro da Mesa da Santa Casa da Misericórdia do Porto (1676-1677, 1681-1682 e 1695-1696).

Natural da cidade do Porto.

Filho de Francisco Vaz Pinto Pereira e de Antónia Pereira.

Trineto de Diogo Pinto Pereira, provedor da Santa Casa da Misericórdia do Porto (1520-1522 e 1526-1527).

Casado com Ana Maria Pereira, sem geração. Casado, pela segunda vez, com sua sobrinha, Francisca Joana de Ataíde e Noronha, de quem teve duas filhas, Mariana e Maria Antónia.

Comendador de Vitorinho.

Nascido na cidade do Porto, João Pinto Pereira era filho de Francisco Vaz Pinto Pereira e de Antónia Pereira. Sucedendo a seu avô, José Pinto Pereira, como comendador de Vitorinho, e a seu pai como senhor da Casa do Bonjardim, João Pinto Pereira residia na rua do Bonjardim, onde se situava a quinta com o mesmo nome. De registar ainda que era trineto de Diogo Pinto Pereira, um dos primeiros provedores da Santa Casa da Misericórdia do Porto entre 1520 e 1522 e de 1526 a 1527.

Veio a casar em Braga com Ana Maria Pereira, filha herdeira de Sebastião Pereira do Lago e de Maria de Azevedo, casamento de que não resultaria descendência. João Pinto Pereira viria a casar uma segunda vez, com a sua sobrinha, Francisca Joana de Ataíde e Noronha. Esta era filha de João Pinto Coelho, senhor de Felgueiras e Vieira, moço-fidalgo da Casa Real e administrador dos morgadios de Ratiaens e Simaens, e de Mariana Francisca Pereira da Silva, 8.ª senhora de Fermêdo, Cabeceiras de Basto.

Deste casamento nasceriam duas filhas, Mariana Francisca de Portugal e Noronha Pereira da Silva, que casaria com Bernardo José Teixeira Coelho, senhor da Casa de Sergude e Honra de Teixeira, e Maria Antónia.

João Pinto Pereira viria a ser admitido como Irmão da Santa Casa da Misericórdia do Porto no dia 26 de junho de 1675, num período em que a Mesa entendia ser necessário colmatar a falta de Irmãos. Nesse dia,

> nesta Casa do Despacho da Misericórdia estando o provedor o Doutor Abade Mathias da Silva de Abreu com os conselheiros abaixo assinados, propondo-se que havia falta de Irmãos por terem falecido e ausentes muitos, e por ser necessários Irmãos para se acudir ao serviço da Casa e de nossa Senhora, foram aceites para o serviço desta Irmandade os seguintes pelo rol abaixo (*Dos Irmãos da Caza* 1611 a 1787, fl. 121v).

Por outro lado, no livro de *Alfabeto dos Irmãos* existentes entre 1696 e 1740, João Pinto Pereira foi classificado como Irmão de 1.ª condição (*Alfabeto dos Irmãos* 1696-1726 e 1740-1746, fl. 5), vindo a ser conselheiro da Mesa nos mandatos de 1676-1677, 1681--1682 e 1695-1696, este já depois de ter ocupado o lugar de provedor entre 1688-1689.

João Pinto Pereira foi ainda vereador da Câmara do Porto em três ocasiões, sendo eleito pela primeira vez para tal cargo em 1682 e depois, por duas vezes, na década de 1690.

Desconhece-se a data do seu falecimento.

João Pinto Pereira foi eleito para provedor da Santa Casa da Misericórdia no dia 2 de julho de 1688. Estiveram presentes no ato o provedor cessante, Pedro da Fonseca de Castro e Sousa, o capelão-mor, João de Brito e o escrivão da Santa Casa, Pedro da Costa Lima (*Livro de eleição da Mesa.* 1643 a 1772, n.º 2, fls. 70v-71.). Sabemos, pela ata de eleição dos Definidores, que João Pinto Pereira estava ausente da cidade no dia 25 de julho (*Livro 4.º de Lembranças,* n.º 6, fl. 167v).

A primeira deliberação da Mesa ocorreu no dia 18 de agosto de 1688. Reuniu a Mesa nesse dia para discutir acerca do legado do Bispo do Porto, D. Nicolau Monteiro, nomeadamente, quanto à alimentação dos convalescentes. Estando reunidos provedor, mesários e definidores, foram convocados os padres mestres em Teologia: Sebastião de Prada e Francisco Correia (Companhia de Jesus), frei Simão do Sacramento (Dominicano) e Manuel Rodrigues Leitão (Prepósito dos Congregados do Porto).

Reunido esse colégio de especialistas, foram lidos os termos da aceitação do legado, pelo qual D. Nicolau Monteiro deixara para o Hospital de D. Lopo um legado que se destinava a financiar a alimentação de treze doentes, no sentido de minorar os muitos casos de recaída que oneravam o hospital. A dieta estabelecia que se desse a cada um de pão para o almoço com algum doce, e meio arrátel de carneiro e meio quartilho de vinho ao jantar, repetindo-se estes na ceia.

Assim, determinou que não dessem «alta» ao doente sem que ele estivesse recuperado («bem convalescido»), com parecer favorável do médico e dos mordomos do hospital.

O legado excluía os convalescentes que sofriam de «boubas» e determinava ainda que o remanescente da despesa fosse empregue na compra de «roupa para as camas».

A chamada dos teólogos deveu-se a dúvidas que tinham surgido e sobre as quais era necessário o seu parecer.

1. Se havendo algum doente a que os médicos não receitam nem têm intento em receitar medicamento algum pelo acharem já livre de queixas, e propondo-se-lhe se este está no estado de convalescido e resolverem que este rigorosamente o é, e se deve reputar por tal, porém lhe mandam comer galinha, ou porque teve doença grave, ou porque o carneiro não lhe será bom nutrimento, se se poderá

dar neste tal convalescente galinha por conta de sobredito legado não obstante não se fazer nele menção de mais alimento que do que carneiro;

2. Se os feridos livres de todo o perigo a quem já os cirurgiões não aplicam mais que unguentos de encourar [cicatrizar] se podem ter por convalescentes e sustentar por conta do dito legado.
3. Se algum doente que por justas causas cura a misericórdia nas suas casas poderá também sustentar-se deste legado;
4. Se o capelão que tem o hospital caísse dentro dele ao qual pela missa, administração dos sacramentos; assistir aos moribundos da Casa se dá 48 mil réis e trinta alqueires de pão no caso em que a Misericórdia o mande curar mas suas doenças poderá depois delas ser admitido ao número dos convalescentes deste legado
5. Se os doentes que não entram conhecidamente a se curar de boubas mas de outra enfermidade maliciosa ou ignorantemente, e depois de curados do achaque a cujo título entraram ou no decurso da mesma cura dele se lhe aplicam alguns remédios que o respeitam ao gálico e por esta razão se lhe dão camas que eram de suspeita, podem estes também ser admitidos ao numero dos convalescentes deste legado em que estão excluídos os que entram e se curam do morbo gálico.

Quanto à primeira questão, referiram que o facto de estar apenas mencionado a carne de carneiro, tal se deveu a ser esse o alimento mais comum dado aos doentes.

Ora, como no legado não existia a indicação taxativa de que a alimentação se deveria limitar ao carneiro, excluindo outro, entendiam deixar ao parecer dos médicos o alimento que entendessem ser o mais adequado.

Sobre a segunda, o seu parecer foi no sentido de que esses «feridos» deveriam ser considerados convalescentes, podendo ser alimentados pelos rendimentos do legado.

Excluíram os terceiros da elegibilidade para beneficiar do legado, porque as disposições do mesmo mostravam restringir e limitar aos que se curam no hospital, logo, os miseráveis que aí se dirigiam.

Relativamente à dúvida no ponto 4.º, foram do parecer que o objetivo da disposição foi apenas ajudar os pobres, pelo que o capelão não entrava nesta categoria, ainda que a Casa lhe fizesse o favor de o tratar (se é que o poderia fazer). A única exceção era quando o clérigo tivesse caído em pobreza manifesta, por acidente ou outra circunstância entendível. Nesse caso, seria considerado como pobre, podendo então ser admitido como «os que verdadeiramente o são».

Quanto à quinta questão, os teólogos consideraram que outros doentes, como os de «gálico» não poderiam ser excluídos, pois, sobre estes, o doador não fizera qualquer referência, apenas aos de bouba.

Ficaram então registados os pareceres e deu-se por encerrada a sessão (*Livro 4.º de Lembranças*, n.º 6, fl. 168). Este foi o tema que mereceu maior desenvolvimento durante a provedoria de João Pinto Pereira.

Os restantes autos de reunião da Mesa reportam-se a assuntos que poderíamos apelidar de «gestão corrente»: aceitação de um «moço da capela» para substituir o que tinha falecido; a contratação de um sangrador para o Hospital de D. Lopo de Almeida, por ter falecido o titular do lugar. Curiosamente, o único assento de uma reunião da Mesa no segundo semestre, isto é, relativo ao ano de 1689, tem a data de 2 de janeiro. Daí em diante até à entrada da nova Mesa não existe mais nenhum documento no *Livro de Lembranças* que historie a atividade da Mesa e do provedor João Pinto Pereira.

Trata este assento da expulsão do Irmão Manuel Ramos de Carvalho por se recusar a realizar uma tarefa para a qual fora incumbido pela Mesa e a qual até tinha aceitado fazer. Era mais um caso de «risco» de Irmão, processo que até era habitual as Mesas serem chamadas a decidir.

Feita a votação por «favas brancas e negras» e realizada a contagem, o sorteio teve como resultado de larga maioria de votos que o referido Manuel Ramos de Carvalho fosse «riscado da Irmandade», o que se fez logo no momento falecido (12 de setembro de 1688; *Livro 4.º de Lembranças*, n.º 6, fl. 170v).

Mesa da Santa Casa da Misericórdia do Porto em 2.7.1688

Provedor: João Pinto Pereira

Escrivão: António Tavares Leitão

Conselheiros Nobres: Bernardo Ferraz de Melo, Bento Pereira de Andrade, António de Macedo Pereira (desembargador), Gaspar Arnau Pacheco e Jacinto Casado da Costa

FONTES E BIBLIOGRAFIA

Fontes arquivísticas

Arquivo Histórico da Santa Casa da Misericórdia do Porto (AHSCMP) – *Alfabeto dos Irmãos, 1696-1726 e 1740-1746*, série D, banco 5, n.º 9; *Dos Irmãos da Caza, 1611 a 1787*, série D, banco 5, n.º 8; *Livro de Eleição da Mesa. 1643 a 1772*, série D, banco 5, n.º 2; *Livro 4.º de Lembranças*, 1674-1738, série D, banco 8, n.º 6.

Fontes impressas

COSTA, António Carvalho da, 1706 – *Corografia portugueza e descripçam topografica do famoso Reyno de Portugal, com as noticias das fundações das cidades, villas, & lugares, que contem...*, vol. I. Lisboa: Na Officina de Valentim da Costa Deslandes.

Bibliografia

GABINETE de História do Porto, 1949 – "Os «Homens da Governança» do município do Porto desde 1428 até 1949", in *Boletim Cultural da Câmara Municipal do Porto*, vol. XII, fasc. 3-4 (set./dez. 1949). Porto: Câmara Municipal do Porto, pp. 278-340.

GAYO, Felgueiras, 1940 – *Nobiliário de Famílias de Portugal*, tomo XXIII. [Braga]: Agostinho de Azevedo Meireles e Domingos de Araújo Afonso.

MORAIS, Cristóvão Alão de, [1667] 1943-1948 – *Pedatura Lusitana: nobiliário de famílias de Portugal*, tomo IV, vol. I, publicado por Alexandre António Pereira de Miranda Vasconcellos, António Augusto Ferreira da Cruz, Eugénio Eduardo Andrea da Cunha e Freitas. Porto: Livraria Fernando Machado.

DIOGO FERREIRA
MANUEL COUTO
MARIA TERESA CARDOSO

Sebastião Cardoso de Sampaio

(Trancoso, ? | Porto, ?)

Provedor da Santa Casa da Misericórdia do Porto

2.7.1689 | 2.7.1691

Magistrado judicial.

Licenciado em Cânones pela Universidade de Coimbra.

Deputado do Conselho Ultramarino. Procurador da Fazenda. Deputado da Junta das Missões. Membro da Junta de Negócios do Maranhão.

Conselheiro da Mesa da Santa Casa da Misericórdia do Porto (1692-1693 e 1694-1695).

Natural de Freches, concelho de Trancoso.

Filho de António Pais de Aguilar e de Francisca Saraiva da Fonseca.

Sobrinho paterno do doutor frei Constantino de Sampaio, abade do Mosteiro de Alcobaça e nomeado para bispo do Brasil (1672).

Casado com D. Rosa Jacinta, de quem teve filhos.

Fidalgo Cavaleiro da Casa Real (1688). Hábito de Cristo (1671).

Sebastião Cardoso de Sampaio natural de Freches, concelho de Trancoso, nasceu no seio de uma das famílias mais graves da Beira, descendendo de fidalgos de solar, com criadagem e cavalos. Era o filho mais velho de António Pais de Aguilar e de sua terceira mulher, Francisca Saraiva da Fonseca, deste casamento tinham nascido mais quatro filhos: José de Sampaio, frade da Congregação de São Bernardo da Ordem Cisterciense, João do Campo que foi viver para a Índia, Isidoro de Aguilar que não casou; e uma irmã que foi freira (MORAIS, 1943-1948, t. V, vol. 1: 364-365).

Os avós paternos de Sebastião Cardoso de Sampaio, Fernão Correia e Catarina de Aguilar, viveram em Valbom que dista duas léguas de Trancoso. Os avós maternos, João Saraiva, que era cristão-novo, e Filipa Cardoso, eram naturais e moradores em Freches.

Sebastião Cardoso de Sampaio estudou na Universidade de Coimbra, tendo concluído a licenciatura em Cânones em 25 de janeiro de 1658. Casou depois de 1659, provavelmente, com D. Rosa Jacinta de quem teve filhos.

Sebastião Cardoso de Sampaio iniciou a sua carreira na magistratura, como desembargador no bispado de Coimbra, sendo depois juiz comissário e corregedor em Lamego. Por carta de 7 de outubro de 1660 foi nomeado ouvidor geral do Rio de Janeiro. Por aquele tempo começavam a surgir no Rio de Janeiro problemas relacionados com as minas de ouro e prata que iam sendo descobertas no interior brasileiro e com os colonos que as exploravam fazendo uso de mão de obra escrava e também de muitos índios que sujeitavam à servidão. Sebastião Cardoso de Sampaio foi sensível ao problema da liberdade dos índios brasileiros, organizando um documento relativo aos índios das minas de Itabaiana, da Serra de Sabaraboçu e de Paranaguá, que mais tarde foi enviado ao Rei (CASTRO, 1951: 225).

Em 1668 Sebastião Cardoso de Sampaio já tinha regressado ao Reino e recebeu mercê de beca e lugar como desembargador na Relação do Porto em 19 de outubro de 1668, de que tomou posse só alguns anos mais tarde. Nesse ano foi para Angola, onde desempenhou funções como desembargador sindicante em 1669 e daí seguiu para a cidade da Baía onde permaneceu por alguns anos. Enquanto desembargador da Relação da Baía fora incumbido pela coroa de proceder a diligências e de rever as contas dos impostos e contribuições relacionadas com o Regimento de Infantaria de S. Salvador da Baía e com as contribuições recolhidas pela Câmara da Baía para o dote de casamento da Infanta D. Catarina com o Rei de Inglaterra. Tentando indagar os descaminhos dessas contribuições, organizou várias devassas, colocando-se em conflito com os oficiais da Câmara da Baía. Naquela altura a cidade da Baía vivia tensões entre os colonos e os missionários jesuítas, liderados pelos padres António Vieira e João Filipe Bettendorff, contra a escravização dos índios do Maranhão (FERREIRA, 2010: 145-152).

Em 1672 o seu tio paterno, o doutor frei Constantino de Sampaio, abade do Mosteiro de Alcobaça (1669-1672) recusando o bispado de Angola, aceitou o bispado do Brasil porque assim ficaria próximo do seu sobrinho Sebastião Cardoso de Sampaio – parece que esta sua vontade não se realizou porque o bispo faleceu em Lisboa em 9 de março de 1675, aguardando as bulas de confirmação do seu episcopado (PEREIRA DA COSTA, 1951, vol. IV: 91).

Em 1675 Sebastião Cardoso de Sampaio vivia ainda em S. Salvador da Baía sendo nomeado chanceler da Relação da Bahia. Passados dez anos Sebastião Cardoso de Sampaio vivia já em Lisboa. Era um magistrado com uma vasta experiência no exercício de cargos no Império e que gozava de grande prestígio na Corte. Em julho de 1685 foi nomeado deputado do Conselho Ultramarino e passou a exercer funções também como Procurador da Fazenda e membro da Junta das Missões. Participou na preparação da Lei de 21 de dezembro de 1686, conhecida como «Regimento das Missões do Estado do Maranhão e Grão-Pará» e que tentava conciliar os interesses dos colonos, dos índios e dos missionários jesuítas. Este importante regimento vigorou até 1757, quando foi substituído pelo «Diretório dos Índios».

Pertenceu também à Junta Geral das Missões do Reino, organismo de autoridade colonial que funcionou entre 1681 e 1757 e que analisava as decisões tomadas nas Juntas das Missões Ultramarinas espalhadas pelos vários domínios portugueses. A estas juntas chegavam muitas causas julgadas em primeira instância pelos Ouvidores Gerais de cada capitania. Participou em várias juntas informais, sendo o seu conselho solicitado mesmo em matérias fora da sua área. D. Pedro II apreciava muito o seu conselho e em 1688 emite uma ordem régia aos deputados do Conselho do Ultramar em que manda ouvir ao Dr. Sebastião Cardoso sobre as hostilidades que os índios tapuias Janduí estavam a fazer na capitania do Rio Grande, ressaltando que: «enquanto servir de procurador da Fazenda o ouvirá sempre o Conselho, ainda que as matérias não respeitem à Fazenda pelas muitas notícias que tem das conquistas» (MELLO, 2007: 86).

Em 1688 assumiu funções como chanceler da Relação do Porto, tendo depois, no decurso de 1691, sido nomeado governador da Relação do Porto. Segundo Cristóvão Alão de Morais, no período em que viveu na cidade, o brilhante magistrado ocupou ainda funções de Superintendente da Casa da Moeda do Porto.

Sebastião Cardoso de Sampaio terminou a sua carreira como Desembargador do Paço em 1695 (MELLO, 2007: 87).

Fora admitido à Ordem de Cristo com direito a 20 000 réis de pensão no primeiro de agosto de 1671 e recebera alvará de fidalgo-cavaleiro com 2000 réis por mês e um alqueire de cevada por dia em 3 de junho de 1688 (SUBTIL, 2010: 505-506).

No dia 2 de julho de 1689 os Irmãos reunidos em assembleia na igreja da Misericórdia realizaram a eleição para a Mesa do Despacho do ano de 1681-1682, tendo sido eleitos para provedor Sebastião Cardoso de Sampaio, Chanceler da Relação do Porto, para escrivão Miguel da Costa Lima e Melo, e para tesoureiro-mor da Sé, para conselheiros de 1.ª, Francisco Manso, desembargador; João de Figueiroa Pinto; Pedro da Fonseca de Castro e Sousa; Jacinto Pacheco; Luís Brandão de Melo e para conselheiros de 2.ª, Manuel Francisco Branco; João Almeida; Mateus Nunes de Oliveira; Domingos Dias, da rua das Cangostas; Gonçalo Salgado, mercador, António Ferreira, morador no Souto.

No dia 25 de julho de 1689 foram eleitos para a Junta do Definitório os irmãos de primeira condição: António de Macedo Pereira; António de Tavares Leitão; Bernardo Ferraz de Melo, o desembargador Gaspar Arnão e Bento Ferreira e os irmãos de segunda condição: Ambrósio de Magalhães, Gonçalo da Silva, Mateus Francisco; Pantaleão Pereira e Damásio da Maia.

Numa das primeiras reuniões da Mesa do Despacho os Irmãos analisaram a recente admissão à Irmandade de António de Oliveira, morador na cidade do Porto, sendo unânimes que, atendendo à sua provecta idade, o Irmão não se encontrava capaz de servir e acudir às obrigações da Casa, conforme o previsto no Compromisso, devendo ser riscado de Irmão.

Em 25 de julho o provedor e demais conselheiros da Mesa tomaram a decisão de mandar fazer uma Tribuna no altar-mor para a exposição do Santíssimo Sacramento. A planta desta obra foi encomendada ao mestre João Pereira. Em inícios de abril, a obra da Tribuna do Santíssimo Sacramento devia estar quase terminada, já que num assento datado de 3 de abril ficou registado que a Misericórdia do Porto autorizava os Irmãos da confraria de São Filipe de Neri, sita na Casa, a colocar de cada um dos lados do Santíssimo Sacramento uma imagem de São Filipe de Neri, o santo da sua devoção, e outra de São Pedro.

Em 10 de agosto de 1689 a Mesa resolveu que se desse ao doutor Pedro Fernandes de Castro, residente em Roma, cem mil réis por pitança de trabalho de solicitar alguns negócios desta Casa.

Já em fevereiro de 1690, a Mesa deparou-se com o falecimento do Sangrador do Hospital, tendo sido provido para aquele lugar Brás Ferreira.

Em finais de maio de 1690, fez-se quitação ao reverendo Constantino de Carvalho Homem de S. Pedro de Miragaia das pensões das coisas que se estavam a dever à Santa Casa. Esta seria uma das últimas decisões tomadas pela Mesa dirigida por Sebastião Cardoso de Sampaio no seu primeiro mandato enquanto provedor.

Em dois de julho de 1690 o provedor Sebastião Cardoso de Sampaio foi de novo reeleito por alvará régio, que ficou registado no Livro das Provisões da Casa, fólio 150. Este alvará régio tinha sido alcançado no seguimento de uma petição «que a Mesa fez a Sua Majestade respeitando a grande utilidade da Casa e dos pobres pelo singular zelo e grande caridade com que este ano se lhes acudiu sendo notório o seguimento das obras do hospital como da Casa ..» (*Livro de Eleições da Mesa*, fls. 73v-74).

A Irmandade reunida no dia 2 de julho elegeu os restantes elementos da Mesa do Despacho. Para escrivão foi eleito Bento Ferreira de Andrade e para conselheiros de primeira Jácome de Vilas Boas Casado, desembargador da Relação do Porto, José da Fonseca Coutinho, mestre escola da Sé; Miguel Pereira de Melo; Alexandre da Costa Pinheiro; Bernardo Ferraz de Melo. Para conselheiros de segunda foram eleitos António Ramalho, mercador; Manuel Sousa de Rocha, ourives; António Monteiro, ferreiro; Francisco Rebelo; Bento Dias Rebelo; Manuel Ferreira, latoeiro.

Ao longo deste mandato apenas ficaram registados seis assentos de decisões tomadas em Mesa.

Mais uma vez o seu mandato começaria com a expulsão de um irmão, desta vez José Moreira, alfaiate. O dito Irmão fora nomeado mordomo da Igreja e veio queixar-se à Mesa que um dos capelães não o tratara com o respeito que lhe era devido e que entendia que a Mesa do Despacho o devia repreender. No seguimento desta queixa, e atendendo ao estado de exaltação do queixoso e aos insultos proferidos, o provedor, demais Irmãos da Mesa e do Definitório acharam por bem riscá-lo da Irmandade.

Em abril de 1691 o provedor e restantes Irmãos da Mesa tomaram a decisão de admitir um homem para cuidar dos dourados e lavar os azulejos da Igreja.

Ao longo dos dois mandatos, o provedor Sebastião Cardoso de Sampaio revelou preocupações com a administração da Casa, procedendo ao provimento de capelães e outros servidores da Casa e do Hospital de D. Lopo e dando ordem para o cumprimento de capelanias de missa. Ainda que o assento de arranque da obra da Tribuna do altar-mor faça referência a preocupações relacionadas com os gastos anuais da Casa com a preparação do local que acolhia o Santíssimo Sacramento na Semana Santa e noutras celebrações litúrgicas, esta e outras decisões tomadas durante estes dois mandatos consecutivos revelam preocupações do provedor com o embelezamento e conservação do espaço de culto.

O mandato de Sebastião Cardoso de Sampaio cessou aos dois dias de julho de 1691.

Mesa da Santa Casa da Misericórdia do Porto eleita em 2.7.1689

Provedor: Sebastião Cardoso de Sampaio, chanceler da Relação do Porto

Escrivão: Miguel da Costa Lima e Melo, tesoureiro-mor da Sé

Conselheiros de 1.ª: Francisco Manso, desembargador; João de Figueiroa Pinto; Pedro da Fonseca de Castro e Sousa; Jacinto Pacheco; Luís Brandão de Melo

Conselheiros de 2.ª: Manuel Francisco Branco; João Almeida; Mateus Nunes de Oliveira; Domingos Dias, da rua das Cangostas; Gonçalo Salgado mercador, António Ferreira, morador no Souto

FONTES E BIBLIOGRAFIA

Fontes arquivísticas

Arquivo da Universidade de Coimbra (AUC) – *Processo Individual de Constantino de Sampaio.*

Arquivo Histórico Ultramarino (AHU) – *Angola*, caixas 9 e 10, docs. 11, 18, 112, 134, 138, 140 e 143; *Consulta do Conselho Ultramarino de 06/02/1688*, Rio Grande do Norte, cx. 1, doc. 27.

Arquivo Nacional da Torre do Tombo (ANTT) – *Papeis avulsos do Mosteiro de Alcobaça*; *Registo Geral de Mercês, Mercês de D. Afonso VI*, liv. 12, fls. 266v e 335v; *Registo Geral de Mercês, Mercês de D. Pedro II*, liv. 3, f. 256v; *Registo Geral de Mercês, Mercês de D. Pedro II*, lv.21, fl. 345; *Manuscritos do Brasil*, n.º 33, p. 87.

Fontes impressas

MACHADO, Diogo Barbosa, 1741 – *Bibliotheca Lusitana historica, critica, e cronologica. Na qual se comprehende a noticia dos authores Portuguezes, e das obras, que compuseraõ desde o tempo da promulgaçaõ da ley da graça até o tempo prezente...* Lisboa Occidental: Oficina de António Isidoro da Fonseca, tomo 1. (-4.), volume 1, p. 599.

Bibliografia

CASTRO, António Paes de Sande e, 1951 – *António Paes de Sande "o grande governador"*. Lisboa: Divisão de Publicações e Biblioteca Agência Geral do Ultramar.

FERREIRA, Letícia dos Santos, 2010 – *Amor sacrifício e lealdade. O donativo para o casamento de Catarina de Bragança e para a paz de Holanda (BAHIA, 1661-1725)*. Dissertação de mestrado. Niteró (Rio de Janeiro): Universidade Federal Fluminense.

GAYO, Manuel José da Costa Felgueiras, 1938 – *Nobiliário de famílias de Portugal, Fac. simile* de impressão diplomática do original manuscrito existente na Santa Casa de Misericórdia de Barcelos, vols. IV-V. [Braga]: Agostinho de Azevedo Meirelles; Domingos de Araújo Affonso.

MELLO, Márcia Eliane Alves de Souza e, 2007 – *Fé e Império. As Juntas das Missões nas conquistas portuguesas*. Manaus: Universidade Federal do Amazonas.

MORAIS, Cristóvão Alão de, [1667] 1947 – *Pedatura Lusitana: nobiliário de famílias de Portugal*, tomo V, vol. I, publicado por Alexandre António Pereira de Miranda Vasconcellos, António Augusto Ferreira da Cruz, Eugénio Eduardo Andrea da Cunha e Freitas. Porto: Livraria Fernando Machado.

PEREIRA DA COSTA, Francisco Augusto, 1951 – *Anais Pernambucanos*, 2.ª edição, vol. IV. Recife: Arquivo Público Estadual.

SUBTIL, José, 2010 – *Dicionário dos Desembargadores (1640-1834)*. Lisboa: EDIUAL.

MARIA TERESA CARDOSO

Manuel Correia de Lacerda

(Vieira do Minho, ? | ?)

Provedor da Santa Casa da Misericórdia do Porto

2.7.1691 | 2.7.1692

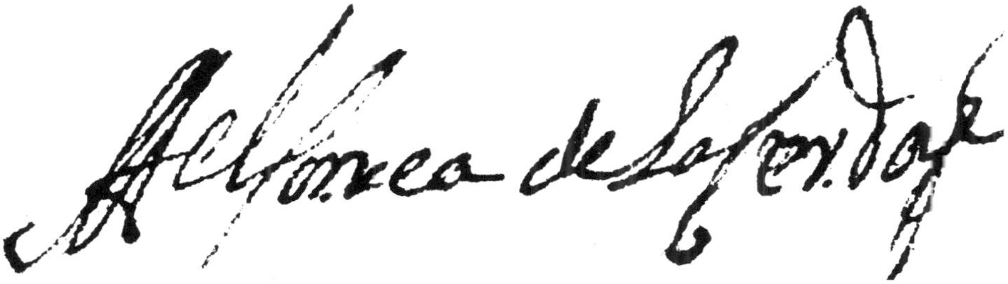

Vereador da Câmara do Porto (1664 e 1692).

Conselheiro da Mesa da Santa Casa da Misericórdia do Porto (1682-1683).

Natural da freguesia de Ruivães, concelho de Vieira do Minho.

Filho de Gonçalo Correia de Lacerda, antigo provedor da Santa Casa da Misericórdia do Porto, e de Branca Aranha Barbosa.

Neto materno de Baltazar Pinto Aranha, antigo provedor da Santa Casa da Misericórdia do Porto.

Casado com Brites Teresa de Sá e Melo de Anadia, de quem teve cinco filhos, Francisco (1688), Fernando, Antónia, Isabel e Gonçalo (1694).

Fidalgo da Casa Real. Senhor da Casa de Ruivães. Senhor da Honra de Farelães.

Não se conhecendo a sua data de nascimento, sabe-se que Manuel Correia de Lacerda era natural da freguesia de Ruivães, concelho de Vieira do Minho, e que era filho de Gonçalo Correia de Lacerda, que ocupou o lugar de provedor da Santa Casa da Misericórdia do Porto entre 1640-1641, e de Branca Aranha Barbosa. O seu avô, Baltazar Pinto Aranha, foi igualmente provedor daquela Instituição entre 1619-1620 e 1635-1636.

Foi Senhor da Casa de Ruivães, fidalgo da Casa Real e «entrosou-se na Casa de Farelães e sua honra por supor extinta a linha de António Correia [da Cunha], que se achavam na Índia» (GAYO, s/d, t. XII: 20). Esta atitude fez com que a família Correia de Lacerda fosse «alvo de contestações quanto ao senhorio do couto e Casa de Farelães», situação que se estenderia pelos anos subsequentes, cabendo aos seus descendentes lutar pela propriedade. Aparecendo o seu parente Manuel Coelho da Costa Ferreira de Lacerda, legítimo herdeiro da Casa de Farelães, teve início uma disputa pelo senhorio da mesma com o seu filho Francisco Correia de Lacerda, originando um litígio que somente se resolveria no tempo do seu neto, Francisco Manuel Correia de Lacerda, o qual viria a ser Senhor da Casa de Ruivães e Senhor da Honra de Farelães «por sub-rogação que fez com os senhores dela» que se encontravam na Índia (NUNES, 2010: 147-148). De assinalar que os referidos filho e neto viriam a ser vereadores da cidade do Porto tal como ele havia sido em duas ocasiões na segunda metade do século XVII.

Manuel Correia de Lacerda casou com Brites Teresa de Sá e Melo de Anadia, filha de Aires de Sá e Melo, fidalgo da Casa Real e senhor da Casa da Anadia, e de Isabel Osório. O casal teria cinco filhos. Eram eles Francisco Correia de Lacerda, Fernando Correia de Lacerda Maltês, Antónia Josefa de Sotomaior, Isabel e Gonçalo Correia Maltês.

Na cidade do Porto, Manuel Correia de Lacerda viria a desempenhar um importante papel social, nomeadamente na Santa Casa da Misericórdia do Porto. «Considerada a causa que havia no serviço da Casa por não haver Irmãos e serem muitos falecidos e outros ausentes e impedidos», o provedor Henrique de Sousa de Tavares da Silva, conde de Miranda, propôs a admissão de um grande número de indivíduos, figurando entre eles Manuel Correia de Lacerda. Em sessão da Mesa de 16 de março de 1659, «vistas e consideradas as razões que apontou o dito provedor, por votos de todos, se assentou que das petições que estavam feitas informações se tomaram os Irmãos que faltavam para o número dos duzentos e cinquenta na forma da provisão de Sua Majestade e foram aceites», confirmar-se-ia a admissão de Manuel Correia de Lacerda como Irmão daquela Instituição (*Dos Irmãos da Caza,* 1611 a 1787, fl. 77v), vindo a ser classificado como Irmão de 1.ª condição (*Alfabeto dos Irmãos,* 1696-1726 e 1740-1746, fl. 6).

No seio da Misericórdia do Porto, Manuel Correia de Lacerda, depois de ter sido conselheiro de 1.ª da Mesa da Santa Casa durante a provedoria de João de Gouveia da Rocha entre julho de 1682 e julho de 1683, atingiria o ponto mais alto com a sua eleição para provedor em 2 de julho de 1691, cumprindo integralmente o seu mandato até 2 de julho do ano seguinte.

Desconhece-se a data e o local do seu falecimento.

⁂

No dia 2 de julho de 1691, na capela-mor da igreja da Santa Casa da Misericórdia, estando presente o provedor cessante, Sebastião Cardoso de Sampaio, do capelão-mor, João de Brito e Bento Ferreira de Andrade, escrivão da Santa Casa, procedeu-se à votação na «forma costumada», da qual veio a sair eleito para provedor Manuel Correia de Lacerda (*Livro de Eleição da Mesa.* 1643 a 1772, n.º 2, fls. 75-75v).

A primeira intervenção no *Livro de Lembranças* relativamente à ação de Manuel Correia de Lacerda data de 19 de julho e refere-se à contratação de António Pereira Pinheiro para preencher o partido de organista da Santa Casa da Misericórdia. Este, estudante e filho de Manuel Pinheiro, iria auferir 8$000 de partido por ano com a obrigação de tocar órgão todos os domingos e dias santos do ano, vésperas e matinas clássicas e noite de Natal; além de assumir a responsabilidade de cuidar do órgão (*Livro 4.º de Lembranças,* n.º 6, fl. 10v).

Até ao final do ano, temos apenas mais dois assentos. Um em agosto, quando a Mesa reuniu para decidir sobre a expulsão do Irmão Manuel Correia de Faria, por este não aceitar um encargo da Mesa. Aliás, este pediu que o riscassem de Irmão. Nem sempre seria fácil aos Irmãos de segunda condição cumprir com as obrigações impostas pela Irmandade. Essas tarefas menos «nobres» poderiam ser também inoportunas em dado momento para o próprio, uma razão muitas vezes invocada (*Livro 4.º de Lembranças,* n.º 6, fl. 181).

O segundo ato da Mesa registado no *Livro de Lembranças* tem a data de 4 de novembro de 1891. É o último assento escrito relativo a esse ano. Nele se procedeu à aceitação do padre José António Carvalho de Mesquita, da freguesia de S. Simão de Novais, termo de Barcelos, para capelão do hospital de D. Lopo de Almeida por morte do anterior capelão. Chamado o proponente, aceitou as condições impostas: dizer missa quotidiana na forma do testamento do instituidor, confessar e sacramentar, ajudar a bem morrer os enfermos do mesmo hospital, rezar o ofício da agonia, absolver pela bula da Santa Cruzada («que ao dito hospital se lhe mandará dar»), acompanhar até à sepultura os doentes falecidos. Pelo cumprimento destas obrigações receberia o mesmo salário e pitanças dadas aos «seus antecessores e a casas contíguas ao mesmo hospital para morar nelas» (*Livro 4.º de Lembranças*, n.º 6, fl. 182).

O semestre seguinte até ao final do mandato conta com dois assentos apenas.

O primeiro reporta outra contratação de um prelado no dia 16 de março de 1692. O reverendo António Lopes Fontes, da freguesia de Silva Escura, para substituir o capelão do Hospital de D. Lopo, que havia morrido. Pelos vistos, José António Carvalho de Mesquita não durou muito no cargo.

A segunda e última reunião de que temos notícia é do dia 30 de junho, pouco antes do término da provedoria de Manuel Correia de Lacerda. O assento regista um legado à Santa Casa da Misericórdia do Porto, por um habitante da Baía, com a condição de este ser aplicado em obras pias.

Ao Porto chegara uma letra no valor de quatrocentos mil réis para serem aplicados da forma seguinte: cem mil destinados a missas na cidade de Lisboa, na capela de N. S.ª do Amparo, na forma estipulada pelo testador, falecido em Angola. Os restantes trezentos mil réis destinava-os a obras pias, nomeadamente, para as despesas do hospital (*Livro 4.º de Lembranças*, n.º 6, fl. 183).

Mesa da Santa Casa da Misericórdia do Porto em 2.7.1688

Provedor: Manuel Correia de Lacerda

Escrivão: Manuel Carcia da Silva

Conselheiros Nobres: António de Macedo Pereira (corregedor do cível), João Freire Antão (deão da Sé), Luís Brandão de Melo, António de Távora e Noronha, Bento Pereira de Andrade (escrivão)

FONTES E BIBLIOGRAFIA

Fontes arquivísticas

Arquivo Histórico da Santa Casa da Misericórdia do Porto (AHSCMP) – *Alfabeto dos Irmãos, 1696-1726 e 1740-1746*, série D, banco 5, n.º 9; *Dos Irmãos da Caza, 1611 a 1787*, série D, banco 5, n.º 8; *Livro de Eleição da Mesa. 1643 a 1772*, série D, banco 5, n.º 2; *Livro 4.º de Lembranças*, 1674-1738, série D, banco 8, n.º 6.

Fontes impressas

COSTA, António Carvalho da, 1706 – *Corografia portugueza e descripçam topografica do famoso Reyno de Portugal, com as noticias das fundações das cidades, villas, & lugares, que contem...*, vol. I. Lisboa: Na Officina de Valentim da Costa Deslandes.

Bibliografia

FREITAS, Eugénio de Andrea da Cunha e, 1995 – *História da Santa Casa da Misericórdia do Porto*, vol. III. Porto: Santa Casa da Misericórdia do Porto.

GABINETE de História do Porto, 1949 – "Os «Homens da Governança» do município do Porto desde 1428 até 1949", in *Boletim Cultural da Câmara Municipal do Porto*, vol. XII, fasc. 3-4 (set./dez. 1949). Porto: Câmara Municipal do Porto, pp. 278-340.

GAYO, Felgueiras, 1938 – *Nobiliário de Famílias de Portugal*, tomo XII. [Braga]: Agostinho de Azevedo Meireles e Domingos de Araújo Afonso.

NUNES, Ana Sílvia Albuquerque, 2010 – *Municipalismo e Sociedade do Porto: de Pombal às Invasões Francesas*. Porto: GEHVID/IGH-ULP.

DIOGO FERREIRA
MANUEL COUTO
MARIA TERESA CARDOSO

João de Calvos e Menezes

(? | ?)

Provedor da Santa Casa da Misericórdia do Porto

2.7.1692 | 2 7.1693

Conselheiro da Mesa da Santa Casa da Misericórdia do Porto (1682-1683).

Filho de Gaspar de Sequeira de Menezes e de Ana de Madureira, também conhecida por Ana de Calvos.

Casado com Ana de Sousa e Menezes, de quem teve um filho, Feliciano. Casado, segunda vez, com Isabel de Menezes, de quem teve dez filhos.

Fidalgo da Casa Real.

O avô de João de Calvos e Menezes, Baltazar de Sequeira de Almeida, casou com D. Bárbara de Menezes, filha de Luís Vaz Cardoso, senhor do morgado e casa de Cardoso, em Resende. Deste casamento nasceria Gaspar de Sequeira de Menezes, seu filho herdeiro que viveria no Porto e casaria com uma prima sua, Ana de Madureira, também conhecida por Ana de Calvos, filha herdeira de Francisco de Calvos Madureira e D. Margarida de Calvos Madureira. Progenitores de João de Calvos e Menezes, daqui depreendemos que ele poderá ter nascido em Resende ou na cidade do Porto, não havendo certezas quanto a isso. Filho herdeiro do dito Gaspar de Sequeira de Menezes, João de Calvos e Menezes suceder-lhe-ia na casa e seus morgados, vindo a casar em Ponte da Barca com D. Ana de Sousa e Menezes. Esta acabaria por falecer no parto de seu filho, Feliciano, que também viria a perecer ainda pequeno. Casaria segunda vez com D. Isabel de Menezes, sua parenta que estava recolhida em Celas, filha de João Cardoso de Menezes e de D. Leonor Guedes Pereira. Teriam dez filhos, sendo que alguns deles morreriam ainda bastante pequenos: Manuel, Luís, Caetano, André, Julião, Francisca, Maria, duas filhas de nome Mariana e Inácia. Cremos que tal casamento tenha acontecido na década de 1670, pois foi nesse período que começaram a nascer os seus primeiros filhos, maioritariamente naturais da paróquia de Calendário, em Famalicão. De realçar que o seu filho primogénito, Luís de Calvos de Menezes, estudou na Universidade de Coimbra, onde se encontrava inscrito em outubro de 1688, e casou, ainda em vida de seu pai, com D. Luísa Madalena Sarmento, filha de Estevão Barreto do Amaral.

João de Calvos e Menezes seria admitido como Irmão da Santa Casa da Misericórdia do Porto em 16 de março de 1659. Nessa ocasião, o provedor Henrique de Sousa Tavares da Silva apresentou a seguinte proposta

> considerada a causa que havia no serviço da Casa por não haver Irmãos e serem muitos falecidos e outros ausentes e impedidos, e porque se tinha mandado informar de algumas petições que lhe tinham dado algumas pessoas que vissem, se convinha o

> proporem-se e tornarem-se Irmãos por o serviço da Casa e vistas e consideradas as razões que apontou o dito provedor por votos de todos se assentou que das petições que estavam feitas informações se tomaram os Irmãos que faltavam para o número dos duzentos e cinquenta na forma da provisão de Sua Majestade (*Dos Irmãos da Caza*, 1611 a 1787, fls. 77v-78v).

Em 2 de julho de 1682, João de Calvos e Menezes foi eleito conselheiro da Mesa da Misericórdia, após a designação de João de Gouveia da Rocha para provedor da Irmandade. João de Calvos e Menezes viria a ocupar o lugar de provedor dez anos depois, após o proceso eleitoral que teve lugar, em 2 de julho de 1692, na capela-mor da igreja da Santa Casa da Misericórdia.

Na presença do provedor cessante, Manuel Correia de Lacerda, do capelão-mor, João de Brito, e Manuel Cardia da Silva, escrivão da Santa Casa, procedeu-se à votação na «forma costumada», da qual veio a sair eleito para provedor João de Calvos e Menezes (*Livro de Eleição da Mesa*, 1643 a 1772, n.º 2, fls. 76v-77v).

A ação de João de Calvos e Menezes enquanto provedor da Santa Casa da Misericórdia do Porto foi marcada por decisões relacionadas essencialmente com a gestão financeira e de pessoal.

Os registos das reuniões da Mesa por si liderada presentes no *Livro das Lembranças* mostram-nos os costumados processos de provimento de capelães para as várias dependências da casa: a contratação do padre Domingos Ferreira para capelão do Hospital de Dom Lopo (9 de julho de 1692), do padre José Coelho de Carvalho para o lugar de capelão-mor da Casa (1 de fevereiro de 1693), do padre Francisco Monteiro para capelão do coro (1 de fevereiro de 1693) e de Manuel da Costa para moço da capela da Casa (1 de março de 1693).

Muito presentes foram as deliberações relativas à expulsão de Irmãos. Era frequente que o incumprimento de tarefas ordenadas pela Mesa conduzisse a que os faltosos fossem riscados de Irmão da Misericórdia. Foi assim com António Pereira de Gouveia e João Soares de Carvalho, este, correio na cidade do Porto, por não aceitarem o encargo que lhe atribuíram e nem terem comparecido a justificar essa recusa. Já José Alvares Barros tendo pedido escusa de uma mordomia, tinha-se comprometido a cumpri-la num outro mês. Mas, chegado o momento em que a Mesa o intimou para assumir a tarefa, este escusou-se alegando estar ausente da cidade. Porém, por informações prestadas à Mesa, veio a comprovar-se que ele se encontrava na cidade e perante a mentira em que incorreu foi riscado de Irmão a 25 de janeiro de 1693 (*Livro 4.º de Lembranças*, n.º 6, fl. 186v).

Um caso a envolver um comportamento abusivo deu-se no decurso do mês de maio de 1693. O Irmão Manuel Gomes de Amorim era o mordomo da vara na ocasião do enterro de D. Garcia Pessoa de Noronha. Durante o préstimo fúnebre, Manuel Gomes de Amorim «impediu que fosse a tumba sem que primeiro lhe dessem uma vela», facto que provocou «grande escândalo de muito concurso de gente que estava presente, dando mau exemplo e introduzindo o abuso de levarem e quererem velas contra a vontade desta Mesa e o correto procedimento da Santa Casa». Avaliado tal comportamento, veio a ser votado que fosse riscado de Irmão (*Livro 4.º de Lembranças,* n.º 6, fl. 190).

O caso do Irmão e médico do hospital, da cadeia e dos pobres da Casa, o Doutor Manuel Rodrigues Brandão foi bem mais complexo e arrastou-se por alguns meses.

A 22 de fevereiro de 1693, a Mesa reuniu para avaliar e deliberar sobre as acusações de mau desempenho das suas funções, com grave prejuízo para a Santa Casa, que recaíam sobre o referido médico.

Entre os vários abusos que lhe foram apontados, contava-se a admissão ao hospital de doentes interditos, como os «galicados fora de tempo», em desrespeito pela hierarquia do mordomo e o provedor. Além disso, censuraram a sua não-comparência junto da Mesa aos domingos, tal como estipulava o seu Regimento.

Posto à votação, o resultado foi o seu despedimento do seu cargo de médico do partido e ser riscado de Irmão da Santa Casa.

Manuel Rodrigues Brandão, sendo médico e certamente de condição social mais elevada e com outros argumentos do que os anteriores (era licenciado e Irmão de 1.ª Condição; *Dos Irmãos da Casa,* 1611 a 1787, fl. 85v; *Alfabeto dos Irmãos...*, fl. 12v), recorreu desta decisão. A 17 de junho de 1693 apresentou- se perante a Mesa o desembargador dos Agravos, Jácome de Villas-Boas Casado, munido de um alvará régio pelo qual se ordenou a restituição do «médico do hospital o Dr. Manuel Rodrigues Brandão, assim como a Irmão da Santa Casa». A Mesa não teve outra solução do que sujeitar-se à ordem régia. Mas, imediatamente incumbiu o provedor de apresentar recurso da decisão.

Certo é que quase dois meses depois, a 2 de agosto de 1693, o referido médico «entregou a chave da porta do hospital, dizendo que não podia continuar pelas suas muitas ocupações e solicitou que o riscassem de Irmão». O auto lavrado no livro apenas adianta estas palavras como explicação para este desfecho. Terá o médico sido confrontado com a oposição ou antipatia pelo facto de ter prevalecido na sua causa com a Mesa? O resultado final foi ter-se repetido a votação da Mesa no sentido de que fosse despedido e expulso, o que se veio a verificar.

Os casos aqui apresentados evidenciam tensões que frequentemente emergiriam entre os Irmãos e os mesários/provedor da Misericórdia.

No plano assistencial, mais concretamente no que respeitava às normativas que regulavam o funcionamento do Hospital de D. Lopo de Almeida, encontramos duas decisões sobre o sempre sensível tema da aceitação de doentes, em virtude dos conceitos sobre a qualidade ou ambiguidade do que se entendia ser «pobre».

A 23 de julho de 1692, a Mesa deu ordens para que não fosse aceite no hospital nenhum escravo, pois os curativos eram exclusivamente dirigidos aos pobres. Ora, consideravam que, sendo os escravos pertença de pessoas que não eram pobres, não se justificava que eles fossem internados sob a qualificação de «pobre». Fazê-lo, era consumir rendimentos que deveriam ser direcionados para acudir aos pobres (*Livro 4.º de Lembranças*, n.º 6, fl. 184).

A decisão veio a ser objeto de revisão posterior, em 21 de julho de 1694, já sob a provedoria de José da Fonseca Coutinho. O assento mostra-nos uma interessante realidade que espelha o comportamento da sociedade portuguesa de então e as críticas que eram apontadas à ociosidade e ao abusivo fausto que a caracterizava: «porque sucedia haver alguns senhores de escravos tão pobres que não tinham coisa alguma mais que seu escravo ou escrava, de cujo serviço se valiam para seu sustento; e outros que suposto possuíssem alguns bens limitados, não tinham casa nem comodidade para os curarem; e que nestes termos parecia impiedade dar total exclusiva à cura dos escravos que pereceriam ao desamparo por falta de remédios e que se devia declarar o dito assento (o de 23 de julho de 1692) na forma que parecesse mais serviço de Deus». Ora, a forma que «mais pareceu serviço de Deus» foi a de se atribuir ao provedor a responsabilidade de avaliar os casos em que a pobreza do escravo justificava a sua aceitação para lhe ser prestado socorro (*Livro 4.º de Lembranças*, n.º 6, fl. 197).

Ainda no campo da ação caritativa da Misericórdia, a administração de João de Calvos e Menezes tomou uma medida para ajudar as órfãs dotadas que iam contrair matrimónio. No processo para o recebimento do dote, as órfãs tinham de obter uma certidão do pároco, a qual tinham de pagar. Era-lhes também exigido um ato de juramento na Câmara Eclesiástica em como a certidão não se destinava a um ato ilícito (burla). Ora, este outro ato administrativo também obrigava ao pagamento. No sentido de poupar as dotadas a estas despesas, decidiram que passaria a ser nomeado um Irmão de «boa suposição e zelo» para testemunhar no ato do recebimento da certidão, no verso da qual registaria o ter assistido ao ato, declarando o nome dos nubentes (dotada e futuro marido). Assim, passaria a ser necessária apenas esta formalidade para que, confirmando-se ser a letra e assinatura a do Irmão, a órfã recebesse o dote (*Livro 4.º de Lembranças*, n.º 6, fl. 186).

As últimas decisões da Mesa liderada por João de Calvos e Menezes relacionaram-se com a vida financeira da Santa Casa. A primeira, datada de 7 de junho de 1693, respeitou à aceitação de um legado de um Irmão (André Mendes), constituído pela renda de uma casa na Praça da Ribeira, com a obrigação da Misericórdia lhe rezar todos os anos uma missa pelo Natal. Do legado, parte era destinada para as entrevadas do Hospital de Santo Ildefonso (*Livro 4.º de Lembranças*, n.º 6, fl. 190v).

O último assento registou no *Livro de Lembranças* a regularização do pagamento ao agente da Casa em Lisboa, Brás da Silva, o qual trazia já dois anos de ordenado por vencer. Determinou-se nessa sessão de 20 de junho de 1693 que este funcionário iria auferir 12$000/ano (*Livro 4.º de Lembranças*, n.º 6, fl. 191v).

Mesa da Santa Casa da Misericórdia do Porto em 2.7.1692

Provedor: João de Calvos e Menezes

Escrivão: Jacinto Pacheco

Conselheiros Nobres: Sebastião Cardoso de Sampaio (chanceler da Relação), André Pereira Pinto, João Pinto Pereira, Rafael de Figueiroa Pinto e António Bandeira

FONTES E BIBLIOGRAFIA

Fontes arquivísticas

Arquivo Histórico da Santa Casa da Misericórdia do Porto (AHSCMP) – *Alfabeto dos Irmãos, 1696-1726 e 1740-1746*, série D, banco 5, n.º 9; *Dos Irmãos da Caza, 1611 a 1787*, série D, banco 5, n.º 8; *Livro de Eleição da Mesa. 1643 a 1772*, série D, banco 5, n.º 2; *Livro 4.º de Lembranças*, 1674-1738, série D, banco 8, n.º 6.

Fontes impressas

MORAIS, Cristóvão Alão de, [1667] 1947 – *Pedatura Lusitana: nobiliário de famílias de Portugal*, tomo V, vol. I, publicado por Alexandre António Pereira de Miranda Vasconcellos, António Augusto Ferreira da Cruz, Eugénio Eduardo Andrea da Cunha e Freitas. Porto: Livraria Fernando Machado.

DIOGO FERREIRA
MANUEL COUTO
MARIA TERESA CARDOSO

Pedro Correia de Azevedo

(Porto, ? | ?)

Provedor da Santa Casa da Misericórdia do Porto

2.7.1693 | 2.7.1694

Vereador da Câmara do Porto (1682).

Escrivão da Mesa da Santa Casa da Misericórdia do Porto (1681-1682). Conselheiro da Mesa da Santa Casa da Misericórdia do Porto (1687-1688 e 1699-1700).

Natural da cidade do Porto.

Casado com Catarina Josefa Pinto de Azevedo, de quem teve um filho, Paulo Correia Pinto de Azevedo Montenegro.

Pouco se sabe sobre o percurso biográfico de Pedro Correia de Azevedo. Originário da cidade do Porto, casou com Catarina Josefa Pinto de Azevedo, de quem teve um filho, Paulo Correia Pinto de Azevedo Montenegro, que viria a ser o senhor da Casa da Rua Chã no Porto, morgado das Sete Capelas, em Valbom, e do morgado do Pinhal.

Admitido na Santa Casa da Misericórdia do Porto em 26 de junho de 1675, após o provedor Matias da Silva de Abreu ter declarado a necessidade de entrada de novos Irmãos para a Instituição, em virtude de muitos «terem falecido» e estarem «ausentes muitos e por ser necessários Irmãos para se acudir ao serviço da Casa e de Nossa Senhora» (*Dos Irmãos da Caza*, 1611 a 1787, fl. 121v), Pedro Correia de Azevedo viria a ser classificado como Irmão de 1.ª condição (*Alfabeto dos Irmãos*, 1696-1726 e 1740-1746, fl. 7).

No interior da Instituição desempenhou as mais variadas funções. Começou por ser eleito escrivão da Mesa durante a provedoria de João de Figueiroa Pinto entre julho de 1681 e julho de 1682, seguindo-se o lugar de conselheiro da Mesa liderada pelo provedor Pedro da Fonseca Castro e Sousa (1687-1688) e, mais tarde, da Mesa presidida pelo provedor Sebastião da Costa (1699-1700). Pelo meio, fora eleito provedor em 2 de julho de 1693, cargo que ocuparia até 2 de julho de 1694. Pelo meio destas funções desempenhadas na Santa Casa, Pedro Correia de Azevedo ocupou o cargo de vereador da Câmara em 1682.

Há ainda informações que revelam que, em 1708, a sua mulher residia na Rua Chã, na freguesia da Sé, no Porto, suspeitando-se que Pedro Correia de Azevedo tenha falecido entre 1700, período em que deixara de exercer funções na Misericórdia, e 1708, altura em que se dá conta de que fora erguido o frontispício da casa de Catarina Josefa Pinto de Azevedo, a denominada Casa dos Correias (FERNANDES, 2006: 118). Certo mesmo é que, em abril de 1714, Pedro Correia de Azevedo já havia falecido, pois a sua mulher Catarina Josefa, no decurso desse mês, recebeu uma carta de sentença cível do juiz de fora dos órfãos do Porto, obtida pelo Convento de São Francisco contra si, por causa do incumprimento das obrigações relativas ao legado de Pedro Vaz Moutinho, onde se dizia que era viúva de Pedro Correia de Azevedo.

No dia 2 de julho de 1693, na capela-mor da igreja da Santa Casa da Misericórdia, estando presente o provedor cessante, João de Calvos e Menezes, o capelão-mor, José Coelho de Carvalho e Jacinto de Menezes, escrivão da Santa Casa, procedeu-se à votação na «forma costumada», da qual veio a sair eleito para provedor Pedro Correia de Azevedo (*Livro de Eleição da Mesa*, 1643 a 1772, n.º 2, fls. 78-79v).

A análise aos registos nos *Livros de Lembranças* acerca da ação da Mesa no período da provedoria de Pedro Correia de Azevedo, mostram uma atividade um pouco mais rica quando comparada com outros casos anteriores.

A 2 de agosto, a Mesa reuniu-se para tratar da substituição do médico do hospital, o Dr. Manuel Rodrigues Brandão. Ao que parece, tratou-se de uma ocorrência polémica, uma vez que a descrição contida no assento conta-nos que este médico se despediu do cargo e de Irmão da Santa Casa.

Conta o documento que Manuel Rodrigues Brandão terá entregado a chave da porta do hospital aos Irmãos mordomos do mês, dizendo que não podia continuar na cura da enfermaria do dito hospital devido às muitas ocupações que tinha, algo que já havia comunicado ao provedor. Foi então realizada uma votação pelos membros da Mesa «a votos de favas pretas e brancas na forma do estilo», tendo daí resultado por maioria de votos que fosse riscado da Irmandade (*Livro 4.º de Lembranças*, n.º 6, fl. 192v).

Curiosamente, o próximo assento que trata da contratação de um novo médico para o Hospital de D. Lopo de Almeida tem a data de 30 de junho de 1694, isto é, passado quase um ano e em vésperas do término do mandato da Mesa.

O assento regista o ajuste com o médico Tomás Peixoto Leal para o partido de médico do hospital, que estava «vago». Mas, a leitura atenta do assento mostra que este assistira durante o ano «em ambas as enfermarias com todo o cuidado e caridade», pelo que podemos depreender que após meses de serviço ele formalizou a sua contratação para o lugar.

Diversas reuniões da Mesa seriam dedicadas a prover lugares vagos, frequentemente, devido ao falecimento do seu anterior titular. No dia 19 de outubro a Mesa reuniu para prover o padre José Coelho de Carvalho no lugar de capelão-mor da Misericórdia, na capela que vagou por falecimento do Padre Baltazar Guedes, que fora instituidor e reitor do Colégio dos Órfãos.

No mês seguinte, a 3 de novembro, foi a vez do «licenciado» Manuel de Almeida e Sousa ser provido no cargo de procurador dos presos, por falecimento de Francisco de Aranha Ferreira.

Chegados ao ano de 1694, o primeiro assento sobre uma reunião da Mesa tem a data de 12 de maio. Relata uma ocorrência costumeira: o «risco» de um Irmão. O motivo para a expulsão de João Tavares, sombreireiro, foi a de ele ter prestado depoimento enquanto testemunha num processo a envolver a Misericórdia na Correição do Cível, sem pedir autorização ou dar parte à Mesa como era «obrigado e se observa de estilo, e sendo chamado e ouvido e não alegar mais que ignorância da tal obrigação e estilo, se votou por favas...» (*Livro 4.º de Lembranças*, n.º 6, fl. 194). Terá sido um caso de «quebra de confiança», o qual mostra uma certa atuação «de classe», de pertença a um grupo ou comunidade, típico do corporativismo que marcava o Antigo Regime. Como apontamento adicional, ele veio a ser readmitido a 5 de fevereiro de 1696. Algo que também ocorria com alguma frequência (*Livro 4.º de Lembranças*, n.º 6, fl. 208v).

O último mês de provedoria de Pedro Correia de Azevedo foi fértil em reuniões da Mesa. O primeiro auto tem a data de 7 de junho e nele se regista a admissão do capelão do Hospital de D. Lopo de Almeida, o padre Agostinho Aires da Silva. Contudo, na margem esquerda do documento está um apontamento a indicar que o clérigo entrara no hospital já em fevereiro. A informação esclarece o teor do documento, pois ali surge escrito que a Mesa estava satisfeita com o seu bom procedimento e assistência no hospital e, por isso, admitia-o, concedeu-lhe licença para que «sucedendo enfermar [fosse] curado e assistido com tudo o que lhe for necessário do mesmo hospital (*Livro 4.º de Lembranças*, n.º 6, fl. 194v).

Já perto do fim do mês, no dia 26 de junho de 1694, a Mesa voltou a reunir para escolher um organista para a Casa. Existiam três opositores ao concurso, e após as provas veio a ficar selecionado Manuel de Almeida, «estudante da cidade de Lamego e assistente nesta cidade, por se achar era mais perito dos três opositores que se examinaram» (*Livro 4.º de Lembranças*, n.º 6, fl. 195).

A Mesa voltou a reunir no dia seguinte para deliberar acerca da aceitação do legado de Antónia Ferreira, moradora que tinha sido em Santo António do Penedo. O legado previa a obrigação de três missas a rezar no altar do Sr. Jesus do Convento de S. Domingos, pelos frades dominicanos, com esmola de duzentos réis. A verba ficara depositada no cartório da Misericórdia, a quem a testadora deixou duas casas «ao canto da Rua de Santo António do Penedo, de fronte do postigo que se emprazara já a Isabel Alvares, que consta neste cartório» (*Livro 4.º de Lembranças*, n.º 6, fl. 195v).

Nesse mesmo dia, a Mesa deliberou acerca do ajuste para o preenchimento do lugar de agente em Lisboa. Veio decidir-se que a escolha recaísse em Bento da Silva Teles, por «concorrerem nele os requisitos necessários para exercitar bem esta ocupação», com o «ordenado costumado» de doze mil réis/ano (*Livro 4.º de Lembranças*, n.º 6, fl. 196).

Os atos, porventura, de maior interesse relacionados com a provedoria de Pedro Correia de Azevedo surgem, não no *Livro das Lembranças*, mas, num outro livro: *Copiador das Procurações a respeito de juros e outros objetos*. Neste, encontram-se cópias da correspondência trocada com a Misericórdia da Baía acerca da cobrança de uma letra, associada a uma herança destinada à Misericórdia de Lamego (*Copiador das Procurações...*, fl. 12) e a cópia de um pedido feito pela Mesa, em abril de 1694, ao Papa para que este confirmasse a mercê que o Rei tinha concedido ao Hospital de D. Lopo de Almeida para que lhe fossem destinados os legados pios não cumpridos.

O documento refere o seguinte: «por provisão que está na gaveta do provedor, cuja cópia foi para Roma, com a atestação do juízo eclesiástico do que despende esta Misericórdia com o dito hospital e também foi uma certidão impressa de semelhante união e confirmação ao Hospital Real de Lisboa o que tudo se remeteu por via do Dr. Manuel Nunes Freire a Torcato de Andrade que assiste na cúria com o rendimento deste reino (*Copiador das Procurações...*, fl. 13).

A partir do documento, depreende-se que o Hospital Real de Lisboa tinha obtido essa mercê e, no mesmo sentido, a Mesa da Santa Casa da Misericórdia do Porto desenvolveu os trâmites necessários para obter idêntico privilégio.

Desta forma, encontra-se uma outra cópia de uma carta que a Mesa dirigiu ao Dr. António de Basto Pereira, sobre a informação do Núncio acerca da confirmação da provisão régia a autorizar o benefício dos legados pios não cumpridos ao Hospital de D. Lopo de Almeida.

Diz então o treslado que por via do Dr. Sebastião Cardoso de Sampaio a Santa Casa da Misericórdia do Porto tinha conseguido a referida provisão régia com os rendimentos da cidade do Porto e sua comarca, porque o hospital não tinha de rendimento próprio mais de 304 cruzados, quando a sua despesa ultrapassava «em muito» 5000 cruzados (como ficara atestado por juízo eclesiástico mediante apresentação dos livros com o rendimento e a despesa do hospital).

A Mesa comunicou então ao Núncio a mercê que o Rei, na condição de tutor da Misericórdia concedeu ao Hospital de D. Lopo de Almeida e Roque Amador, solicitando-lhe que conseguisse levar a bom termo a súplica feita ao Papa. Contavam para isso com os muitos Irmãos da Santa Casa da Misericórdia que se «acham nessa Corte»:

> [...] de autoridade e notícias, porque muitos deles foram provedores dela quase todos assistiam nesta Mesa e principalmente será de toda a utilidade a este negócio se o Ilustríssimo S. Arcebispo de Lisboa e o Exmo. S. Marquês de Arronches assim como se dignaram de honrar esta Mesa com a sua assistência, quiserem autorizar este requerimento com a sua informação.

> Também se acham nessa Corte o reverendo cónego André Pereira Pinto que foi ouvidor, Nuno Barreto Fuzeiro que, além de o ser, trabalhou tanto a benefício desta Casa que não poderá deixar de estar bem lembrado de todos os particulares dela. E o Dr. Luís Matoso Soares e muitos outros de que v. mercê forçosamente há de ter notícia, que uniformemente depuseram a verdade e necessidade com que esta Misericórdia faz tão justificada súplica [...].

O pedido ao Núncio tinha a sua razão de ser pela dificuldade que existia para obter a graça papal. Conforme é relatado, de Roma tinham chegado notícias de que o requerimento enfrentava oposições por se entender que a aplicação dos rendimentos dos legados pios não cumpridos poderia prejudicar os rendimentos dedicados à atividade cultual. A carta ao Núncio tinha como objetivo defender outro ponto de vista e esclarecer que tal assunção era equívoca, porque os legados em causa eram somente os de pessoas particulares, nunca pertencentes à fábrica da igreja. Portanto, era para desfazer tal equívoco que a Mesa enviava a missiva, esperando que por essa via se ultrapassassem os «embaraços» e «dilações» que muito prejudicavam o interesse dos pobres da Santa Casa da Misericórdia do Porto (*Copiador das Procurações...*, fl. 13v).

Mesa da Santa Casa da Misericórdia do Porto em 2.7.1693

Provedor: Pedro Correia de Azevedo

Escrivão: Pantaleão de Sousa Delgado

Conselheiros Nobres: Diogo Mendes Duro (desembargador), Domingos Gonçalves Prada (cónego), Bernardo Ferraz de Melo, Miguel Alvo Brandão, Alexandre da Costa Pinheiro

FONTES E BIBLIOGRAFIA

Fontes arquivísticas

Arquivo Distrital do Porto (ADP) – *Sentença cível obtida pelo Convento de S. Francisco contra D. Catarina Josefa Pinto de Azevedo, viúva de Pedro Correia de Azevedo.*

Arquivo Histórico da Santa Casa da Misericórdia do Porto (AHSCMP) – *Alfabeto dos Irmãos, 1696-1726 e 1740-1746*, série D, banco 5, n.º 9; *Dos Irmãos da Caza, 1611 a 1787*, série D, banco 5, n.º 8; *Livro de Eleição da Mesa. 1643 a 1772*, série D, banco 5, n.º 2; *Livro 4.º de Lembranças*, 1674-1738, série D, banco 8, n.º 6; *Copiador das Procurações a respeito de juros o outros objetos, 1687 a 1782*, série D, banco 6, n.º 2.

Bibliografia

FERNANDES, António Jorge Inácio, 2006 – *A Rua dos Cónegos: um espaço socio-arquitetónico no Porto setecentista*, 2 volumes. Dissertação de Mestrado em História da Arte em Portugal pela Faculdade de Letras da Universidade do Porto (policopiado).

FREITAS, Eugénio de Andrea da Cunha e, 1995 – *História da Santa Casa da Misericórdia do Porto*, vol. III. Porto: Santa Casa da Misericórdia do Porto.

FREITAS, Eugénio de Andrea da Cunha, 2006 – *Notícias do Velho Porto*. Porto: Campo das Letras

GABINETE de História do Porto, 1949 – "Os «Homens da Governança» do município do Porto desde 1428 até 1949", in *Boletim Cultural da Câmara Municipal do Porto*, vol. XII, fasc. 3-4 (set./dez. 1949). Porto: Câmara Municipal do Porto, pp. 278-340.

GAYO, Felgueiras, 1938 – *Nobiliário de Famílias de Portugal*, tomo XII. [Braga]: Agostinho de Azevedo Meireles e Domingos de Araújo Afonso.

NUNES, Ana Sílvia Albuquerque, 2010 – *Municipalismo e Sociedade do Porto: de Pombal às Invasões Francesas*. Porto: GEHVID/IGH-ULP.

DIOGO FERREIRA
MANUEL COUTO
MARIA TERESA CARDOSO

José da Fonseca Coutinho

(Guarda, ? | Porto, 26.3.1697)

Provedor da Santa Casa da Misericórdia do Porto

2.7.1694 | 2.7.1695

Clérigo.

Conselheiro da Mesa da Santa Casa da Misericórdia do Porto (1690-1691). Provedor da Santa Casa da Misericórdia do Porto (1694-1695 e 1697).

Natural do concelho da Guarda.

Filho de Cristóvão de Sá e Mendonça, fidalgo da Casa Real, governador da comarca e da cidade da Guarda, mestre de campo e senhor da quinta de Alqueidosa, e de Catarina da Fonseca Osório.

Neto paterno de Duarte de Sá de Mendonça, cavaleiro da Ordem de Avis, senhor da quinta de Alqueidosa e escrivão da Correição da Guarda.

Natural da Guarda, José da Fonseca Coutinho era filho de Cristóvão de Sá e Mendonça, fidalgo da Casa Real, governador da comarca e da cidade da Guarda, mestre de campo e senhor da quinta de Alqueidosa, e de Catarina Fonseca Osório. De assinalar ainda que o seu avô paterno, Duarte de Sá de Mendonça, fora cavaleiro da Ordem de Avis, senhor da quinta de Alqueidosa e escrivão da Correição da Guarda.

Seguindo a carreira eclesiástica, na década de setenta do século XVII, José da Fonseca Coutinho concorreu para a dignidade de mestre-escola da Sé do Porto. Para o efeito, foi sujeito a uma *inquirição de genere*, na cidade da Guarda, de forma a poder vir a ser admitido em tal posto hierárquico naquela diocese. Pelas inquirições feitas para atestar da sua limpeza de sangue, os testemunhos dizem que o reverendo pertencia a uma «gente nobre e fidalga», sendo o seu avô, Duarte de Sá de Mendonça, «cidadão dos principais desta cidade [da Guarda], [...] de uma das principais famílias da Beira» (*Inquirição de Genere a José da Fonseca Coutinho*, fl. 575).

Estabelecendo-se na cidade do Porto, José da Fonseca Coutinho integrou o Cabido da Sé, fazendo parte de «um corpo de clérigos, que se afirmavam na sociedade de então como uma aristocracia eclesiástica» e que «pautavam a sua vida segundo determinadas regras, ou cânones, daí a origem da sua designação», tendo como uma das suas principais funções «assistir o bispo na governação da diocese, zelar pela conservação da igreja e realização da missa» (FERNANDES, 2006: 33).

Ordenados segundo uma determinada hierarquia, com designações distintas, os cónegos a quem fosse concedida a dignidade de deão assumiam a presidência do Cabido, sendo por isso considerada como a mais importante. A esta dignidade, a nível de relevância, seguia-se a de chantre e a de mestre-escola, títulos que seriam atribuídos ao capelão fidalgo da Casa Real José da Fonseca Coutinho.

Enquanto chantre da Sé, teve um papel determinante como mestre do coro ou cantor de salmos e responsórios, assumindo «a direção do coro, e entoação do Canto chão» e procurando que os ofícios divinos se celebrassem com devoção, silêncio e a máxima decência (BLUTEAU, 1789: 262). Como mestre-escola desempenhou uma importante ação na formação dos mais jovens, ensinando filosofia e teologia.

Mas a ação de José da Fonseca Coutinho em prol da comunidade não se ficaria pela Sé do Porto, vindo a ser admitido como Irmão da Santa Casa da Misericórdia do Porto em 27 de junho de 1688. Em reunião da Mesa realizada nesse dia, era dito o seguinte:

> Aos vinte e sete dias do mês de junho de mil e seiscentos e oitenta e oito anos nesta Casa do Despacho, estando em Mesa o provedor Pedro da Fonseca de Castro e Sousa, fidalgo da Casa de Sua Majestade e os deputados abaixo assinados, por todos foi requerido se devia prover a irmandade de pessoas capazes e suficientes de servirem a Casa por estar mui falta de Irmãos, não só por falecerem neste ano catorze, mas por estarem muitos ausentes e serem outros incapazes de servirem a Casa (por velhos e achacosos) e acrescer novamente a administração dos enjeitados, para o que era necessário mais Irmãos e tem mostrado a experiência deste ano, ser mui mal assistido o hospital por faltarem Irmãos da caridade e zelo que pede aquela administração [...]. (*Dos Irmãos da Caza*, 1611 a 1787, fl. 136).

Classificado como Irmão de 1.ª condição, José da Fonseca Coutinho foi designado conselheiro da Mesa durante a provedoria de Sebastião Cardoso de Sampaio, entre 1690 e 1691, vindo a ser eleito para provedor em duas ocasiões. A primeira vez em 2 de julho de 1694, cumprindo o habitual mandato anual, seguindo-se nova eleição em 2 de julho de 1697, exercendo apenas funções durante dois meses, pois viria a falecer em finais de agosto daquele ano.

Localizada nas proximidades da catedral, local onde os clérigos exerciam a sua atividade, a Rua dos Cónegos foi «naturalmente escolhida como local de morada», tendo sido vários os elementos do Cabido que a habitaram, «desde dignidades a cónegos e beneficiados, assim como padres e indivíduos relacionados com a administração da diocese» (FERNANDES, 2006: 31). Um deles foi José da Fonseca Coutinho. Após ter aí adquirido uma moradia, em 1689 «contratou o mestre de pedraria Manuel do Couto para efetuar obras de melhoramento na sua casa, segundo os projetos cuja autoria provável é do "arquiteto" Domingos Lopes» (FERREIRA-ALVES, 1995: 31-32). Aí residiria até morrer em 26 de agosto de 1697, sucedendo-lhe na casa o seu herdeiro, o sobrinho José de Sá. António Jorge Fernandes, em 2006, revelava que a sua casa havia sido «muito alterada» ao longo dos tempos, «encontrando-se hoje em lamentável estado de conservação, apenas as suas grandes dimensões se mantêm como pálido eco da relevância do mestre-escola da Sé» (FERNANDES, 2006: 84).

No dia 2 de julho de 1694, na capela-mor da igreja da Santa Casa da Misericórdia, estando presente o provedor cessante, Pedro Correia de Azevedo, o capelão-mor, José Coelho de Carvalho, e Pantaleão de Sousa Delgado, escrivão da Santa Casa, realizou-se a votação na «forma costumada» para a eleição do provedor e demais deputados. Veio a sair eleito para provedor o reverendo José da Fonseca Coutinho (*Livro de Eleição da Mesa*, 1643 a 1772, n.º 2, fls. 79v-80).

A ação de José da Fonseca Coutinho resume-se ao primeiro semestre da sua provedoria, com apenas três reuniões de Mesa logo no mês inicial de exercício, em julho, e uma quarta, em dezembro de 1694. Desconhecemos os motivos para a ausência de acórdãos da Mesa no semestre seguinte (até à eleição da nova Mesa em julho de 1695) Uma explicação possível é a de que provavelmente se trataria de uma pessoa já idosa ou tinha uma saúde débil. A hipótese avançada fundamenta-se no que ocorreu dois anos depois. Vindo a ser novamente eleito para provedor no dia 2 de julho de 1697, acabou por vir a falecer no mês seguinte, no dia 27 de agosto.

No *Livro de Lembranças* da Mesa está um acórdão com data de 21 de julho de 1694, no qual é relatada a discussão em torno da aceitação de escravos no Hospital de D. Lopo de Almeida. Nessa reunião marcou presença a Junta de Definidores, pois o assunto carecia da convocação deste órgão. No entanto, referia-se que os definidores presentes eram os que tinham sido eleitos no tempo da Mesa anterior, pois a eleição dos definidores pela Mesa de José da Fonseca Coutinho só viria a ocorrer no dia de S. Tiago, 25 de julho, como previa o Compromisso.

O provedor relembrou o assento anterior, com data de 23 de julho de 1652, sobre a proibição da entrada dos escravos doentes no Hospital de D. Lopo de Almeida:

> Termo que fez de se não aceitar escravo algum no hospital para ser curado. Foi proposto em Mesa que parecia não ser conveniente que no hospital se recolhessem escravos porque era o contrário o instituído no mesmo hospital que deve somente recolher os pobres o que se não pode conceder nos escravos que regularmente são de senhores que não são pobres e os ditos escravos fazendo sua de que não deve levar a fazenda dos pobres o que visto pelos irmãos de que todos da Mesa se assentisse por partes os votos que se não recebessem mais os escravos no dito hospital ainda no caso que os seus senhores queiram pagar a despesa que se cumpre de fazer no hospital com a causa dos ditos escravos de que se mandou fazer este termo... (*Livro 4.º de Lembranças*, fl. 184).

Retomava-se a discussão sobre esta questão porque «sucedia haver alguns senhores de escravos tão pobres que não tinham coisa alguma mais que o seu escravo ou escrava de cujo serviço se valia para o seu sustento; e outros que suposto possuíssem alguns bens limitados não tinham casa nem comodidade para os curarem, e que nestes termos parecia impossível dar total exclusiva à cura dos escravos que pereceriam ao desamparo por falta de remédios e que se devia declarar o dito assento na forma que parecesse ser mais serviço de Deus» (*Livro 4.º de Lembranças*, fl. 197).

O provedor solicitou então que se analisasse a situação, que era entendida como um abuso e que onerava a Misericórdia. Após deliberarem, os mesários e os definidores chegaram às seguintes conclusões: quando a pobreza dos senhores dos escravos fosse tal que os impedisse de curar às suas expensas, poderiam ser recolhidos no hospital (ficando ao arbítrio do provedor a aceitação); quando os senhores tivessem possibilidade para custear os remédios, mas, faltando-lhes capacidade e comodidades, para os curarem em sua casa, seriam aceites no hospital. A condição era que os seus senhores pagariam toda a despesa do curativo, que seriam ao arbítrio da Mesa, conforme as carestias dos mantimentos daquele ano.

Dias depois, a 27 de julho, a Mesa voltou a reunir. Desta vez para tratar da expulsão de Luís Brandão de Melo de Irmão da Santa Casa.

Este tinha sido eleito várias vezes para servir de mordomo do hospital, mas, quando João de Sousa, servente da Casa, levou recado em nome da Mesa para que este servisse no mês de outubro ele respondeu que estava muito ocupado e não podia servir a Irmandade e que assim o riscassem dela (*Livro 4.º de Lembranças*, fl. 198).

Os dois últimos assentos relativos a reuniões de Mesa na provedoria de José da Fonseca Coutinho para o ano económico de 1694 a 1695, tratam de dois assuntos relacionados, mas por motivos inversos.

O penúltimo assento refere-se à reunião da Mesa pela qual se tratou da aceitação do padre para o lugar de capelão e chantre, e organista do coro da Misericórdia, vago por ausência do padre Pedro de Sousa. Nele veio a ser provido Jácome da Purificação, clérigo «*in minoribus*», destro na solfa e canto e tão mais perito no órgão.

O último assento da Mesa tem a data de 29 de dezembro de 1694 e reporta o despedimento do padre António Soares Roble da capelania do coro e missa, por este não cumprir com as suas obrigações. Refere o acórdão que este padre faltava à sua obrigação com «escândalo dos mais capelães e menos satisfação dos legados que esta casa é administradora». Assim o confirmavam as várias e repetidas queixas que se haviam feito à Mesa. Como nem as advertências anteriores o fizeram mudar de comportamento, a Mesa entendeu afastar o clérigo infrator (*Livro 4.º de Lembranças*, fl. 199).

Mesa da Santa Casa da Misericórdia do Porto em 2.7.1694

Provedor: José da Fonseca Coutinho

Escrivão: José de Miranda e Vasconcelos

Conselheiros Nobres: Sebastião Cardoso de Sampaio (chanceler e governador da Cadeia da Relação do Porto), José Pinto Pereira, Gonçalo Pinto Monteiro, Manuel Pacheco Pereira e Simão Freire de Sousa

FONTES E BIBLIOGRAFIA

Fontes arquivísticas

Arquivo Distrital do Porto (ADP) – *Cabido da Sé do Porto, Inquirição de Genere a José da Fonseca Coutinho.*

Arquivo Histórico da Santa Casa da Misericórdia do Porto (AHSCMP) – *Alfabeto dos Irmãos, 1696-1726 e 1740-1746*, série D, banco 5, n.º 9; *Dos Irmãos da Caza, 1611 a 1787*, série D, banco 5, n.º 8; *Livro de Eleição da Mesa. 1643 a 1772*, série D, banco 5, n.º 2; *Livro 4.º de Lembranças*, 1674-1738, série D, banco 8, n.º 6.

Fontes impressas

REIS, Henrique Duarte e Sousa, 1999 – *Apontamentos para a verdadeira história antiga e moderna da Cidade do Porto*, II série, IV volume. Porto: Biblioteca Pública Municipal do Porto.

Bibliografia

BLUTEAU, Rafael, 1789 – *Diccionario da lingua portugueza composto pelo padre D. Rafael Bluteau/reformado, e accrescentado por Antonio de Moraes Silva natural do Rio de Janeiro*, tomo I. Lisboa: na Officina de Simão Thaddeo Ferreira.

FERNANDES, António Jorge Inácio, 2006 – *A Rua dos Cónegos: um espaço socio-arquitetónico no Porto setecentista*, 2 volumes. Dissertação de Mestrado em História da Arte em Portugal pela Faculdade de Letras da Universidade do Porto (policopiado).

FERREIRA-ALVES, Joaquim Jaime B., 1995 – "A Casa Nobre no Porto nos séculos XVII e XVIII. Introdução ao seu estudo". *Poligrafia*, n.º 4. Arouca: Centro de Estudos D. Domingos de Pinho Brandão.

MORAIS, Cristóvão Alão de, [1667] 1947 – *Pedatura Lusitana: nobiliário de famílias de Portugal*, tomo V, vol. I, publicado por Alexandre António Pereira de Miranda Vasconcellos, António Augusto Ferreira da Cruz, Eugénio Eduardo Andrea da Cunha e Freitas. Porto: Livraria Fernando Machado.

PINTO, Cónego António Ferreira, 1940 – *O Cabido da Sé do Porto. Subsídios para a sua História*, VI. Porto: Publicações da Câmara Municipal do Porto.

DIOGO FERREIRA
MANUEL COUTO
MARIA TERESA CARDOSO

João Freire Antão

(Porto, 12.4.1637 | Porto, 30.12.1714)

Provedor da Santa Casa da Misericórdia do Porto

2.7.1695 | 2.7.1696

Proprietário.

Cónego prebendado da Sé do Porto (1659). Deão do Cabido do Porto (1677-1708). Vigário capitular da diocese do Porto (1708-1714).

Provedor da Santa Casa da Misericórdia do Porto (1676-1677, 1695-1696 e 1700-1701). Conselheiro da Mesa da Santa Casa da Misericórdia do Porto (1687-1688, 1691-1692, 1702-1703, 1706-1707 e 1708-1709).

Natural do Porto.

Filho de Antão Gonçalves e de Catarina Freire.

Neto de Antão Gonçalves mestre de galeões. Sobrinho do capitão Manuel Lopes Nausinha, instituidor do vínculo de Nausinha. Tio-avô de Jerónimo de Távora Leme e Cernache, seu sucessor como deão no Cabido do Porto, e de Vicente Noronha Leme Cernache, cavaleiro da Ordem de Malta, ambos figuras de renome da cidade do Porto no século XVIII – e também eles provedores da Misericórdia.

Senhor da Casa de Vandoma, morgado de Nausinha.

No dia 2 de julho de 1695 os Irmãos reunidos em assembleia na igreja da Misericórdia realizaram a eleição para a Mesa do Despacho do ano de 1695-1696, tendo sido eleito para provedor o deão João Freire Antão, para escrivão o licenciado doutor João de Araújo Ferraz, para conselheiros de primeira condição o doutor Jácome de Vilas Boas Casado, desembargador da Relação do Porto, João Pinto de Pereira, Cristóvão Alvo da Cunha, Jacinto Pacheco, Luís da Silva e para conselheiros de segunda condição Manuel Vieira, o Velho, Manuel de Araújo Craveiro, Alexandre Moreira, Luís Cardoso, João Coelho de Magalhães e Pedro Borges (*Livro de Eleições da Mesa da Misericórdia*, n.º 2, fl. 81-82).

No dia 25 de julho foram eleitos para deputados da Junta do Definitório os Irmãos de maior condição, José da Fonseca Coutinho, reverendo mestre-escola da Sé, José de Miranda Vasconcelos, José Pinto Pereira, doutor Manuel Pacheco Pereira, Gonçalo Pinto Monteiro, e, de segunda condição, Manuel Cardoso, Manuel da Rocha, Manuel da Silva Porto, António de Pinho e João Dias Leite (*Livro de Lembranças*, n.º 6, fl. 201v).

Dos conselheiros da Mesa do Despacho do ano de 1695-1696 merecem destaque três Irmãos: o escrivão doutor João de Araújo Ferraz, formado em Cânones pela Universidade de Coimbra (1669) e que fazia parte da Mesa do Despacho pela primeira vez tendo depois sido conselheiro noutros anos; o doutor Jácome de Vilas Boas Casado, na altura desembargador da Relação do Porto, que já fora conselheiro da Mesa e que foi eleito provedor nos dois anos imediatos (1696-1697 e 1697-1698); Cristóvão Alvo da Cunha que fora conselheiro no anterior mandato de João Freire Antão.

O provedor João Freire de Antão estava havia já muito tempo ligado à Casa da Misericórdia do Porto, tendo cumprido um mandato como provedor (1676-1677) e participado como conselheiro da Mesa do Despacho por duas vezes (1687-1688 e 1691-1692). No mandato anterior o deão tinha dado mostras de ser um homem muito preocupado com a gestão da Casa e com os dinheiros da Misericórdia, atento ao provimento de pessoas adequadas, exigente com o desempenho dos Irmãos nos cargos para que eram nomeados, disposto a excluir os que revelassem pouco interesse ou vontade de servir, sendo um pouco autoritário e determinado nas decisões tomadas em Mesa. Era esta a sua forma de estar e foi essa a força que imprimiu a este novo mandato.

O primeiro assunto tratado neste ano foi o da bênção do altar da Enfermaria das Mulheres. A Enfermaria das Mulheres do Hospital de D. Lopo, situada na Rua das Flores, tinha um altar que estava pronto há anos e ainda não tinha sido benzido. Para que tal acontecesse era preciso pedir licença ao reverendo ordinário da Mitra, mas não sabiam se era conveniente fazer esse pedido porque a Casa estava em litígio com a Mitra por causa de uma isenção que a Misericórdia achava que não tinha de pagar por ser da imediata proteção real, e tinham receio de prejudicar a decisão do dito litígio. Na reunião de 3 de agosto de 1695 o provedor propôs à Mesa que se resolvesse a situação do altar da Enfermaria das Mulheres para que lá se pudesse dizer missa. Os conselheiros reunidos concluíram que o pedido da licença não deveria interferir no litígio pendente e assim decidiram pedir a referida licença (FREITAS, 1995: 471).

No dia 4 de dezembro de 1695 o provedor e Irmãos deputados da Mesa foram informados que o Irmão António Costa Aranha, boticário da Casa, falecido em outubro desse ano, deixara ao Hospital «todos os medicamentos que se tinham gasto nele de sua botica neste ano desde o primeiro de julho até outubro... por ser assim vontade do defunto que esta esmola aplicavam por sufrágio pela sua alma». A dádiva foi aceite ficando registada em assento.

O Irmão António Costa Aranha, servira a Casa durante muito tempo, fornecendo os medicamentos necessários para o Hospital de D. Lopo. Com o seu falecimento tornava-se necessário escolher um outro boticário. No dia 14 de dezembro de 1695 em Mesa depois de lidas as petições de todos os pretendentes foi escolhido João da Fonseca e Sousa, do Porto. Chamado à Casa do Despacho «se obrigou por tempo de um ano ou por aquele que parecer à Mesa a dar todos os medicamentos necessários para o Hospital». Ficava ainda obrigado ao cumprimento de todas as cláusulas do contrato que fora definido com o anterior boticário, registadas no *Livro de Lembranças* (fl. 132v e 232v), e que lhe foram lidas. O assunto da Botica da Casa ficou resolvido por pouco tempo, já que em julho do ano seguinte a nova Mesa eleita teve de tratar deste assunto, vistas as muitas queixas e controvérsias que surgiram.

Aquando deste segundo mandato, João Freire Antão deparou-se com um gravíssimo problema relacionado com a peste e as doenças contagiosas que grassavam na cidade do Porto. A cidade sofria com estas doenças e registava-se um elevado número de mortes. O Hospital de D. Lopo de Almeida, vocacionado desde sempre para a assistência aos doentes pobres, acolheu nesta altura um avultado número de doentes, recebendo todos os que lhes pediram que os acudisse, o que significou um enorme esforço financeiro para a Casa.

Perante os excessivos gastos que a Casa estava a fazer, e não pretendendo reduzir o apoio aos doentes pobres, João Freire Antão decidiu reunir a Mesa do Despacho, convocando os Irmãos da Junta, os letrados da Casa, os Irmãos desembargadores, e os mais conceituados advogados que tinham pertencido à Mesa do Despacho noutros anos. Na reunião de 5 de fevereiro de 1696 expôs a todos a difícil situação da Casa dizendo que o apoio que estava a ser dado aos enfermos no Hospital de D. Lopo de Almeida era de tal forma elevado e eram tantas as pessoas que vinham pedir socorro que num só mês tinham gasto toda a verba anual do Hospital. A Casa queria continuar a fornecer esse apoio mas não tinha meios para o realizar porque o rendimento da Casa estava todo aplicado em legados e nesses não era possível mexer porque lhes tinham sido confiados por cada instituidor e tinham de ser cumpridos. Espantava-se João Freire Antão, assim como os restantes, de não haver nem um legado que tivesse destinado bens para estas situações. O provedor vincava que as portas do hospital iriam continuar abertas para acolher todos os enfermos que nele se quisessem curar e que muitos Irmãos já se tinham oferecido para ir ajudar. Era no entanto preciso arranjar uma solução para os enormes gastos que se estavam a fazer e por isso lhes pedia para decidir o que podia ser feito para arranjar mais dinheiro.

Todos os Irmãos presentes deram a sua opinião e depois de votarem decidiram que deviam organizar um peditório pela cidade. Surgiram também algumas outras ideias: pedir ajuda à Câmara; escrever ao provedor de Lisboa a pedir-lhe ajuda; fazer uma petição ao Rei pedindo ajuda. Logo no dia seguinte, uma segunda-feira de manhã, começaram o peditório, indo todos os Irmãos da Mesa a pedir pela cidade para os pobres do hospital, tendo continuado e acabado o peditório dois dias depois, uma quarta-feira, de manhã. Neste peditório arrecadaram uma quantia considerável. Receberam também muitas outras esmolas de particulares: o chanceler Sebastião da Costa deu 10 moedas de ouro, o cónego Luís Pacheco deu 30 000 réis e alguns conventos como o de Santa Rita, Santa Clara e Monchique deram dinheiro e doces para os enfermos, e muitos outros mandaram esmolas. Os Irmãos da Mesa contribuíram com 178 000 réis e os oficiais da Câmara deram 400 000 réis do «direito das alças», um direito que recebiam dos rendeiros e que servia para subsidiar obras pias (SILVA, 2008: 96-97). O provedor João Freire Antão escreveu à Mitra pedindo ajuda, tendo esta auxiliado com 600 000 réis. Também o Rei ofereceu 1000 cruzados à Misericórdia e enviou pelo seu secretário de Estado uma carta régia, em 16 de fevereiro de 1696, que autorizava a Câmara a ceder dinheiro do seu cofre à Misericórdia para acudir à muita pobreza da população que tem fome e é atacada e perseguida pela peste que anda na cidade do Porto (REIS, 1984, I: 337).

No dia 7 de março de 1696 o provedor mandou escrever um assento para servir de lembrança para o futuro, assento que passamos a transcrever:

Assento que se tomou sobre o estado do Hospital de Dom Lopo, despesa que nele se fazia para se seguir o meio que parecesse mais conveniente e servir de lembrança para o futuro sucedendo caso semelhante/Aos sete do mês de março de mil seiscentos e noventa e seis nesta Casa do Despacho da Misericórdia desta cidade em presença do provedor e mais Irmãos deputados da Mesa abaixo assinados foi opinada esta lembrança abaixo declarada de todo o sucedido a respeito do aperto em que esta Casa se viu pela despesa tão considerável que fazia o hospital pelas contínuas doenças que duravam há muitos meses nesta cidade; e febres emtágiscas (sic) [hemorrágicas] morrendo inumeráveis pessoas e principalmente no hospital, como se verá pelos livros dele e daquele em que escreve o Irmão mordomo da Casa e grande número de defuntos, pois é necessário ver juntar-se o dito livro quando nos anos precedentes sempre crescia papel, e atendendo-se ao empenho em que a Casa se achava e que o rendimento do hospital se gastava em um só mês se chamaram à Mesa de cinco de fevereiro os Irmãos da Junta, os Letrados, assim desembargadores, uns advogados os de maior suposição que tinham servido nesta Mesa e se lhe propôs pelo provedor todo o referido, e que como o rendimento da Casa estava aplicado a vários legados; e se não podia divergir da vontade dos instituidores antes seguir-se prontamente; e a Casa se achava já com considerável empenho vissem o meio que devia seguir-se; votando todos, se venceu se pedirem esmolas pela Cidade para se continuar obra tão pia de serem assistidos e curados no hospital todos os enfermos que pediam os recolhesse para nele serem curados. E se pedissem à Câmara? E se escrevessem ao Reverendo provedor; que assiste em Lisboa e se fizessem petição a Sua Majestade pois esta Casa só tinha doze mil réis de tença imposta neste almoxarifado, e com isso se desvaneceria o conceito que todos faziam de que o Hospital e esta Casa era muito rica pois sendo todo este povo e mulheres da cidade tão inclinados à piedade se experimentava pouca caridade; pois deixando os testadores tantos legados e distribuindo seus bens em obras pias se não lembraram da mais principal entre as muitas que se exercitam naquele hospital concluindo-se outrossim que enquanto todas estas diligências não resultassem estivesse a porta do hospital sempre aberta para todos os enfermos que a ele quisessem ir curar-se oferecendo-se/oferecendo-se muitos dos Irmãos a assistir-lhe. Logo na segunda-feira seis do mês de fevereiro de tarde se deu princípio às petições indo toda a Mesa a pedir pela cidade para os pobres do hospital e se entrou a quantia de 84.653 réis e na quarta-feira de manhã em que se continuou e acabou o peditório rendeu este 126.190 réis com outras esmolas que mandaram particulares como foi o chanceler Sebastião da Costa, dez moedas de ouro, o Irmão cónego Luís Pacheco 30 000 réis e as esmolas que mandaram os conventos de Santo Elói e os das religiosas de Santa Rita e Santa Clara, Monchique não só dinheiro; mas doces para os enfermos, e muitos particulares, não só Irmãos mas muitos que o não eram que fazendo-se-lhe saber a necessidade do hospital mandavam suas esmolas e avantajadas, de que tudo se fará mais miúda menção no Livro da Receita da Casa como da administração do Hospital aonde se hão-de carregar as esmolas para que a importância delas só se despenda no dito hospital para o qual se pediram este *ipso ille pertense* (sic); em as esmolas que deram o provedor e Irmãos da Mesa, que importaram até ao presente 178 000 réis com os 400 000 réis que os oficiais da Câmara deram do direito das alças deste presente ano remetendo com carta fechada o montante e dando um suplemento de maior quantia, se tem entendido ser muito útil o tal peditório e dele resultou mandar o Reverendo provedor uma carta sua que escreveu à Mesa (sic) [Mitra] dando conhecimento sobre o tesouro da Mitra para que do rendimento dela entregasse 600 000 réis para o hospital os quais logo recebeu o Irmão Tomás de Freitas tesoureiro que foi nomeado na Mesa do dinheiro procedido destas esmolas isto antes de receber a carta da Mesa e também Sua Majestade antes de se lhe apresentar a petição que esta Mesa lhe faria mandou por carta do secretário de Estado escrita ao chanceler, de que eu escrivão da Mesa dou fé, se tiraram 30 000 réis do cofre da Câmara, e 20 000 réis entregar-se ao hospital ... para os despenderem com os pobres enfermos que fora do hospital se curassem deixando tudo no seu arbítrio, a qual carta me mostrou, dizendo que o fizesse, assim presente a esta Mesa, e que votando da diligência a que Sua Majestade o mandava à Covilhã entregar a tal quantia e se acha que obrados estes mil cruzados e os da Câmara excedem as esmolas de cinco mil cruzados, de que tudo se fez este assento para lembrança da utilidade que esta decisão teve para o hospital e se animarem em ocasião semelhante a esta de tão útil exemplo o pedir-se e se assentou que o tal dinheiro se despendesse só no hospital e por mão do tesoureiro nomeado e assinaram o provedor, Irmãos da Mesa, comigo João de Araújo Ferraz, escrivão da Casa, que o escrevi [assinaturas: o provedor João Freire Antão; João de Araújo Ferraz; Jacinto Pacheco; Manuel de Sousa Miranda; Francisco...; Alexandre Moreira de Meireles; Luís Cardoso; João Coelho de Magalhães; Luís da Silva; Cristóvão Alvo da Cunha] (*Livro de Lembranças*, n.º 6, fls. 209-210).

Este surto de peste que ocorreu entre 1695 e 1696 na cidade do Porto durou vários meses, foi de grande mortalidade e caracterizou-se por febres hemorrágicas. Encontramos poucas referências à ocorrência de peste no Porto no ano de 1696 (REIS, 1984, I: 337), ainda que nesse ano se tivesse registado elevada mortalidade em algumas zonas de Portugal (BARBOSA, 2001: 15-16 e 50-52).

Relacionado ainda com o Hospital de D. Lopo de Almeida o provedor decide prover, em 6 de junho de 1696, o hospital com dois médicos para assistirem aos «dois partidos», a Enfermaria dos Homens e a Enfermaria das Mulheres.

Durante este mandato as atenções da Mesa do Despacho dirigiram-se principalmente para os problemas do Hospital de Dom Lopo de Almeida e para a peste que se abatera sobre a cidade. O mandato de 1695-1696 foi muito complicado, mas o deão revelou ter capacidades para lidar com a adversidade, conseguindo congregar os Irmãos da Casa no esforço conjunto de o solucionar, alcançando o apoio da Câmara, da Mitra, do Rei e a solidariedade da população da cidade do Porto.

Mesa da Santa Casa da Misericórdia do Porto eleita em 2.7.1695

Provedor: deão João Freire Antão

Escrivão: doutor João de Araújo Ferraz

Conselheiros de 1.ª condição: doutor Jácome de Vilas Boas Casado, desembargador da Relação do Porto; João Pinto de Pereira; Cristóvão Alvo da Cunha; Jacinto Pacheco; Luís da Silva

Conselheiros de 2.ª condição: Manuel Vieira, o Velho; Manuel de Araújo Craveiro; Alexandre Moreira; Luís Cardoso; João Coelho de Magalhães; Pedro Borges

FONTES E BIBLIOGRAFIA

Ver páginas 814-815.

MARIA TERESA CARDOSO

Jácome de Vilas Boas Casado

(Viana da Foz do Lima, ? | ?)

Provedor da Santa Casa da Misericórdia do Porto

2.7.1696 | 2.7.1697

Magistrado judicial.

Bacharel em Leis pela Universidade de Coimbra.

Provedor da Santa Casa da Misericórdia do Porto (1696-1697 e 1697-1698). Conselheiro da Mesa da Santa Casa da Misericórdia do Porto (1703-1704).

Natural de Viana da Foz do Lima, atual Viana do Castelo.

Filho de João Casado Jácome e de Leonor Barreto.

Fidalgo da Casa Real.

Natural de Viana da Foz do Lima, nome pelo qual era conhecida a atual cidade de Viana do Castelo, Jácome de Vilas Boas Casado era filho de João Casado Jácome e de Leonor Barreto. Matriculando-se em Leis na Universidade de Coimbra em finais de outubro de 1655, tornar-se-ia bacharel em 15 de junho de 1662, tendo a formatura decorrido seis dias depois. Tendo em consideração a data da matrícula, torna-se possível conjeturar que Jácome de Vilas Boas Casado tenha nascido, muito provavelmente, na década de 1630.

Por carta régia, seria nomeado corregedor da Comarca de Guimarães. Tal como consta em *Descripçam Corografica do Reyno de Portugal, que contem huma exacta relaçam de suas provincias...*, à conta do corregedor, «ministro de Letras», estava:

> a emenda e castigo dos malefícios que na Comarca se cometem, para cujo efeito a corre cada ano em correição, e andando nela pode conhecer de tudo: castiga, prende, suspende os juízes, e mais oficiais, os quais são obrigados a dar-lhe conta dos casos mais graves, que sucedem nos seus distritos, para ele a dar a S. Majestade: conhece por agravo, que para ele se interpõe dos juízes dos fora, e provê, como lhe parece justo, porque só por agravo pode tomar conhecimento dos defeitos, salvo no tempo da correição (FREIRE, 1739: 25).

Seguir-se-ia a nomeação para provedor das comarcas de Évora e Estremoz, percebendo-se pelas fontes documentais existentes no Arquivo Distrital de Évora que, nas décadas de 1670 e 1680, Jácome de Vilas Boas Casado ocupava tal cargo.

No primeiro de julho de 1689, Jácome de Vilas Boas Casado seria admitido como Irmão de 1.ª condição da Santa Casa da Misericórdia do Porto, o que pressupõe que se encontrava a residir na cidade. Nos últimos dias de mandato do provedor João Pinto Pereira, recordando que naquele ano foram muitos os Irmãos que haviam falecido e outros «por velhos e achacados estão incapazes de servirem por esta causa a esta Casa», ficou decidida a entrada de vários Irmãos para a Instituição (*Dos Irmãos da Caza*, 1611 a 1787, fl. 138v).

Por carta régia de 16 de maio de 1691, seria escolhido para ocupar o lugar de desembargador agravista da Relação do Porto e, passados poucos anos, em 31 de janeiro de 1696, seria nomeado juiz da Casa do Porto.

Nesse ano de 1696, mais propriamente ao segundo dia do mês de julho, Jácome de Vilas Boas Casado viria a ser eleito para o lugar de provedor da Santa Casa da Misericórdia do Porto, funções que desempenharia até ao mesmo dia do ano seguinte. Contudo, após a morte de José da Fonseca Coutinho em finais de agosto de 1697, padre que lhe sucedera no cargo, Jácome de Vilas Boas Casado seria convidado a assumir novamente o lugar de provedor, anuindo à solicitação. O seu segundo mandato terminaria em 2 de julho de 1698. Na Santa Casa seria ainda eleito conselheiro da Mesa em 2 de julho de 1703, exercendo tais funções na provedoria de Francisco Pereira de Vasconcelos.

Em inícios de agosto de 1697 ser-lhe-ia concedido o alvará de foro de fidalgo, tendo igualmente recebido alvará de mercê de beca de desembargador (SUBTIL, 2010: 242).

Desconhecemos a data e o local da sua morte.

⁂

Eleito em 2 de julho de 1696, Jácome de Vilas Boas Casado viria a assumir a provedoria da Santa Casa da Misericórdia. Contudo, no dia seguinte a Mesa sofreria uma alteração. O escrivão eleito, o cónego Domingos Gonçalves Prada, pediu escusa por motivos de saúde, vindo a ser substituído pelo mesário Jacinto Pacheco.

A primeira informação sobre a provedoria de Jácome de Vilas Boas Casado tem a data de 11 de julho de 1696. Nesse dia, a Mesa reuniu para decidir sobre a aceitação do boticário para servir na Misericórdia e no Hospital de D. Lopo de Almeida, tendo a escolha recaído no boticário Manuel Rodrigues Silva. O seguinte assento no *Livro das Lembranças* refere-se à aceitação de um legado. Tratou-se da doação de uma casa situada na rua da Feira para o Hospital, doação que havia sido feita pelo padre Baltasar Guedes, reitor do Colégio dos Meninos Órfãos.

Os rendimentos da Santa Casa provinham essencialmente de doações, as quais constituíam património rendável ou, quando tratando-se de bens móveis, podiam ser imediatamente aplicados nas obras pias, como alimentação para os doentes, bens para os órfãos, entre outros. No universo dos muitos benfeitores da Misericórdia sobressaíam os clérigos, habitualmente propensos a este tipo de legados, tal como ilustra este exemplo do padre Baltasar Guedes.

Dessas doações resultavam, geralmente, as obrigações cultuais por alma dos doadores, o que, consequentemente, exigia a «contratação» de capelães e pessoal auxiliar. Daí que se encontre com frequência no chamado *Livro das Lembranças* o registo de reuniões da Mesa destinadas a formalizar a sua aceitação. Tal foi o caso do padre Agostinho Moreira Baldaia, provido em reunião da Mesa realizada no dia 14 de abril de 1697 para uma missa quotidiana. Porém, nem sempre esse «preenchimento» de vagas resultava de uma nova instituição, antes sim, e até com alguma frequência, decorria da desistência ou despedimento do capelão titular. Também na administração de Jácome de Vilas Boas Casado ocorreu um destes casos, sendo então despedido o padre Jácome da Purificação, capelão do Coro, subchantre e organista da Casa.

Este último fora contratado a 4 novembro de 1694, na qualidade de clérigo *in menoribus*, por ser «destro na solfa e canto e tão mais perito no órgão», para prover a vaga deixada pela ausência do titular, o padre Pedro de Sousa. Contudo, no dia 28 de outubro de 1696, a Mesa presidida por Jácome de Vilas Boas Casado reuniu para rever a sua situação. Segundo o registado no assento, ele continuava a protelar a sua ordenação, logo, não era sacerdote nem tinha nenhuma das ordens sacras, condição exigida para poder exercer o cargo, conforme preceituava o regimento dos capelães do Coro. Jácome da Purificação acabou por ser despedido do cargo. Mas, por uma nota na margem direita, aparentemente posterior ao assento, consta a informação de que este acabou por ser contratado para o cargo, «somente», de organista. Aparentemente, as suas qualidades enquanto músico foram tidas em consideração e a Mesa não deixou de contar com o seu concurso.

As muitas obrigações da Santa Casa exigiam igualmente que se contratasse uma diversidade de serventes assalariados, os quais, não poderiam ser irmãos, segundo instituía o Compromisso de 1646. Entre estes, estavam os «moços de capela» que ajudavam nas missas e serviço da sacristia, os «serventes do azul» – pessoas encarregues de cumprir tarefas correntes – e os solicitadores da Casa. No caso deste último, encontra-se o registo da aceitação de Manuel Dias, a 15 de novembro de 1696, para servir como Servente do Azul da Casa e Solicitador dos Presos; e o de Francisco Martins Neiva, nomeado para agente da Santa Casa em Lisboa, no dia 9 de janeiro de 1697.

No final do mês de janeiro, a Mesa confirmou o pedido dos devotos do Senhor *Ecce Homo* para a instituição da sua Confraria que estes tinham instituído para «maior veneração». Os estatutos tinham sido apresentados em sessão da Mesa de 13 de maio de 1690, e, tal como sucedera com a irmandade dos Clérigos de Nossa Senhora e dos de S. Filipe Néri, também na igreja da Misericórdia, vinham pedir que se fizesse o respetivo assento, ficando declarado que ficariam igualmente sob a obediência da Mesa da Santa Casa.

Os últimos registos relativos à provedoria de Jácome de Vilas Boas Casado datam do início mês de junho e abordam uma deliberação da Mesa sobre um assunto sempre desagradável: o «risco» de irmãos, isto é, a sua expulsão da Irmandade. A 2 de junho de 1697 a Mesa votou o risco do capitão Manuel de Couto de Azevedo e Bento Baptista Pinto, por ambos se recusarem a obedecer à chamada para servirem de mordomos da Santa Casa.

Mesa da Santa Casa da Misericórdia do Porto em 2.7.1696
Provedor: Jácome de Vilas Boas Casado
Escrivão: cónego Domingos Gonçalves Prada
Conselheiros Nobres: João de Figueiroa Pinto, Luís Vaz Pinto, Luís Freire de Sá, Pantaleão de Seabra e Sousa, Bento Ferreira de Andrade

FONTES E BIBLIOGRAFIA

Fontes arquivísticas

Arquivo Histórico da Santa Casa da Misericórdia do Porto (AHSCMP) – *Livro de Eleição da Mesa. 1643 a 1772*, série D, banco 5, n.º 2; *Livro 4.º de Lembranças*, 1674-1738, série D, banco 8, n.º 6; *Dos Irmãos da Caza, 1611 a 1787*, série D, banco 5, n.º 8.

Fontes Impressas

FREIRE, Antonio de Oliveira, 1739 – *Descripçam corografica do Reyno de Portugal, que contem huma exacta relaçam de suas provincias.../composta por Antonio de Oliveira Freire.* Lisboa Occidental: na Off. de Miguel Rodrigues.

Bibliografia

FREITAS, Eugénio de Andrea da Cunha e, 1995 – *História da Santa Casa da Misericórdia do Porto*, vol. III. Porto: Santa Casa da Misericórdia do Porto.

SUBTIL, José, 2010 – *Dicionário dos Desembargadores (1640-1834)*. Lisboa: EDIUAL.

DIOGO FERREIRA
MANUEL COUTO
MARIA TERESA CARDOSO

José da Fonseca Coutinho

(Guarda, ? | Porto, 26.8.1697)

Provedor da Santa Casa da Misericórdia do Porto

2.7.1697 | 26.8.1697

Clérigo.

Conselheiro da Mesa da Santa Casa da Misericórdia do Porto (1690-1691). Provedor da Santa Casa da Misericórdia do Porto (1694-1695 e 1697).

Natural do concelho da Guarda.

Filho de Cristóvão de Sá e Mendonça, fidalgo da Casa Real, governador da comarca e da cidade da Guarda, mestre de campo e senhor da quinta de Alqueidosa, e de Catarina da Fonseca Osório.

Neto paterno de Duarte de Sá de Mendonça, cavaleiro da Ordem de Avis, senhor da quinta de Alqueidosa e escrivão da Correição da Guarda.

No dia 2 de julho de 1697, na capela-mor da igreja da Santa Casa da Misericórdia, estando presente o provedor cessante, Jácome de Vilas Boas Casado, o capelão-mor, José Coelho de Carvalho, e Jacinto Pacheco, escrivão da Santa Casa, realizou-se a votação na «forma costumada» para a eleição do provedor e demais deputados. Veio a sair eleito para provedor o reverendo José da Fonseca Coutinho (*Livro de Eleição da Mesa*, 1643 a 1772, n.º 2, fls. 84-85).

Desta vez, a provedoria do padre José da Fonseca Coutinho foi curta, uma vez que no mês seguinte, no dia 27 de agosto – no dia seguinte à morte de José da Fonseca Coutinho – a Mesa reuniu para convocar o provedor precedente, Jácome de Vilas Boas Casado, de forma a convidá-lo a assumir o cargo de provedor (*Livro de Eleição da Mesa*, 1643 a 1772, n.º 2, fl. 85v).

Na verdade, a leitura das três atas existentes relativas a este período, datadas de 25 e 27 de julho, revelam que o provedor poderia ter adoecido após a realização dessa primeira reunião, porque a partir do dia 27 as sessões já foram presididas pelo escrivão, por «se achar impedido o provedor» (*Livro 4.º de Lembranças*, fls. 217v-218).

Resume-se, pois, a atividade da Mesa a duas reuniões para decidir sobre a expulsão de dois Irmãos, Álvares da Silva e Rodrigo da Silva. Ambos rejeitaram as ordens da Mesa para servirem de mordomos do hospital. O primeiro alegara que a mulher estava doente e por isso não tinha condições para exercer o cargo, pedindo que lhe dessem outra ocupação; o segundo, alegara a impossibilidade em cumprir porque tinha de «ir para as suas feiras», além de outras alegações. Achando os mesários que estas justificações não eram válidas nem congruentes decidiram expulsar ambos (embora no caso do segundo parece não ter existido unanimidade). Estes casos de rejeição de servir no hospital, que não é raro encontrar, parecem sugerir uma certa aversão a desempenhar cargos pelo hospital, quiçá por medo de contrair aí alguma doença ou por se lidar com o estado mórbido e a morte.

Mesa da Santa Casa da Misericórdia do Porto em 2.7.1697
Provedor: José da Fonseca Coutinho
Escrivão: Bento Ferreira de Andrade
Conselheiros Nobres: Bento de Barros Bezerra (desembargador), João de Seabra e Sousa, Bernardo Ferraz de Melo, Rafael de Figueiroa Pinto e Francisco Mendes de Azevedo

FONTES E BIBLIOGRAFIA

Ver página 940.

DIOGO FERREIRA
MANUEL COUTO
MARIA TERESA CARDOSO

Jácome de Vilas Boas Casado

(Viana da Foz do Lima, ? | ?)

Provedor da Santa Casa da Misericórdia do Porto

27.8.1697 | 2.7.1698

Magistrado judicial.

Bacharel em Leis pela Universidade de Coimbra.

Provedor da Santa Casa da Misericórdia do Porto (1696-1697 e 1697-1698). Conselheiro da Mesa da Santa Casa da Misericórdia do Porto (1703-1704).

Natural de Viana da Foz do Lima, atual Viana do Castelo.

Filho de João Casado Jácome e de Leonor Barreto.

Fidalgo da Casa Real.

Por falecimento do provedor José da Fonseca Coutinho em 26 de agosto de 1697, Jácome de Vilas Boas Casado substituiria no dia seguinte o referido provedor. Sobre a sua atividade à frente da Santa Casa, pela segunda vez, há pouco a registar de relevante. Realce apenas para o assento através do qual a Mesa indica Luís Machado para servente do Azul da Casa e solicitador dos Presos; e para um outro assento, datado de 5 de fevereiro de 1698, que aborda a obrigação da Misericórdia relativamente à criação, pela administração da Roda dos Enjeitados, dos meninos desamparados. Recorde-se que, por provisão régia de 4 de março de 1686, ficara determinado a constituição da referida Roda, com casa própria e administrada pela Santa Casa da Misericórdia.

O seu mandato terminaria em 2 de julho de 1698, dia em que teria lugar o ato eleitoral para a eleição de uma nova Mesa.

Mesa da Santa Casa da Misericórdia do Porto em 27.8.1697

Provedor: Jácome de Vilas Boas Casado

Escrivão: Bento Ferreira de Andrade

Conselheiros Nobres: Bento de Barros Bezerra (desembargador), João de Seabra e Sousa, Bernardo Ferraz de Melo, Rafael de Figueiroa Pinto e Francisco Mendes de Azevedo

FONTES E BIBLIOGRAFIA

Ver página 953.

DIOGO FERREIRA
MANUEL COUTO
MARIA TERESA CARDOSO

Sebastião da Costa

(Golegã, antes de 1640 | Santarém, 23.1.1723)

Provedor da Santa Casa da Misericórdia do Porto

2.7.1698 | 2.7.1700

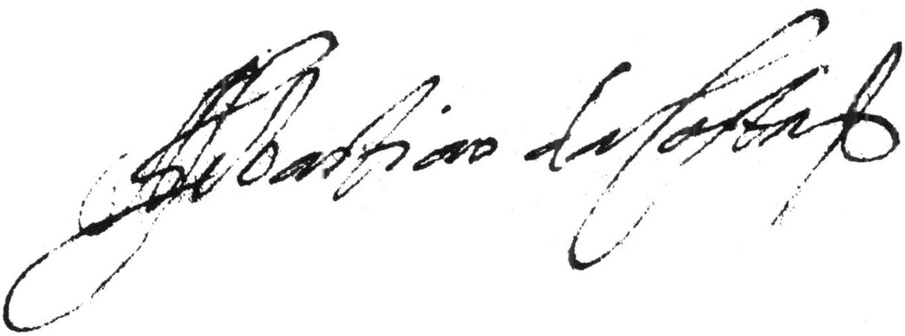

Magistrado judicial.

Bacharel e Licenciado em Leis pela Universidade de Coimbra.

Capitão de Infantaria no Maranhão. Patrão-mor da Baía.

Natural da Golegã.

Filho de Simão Dias Costa e de Maria Álvares Sintiera.

Sebastião da Costa nasceu na Golegã, filho de Simão Dias Costa, natural de Tanquinhos, e de Maria Álvares Sintiera, natural da Golegã. Era neto paterno de Diogo da Costa e Isabel Simoa, e neto materno de Rodrigo Fernandes e Maria Marques. Os pais e avós eram lavradores ricos. (SUBTIL, 2010: 506-507).

Iniciou os estudos em Coimbra no ano de 1651, tendo concluído o bacharelato em Leis em 13 de maio de 1658 e a licenciatura em Leis em 5 de maio de 1659.

Sebastião da Costa deve ter iniciado a sua carreira na magistratura como desembargador na Relação do Estado da Índia, tendo recebido duas cartas de mercê de Afonso VI relacionadas com o seu desempenho naquela distante província (23 de julho de 1671 e 19 de agosto de 1671). Provavelmente porque se encontrava em Goa no cumprimento das suas funções, Sebastião da Costa casou por procuração em 1 de junho de 1672, na igreja de S. Salvador em Santarém, com Ana da Costa, filha de Leonardo João Pinheiro e de Maria Carvalha, naturais da vila de Santarém. Foram testemunhas do seu casamento Luís Álvares da Costa, seu irmão, e Francisco da Silva.

Sebastião da Costa teve dois filhos Luís Álvares da Costa e Rodrigo António da Costa. Luís Álvares da Costa, tal como o pai, licenciou-se em Cânones (22 de junho de 1695) e foi desembargador da Relação do Porto, tendo casado com Dona Felícia Luísa da Rocha. Rodrigo António da Costa casou com Ana Teresa Francisca de Paula, deste casamento nasceu Tomás António da Costa Álvares, que foi casado com Ana Matilde Perpétua Barreto e tiveram dois filhos, Rodrigo da Costa Álvares e Rodrigo da Costa Álvares Júnior.

Em 1688 já devia ter regressado ao reino tendo recebido alvará de serventia do ofício de provedor das Lezírias e Paúis de Santarém em 19 de janeiro de 1688, passando a exercer funções de desembargador da Relação do Porto. Em 24 de setembro de 1691 Sebastião da Costa foi nomeado desembargador dos agravos da Casa da Suplicação mas continuou a exercer as suas funções na Relação do Porto. Em 1698 exercia funções de chanceler da Relação do Porto e governador das Justiças do Porto.

Em 4 de agosto de 1700 Sebastião da Costa foi nomeado conselheiro do Reino (carta de título do Conselho). Em 15 de junho de 1703 recebeu carta de nomeação para desembargador do Paço ainda que tivesse continuado a ocupar o seu lugar de chanceler da Relação do Porto.

Em 9 de novembro de 1694 Sebastião da Costa havia recebido carta de Padrão com tença de 12 000 réis e hábito de Cristo. Em 5 de setembro de 1703, Sebastião da Costa foi agraciado com o título de fidalgo-cavaleiro com 2 000 réis de moradia por mês e 1 alqueire de cevada por dia.

No final da vida Sebastião da Costa regressou a Santarém, tendo falecido em 23 de janeiro de 1723.

A família do desembargador Sebastião da Costa recebeu direito a brasão de Armas nos finais do século XVIII. A carta de brasão (registada no livro dos *Registos das Armas da Nobreza e Fidalguia*) foi passada em 5 de junho de 1782 a Rodrigo da Costa Álvares, «natural de Santarém», bisneto do desembargador Sebastião da Costa. Na carta de brasão é referido que Rodrigo da Costa, filho de Sebastião da Costa, era fidalgo da Casa Real. Sendo referido que tanto Sebastião da Costa como os seus ascendentes «foram pessoas muito nobres das famílias e apelidos de Costas e Alvares que neste Reino são Fidalgos de Linhagem, Cota de Armas e de Solar conhecido e como tais se tratarão com Armas, Cavalos e Criados à Lei da Nobreza».

No dia 2 de julho de 1698 os Irmãos reunidos em assembleia na igreja da Misericórdia realizaram a eleição para a Mesa do Despacho do ano de 1698-1699, tendo sido eleitos para provedor Sebastião da Costa, chanceler da Relação do Porto e governador das Justiças do Porto, para escrivão Pedro da Costa Lima, para conselheiros de 1.ª D. Pedro de Noronha; Gonçalo Pinto Monteiro; Manuel Pacheco Pereira; Cristóvão Alvo da Cunha; Francisco Pereira de Vasconcelos, e para conselheiros de 2.ª: Francisco Rebelo, Gonçalo da Silva, sapateiro; André Pinto, latoeiro; João Ferreira Barbosa, tanoeiro; João da Rocha, tanoeiro; António Gomes, entalhador.

No dia 25 de julho de 1698 foram eleitos para a Junta do Definitório os Irmãos de 1.ª condição: Jácome de Vilas Boas Casado; Bento de Barros Bezerra; João de Seabra e Sousa; Bernardo Ferraz de Melo; Rafael de Figueiroa Pinto; e de 2.ª condição, Manuel Cardoso; Manuel da Silva Coelho; João Dias Leite; António Colaço e Mateus Alvares.

No final do ano de 1698, a Mesa do Despacho registou em assento a admissão de Luís Machado a servente do Azul da Casa e solicitador dos presos, por morte de Manuel Dias. A escolha recaiu sobre Luís Machado porque era um homem já experiente e conhecedor dos assuntos dos presos, tendo ocupado o cargo de guarda na Relação do Porto. Já no ano de 1699, a Mesa aceitou o legado do beneficiado Jorge Barbosa para os Hospitais dos Entrevados de Santo Ildefonso e Nossa Senhora do Amparo. Em meados de maio de 1699, a Mesa decidiu que não se curariam no Hospital os soldados da 3.ª Guarnição da cidade e até ao final deste primeiro mandato registe-se ainda a expulsão de Irmão de Teodoro da Fonseca Correia, por «uma causa sobre a falta de 500 e tantos mil réis que houve no cofre dos órfãos e cativos de que seu pai teve muitos anos a chave como irmão».

Sebastião da Costa viria a ser novamente escolhido para o lugar de provedor em 2 de julho de 1699. Depois de ultrapassadas as normais burocracias quando se dava a reeleição de um provedor, Sebastião da Costa iniciou mais um mandato. Em novembro, em reunião da Mesa, informava-se que havia sido aceite para organista da Casa Manuel Fernandes Barbosa, morador na Ribeira, o qual ficaria obrigado a tocar órgão todas as festas do ano e vésperas, dias de apóstolos e vésperas, todos os domingos e dias santos e festas do primeiro e lustre, noite de Natal, sábado de Aleluia, conforme o regimento do coro.

Já no ano de 1700, a Mesa decidiu que as cobranças da Casa se não fizessem senão pelas mãos dos tesoureiros. Foi proposto em que, «como por menos atenção à disposição do Compromisso e se achar com pouca observância naquela parte em que convinha o maior cuidado no que respeita à boa arrecadação das rendas da casa, carregando estas e muitas despesas sobre os serventes dela e não sobre os Irmãos [...] pondo-se desta sorte em confusão e sem esclarecer as contas [...] e ter a experiência mostrado na morte do servente João de Sousa [...]», um Irmão tesoureiro deveria administrar, passando o servente a «fazer as diligências a que for mandado».

Em meados de fevereiro de 1700, a Mesa mostrava-se preocupada com o fornecimento de pão e a saúde dos doentes, decidindo que no Hospital se lhes desse pão de Valongo e não o das padeiras da cidade. Registe-se ainda a readmissão do Irmão Gaspar da Silva Guimarães na Casa.

Mesa da Santa Casa da Misericórdia do Porto em 2.7.1698

Provedor: Sebastião da Costa, chanceler da Relação do Porto
e governador das Justiças do Porto

Escrivão: Pedro da Costa Lima

Conselheiros de 1.ª: Dom Pedro de Noronha; Gonçalo Pinto Monteiro;
Manuel Pacheco Pereira; Cristóvão Alvo da Cunha; Francisco Pereira de Vasconcelos

Conselheiros de 2.ª: Francisco Rebelo, Gonçalo da Silva; André Pinto;
João Ferreira Barbosa; João da Rocha; António Gomes

FONTES E BIBLIOGRAFIA

Fontes arquivísticas

Arquivo da Universidade de Coimbra (AUC) – *Processo Individual de Sebastião da Costa.*

Arquivo Histórico da Santa Casa da Misericórdia do Porto (AHSCMP) – *Livro de Eleição da Mesa 1643 a 1772*, série D, banco 5, n.º 2; *Livro 4.º de Lembranças*, 1674-1738, série D, banco 8, n.º 6.

Arquivo Nacional da Torre do Tombo (ANTT) – Concelho de Santarém, freguesia de Salvador, Documentação constituída por registos de batismos, casamentos e óbitos. microfilmes de originais de registos de batismos, casamentos e óbitos, 1625-1852 (rolo: SGU 1769-1772); *Registo Geral de Mercês, Mercês de D. Pedro II*, liv. 4; *Registo Geral de Mercês, Mercês de D. João V*, liv. 3.

Bibliografia

GAYO, Manuel José da Costa Felgueiras, 1938-1941 – *Nobiliário de famílias de Portugal, Fac. simile* de impressão diplomática do original manuscrito existente na Santa Casa de Misericórdia de Barcelos. [Braga]: Agostinho de Azevedo Meirelles; Domingos de Araújo Affonso.

MORAIS, Cristóvão Alão de, [1667] 1943-1948 – *Pedatura Lusitana: nobiliário de famílias de Portugal*, publicado por Alexandre António Pereira de Miranda Vasconcellos, António Augusto Ferreira da Cruz, Eugénio Eduardo Andrea da Cunha e Freitas. Porto: Livr. Fernando Machado.

SUBTIL, José, 2010 – *Dicionário dos Desembargadores (1640-1834)*. Lisboa: EDIUAL.

MARIA TERESA CARDOSO